巴蜀文化通史

百〇四歲叟 馬識途

《巴蜀文化通史》学术委员会

章玉钧　隗瀛涛　李绍明　林　向　胡昭曦　贾大泉
谭继和　万本根　陈玉屏　罗　鸣　沈伯俊　彭邦本

主　编
章玉钧　谭继和

副主编
罗　鸣　彭邦本

编辑部
主　任　侯水平　向宝云
副主任　万本根　李　庆

"十二五"国家重点图书出版规划项目

四川建设西部文化强省重点项目

章玉钧　谭继和　主编

巴蜀文化通史
史学 卷

粟品孝　周鼎　李晓宇　著

四川人民出版社

编者的话

巴蜀文化通史

编者的话

《巴蜀文化通史》编撰工程是中共四川省委批准、省委宣传部直接组织和领导，由四川省繁荣发展哲学社会科学协调小组立项、四川省社会科学院牵头的四川省西部文化强省建设重点支持项目，也是"十二五"国家重点图书出版物出版专项规划及国家出版基金（2016年度）资助项目。一直关心四川文化传承创新的省老领导杨超、杨析综、何郝炬、冯元蔚、廖伯康、聂荣贵、李永寿等同志率先向省委、省政府倡议启动编撰工作。在编撰研究过程中，得到了陶武先、柯尊平、王少雄、甘霖等历届省领导的大力支持和亲切指导，我们谨致衷心的敬意和感谢。

本书编撰委员会于2006年设立，编撰工作由此启动，至2020年全面完稿，历时十五年。编撰委员会名誉主任陶武先，主任王少雄、柯尊平，副主任殷建中、贾松青、侯水平、隗瀛涛、李绍明；顾问蔡美彪、李学勤、张海鹏；编委会成员有章玉钧、林向、胡昭曦、贾大泉、谭继和、万本根、陈玉屏、罗鸣、沈伯俊、彭邦本、向宝云、王素、舒大刚、邓经武、赵振铎、龙晦、龙显昭、刘平斋、吴野、钱来忠、曹顺庆、陈德述、任新建、李明泉、张忠仁、王毅、王庭科、冉光荣、杜肯堂、李学明、孙锦泉、陈廷湘、刘复生、佘正松、李健、李刚、李诚、江玉祥、江章华、蒋维明、季富政、高大伦、段志洪、侯德础、谢元鲁、甘绍成、张明富、张凤琦等。编委中，有些作为学术委员会成员，自始至终参与本书研讨和审定；有的承担了分卷的撰著；有的在本书酝酿和编撰的相关会议上提供了不少宝贵意见；有的应邀对有关书稿审阅并提出有益的建议。总而言之，编委们都为本书编撰出版做出了各自的贡献。另还专门请宗性（中国佛学院）审读了《宗教文化卷》。

编撰工作具体依托四川省社会科学院进行，院历届领导贾松青、侯水平、李后强、向宝云、高中伟等都给予大力支持、督促和帮助，多次召开院党委或院办公会议，听取编辑部汇报，决定有关事项并检查落实。编辑部成员张彦、彭东焕、印国玲在具体组织协调、制订规范规则、联系作者、学术讨论记录（含录音）、编写简报等方面做了大量工作。

《巴蜀文化通史》是集思聚智的学术成果，撰著参与者及分工情况详见于各卷后记。以下谨按卷次列出主要撰著者名单，共同见证这部著作的出版：

《通论卷》　　　　　　谭继和著
《农业与水利文化卷》　彭邦本编著
《工商文化卷》　　　　张学君著
《城市文化卷》　　　　何一民等著
《建筑文化卷》　　　　庄裕光著
《交通文化卷》　　　　蓝勇等著
《民族文化卷》　　　　赵心愚、杨铭等著
《宗族与会社卷》　　　张力著
《移民文化卷》　　　　陈世松著
《方言卷》　　　　　　李国太、黄尚军、袁雪梅、曾为志著
《民俗文化卷》　　　　徐学书、喇明英、况红玲等著
《哲学思想卷》　　　　蔡方鹿、刘俊哲、金生杨著
《史学卷》　　　　　　粟品孝、周鼎、李晓宇著
《宗教文化卷》　　　　李远国、向世山等著
《教育卷》　　　　　　徐辉、徐仲林等著
《文学卷》　　　　　　邓经武著
《艺术卷》　　　　　　苏宁、沈博、幸晓峰著
《科技文化卷》　　　　查有梁、王迎川、周世祥等著

《传播文化卷》　　　　赵志立著
《文献要览卷》　　　　舒大刚、李冬梅等著
《巴蜀文化大事记》　　张彦、陈德言、王林、彭东焕编著
《巴蜀文化研究论著索引》　李敬洵编

  由于多领域的地域文化通史尚属首创，不同门类各有其文脉演变、内在逻辑与历史进程，故未对各卷涉及本领域涵盖的时间起止及个别体例做统一的要求。编著者虽务求如清人顾炎武所说"庶几采山之铜"，而力避"买旧钱""废铜以充铸"，但因见闻学识所限，书中疏漏不足之处，尚祈望读者正之。

  最后要说的是，全书从编撰到出版来之不易，还得益于四川人民出版社历任社长罗韵希、解伟、黄立新，副社长骆晓平，总编辑刘周远的关心和支持。特别是谢雪编审从中协调、统筹以及众多编辑"为他人作嫁衣裳"的辛勤付出。巴蜀文化界学术界的领军人物、尊敬的马识途先生在2018年一百零四岁时为本通史题写书名。在此，我们表示深深的谢意。

章玉钧　谭继和　罗鸣　彭邦本
2021年11月

总 序

◎ 章玉钧

呈献在读者面前的这部多卷本《巴蜀文化通史》，是国家重点图书出版物出版专项规划项目、国家出版基金资助项目和四川省西部文化强省建设重点支持项目的学术成果。这个项目由中共四川省委宣传部直接组织和领导，四川省社会科学院牵头，川渝合作，组织和邀约四川省、重庆市七十多位巴蜀文化研究专家参加，得到四川省委、重庆市委和国家有关部门的重视和支持，获得国家和省文化产业经费的资助。全书二十二卷二十八册，约一千六百万字。编撰出版工作历时十五年终告完成。参加本书编修的专家学者们团结协同、切磋琢磨、集思聚智、甘苦备尝，贡献了创造性的劳动。四川人民出版社和各卷责任编辑认真敬业，严谨审慎，做出了辛勤奉献。在此，谨就编撰《巴蜀文化通史》的缘起与旨归、定位与特色、架构与方法、集成与出新，作一概括的介绍，以助读者对全书先有个总体的了解。

缘起与旨归

编修《巴蜀文化通史》之议，酝酿已久。20世纪80年代至90年代，巴蜀文化和蜀学研究在四川逐步升温，在选编出版徐中舒、蒙文通、顾颉刚、任乃强、邓少琴、冯汉骥等大师关于巴蜀文化的论著①后,陆续编写出版了《巴蜀文化图典》②《巴蜀文化研究丛书》③《巴蜀文化系列丛书》④。大家既为"地域文化热"的兴起而振奋,又在同地域文化研究先行地区的比较中,看到我们的差距,深感传承、整合和弘扬巴蜀文化,要抓牵头的东西,抓具有基础性、全局性和带动性的项目。2001年,一直关注文化的四川省老领导杨超、杨析综率先提出编撰《巴蜀文化通史》的倡议,杨超还构想系统整理自古以来的巴蜀文献,编成《巴蜀全书》。他们登高一呼,高屋建瓴,对学界有很大的启发和鼓舞。经过反复酝酿,省里八位老同志⑤于2005年10月联名致信四川省委、省政府,建议启动《巴蜀文化通史》的编撰工程。在组织四川高校和研究机构数十位专家学者进行论证,并征得重庆市有关领导和专家学者的赞同后,省委批准立项,审定了全书的框架设计。2006年7月,《巴蜀文化通史》多卷本编撰工程正式开展。

大家渴望编撰《巴蜀文化通史》并积极付诸行动,是基于这样的共识:民族文化是一个民族的根、脉、魂,是民族精神的载体,是支撑民族生存和发展的脊梁。全球文明古国各具优长,唯有中华文明几千年来一脉贯通地连续发展至今,重要原因是有由甲骨文、金文发展而来的形、音、义相结合的汉字为重要载体和文化纽带,用其写成的文史典籍代代承传,从未间断,起到全民族凝心聚力的巨大作用,激励中华民族历经磨难而不衰,直至迎来民族走向伟大复兴的盛世。巴蜀文化是多源汇成一脉、多元聚为一体的中华文

---

① 徐中舒《论巴蜀文化》、蒙文通《巴蜀古史论述》、顾颉刚《论巴蜀与中原的关系》、任乃强《四川上古史新探》、邓少琴《巴蜀史迹探索》,均由四川巴蜀史研究会编辑,由四川人民出版社于20世纪80年代出版。此后还有《冯汉骥考古学论文集》1985年由文物出版社出版,另有《缪钺全集》2004年由河北教育出版社出版。
② 该图典由川渝合作编成,刘茂才、滕久明任编委会主任,万本根、俞荣根任主编,四川人民出版社1999年出版。
③ 该丛书由杨超、杨析综任编委会主任,首批六册。李绍明《巴蜀民族史论集》、隗瀛涛《巴蜀近代史论集》、林向《巴蜀考古论集》、胡昭曦《宋代蜀学论集》、谭继和《巴蜀文化辨思集》、徐南洲《古巴蜀与〈山海经〉》,均由四川人民出版社2004年出版。
④ 该丛书由杨超、杨析综任编委会主任,谭洛非、邓星盈、万本根任主编,共十册,四川人民出版社2001年出版。
⑤ 八位老同志是杨超、杨析综、何郝炬、冯元蔚、廖伯康、聂荣贵、李永寿、章玉钧。

化中一个重要的区域文化，是博大精深的中华文明的一枝奇葩，在中华民族文化谱系中占有独特的地位。她绚丽多彩、大器包容，在与兄弟地域文化交流互益、吞吐融会中发展繁荣，形成并展示出独特的神韵和魅力，使哺育她的中华文化更添灿烂辉光。对于川渝地区各族同胞而言，巴蜀文化就是我们世代生存之根、承传之脉、发展之魂。

巴蜀大地钟灵毓秀、文脉悠长，堪称多种人类遗产荟萃的聚宝盆。巴蜀文化有许多独具的特色和亮点，足以令我们为先辈的创造感恩并自豪。茂县营盘山、成都平原从宝墩到三星堆、金沙以及长江三峡、宣汉罗家坝等处文化遗址的多次惊世发现，结合古文献资料，无可辩驳地证实了巴蜀作为长江上游的上古文明中心，丰富了中华文明的基因，显示出古蜀古巴文化永恒的魅力。周秦以来，中华思想文化素以儒学、道学为主干；佛学西来后，更以儒释道交融互补为特色。蜀地仙道发源很早，成为天师道的创教地；儒学从西汉起就在此代代传承，文翁石室、周公礼殿、孟蜀石经彪炳千秋；在佛教中国化的进程中，巴蜀出了许多大德高僧，尤其是禅学大师，成为中国禅学中心之一。作为中国重要地域学术文化的蜀学，富有哲思传统和文史之长，"易学在蜀""史学莫隆于蜀""文宗自古出巴蜀""自古诗人例到蜀"等赞语，无不彰显历代巴蜀学术文化的璀璨夺目，成就非凡。巴蜀的音乐、舞蹈、碑刻、石窟、书法、绘画、诗词歌赋、戏剧、织锦、酿酒、制茶、肴馔等享有盛誉，非物质文化遗存丰赡多彩。巴蜀悠久的农耕文化与繁盛的工商文化相得益彰，并曾在水利开发、天然气开采、钻井术、天文、数学、医药等科技领域独占鳌头，纸币"交子"首发领先全球。巴蜀是中国历史上一个典型的移民区域，又长期是汉族和许多少数民族相聚和融合的地区，开拓了对外交往的条条蜀道，形成了连通中亚、南亚的南方丝绸之路和藏羌彝民族走廊。移民文化与原生文化、汉文化与少数民族文化、本土文化与外来文化在这里交融互动，使巴蜀文化具有很强的开放性、包容性、创新性和辐射性，这些特性被学者喻为"水库效应"。巴蜀儿女自古敢为天下先，尤其是百余年来向现代化转型时期，巴蜀文化哺育和造就了众多的杰出人物和文化精英,红色文化光耀史册,三线建设举国之重,"改革之乡"①闻名遐迩。在2008年"5·12"汶川特大地震等自然灾害的救援和重建过程中,四川人民表现出的英勇、睿智、大爱、感恩,也都凝聚着巴蜀文化浴火重生的精神。

当今中国正处于世界百年未有之大变局,建设社会主义文化强国,着力提升文化软实力,关系到"两个一百年"奋斗目标和中华民族伟大复兴中国梦的实现。身为当代学人,要在马克思主义指导下,树立高度的文化自觉和自信,十分珍视本土优秀的传统文化,处理好传统文化与现代化、本土文化与外来文化的关系,立大志愿,开大视野,用大手笔来发掘和系统梳理传统文化资源,传承、整合、弘扬巴蜀文化,致力于培根铸魂、固本延脉,使我们优秀的文化基因永续传承,与当代社会相协调,让富有恒久魅力、具有当代价值的巴蜀文化在提高全民精神素质,推进文化强省强国,铸牢中华民族共同体意识和助推构建人类命运共同体的进程中发挥应有的作用。

编撰多卷本的《巴蜀文化通史》,具有深远宏大的文化价值、学术价值和应用价值。一是对巴蜀文化几千年的发展轨迹及其创造、积累的宝贵文化财富,作出系统梳理和规律性总结,可以回应巴蜀民众了解"我是谁""我从哪里来"的文化寻根需求,丰富人们的精神世界,尤其是在道德规范和价值取向上得到涵养和化育。二是可以较全面地展示巴蜀文化的神韵和亮点,系统阐扬蜀史、蜀学、蜀文、蜀艺,构筑宽阔的学术研究平台,为巴蜀人文社会科学走向繁荣,促进传统文化的创造性转化和创新性发展,发挥立其大本、凝聚人心、导向助推的作用。三是同兄弟地域文化的研究成果相互呼应、相得益彰,有助于深入了解中华文化,传承中华文脉,为我们的母亲文化增光添彩,一起来展示她的独特魅力,进而与世界多元文化中不同民族文化平等交流互鉴,为建设新时代中国特色社会主义文化,增强我国的文化竞争力和软实力添砖垒瓦。四是更进一步促进川渝文化合作,可以为繁荣、丰富当代巴蜀先进文化建设,尤其是推进文化创意产业和康乐旅游产业,发掘深层次的文化内涵,提供坚实的学术依据,从而开启思路、激发灵感,以文塑旅,以旅彰文,把潜在文化资源(包括物质文化遗产和非物质文化遗产)

---

① 邓小平1982年对家乡四川的深情赞语。

转化为现实的生产力和文化软实力。五是有助于改变四川高校和研究机构在巴蜀文化和蜀学研究上各自为政、力量分散的状况，使之汇聚并形成有较高水平的老中青结合的研究队伍。与《巴蜀文化通史》珠联璧合的《巴蜀全书》，作为四川有史以来最大规模的古籍文献整理工程，经由四川大学古籍整理研究所提出并担纲，在四川省社会科学院和兄弟高等院校协力下，2012年以来，已出版阶段性成果两百余种，就是蜀学研究正在形成合力的又一明证。

定位与特色

为了实现前述宗旨，参与编撰的同仁都力求使《巴蜀文化通史》既是文化集成，又是学术创新，努力做到观点有一定创新性，知识含量丰富，资料翔实，文笔流畅，总体上进入巴蜀文化研究的学术前沿，在科学性、系统性、创新性、前瞻性、可读性等方面力争成为当代巴蜀学人可以"预流"——预于时代学术潮流的成果，成为在巴蜀文化研究上服务于现实并可继往开来的学术著作。但我们悬鹄虽高而未必力所能逮，故难免"取法乎上，仅得乎中"之憾。

这部书的研究对象是巴蜀文化，性质是通中寓专、通专结合的文化通史，角度是把地域史学与文化学及相关学科契合起来，贯穿全书的编撰理念是"三通"，即纵通、横通与会通。这里就分别说一说本书的"文化"本位、"巴蜀"立位和"三通"定位。

（一）"文化"本位

世界上对"文化"的定义已经有好几百种。我们以唯物史观为指导，本着天人合一、以人为本的中华人文精神[①]来解读文化。"惟天地万物父母，

---

① 天人合一、以人为本，打破天道与性命的隔阂，既避免把天人合一引向神学化，也避免陷入人类中心主义，而把敬畏、顺应自然与发挥人的主体能动性相统一，蕴含天人相依相待、互动互益的张力。

惟人万物之灵。"①人作为自然演化的产儿，受惠于天地万物，在群体劳动实践中成为地球上的万物灵长，既能创制工具，又能用语言交流，进而创制文字，由此有了文化及其积累、传承，于是便创造了"人化的自然界"。同时，在法天、法地、法万物的进程中，人也改变和提升着自身。汉字的"文"，原意是文身、文饰、纹理，以文来显示，以文来变化，讲规矩、礼貌，与禽兽区别开来。这是外在的，更是内在的。文的外化于行与内化于心，开物成务与锻塑成人，乃是人类与自然进行精神与物质相互变换中联袂互动的双重效应。自然力所为乃造化，人类心力所创是文化。文化从何而来？由人化文；文化落脚何方？以文化人。荀子讲"化性起伪"，"伪"就是人为的东西。要改变自身才能更好地改变世界。文化就是这样"人化"与"化人"（或曰"人为"与"为人"、人性的外化与内化）相统一，在双向建构中螺旋式上升，推动着人居世界的演进。人，既是创造文化的能动主体，又是文化所创造的价值主体。这与古语"人文化成"②的解读可以相通，也跟西方"文化"一词兼容"耕作、栽培"（外化）和"养育、教化"（内化）的语义相衔接。《中庸》讲至诚尽性，内外交修："惟天下至诚，为能尽其性。能尽其性，则能尽人之性；能尽人之性，则能尽物之性；能尽物之性，则可以赞天地之化育；可以赞天地之化育，则可以与天地参矣。"③这段话，恰可理解作为内化与外化相统一的文化的功能。

这样的广义文化，它对外与天地万物相成相济，内结构则包含着精神文化、语文符号、规范体系（行为习俗和法律）、社会制度和社会组织、物质产品等要素。④这些文化要素，大体可划分为相互联结、相互渗透的三个层面：外层是作为基础的物态文化，即经过人的劳动形成的"人化"自然或器物层面，体现人与自然的互动关系及其物质成果；中层是语文符号、制度文化和行为习俗文化等，可称为"交往文化"，体现出人与人的互动关系即社会关系，也是精神文化的外在表现；内层则是以价值观为核心的精神文化，

---

① 《尚书·周书·泰誓上》，《十三经注疏》上册，中华书局1979年影印本，第180页。
② 《易·贲卦·彖辞》："观乎天文以察时变，观乎人文以化成天下。"
③ 《礼记·中庸》，《十三经注疏》下册，中华书局1979年影印本，第1632页。
④ 《中国大百科全书·社会学卷》，中国大百科全书出版社1991年版，第409页。

体现出人的心灵世界在真、善、美、圣（科学、道德、艺术、哲学、宗教）诸多领域与境界的创造。清代龚自珍说过："圣人之道，本天人之际，胪幽明之序，始乎饮食，中乎制作，终乎闻性与天道。"①文化的上述三个层面，既如血脉相通，总体上联动互进，在变迁时序上又往往呈现有速有缓、或前或后的不平衡发展状态。这种总体性与异步性的统一，是在研究和描述文化史时需要仔细琢磨和体现的。

综上所述，文化是在天人相合相分、互动互益进程中人的生命存在及其取得的全部成果，或简单地说，文化就是人类独有的生存方式。人们总是生活在世代传承而又不断积累、不断丰富的文化之中。这文化如水，滋润万物；若风，吹拂人间；又好比血液，灌注循环于特定民族或地区人群的心灵深处，产生凝聚力和认同感，积淀、凝结为人们稳定的生存方式。因此，人类的文化既有共通性，又有民族性、地域性和时代性，是多元的、多样的，而不是单一的、无差别的。不同民族、不同地域、不同时代产生的文化模式，形成的文化精神各有不同。伴随着时代的风云变幻，当不同文化相遇、相会时，从价值观念、思维方式、生活样态到社会习俗，就会产生交流、交融、交锋，出现文化选择和互融，进而导致文化的转型。通观世界历史，文化转型曾有过各种不同的类式。中华文化的现代转型是守正创新，把马克思主义基本原理同中华优秀传统文化相结合的自主式；而不是聚合多种移民文化、喧宾夺主的复合式；更不是那种特定场合下原有文化解体，被另一文化取代的断崖式。

"文化"和"文明"是两个意义相近又有区别的概念。文化侧重于文的功能，文明侧重于文的成就。人猿揖别，就出现文化；到告别蒙昧、野蛮，才进入文明时代。文明是个褒义词，囊括人类创造的积极成果之总和，用以指称人类社会的进步程度和开化状态。②当今多以文化标示民族性差异和地域性特色，而以文明标示人类的普遍行为和多元成就。文明因交流而互鉴，因互鉴而发展。在经济和科技全球化进程中，许多物态文化和一部分行为习

---

① 《五经大义终始论》，《龚自珍全集》，上海人民出版社1975年版，第41页。
② 《易·乾·文言》："见龙在田，天下文明。"《尚书·舜典》："睿哲文明。"孔疏："经天纬地曰文，照临四方曰明。"

俗文化在逐步趋于同质化，而具有不同基因的制度文化、语言文字，特别是精神文化，则终会呈现和保持多样化。这一部地域文化通史，本着文化的多元性和相通性来立论，各卷都力图写出浓郁的地域文化味，体现出"人化"与"化人"的统一。

（二）"巴蜀"立位

广袤的中华大地因地壳碰撞形成了自西向东、由高到低三个落差很大的阶梯，巴蜀处于高阶到中阶的内陆腹地，连通祖国的南北西东。巴蜀西部为青藏高原东南缘及横断山区北段，东部为群山环抱的四川盆地，总体地势西高东低，地形地貌独特丰富，集雄、奇、险、秀于一体，自然禀赋得天独厚，是万物生灵的洞天福地。巴和蜀是上古以来巴人、蜀人及其他族群先民活动的地域，二者相连乃至交错，文化复合共生，自成一个地域文化区系。在中华文明满天星斗式的起源中，这里是相对独立肇兴的长江上游文明起源中心，有巫山人、资阳人为代表的文化根系，有万年以上的文明起步，上古巴蜀地域文明形成和发展中的不少谜团还有待地下发掘来破解。三千多年前巴蜀文明就与中原文明血脉交融，与吴越、荆楚等文明紧密互动，也与南亚、中亚文明交流互鉴。公元前316年，秦并巴蜀后则更紧密全面地融入中华文明共同体，成为它重要的组成部分之一，东汉时即享有"天府之国"的美誉。巴与蜀同源同圈，文化具有同质性和内聚力，而自然人文环境又同中有异，形成了刚柔相济的复合型文化共同体。蜀人慕文好乐，精敏健雄，浪漫诙谐；巴人质直尚勇，豁达豪爽，吃苦耐劳。所谓"巴出将、蜀入相"，大致道出了两者文化性格的差异。巴蜀的地域范围历代有涨有缩，行政区划迭有变迁（包括1997年以后川渝分治），而长期历史形成的巴蜀文化区虽没有截然划定的边界，却是相对稳定的整体，并未因行政区划变动而忽合忽分。巴蜀文化区的范围是涵盖今四川省和重庆市地域，兼及周边风俗略同地区的民族文化共同体。它以史源悠久、流传有绪的巴文化、蜀文化为主轴，既包括四川盆地以汉族为主体、辐射四周的文化，也包括盆地周边各以藏、彝、羌、苗和土家等世居少数民族为主体、各民族和谐共融的文化，是这一地区从古至今多民族地域文化的总汇。这部书论述的地域以今四川省和重庆市为主，对不同历史时期曾纳入巴蜀行政区划或与其文化关联密切的地域也有涉及。

巴蜀虽地处祖国内陆，不靠边、不濒海，却衔接南北，连通西东。在编撰这部书时，我们力求处理好巴蜀文化与其母文化——中华文化的关系，重视巴蜀文化与兄弟地域文化之间的交集和互动，着眼于巴蜀文化的特性、个性，寓共性于个性之中，寓统一性于多样性之中。我们也重视巴蜀文化与域外文化之间的交集和互动，注意巴蜀文化在中外文化交流中所起的作用。在巴蜀文化内部，我们力求处理好蜀文化与巴文化相互之间的关系，巴蜀汉民族文化与各世居少数民族文化的关系，尽可能都给以充分的关注，反映它们之间的共性与个性、互联与互动，力避顾此失彼，详略失当。为涵盖并展示少数民族文化多姿多彩的众多领域和方面，这部书除单独设置《民族文化卷》外，各有关专题卷都力图把相关领域的少数民族特色文化摆在重要位置进行阐述和概括。

（三）"三通"定位

"三通"是贯穿全书的重要编撰理念。史著价值在于信，通史灵气在于通。司马迁"究天人之际，通古今之变，成一家之言"①是我们心向往之、孜孜以求的目标。史学前辈范文澜等曾提出"三通"（"直通""旁通""会通"），我们根据编撰《巴蜀文化通史》的要求，把历时态的"纵通"、共时态的"横通"与跨文化、跨学科的"会通"，合在一起作一些新的阐释。世界是通的，大历史是通的，大文化是通的。文化史的发展，本来就涵盖着纵向的全过程、横向的多层面、跨文化的多领域。通向历史本真，揭示历史本体，是"三通"追求的目标。尤其是作为通中寓专、通专结合的多卷本地域文化通史，无论承担通论或专题卷的学者，都力求在"三通"上下功夫。

一曰纵通，指历时态全过程的贯通。"观水有术，必观其澜。"这部书贯穿古今，上溯于远古巴蜀先民之蒙昧初开，下迄21世纪初年川渝之文明新

---

① 《史记》卷一三〇《太史公自序》。

貌，原始察终，系统梳理这个既有内在连续性，又呈现不同时代阶段性的曲折过程中巴蜀文化层积而兴的脉络，由此分析其在各个历史时期的盛衰流变，此起彼伏的高峰低谷，展示巴蜀文化的特色和贡献，进而探究其发展的逻辑进程，尤其是传统巴蜀文化向现代化转型的路径，论证巴蜀文化的当代价值和意义，揭示巴蜀文化的发展趋势和前景，做到鉴古察今、述往知来。这是全书贯穿始终的主线。这条主线还可以从实践与认识的角度一分为二：一是巴蜀文化的实践史、发展史；二是在实践基础上对巴蜀文化的认识史、研究史。二者结合方能从实践与认识的循环往复中，深入把握"外化与内化相统一"的文化真髓。

二曰横通，指共时态全方位的互通。"事不孤起，必有其邻。"从全书立卷到各卷章节的设置，都力图以时间为经，以反映文化的不同层面及专题为纬，纵横交织，立体成像。历史运动是有结构的，它是过程与结构的统一，广义文化中各层面的共生、交叉、互动就体现着这种结构性。这部文化通史不仅要剖析巴蜀文化发展的过程，同时要展现巴蜀文化的层次与结构。本书多数专题卷，虽然在物态文化、交往文化、精神文化几个层面中各有其侧重点，但都是从有血有肉的文化肌体中抽出来的，不能孤立求索和描述。研究时不仅不能把经济基础与其上层建筑割裂开来，还要努力展示文化各层面的横通，展示各专题内部各个相关领域的横通。这样做是为了尽量体现地域文化生成的内在机理，使读者把握到神完气足、血肉丰满、生机勃勃的整个巴蜀文化。

三曰会通，着重指跨文化、跨学科的多元共融，全景式打通。《易·系辞上》说："圣人有以见天下之动，而观其会通。"[①]南宋郑樵《通志》特别强调"会通"。[②]要从天下事物阴阳变动不居的状况，观察领悟其会合变通的卯窍。人类文化从来是多元并存，在相互比较、碰撞、渗透、融合中发展的。研究地域文化，必须有开放式的大视野，具备跨文化、跨学科的眼界

[①] 李鼎祚《周易集解》注文中引用汉代干宝："观日月而要其会通，观文明而化成天下。"
[②] 郑樵《通志·总序》："百川异趋，必会于海，然后九州无浸淫之患。万国殊途，必通诸夏，然后八荒无壅滞之忧。会通之义，大矣哉！"又其《夹漈遗稿》卷三《上宰相书》："天下之理，不可以不会，古今之道，不可以不通，会通之义，大矣哉！"

和通识，能够在充分尊重和了解各种文化事象的前提下，不停留于对现象的描述，而要触类旁通、探赜索隐、择精合妙、汇聚通宜，真正实现圆融贯通。纵通为经，横通为纬，须擅会通，方呈现三维立体的全息图景，做到究始终、观全体、明是非得失之故。就是说，文化史研究要通过分析和综合，具备文化反思和阐释张力，会归通衢，由"方以智"进到"圆而神"，抵达藏往知来之境。

我们时时提醒自己：研究巴蜀文化不仅要钻得进去，还要跳得出来，站到更高处，具有开放的胸襟和跨文化比较的视野，把巴蜀文化放到多元一体的中华文化和全球多元文化的大背景下加以审视，察异观同，和合会通。巴蜀文化从来不是与世隔绝、孤立自足地成长起来的，而是在同周围的兄弟地域文化相互影响下发育繁衍，并在同远近的异质文化间接或直接的交流互动中汲取营养的。我们正处在不同文化交流空前深入、碰撞空前激烈的时代，为了追寻全球文化的多元和谐，助推构建人类命运共同体，一定要本着"各美其美，美人之美，美美与共，天下大同"的文化会通观，祛除近代以来因受西方强势文化轻视、压抑而形成的文化自卑和盲从心态，提高对中华文化地位、作用的认识，坚定文化自信，珍爱并拓展、弘扬本土文化的精华。要在马克思主义指导下，具备通识通才，对中外文化精神析同辨异，折冲樽俎，在会通中实现对优秀传统文化的继承和超越，对外来文化精华的吸纳和转化，促进新时代中国特色社会主义文化繁荣发展，不断开拓文化巴蜀、文化中国转型复兴之路。

架构与方法

20世纪初叶，随着新史学的兴起，文化史在历史学中的地位得到重视和加强。刘师培曾计划研究文化专门史，含十六种，以西方学术的科目，析先秦诸学学术思想之长短得失。①胡适设想，中国文化史要包括民族史、语言文字史、经济史、政治史、国际交通史、思想学术史、宗教史、文艺史、风俗史、制度史等科目。②梁启超专就文化史的做法讲课，认为需要对政教典章、社会生活、学术文化等方面，做分门别类的文化专史。最好是把人生的活动事项纵剖，依其性质，分类叙述。在狭义的文化专史中，他举出语言史、文字史、神话史、民俗史、宗教史、道术史（哲学史）、史学史、自然科学史、社会科学史、文学史、美术史等。③不过，20世纪30年代初问世的几部中国文化史（如杨东莼1931年、柳诒徵1932年、陈登原1935年），仍多系综合体裁，对各文化门类往往语焉不详。

在前辈学者探索的启发下，我们反复思量，决定突破所见的国内现有地域文化史侧重综合、纵通的体裁，而按"纵述史实，横排门类"的编撰原则，采用"通论+专题卷+大事记"这样一种体现纵通、横通、会通的创新结构，几经斟酌，全书共二十二卷，排序如下：置全书之首的《通论卷》，阐释了巴蜀文化的基本概念与学术体系，生态环境背景，巴蜀文化的研究史和认识史，由古及今的文化发展轨迹、基本性质及基本特征，在多元一体、博大精深的中华文化中的定位及其特殊贡献，薪火传承与现代化转型创新及前景趋势，力求起到提纲挈领、纲举目张的作用。其后大体按文化的不同层次，分别为巴蜀文化具有特色的领域、学科列专题卷。先是侧重物态文化并由此探及相关交往文化、精神文化层面的，有《农业与水利文化卷》《工商文化卷》《城市文化卷》《建筑文化卷》《交通文化卷》；接下来的《民族文化卷》从中华民族共同体的多民族视角强调综合性；《宗族与会社卷》《移民文化卷》《方言卷》《民俗文化卷》大体属于制度文化、语言文字、行为交往文化层面（鉴于政制、职官、法律等制度，全国大体统一，故不设专卷）。继后精神文化层面的部分，卷数较多，设有《哲学思想卷》《史学卷》《宗教文化卷》《教育卷》《文学卷》《艺术卷》《科技文化卷》《传

---

① 刘师培：《周末学术史序》，1905年作，《刘师培儒学论集》，四川大学出版社2010年版，第36~78页。
② 胡适：《〈国学季刊〉发刊宣言》，《胡适文存》二集，黄山书社1996年版。
③ 梁启超：《中国历史研究法（补编）》，《中国历史研究法》（外二种），河北教育出版社2000年版。

播文化卷》。为便于了解巴蜀历史文献，尤其是蜀学文献，特设有文献目录学专题《文献要览卷》。专题卷之后的《巴蜀文化大事记》，对先秦至当代巴蜀文化重大事件以编年方式扼要记载，便于读者对巴蜀文化全程有鸟瞰式、综合性的把握；《巴蜀文化研究论著索引》，则供研究者作为检索工具使用。以上就是全书的架构。

各专题卷均前置导言，末设结语。其篇章框架则因事制宜而有所不同。有的是以时期分章，大体按不同门类分节，在纵通中含横通（如《教育卷》）；有的主要按专题并结合时序来分章节，在横通中含纵通（如《科技文化卷》）；有的先理出历史线索，再突出一些重点专题，先纵后横，纵横结合（如《城市文化卷》）；还有的卷内分两编，分述相关内容（如《农业与水利文化卷》）。

《巴蜀文化通史》作为多卷本的学术著作，主要供大专以上程度的读者阅读，以及文化馆、图书馆等购备。它既不是曲高和寡的"阳春白雪"，也不是能够直接普惠民间的通俗普及读本。为了让巴蜀文化走进千家万户，还有待开发科普读物和图文，使之逐步大众化，在应用和传播上做创新文章。

编撰《巴蜀文化通史》，涉及学科门类甚广，涵盖时间很长，创新要求颇高，总字数超过千万。这样的文化工程，绝非率尔操觚、短促突击所能成功。近人刘承幹[①]《明史例案》提出过八条准则，就是"搜采欲博，考证欲精，职任欲分，义例欲一，秉笔欲直，持论欲平，岁月欲宽，卷帙欲简"，我们在编撰过程中借作参照，同时根据在新时代撰写地域文化通史的新要求，不断从实践中探索，大体形成了以下一些做法：

（一）多学科的专家学者分工合作，协同攻关

梁启超主张，广义的文化专史，涉及面特别广，在专史中最为重要，也最为困难。这不单是史学家的责任，更是研究某种专门学问的人对于该种学问的责任，要尽量用内行的专门家去做。若能以终身力量做出一种文化专史

---

① 刘承幹（1881～1963）：著名藏书家、刻书家、史学家。

来，于史学界便有不朽的价值。①本书的编撰设置了编撰委员会、学术委员会及编辑部，确定由正副主编主持编撰，编辑部依托省社科院开展编务工作。各专题卷的著者采取定向邀标办法聘请，多为对该学科领域研究有素的专门家，分别采取由个人承担，或二三人合著，或一人主撰、团队协力完成等方式进行。为保证学术质量，使全书有机统一，在实行主编负责制的同时，由资深专家组成学术委员会，全程参与从项目规划到成书的学术攻关和学术把关。

2006年以来，先后开了四次分卷著者会议，八十多次书稿审读会议。第一阶段，先由学术委员会同分卷著者反复讨论各卷著者拟出的由粗到细的提纲，并明确全书编纂理念②，统一规范体例，然后与分卷著者签订编撰合同，落实工作责任。第二阶段，学术委员会同分卷著者研讨各卷写出的一两章样稿，这是"摸着石头过河"的试错与磨合过程。有些卷的思路和写法曾有大的调整和改变。第三阶段，各卷著者潜心研究，奋力写作。初稿先后写出后，大都经过学术委员会仔细研读，写出审读意见，同著者一起讨论，从结构、体例到观点、材料都认真交换意见，对著者遇到的各种史料、概念及话语体系、文脉梳理、文化基因挖掘等问题，出点子，提思路。待著者修订后又进行讨论，有的书稿研讨了四个回合。当某一分卷初稿趋于成熟时，即请出版社责任编辑提前介入审编，参加讨论，以便撰写工作与第四阶段的编辑出版工作紧凑衔接，不出空当。因各卷皆分头撰写，结构和文字风格有所不同，对同一文化事象的见识裁断有别也在所难免。在统改书稿过程中，既充分尊重分卷著者的学术个性和创见，同时为了各卷在总体上规范统一，基本观点相互协调而不相抵牾，尊重主编的统改权，而在个案判断上各卷则有自由度。注意把握各卷边界，相互照应避让，以免大的重复，做到详略互见，各得其宜。

在这部文化通史编撰期间，本书学术委员会大多数成员在辛勤共事中度过了古稀以至耄耋之年。我至今还清楚地记得在每次研讨会、审稿会上专家

---

① 梁启超：《中国历史研究法（补编）》，《中国历史研究法》（外二种），河北教育出版社2000年版。
② 章玉钧：《关于编纂〈巴蜀文化通史〉的思考》，《中华文化论坛》2007年第4期，第5~10页。

们无私地贡献个人的真知灼见，自由发表不同见解乃至相反的主张，体现出的那种学术为公的争鸣探索精神。尤其令我们刻骨铭心的是：隗瀛涛、李绍明、贾大泉、沈伯俊、万本根、胡昭曦、林向七位先生为学术工作长期呕心沥血，先后因病辞世。对诸位先生的高见卓识、学者风范尤其是为编撰本书所做的贡献，我们将永志不忘。

（二）采取多重证据法和综合研究法，在搜集和鉴别史料上下大功夫

古人所称"文献"，原本指书面文字记载与贤人口头传闻①，徐中舒先生拓展他的老师王国维的古史二重证据法为多重证据法，注重传世文献、出土文物和现代民族学、民俗学的活态文献等结合互证，将区域文化史研究提高到崭新的学术境地。本书编撰中，继承和弘扬王、徐等前贤视野广阔的史料观，搜罗史料力求竭泽而渔，鉴别史料着意披沙拣金，通过综合比勘，相互参证，追根溯源，从而正误辨伪，务寻真史。各专题卷著者都是先汇辑基本史料并掌握学界已有研究状况，汲取前人取得的成果，才进入写作阶段。有好几卷的著者更是"读万卷书、行万里路"，带领研究生经年累月搞田野考察，获得不少真知灼见，从而在学术上有了新的拓展。

（三）坚持文化学的视角，采取多学科交叉和比较文化学的研究方法，力求写足文化味

文化既然是人的生存方式，归结为"人化"和"化人"，每卷文化史就要见物更见人，既写出"由人化文"的胜境，更揭示"以文化人"的妙谛。有关精神文化的各专题卷，既系统梳理巴蜀精神文化尤其是蜀学发展繁荣的脉络，突出展示巴风蜀韵孕育出的文宗巨子和文化精英的成就，也记载众多无名工匠、艺人等留下的民族民间文化、市井文化的瑰宝。侧重物质文化的各专题卷，不停留在物态层面的描绘，而尽力深入到制度层面、精神层面。如《农业与水利文化卷》《科技文化卷》等，对举世无双、造福人类

---

① 朱熹："文，典籍也；献，贤也。"引自《四书章句·论语集注》卷二《八佾第三》，中华书局2012年版，第63页。

二千二百七十多年的都江堰水利工程，就不仅从物质、科技、生态层面介绍其巧夺天工、可持续发展的奥秘，而且从制度文化层面总结其堰官、岁修、劳役、配水、轮灌、收费等管理制度，更深入精神文化层面阐释其"上善若水"的哲理和人文精华。

（四）掌握焦点，抓住重点，发挥特点，突破难点

饶宗颐先生在揭橥华学趋向时，曾提出"三条"："一是纵的时间方面，探讨历史上重要的突出事件，寻求它的产生、衔接的先后层次，加以疏通整理。二是横的空间方面，注意不同地区的文化单元，考察其交流、传播、互相挹注的历史事实。三是在事物的交叉错综方面，找寻出它们的条理——因果关系。"又说："我一向采用的史学方法，是重视'三点'，即掌握焦点，抓紧重点，发挥特点，尤其要特别用力于关联性一层。"[①]我们体会，"三通"的理念与上述"三条""三点"是一致的，而方法上特别重视关联性，就要纵通找焦点，横通抓重点，会通求特点。编撰中，我们注意咀嚼梁启超的卓见：文化的发展史，各个时代、各个领域是不平衡的，重要性是不一样的，要分主系、闰系和旁系。不要平讲直叙，分不出浓淡高低。须用鸟瞰的眼光，看出哪个时代最主要，发达到最高潮，便用全力赴之。[②]各书大都采用了这种大处着眼、抓住重点、突破难点、提炼观点、不平均使用力量的方法。

集成与出新

前面提到，编撰这部书时，我们力求做到既是文化集成，更是学术创新。无论文化发展、学术探索，都是慧命相续、推故致新的过程，需要不断传承积累，继往开来，久久为功。"譬如积薪，后来居上。"用冯友兰先生

---

① 饶宗颐：《〈华学〉发刊词》（1995年），《选堂序跋集》，中华书局2006年版。
② 梁启超：《中国历史研究法（补编）》，《中国历史研究法》（外二种），河北教育出版社2000年版。

的话,这是从"照着讲"到"接着讲"的进程。每门文化史的研究,都需要对已有的各种史料,广搜博采,集纳钩沉;对前贤成果循波讨源,含英咀华;只有在对文化遗产守正传承的基础上,才有可能站到前人肩膀上,回应新的时代需求,匠心独运,开拓新境;才有可能焕然出彩,奉献出在某些方面超越前贤的成果。朱熹诗云:"旧学商量加邃密,新知培养转深沉。"①集成是出新必需的基础和前提,出新则是集成企求的目标和价值增值的成就。二者同体异面,缺一不可,是衡量学术成果质量相互关联的两个维度。

(一)从集成的维度看

首先,《巴蜀文化通史》可以说是"巴蜀文化"概念提出八十多年来首次大的学术集成。"西蜀文化"(郭沫若1934年)、"巴蜀文化"(卫聚贤1941年)提出之初,主要是就巴蜀考古文化而言,后来渐次扩大到广义的巴蜀文化,有关论著已上千册,有关文章达数万篇(《巴蜀文化研究论著索引》多有著录),形成了分别以史学文献考据、文物考古、民族民俗田野调查为主的三种研究方向,近年又发展出综合诸家的会通型研究方向。各条路径的学者在不同领域、从不同角度艰辛探索,均取得了丰硕的成果。本书各卷编修中,都努力加以搜集、消化和吸取,并以借鉴、发挥这些观念、方法为前提,力求形成对巴蜀文化研究具总汇性的成果。如《通论卷》从总体上就巴蜀文化生态背景、内涵性质、发展历程及基本规律、特征等问题,会通诸说,取精用宏,做了言之成理的统体性总述,成为具有集成性的一家之说。《民族文化卷》不仅就民族理论的疑难问题深入研究,还在搜集分析历史文献材料、文物考古材料,特别是对国家组织的多次民族调查材料下了很大功夫,从而描绘出巴蜀世居各少数民族立体生动的文化图景。

其次,古往今来的巴蜀文化长河浩荡壮丽,魅力无穷。《巴蜀文化通史》对清点总结长时段、宽领域、多层面的巴蜀文化来讲也是一次学术集成。巴蜀的历史文化名人,如大禹、李冰、落下闳、文翁、司马相如、扬

---

① 《鹅湖寺和陆子寿》,(宋)朱熹著,郭齐、尹波点校:《朱熹集》卷一,四川教育出版社1996年版,第185页。

雄、诸葛亮、陈寿、常璩、陈子昂、武则天、李白、杜甫、薛涛、苏轼、格萨尔、张栻、秦九韶、杨慎、李调元等，都在相关卷帙中重点推介，娓娓道来；巴蜀历史上突出的物质文化成就和非物质文化成就，蜀学、蜀文、蜀艺、蜀籍的精华也都提要钩玄，荟萃于此。如《文献要览卷》就搜选论列了近五百种巴蜀文化重要典籍，可一览巴蜀文献精华，为学者指点津梁。又如智慧幽默的四川方言是巴蜀历史文化凝结的珠宝，《方言卷》挖掘、串起一颗颗珍珠，并生动剖析其蕴含的丰富文化信息，令人齿颊留香。

再者，不少专题卷的著者既具文化通识，又对该学术领域长期耕耘，研究有素，此次写作起到了阶段性总结的学术集成作用。例如：《城市文化卷》著者三十多年来由跟从名师到带领团队，一直深耕于近现代中国城市与城市文化研究领域；《移民文化卷》著者是国内知名的移民文化、客家文化研究专家；《交通文化卷》著者多年致力于西南历史地理尤其是交通文化的调研；《哲学思想卷》和《史学卷》著者长期潜心研究巴蜀哲学、巴蜀史学；《建筑文化卷》著者是卓有成就的古建筑研究专家、高级建筑师。他们都在各自领域完成了多项国家课题，此次承担专题卷，更是辛勤研讨，旁搜远绍，厚积薄发，突出亮点，倾力奉献了后出转精之作。

（二）从出新的维度看

本书围绕前述长时段、宽领域、多层次的巴蜀文化来创新体例结构，成为首部纵横贯通、覆盖面广、体量超大的巴蜀文化史，在全国已出的各种区域文化通史中，当属编撰体例新、时间跨度长、内容浩繁的一部。学术体系上的集成性，本身就是从文化观念、编撰理念到架构体例的出新，在地域文化通史领域作了开创性的探索。这是其一。

本书各卷着眼于发展新时代文化，明道求真，以史经世，着力写出巴蜀文化的特色和韵味，在内容上有较多突破和出新。过去关于农业与水利、工商、交通、建筑、城市等的论著，容易停留于物态层面，罕有从文化学角度和宏观视野对其全过程深入探讨之作；这次研究标明以"农业与水利文化""工商文化""交通文化""建筑文化""城市文化"为对象，注重深入文化层面进行阐释，且着意探讨长时段历史中这些物质文化变动与制度文化、精神文化演进的关系及产生的影响,这些往往是以前研究论著较少触及的。有关巴蜀学术文化的几卷,着力显示蜀学长于思辨、多元会通、创新超迈、沟通理欲、注重事功等特色,有助于发扬当今的时代精神。有关交往文化的几卷,注重聚焦于民间大众,关注各色人等的日常生活,运用了许多文化人类学、社会学、民族学的方法,见解新颖,地域文化味很浓。这是其二。

更值得珍视的是,各卷在编撰中深汲传统的源头活水,发现其烛照现实和未来的原创亮点,尤其是优越秀冠的巴蜀文化在传承创新中焕发异彩之所在。许多卷发掘出大量翔实的资料,匠心独运,以史鉴今,提炼出有创新性的学术观点,或举出有新颖性的论据,活用巴蜀首创的学术话语,采用别出心裁的叙事方式,力争获得创新、独见、卓识的学术成果。具体的创新点如同"诗眼""文眼"分布闪烁在卷帙之中,细心披阅,当会时有"山阴道上,应接不暇"之乐,这里无法一一细析。

鉴于多卷本地域文化通史尚属初创,不同文化门类各有其学理脉络、发展轨迹和演进特色,编撰难度往往超出预期,主编和各卷著者虽迎难而上,勉力为之,但仍难免有纰漏丛脞之处。尤其是古蜀文明还有不少千古待解之谜,我们受限于已获的资料和研究水平,多只能守阙存疑。对成稿后的许多惊世发现,巴蜀文化日新月异的面貌和新的研究成果亦未能更多纳入。当把多卷本《巴蜀文化通史》奉献到读者面前时,我们既同大家分享喜悦,又有颇为忐忑的心情。这部书,以至其中每一卷,究竟应获怎样的评价,最终还要接受时间的检验。衷心期望巴蜀文化研究慧命相续,薪火相传,探索和构建起自身完整的学科体系、学术体系和话语体系。但愿此番的初创能为后续俊彦们开拓新境起到抛砖引玉的作用。

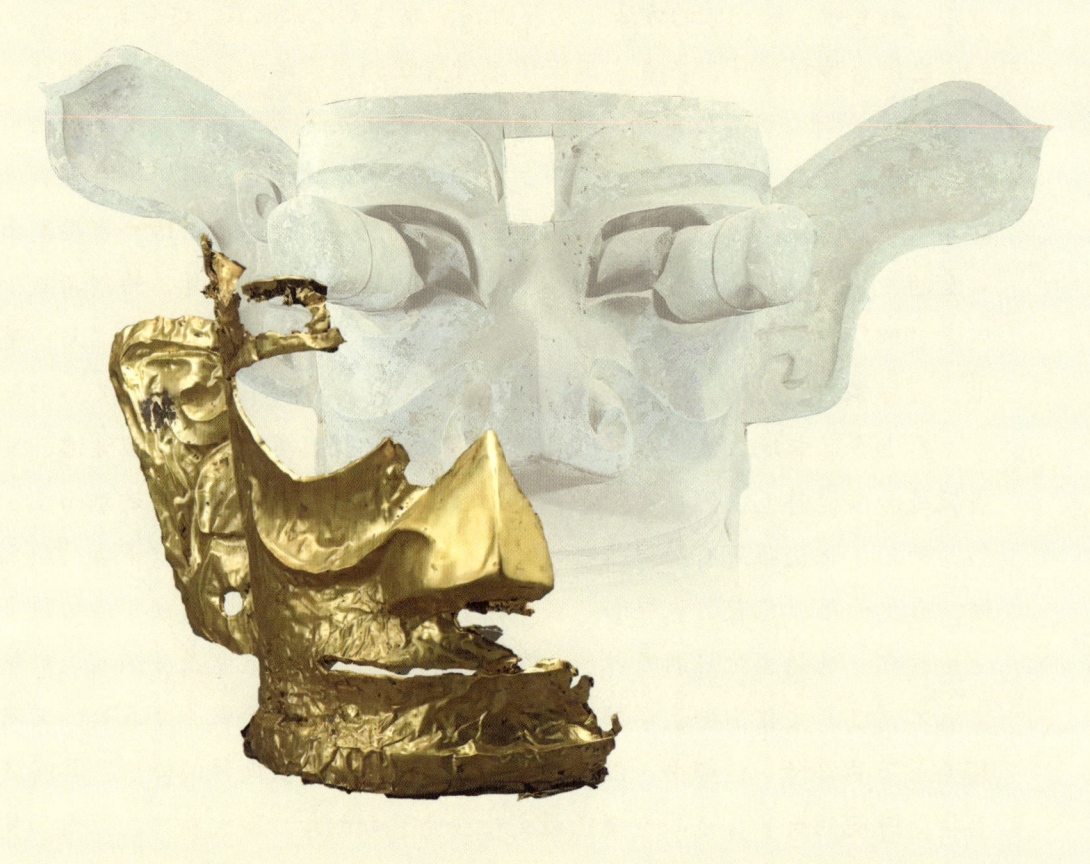

目 录

导 言 / 1

    一、巴蜀史学的发展轨迹 / 1

    二、巴蜀史学史研究的现状 / 8

    三、本书写作的宗旨、范围和意义 / 13

第一章 巴蜀史学的兴起（先秦秦汉时期）/ 17

    第一节 巴蜀古史的记述 / 21

        一、《山海经》与蜀王旧史 / 22

        二、《蜀王本纪》对古蜀历史的记述 / 28

    第二节 扬雄以儒家思想论史及其影响 / 33

        一、扬雄对儒家经学的推崇 / 34

        二、扬雄对《史记》主导思想的批评及其影响 / 37

        三、扬雄以儒家观念评价历史人物及其对《汉书》的影响 / 41

第二章 巴蜀史学从初盛到低落（三国至隋唐时期）/ 47

    第一节 谯周的古史学成就 / 50

        一、谯周对东汉史和巴蜀地方史志的编撰 / 51

        二、谯周对古史之学的精深研究 / 55

    第二节 入列"正史"的经典名著——《三国志》/ 58

        一、《三国志》的编修及书名问题 / 59

二、《三国志》的优点 / 60

第三节　地方史志的杰作——《华阳国志》/ 70

一、汉以来巴蜀地方史志的编修 / 70

二、多方面展示祖国西南的地方通史 / 76

三、以"大一统"观念重建巴蜀古史 / 81

四、贯彻"五善"的著史宗旨 / 89

第四节　南北朝隋唐时期巴蜀史学概况 / 96

一、南北朝时期的巴蜀史志与李膺《益州记》/ 96

二、隋唐时期的巴蜀史志概况 / 98

第三章　巴蜀史学的繁盛发展（两宋时期）/ 103

第一节　修史论史重点的转移：从前后蜀史到唐朝史 / 107

一、记述前后蜀历史的专书——《蜀梼杌》/ 108

二、宋代以理论史的典范之作——《唐鉴》/ 113

三、考据史学的名著——《新唐书纠谬》/ 121

第二节　三苏史论的崛起及其重大影响 / 125

一、史事评论与史学评论：三苏史论的两大方面 / 125

二、文学化与罕及纲常伦理：三苏史论的特点及重大影响 / 134

第三节　"卓然可传"的三部私修本朝史 / 138

一、北宋九朝的编年史巨著——《续资治通鉴长编》/ 139

二、南宋高宗一朝的编年史名著——《建炎以来系年要录》/ 152

三、北宋九朝的简明纪传体著作——《东都事略》/ 161

第四节　巴蜀理学名儒的史学思想 / 168

一、张栻以义利之辨论史 / 169

二、魏了翁注重考据和识古今制度之变的思想 / 172

第五节　方志编写的丰硕成果 / 179

一、州级方志的普及 / 179

二、蔚为壮观的成都"四记" / 195

三、一部内容宏富的地理总志——《皇朝郡县志》/ 199

第四章　巴蜀史学的低谷与缓慢发展（元明清时期）／205

第一节　元朝费著与虞集的史学成就／209
一、费著对前代巴蜀文献的收集与整理／210
二、寓居江南的"一代文宗"虞集／216

第二节　杨慎与明朝史学的考信之风／228
一、杨慎的生平及其时代／228
二、杨慎的主要史学著作及其对西南文化史的贡献／231
三、杨慎的考据方法及其批评者／240

第三节　清代唐甄与刘沅的史论／248
一、清初唐甄的历史批判思想／248
二、清代中期刘沅的道德史学／262

第四节　方志修纂的重要进展／271
一、元初虞应龙对《元大一统志》编修的贡献／271
二、明清四川省志的多次编纂及其价值／276
三、府州县志的日渐普及与名家修志／286

第五章　巴蜀史学的转型与巨大发展（晚清以来）／303

第一节　晚清以来巴蜀史学的转型及发展演变／308
一、清末民初巴蜀史学的转型／308
二、抗战内迁与巴蜀史学的快速发展／313
三、新中国时期巴蜀史学发展的新局面／320

第二节　巴蜀史学转型时期的学术巨匠／325
一、"全史功臣"张森楷／325
二、"一代之雄"刘咸炘／331

第三节　出自巴蜀地区的马克思主义史学家／342
一、中国马克思主义史学体系的开创者——郭沫若／342
二、中国马克思主义史学的开拓者之一——吴玉章／361

第四节　名家荟萃的中国古代史研究／368
一、经史融会的蒙文通／368

二、倡导多重证据法的徐中舒 / 383
　　三、文史互证的缪钺 / 395
　　四、追求"通儒"境界的贺昌群 / 406

第五节　巴蜀地区的考古学与西南民族史研究 / 417
　　一、巴蜀地区考古学的建立与发展 / 417
　　二、西南民族史研究的开创与发展 / 426
　　三、西南考古学的奠基人——冯汉骥 / 435
　　四、康藏研究的奠基人——任乃强 / 442

第六节　地方志的编写高潮 / 449
　　一、方志修纂的若干新变化 / 450
　　二、民国《重修四川通志稿》的编纂及其价值 / 459
　　三、新中国第一轮《四川省志》的编纂出版 / 464

结　语 / 470

　　一、巴蜀史学对中国史学发展的贡献 / 470
　　二、巴蜀史学的若干特征 / 477

主要参考文献 / 485

后　记 / 515

导　言

"统观蜀学，大在文史。"[①]近代史学名家刘咸炘（1896~1932）此语，确实抓住了巴蜀文化的重心和特色。巴蜀史学不仅是巴蜀文化的一个重要门类，也是中国史学的有机组成部分。这里的巴蜀，是指以四川盆地为核心区域、以今四川省和重庆市为范围，并适当延及周边地区的地域。而所谓的巴蜀史学，则主要是指具有巴蜀籍贯的学者有关史学的编纂和论述，或在巴蜀境内发生的史学活动。目前对巴蜀史学的个案研究不少，有的还比较丰富，但综合性和贯通性的研究则相当不足。作为《巴蜀文化通史》的一个专卷，本书拟以通贯的眼光，对上起先秦、下迄当代的巴蜀史学展开专门研究，希望有助于更为全面和准确地认识巴蜀史学的发展面貌，推动巴蜀文化和中国史学史的深入研究。

一、巴蜀史学的发展轨迹

巴蜀史学的发展深深植根于巴蜀社会。纵观巴蜀社会，先后经过了巴蜀之巴蜀（指秦并巴蜀之前相对独立发展的巴蜀地区）、华夏之巴蜀（秦并巴蜀以后的巴蜀地区）和世界之巴蜀（晚清以降伴随中国融入世界万国之林之后的巴蜀地区）三大历史阶段，深受全国乃至晚近世界发展变化的影响。与此相应，巴蜀史学虽然主要是巴蜀地区社会的产物，但也不断受到来自全国其他区域乃至晚近其他国家和地区社会文化的深刻影响。基于此，我们在考察巴蜀史学发

---

① 刘咸炘：《推十书·推十文集》卷一《蜀学论》，成都古籍书店1996年影印本，第2102页。

展演变的轨迹时，视野自然不应局限于巴蜀本地。

纵观巴蜀史学的发展变化，大致经过了先秦秦汉时期的兴起、三国（蜀汉）两晋时期的初盛、南北朝隋唐时期的低落、两宋时期的繁盛、元明清时期的缓慢发展和晚清以来的转型与巨大发展六个阶段，呈现出三低三高的发展轨迹。

（一）先秦秦汉时期巴蜀史学的兴起

公元前316年秦并巴蜀之前，曾经创造了三星堆文明、金沙文明等辉煌历史的巴蜀各国各族，似与中原诸侯国一样，已有自觉的历史意识和历史记载。早在抗战时期，顾颉刚在提到《华阳国志·蜀志》所述开明氏"凡王蜀十二世"时就说："开明氏之蜀，文化程度綦高，当有记载传后，《（华阳）国志》所云'十二世'之数宜有所记。"①认为蜀地的开明王朝是有自身历史"记载"的。后来蒙文通更具体地指出："春秋战国时代，各国都有它所流传的代表它的传统文化的典籍……巴、蜀之地当有它自己的作品，《山海经》可能是巴、蜀地域所流传的代表巴蜀文化的典籍。"②如此论断则说明，以神怪著称又长期居于史部地理类的《山海经》就是迄今所知巴蜀地区产生的最早的史学作品，可谓巴蜀史学之源。

秦并巴蜀之后，巴蜀地区原有的历史文化进程固然被打断，但由此开启了与祖国各地特别是与先进的中原地区更广泛更充分的接触交流，经过上百年的"染秦化"③以及后来的"汉化"历程，这片先前被视为"南夷""戎翟"的区域已由过去的华夏边缘而成为诸夏之区了，华夏文化明显占据了主导。这一社会巨变对史学带来了什么样的影响呢？一方面，一代又一代的学者不满巴蜀古史记忆的丧失，有意识地将有关传说和后来的发展情况加以记述，并整理成多家《蜀本纪》，这不但开启了巴蜀地方史志的修撰传统，也保存了巴蜀古史的若干面相；另一方面，已为华夏文化所涵化的一批又一批学者参与国史的修撰，如西汉末年扬雄、阳城衡续修《史记》，东汉初年杨终受诏删《史记》为十余万言，杜抚、李尤参与东汉一朝最重要的官修史书《东观汉记》的写作，

---

① 顾颉刚：《〈蜀王本纪〉与〈华阳国志〉所记蜀国史事》，见其《论巴蜀与中原的关系》，四川人民出版社1981年版，第78页。
② 蒙文通：《略论山海经的写作时代及其产生地域》，《蒙文通文集》卷一《古学甄微》，巴蜀书社1987年版，第65页。
③ （晋）常璩撰，刘琳校注：《华阳国志校注》卷三《蜀志》，巴蜀书社1984年版，第225页。

而影响最大的则是扬雄自觉地利用儒家经学思想来评论历史，所著《法言》的一系列史论直接影响了后来班固《汉书》的写作。所有这些集中来看，说明巴蜀史学已在汉代兴起并产生了较大影响。

（二）三国两晋时期巴蜀史学的初盛

先秦以后特别是汉代的巴蜀史学虽然已有不凡的表现，但比之于当时已跻身全国一流的巴蜀辞赋、道家、天文之学、语言文字学，则还是明显逊色的。特别是考虑到这一时期全国史林已诞生司马迁和班固这样杰出的史家及其不朽史著《史记》和《汉书》，巴蜀史学甚至可以说是有些落后。但是到了三国两晋时期，巴蜀史家史著则跃居全国一流，"独秀于当时的中国史坛"①，先后涌现出谯周《古史考》、陈寿《三国志》、常璩《华阳国志》等代表当时最高水平的史家史著。巴蜀史学迎来了它发展的第一个高峰。

应该说，三国两晋时期的巴蜀地区远不如两汉时期稳定，何以会出现史学发展的高峰呢？这需要结合全国大的政治局势和学术发展形势进行分析。东汉末年，天下大乱，全国陷入了长期的分裂动荡，巴蜀社会也受到巨大影响。只是在这群雄角逐之际，巴蜀地区先有刘焉、刘璋父子的"保州自守"②，继有刘备得蜀，建立起内部相对安定的蜀汉政权，避免了北方地区那样的大规模战乱。在李特建立成汉政权前后，巴蜀地区受流民冲击和战乱影响，确实遭到了惨重破坏，但至李雄在位（304~334），"时海内大乱，而蜀独无事，故归之者相寻。"③这些为包括史学在内的学术发展创造了有利条件，也吸引了一些外地学者入蜀。

再从学术发展大势来看。自汉武帝"罢黜百家，独尊儒术"以来，儒学遂上升为经学，并逐渐分为今古两家，今文经是官学，盛于西汉，古文经则在东汉大行于民间。至东汉后期，一方面古文经占据了学术主流地位，另一方面今古文又逐渐趋于融合。巴蜀地区的转变则要慢一些，整个两汉时期都是"多贵今文而不崇章句"④，至蜀汉两晋时期则转向以古文经为主且兼容今古文的局

---

① 段渝：《巴蜀文化与汉晋文明》，李大明主编：《巴蜀文学与文化研究》，商务印书馆2005年版，第471页。
② 《三国志》卷三一《刘焉传》裴注引《英雄记》，陈乃乾校点，中华书局1957年版，第867页。
③ 《晋书》卷一二一《李雄载记》，中华书局1974年点校本，第3040页。
④ 《三国志》卷四二《蜀书十二·尹默传》，陈乃乾校点，中华书局1957年版，第1026页。

面。①我们知道，今文经学专重微言大义，不重训诂名物，与史学关系疏远；而古文经学则不同，不重微言大义，强调训诂名物，强调对事实的考订、补充，这就与史学相通。故近代经学大师廖平称"古文是史学，今文是经学"②；对汉唐间经史关系有深入研究的胡宝国也说："正是古文经学的繁荣以及随之而来的今古文之争的结束才为史学的发展打开了大门。"③明乎此，我们就不难理解蜀汉两晋时期巴蜀地区古文经学盛行与史学高峰同时到来的新局面了。

（三）南北朝隋唐时期巴蜀史学的低落

东晋以后的南北朝时期，国家虽然处于长期分裂动荡的局面，但在史学发展上仍有一些可观的成绩，涌现出北朝如魏收的《魏书》，南朝如裴松之的《三国志注》、范晔的《后汉书》、沈约的《宋书》、萧子显的《南齐书》等名著。然而在巴蜀地区，史学则由盛转衰，走向低落，除了有一些地方史志外，几乎无可称述。这是为什么呢？主要是西晋末年以来巴蜀地区的频繁战乱引发的社会动荡所致。

西晋末年的战乱是中国历史上规模巨大、破坏深重的全国性战乱，巴蜀地区所遭遇的冲击也是前所未有的，特别是引发了著名的李特流民起义，这些对巴蜀地区的破坏相当严重。经历过这场动荡的史学家常璩在《华阳国志·序志》中不无沉痛地写道："曩遭厄运，函夏滔堙，李氏据蜀，兵连战结，三州倾坠，生民殄尽，府庭化为狐狸之窟，城郭蔚为熊罴之宿，宅游雉鹿，田栖虎豹，平原鲜麦黍之苗，千里蔑鸡狗之响，丘城芜邑，莫有名者。嗟乎三州，近为荒裔，桑梓之域，旷为长野。"昔日的天府之国几成蛮荒之地！巴蜀地区遭受了摧毁性的打击，土地荒芜，人口流亡，社会惨不忍睹。李雄统治时期虽然有所恢复，但并没有得到根本改观。即便是李氏成汉政权并入东晋以后，巴蜀地区也没有得到较为稳定的休养生息机会，管属政权的更迭极为频繁。据统计，巴蜀地区先后经历东晋、前秦、谯纵割据，南朝的宋、齐、梁，北朝的西魏、北周共八个政权的统治，时间长的五十多年，短的仅数年而已。这些政权

---

① 参见焦桂美：《论蜀汉经学之嬗变——与两汉蜀地本土经学传统相比较》，《孔子研究》2006年第3期。
② 蒙文通：《治学杂语》，见蒙默编《蒙文通学记》（增补本），生活·读书·新知三联书店2006年版，第41页。
③ 胡宝国：《汉唐间史学的发展》，商务印书馆2003年版，第49页。

的更迭,在巴蜀地区多是伴随着战乱进行的,严重破坏了学术生态,或致学术人才大量外迁,或致学术人才不易生长,直接导致了包括史学在内的整个学术文化的低落。

到隋唐时期,国家复归一统,史学也有很大发展。如官方修史制度日益健全,单是被后世列为"二十四史"的"正史",这一时期就多达八部;诞生了系统总结有史以来史学发展的巨著《史通》和现存第一部贯通性的典章制度史《通典》。但在巴蜀地区,这一时期的史学依然相当低落,既不能与巴蜀文学之盛相比,也与全国史学的大发展很不相称。这又是什么原因呢?我们认为,唐初官方主持所修的前代史主要都是关于南北朝和隋朝的历史,其时巴蜀地处西陲,学人对这些历史的全局性了解不够。加之当时全国门阀之风很盛,而巴蜀地区门阀世族较少,能到中央朝廷出任高官者更少。这两个原因直接导致巴蜀学人难以参与到当时盛行的朝廷官方修史活动。朝廷官方修史既难参与,而私人修史又被限制①(上一时期的巴蜀史学名著均属私修),这样巴蜀地区的史学发展自然难有成就了。

(四)两宋时期巴蜀史学的繁盛

隋唐时期的巴蜀地区虽然在史学发展上无所起色,但相对稳定的政治局面和不断恢复发展的经济则积蓄着新的文化力量。特别是唐朝中晚期玄宗、僖宗的两次入蜀避难,以及唐末五代北方地区的频繁战乱引发北人大规模入蜀,至有"衣冠之族多避乱在蜀"②之说,他们为巴蜀地区学术文化的发展注入了新鲜血液。后蜀时期的官私修史已很活跃,在当时纷乱的时局下显得格外突出。宋代,更是迎来了史学的大发展,成为巴蜀地区古代史上最繁盛的高峰时期。

北宋巴蜀史家的成就主要体现在前朝史的编纂上,不但出现了记述前后蜀历史的专书《蜀梼杌》,而且一些学者参与到官方一些重要史书的修撰,如范镇与修《新唐书》,范祖禹与修《资治通鉴》,贡献都很大;范祖禹还顺应儒学复兴运动的新要求,著成宋朝义理史学的典范之作《唐鉴》。而在北宋中期"学统四起"风潮下崛起的以苏洵、苏轼、苏辙为代表的苏氏蜀学,长期与以

---

① 隋文帝时曾规定:"人间有撰集国史、臧否人物者,皆令禁绝。"见《隋书》卷二《高祖纪》,中华书局1973年点校本,第38页。
② (宋)司马光:《资治通鉴》卷二六六"后梁太祖开平元年九月末","标点资治通鉴小组"校点,中华书局1956年版,第8685页。

王安石为代表的"新学"、以二程为代表的"洛学"鼎足而立,又是这三派中最重视史学的流派。三苏的重心不在修史,而在论史,其史论文辞优美、说理深刻,在整个宋代的巴蜀和全国都有重大影响,南宋浙东诸儒承袭其风尤盛。

在经历北宋灭亡、宋室南渡的巨变后,史家从存史和取鉴的角度,很重视本朝史的编纂,其中巴蜀学人表现最为突出,成就最大,涌现出记述北宋九朝的编年史巨著《续资治通鉴长编》和纪传体史书《东都事略》,以及记述南宋高宗一朝的《建炎以来系年要录》等多部"卓然可传"的私修本朝史,成为后人了解和研究宋史的基本典籍。而且,南宋背海立国,偏安一隅,战略形势颇与历史上江东六朝相似。于是一批有忧患意识的史家又注意从江东六朝的治乱安危中吸取智慧,其中巴蜀史家著有《江东十鉴》《江东十考》和《六朝通鉴博议》等,在当时也声誉卓著。

宋代巴蜀地区史学的巨大发展在全国都显得格外耀眼,以至宋末王应麟在"朝夕讲道"时有"西蜀史学"[①]之概。这是有史以来第一次从地区性角度概括巴蜀史学的,表明巴蜀史学发展到宋代已形成鲜明的区域色彩。

(五)元明清时期巴蜀史学的缓慢发展

晚宋时期宋蒙(元)双方在巴蜀地区长达半个世纪的激烈争战,使巴蜀社会遭到了前所未有的残毁,盛极一时的史学也一落千丈。流寓江南的元朝蜀人虞集就说:"国家将启南服,(蜀)独先受兵,芟夷划刮者几百年,而后昔之所谓盛者,始扫地无复遗余矣。"[②]这一局面不但在元朝统治的短短几十年里没有得到根本改变,即便是经过元明鼎革之后的明朝中期(正德、嘉靖时代,1506~1566),也没有恢复到宋朝承平时期一半的水平。时人杨慎就说:"吾蜀科第,莫盛于宋……经元兵之惨,民靡孑遗,积以百八十年,犹未能复如宋世之半也。"[③]此虽以科举为例,实际其他方面也大抵如此。而就在明朝巴蜀经济文化发展稍见起色之际,明末清初多种军事势力又在巴蜀地区反复角逐和激烈厮杀,使得这一地区的经济文化再次陷入瘫痪与衰败之中。在经过长期的

---

① (清)黄宗羲原著,(清)全祖望补修:《宋元学案》卷八五《深宁学案》,陈金生、梁运华点校,中华书局1986年版,第2866页。
② (元)虞集:《道园学古录》卷七《乐善堂记》,四部丛刊本。
③ (明)杨慎:《升庵遗集》卷二二《内江科贡题名序》,王文才、万光治主编《杨升庵丛书》(三),天地出版社2002年标点本,第1069~1070页。

"湖广填四川"这一移民浪潮的推动下,巴蜀社会才逐渐走出低谷,从清朝中期开始得到较大恢复并有所发展。

元明清时期巴蜀地区的史学,就是在宋末元初和明末清初两次空前浩劫的基础上进行的,发展十分缓慢。可以称述的方面主要有:一是在两次浩劫之后一些学者流寓江南,在巴蜀域外著书立说,元朝以主持《经世大典》的虞集为代表,清初以反理学的费密、唐甄为典型,在史书编纂或史论方面都很有成就;二是在明清时期涌现出杨慎、李调元、刘沅等少有的博学之士,其中明朝中期的杨慎影响最大,其史学考信不仅领风骚一时,也为明末清初顾炎武大倡的考据学风及考据学派的形成起到了先驱作用;只是在清代乾嘉考据之学大盛的时代里,偏处西南的巴蜀地区基本上没有受到影响。

(六)晚清以来巴蜀史学的转型与巨大发展

从清朝末年开始,长期缓慢发展的巴蜀史学开始呈现复兴之象,并在全国"旧史学"向"新史学"转变的时代风气下也开始了自身的转型,至民国和新中国时期更是获得了巨大发展,迎来了它的第三个高峰。

1875年在成都建立的尊经书院使巴蜀士林风气大变,特别是它强调的"凡学之根底,必在经史。读群书之根底,在通经;读史之根底,亦在通经"①的思想以及经学大师王闿运主持书院教育多年,使众多书院生徒奠定了扎实的经史基础,经学之长为全国罕见,廖平甚至成为清末民初最出众的经学名家。受此影响,后来崛起的巴蜀史学家不少都是经史兼通,如廖平的学生蒙文通、李源澄就是突出的代表,他们都是由经入史,并在从事史学研究时不曾放弃经学。这与全国经学边缘化、史家多不通经的情况是很不同的。曾在尊经书院、锦江书院受学的张森楷,则专力史学,他虽承受了一些新学风的影响,编有体现进化史观的《华夏史要》,但主要还是近于乾嘉考证之风,重视正史,崇尚淹博,著有《通史人表》《史记新校注》等巨著。与张森楷同样处于转型时期、同样专力治史的著名史家还有刘咸炘,他时代稍晚,有更多的新史学色彩,并主要通过家学传承和私淑章学诚来治史,留下了《推十书》这部内容丰厚的学术遗产。

---

① (清)张之洞:《张之洞诗文集》卷六《创建尊经书院记》,庞坚校点,上海古籍出版社2008年版,第228页。

晚清以来中外时局的新变化和各种思潮的激荡，也深深地投射到巴蜀学人身上。如马克思主义思潮就对曾经留学国外的郭沫若、吴玉章产生了深刻影响，他们是中国马克思主义史学的早期开拓者和奠基人，不论是对巴蜀史学还是全国史学的发展，都贡献卓著。

20世纪30年代国民党中央势力入川，不久抗日战争全面爆发，国民政府迁都重庆，高校、研究机构和有关学者纷纷内迁，巴蜀地区成为战时学术文化的大本营。由此巴蜀史学出现了意外的大变化、大发展：一是高校和研究机构猛增，研究队伍迅速壮大；二是一批主流派新史家入蜀，给巴蜀史学吹来了强劲的新风，注重新材料的发掘和利用、注重实地调查研究的风气蔚为兴盛；三是不同学术背景、不同学术取向的众多学者会聚巴蜀，包括考古学、人类学、民族学、社会学在内的许多学科和地方史、民族史、边疆史等领域获得了显著拓展。这些又为抗战胜利后特别是新中国时期巴蜀史学的新发展奠定了坚实基础。而抗战前后入蜀的新派史家如徐中舒、冯汉骥、胡鉴民、缪钺等学者后来继续留在巴蜀，更为巴蜀史学的传承发展起到了重要作用。

1949年中华人民共和国成立后，全面确立了马克思主义的指导思想，整个史学的面貌发生了翻天覆地的变化，最突出的就是过去已有很大影响但尚不占主流的马克思主义史学取得了绝对主导的地位。但严重的政治化、一元化和封闭性，以及"文革"的十年浩劫，使得史学的发展异常曲折。"文革"结束特别是改革开放后，挣脱僵化思想束缚的中国史学，在与国际史学日益频繁的交流融合中，逐步迈入正常的轨道，并在社会稳定和经济大发展的时局下展现出开放多元的新姿态和繁荣发展的新景象。这些情况也深深地影响了巴蜀地区的史学发展面貌。

二、巴蜀史学史研究的现状

由上观之，巴蜀史学在数千年的发展中成就卓越，并先后出现三国两晋、宋代和晚清以来三次高峰，其中在宋代已形成鲜明的区域特征。但迄今为止，还未见学者以通贯的眼光，对其进行较为全面和系统的论述。不过有关巴蜀史家史著的个案研究、某些时段史学发展情况的研究则并不少见，有的甚至可以说已很丰富。

如先秦时期成书的《山海经》，历代多归在史部地理类，但对其产生时代和地域则众说纷纭，蒙文通《略论山海经的写作时代及其产生地域》一文则创造性地提出：《山海经》以巴蜀为"天下之中"，形成于西周，主体内容反映的是巴蜀地区的历史文化。这无异于宣告《山海经》是现存巴蜀地区最早的史学著作。后来段渝进一步就《山海经》与蜀王旧史的关系做了探讨①。至于把《山海经》与巴蜀文化联系起来进行探讨的论著，更是不胜枚举。汉代扬雄著有《法言》，史论丰富，一些学者遂对其史学思想及其影响做了深入研究，徐复观的《扬雄论究》和郑万耕的《扬雄的史学思想》堪称代表之作。②

三国两晋时期涌现出谯周、陈寿和常璩及《三国志》《华阳国志》这些"当时最著名的第一流史家和史著"③，相关研究尤为丰富。龙显昭将谯周归入四川重要思想家之列，对其史学成就做了开创性论述④；蒙默的《谯周古史学片论》则展示了谯周精深的古史学成就⑤。至于陈寿《三国志》和常璩《华阳国志》，因是学界公认的名著，故有关研究至为丰富，单是近代以来巴蜀学人的研究专著至少就有刘咸炘《〈三国志〉知意》、缪钺《三国志选》（1962⑥）和《三国志选注》（1984）、刘琳《华阳国志校注》（1984）、任乃强《华阳国志校补图注》（1987）、杨耀坤《陈寿与〈三国志〉》（1985）和《陈寿评传》（1998）、刘重来《常璩与〈华阳国志〉》（1985）和《〈华阳国志〉研究》（2008）、李纯蛟《三国志研究》（2002）等等。缪钺是魏晋南北朝史研究的大家，他对陈寿及其《三国志》的研究内容丰富，识见卓越，2004年出版的《缪钺全集》第四卷为《〈三国志〉与陈寿研究》，集中收录了先生的有关论著。

南北朝隋唐时期的巴蜀史学转向低落，学界也少有论述。李敬洵在《四川通史》第三册（2010）中明确指出：南北朝隋唐时期的巴蜀史学"渐趋沉寂"，仅地方史志"著作繁多"。这些地方史志以南朝时期梁朝李膺的《益州记》最为著名，学界有一些辑录和研究。紧接着的五代十国时期前后蜀的史

---

① 参见段渝：《四川通史》卷一《先秦》，四川人民出版社2010年版，第315~318页。
② 徐复观：《扬雄论究》，《两汉思想史》第二卷，华东师范大学出版社2001年版，第270~343页；郑万耕：《扬雄的史学思想》，《史学史研究》1998年第2期。
③ 段渝：《巴蜀文化与汉晋文明》，李大明主编：《巴蜀文学与文化研究》，商务印书馆2005年版，第470页。
④ 龙显昭：《谯周》，贾顺先、戴大禄主编：《四川思想家》，巴蜀书社1987年版，第65~94页。
⑤ 《文史杂志》2011年第3期。
⑥ 这是第一版出版时间，下同。

学稍见起色,杨伟立《前蜀后蜀史》(1986)认为这一时期"两蜀史学园地并不荒芜",并对当时的官私修史情况做了简介;王文才、王炎《蜀梼杌校笺》(1999)的"前言"部分则有更细致的梳理。

两宋时期的巴蜀地区史家众多,史著宏富,刘咸炘在《蜀学论》《重修宋史述意》等论著中纵观历代巴蜀、横察其他区域,明确提出"唐后史学莫隆于蜀""宋一代之史学实在蜀"的著名论断[①];蒙文通结合当时全国的学术发展,认为三苏不但延北宋史学之传,"俾蜀之史著,风起云蔚",至南宋"史犹盛于蜀",而且影响到南宋浙东诸儒的好史之风,"浙东史学与苏气脉相关"[②]。具体针对当时一些名家名著的研究较多,单是专书就有王德毅《李焘父子年谱》(1963)、裴汝诚等《续资治通鉴长编考略》(1985)、来可泓《李心传事迹著作编年》(1990)、王文才和王炎《蜀梼杌校笺》(1999)、舒仁辉《〈东都事略〉与〈宋史〉比较研究》(2007),等等。王德毅不仅还有《范祖禹的史论与政论》《李焘评传》《李心传年谱》等多篇论文,而且重视宋代区域史学研究,有《南宋四川史学》的专篇。[③]梁太济、陈智超对李心传史学也有精深的研究,发表有系列论文。从宏观角度探讨宋代巴蜀史学的,则以蔡崇榜的硕士论文《宋代四川史学》(1985)分量最重,他在此基础上发表了关于三苏史论、范祖禹《唐鉴》、吴缜《新唐书纠谬》、编年史家二李(李焘和李心传)的史学、王称《东都事略》以及宋代四川史学的兴盛及其原因的系列论文。吴怀祺的《宋代史学思想史》(1992)对包括"蜀中史学"在内的一些地区性史学有专门论述,燕永成《南宋史学研究》(2007)、罗炳良《南宋史学史》(2008)则对南宋巴蜀史林的名家名著有不少创造性探讨,燕书也从区域史学的角度对"四川史学"的成就和特点有专门论述。李焘的《续资治通鉴长编》、李心传的《建炎以来系年要录》和《建炎以来朝野杂记》等要籍也得到了很好的整理和点校。

元明清时期巴蜀史学中衰,发展缓慢,但也不乏亮点。关于元朝流寓江南、自称"蜀人"的虞集,近些年出现了《"汉廷老吏"虞集》(2006)、

---

① 刘咸炘:《推十书·推十文集》卷一《蜀学论》,《推十书·史学述林》卷五《重修宋史述意》,成都古籍书店1996年影印本,第2101、1537页。
② 蒙文通:《中国史学史》《致柳翼谋(诒徵)先生书》,《蒙文通文集》第三卷《经史抉原》,巴蜀书社1992年版,第319~320、第415页。
③ (台北)《中国历史学会史学集刊》第38期,2006年7月。

《一代文宗虞集》(2008)和《虞集年谱》(2010)等多部专著,而关注其史学思想的则不多,仅见周少川《虞集的史学思想》一文[①];至于由其总纂的典章制度史《经世大典》,则有苏振申的《元政书经世大典之研究》一书(1984)对其深入研究。明朝的杨慎文史哲兼长,成就更大,学界对其有更多的研究,其中王文才《杨慎学谱》(1988)、丰家骅《杨慎评传》(1998)对其史学都有一定的论述,钱茂伟《明代史学的历程》(2003)则列有"杨慎与明代纯学术研究风气的兴起"的专节。由杨慎主修的名著《全蜀艺文志》也已整理点校出版(2005)。清代学者费密、唐甄、李调元和刘沅虽然不是专门的史学名家,但他们学识渊博,在史学上也有成就,可惜这方面除唐甄外学界研究非常有限。最近出版的《清代蜀人著述总目》(2009)用力深厚,包括了对有清一代巴蜀地区史学著作的清理和编目。

晚清以来巴蜀史学再度兴盛,有关的整理和研究较多。以乾嘉考据之法治史而又不乏时代新风的张森楷,学界有杨家骆《张森楷年谱》(1967)和唐唯目《张森楷史学遗著辑略》(1998)等成果,为进一步研究奠定了基础。学宗章学诚而有更多新史学气象的刘咸炘,近些年大受重视,其著作(合称《推十书》)不断被影印、整理、选编出版,研究者也相应增多,出现了专著《刘咸炘学术思想研究》(2008)和大量论文,并有汇集蒙文通、吴天墀等学者有关论文的文集《〈推十书〉导读》(2010)。在近代新思潮洪流中宗奉马克思主义的史学巨匠郭沫若长期受到学界的高度重视,有郭沫若研究学会和《郭沫若学刊》杂志,研究论著层出不穷,出版有多部《郭沫若评传》及《郭沫若史学研究》(1990)等专书。同为马克思主义史学开拓者的吴玉章,学界则出版有《吴玉章年谱》(1998)等。长期在巴蜀地区工作的徐中舒、蒙文通、冯汉骥、缪钺、任乃强、李思纯、李源澄、邓少琴、吴天墀等史学名家也越来越受到学界的重视,有关论著不断增多,尤其是针对经史结合、通观明变的蒙文通,近些年出现了多篇有分量的研究论文,部分收载于蒙默所编《蒙文通学记》增补本(2006)中,《蒙文通年谱长编》(2012)也在最近面世。值得注意的是,在2006年四川大学一百一十周年校庆时推出的《川大史学》系列,不

---

① 《史学史研究》1999年第2期。

但有徐中舒、蒙文通、冯汉骥、任乃强、李思纯等人物专卷[①]，还有《中国古代史》《中国近现代史》《专门史》（分民族史、城市史、中国文化史三本）《考古学》《历史地理学》《历史文献学》《世界史》等学科专卷，"序"文首次简明扼要地梳理了川大史学的发展历程并总结了其特点，各卷的"前言"则分别概述了这些名家的重要成就和学科发展的历史及特点。王东杰《学术中心与边缘互动中的典范融合：四川大学历史学科的发展（1924—1949）》[②]则进一步对民国时期川大史学的发展及其特点做了梳理、辨析和总结。由于川大史学在很大程度上反映了整个巴蜀史学的发展面貌，故从以上这些论著实际上可以窥见当时整个巴蜀史林的大体情况。

诚如前述，抗日战争时期巴蜀地区成为全国学术文化大本营，巴蜀地区的史学由此获得了前所未有的大发展。对此情况，学界也有一些研究。田亮《抗战时期史学研究》（2005）辟有专章"马克思主义史学之二——重庆篇"，其他章节也有不少内容涉及巴蜀地区史学情况。于文善《抗战时期重庆马克思主义史学研究》（2013）则对当时重庆地区的一批马克思主义史家史著做了更为系统深入的研究。而对当时汇集了包括中央研究院历史语言研究所等著名机构在内的四川省宜宾市李庄镇，近些年也受到了更大关注，以岱峻的《发现李庄》（2004）和《消失的学术城》（2009）二书最有影响。岱峻还对抗战时期另一个学术重镇成都也很关注，著有《风过华西坝：战时教会五大学记》（2013），其中有不少内容涉及当时的史家史著。

方志是史书的一大部类，巴蜀地区自汉代起就有不少的方志，明清以来更为普及。何金文《四川方志考》（1985）首次对明清和民国时期巴蜀地区的方志做了梳理和论析。吉正芬的博士论文《民国四川新修县志编纂研究》（2010）则进一步对民国时期四川地区新修的各种县志进行了综合研究。另有《四川历代旧志提要》一书（2012），是对现存明清和民国时期六百多种旧志清理和研究的产物，具有开创性。

概观已有成果，关于巴蜀史学的一些重要史家史著、一些重要时段如宋代、民国，一些重要方面如马克思主义史学、方志等，都有不少研究，有些还

[①] 《缪钺全集》2004年由河北教育出版社出版，受此书版权限制，四川大学出版社在2006年出版《川大史学》时没有缪钺专卷。

[②] 《四川大学学报》（哲社版）2006年第4期。

相当深入，为本书的写作奠定了重要基础。但与源远流长、内容丰厚的巴蜀史学相比，目前的研究还明显不足：一是对巴蜀史学发展的一些时段如南北朝隋唐五代、元明清和新中国时期，一些重要方面如少数民族史学、宗教史学、金石学考古学等，一些重要史家如清代的刘沅，近代以来的张森楷、吴玉章、冯汉骥、贺昌群，等等，在研究上还很不充分；二是宏观性、通贯性研究非常欠缺，至今还没有一篇专门讨论整个巴蜀史学的论文，更遑论一部系统全面的《巴蜀史学史》专著；三是巴蜀史学与时代学术风气的互动、与蜀学及其他学术文化构成的关系、与其他区域史学的比较等，研究上更为薄弱。

三、本书写作的宗旨、范围和意义

尽量汲取学界已有研究成果，努力克服现有研究的诸多不足，旨在比较系统、全面和深入地论述巴蜀史学的发展演变史，是本书写作的重要任务。巴蜀史学是中国史学的有机组成部分，过去虽对中国史学的研究成果颇丰，还出现了数十部通贯性的中国史学史著作，但很少见到以某个区域的史学为范围又贯通古今的论述。实际上，要"了解整个的中国，非以分区叙述为基础不可"①，对不同区域史学史的深入研究是更好地认识和研究整个中国史学史的必然要求。因此本书的写作或有助于开拓地域史学史研究的领域，推动中国史学史的深入研究。而且，过去虽对巴蜀文化的很多方面都有专门深入的研究，对巴蜀史学也有若干重要成果，但至今还没有一部通论巴蜀史学发展史的专著，因此本书就成为巴蜀文化史上第一部史学史稿。

巴蜀史学界前辈蒙文通曾著《中国史学史》一书，与一般史学史著作不同，第一，他认为史学发展与哲学共盛衰，故着重探讨史学思想、史学方法及其与当时各种学术思想的关系，而"不乐为一二史家作注脚"；与此相联系，第二，他认为中国史学最盛的是晚周、六朝和两宋，故论述的重点是放在这三个时段，"余则较略"。②秉此思路，我们在论述巴蜀史学史时，也很重视史学发展与时代思潮、时代精神的关系，注重揭示历代史家的史学思想、史学方

---

① 梁启超：《中学国史教本改造案并目录》，《饮冰室合集·文集之三十八》，中华书局1989年版，第27页。
② 参见蒙文通：《中国史学史·绪言》《致柳翼谋（诒徵）先生书》，《蒙文通文集》第三卷《经史抉原》，巴蜀书社1992年版，第222~223、414~417页。

法及其与当时学术思想的关联性；而重点讨论的则是三国两晋（六朝前期）、两宋和晚清以来这三个高峰阶段，其他时段则相对较略。另外，考虑到区域史学是全国史学的有机组成部分，因此本书注意将巴蜀史学的发展演变置于整个全国史学发展演变的大背景下来思考和论述。当然，由于我们水平有限，加之研究对象时间跨度长，内容繁复，资料分散，前期研究成果不足，故本书只能说是初步的研究，还远远不能反映巴蜀史学的全貌。

关于巴蜀史学的论述范围，我们主要界定为具有巴蜀籍贯的学者有关史学的编纂和论述。所谓籍贯，当然是指祖居或个人出生的地方。由于不同时代的籍贯标准或有差异，因此一些祖居在巴蜀但出生、成长不在巴蜀的学人，往往在籍贯的认定上后世会有不同的意见，这就需要结合具体情况来处理。如元朝名儒虞集，是宋朝名臣虞允文之后，祖籍自然是四川的仁寿。但他1272年出生在湖南，后随父定居于江西抚州崇仁，能否说是蜀人呢？我们知道，南宋后期由于蒙古攻蜀，四川残破，蜀人或外出避难，或难以返蜀。正是在这种情况下，虞集父祖才在宋末元初被迫寓居江西抚州崇仁。由于这一特殊情况，所以虞集并不认为自己是江西人，反而始终以蜀人自居，时人也以其为"蜀儒"，后来四川历代地方史志也无不从之。基于此，本书也遵从这一惯例，将其作为元代巴蜀的重要史家来论述。另外，我们所谓的巴蜀史学，还包括巴蜀域外的学者在巴蜀地区从事的史学活动。这一情况比较复杂，这些学者有些是追随割据政权如三国的蜀汉、两晋的成汉、五代时的前后蜀而来，有些是因为战乱而转移到巴蜀内地（如唐朝后期躲避安史之乱和黄巢起义的入蜀者、抗日战争时期内迁巴蜀的大批学人），有些是由朝廷派往巴蜀地区任官或做巴蜀长官的幕僚者，有些是长期在巴蜀地区从事史学教育和研究的（如近代以来的徐中舒、冯汉骥、缪钺等），有些则来自国外，如近代来华的西方传教士葛维汉（考古学家）等。他们来居巴蜀的原因自然不同，但在巴蜀地区从事的各种史学活动，则应该是巴蜀史学的论述范围。当然，有些史家如司马迁虽然年轻时曾游历巴蜀，但其《史记》之作不在巴蜀；有些史家如宋祁虽曾在知成都府时编修过《新唐书》，但具体情况不详，因此这些都不在本书的论述之列。

至于本书的论述内容，由于涉及面非常广泛，而我们知识的局限又非常明显，因此像少数民族史学、宗教史学、传统的金石之学等很多方面的内容或未充分展示，或完全没有提及，这是有待于今后努力的。考虑到时序性是史学最重要的特征，因此本书除导言和结语外，各章都是按史学发展阶段的先后来安排的;至于每一章的具体内容,则是既注意全面性,更注意突出重点,把论述的重心放在史学的名家、名著上。而论及的时间则上起先秦,下迄当代(一般止于2005年,个别情况例外),以贯通为目标,但最近的情况则稍略,主要谈趋势而已。

中国具有重视历史、重视史学的优良传统,"鉴往知来""彰往察来"之类的论述不胜枚举。唐朝史家刘知幾说得好:"史之为用,其利甚博,乃生人之急务,为国家之要道。"[①]本书作为一部论述巴蜀史学的专史,不敢说"其利甚博",但小而言之,当有助于我们传承历代巴蜀史家的史学思想、治史方法和史学精神,光大巴蜀史学的优良传统;大而言之,或有助于丰富我们对巴蜀历史文化和中国史学传统的认识,推进巴蜀文化和中国史学史的研究,为弘扬祖国优秀文化、服务当代经济文化建设稍尽绵薄之力。

---

① (唐)刘知幾著,(清)浦起龙释:《史通通释》卷一一《史官建置》,上海古籍出版社1978年版,第303~304页。

第一章 巴蜀史学的兴起（先秦秦汉时期）

先秦秦汉时期，是我国史学从无到有、从萌芽到确立的时期，先后出现了《春秋》《左传》《史记》《汉书》《东观汉记》《汉纪》等重要史学著作。特别是司马迁的《史记》，是一部划时代的巨著，标志着中国史学的确立，司马迁也因此而被称为我国的"史学之父"。班固的《汉书》专述西汉一朝，开后世断代纪传体的先河。相比于全国史学的重大发展而言，巴蜀地区的史学进展是很不够的，没有涌现一流的史家史著。如果与当时巴蜀辞赋、语言文字、道家、天文等学问已跻身全国一流相比，巴蜀史学甚至可以说显得比较落后。

虽然如此，巴蜀史学在这漫长的历史时段，还是在不断地增长着。学者或认为，成书于先秦的《山海经》以巴蜀为"天下之中"，是代表早期巴蜀文化的典籍。公元前316年秦并巴蜀以后，巴、蜀自身的历史被迫中断，经过长期的"染秦化"[1]，巴蜀地区逐渐融入中原汉文化体系，史学发展也受到全国主流思想的深刻影响。就著作而论，如果说西汉中期的司马相如所作《蜀本纪》还显得比较孤立的话，那么到了西汉末东汉初，特别是西汉成帝到东汉明帝这数十年时间里，巴蜀地区已集中涌现出一批在史学上有建树的学者和著述。

一是补续《史记》的西汉末年扬雄、阳城衡二人。关于成都人扬雄续修《史记》的情况，最早提及的是东汉初年的王充。他在列举宣扬"汉家功德"诸家著作时曾说："司马子长纪黄帝以至孝武，杨子云录宣帝以至哀、平……"[2]即是说司马迁《史记》的记事上起黄帝时代，下迄汉武帝；扬雄补续的则是从汉宣帝到平帝之间七八十年较完整的西汉后期历史。唐朝李贤等人注《后汉书·班彪传》和刘知幾《史通·古今正史》中不但都提到扬雄续修《史记》，还提到了另一蜀人阳城衡。《后汉书·班彪传》载："武帝时，司马迁著《史记》，自太初后，阙而不录，后之好事者颇或缀集时事……"李贤注称："好事者谓扬雄、刘歆、阳城衡、褚少孙、史孝山之徒。"《史通·古

---

[1] （晋）常璩撰，刘琳校注：《华阳国志校注》卷三《蜀志》，巴蜀书社1984年版，第225页。
[2] （汉）王充撰，张宗祥校注，郑绍昌标点：《论衡校注》卷二〇《须颂篇》，上海古籍出版社2010年版，第406页。

今正史》则说："《史记》所书，年止汉武，太初已后，阙而不录。其后刘向、向子歆，及诸好事者若冯商、卫衡、扬雄、史岑、梁审、肆仁、晋冯、段肃、金丹、冯衍、韦融、萧奋、刘恂等相次撰续，迄于哀、平间，犹名《史记》。"一般认为，这里的卫衡即是蜀人阳城衡。扬雄、阳城衡二人补续的《史记》当是班彪、班固修《汉书》时的重要参考。正如学者指出："这部书（按指扬雄补续的《史记》）没有流传下来，可能大量内容已为班固采入《汉书》，本身已失去存在的价值。"[1]据《华阳国志·序志》，扬雄、阳城衡还著有记录蜀地历史的《蜀本纪》。扬雄还本着儒家经学立场，对历史人物和历史现象多有评论，具体内容就反映在他效法《论语》而成的名著《法言》中，不少内容为后来《汉书》借鉴和吸取。

二是受诏删减《史记》的东汉初年成都人杨终。杨终字子山，习《春秋》，是论定诸儒异同的白虎观会议的建言者和参与者，在经学史上的地位不可忽视。他著有《春秋外传》十二卷、《春秋章句》十五万余言。还曾与史学巨匠班固等人同为校书郎，并"受诏删《太史公书》为十余万言"[2]。据《论衡·佚文篇》，他还著有反映今云南保山一带少数民族历史的《哀牢传》。可惜杨终的著作早已全部佚失，现仅有《哀牢传》佚文一条，见于《后汉书·西南夷传》注、《册府元龟》卷九五六"种族"部分。[3]

三是参与《东观汉记》写作的东汉初年人杜抚、李尤二人。《东观汉记》是反映东汉一朝历史的重要史书，在东汉历朝陆续修撰而成，是我国第一部官修的纪传体史书，开创了后世官修国史之例。在修撰过程中，已知有杜抚、李尤两位蜀地学者参加。杜抚，字叔和，犍为武阳（今四川彭山附近）人，以经学名世，受业薛汉，定《韩诗章句》。[4]他在东汉明帝时曾与班固等人同为校书郎，一起"杂定《建武注记》"[5]，开始了《东观汉记》的修撰。李尤，字伯仁，广汉雒（今四川广汉）人，以文学名世，曾与刘珍等共撰《东观

---

[1] 周桂钿：《虚实之辨——王充哲学的宗旨》，人民出版社1994年版，第292页。
[2] （晋）常璩撰，刘琳校注：《华阳国志校注》卷一〇上《先贤士女总赞上》，巴蜀书社1984年版，第713页；《后汉书》卷四八《杨终传》，中华书局1965年点校本，第1601页。
[3] 刘纬毅：《汉唐方志辑佚》，北京图书馆出版社1997年版，第12～13页。
[4] 《后汉书》卷七九下《杜抚传》，中华书局1965年点校本，第2573页。《华阳国志校注》卷一〇中《先贤士女总赞》作"资中人"。
[5] 《后汉书》卷二四《马援传附马严传》，中华书局1965年点校本，第859页。

汉记》，史称"（李尤）安帝时谏议大夫，受诏与谒者仆射刘珍等俱撰《汉记》"。①尽管杜、李二人对《东观汉记》的最终成书贡献不算特别突出②，但毕竟参与了修撰，显示了巴蜀史学的水平。值得注意的是，杜抚归里教授，弟子千余人，其中有来自东南的会稽山阴（今属浙江）人赵晔，史称其"到犍为资中，诣杜抚受《韩诗》，究竟其术，积二十年，绝问不还"，后来著成地方史名著《吴越春秋》。③这又反映出巴蜀本地史学已具有一定的对外影响力。

另外，据《华阳国志·序志》，西汉末年精于道家之学的庄遵（后避讳或称严遵，字君平）、东汉人郑廑（伯邑）、尹贡（彭城）也著有《蜀本纪》（均佚）。又据有关文献，西汉大辞赋家王褒（字子渊）还著有地方史志《云阳记》，又名《云阳宫记》，至今还有十条佚文。④这些地方史志有助于后来常璩撰写《华阳国志》。

以上这些学者及其史学著作集中来看，标志着巴蜀史学已在两汉时期兴起并初步显示了较高的水平。

第一节　巴蜀古史的记述

关于巴蜀古史，即秦并巴蜀以前的历史，文献记载不多。学者或认为，在秦并巴蜀之前，巴蜀本地已有自己的历史记述，如古蜀王当有自身的"家史""家谱""家传"⑤，以神怪著称的《山海经》"可能是巴、蜀地域所流传的代表巴蜀文化的典籍"⑥。从秦并巴蜀到最终统一全国（前316～前221），加上秦朝的二世统治（前221～前207）以及汉承秦制，巴蜀地区有超过百年的"染秦化"历程，以至《汉书·地理志》在分区记述各地风俗时，直接

---

① 《后汉书》卷八〇上《李尤传》，中华书局1965年点校本，第2616页。
② 吴树平先生考证指出："对《东观汉记》一书贡献最大的人有三个"，分别是班固、刘珍、蔡邕。见其《秦汉文献研究》，齐鲁书社1988年版，第122页。
③ 《后汉书》卷七九下《赵晔传》，中华书局1965年点校本，第2575页。
④ 刘纬毅：《汉唐方志辑佚》，北京图书馆出版社1997年版，第6～7页。云阳县，汉置，有云阳宫，故治在今陕西淳化西北。
⑤ 蒙文通：《巴蜀史的问题》，《蒙文通文集》第二卷《古族甄微》，巴蜀书社1993年版，第206～209页。
⑥ 蒙文通：《略论山海经的写作时代及其产生地域》，《蒙文通文集》第一卷《古学甄微》，巴蜀书社1987年版，第65页。

把巴蜀地区纳入"秦地",足见巴蜀"染秦化"之重。在此过程中,原来独自发展的巴蜀文化遂逐渐汇入中原汉文化发展的系统,巴蜀自身的语言文字渐渐消失,相关的文字记录也不复存在,其中当然也不排除秦国的"焚书"行为。所以到西汉司马迁著《史记》时,竟无有《巴世家》《蜀世家》之类的专篇。大约正是不满于文字记录的缺失现状和对自身历史的追问本能,所以从巴蜀经济文化均有重要发展的西汉中期开始,一批蜀地学者就注意搜集各种传说,结合相关文献,竞相撰写《蜀本纪》,此风延续至三国蜀汉割据统治时期更为兴盛。其中旧题扬雄的《蜀王本纪》最为知名,不少内容就是关于古蜀的传说和历史。

一、《山海经》与蜀王旧史

现有记载表明,至迟从西汉开始,巴蜀地区已出现多种《蜀本纪》,记述了巴蜀古史的一些情况。在此以前,一些中原文献不乏对巴蜀古史的相关记载。如《尚书·牧誓》"庸蜀羌髳"、《汲冢周书·王会解》"巴人以比翼鸟""蜀人以文翰"之类,《华阳国志·巴志》所引《洛书》,《蜀志》所引《河图括地象》等纬书所记,以及《竹书纪年》《世本》《左传》《战国策》《吕氏春秋》《大戴礼记》《太史公书》(《史记》)等史书的有关记录。应该说,这些记载不系统、不全面,有些可能还是风闻甚至编造的,正如东晋时期常璩在《华阳国志·序志》中所说:"巴、蜀厥初开国,载在书籍,或因文纬,或见史记,久远隐没,实多疏略。"整体上显得比较"疏略"。

除了中原文献以外,先秦时期巴蜀本地可能也有自己的记载。现代研究表明,在秦并巴蜀以前,巴蜀地区已有自己高度发达的文明,考古发现的被认为主要是商周时期的三星堆遗址、金沙遗址等均是有力的证明。那么他们是否也像中原诸侯国一样有自己的历史记载呢?早在抗战时期,顾颉刚在提到《华阳国志·蜀志》所述开明氏"凡王蜀十二世"时就指出:"开明氏之蜀,文化程度綦高,当有记载传后,《(华阳)国志》所云'十二世'之数宜有所记。"[①]认为蜀地的开明王朝是有自身历史"记载"的。后来蒙文通更具体地指出:"春秋战国时代,各国都有它所流传的代表它的传统文化的典籍,邹鲁

---

① 顾颉刚:《〈蜀王本纪〉与〈华阳国志〉所记蜀国史事》,见其《论巴蜀与中原的关系》,四川人民出版社1981年版,第78页。

有《六艺》，齐有《五官技》，楚有《三坟》《五典》《八索》《九丘》，孔子之宋而得《乾坤》，之杞而得《夏时》，巴、蜀之地当有它自己的作品，《山海经》可能是巴、蜀地域所流传的代表巴蜀文化的典籍。"①

《山海经》向以多言神怪著称，实际是一部反映上古时代历史和地理的重要著作。古本原有三十四篇，由于历代校订、删并，至今仅存十八篇，包括《山经》五篇，依次是南山经、西山经、北山经、东山经和中山经；《海经》十三篇，依次是海外经四篇（包括海外南经、西经、北经和东经）、海内经四篇（包括海内南经、西经、北经和东经）、大荒经五篇（包括大荒东经、南经、西经、北经和海内经）。其书内容广泛，包括山川、道里、民族、物产、药物、祭祀、巫术等，保存了不少远古的神话传说，对于古代历史、地理、文化、中外交通、民俗和神话的研究均有参考价值。对于这样一部重要著作的形成时代和地域，学界还意见纷纭。对祖国先秦历史和巴蜀古史均有深入研究的蒙文通认为，《山海经》的主要内容产生于先秦时期的巴蜀地区或受巴蜀文化影响的荆楚地区。

《山海经》书影（南宋淳熙七年池阳郡斋刊本）

蒙文通首先根据《山海经》与代表中原文化传统的《竹书纪年》《世本》《大戴礼记》的"五帝德""帝系姓"和《史记》等书所记传说中人物世系或事物创造发明上的不同，以及记叙四方方名排列顺序的差异，判定《山海经》是与中原文化传统不同的另外一个文化传统的产物。接着从《山海经》各篇所记"天下之中"与中原文化所说"天下之中"迥不相同的事实，进一步认定

---

① 蒙文通：《略论山海经的写作时代及其产生地域》，《蒙文通文集》第一卷《古学甄微》，巴蜀书社1987年版，第65页。

《山海经》是南方文化系统的作品；之后又从所记"天下之中"的具体地区和《山海经》的具体内容进行分析，认为其中的《海内经》诸篇作于西周时期，不仅记载了岷江上游的小山小水，而且有"白水出蜀，东南注江"（见《海内东经》）这一《山海经》中唯一提到蜀的地方，还六次提到"开明"（见《海内西经》）这一蜀国传说中的古帝王，因此"可能是出于古蜀国的作品"；《大荒经》诸篇作于周室东迁以前，曾四次提到"巫山"（这是《山海经》其余部分所不见的），并有"巴国""巴人"的记载（全书仅见于《大荒海内经》），因此"可能就是巴国的作品"；至于《五藏山经》，不仅以巴、蜀、荆楚为"天下之中"，更详记岷江中、上游，"更可能属于西南地区的古巴、蜀文化了"，它和《海外经》诸篇一起，"很可能是接受了巴蜀文化以后的楚国作品"，写作于战国时期。①

如果蒙先生的论证不误，那么这部在历代书目中长期被列入史部地理类的《山海经》，就很可能是主要形成于先秦时期古巴蜀的史学作品了，其中的很多内容反映了巴蜀古史的一些面貌。比如，《山海经》记述范围虽然很宽广，但在巴蜀区域内，主要是以岷江中上游为中心，这无疑反映出当时西部的蜀地较东部的巴地要发达，这与现代考古发掘所显示的情况也是一致的，如闻名中外的三星堆、金沙遗址均在岷江流域的成都平原上。又《海内经》部分载："西南黑水之间，有都广之野，后稷葬焉。其城方三百里，盖天下之中，素女所出也。爰有膏菽、膏稻、膏黍、膏稷，百穀自生，冬夏播琴。"学者多认为"都广"即汉"广都"（今成都双流），也就是传说中的古蜀帝王杜宇的别都瞿上。《海内经》所记叙的农业生产的繁茂景象，可能正是杜宇在成都平原大力发展农业之后的实况。《山海经》还保存了一些古巴蜀时代的文化遗产。如据吕子方研究，《大荒东经》载有"日月所出"之山六——合虚、明星、鞠陵、孽摇頵羝、猗天苏门、壑明俊疾，《大荒西经》载有"日月所入"之山六——方山、丰沮玉门、日鱼肉山、鏖鏊钜、常阳之山、大荒之山，完全是两组对称的山头。这种用山头来记载"日月所出""日月所入"的办法，是用星象历法的科学还未发明之前的一种原始历法，相当古老。②

---

① 蒙文通：《略论山海经的写作时代及其产生地域》，《蒙文通文集》第一卷《古学甄微》，巴蜀书社1987年版，第35~66页。
② 吕子方：《读〈山海经〉杂记》，见其《中国科学技术史论文集》下册，四川人民出版社1984年版，第27~29页。

当然，备受学者关注的还是《山海经》对传说中古帝王的记载。其中《大荒海内经》的一条记载尤为重要：

> 黄帝妻雷祖，生昌意，昌意降处若水，生韩流。韩流擢首、谨耳、人面、豕喙、麟身、渠股、豚止，取淖子曰阿女，生帝颛顼。①

这条材料中的"若水"，学者一般认为就是今川西的雅砻江；"淖子"就是蜀子，即一些文献所谓的"蜀山氏"，因此反映的是黄帝族与古蜀族的亲缘关系。其中所述的"韩流"半人半兽，神话色彩浓厚，后世除了古本《竹书纪年》承袭（学者一般承认《纪年》所谓"昌意降居若水，产帝乾荒"的"乾荒"即是"韩流"②）外，其他中原文献一般都去掉"韩流"这一代，直说昌意生颛顼。如《世本》载：

> 黄帝居轩辕之邱，娶于西陵氏之子，谓之累祖，产青阳及昌意，青阳降居泜水，昌意降居若水，昌意娶于浊山氏之子，谓之昌僕，产颛顼。③

较之《山海经》，除无"韩流"一代外，其他方面也多有变化，特别是明确了黄帝、昌意所娶的氏族名称，并将"雷祖"写作"累祖"，"淖子"改为"浊山氏之子"，"阿女"改为"昌僕"，并新增黄帝一子青阳及其"降居泜水"的情况。后来的《大戴礼记·帝系》即本此说：

> 黄帝居轩辕之丘，娶于西陵氏，西陵氏之子谓之嫘祖氏，产青阳及昌意，青阳降居泜水，昌意降居若水，昌意娶于蜀山氏，蜀山氏之子谓之昌濮氏，产颛顼。④

---

① 袁珂校注：《山海经校注》，巴蜀书社1993年版，第503页。
② （晋）郭璞注《山海经》时所识，见袁珂校注《山海经校注》，巴蜀书社1993年版，第503页注四。
③ （汉）宋衷注，（清）秦嘉谟等辑：《世本八种》，中华书局2008年点校本，秦嘉谟辑补本第12页。
④ （汉）戴德：《大戴礼记》卷七《帝系》，影印文渊阁《四库全书》本。

很明显，与《世本》相较，此处又将"累祖"作"嫘祖"，"泯水"作"泜水"，"浊山氏"作"蜀山氏"，"昌僕"作"昌濮氏"。《五帝德》又明确颛顼就是高阳："颛顼，黄帝之孙，昌意之子也，曰高阳。"①《史记》便承此而来，略有补充和变化：

> 黄帝居轩辕之丘，而娶于西陵之女，是为嫘祖。嫘祖为黄帝正妃，生二子，其后皆有天下。其一曰玄嚣，是为青阳，青阳降居江水；其二曰昌意，降居若水。昌意娶蜀山氏女，曰昌僕，生高阳，高阳有圣德焉。黄帝崩，葬桥山，其孙昌意之子高阳立，是为帝颛顼也。②

后来常璩著《华阳国志》，便直承上述说法而写道：

> 蜀之为国……至黄帝，为其子昌意娶蜀山氏之女，生子高阳，是为帝颛顼。③

由上可见，《山海经》以来的很多文献都认为黄帝与蜀存在亲缘关系。正由于此，段渝认为这些材料"表明黄帝、颛顼与蜀的关系确为先秦旧史所传，绝非虚语"④。他还特别注意到《大荒西经》的一条鱼妇与颛顼关系的记载：

> 有鱼偏枯，名曰鱼妇。颛顼死即复苏。风道北来，天乃大水泉，蛇乃化为鱼，是谓鱼妇。颛顼死即复苏。⑤

段渝认为，鱼妇即传说中的古蜀王鱼凫，鱼妇为颛顼所化，即言是颛顼后代；所谓"风道北来"，是说鱼凫氏从西北高原迁移到成都平原，其中几经分

---

① （汉）戴德：《大戴礼记》卷七《五帝德》，影印文渊阁《四库全书》本。
② 《史记》卷一《五帝本纪》，中华书局1959年点校本，第10页。
③ "帝颛顼"原作"帝喾"，刘琳校注时改。见其《华阳国志校注》卷三《蜀志》，巴蜀书社1984年版，第175~176页。
④ 段渝：《政治结构与文化模式——巴蜀古代文明研究》，学林出版社1999年版，第375页。
⑤ 袁珂校注：《山海经校注》，巴蜀书社1993年版，第476页。

合，最终仍以颛顼支系名世。这是鱼凫东来说①之外的另一种新说，可称鱼凫北来说。段渝还进一步认为，这条材料与上引《大荒海内经》所述世系衔接，《海内经》止于颛顼，《大荒西经》起于颛顼而止于鱼凫立国，它们都是古蜀地区流传的材料，甚至就是蜀王旧史。②

又由于《大荒海内经》和《大荒西经》写作于西周时期（此据蒙文通的观点），时间比上述中原文献都早，故段渝结合有关材料提出了更为大胆的观点：

中原文献所传黄帝与古蜀关系的材料，《史记·五帝本纪》来源于《大戴礼记·帝系》，《大戴礼记·帝系》来源于《世本》，《世本》来源于《吕氏春秋》。再上溯，《吕氏春秋》的有关材料，应来源于《山海经》中的《海内经》和《大荒西经》，而《山海经》中的有关材料，则直接取之蜀王旧史。

《山海经》的《海内经》作于西周以前，《大荒西经》作于周室东迁以前，足见这些材料本身的形成年代还要早得多，即应在西周以前。这些材料在如此早的年代里被《山海经》撷取，而《山海经》并非中原官修之书，则它的信息来源必定是蜀人所传的蜀王旧史，其流传年代应与黄帝、颛顼和蜀山氏、蜀王发生关系的年代一致，或稍晚；在《山海经》采撷这些材料时，这些旧说已在蜀人中世代相承了若干年……这些从上古蜀人世代相承下来的旧说，基本上是可靠的。③

笔者的相关知识不足，无法对这一说法作出判断。不过，一些从事考古研究的学者则与此看法不同，他们认同顾颉刚"古蜀国的文化究竟是独立发展的"观点④，认为"蜀人是黄帝的后世这种说法"是"大一统思想下的产物"，这类传说材料和考古资料是不一致的，"是不可信的"。⑤但以高度发达的古蜀文明推断，说存在"蜀王旧史"，恐怕是极有可能的。蒙文通早就指

---

① 蒙默等著《四川古代史稿》（四川人民出版社1988年版）即持鱼凫东来说，见该书第17~18页。
② 段渝：《成都通史》卷一《古蜀时期》，四川人民出版社2011年版，第286页。
③ 段渝：《成都通史》卷一《古蜀时期》，四川人民出版社2011年版，第288~289页。
④ 顾颉刚：《论巴蜀与中原的关系》，四川人民出版社1981年版，第70页。
⑤ 宋治民：《蜀文化与巴文化》，四川大学出版社1998年版，第275页。

出,古蜀王当有其"家史""家谱""家传"之类的记载传世。[①]只是因为蜀人"左言",即语言文字系统与中原华夏族有别,在秦并巴蜀以后特别是蜀地"染秦化"即巴蜀文化汇入中原文化的过程中,这些"蜀王旧史"散佚无存了。它们虽然无法作为文献传承下来,但有关的历史活动(有些当然神化了,而且也不一定都记在"蜀王旧史"中)必定通过口传的方式长期流传于巴蜀民间,终在西汉中后期开始重新被蜀地学者记录入史。

二、《蜀王本纪》对古蜀历史的记述

常璩《华阳国志·序志》在谈到西汉以来蜀地学者所作《蜀本纪》时指出:"司马相如、严君平、扬子云、阳成子玄、郑伯邑、尹彭城、谯常侍、任给事等各集传记,以作《本纪》,略举其隅。"所谓"各集传记,以作《本纪》",应该是说司马相如等学者不满足先秦以来中原文献记载的"疏略",而着力荟萃巴蜀本地有关的各种传说,结合中原文献的相关叙述,按年编次《蜀本纪》,借以记述包括先秦巴蜀"开国"以来的历史。其内容较中原文献所记要丰富,特别是增加了这些蜀人自身的见闻,因而有关记载与中原文献有别,但整个说来还是极不全面的,只能说是"略举其隅"而已。这里所举的八人中,司马相如、严遵(君平)、扬雄(子云)、阳成衡(子玄)为西汉人,郑廑(伯邑)、尹贡(彭城)为东汉人,而谯周(常侍)、任熙(给事)则为三国时期蜀汉人,表明叙述巴蜀远古以来历史的撰作风潮,自西汉一直延续到了三国时期,达数百年之久。而且,司马相如、严遵、扬雄、谯周均为当时名流,他们参与编纂《蜀本纪》,更说明巴蜀古史的记述在当时受到了学人多么高度的重视!

以上诸家古蜀史著作无一完整传世,相传为西汉末年扬雄所作的《蜀王本纪》一卷,则见诸《隋书·经籍志》和新旧《唐书·艺文志》。

《蜀王本纪》在历史上或作《蜀本纪》《蜀本记》,或省称《蜀纪》《蜀记》。由于该书不见于《汉书》的《艺文志》和《扬雄传》,自《隋书·经籍志》才开始著录,故后世或以为非扬雄之作,徐中舒甚至认为是三国蜀汉学者

[①] 蒙文通:《巴蜀史的问题》,《蒙文通文集》卷二《古族甄微》,巴蜀书社1993年版,第206~209页。

谯周所为。①蒙文通则认为，《蜀王本纪》虽不一定出自扬雄之手，但从今存佚文终于西汉宣帝来看，其写作年代当不晚于西汉末；而且必作于蜀中，为蜀人所记蜀事，所述应有据，因此具有较高的可信度。该书宋以后不传，后人多有辑录，其中2000年巴蜀书社出版的郑文《扬雄文集笺注》有全面的引录和笺注，本书即据此而论。

从现存佚文来看，《蜀王本纪》较为系统地记载了蜀地早期的历史和传说。如有关古蜀国的历史，见诸正史如《史记》的记载非常模糊，而此书则大致勾勒出了古蜀国王传承的历史轮廓：

蜀之先称王者，有蚕丛、柏灌、鱼凫、开明，是时人萌（民）椎髻左言，不晓文字，未有礼乐。从开明已上至蚕丛，凡四千岁。

蜀王之先名蚕丛，后代名曰柏濩（当作"灌"），后者名鱼凫。此三代各数百岁，皆神化不死，其民亦颇随王化去。

这两段话提到的开明王朝之前的蚕丛、柏灌、鱼凫，为先前的《山海经》和中原文献所不载，一般认为是在古蜀地区先后活动的三代蜀王。"大概当时的蜀王有如中原地区三代时的中央共主，蚕丛、柏灌、鱼凫三代蜀王虽有兴替，不担任蜀王了，仍不失为一国诸侯，所以说其王'神化不死'；其诸侯国的人民仍然由其统领，所以说'其民亦颇随王化去'。这正是列国并立的写照。"②至于前一段文字提到的"左言"，有些文献则作"左衽"，学者认为"左言"当更为确切③，与紧接后面的"不晓文字"相配合，反映的是古蜀国与中原华夏族不同的语言文字系统；而"未有礼乐"，也不是说他们没有礼乐文明，而是说与中原华夏礼乐文明迥然不同，属于另外一个文化系统，即后人概括的区别于中原文化系统的巴蜀文化系统。

《蜀王本纪》还提到了开明王朝之前的蜀王杜宇及其来历：

后有一男子名曰杜宇，从天堕，止朱提。有一女子名利，从江源井中出，

---

① 徐中舒：《论蜀王本纪成书年代及其作者》，《社会科学研究》创刊号，1979年3月。
② 蒙默等：《四川古代史稿》，四川人民出版社1988年版，第13页。
③ 蒙默：《〈蜀王本纪〉"左言""左衽"辨释及推论》，《文史杂志》2012年第4期。

为杜宇妻。乃自立为蜀王，号曰望帝。治汶山下，邑曰郫，化民往往复出。

这段话表明杜宇是朱提人，即今云南昭通一带的人，他率领部族向北发展，到达成都平原后与江源（今崇州一带）的一个部落女首领相结合，共同建立一个王国，定都于郫，即今郫都区，不久原来被打败的部落人民也纷纷归附，所谓"化民往往复出"是也。

而杜宇被开明取代的历史，《蜀王本纪》也有生动记述，并充满传奇色彩：

望帝积百余岁。荆有一人名鳖灵，其尸亡去，荆人求之不得，鳖灵尸随江水上至郫，遂活。与望帝相见，望帝以鳖灵为相。时玉山出水，若尧之洪水，望帝不能治。使鳖灵决玉山，民得安处。鳖灵治水去后，望帝与其妻通，惭愧，自以为德薄不如鳖灵，乃委国授之而去，如尧之禅舜。鳖灵即位，号曰开明帝。

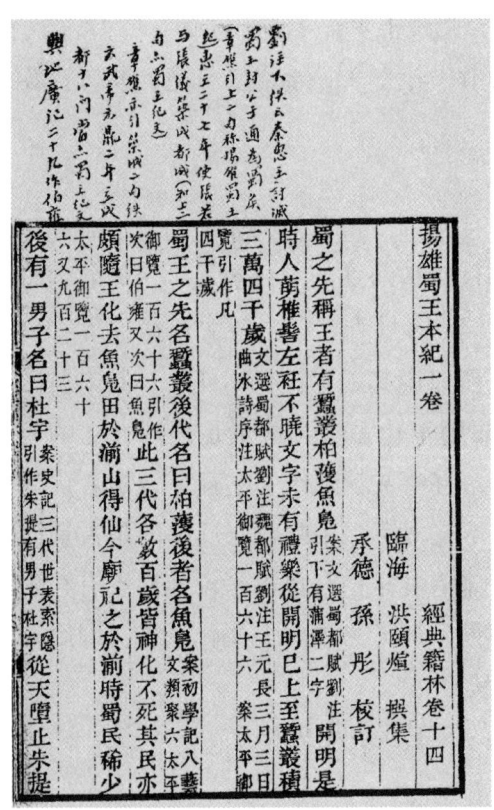

蒙文通先生手批《蜀王本纪》（由蒙默先生提供）

剥开神秘的外衣，一般认为这段话反映的正是开明王朝极不平凡的"开国史"：鳖灵本是居住在荆楚地区长江沿岸的濮人①，后率领部族溯江而上，历经艰辛，到达成都平原的郫城，其时正遇洪水为患，鳖灵受命治水，成功后积聚起很高的威望，并最终迫使望帝下台，鳖灵由此建立了开明王朝。当然，这里的望帝与鳖灵妻私通而感到"惭愧"的描写，当是受到儒家伦理道德影响下得出的后来

---

① 开明氏的族属尚有争论，或认为是楚人，或认为是巴人，宋治民先生认为"属巴人的可能性较大"，进而说开明氏时期"蜀国的统治集团是巴族"。见其《蜀文化与巴文化》，四川大学出版社1998年版，第160、180页。

之见；而"如尧之禅舜"的王位更替手段，更是受到中原文化影响的假说，不足为凭。从《蜀王本纪》另外的记载"望帝去时，子规鸣，故蜀人悲子规鸣而思望帝"来看，鳖灵取代望帝，必然经过一番激烈的战斗，绝非"如尧之禅舜"那样的你情我愿。

从蚕丛到柏灌再到鱼凫，又从杜宇到开明，与中原长期阻隔的蜀地所经历的这段历史过程，不为西汉及其以前的中原文献所记载，也非《山海经》所有，而由《蜀王本纪》首先记录入史，成为今天叙述巴蜀古史的重要框架。《蜀王本纪》这一载录之功，值得后人珍视。

《蜀王本纪》对于开明王朝统治下的蜀国被秦国灭亡的历史，也有较详的记录：

> 蜀王据有巴蜀之地，本治广都，后徙治成都。秦惠王时，蜀王不降秦，秦亦无道出于蜀。蜀王从万余人东猎褒谷，卒见秦惠王。秦王以金一笥遗蜀王。蜀王报以礼物，礼物尽化为土，秦王大怒。臣下皆再拜贺曰："土者，地也。秦当得蜀矣。"
>
> 秦王恐亡相见处，乃刻五石牛置金其后，蜀王以为金便，令五丁拖牛成道，致三枚于武都，秦道乃得通，石牛之力也……秦王知蜀王好色，乃献美女五人于蜀，王爱之，遣五丁迎女。还至梓潼，见一大蛇入山穴中，五丁共引，地山崩，压五丁，五丁大呼秦王，五女及送迎者悉化为石。蜀王登台，望之不来，因名五妇候台，蜀王亲埋作冢，皆致方石，以志其墓。
>
> 秦惠王遣张仪、司马错伐蜀，蜀王开明拒战，不利，退走武阳，获之。

这几条材料中的秦蜀两王遭遇于褒谷、互赠礼物、石牛成道、五丁迎女、五女化石等，都富有传奇色彩，不一定是事实，但可能曲折地反映出秦国灭蜀曾有一系列精心的策划。由于秦岭横亘，秦蜀之间的交通不易，加之"蜀王据有巴蜀之地"，势力正盛，因此秦国灭蜀绝非易事。为此，秦国对入蜀道路、重要关口的选择都颇费考量。而且，这几段材料还反映出秦国灭蜀的大致线路以及蜀王开明步步后退，最后在武阳（今四川彭山）被俘亡国的事实。《蜀王本纪》的这些记载不仅比中原相关文献翔实，而且其中"秦惠王遣张仪、司马错伐蜀"一条，还可补充《史记·秦本纪》仅记"司马错伐蜀，灭之"的不足，故为《史记·索隐》所据。另外，上面第二段材料所记的"五丁"，学者认为大概是与《春秋繁露·王道》所载梁国"比地为伍"相类似的制度,是开明王朝的一种劳役组织,也可能是当时还残存的村社制度。①

《蜀王本纪》还有一段"禹生石纽""启生涂山"的记载,引起了长期的争论:

> 禹本汶山郡广柔县人,生于石纽,其地名痢儿畔。禹母吞珠孕禹,坼堛而生禹。于涂山娶妻,生子名启。于今涂山有禹庙,亦为其母立庙。

这里主要看"禹生石纽"的故事。大禹究竟是何地人、生于何地,早期的文献并无确切记载,西汉初期的陆贾所著《新语》说是"大禹出于西羌",后来的《史记·六国年表》依此而说"禹兴于西羌",但均无具体地名;先秦又有"禹生于石"的神话,如《随巢子》"禹产于碅石",多用先秦旧说而在汉初成书的《淮南子·修务训》也有"禹生于石"的记载。《蜀王本纪》的这段话明显较上述记载具体,将广大的"西羌"落实在蜀地的"汶山郡广柔县",将"禹生于石"说成是"禹生石纽",这为后来众多文献特别是巴蜀史的有关论著所采纳。但据学者考察,"禹生石纽""根本为后起之附会,而无事实的根据"②;它是在"禹生于石"的基础上,"在圣帝皆为感生的谶纬狂潮下附会衍生出来的"。③这又表明,《蜀王本纪》的记载受到了西汉末期开始的谶纬思潮的影响。

另外,蜀地的语言、江神传说和先秦道家学说在蜀地流传的情况等,也赖《蜀王本纪》而为后人知晓一二;在一些史书、诗文涉及的地名、典故上,学者或援引《蜀王本纪》加以注释疏通。④总之,《蜀王本纪》所录虽然不少

---

① 蒙默等:《四川古代史稿》,四川人民出版社1988年版,第36页。
② 冯汉骥:《禹生石纽辨》,《说文月刊》第四卷合订本,1944年;又见四川大学历史文化学院考古系编《四川大学考古专业创建四十周年暨冯汉骥教授百年诞辰纪念文集》,四川大学出版社2001年版,第38页。
③ 蒙默:《"禹生石纽"续辨》,《蜀学》第四辑,巴蜀书社2009年版。按,2004年在重庆市云阳县发掘出土的东汉熹平二年(173)"景云碑"有"禹石纽、汶川之会"的记录,学者或说证明了"禹生石纽"的确凿性。但据蒙默先生研究,"禹石纽、汶川之会""只可能是从《禹贡》所说'岷山道江,东别为沱'附会出来的",它展示的只不过是禹和石纽的关系,而不是什么"禹生石纽"。
④ 参见周生杰:《〈蜀王本纪〉文献学考论》,《四川图书馆学报》2008年第1期。

看似荒诞，有的内容甚至是谶纬思潮下的附会之说，但主要还是蜀地真实的神话、传说，较后来《华阳国志》所记有关内容更为原始本真，是我们今天了解古蜀历史的珍贵文献。

第二节　扬雄以儒家思想论史及其影响

汉代巴蜀文化发展到西汉末年达于高峰，蜀郡成都人扬雄（子云）横空出世，展现出非凡的学术成就。《汉书》本传说他："少而好学，不为章句，训诂通而已。博览无所不见，为人简易佚荡，口吃不能剧谈，默而好深湛之思，清静亡为，少耆欲，不汲汲于富贵，不戚戚于贫贱，不修廉隅以徼名当世。"具有崇高的人生境界和学术修为。扬雄著述宏富，史载："（雄）好古而乐道，其意欲求文章成名于后世。以为经莫大于《易》，故作《太玄》；传莫大于《论语》，作《法言》；史篇莫善于《仓颉》，作《训纂》；箴莫善于《虞箴》，作《州箴》；赋莫深于《离骚》，反而广之；辞莫丽于相如，作《四赋》，皆斟酌其本，相与放依而驰骋云。"①之外，著名的语言文字学著作《方言》和记述蜀地早期历史的《蜀王本纪》也长期被认为出于扬雄之手（近代以来则被质疑），其文章至少在隋朝以前已被编为《扬雄集》传世。②可以说，扬雄的著作广涉后来的图书分类经、史、子、集四部，种类繁多③，在整个西汉时代已卓冠群儒。有学者统计认为："西汉时代，有著作流传至今的人很不少……论字数，司马迁的《史记》最多。论种类，刘向、东方朔与扬雄并列第一。"④

扬雄不但以学识渊博、著述宏富著称，而且思想深邃，造诣极高，为东汉时期的学林普遍称誉。学者往往将他与董仲舒、司马迁、刘向相提并论，甚至有将他与孔子、孟子、荀子等先秦大儒比美。如光武即位，征求"通博之士"，大司空宋弘推荐桓谭，认为他"才学洽闻，几能及杨雄、刘向父子"⑤。会稽人谢夷吾推荐晚年的王充时指出："充之天才，非学所加，虽前世孟轲、孙卿，近汉杨

---

① 《汉书》卷八七《扬雄传》，中华书局1962年点校本，第3514、3583页。
② 《隋书·经籍志》已见著录，五卷。后散佚，清人又重辑。
③ 参见王春淑：《扬雄著述考略》，《四川师范大学学报》1996年第3期。
④ 周桂钿：《虚实之辨——王充哲学的宗旨》，人民出版社1994年版，第292页。
⑤ 《后汉书》卷二六《宋弘传》，中华书局1965年点校本，第904页。

雄、刘向、司马迁不能过也。"①扬雄成了时人评价博通之士的典范。

事实上，像桓谭（前23~50）、王充（27~97），还有班固（32~92）、张衡（78~139）这些东汉时期的一流巨儒，无不推崇扬雄。如桓谭或云扬雄是"汉兴以来未有"之人②，或把他比作孔子，"张子侯曰：扬子云西道孔子也，乃贫如此。吾应曰：子云亦东道孔子也。昔仲尼岂独是鲁孔子？亦齐、楚圣人也。"③王充是"博通众流百家之言者"④，对扬雄也评价极高，认为"汉作书者多，司马子长、扬子云河汉也，其余泾、渭也"⑤。一代史学名家班固不但在《汉书·扬雄传》中对扬雄称誉有加，又在《汉书·楚元王传赞》中写道："自孔子后，缀文之士众矣，唯孟轲、孙况（即荀子）、董仲舒、司马迁、刘向、扬雄。此数公者，皆博物洽闻，通达古今，其言有补于世。《传》曰'圣人不出，其间必有命世者焉'，岂近是乎？"⑥直把扬雄与孟子、荀子、董仲舒、司马迁、刘向等一流大儒相提并论。被后世誉为大科学家的张衡酷爱研读扬雄《太玄》，曾对人说："吾观《太玄》，方知子云妙极道数，乃与'五经'相拟，非徒传记之属，使人难论阴阳之事，汉家得天下二百岁之书也。"⑦

像扬雄这样有突出贡献和重大影响的学者，可谓巴蜀地区有史以来第一人。虽然他的史学成就不能与他精妙的哲学玄思和美奂的大赋创作媲美，但也自有其不凡之处。他的史学成绩不在于写有出色的史学著作，而在于他运用当时占统治地位的儒家经学为标准来评判历史著作和历史人物，而且较为系统，在当时比较突出，对后来班固及其《汉书》的写作也产生了深刻影响。

一、扬雄对儒家经学的推崇

自汉武帝"罢黜百家，独尊儒术"后，儒学就逐渐上升为经学，成为王朝的统治思想，进而对思想文化的各个领域不断渗透，广泛影响。扬雄生当儒家

---

① 《后汉书》卷四九《王充传》注引谢承《后汉书》，中华书局1965年点校本，第1630页。
② （汉）王充著，张宗祥校注，郑绍昌标点：《论衡校注》卷一三《超奇篇》，上海古籍出版社2010年版，第280页。
③ （唐）马总：《意林》卷三《新论十七卷》，影印文渊阁《四库全书》本。
④ 《后汉书》卷四九《王充传》，中华书局1965年点校本，第1629页。
⑤ （汉）王充著，张宗祥校注，郑绍昌标点：《论衡校注》卷三九《案书篇》，上海古籍出版社2010年版，第564页。
⑥ 《汉书》卷三六《楚元王传》，中华书局1962年点校本，第1972页。
⑦ 《后汉书》卷五九《张衡传》，中华书局1965年点校本，第1897页。

经学正盛的西汉后期，他顺应时势，对孔子及其代表的儒家经学极为推崇。

扬雄对孔子有种近乎神灵的崇拜，他说："仲尼，神明也，小以成小，大以成大。虽山川、丘陵、草木、鸟兽，裕如也。""（孔子）关百圣而不惭，蔽天地而不耻，能言之类，莫能加也。贵无敌，富无伦，利孰大焉！"①认为孔子无所不知，孔子之道无所不包。进而又盛赞孔子整理的《五经》，他说："惟《五经》为辩。说天者莫辩乎《易》，说事者莫辩乎《书》，说体者莫辩乎《礼》，说志者莫辩乎《诗》，说理者莫辩乎《春秋》，舍斯，辩亦小矣。"②认为《五经》分别是天、事、体、志、理的最高真理。如此，《五经》就如同天地一样高深，包容一切学说："或问：圣人之经不可使易知欤？曰：不可。天俄而可度，则其覆物也浅矣；地俄而可测，则其载物也薄矣。大哉！天地之为万物郭，《五经》之为众说郛。"③

正由于扬雄将孔子及《五经》视为高于一切、包容一切的圣人和学说，所以他要求用所谓孔圣人和儒家经学的标准来统一人们的思想，所谓："或曰：人各是其所是，而非其所非，将谁使正之？曰：万物纷错，则悬诸天；众言淆乱，则折诸圣。或曰：恶睹乎圣而折诸？曰：在则人，亡则书，其统一也。"这里的人、书，分别就是指孔子和《五经》。扬雄甚至认为舍弃孔子和儒家经典就无法入道、达道，即是说："舍舟航而济乎渎者，末矣；舍《五经》而济乎道者，末矣。弃常珍而嗜乎异馔者，恶睹其识味也；委大圣而好乎诸子者，恶睹其识道也。山径之蹊，不可胜由矣；向墙之户，不可胜入矣。曰：恶由入？曰：孔氏。孔氏者，户也。"④

我们知道，儒家最核心最本质的内容是那套纲常伦理。对孔子及儒家经典推崇到无以复加地步的扬雄，自然对儒家伦理也极为崇尚。他的两部代表作《太玄》和《法言》，都贯穿了儒家伦理这一主线。《法言》始"学行"，终"孝至"，清楚地说明该书以人的道德践履为开始，而以达到孝——伦理的最高境界作为归宿。《太玄》虽言天道，但中心仍在伦理，扬雄曾明确地讲到这一点："或曰：《玄》何为？曰：为仁义。"⑤因此，解释《太玄》八十一首

---

① （汉）扬雄撰，韩敬注：《法言注·五百》，中华书局1992年版，第183、177页。
② （汉）扬雄撰，韩敬注：《法言注·寡见》，中华书局1992年版，第149页。
③ （汉）扬雄撰，韩敬注：《法言注·问神》，中华书局1992年版，第107页。
④ （汉）扬雄撰，韩敬注：《法言注·吾子》，中华书局1992年版，第46、35~37页。
⑤ （汉）扬雄撰，韩敬注：《法言注·问神》，中华书局1992年版，第116页。

的十一篇,是以忠、孝作为结尾的,即是:

> 故善言天地者以人事,善言人事者以天地。明晦相推而日月逾迈,岁岁相荡而天地弥陶,之谓神明不穷。原本者难由,流末者易从。故有宗祖者则称乎孝,序君臣者则称乎忠,实告大训。①

由于扬雄坚信儒家的纲常伦理,所以他对非儒家的诸子学说的批评,基本上都是从儒家伦理的角度进行的。比如,扬雄虽然深受老子的影响,但在涉及仁义礼智这些儒家伦理时,则态度鲜明:"老子之言道、德,吾有取焉耳;及搥提仁、义,绝灭礼、学,吾无取焉耳。"②显然,扬雄坚守儒家仁义礼智一类的伦理观念,并以此来批评老子。至于对其他诸子学说的批评,扬雄也基本是如此立场:

> 申、韩之术,不仁之至矣。
> 或曰:庄周有取乎?曰:少欲。邹衍有取乎?曰:自持。至周罔君臣之义,衍无知于天地之间,虽邻不覿也。③
> 或问:公孙龙诡辞数万以为法,法与?曰:断木为棋,梡革为鞠,亦皆有法焉。不合乎先王之法者,君子不法也。④
> 或问:(张)仪、(苏)秦学乎鬼谷术,而习乎纵横言,安中国者各十余年,是夫?曰:诈人也。圣人恶诸!⑤
> 庄、扬〔杨〕荡而不法,墨、晏俭而废礼,申、韩险而无化,邹衍迂而不信。⑥

一言以蔽之,"吾见诸子之小礼乐也,不见圣人之小礼乐也。"⑦儒家思想与其他诸子学说最根本的区别,就在于是否遵从"礼乐"。这自然是以儒家

---

① (汉)扬雄撰,郑万耕校释:《太玄校释·太玄告》,北京师范大学出版社1989年版,第377页。
② (汉)扬雄撰,韩敬注:《法言注·问道》,中华书局1992年版,第76~77页。
③ (汉)扬雄撰,韩敬注:《法言注·问道》,中华书局1992年版,第92、96页。
④ (汉)扬雄撰,韩敬注:《法言注·吾子》,中华书局1992年版,第34页。
⑤ (汉)扬雄撰,韩敬注:《法言注·渊骞》,中华书局1992年版,第285~286页。
⑥ (汉)扬雄撰,韩敬注:《法言注·五百》,中华书局1992年版,第193页。
⑦ (汉)扬雄撰,韩敬注:《法言注·问道》,中华书局1992年版,第82页。

伦理为中心、为本位作出的判断。

既然扬雄推崇孔子及其代表的儒家经学，并坚守儒家那套纲常伦理，那么他以此为标准来评价历史上的种种人事，就是十分顺理成章的事了。

二、扬雄对《史记》主导思想的批评及其影响

扬雄论史内容主要见于他的《法言》一书。该书以大量的篇幅来品评历史人物，《重黎》和《渊骞》两篇尤为集中，评价的标准主要就是儒家经学，特别是儒家的伦理思想。其中一些论史内容是专门针对司马迁及其《史记》的，并对后来的班固及其《汉书》写作产生了重要影响。这在汉代经史关系、史学史上具有重要意义。

司马迁《史记》早在西汉末期就得到学者刘向、扬雄等人的高度评价。班固在《汉书·司马迁传赞》中写道："刘向、扬雄博极群书，皆称迁有良史之材，服其善序事理，辨而不华，质而不俚，其文直，其事核，不虚美，不隐恶，故谓之实录。"这段话一向被视为对司马迁及其《史记》的原则性评论。扬雄以《史记》为"实录"，见于其《法言·重黎》。由此不但可见扬雄对《史记》的确切把握，也可见班固对扬雄史论的重视与采纳。但这些评论显然还没有涉及儒家经学的标准。

事实上，司马迁《史记》写作于汉武帝时期，其时虽然"独尊儒术"已经开始，儒学成为官方钦定的意识形态，但儒家思想还没有完全占据支配地位，并没有达到一统天下的地步；反映到司马迁的思想上，他虽然曾从孔安国、董仲舒等大儒学习，但并没有独尊儒家的观念，因而也就没有以儒家思想为指导来撰写《史记》；他的《史记》虽然着力"厥协《六经》异传，整齐百家杂语"①，但并没有

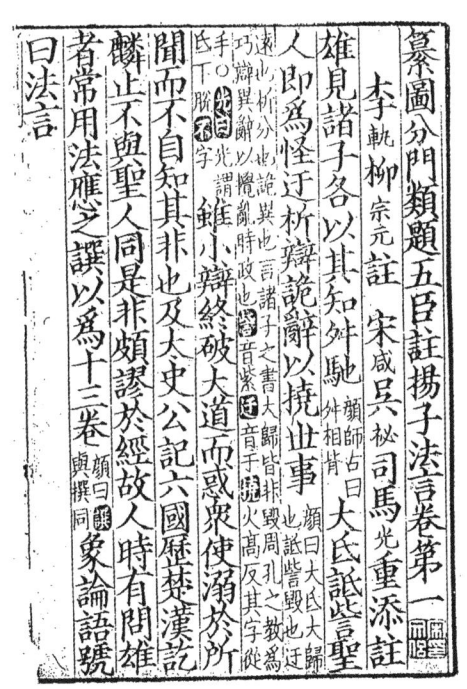

《纂图分门类题五臣注扬子法言》书影（南宋刘通判宅仰高堂本）

---

① 《史记》卷一三〇《太史公自序》，中华书局1959年点校本，第3319~3320页。

以儒家思想来一以贯之，其思想内容与正统儒家的要求还存在很大距离。这样，随着儒家经学统治地位的全面确立，一些人就开始从经学的立场来批评《史记》。目前所知最早这样批评的人是西汉成帝初年的权臣王凤，《汉书》卷八〇《宣元六王传》记此事道：

> （东平思王刘宇）上疏求诸子及《太史公书》，上（汉成帝）以问大将军王凤，对曰："……诸子书或反经术，非圣人，或明鬼神，信物怪；《太史公书》有战国从横权谲之谋，汉兴之初谋臣奇策，天官灾异，地形厄塞，皆不宜在诸侯王。不可予。不许之辞宜曰：'《五经》圣人所制，万事靡不毕载，王审乐道，傅相皆儒者，旦夕讲诵，足以正身虞意。夫小辩破义，小道不通，致远恐泥，皆不足以留意。诸益于经术者，不爱于王。'"①

这段话很有意思，一是将诸子（当指儒家以外的其他诸子百家）与《史记》（即《太史公书》）并提，二是将诸子及《史记》与儒家五经对立。很明显，王凤是站在儒家经学本位的立场，对《史记》并非仅"有战国从横权谲之谋"的批评，而是把《史记》看成是"非圣人"之书，是与《五经》对立的"小辩""小道"。

扬雄较王凤晚出，他对孔子及《五经》更为推崇，对非儒家的诸子也多有批评，因此他能依循王凤的思路，对《史记》违背儒家经学的一面提出更为尖锐和直接的批评：

> 雄见诸子各以其知舛驰，大氐诋訾圣人，即为怪迂，析辩诡辞，以挠世事，虽小辩，终破大道而或（惑）众，使溺于所闻而不自知其非也。及太史公记六国，历楚汉，讫麟止，不与圣人同，是非颇谬于经。②

而且，扬雄对《史记》的批评较王凤更为丰富。他在《法言》一书中多次批评《史记》非儒家经典的一面。如《法言·问神》："或曰：淮南、太史公者，其多知与？曷其杂也？曰：杂乎？杂。人病以多知为杂。惟圣人为不杂。

---

① 《汉书》卷八〇《宣元六王传·东平思王刘宇》，中华书局1962年点校本，第3324~3325页。
② 《汉书》卷八七下《扬雄传》，中华书局1962年点校本，第3580页。

书不经，非书也；言不经，非言也。言、书不经，多多赘矣。"①认为司马迁杂而不纯，其《史记》是"不经"之作，没有以儒家经书为矩范。这层意思在《法言·君子》的一段论述中也得到反映："淮南说之用，不如《太史公》之用也。《太史公》，圣人将有取焉。淮南，鲜取焉尔。必也儒乎！乍出乍入，淮南也。文丽用寡，长卿（司马相如）也。多爱不忍，子长（司马迁）也。仲尼多爱，爱义也；子长多爱，爱奇也。"②将孔子"爱义"与司马迁"爱奇"对比，实际就是说司马迁"不与圣人同"了。《法言·寡见》还说："或问：司马子长有言曰：五经不如《老子》之约也，当年不能极其变，终身不能究其业。曰：若是，则周公惑，孔子贼。"③认为周、孔胜过老子，反对司马迁菲薄"五经"的思想。这一说法大约是针对司马迁《史记·太史公自序》中载录其父司马谈的《论六家要旨》一文。该文总的思路是老子高于孔子，认为老子为代表的道家"指约而易操，事少而功多"，而儒家则相反，"博而寡要，劳而少功"。具体说来，"儒者以《六艺》为法。《六艺》经传以千万数，累世不能通其学，当年不能究其礼"。

扬雄在对货殖和游侠等社会现象的看法上也与司马迁《史记》针锋相对。《法言·渊骞》载："货殖？曰蚊。曰：血国三千，使捋疏饮水褐博，没齿无愁也？"④认为货殖之人有如蚊子一样，吸他人之血以自饱，以致很多人不得不为吃喝发愁。这是对《史记·货殖列传》观点的反驳。《史记·货殖列传》引用"天下熙熙，皆为利来；天下攘攘，皆为利往"之语以表明追逐财富是人的本能，并举列一批当世"贤人所以富者，令后世得以观择"的货殖名人，反映出司马迁"崇货殖之富"的明显倾向。而扬雄则以"蚊"的一面来抹杀货殖人物的全部作用。《法言·渊骞》又载："游侠？曰：窃国灵也。"⑤这又是反驳《史记·游侠列传》的观点。在司马迁看来，游侠是救人缓急、为人打抱不平的社会势力。在专制政治下，"以中材而涉乱世之末流，其遇害何可胜道"，"而布衣之徒，设取予然诺，千里诵义，为死不顾，此亦有所长，非苟而已也，故士穷窘而得委命，此岂非人之所谓贤豪间者邪！"把侵凌孤弱、役

---

① （汉）扬雄撰，韩敬注：《法言注·问神》，中华书局1992年版，第112～114页。
② （汉）扬雄撰，韩敬注：《法言注·君子》，中华书局1992年版，第319页。
③ （汉）扬雄撰，韩敬注：《法言注·寡见》，中华书局1992年版，第153页。
④ （汉）扬雄撰，韩敬注：《法言注·渊骞》，中华书局1992年版，第291页。
⑤ （汉）扬雄撰，韩敬注：《法言注·渊骞》，中华书局1992年版，第291页。

贫自快的暴豪之徒,与游侠之徒划清界限:"余悲世俗不察其意,而猥以朱家、郭解等令与暴豪之徒同类而共笑之也。"扬雄则完全不同意司马迁的看法,直将游侠视为窃国威福大权之徒,予以贬斥。

扬雄对《史记》"不与圣人同,是非颇谬于经"的看法,对司马迁引录其父司马谈"五经不如《老子》之约"看法的批评,对《史记》中《货殖列传》《游侠列传》观点的反驳,很自然地就形成了如下评论:

> 其(司马迁)论术学,则崇黄老而薄五经;序货殖,则轻仁义而羞贫穷;道游侠,则贱守节而贵俗功,此其大敝伤道……诚令迁依五经之法言,同圣人之是非,意亦庶几矣。①

这段话并非出自扬雄,而是出自班固的父亲班彪。那么班彪的思想是否来源于扬雄呢?这完全是有可能的。

文献表明,班彪与扬雄有十分清楚的学术渊源关系。扬雄与班彪的父亲班稚关系密切,班固自称:班彪"幼与兄嗣共游学,家有赐书,内足于财,好古之士自远方至,父党扬子云以下莫不造门"。将扬雄列为班彪的"父党"代表,足见扬雄与班稚过从甚密,非同一般,班彪从小就受到扬雄的影响是显然的。后来班彪"唯圣人之道然后尽心焉"②,在讨论"上古之士,处身行道,辅世成名,可述于后者"时,专门下及汉代的陆贾、董仲舒、刘向和扬雄四人,认为他们"皆及时君之门闱,究先圣之壶奥,婆娑乎术艺之场,休息乎篇籍之囿,以全其质而发其文,用纳乎圣听,列炳于后人"③。对扬雄备极推崇。因此,班彪对司马迁及其《史记》的上述看法,说是源于扬雄的影响,当不为过。

后来班固综合班彪和扬雄的看法,在《汉书·司马迁传赞》中指出:

> 其是非颇谬于圣人,论大道则先黄老而后六经,序游侠则退处士而进奸雄,述货殖则崇势利而羞贱贫,此其所蔽也。

---

① 《后汉书》卷四〇上《班彪传》,中华书局1965年点校本,第1325页。
② 《汉书》卷一〇〇上《叙传》,中华书局1962年点校本,第4205、4207页。
③ 《汉书》卷一〇〇上《叙传》,中华书局1962年点校本,第4230~4231页。

这段话是说司马迁的主导思想有三大方面的失误,分别表现在"论大道""序游侠"和"述货殖"方面。①表面上看,这段话更接近于班彪之论。但从上述的分析可知,班彪之论主要源于扬雄。因此,班固的这段原则性评论,实际是在扬雄论评的基础上形成的。进一步考察,班固在《汉书·货殖传》中谓货殖中人"运其筹策,上争王者之利,下锢齐民之业,皆陷不轨奢僭之恶";在《汉书·游侠传》中大倡"民服事其上,而下无觊觎"的政治等级命定论,认为"郭解之伦,以匹夫之细,窃杀生之权,其罪已不容于诛矣",可以说都是站在儒家重义轻利、不能以下犯上的伦理思想立场,都是在发挥扬雄的义旨。

这里要补充说明的是,我们说班彪、班固父子对司马迁《史记》主导思想的批评源于扬雄,但并不是说扬雄的思想就是他们唯一的来源。事实上,《史记》自成书以后,就不断有学者从儒家经学的标准给予批评,这是一种由弱而强的时代思潮,除了前举王凤、扬雄以外,东汉初年还有大臣范升上书批评"太史公违戾《五经》,谬孔子言"②。班固的上述评论未尝没有受到范升等人的影响。

三、扬雄以儒家观念评价历史人物及其对《汉书》的影响

在对一些具体历史人物的评论上,扬雄也注意运用儒家忠、仁、义等观念,而且与司马迁相较,既有继承,更有变化,总的来看是标准更为严苛,思想更为偏狭,表现出更为强烈的经学立场,一些内容也对后来班固的《汉书》产生了明显影响。

如在运用"忠"的观念时,扬雄确对司马迁的看法有继承,这突出地表现在对李斯的评价上。《法言·重黎》载:

或问:李斯尽忠,胡亥极刑,忠乎?曰:斯以留客,至作相,用狂人之言,从浮大海,立赵高之邪说,废沙丘之正,阿意督责,焉用忠?

这一否定李斯忠于秦廷的观点,实际上源于司马迁,《史记·李斯列传赞》就说:

---

① 参见周桂钿、李祥俊:《中国学术通史·秦汉卷》,人民出版社2004年版,第339页。
② 《后汉书》卷三六《范升传》,中华书局1965年点校本,第1229页。

（李）斯知六艺之归，不务明政以补主上之缺，持爵禄之重，阿顺苟合，严威酷刑，听（赵）高邪说，废适立庶。诸侯已畔，斯乃欲谏争，不亦末乎！人皆以斯极忠而被五刑死，察其本，乃与俗议之异。

　　进一步对读《史记》和《法言》，扬雄对"忠"观念的理解和运用要比司马迁更为突出。如对汉朝开国名将韩信、黥布的评价，司马迁承认他们的才智功勋，但十分惋惜他们善始而不能善终，说"假令韩信学道谦让，不伐己功，不矜其能，则庶几哉，于汉家勋可以比周、召、太公之徒，后世血食矣。不务出此，而天下已集，乃谋畔逆，夷灭宗族，不亦宜乎"①，"（黥布）功冠诸侯，用此得王，亦不免于身为世大僇。祸之兴自爱姬殖，妒媚生患，竟以灭国"②。很明显，司马迁这里更多强调的是韩信、黥布不够明智，虽然也有批评他们背叛汉高祖刘邦、不能将忠心贯彻到底的意思，但并没有明确运用"忠"的价值观念进行评判。扬雄则不同，他说："韩信、黥布皆剑立南面称孤，卒穷时戮，无乃勿乎？或曰：勿则无名，如何？曰：名者谓令名也。忠不终而躬逆，焉攸令。"③大意是说韩信、黥布皆拱立南面为侯王，最终却遭到极刑的下场，难道不是由于暗昧吗？忠而不能贯彻始终，乃谋叛逆，有什么美名可传呢！扬雄这里明确运用了"忠"的价值判断，较司马迁有更为浓厚的儒家道德原则。班固受此影响，在《汉书·韩彭英卢吴传》赞语中发挥道：

　　昔高祖定天下，功臣异姓而王者八国。张耳、吴芮、彭越、黥布、臧荼、卢绾与两韩信，皆徼一时之权变，以诈力成功，咸得裂土，南面称孤。见疑强大，怀不自安，事穷势迫，卒谋叛逆，终于灭亡。张耳以智全，至子亦失国。唯吴芮之起，不失正道，故能传号五世，以无嗣绝，庆流支庶，有以矣夫，著于甲令而称忠也！

　　正如学者指出：这段评论将韩信、黥布等人的"才智、功勋、冤屈，一概置之不论，这是受了扬雄的影响"④。

---

① 《史记》卷九二《韩信传》，中华书局1959年点校本，第2630页。
② 《史记》卷九一《黥布传》，中华书局1959年点校本，第2607页。
③ （汉）扬雄撰，韩敬注：《法言注·重黎》，中华书局1992年版，第246页。
④ 徐复观：《两汉思想史》第二卷，华东师范大学出版社2001年版，第327页。

扬雄评论西汉名臣霍光的所谓"忠"行,也影响到班固。扬雄十分感叹霍光忠心之"不终":"始元之初,(霍光)拥少帝之微,摧燕(王旦)、上官(桀)之锋,处兴废之分,堂堂乎忠,难矣哉;至显,不终矣。"①联系到当时的有关人事,这段话大意是说,始元初年,霍光受襁褓之托,立少子为昭帝,行周公事,后又诛灭燕王旦、上官桀等的谋反;及昭帝崩,无嗣,霍光等迎立昌邑王刘贺,贺荒淫迷乱,不能承宗庙,于是霍光又召丞相、御史、将军、大夫、博士等会议,废昌邑王而迎立孝宣皇帝。这都是霍光忠于社稷的表现,乃他人所难及。至霍光夫人显谋立其女儿成君为皇后,毒杀许皇后,霍光知晓之后,又企图匿情不纠,则其忠不能贯彻始终。这一评论比较公允,得到班固的重视,他在《汉书·霍光传》的赞语中写道:

霍光以结发内侍,起于阶闼之间,确然秉志,谊形于主。受襁褓之托,任汉室之寄,当庙堂,拥幼君,摧燕王,仆上官,因权制敌,以成其忠。处废置之际,临大节而不可夺,遂匡国家,安社稷。拥昭立宣,光为师保,虽周公、阿衡,何以加此!然光不学亡术,闇于大理,阴妻邪谋,立女为后,湛溺盈溢之欲,以增颠覆之祸。死财三年,宗族诛夷,哀哉!

很明显,班固的意思本于扬雄之论而又有所发挥,进一步指出霍光不能彻底尽忠的原因在于其"不学亡术,闇于大理",较扬雄走得更远。

扬雄对隐士的一些看法也为班固所吸取。如扬雄从儒家重义轻利的立场,推举当世的隐士郑子真"不屈其志"、龚胜、龚舍兄弟和严君平"不改其操",见于《法言》:

或曰:君子病没世而无名,盍势诸?名,卿可几也。曰:君子德名为几。梁、齐、赵、楚之君,非不富且贵也,恶乎成名?谷口郑子真,不屈其志而耕乎岩石之下,名振于京师。岂其卿,岂其卿!②

楚两龚之絜,其清矣乎!蜀庄沉冥。蜀庄之才之珍也,不作苟见,不治苟得,久幽而不改其操,虽隋和,何以加诸?举兹以旃,不亦珍乎!③

---

① (汉)扬雄撰,韩敬注:《法言注·重黎》,中华书局1992年版,第254页。
② (汉)扬雄撰,韩敬注:《法言注·问神》,中华书局1992年版,第119页。
③ (汉)扬雄撰,韩敬注:《法言注·问明》,中华书局1992年版,第140页。

扬雄说郑子真"名振于京师",以龚胜、龚舍兄弟和严君平为国之珍宝,足见其对当世隐士的推崇和钦敬。班固《汉书·王贡两龚鲍传》全引此文,可见受扬雄影响很深。

扬雄推崇隐士,但对自称"朝隐"的东方朔却十分不满。司马迁的《史记·滑稽列传》对淳于髡这班人能以智术口才,自抒其志于君王之前,颇为欣赏,所以在《传赞》中有"岂不伟哉"之语。司马迁虽然在《滑稽列传》中没有收录东方朔,但后来褚少孙仿其意而加以弥补,其中有一段话这样写道:

(东方)朔行殿中,郎谓之曰:"人皆以先生为狂。"朔曰:"如朔等,所谓避世于朝廷间者也。古之人,乃避世于深山中。"时坐席中,酒酣,据地歌曰:"陆沉于俗,避世金马门。宫殿中可以避世全身,何必深山之中、蒿庐之下。"①

东方朔自诩的这种"避世于朝廷间者"的"朝隐"做法,扬雄不以为然,并予以猛烈批判:

世称东方生之盛也,言不纯师,行不纯表,其流风遗书,蔑如也。或曰:"隐者也。"曰:"昔之隐者,吾闻其语矣,又闻其行矣。"或曰:"隐道多端。"曰:"固也。圣言圣行,不逢其时,圣人隐也。贤言贤行,不逢其时,贤者隐也。谈言谈行,不逢其时,谈者隐也……"或问:"东方生名过其实者,何也?"曰:"应谐不穷,正谏秽德。应谐似优,不穷似哲,正谏似直,秽德似隐。请问名。"曰:"诙达,恶比?"曰:"非夷、齐而是柳下惠,戒其子以尚容首阳为拙,柱下为工,饱食安坐以仕易农,依隐玩世,诡时不逢,其滑稽之雄乎!"②

显然,扬雄认为东方朔并不是真正的隐士,他的所作所为只是玩世不恭而已。这一态度深深影响了班固,以致在《汉书·东方朔传》赞语中详录扬雄的上述评论,仅在文字上稍有增删。

扬雄对汉赋政治劝化功能的认识也对班固有明显影响。辞赋在西汉时期甚为

---

① 《史记》卷一二六《滑稽列传·东方朔传》,中华书局1959年点校本,第3205页。
② (汉)扬雄撰,韩敬注:《法言注·渊骞》,中华书局1992年版,第299页。

流行，人们不仅欣赏其文学美，也认为它具有政治劝化的价值。如司马迁就高度称赞司马相如辞赋的"风谏"作用："《春秋》推见至隐，《易》本隐之以显，《大雅》言王公大人而德逮黎庶，《小雅》讥小己之得失，其流及上。所以言虽外殊，其合德一也。相如虽多虚辞滥说，然其要归引之节俭，此与《诗》之风谏何异！"①扬雄早年对同乡司马相如的辞赋推崇备至，极力模仿，写下了不少著名的篇章，但后来随着儒家经学的浸润，他对赋体的政治劝化功能产生了质疑，于是"辍不复为"②。班固受其影响，在《汉书·司马相如传》的赞语中先录司马迁的上述评论，接着笔锋一转："扬雄以为靡丽之赋，劝百风一，犹驰骋郑卫之声，曲终而奏雅，不已戏乎！"班固显然接受了扬雄的辞赋观。

扬雄是西汉末期巴蜀地区涌现出的一位杰出学者，他博学通达，成就卓著，在两汉之际的思想界影响巨大。扬雄的同僚且位在其上的桓谭指出："凡人贱近而贵远，亲见扬子云禄位容貌不能动人，故轻其书……今扬子之书文义至深，而论不诡于圣人，若使遭遇时君，更阅贤知，为所称善，则必度越诸子矣。"并说"汉兴以来，未有此人"③。桓谭的学生王充对扬雄也推崇备至，将扬雄与孔子相提并论："身与草木俱朽，声与日月并彰，行与孔子比穷，文与杨雄为双，吾荣之。"④在这样的思想氛围下成长起来的班固对扬雄也十分崇敬，不仅在《汉书·扬雄传》赞语中照录桓谭的上述论评，还称赞他"恬于势利""好古乐道""用心于内，不求于外"，并用大量篇幅记载其言行和著作，特别是详列《法言》一书的篇目和序言，"（《汉书》）凡所列汉人著述，未有若是之详者"⑤。明乎此，班固在自称"旁贯《五经》，上下洽通"的《汉书》中大量参考和引用扬雄的论述，特别是《法言》中的人物评论，就是十分自然的事了。

---

① 《史记》卷一一七《司马相如传》，中华书局1959年点校本，第3073页。
② 《汉书》卷八七下《扬雄传下》，中华书局1962年点校本，第2609页。
③ （汉）桓谭：《新论》，上海人民出版社1977年点校本，第61页。
④ （汉）王充著，张宗祥校注，郑绍昌标点：《论衡校注》卷三〇《自纪篇》，上海古籍出版社2010年版，第584页。
⑤ （清）纪昀、陆锡熊、孙士毅等著，四库全书研究所整理：《钦定四库全书总目》（整理本）卷九一《〈法言集注〉提要》，中华书局1997年版，第1199页。

第二章 巴蜀史学从初盛到低落（三国至隋唐时期）

在先秦秦汉史学的基础上，魏晋至隋唐时期的史学又有很大发展。在经学特别是今文经学转衰的过程中，史学逐渐摆脱经学的附庸地位而走向独立，这一过程开始于魏晋时期的甲乙丙丁四部分类法，史书先居丙部，继升乙部，最后定型于《隋书·经籍志》确立的经史子集四部。伴随这一过程的是史官修史制度的日益健全。东汉虽有官修国史之制，但直到三国时期魏国著作郎之设，才有专职的史官，之后又有秘书省、修史局、史馆（史阁）等专门修史机构及监修国史之制，到唐朝集起居注、史馆、宰臣监修于一体，奠定了史馆制度的基本格局。这一时期官方修史成就很大，单是"正史"，就有十二部之多。私人修史也很可观，特别是在魏晋南北朝相对自由的时代里，出现了大量的东汉史、三国史、晋史和古史之作；到唐朝虽然私人修史受限，但又产生了总结历代修史得失的史学批评著作《史通》和通叙历代典章制度的《通典》，均是开创性的史学名著。

这一时期的巴蜀史学既有一段辉煌的历史，也有长时间的曲折低落。大体来看，蜀汉两晋时期是巴蜀史学发展的第一个高峰，南北朝隋唐时期则转向低落。较之于先秦秦汉时期巴蜀史学尚处于全国史学之林的边缘来说，蜀汉两晋时期的巴蜀史家史著则跃居全国一流，"独秀于当时的中国史坛"，说它已占据中心地位恐不为过。其中蜀汉时期的谯周精于古史，所著《古史考》力纠《史记》之失，长期与《史记》并行于世；由蜀汉入西晋的陈寿与当时只知尊魏的主流意识有别，首先从全局的高度，将三国的历史各自成书后又合并成一书，形成的《三国志》是著名的"前四史"之一，一直是三国史的权威著作；由成汉入东晋的常璩所著《华阳国志》是第一部较为全面和系统记述祖国西南地区的通史，或被认为是"方志之祖""方志之王"，或被认为是地方版的《史记》。这些一流史家史著都代表了当时史学发展的最高水平，它们的涌现，标志着巴蜀史学的发展迎来了第一个高峰。但是东晋以后，巴蜀地区的史学则急遽衰落，仅出现了一些地方史志，史学成绩十分有限。

第一节　谯周的古史学成就

谯周（200~270），字允南，巴西郡西充国县（今阆中西）人。他一生主要是在三国时期蜀汉政权下度过的，先为"益州劝学从事"，不久"徙为典学从事，总州之学者"。后历任太子仆、家令、中散大夫、光禄大夫等朝官，但不参与政事，以儒者见礼。邓艾伐蜀，谯周顺应国家统一大势，力劝后主刘禅降魏。入晋，官至散骑常侍。①

谯周是三国时期经史兼通的著名学者。他出自"大姓"②，祖上谯隆、谯玄为汉朝名臣，其中谯玄"少好学，能说《易》《春秋》"③。至谯周父亲谯时，"治《尚书》，兼通诸经及图纬"。谯周就出身在这样一个学殖深厚的名门大族。他幼年失父，"与母兄同居。既长，耽古笃学，家贫未尝问产业，诵读典籍，欣然独笑，以忘寝食。研精六经，尤善书札〔礼〕，颇晓天文，而不以留意。诸子文章，非心所存，不悉遍视也。"④他还曾师从蜀中名儒秦宓。秦宓经史淹贯，辞义雅美，谙悉蜀中历史掌故。吴国张温说："蜀之有宓，犹鲁有仲尼也。"谯周从其问学，所得甚多，史称"宓甚有通理，弟子谯周具传其业"⑤。在家学的滋养和老师的教诲下，加之谯周自身的刻苦努力，谯周逐渐成为蜀汉时期整个巴蜀地区最为广博精深的学者，生前已有"通儒""硕儒"的美誉。⑥

谯周著述繁富，《三国志·谯周传》称："凡所著述，撰定《法训》《五经论》《古史考》书之属百余篇。"这可能仅是他"撰定"的著作。从后来诸书记载和群籍征引来看，这个记载是很不够的，谯周实际的著作（包括没有

---

① 《三国志》卷四二《蜀书十二·谯周传》，陈乃乾校点，中华书局1959年版，第1027~1033页。
② （晋）常璩撰，刘琳校注：《华阳国志校注》卷一《巴志》，巴蜀书社1984年版，第94页。
③ 《后汉书》卷八一《谯玄传》，中华书局1965年点校本，第2666页。
④ 《三国志》卷四二《蜀书十二·谯周传》，陈乃乾校点，中华书局1959年版，第1027页。参见周斌：《〈三国志·谯周传〉"研精六经，尤善书札"辨误》，《西华大学学报》2009年第3期。
⑤ （晋）常璩撰，刘琳校注：《华阳国志校注》卷一〇中《先贤士女总赞·广汉士女》，巴蜀书社1984年版，第763页。
⑥ 参见赵炳清：《谯周学术渊源考述》，《中华文化论坛》2010年第1期。

"撰定"的部分)至少有经类四种、史类七种、子类二种。仅就此来说,于巴蜀学者已可谓前无古人。其中史学著作主要有《后汉记》《蜀本纪》《三巴记》《益州志》《巴蜀异物志》和《古史考》等,尤以《古史考》最为知名。

一、谯周对东汉史和巴蜀地方史志的编撰

(一)《后汉记》的编纂

谯周的《后汉记》[①]是一部关于东汉历史的著作。西晋名儒司马彪在述及他修撰《续汉书》时,曾这样写道:"汉氏中兴,讫于建安,忠臣义士,亦以昭著,而时无良史,记述烦杂,谯周虽已删除,然犹未尽,安、顺以下,亡缺者多。"于是司马彪"讨论众书,缀其所闻,起于世祖,终于孝献,编年二百,录世十二,通综上下,旁贯庶事,为纪、志、传凡八十篇,号曰《续汉书》"。[②]这里的"记述烦杂",主要就是指记事起于光武中兴、讫于献帝建安年间的《东观汉记》一书。蜀汉时期的谯周曾对此书进行一番去繁就简的"删除"之功,形成的《后汉记》在司马彪修《续汉书》时发挥过重要作用,是他"讨论众书,缀其所闻"的重要依据之一。

司马彪对谯周此书虽然有删除"未尽"之憾,但却是除《东观汉记》之外他唯一提到的一部东汉史著作,这既说明司马彪对此书特别重视,也表明此书自身的分量不轻。

我们知道,《东观汉记》是由东汉朝廷组织修史人员编修的大型本朝史纪传体著作,前后历经一百多年,由于汉末的战乱,此书一直没有彻底完成。《史通·古今正史》对此书前后修纂的具体情况有详细记载,其中谈到汉末的情况时写道:"会董卓之乱,大驾西迁,史臣废弃,旧文散逸。"也就是说,经过少帝中平六年(189)董卓进京的变乱之后,《东观汉记》就没有得到正常的修撰。《史通·古今正史》接着写道:"及在许都,杨彪颇存注记。至于名贤君子,自本初已下阙续。魏黄初,唯著《先贤表》。故《汉纪》残缺,至晋无成。"即是说,东汉献帝(都于许昌)时,仅有杨彪保存了不少本朝"注记"的内容,可能也续修了部分《东观汉记》内容,但东汉质帝本初元年

[①] 书名据清代姚振宗《三国艺文志》卷二,见《二十五史补编》第三册,中华书局1955年影印本,第3219页。
[②] 《晋书》卷八二《司马彪传》,中华书局1974年点校本,第2141~2142页。

（146）以下的"名贤君子"传记始终缺录。曹魏政权建立后，可能由于汉魏递嬗的政治顾忌，杨彪仅成《先贤表》，其他人则未见有续修《汉纪》的情况。这也看出，魏国在东汉历史的修撰方面，成绩是十分有限的，以至由魏入晋的司马彪在上文中完全没有提及。

三国时期对东汉历史修撰的还有吴国人谢承所著的《后汉书》。吴国对《东观汉记》一书比较重视，将之与《史记》《汉书》并称"三史"。孙权曾对吕蒙等人说："至统事以来，省三史、诸家兵家，自以为大有所益"，并要求他们"急读《孙子》《六韬》《左传》《国语》及三史"。①在这样的氛围下，太子太傅张温删成《三史略》二十九卷，谢承在《东观汉记》的基础上又专门著成《后汉书》百余卷。谢书虽然是"《东观汉记》之后第一部完整的纪传体东汉史"②，但历史上评价不高，刘知幾明确指出："谢承尤悉江左，京洛事缺于三吴""谢承《汉书》偏党吴越"。③大约正因为这种偏颇，司马彪在上文中也没有提及谢书。

相比于魏国杨彪内容甚少的《先贤表》、吴国谢承"偏党吴越"的《后汉书》，蜀国谯周的《后汉记》仅有文字上不够简省之弊，应该是这三书中最佳的东汉史著作了。所以司马彪在上文中只提谯周，不及其他二人的著作，是有道理的。④

谯周的《后汉记》久已失传，司马彪《续汉书》的大部分内容也早已佚亡，司马彪究竟怎样参考谯周此书的，我们今天已不得而知。不过司马彪《续汉书》的"十志"部分因为附于南朝范晔《后汉书》后而流传至今，南朝梁人刘昭还对其做有简要的注释，从中我们可以窥见谯周一书的部分篇目。

据今本范晔所著《后汉书》所附志第四《礼仪上》，在开头就有注文引谢

---

① 《三国志》卷五四《吴书九·吕蒙传》裴松之注引《江表传》，陈乃乾校点，中华书局1959年版，第1274～1275页。
② 谢保成：《中国史学史》，商务印书馆2006年版，第292页。
③ （唐）刘知幾撰，（清）浦起龙释：《史通通释》卷九《烦省》、卷一八《杂说下》，上海古籍出版社1978年版，第265、527页。
④ 这当然只是仁智互见的问题。清代史家王鸣盛就批评司马彪"所见稍偏"，他指出，司马彪《续汉书》传、志，凡八十篇，"今彪书志见存三十卷，篇即卷也，则其纪、传仅五十篇，未免太略……观彪自述，嫌旧史烦杂，志在删除。则彪意于志详详，而于纪、传则甚略，所见稍偏。"见《十七史商榷》卷二九《后汉书》"范氏后汉书用司马彪志补"条，陈文和等校点，凤凰出版社2008年版，第157页。标点有改动。

沈《后汉书》所记："太傅胡广博综旧仪，立汉制度，蔡邕因以为志，谯周后改定以为《礼仪志》。"说明谯周书有《礼仪志》。

又据《后汉书》所附志第十《天文上》，在述及"孝明帝使班固叙《汉书》，而马续述《天文志》"时，又有注文引谢沈《后汉书》所记："蔡邕撰建武已后，星验著明，以续前志，谯周接继其下者。"说明谯周书又有《天文志》，其中部分内容是接续蔡邕《天文志》而新撰的。这方面在《晋书》卷十一《志第一·天文上》的前言部分也曾提到："及班固叙汉史，马续述天文，而蔡邕、谯周各有撰录，司马彪采之，以继前志。今详众说，以著于篇。"

又《后汉书》所附志第十三《五行一》，开篇就说："《五行传》说及其占应，《汉书·五行志》录之详矣。故泰山太守应劭、给事中董巴、散骑常侍谯周并撰建武以来灾异。今合而论之，以续前志云。"说明谯周书又有《五行志》，其中也有谯周自己新撰的内容。

《后汉书》所附《祭祀志》虽然没有提到谯周，但《宋书》卷十七《志第七·礼四》在述及宋明帝泰豫元年七月"尝祠"时，曾录载有司奏议："谯周《祭志》称：礼，身有丧，则不为吉祭。"表明谯周一书实际也有《祭祀志》。

当然，刘昭在《后汉书注补志序》中曾写道："昔司马迁作《史记》，爰建八书；班固因广，是曰十志……至乎永平，执简东观，纪传虽显，书志未闻。推检旧记，先有地理，张衡欲存炳发，未有成功。《灵宪》精远，天文已焕。自蔡邕大弘鸣条，实多绍宣。协妙元卓，律历以详；承洽伯始，礼仪克举；郊庙社稷，祭祀该明；轮骈冠章，车服赡列。于是应（劭）、谯（周）缵其业，董巴袭其轨，司马续书，总为八志。"这说明《东观汉记》至少已有地理、天文、律历、礼仪、祭祀、舆服等典志。谯周"缵其业"，其《后汉记》应该也有这些内容。只是目前资料不足，我们不能加以确证罢了。

由以上这些记述来看，谯周《后汉记》对司马彪的《续汉书》以及后来东晋谢沈的《后汉书》，甚至再后来的《宋书》的编纂，都起过一定的作用，至今我们还知道此书至少曾有礼仪、天文、五行、祭祀等典志内容。谯周对东汉历史文献的编纂传承之功，在总结隋以前史部著作的《隋书·经籍志》中没有任何反映，在总结唐以前史书编纂成绩的《史通》一书中也没有任何记录，可以说湮没已久，直到清代姚振宗补修《三国艺文志》时才给予著录。今有学者专门对其书的基本情况做出梳理,并给予了积极的评价。①

(二)四部巴蜀地方史志的编修

谯周一生主要生活在巴蜀地区,对乡邦历史文化耳濡目染,对有关资料也注意搜集整理,并为此撰写了《蜀本纪》《益州志》《三巴记》和《异物志》等多部地方史志,在巴蜀地方史志编纂史上占有重要的历史地位,对后来巴蜀地方史志的修纂和研究有很大影响。

《三巴记》又名《巴记》,是关于当时巴郡、巴西郡、巴东郡的地方史志。秦时,巴蜀地区只有巴、蜀二郡。西汉分置广汉、犍为二郡,与蜀郡合称"三蜀"。巴郡在东汉末开始分置,先后置巴西、巴东郡,与巴郡合称"三巴",范围主要在今四川省北部、东部和重庆市,以及陕西南部、湖北西部、贵州北部等,与先秦巴地范围约略相当而有所出入。从现存的十条佚文看,《三巴记》为我们了解"巴"名的由来、三巴的建置沿革、巴地的賨人,提供了最早的记录。

《蜀本纪》是一部关于蜀地早期历史的著作,得自其师秦宓"陈其本纪"②的师说,同时也承用过《蜀王本纪》,但其主要还是按照谯周自己观点对材料做了认真抉择而纂成的。如《三国志·蜀志·秦宓传》裴注引谯周《蜀本纪》一条:"禹本汶山广柔县人也。生于石纽,其地名刳儿坪,见《世帝纪》。"这条材料本于扬雄的《蜀王本纪》:"禹本汶山广柔县人也。生于石纽,其地名痢儿畔。禹母吞珠孕禹,坼副而生于涂山。"两相对比,谯周书无"吞珠孕禹,坼副而生"等语。所谓"坼副",就是割剖分娩。据学者研究,这不是裴松之引文的省略,而是谯周书本就如此,他根本就不相信"坼副而生"之说。③

《益州志》仅存一条,见于《文选》卷四《蜀都赋》李善注引:"成都织锦,既成,濯于江水,其文分明,胜于初成;他水濯之,不如江水也。"这对蜀锦生产的特点,提供了新的纪录,也说明了锦江得名的原因。

《异物志》又称《巴蜀异物志》,目前有四条内容传世,分别为《文选》

---

① 龙显昭:《谯周》,贾顺先、戴大禄主编:《四川思想家》,巴蜀书社1987年版,第76~78页。
② 《三国志》卷三八《蜀书八·秦宓传》,陈乃乾校点,中华书局1959年版,第975页。
③ 龙显昭:《谯周》,贾顺先、戴大禄主编:《四川思想家》,巴蜀书社1987年版,第79~80页。

李善注、《史记》索隐、《史记》集解等书所引，其中有一条涉及今云南滇池的记述："滇池在建宁界，有大泽，水乍深广，乍浅狭，似如倒池，故俗云滇池。"①这条记载非常宝贵，弥补了《史记》《汉书》的"西南夷列传"仅有滇池周长记录的不足，后来常璩《华阳国志·南中志》、范晔《后汉书·南蛮西南夷列传》和郦道元《水经·温水注》等书均加沿用。

谯周的这些地方史志，是对三国及其以前巴蜀地区的历史进程、地理沿革、风俗物产等诸多情况的综合记述，一方面为后来全国性的地理史志如《宋书》的州郡志、《后汉书》的郡国志、《太平寰宇记》等，以及西南地区的地方史志如《华阳国志》的修纂提供了有价值的资料，也为后世研究秦汉及其以前的巴蜀地区的有关问题提供了宝贵的资料；另一方面，这些著作实际是一组关于历史、地理、风俗、物产的专书，"综合起来大体构成了后世'方志'的雏形，这为我国'方志学'的实践铺垫了基石"。②可以说，东晋常璩能够撰出我国现存最完整、体例较完备的地方史志《华阳国志》，是对谯周这些著作的集合与扩展。

二、谯周对古史之学的精深研究

谯周最著名的史学著作是《古史考》，历来为史家所称道。据《晋书》卷八二《司马彪传》："初，谯周以司马迁《史记》书周秦以上，或采俗语百家之言，不专据正经，周于是作《古史考》二十五篇，皆凭旧典，以纠迁之谬误。"刘知幾的《史通》认同了这一说法，并说"今与《史记》并行于代[世]"③。即长期与《史记》并行传世（宋以后亡佚）。《古史考》内容上有记述、有考证，也有议论，是一部以考证为主的综合性史书。④

《古史考》针对《史记》而作，是扬雄从经学角度批评《史记》的继续。《史记》成书后，固然赞誉者多，但一方面它本身存在诸多缺陷，另一方面是

---

① （南朝·梁）萧统编，（唐）李善等注：《六臣注文选》卷四《蜀都赋》注引，中华书局1987年版，第98页。
② 龙显昭：《谯周》，贾顺先、戴大禄主编：《四川思想家》，巴蜀书社1987年版，第88页。
③ （唐）刘知幾撰，（清）浦起龙释：《史通通释》卷一二《古今正史》，上海古籍出版社1978年版，第337页。
④ 参见黄怀信：《谯周与〈古史考〉》，《古籍整理研究学刊》2001年第5期。

思想观念的变化，批评者也不少。班固就曾批评《史记》说："至于采经摭传，分散数家之事，甚多疏略，或有抵牾。"①其后张衡又"条上司马迁、班固所叙与典籍不合者十余事"②，范升条上"太史公违戾《五经》"三十一事。③这些批评固然不乏门户之见，但恐怕也不能完全否定他们的成绩。不过，这些批评终究是零星的。只有到谯周《古史考》成书，才有了对《史记》上古史部分的集中系统梳理和辨析。因此，《古史考》是第一部系统研究《史记》古史部分的专著，也可能是批评《史记》的集大成之作。

要对《古史考》进行评价，有必要将它与稍后出现的皇甫谧《帝王世纪》进行比较。《帝王世纪》对《史记》周秦以上事，采经传杂书以补史迁之阙，然于世系纪年率多"恣意妄造"之说④。今人徐旭生治传说时代史，曾对二书做过比较研究，结论是："谯氏的史识优于他的同时人皇甫谧。"⑤谯氏的古史学在后来整个古史学发展史上也具有特殊的地位，清人孙星衍指出："先秦已前佚事，惟见于《世本》，后世捃摭子、传为书，有《三皇本纪》（唐司马贞）及《路史》（宋罗泌）、《通鉴外纪》（宋刘恕），诸书皆滥觞于蜀人谯周，周书久之与《世本》俱亡。苏氏辙（《古史》）、金氏履祥（《通鉴外编》）之书反行于世，盖无足观。"⑥

当然，《古史考》也非完美，西晋史学名家司马彪说谯书"未尽善也，条《古史考》中凡百二十二事为不当，多据《汲冢纪年》之义，亦行于世"⑦。司

《古史考》（清嘉庆中兰陵孙氏刊平津馆丛书本）

---

① 《汉书》卷六二《司马迁传赞》，中华书局1962年点校本，第2737页。
② 《后汉书》卷五九《张衡传》，中华书局1965年点校本，第1940页。
③ 《后汉书》卷六六《范升传》，中华书局1965年点校本，第1229页。
④ （清）王鸣盛：《十七史商榷》卷三《史记三》"共和庚申以前无甲乙纪年"条，陈文和等校点，凤凰出版社2008年版，第15页。
⑤ 徐旭生：《中国古史的传说时代》（增订本），文物出版社1985年版，第225页。
⑥ 《古史考》章宗源辑本序，平津馆丛书。
⑦ 《晋书》卷八二《司马彪传》，中华书局1974年点校本，第2142页。

马彪纠正《古史考》的功劳自然不可忽视，但考虑到《汲冢纪年》（今一般称《竹书纪年》）是在西晋时期才出土的先秦编年体史书，谯周无法看到，则司马彪乃受益于新文献所赐，其纠驳实不能影响谯周爬梳旧文献之功。只可惜彪书亦亡，今天我们也无法考见其所谓的"未尽善"或"不当"者。

对于《古史考》一书的价值，自然需要从多方面予以考察。当代学者龙显昭主要从文献考证的角度予以认识，认为此书在关于年纪世系、礼祭典制和史实订正等方面都有过人的史识。这里举其礼祭典制方面来看。

谯周深于经学，长于礼祭，著有《礼祭集志》。他由经入史，熟知礼祭典制沿革，一些见解至今仍受好评。例如，商朝先公先王自上甲以来，率以天干为名，如上甲、报乙、报丙、报丁、示壬、示癸，其后如汤曰天乙、纣曰帝辛等。对这种现象应当如何解释？《白虎通·姓名篇》说："殷家质，故直以生日名子也。"《易纬·乾凿度》也说："帝乙则汤，殷录质，以生日为名，顺天性也。"此为"生日说"，与谯周同时而稍后的皇甫谧《帝王世纪》承袭此说。谯周对这种带有钦定性质的说法不以为然，认为："夏、殷之礼，生称王，死称庙主，皆以帝名配之。天亦帝也，殷人尊汤，故曰天乙。"①此为"庙主说"。自近代卜辞问世，王国维作《殷卜辞所见先公先王考》及《续考》，乃提出新说："殷之祭先，率以其所名之日祭之，祭名甲者用甲日，祭名乙者用乙日，此卜辞之通例也。"②此为"祭日说"。董作宾《甲骨文断代研究例》又提出"死日说"，在谈到"成汤以来，以日干为名，已成惯例"时括注道："我以为当是死日，非生日。"③对以上诸种说法，陈梦家的《殷墟卜辞综述》做过比较研究，认为："上述四说，生日死日都是无根据的推测。谯周的死称庙主，是很正确的，但未能说明何以用甲乙名庙主。王国维说明了庙主或庙名与祭名的关系，庙名的甲乙相应于祭日的甲乙，但他虽指出庙名与祭日的互相关系，而对于庙名之由来仍是不明确的。"④可见，谯周不囿于《白虎通》的成说，提出"死称庙主"的新解，在卜辞这一考古新材料出现以

---

① 《史记》卷二《殷本纪》司马贞索隐引，中华书局1959年点校本，第93页。
② 王国维：《观堂集林》卷九，中华书局1984年影印本，第424页。
③ 见《董作宾先生全集》甲编第二册，（台北）艺文印书馆1977年版，第366页。
④ 陈梦家：《殷墟卜辞综述》，中华书局1988年版，第104页。

前,这是很难得的,并成为后来王国维、陈梦家等学者进一步探究的基础。①

蒙默则据其先君蒙文通遗意,进一步从此书遗文"所涵祖国古史发展之深层义蕴"进行探索,发前人所未发,提出了诸多创造性的见解。他认为此书能够"突破当时异说纷纭杂乱无章之古史氛围,自觉作出接近科学实事求是之抉择",并特别指出:此书"有与祖国原始社会生产演进程序相符之记载,有祖国原始社会组织从部落到酋邦之实录,有与祖国文明起源多元论不谋而合之论述",识见卓越,追迈前贤。②

第二节 入列"正史"的经典名著——《三国志》

在我国历代"二十四史"中,《三国志》是唯一一部由巴蜀学者撰成的著作,在巴蜀文化发展史上占有特殊的地位,它的作者就是生活在三国西晋时期的陈寿。

陈寿(233~297),字承祚,巴西郡安汉县(今四川南充市)人。少时好学,师从同郡谯周,攻治《尚书》及《春秋》三传,精研《史记》《汉书》,奠定了深厚的史学修养。他的前半生主要是在蜀汉度过的,曾任东观秘书郎、散骑黄门侍郎等官职,因不愿依附专权的大宦官黄皓,屡遭谴黜。他的后半生则是在西晋度过的,也长期受到排挤,只做过著作郎、平阳侯相、治书侍御史等小官。《华阳国志·陈寿传》说他"位望不充其才,当时冤之"。

虽然陈寿在政治上不得志,但在学术文化方面,则表现了很高的成就。他继承了老师谯周长于古史学的特点,撰有"品藻典雅"的《古国志》五十篇;他又顺应东汉以来郡国人物传的著作风潮,在前贤多家《耆旧传》的基础上,并巴、蜀、汉中为一体,撰成《益部耆旧传》十卷,成为后来《华阳国志》"前贤志"的重要基础;他还受命编成《诸葛亮(故事)集》二十四篇,为保存诸葛亮言行事迹做出了贡献;他还写有《官司论》七篇、《释讳》及《广国论》等著作。以上这些著作都已散佚,而他最杰出的著作《三国志》则一直传承至今。③

---

① 详见龙显昭:《谯周》,贾顺先、戴大禄主编:《四川思想家》,巴蜀书社1987年版,第82~87页。
② 蒙默:《谯周古史学片论》,《文史杂志》2011年第3期。
③ 有关陈寿与《三国志》,学界研究甚多,这里笔者主要参考和吸收了缪钺、杨耀坤两位先生的成果,特此说明。

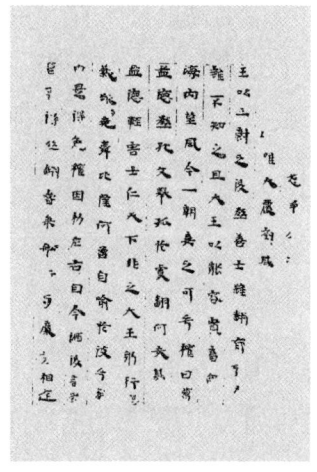 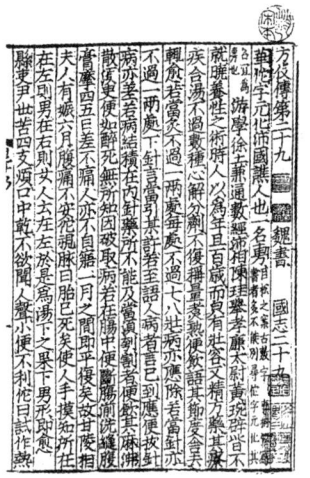 

《三国志·吴志》残卷（东晋写本，1924年新疆鄯善县出土） 　　《三国志》书影（南宋蜀刻本） 　　《三国志》书影（明万历二十四年南京国子监刻本）

一、《三国志》的编修及书名问题

陈寿是在西晋消灭吴国、统一全国以后开始着手《三国志》编写的。在此之前，魏国方面有王沈的《魏书》（官修）、鱼豢的《魏略》（私修），吴国方面有韦曜的《吴书》（官修）；至于蜀汉，"国不置史，注记无官，是以行事多遗"[①]。因此，《三国志》的魏、吴部分主要是裁剪旧史而成，而蜀汉部分则完全靠陈寿自己撰集。约经十年的努力，陈寿独立撰成了《三国志》。

《三国志》六十五卷，包括《魏书》《蜀书》和《吴书》三部分，依次编纂，自卷一至卷六十五一贯到底，分别记述魏、蜀（汉）、吴三国史事。但三书又相对独立，各有编次。《魏书》一至三十卷，《蜀书》一至十五卷，《吴书》一至二十卷。具体记事上起东汉灵帝光和末年（184）黄巾起义，此时东汉王朝土崩瓦解、各地群雄并起，这实际是三国鼎立局面形成的前奏；下迄西晋灭吴（280），三国鼎立局面彻底结束，全国复归统一。因此，《三国志》描写的就是从东汉末年到西晋初年全国近百年的乱世风云。

---

① 《三国志》卷三三《蜀书三·后主传》"评曰"，陈乃乾校点，中华书局1959年版，第902页。

关于《三国志》的书名，流行颇广的《二十四史》中华书局点校本在"出版说明"中指出："魏、蜀、吴三书本是各自为书，到了北宋雕版，始合为一种，改称《三国志》。"针对这一前所未有的新说，缪钺举出晋唐时期的多种史料，力证其说"是不符合历史事实的"，认为早在西晋时期就已有《三国志》的书名了。①

二、《三国志》的优点

《三国志》成书后，时人颇为称许，认为陈寿"善叙事，有良史之才"。夏侯湛当时正在著《魏书》，及见《三国志》稿，自愧弗如，于是"坏己书而罢"。名臣张华对陈寿更为欣赏，表示"当以《晋书》相付"。②从后来传承不绝、好评不断、入列"二十四史"的情形来看，《三国志》不愧是一部经典史著，陈寿也不愧是一位"良史之才"。

在《三国志》之前，最有名的史学著作当数司马迁的《史记》和班固的《汉书》，二书都是纪传体。陈寿精于《史》《汉》，所撰《三国志》采取的也是纪传体。不过又有两个新的变化：一是书中只有本纪和列传两种体裁，没有世家、志（书）、表，一般认为可能是由于资料不足所致；二是他在一部纪传体史书中兼记同时并存的魏、蜀、吴三个王朝的兴衰始末，可以说是一大创造，在史学史上别开新局。元修前代史，分立《辽史》《宋史》和《金史》三部，其远源便在此。

应该说，《三国志》是存在诸多缺陷的。如其文字过于简略，在人物、制度、民族等记载上都有一些重要遗漏；文笔上也远远不能体现那个有声有色、风云际会的时代，不仅不能与《史记》《汉书》比美，较之《后汉书》也要逊色；且全书只有本纪、列传两种体裁，并非完整的纪传体，实不能反映当时历史的全貌（相对而言）。但是，《三国志》却在当时得到朝野的很大肯定，在后来《后汉书》《晋书》不断重修（且实际包含了三国历史）、三国历史被改修（如习凿齿《汉晋春秋》《魏国统》等）的历史背景下，它也没有受到唾弃；即便在唐朝初年官方大修前朝历史的情况下，《三国志》也没有被重修。

---

① 缪钺：《〈三国志〉的书名》，原载《读书》1983年第9期，今收入《缪钺全集》第四卷，河北教育出版社2004年版，第284~286页。
② 《晋书》卷八二《陈寿传》，中华书局1974年点校本，第2137页。

自宋以降，《三国志》改修成风，但最终也没有取代《三国志》的"正史"地位、"前四史"之一的突出地位。可以说，《三国志》不仅在当时得到推崇，经受了时代的检验；在后世也长期屹立不倒，经受了历史长河的洗礼。那么，《三国志》究竟依靠什么来保持它的美名传千古的呢？换句话说，《三国志》到底有哪些优点呢？

通读全书，结合前贤时秀的评论，我们认为其突出的优点至少表现在结构合理、内容真实、文辞简洁三大方面。

（一）结构合理

三国鼎立结束，国家复归一统，历史进入西晋统治时期。由于西晋承魏而来，因此处于西晋统治之下的史家撰写之前的三国历史，不能不以曹魏为正统，本着由汉至魏、由魏至晋的历史系谱进行书写，即以魏国为主为正。已为晋臣的陈寿也不能例外，但他高人一等的地方在于，他虽然以魏国为主为正，但并没有把蜀汉和孙吴政权视为伪政权。他的《三国志》，既分三书撰写，照顾了当时三国鼎立的历史事实；又注意以魏国为主，照顾了当时以曹魏为正统的主流意识，编排结构上颇为巧妙。

具体来看，《三国志》的《魏书》《蜀书》和《吴书》三部分相对独立，各有编次。《魏书》以魏帝为本纪，《蜀书》《吴书》于蜀主、吴主传"皆编年纪事"，无本纪之名，有本纪之实，均使用各自的年号。即便是蜀主、吴主"即皇帝位"，立"皇太子"，也直书其事。蜀、吴妃嫔，凡立后或追封，也一律直书"皇后""皇太后"。这些都是当时历史的真实反映，毕竟在三国鼎立的数十年间，三国各为系统，各有年号，各有各的君臣关系。陈寿的做法，反映出他对客观历史的尊重。这在当时以魏国为正统，视蜀、吴为伪朝的政治主流意识下，显得难能可贵。当然，陈寿写作此书时，毕竟是晋朝的臣民，而晋朝代魏而来，所以他在书中又不能不注意维护魏国的名分。大体说来，至少在形式上，陈寿是以魏国为主为正的。如三书中只有《魏书》有帝王本纪，《蜀书》《吴书》于蜀主、吴主只称主不称帝，且只以列传标目；与记述帝王的情况相应，对于皇后，《魏书》专列后妃传，且以皇后标目，而《蜀书》称妃子传，在标目中去掉皇字，直接称甘后、张后等，《吴书》更降低地位，称妃嫔传，内中只叫吴夫人等。而《蜀书》《吴书》在记述蜀后主、吴三嗣主即帝位时，还特别记入魏国的年号；在关于战争记述时，一般也把魏国视为正义一方，如《魏书三·明帝纪》："吴将诸葛瑾、张霸等寇襄阳"，"蜀大将诸葛亮寇边"，"诸葛亮寇天水"，使用"寇"字，显然是站在魏国立场的表述。而且在涉及魏国的一些胜败问题上，往往有所回护，甚至夸胜讳败。对这些现象，传统社会特别是南宋朱熹以来本着尊蜀抑魏立场的人，往往指斥陈寿，实际上缺乏"了解之同情"，是囿于正统论的时代偏见。在今天看来，陈寿这一既分三书撰写、又注意以魏国为主的处置立场，正是尊重天下三分的客观现实，尊重由汉而魏、由魏而晋这一历史系谱、历史进程的高明之举，是其"良史之才"的重要表现。

事实上，对《三国志》的这一巧妙安排，历代学者也给予了积极的肯定。兹举两例，一是清代朱彝尊在《曝书亭集》卷五九《陈寿论》中所指出的：

陈寿良史也……于时作史者，王沈则有《魏书》，鱼豢则有《魏略》，孔衍则有《魏尚书》，孙盛则有《魏春秋》，郭颁则有《魏晋世语》，之数子者，第知有魏而已。寿独齐魏于吴、蜀，正其名曰"三国"，以明魏不得为正统，其识迥拔乎流俗之表。且夫魏之受禅也，刘廙、辛毗、华歆、刘若辈颂功德，李伏、许芝上符瑞，先后动百余人，其文见裴松之注，至今遗碑在许，大书深刻，而寿尽削之，不以登载。至先主王汉中，即帝位武担，蜀之群臣请封之辞、劝进之表、告祀皇天后土之文，大书特书，明著昭烈之绍汉统，予蜀以天子之制，足以见良史用心之苦矣……噫，纲目纪年，以章武接建安，而后得统之正。然百世之下可尔。其在当时，蜀入于魏，魏禅于晋，寿既仕晋，安能显尊蜀，以干大戮乎！①

二是其后钱大昕在《潜研堂文集》卷二四《三国志辨疑序》中所说的：

陈承祚《三国志》，创前人未有之例，悬诸日月而不刊者也。魏氏据中原日久，而晋承其禅。当时中原时人，知有魏而不知有蜀、吴也。自承祚书出，始正三国之名……夫晋之祖宗所北面而事者，魏也。蜀之灭，晋实为之。吴蜀既亡，群然一词，指为伪朝，乃承祚不唯不伪之，且引魏以匹二国，其秉笔之公，视南、董何多让焉！②

---

① （清）朱彝尊：《曝书亭集》卷五九《陈寿论》，四部丛刊初编本。
② （清）钱大昕：《潜研堂文集》卷二四《三国志辨疑序》，四部丛刊初编本。

综合朱、钱二氏的论述，可知在与陈寿同时代和稍前稍后学者有关三国的著作中，都是"知有魏而不知有蜀、吴"，只知尊魏，而罔顾天下三分的客观事实，唯有陈寿能够突破这一局限，以超拔"流俗之表"的非凡见识，"始正三国之名"，从而使所撰的《三国志》远远优胜于同类著述。这应该是它能够传之不朽的重要因素。

（二）内容真实

裴松之在《上三国志注表》时，曾肯定《三国志》具有"事多审正"的优点。所谓"事多审正"，就是说《三国志》是一部内容真实的信史。这方面也是超拔于当时同类著作之上的。

在《三国志》修撰时，已有王沈《魏书》、鱼豢《魏略》和韦曜《吴书》等众多官私著述，又有大量传闻，如何参考利用这些资料，无疑取决于撰者的修史态度和修史水平。这方面陈寿是相当严谨有识的。如关于魏文帝曹丕的甄皇后之死，陈寿《三国志·魏书·文昭甄皇后》记载说是曹丕代汉称帝后，嫔妃增多，对甄氏爱不如前，甄氏因而有所怨言，曹丕知道后大怒，遣使将其赐死。而王沈《魏书》则说是曹丕欲立甄氏为后，甄氏自以为德薄有疾，再三推让，不久病逝，曹丕非常哀痛，遂"策赠皇后玺绶"。两者出入很大，后来裴松之在注此事时明确指出：曹丕"不立甄氏，及加杀害，事有明审"，认为王沈《魏书》所记乃"崇饰虚文"，"难以实论"，陈寿予以删落，"良有以焉"。至于《魏书》裴松之注所引王沈《魏书》、鱼豢《魏略》有关武帝、文帝身世的夸饰之词，陈寿更是不取。又如《三国志·吴书十六·陆凯传》所载陆凯谏孙皓二十事上疏，得之传闻，"虚实难明"，但陈寿认为"足为后戒"，有警醒后人的教化作用，于是加以收录，并说明此文的由来和载录的原因。清代考据学名家赵翼虽然批评《三国志》多所"回护"，但同时又指出其"剪裁斟酌处，亦有下笔不苟者。参订他书，而后知其矜慎也"。并特别肯定陈寿载录陆凯谏孙皓二十事疏，认为其编纂"多详慎"。①

《三国志》固然有取材谨严、"事多审正"的佳评，但历来也有批评作者修史不公的说法。虽然有关著作对此多有讨论，但其中的一些问题确实比较重要，是关涉《三国志》是否为信史的大问题，故仍有必要在此表出。

---

① （清）赵翼：《廿二史札记》卷六《三国志立传繁简不同处》，中国书店1987年影印本，第77~78页。

一是《晋书·陈寿传》在肯定《三国志》的价值之后，又以"或云"的方式记载了两则传闻，说明陈寿修史态度有时并不公允：

或云：丁仪、丁廙有盛名于魏，寿谓其子曰："可觅千斛米见与，当为尊公作佳传。"丁不与之，竟不为立传。寿父为马谡参军，谡为诸葛亮所诛，寿父亦坐被髡，诸葛瞻又轻寿；寿为亮立传，谓亮将略非长，无应敌之才，言瞻惟工书，名过其实。议者以此少之。①

又有东晋的毛修之在蜀人中听说，陈寿做过诸葛亮的门下书佐，曾被诸葛亮打过百下，所以陈寿在《三国志》的论中说"应变将略，非其所长"。②

这些说法是否可信呢？有完全依从的，如北周柳虬，唐刘知幾、刘允济，南宋陈振孙等。刘知幾在《史通·曲笔》中指责说："班固受金而始书，陈寿借米而方传。此又记言之奸贼，载笔之凶人。"陈振孙《直斋书录解题》卷四"《三国志》"条写道："乞米作佳传，以私憾毁诸葛亮父子，难乎免物议矣。"也有一些人不为所动。如北魏武帝时的谋臣崔浩，在听了毛修之的传说后，就说："承祚之评亮，乃有故义过美之誉，案其迹也，不为负之，非挟恨之矣。"崔浩从诸葛亮辅佐刘备后的全部业绩作了具体分析，认为诸葛亮并不高明，他只能与汉初割据南越的赵佗相比，而陈寿却比之为管仲、萧何，"不亦过乎"？③其实，诸葛亮死时，陈寿只有两岁，根本没有担任过门下书佐，毛修之的说法是完全站不住脚的。

对《晋书》记载的传说，南宋学者晁公武在《郡斋读书志》和王应麟在《玉海》中都已提出怀疑。到了清代，朱彝尊、杭世骏、王鸣盛、赵翼、潘眉、俞正燮等著名学者也都提出充分的理由加以否定。总的说来，他们都认为陈寿在《三国志》中对诸葛亮的称颂、评价，是非常高的。至于陈寿说诸葛亮"奇谋为短""应变将略，非其所长"，则是实事求是的说法。如诸葛亮"六出祁山，终无一胜，则可见为节制之师，于进取稍钝，自是实录"。王鸣盛综合朱彝尊、杭世骏二人的意见，认为陈寿对于魏国文士，只为王粲、卫觊等五

---

① 《晋书》卷八二《陈寿传》，中华书局1974年点校本，第2137~2138页。
② 《魏书》卷四三《毛修之传》，中华书局1974年点校本，第960页。
③ 《魏书》卷四三《毛修之传》，中华书局1974年点校本，第960~961页。

人立传，而对文学成就很高的徐幹、阮瑀、陈琳、应瑒、刘桢，仅于《王粲传》中附书；今《王粲传》附书云："沛国丁仪、丁廙，弘农杨修，河内荀纬等，亦有文采。"又于《刘廙》附见云："与丁仪共论刑礼。"这样已经够了，何必还要更立专传呢？况且丁仪、丁廙兄弟并非好人，王沈《魏书》、鱼豢《魏略》都记载有他们做的坏事，这种人当然不能再立佳传，并不是陈寿因索米不得而故意抑之。关于街亭之败，陈寿直书马谡违背诸葛亮的节度，为张郃所破，并未尝以私怨而归咎于诸葛亮；至于诸葛亮将略非其所长，则张俨、袁准都曾这样说过，也不是陈寿一人之私言。王鸣盛同意朱、杭二人之说，又补充说：陈寿入晋之后，撰次《诸葛亮集》，作表奏上，推许甚至；在《诸葛亮传》中，特附《诸葛亮集》目录，并附上书表，以示尊崇，传后评语反复称赞他的刑赏之当，都足以说明陈寿在论述诸葛亮时是很推崇的，并没有其父坐罪怀私怨而贬抑诸葛亮之处。① 赵翼《廿二史札记》卷六"陈寿论诸葛亮"条，也举出许多例证，说明陈寿对诸葛亮推崇备至，所谓因父被刑而于诸葛亮有怨词者，乃无识之论。又据《三国志·陈思王植传》明确记载："文帝即王位，诛丁仪、丁廙并其男口。"既然如此，丁仪、丁廙男性后裔已在魏国时被全部消灭，怎么可能在西晋时又冒出二丁之子呢？可见其虚构。为此，王鸣盛一针见血地指出：《晋书》"好采稗野，随手掇拾，聊助谈资耳"！②

二是回护的问题。赵翼在《廿二史札记》卷六中专列"三国志多回护"一条，举出许多事实说明《三国志》在为司马氏隐恶回护。这些固然是曲笔，但正如学者所指出的，对这些还是要具体分析。陈寿写书时身为司马氏晋朝的臣民，为统治者回护，这是不可避免的。并且，陈寿《三国志·魏书》部分主要依据王沈《魏书》，而王沈是司马氏党羽，自然要袒护司马氏，故"其书多为时讳，殊非实录"③，陈寿据以成书，回护也是难免的。但有时陈寿也用隐晦的笔法，透露一些历史真实。④

---

① （清）王鸣盛：《十七史商榷》卷三九《三国志一》"陈寿史皆实录"条，陈文和等校点，凤凰出版社2008年版，第213~214页。
② （清）王鸣盛：《十七史商榷》卷三九《三国志一》"陈寿史皆实录"条，陈文和等校点，凤凰出版社2008年版，第214页。
③ （唐）刘幾撰，（清）浦起龙释：《史通通释》卷一二《古今正史》，上海古籍出版社1978年版，第346页。
④ 参见杨耀坤：《陈寿与〈三国志〉》，见其《魏晋南北朝史论稿》，成都出版社1993年版，第18~19页。

如钱大昕《潜研堂文集》卷二《何晏论》以及陈澧《东塾读书记》卷一四"三国"条，都认为何晏在政治上是有作为的，但因何晏是司马氏政敌，陈寿不便为他立传，并在书中叙何晏事"不无诬辞"。但陈寿却在《齐王纪》中载了一篇何晏"有大儒之风"的《论政事疏》及孔乂奏，这是本纪中不宜有的，而陈寿特载之。这实际上可能是陈寿有意让后世知道何晏一点真貌的深意。

又如陈寿在《高贵乡公纪》中特载高贵乡公曹髦在太学与诸儒辩论经义的大段文字，说明高贵乡公是个好学深思而有头脑的君主，并非那种不学无术的庸懦之辈。清代李慈铭在同治癸酉十二月初九日的日记中盛赞陈寿这一段记载说："承祚史裁最简，此独不厌其详，且高贵为司马氏之所最恶，此其所以为良史也。"①可以看出，陈寿之为司马氏回护，实迫于政治压力，而采取隐晦的笔法来透露一些历史的真实，实际上是"良史"的表现。

（三）文辞简洁

如何看待陈寿的文笔，自来比较复杂。时人评《三国志》时说"文艳不及（司马）相如，而质实过之"；《华阳国志》说他早年"属文富艳"；《文心雕龙》说他"文质辨洽"。这些说法虽然不完全一致，但都肯定陈寿文字功夫是很好的。南宋学者叶适特别喜欢《三国志》，认为："陈寿笔高处逼司马迁，方之班固，但少文义缘饰尔，要终胜固也。"②一般认为这一评价过高，反而是清人李慈铭要客观些，他说："承祚固称良史，然其意务简洁，故裁制有余，文采不足。当时人物，不减秦汉之际，乃子长《史记》，声色百倍，承祚此书，暗然无华。范蔚宗《后汉书》较为胜矣。"③我们认为，相比于《史记》《汉书》，《三国志》的文笔确实要弱些，比《后汉书》也稍差，但比之后来的史书，大体上还是要好一些。我们同意著名文史学家缪钺对《三国志》的评价——"简约爽洁"。④

我国古代史书，崇尚简洁。刘知幾在《史通》"叙事"篇中就说："夫国

---

① （清）李慈铭撰，由云龙辑：《越缦堂读书记》三《历史》，中华书局2006年版，第201页。
② （元）马端临：《文献通考》卷一九一《经籍考十八》"三国志"条，上海师范大学古籍研究所、华东师范大学古籍研究所点校，中华书局2011年版，第5568页。
③ （清）李慈铭撰，由云龙辑：《越缦堂读书记》三《历史》，中华书局2006年版，第195页。
④ 缪钺：《〈三国志选〉前言》，《缪钺全集》第四卷，河北教育出版社2004年版，第9页。

史之美者,以叙事为工,而叙事之工者,以简要为主……文约而事丰,此述作之尤美者。"《三国志》正是这类文辞简洁、内容丰富的优秀作品之一。我们通读全书,叙述清楚而无冗杂之感,特别是与裴松之注所引资料稍加对比,更会立刻感到全书叙事简练的特点,这反映出陈寿对史事取舍的谨慎和文字表述的凝练。难怪有人这样评论《三国志》:"练核事情,每下一字一句,极有斤两。"①相比于"时无良史,记述烦杂"②的多数魏晋史书,《三国志》这一特点显得特别宝贵。《三国志》的简洁性,除行文简练外,还表现在以下两方面。

一是三书前后贯穿,轻重有序,详略互见。本书分为三部分,各自独立,分别记述三国之事,看似容易处理,实际却不简单。因为有些人、事关涉三国,如何在三书中安排?何处当详?何处当略?直接关系到编纂手法的高低,影响到文字书写的繁简。在这方面,陈寿也是无愧于"良史之才"的。如奠定三分天下大局的赤壁之战,三书都不可能不记,但主次详略必有不同。从实际情况来看,赤壁之战是孙、刘联合抗曹,孙、刘打败了曹,考虑到这一情况,《魏书》略而《吴书》《蜀书》详,《魏书》有所讳饰;又,虽是孙、刘联合,但实际上以孙为主,特别是当时孙权的谋臣周瑜起了关键的作用,于是在《吴书·周瑜传》中就记述最详。再如刘备东征孙吴的大败仗夷陵之战,在当时三方都引起很大震动,于是《魏书》文帝本纪和《吴书》《蜀书》的吴主、蜀主列传都有记载,但此战之所以吴胜蜀败,关键还是在吴国大将陆逊(或作陆议)之功,于是《吴书·陆逊传》就记载最详、最具体,其他地方就略些了。

又纪、传之间,传与传之间也避免重复。如《魏书·武帝纪》建安十六年记载了关中诸将马超、韩遂等反叛,曹操率军征破的详细经过,全文长达七百多字。同样的事情在《魏书·董卓传》中仅记为:"十六年,超与关中诸将及遂等反,太祖征破之。语在《武纪》。"又如叙述张杨以粮食迎汉献帝于道路之事,在《魏书·张杨传》中记载很详,而在《魏书·董卓传》中叙及此事,仅书为:"张杨以食迎道路,拜大司马。语在《杨传》。"用"语在"某处的方式进行书写,十分巧妙地避免了重复书写带来的烦杂之弊。③

《三国志》这一高超的写作技巧,得到学者的充分肯定,如谢保成就说:

---

① (清)刘熙载:《艺概》卷一,上海古籍出版社1978年版,第18页。
② 《晋书》卷八二《司马彪传》,中华书局1974年点校本,第2141页。
③ 参见杨耀坤:《陈寿评传》,南京大学出版社1998年版,第102~103页。

"涉及三国关系的重大历史事件,三国史书记载各有不同,陈寿根据原始记录进行编次,或《魏书》详而《蜀书》《吴书》略,或《蜀书》详而《吴书》略,或纪详而传略,或传详而纪略,既避免繁复,又错落有致。"①

二是载文精粹。《三国志》各纪传中选录的文章,大多很重要,有的具历史意义,有的兼具文学价值。而在《三国志》以前或以后的史书,如王沈《魏书》、鱼豢《魏略》选录文章过多,有"秽累"之弊(《史通·载文》)。赵翼《廿二史札记》卷六《三国志书事得实处》说:"《献帝传》禅代时有李伏、刘廙、许芝等劝进表十一道,(曹)丕下令固辞亦十余道,寿《志》亦尽删之,惟九锡文一篇,禅让策一通而已。故寿书比宋、齐、梁、陈诸书较为简净。"固然九锡文、禅让策也无什么意义,但陈寿各载一篇,以见其所谓禅让程序,也还是必要的。其他较长的载文,如诸葛亮的《出师表》、曹植的《求自试表》《通亲亲表》、陆凯谏孙皓的《二十事疏》以及杜恕、高堂隆等人的长篇上疏等,都是有历史意义或文学价值的重要作品。

《三国志》文字简略,但并不完全缺乏生动。事实上,不论叙事还是评论,很多都是精彩生动的。如《魏书·武帝纪》写袁绍的浅薄和曹操的深谋:"袁绍与韩馥谋立幽州牧刘虞为帝,太祖拒之。绍又尝得一玉印于太祖坐中,举向其肘,太祖由是笑而恶焉。"汉献帝都许昌,以曹操为大将军、袁绍为太尉,"绍耻班在公下,不肯受。公乃固辞,以大将军让绍。"这两件事,文字不多,却把人物的气质高下、风貌各异表现得淋漓尽致。又如《蜀书·先主传》记先主刘备与曹操的一段对话,言简意深:"曹公从容谓先主曰:今天下英雄,唯使君与操耳。本初之徒,不足数也。先主方食,失匕箸。"短短三十四字,把曹操、刘备当时的情态及彼此戒备的心理表现无遗,可谓传神之笔。

《三国志》中的一些人物评论也很精彩。如在《魏书·武帝纪》末"评曰":"汉末,天下大乱,雄豪并起,而袁绍虎视四州,强盛莫敌。太祖(按指曹操)运筹演谋,鞭挞宇内,揽申、商之法术,该韩、白之奇策。官方授材,各因其器,矫情任算,不念旧恶,终能总御皇机,克成洪业者,惟其明略最优也,抑可谓非常之人、超世之杰矣。"全文分析了曹操所处的客观劣势和他自身展现出来的主观优势,清楚地说明了曹操由弱变强的道理,文字极为简

---

① 谢保成:《中国史学史》,商务印书馆2006年版,第278页。

洁、洗练。又如在叙述完汉末群雄角逐中最终失败的董卓、袁术、袁绍、刘表四人事迹之后，陈寿点评道："董卓狼戾贼忍，暴虐不仁，自书契已来，殆未之有也。袁术奢淫放肆，荣不终己，自取之也。袁绍、刘表，咸有威容、器观，知名当世。表跨蹈汉南，绍鹰扬河朔，然皆外宽内忌，好谋无决，有才而不能用，闻善而不能纳，废嫡立庶，舍礼崇爱，至于后嗣颠蹶，社稷倾覆，非不幸也。昔项羽背范增之谋，以丧其王业；绍之杀田丰，乃甚于羽远矣。"①这段文字主要是从四人当时的性格层面进行分析，言简意赅，堪称精到。

《三国志》的优点虽然很突出，但缺点也是明显的。大体说来主要表现在四个方面，一是讳饰，二是脱略，三是缺"志"，四是文采不足。最主要的还是文字过于简略，以致不少人事语焉不详，甚至多有脱漏，包括对重要人物、民族和制度的遗漏都有。人物方面，譬如倡议曹操推行屯田制且多有业绩的枣祇，陈寿未立专传，只在《武帝纪》和《任峻传》中提到他。张仲景与华佗同时，都是杰出的名医，陈寿为华佗立传而忽略了张仲景。刘知幾已指出这一点，认为是"网漏吞舟，过为迂阔"②。又如马钧是当时"天下之名巧"，他改革织绫机，做指南针、翻水车等，"其巧百倍于常"③，陈寿也没有给他立传。至于桓范、何晏都是魏晋间政治上和学术思想上的重要人物，陈寿也未曾为之立传，大概是因为他们两人是司马氏政敌，有所顾忌，故而略之。还有，对少数民族，陈寿只写了《乌丸鲜卑东夷传》，记录了东北地区的少数民族，对于西方的氐、羌诸族以及西域诸国，均未立专篇。至于孙吴境内的山越、蜀汉境内的南中少数民族，都甚为活跃，事迹颇多，陈寿也未立专传。至于没有表、志，也是一个缺陷，这可能因资料不足而未作。④

为此，一百多年后南朝刘宋时期的裴松之奉诏为之作注。裴注或补充史事，或载录异同，或考其真伪，或有所评论，字数与《三国志》正文相近，大大弥补了《三国志》的不足。后人阅读《三国志》，裴注不能不同时加以参考。

---

① 《三国志》卷六《魏书·董二袁刘传》，陈乃乾校点，中华书局1959年版，第216~217页。
② （唐）刘知幾撰，（清）浦起龙释：《史通通释》卷八《人物篇》，上海古籍出版社1978年版，第238页。
③ 《三国志》卷二九《魏书·杜夔传》裴松之注引傅玄序，陈乃乾点校，中华书局1959年版，第807页。
④ 参见杨耀坤：《陈寿与〈三国志〉》，见其《魏晋南北朝史论稿》，成都出版社1993年版，第20~21页。

第三节　地方史志的杰作——《华阳国志》

东晋时期常璩所撰《华阳国志》，记述了从先秦到东晋上千年间（公元4世纪以前）我国西南地区（主要是巴蜀地区）的历史，是一部通贯性的地方史著作。其在中国地方史志的发展史上具有崇高的地位，或说是"方志之祖""方志之王"[①]，或说是我国汉唐时期"最有代表性的地方史著述"[②]，"其于地方史中开创造之局，亦如正史之有《史记》者"[③]。其成书虽在东晋，但实际是汉以来巴蜀地方史志长期发展的结果。因此我们这里首先来看看汉以来巴蜀地方史志的编修情况，尔后再对《华阳国志》的内容、价值和著述宗旨进行论述。

一、汉以来巴蜀地方史志的编修

现有记载表明，至迟从西汉开始，专门的巴蜀地方史志编修就已经开始了。至《华阳国志》成书的东晋时代，这方面的著述已有相当大的规模。下面我们依据这些著作所记内容的侧重点，分为四大类加以简介，并对一些著述做些辨析。

（一）偏重记述巴蜀地方历史的著作

本章第一节已述及《华阳国志·序志》所载八家《蜀本纪》，以及来敏的《本蜀论》等，还重点论述了传为扬雄所作的《蜀王本纪》，这些都是偏重记述蜀地历史的著作。此外，汉晋时期还有一些相关著作。

一是《蜀书》。为三国蜀汉时广汉郪（今四川三台）人王崇著，实际是当时割据西南的蜀汉政权的王朝史。王崇曾任东观郎、上庸太守[④]、蜀郡太守等职。史称"其书与陈寿颇不同"[⑤]，即是与《三国志》的《蜀书》有异。《华阳国志》卷七《刘后主志》末曾引其关于后主刘禅的一段评论："昔世祖内资神武之大才，外拔四屯之奇将，犹勤而获济。然乃登天衢，车不辍驾，坐不安

[①] 刘琳：《〈华阳国志〉——中国方志之王》，《巴蜀史志》2012年第1期。
[②] 瞿林东：《中国史学史》第三卷《魏晋南北朝隋唐时期》，上海人民出版社2006年版，第185页。
[③] （晋）常璩撰，任乃强校注：《华阳国志校补图注》前言，上海古籍出版社1987年版，第6页。
[④] （晋）常璩撰，刘琳校注：《华阳国志校注》卷一一《后贤志·文立传》，巴蜀书社1984年版，第838页。
[⑤] （晋）常璩撰，刘琳校注：《华阳国志校注》卷一一《后贤志·王化传》，巴蜀书社1984年版，第848页。

席。非渊明弘鉴，则中兴之业何容易哉！后主庸常之君，虽有一亮之经纬，内无胥附之谋，外无爪牙之将，焉可包括天下也！"又曰："邓艾以疲兵二万，远出江油，姜维举十万之师，案道南归，艾为成禽，禽艾已讫，复还拒会，则蜀之存亡未可量也。乃回道之巴，远至五城，使艾轻进，径及成都。兵分家灭，已自招之。然以钟会之智略，称为子房，姜维陷之，莫至克捷，筹算相应，优劣惜哉！"学者或认为"此段当即《蜀书》之评论"。① 刘后主卒于蜀汉灭亡之后，故此书当在西晋初期完成。

二是《蜀记》，两晋之交的王隐著，也是关于三国时蜀汉历史的著作，已佚。史称王隐"字处叔，陈郡陈人。世寒素。父铨历阳令，少好学，有著述之志，每私录晋事及功臣行状，未就而卒。隐以儒素自守，不交势援，博学多闻，受父遗业，西都旧事多所谙究"。② 在父亲的影响下，王隐对西晋国事非常熟悉，因而撰成《晋书》。《蜀记》是他的另一部作品，《三国志》裴松之注多有引录。如《三国志》卷一八《魏书·庞德传》末注引王隐《蜀记》曰："钟会平蜀，前后鼓吹，迎（庞）德尸丧还葬邺，冢中身首如生。"裴松之对此评论说："德死于樊城，文帝即位，又遣使至德墓所，则其尸丧不应在蜀。此王隐之虚说也。"事实上，包括《晋书》在内，王隐的著作历来评价不高，如唐朝官修《晋书·王隐传》就说："隐虽好著述，而文辞鄙拙，芜舛不伦，其书次第可观者，皆其父所撰，文体混漫，义不可解者，隐之作也。"这大约就是《蜀记》难以流传后世的根本原因。

（二）侧重记载州郡地理的著作

本章第一节提到的三国蜀汉谯周的《三巴记》一卷、西晋蜀郡太守黄容的《梁州巴纪》，以及晋朝袁休明的《巴蜀志》，和第三节提到的谯周的《益州志》，大约都属于侧重记载巴蜀地方州郡地理的著作。之外还有以下一些。

图经类一部。即《巴郡图经》，见于《华阳国志》卷一《巴志》："永兴二年三月甲午，望上疏曰：'谨按《巴郡图经》，境界南北四千，东西五千，周万余里，属县十四，盐铁五官，各有丞史，户四十六万四千七百八十，口百八十七万五千五百三十五，远县去郡千二百至千五百里，乡亭去城或

---

① （晋）常璩撰，刘琳校注：《华阳国志校注》卷七《刘后主传》，巴蜀书社1984年版，第597~598页。
② 《晋书》卷八二《王隐传》，中华书局1974年点校本，第2142页。

三四百,或及千里。'"这是目前所知最早的图经。①

地记类十一部,除上面的四部外,还有:《益州志》,东汉汉中人陈术撰。《三国志·蜀志》载:"(陈术)博学多闻,著《释问》七篇、《益部耆旧传》及《志》。"此志疑名《益州志》。

《蜀后志》,西晋崇州人常宽撰,记录蜀汉政权灭亡以后的蜀地之事。据《华阳国志·后贤志》,常宽,字泰恭,出身名门,"阖门广学","治《毛诗》《三礼》《春秋》《尚书》,尤耽意《大易》、博涉《史》《汉》,强识多闻……撰《蜀后志》及《后贤传》,续陈寿《耆旧》作《梁益篇》。"②

《蜀后志》,西晋汉嘉太守杜恭(敬修)撰,"志赵廞、李特叛乱之事",常氏自称"有取"。③

《汉中记》,撰者不详。佚文已述及三国时期魏国正始年,又最早为北魏郦道元所引用,当为魏晋时所作。汉中郡,秦置,汉魏因之,治南郑,即今陕西汉中。现至少有佚文十一条,见于《水经注》《太平寰宇记》《太平御览》《舆地纪胜》等。④

《永昌郡传》,或名《永昌郡记》,撰者不详。永昌郡置于东汉,晋时废,治不韦县,在今云南保山。佚文所述朱提、建宁、兴古、云南等郡,均为三国蜀汉时所置,故此书当为三国蜀汉时期所作。现至少有八条佚文,涉及地理、风俗、物产等,均见《太平御览》。⑤

《南中志》,晋魏完撰。魏氏里籍不详。南中即今四川南部、云南、贵州一带。现至少有十二条佚文,多为《续汉书·郡国志》注所引,也有为《后汉书·吴善陈臧列传》注和《西南夷列传》注所引。⑥

《南中八郡志》,又作《南中八郡异物志》,晋时作品,撰者不详。所谓

---

① 黄苇等:《方志学》,复旦大学出版社1993年版,第137页。
② (晋)常璩撰,刘琳校注:《华阳国志校注》卷一一《后贤志》,巴蜀书社1984年版,第882页。按:《隋书·经籍志》题为《蜀志》,署"东京武平太守常宽撰"。又,南宋郑樵《通志》卷六六《艺文略第四·地理》曾著录"《蜀志》一卷",注云"后汉韦宽撰"。查东汉无韦宽其人其书,疑此为常宽《蜀志》之误。
③ (晋)常璩撰,刘琳校注:《华阳国志校注》卷一一《后贤志》,巴蜀书社1984年版,第882页。
④ 刘纬毅:《汉唐方志辑佚》,北京图书馆出版社1997年版,第33~34页。
⑤ 刘纬毅:《汉唐方志辑佚》,北京图书馆出版社1997年版,第40~42页。
⑥ 刘纬毅:《汉唐方志辑佚》,北京图书馆出版社1997年版,第148~149页。

八郡，即云南、永昌、兴古、建宁、交趾、合浦、新昌、武平等郡，其地多在今云南省和越南境内。现至少有五条佚文。①

另外，文献还提到两部地志。一是所谓东汉李尤的《蜀记》。明人曹学佺在其《蜀中广记》卷九六《著作记第六》中写道："《蜀记》，后汉广汉李尤伯仁撰，《太平御览》引之。"又在卷一〇一《诗话记第一》讨论"左担"地名时写道："杜子美《愁坐诗》曰：'高斋常见野，愁坐更临门，十月山寒重，孤城水气昏。葭萌氏种迥，左担犬羊存。终日忧奔走，归期未敢论。'葭萌、左担，皆地名。葭萌，人知之；左担，人罕知也。注者或改作武担，又改作立担，皆可笑。按：《太平御览》引李尤《蜀记》云：'蜀山自绵谷葭萌道径险窄北来，担负者不容易肩，谓之左担道。'又李公允《益州记》云：'阴平县有左担道，其路至险，自北来者担在左肩，不得度右肩。'"可是，在《华阳国志·先贤志·李尤传》《后汉书·李尤传》都没有提到李尤曾有《蜀记》之作，总结唐初及其以前史部的《隋书·经籍志》和《史通》中也无提及。这就让人怀疑曹学佺说法的可信度了。

回查曹学佺提及的《太平御览》，载录李尤文句确实不少，可是无一提及上述内容。在卷一九五关于"左担道"的记载是这样的："任豫《益州记》曰：江油左担道。案图，在阴平县北，于成都为西（小字注：道至阻，自北来者担在左肩，不得度担也），邓艾束马悬车处。"②显然，这与曹学佺所谓的"《太平御览》引李尤《蜀记》云"的内容完全不是一回事。

那么，曹学佺是否另有所本呢？检明代更早的蜀人杨慎著书，如《升庵集》卷七十八"左担"条："杜少陵《愁坐诗》云：'葭萌氏种迥，左担犬羊屯。'葭萌、左担，皆地名。葭萌，人皆知之；左担，人罕晓也。《太平御览》引李充蜀记云：'蜀山自绵谷葭萌道径险窄北来，担负者不容易肩，谓之左担道。'解者数十家，无一知者，又妄易'左'作'立'，可笑！（原注：又《益州记》：'阴平县有左担道，其路至险，自北来者，担在左肩，不得度

---

① 刘纬毅：《汉唐方志辑佚》，北京图书馆出版社1997年版，第304页。
② 《太平御览》此条不一定来自原书，可能源于唐人欧阳询《艺文类聚》卷六四《居处部》："任豫《益州记》曰：江油左担道。案图，在阴平县北，于成都为西（小字注：其道至险，自北来者，担在左肩，不得度担也），邓艾束马悬车处。"二者仅有微异。

右肩也。'阴平在今之文县。)"①这段内容与曹学佺所录非常相近,几乎可以肯定:曹学佺并未查检《太平御览》,而是直接从杨慎著书中抄录,只是把杜甫的《愁坐诗》引录更全,另外又将李充写作李尤②,将《益州记》的作者署上李公允而已。可是,从我们上述对《太平御览》的翻检来看,杨慎的记载是靠不住的,李尤或李充根本就没有《蜀记》之作。

二是《巴汉志》。刘纬毅在其《汉唐方志辑佚》中,曾著录《巴汉志》一书,并介绍说:"撰人不详,不见著录。约为魏晋作品。按,巴汉,在今四川省及陕西南部。"又从《后汉书·郡国志》注文中辑得十条佚文。③王文才、王炎编著的《蜀志类钞》也说:"晋宋间有《巴汉志》,多采《华阳国志》之文,并为刘昭注《后汉书·郡国志》所取。"④并作为《梁益四记》之一著录,且辑出六条佚文。其实,这些佚文在《华阳国志》的《巴志》和《汉中志》中都有,文字略异而已。这个《巴汉志》实际就是常璩最初所写的专志,后来被析为《巴志》和《汉中志》两部分入载《华阳国志》。本节第二部分将会进一步谈到。

(三)主要叙论乡党耆宿的人物志

这一风气主要是在东汉兴起的,有名的不少。《华阳国志·后贤志·陈寿》载:"益部自建武后,蜀郡郑伯邑、太尉赵彦信及汉中陈申伯、祝元灵、广汉王文表皆以博学洽闻,作巴、蜀《耆旧传》。寿以为不足经远,乃并巴、汉,撰为《益部耆旧传》十篇。"⑤又载:西晋蜀郡江原人常宽著《后贤传》,又"续陈寿《益部耆旧传》,作《梁益篇》"⑥。

据此,从东汉到东晋时期,巴蜀地区至少有郑廑(伯邑)、赵谦(彦

---

① (明)杨慎:《丹铅总录》卷二、《谭苑醍醐》卷五"杜诗左担之句"条与此同,《丹铅续录》卷一一"左担道"则只录《益州记》的内容。均为影印文渊阁《四库全书》本。
② 尤、充二字形近易误,杨慎著书中的李充也有可能本身写作李尤,而曹书肯定作李尤(《蜀中广记》卷五八《风俗记第四》又作李充,恐形近而误),因为他在著录《蜀记》作者时,明确说是"李尤伯仁"。东汉广汉人李尤字伯仁,他有一子名叫李充,另外东晋又有大学者李充,但其字均非伯仁。
③ 刘纬毅:《汉唐方志辑佚》,北京图书馆出版社1997年版,第147页。
④ 王文才、王炎编著:《蜀志类钞》,巴蜀书社2010年版,第124页。
⑤ (晋)常璩撰,刘琳校注:《华阳国志校注》卷一一《后贤志》,巴蜀书社1984年版,第849页。
⑥ (晋)常璩撰,刘琳校注:《华阳国志校注》卷一一《后贤志》,巴蜀书社1984年版,第882页。

信）、陈术（申伯）、祝龟（元灵）、王商（文表）（以上东汉人）、陈寿、常宽等七家《耆旧传》，常宽还著有《后贤传》，大约是接续《三国志·蜀志》而来。其中陈术和陈寿的都叫《益部耆旧传》，祝龟的是《汉中耆旧传》[①]，常宽的或名《续益部耆旧传》。

这些人物志今天都已不存世了。据《华阳国志·后贤志》，陈寿的《益部耆旧传》是在前贤多家巴、蜀《耆旧传》的基础上，加以扩充整理而成，而且得到好友文立和晋武帝的赏识，是常璩撰写《华阳国志·先贤志》的重要资料来源。今人王文才、王炎编著的《蜀志类钞》曾以郡为类加以辑录，从中我们更可以看出《华阳国志·先贤志》对陈寿此书的利用情况。

这里还需指出的是，魏晋南北朝时期谱牒之学盛行，巴蜀地区也有一些大姓，必有一定数量的谱学专著。目前所知的是区域性的合谱《蜀世谱》，为两晋时期史学家孙盛著，是关于巴蜀地区世家大族的谱书。孙盛（约302~374），字安国，两晋之际太原中都（今山西平遥）人，著有《魏氏春秋》二十卷、《晋阳秋》三十二卷等史籍。所著《蜀世谱》亦有名，南朝裴松之注《三国志》时曾多有引录，涉及吴氏、刘氏、费氏、吕氏和张氏等多家名门大族。[②]

（四）偏重风俗物产和少数民族的著作

风俗类一部，即《乡俗记》，东汉汉中赵宁撰。《华阳国志》卷三《蜀志》载："蜀守陈留、高眹续文翁之后，雅播文教，太尉赵公瑶初为九卿。适子宁还蜀，眹命为文学，撰《乡俗记》。"《蜀中广记》卷五十五所辑纂的《风俗记》，就是依仿《乡俗记》而来。

民族类一部，即《哀牢传》，东汉杨终撰。哀牢本人名，后作国名，亦为少数民族名。其地在今云南保山一带。现有佚文一条，见《后汉书·西南夷传》注。[③]

物产类一部，即《异物志》，或为《巴蜀异物志》（如《文选》注、《史记》索隐、《史记》集解），或名《巴中异物志》（如《蜀中广记》卷

[①] （晋）常璩撰，刘琳校注：《华阳国志校注》卷一〇下《先贤士女总赞》（下），巴蜀书社1984年版，第807页。
[②] 详见《三国志·蜀志》卷四《先主穆后传》注、《后主太子璿传》注、卷一一《费诗传》注、卷一三《吕凯传》注、《张嶷传》末注。
[③] 刘纬毅：《汉唐方志辑佚》，北京图书馆出版社1997年版，第12~13页。

九六）。蜀汉谯周撰，《水经注》《太平寰宇记》多引用之。①

以上这些著作主要都是在常璩撰修《华阳国志》之前就写成的，它们有一个共同的特点，那就是侧重某一方面。只有到《华阳国志》出现之时，才将历史、地理、人物、风俗和民族等方面的内容组合在一起，形成多方面展示祖国西南的地方通史。

二、多方面展示祖国西南的地方通史

《华阳国志》的作者常璩（约291～361），字道将，出生于蜀郡江原县（今四川崇州）的一个世家大族。从蜀汉到两晋，常氏家族名人辈出，像常勖、常骞、常宽等人精通《毛诗》《尚书》《春秋》《三礼》《周易》等儒家经典，常宽撰有《蜀后志》《后贤传》《梁益篇》等。在这样的氛围之下，常璩自幼爱好经史，博览群书，熟悉掌故。他一生是在治乱交错中度过的，早年遭遇李特流民起义，仅能自保；长大后在成汉割据政权中曾任散骑常侍，掌著作，编写有《汉之书》十卷，记述成汉历史，后改名《蜀李书》，或称《汉书》《蜀汉书》等（佚）；东晋穆帝永和三年（347），桓温攻蜀，常璩等人顺应王朝统一大势，成功劝说君主李势出降。后常璩以参军身份随桓温至建康（今南京），但他在东晋并没有得到重用，郁郁不得志，自称"资腐帛于颠墙之下，求余光于灰尘之中"②。他的《华阳国志》，就是在这样的心境中写就的，实属忧愤之作，时间大约在东晋永和四年至十年（348～354）之间。

《华阳国志》内容丰富，记述全面，共十二卷，除去最后一卷的《序

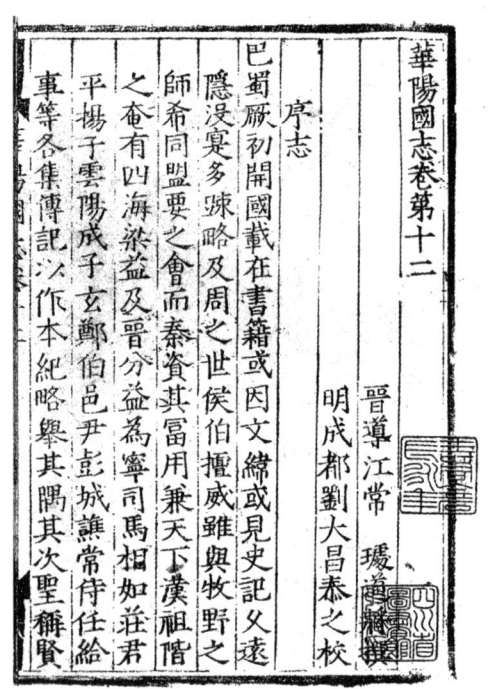

《华阳国志》书影（明朝嘉靖刻本）

---

① 刘纬毅：《汉唐方志辑佚》，北京图书馆出版社1997年版，第40页。
② （晋）常璩撰，刘琳校注：《华阳国志校注》卷一二《序志》，巴蜀书社1984年版，第895页。

志》外，主要是由地理之部、霸史之部和人物之部三大方面的内容组成。

（一）地理之部

这部分包括卷一至卷四的内容，依次是《巴志》《汉中志》《蜀志》和《南中志》，系统记述这四个地区的政区沿革、各郡县的历史、地理、物产、风俗、民族、人物，等等。

关于这种卷次的安排，有学者曾提出质疑，认为作者最初是把《蜀志》放在最前面的。[①]这一看法值得商榷。我们知道，"班序州部，区别山川"是作者在《序志》中提出来的、专门针对前四卷安排来说的叙述原则。所谓"班序州部"，就是分别不同的州部进行叙述。当时作者所叙的"华阳"地区共有梁、益、宁三州，以何为先呢？最简单也最合理的方法自然就是按这三州州名出现的先后为序。从历史上看，梁州一名最早，是著名的"古九州"之一，早在文献记载的大禹"更制九州"、《周官》"辩九州之国"中就已出现。直到汉武帝时期，在将全国重新划分为十三州部时，才将梁州改为益州。又在数百年后的三国时期魏国攻灭蜀国之时，始从益州分出梁州，统巴汉七郡，治所在汉中。过了十多年后，至西晋泰始七年（271），又进一步从益州分出建宁、兴古、云南三郡，合交州的永昌郡一起，新置宁州。可见，要叙述三州的沿革变迁，必从梁州首先开始，再次及益州和宁州。而这三州对应的古称便是巴汉、蜀、南中，常氏用以为志名。

只是《巴汉志》后来被析为《巴志》和《汉中志》（序言则放在《巴志》前），之所以如此，学者的考虑是："入江左后，为尊晋制，未便抑制汉中于巴郡下，乃分《巴志》与《汉中志》为两卷，藉省改写之劳。"[②]这一看法不无道理，但笔者认为，更大的可能是汉中地区相对独立，而且是连接巴蜀内地与关中、中原地区的枢纽，历来为兵家所重，在历史上长期占有重要的战略地位。将《汉中志》单独成卷，目的就是要让统治者和一切有志之士充分认识到汉中在国家统一和治理中的特殊作用。这正如作者在《汉中志》末所总结的："汉沔彪炳，灵光上照。在天鉴为云汉，于地画为梁州。而皇刘应之，洪祚攸长。萧公（按指萧何）之云，不亦宜乎！"

---

① 任乃强说，见其《华阳国志校补图注》前言，上海古籍出版社1987年版，第4页。
② （晋）常璩撰，任乃强校注：《华阳国志校补图注》前言，上海古籍出版社1987年版，第4页。

这四卷的内容以地理为主，或以为类似"正史"中的地理志。这一说法大抵不错，但必须看到，这四卷的内容与"正史"的地理志相比还是有很大区别的。以《华阳国志》以前的班固《汉书·地理志》和司马彪《续汉书·郡国志》来看，"正史"的地理志侧重政区沿革、户口城邑、物产风俗等方面的记述，而《华阳国志》的这四卷内容则要丰富得多，除了基本上涵盖上述内容外，还大量记述了该地区发生的政治军事活动（显著的如《汉中志》所述张鲁据汉中事、《南中志》所述诸葛亮征南中事），出现的重要历史人物（包括郡守、名贤及相关的歌咏），散布的少数民族（包括民族冲突等），以及各县的大姓，等等。总的说来是历史的色彩、人文的色彩、民族的色彩要较"正史"的地理志浓厚得多，基本上可以说是对该地区的系统记述。

（二）霸史之部

这部分包括卷五至卷九的内容，依次是《公孙述刘二牧志》《刘先主志》《刘后主志》《大同志》和《李特雄期寿势志》，以编年体的形式分别记述公孙述、刘焉刘璋父子、蜀汉、成汉四个割据政权以及西晋统一时期的历史，略似正史中的本纪，但叙述更为翔实。

这五卷的内容实际上又分为前后两部分，《公孙述刘二牧志》《刘先主志》《刘后主志》为前一部分。这部分内容在《东观汉记》和《三国志》等全国性的史书中已有专门记述，何以还要在《华阳国志》中重复表出呢？对此，作者在《公孙述刘二牧志》开头的一个总序中有所交代，其中写道：

先王命史，立典建则，经纪人伦。三材炳焕，品物章矣。然而，有志之士，犹敢议论于乡校之下，刍荛之人加之谣诵于林野之中，管窥瞽言，君子有采，所以综核群善，休风惟照也。公孙述、刘牧、二主之废兴存亡，《汉书》《国志》固以详矣。统之州部，物有条贯，必申斯篇者，格之前宪：左氏素臣之功，王侯之载籍也，而八国之语作焉；五传渊邈，大义洋洋，圣人之微言也，而八览之书兴焉。苟在宜称，虽道同世出，一事身〔再〕见，游精博志，无嫌其繁矣。

可见，公孙述、刘焉刘璋二牧、刘备刘禅二主那些"废兴存亡"之事主要发生在"华阳"地区，从保持地方史志的完整系统来说，《华阳国志》自当加以著录，即所谓"统之州部，物有条贯，必申斯篇"。不仅如此，作者还说，朝廷的史官虽然已很尽职，记述相当可观，但毕竟不能尽善尽美，所以在野人士仍会通过各种方式自发议论，有关内容是可补史官之缺的。公孙述等割据政权之事正是这样，《东观汉记》《三国志》等史书中确实已有详载，但地方上总还会有些可取可记的言行，对此有必要加以广收博采，取精用宏。这也有前例可循：先前的《左传》还需要《国语》来补其未足，《春秋》五传还需要《吕氏春秋》来加以充实。所以《华阳国志》完全有必要对公孙述等事进行专门记述，而"无嫌其繁"。

事实上，在具体的叙述中，常璩确实做了很大的努力，补充记载了一些新的内容。此以刘焉、刘璋为例。《华阳国志》固然主要依据《三国志·蜀书》卷首的《刘二牧传》，但也有新增的内容。如刘焉部分，"独于马相起兵事，著明其为黄巾，为凉州人，为中平元年；使益州黄巾与汉中张鲁、中原张角等之同道关系得以明白，此地方有史之所以足贵也。"①之外，这部分还新增了避地入蜀的"东州兵"竭其死力帮助刘焉征战的事例，这为我们理解刘焉何以据蜀成功提供了有力的证据。而刘璋部分，则在《三国志·蜀书·刘二牧传》基础上补充了大量内容。尽管这些内容"仅摘取陈寿《三国·蜀志》诸传（按指《先主传》《法正传》《庞统传》《黄权传》《张飞传》《杨戏传》等）纂成"，但作者剪裁、综合之功不可没。而且作者完全改变了《三国志》列传的体裁，而更之以编年之体，对此，学者给予了高度评价："仿荀悦《汉纪》例，以年为纲，缀叙蜀中人物嘉言懿行，为地方史特创一格，足补《陈志》割裂分散缺点。"②确为见道之论。

卷八、卷九的《大同志》和《李特雄期寿势志》为后一部分。这部分内容主要是叙述西晋政权在巴蜀地区统治和李氏成汉政权割据巴蜀地区的历史。常璩主要是依据常宽、杜龚各自的并不完善的《蜀后志》和他自己在成汉政权时期所撰的《汉之书》而成。这在他的序言（放在《大同志》部分）中说得很明白：

古者国无大小，必有记事之史，表成著败，以明惩劝。稽之前式，州部宜然。自刘氏祚替，而金德当阳，天下文明，不及曩世，逮以多故。族祖武平

---

① （晋）常璩撰，任乃强校注：《华阳国志校补图注》，上海古籍出版社1987年版，第341页。
② （晋）常璩撰，任乃强校注：《华阳国志校补图注》，上海古籍出版社1987年版，第349页。

府君、汉嘉杜府君并作《蜀后志》，书其大同，及其丧乱。然逮在李氏，未相条贯。又其始末，有不详第。璩往在蜀，栉沐艰难，备谙故事，更叙次显挺年号，上以彰明德，下以治违乱，庶几万分有益国史之广识焉。

有必要指出的是，任乃强曾提出，《华阳国志》这些霸史部分实际是常氏对其《蜀汉书》"大加改造"而成，但又没有提出明确的证据。笔者不敢断其是非，兹存疑于此，并望高明者有以教我。

（三）人物之部

这部分包括卷十《先贤士女总赞论》（下简称《先贤志》）、卷十一《后贤志》以及附录的《益梁宁三州先汉以来士女目录》《益梁宁三州三国以来人士目录》。

《先贤志》所述是两汉、蜀汉时期的名贤，分为蜀、巴、广汉、犍为、汉中、梓潼六郡，依次叙述，共计士女二百四十八人（士一百九十七，女五十一），其中巴郡部分已缺。其体例一般认为是模仿陈寿《季汉辅臣赞注》（见《三国志·蜀书·杨戏传》），先是"赞"，即用简括的韵语赞扬名贤，多是四言两句，也有四言一句或四言四句的；接着是"注"，即简述所赞之人的生平事略，一人一赞一注，文字简洁而优美。恰如《史通·补注篇》所概括的："常璩之《华阳士女》，文言美辞，列于章句；委屈细事，存于细节。"

《后贤志》所述是入晋以来的蜀籍名贤，不少是成长于蜀汉政权下后又为晋室所用的人物（如陈寿等）。在体例上与《先贤志》不同，先是集中对二十个名贤发"赞"（末二人已缺赞），每人均是四言两句；接着以列传的体裁，对包括这二十个名贤在内的所有"后贤"的生平事略分别叙述，文字较"先贤"为多，与《先贤志》所谓"注"体的简洁形成鲜明区别，而且有很多附传，带有家传、类传的形式。还有，《先贤志》是分郡叙述，《后贤志》是综合一代，各依时次，不分郡籍。

附录的《益梁宁三州先汉以来士女目录》《益梁宁三州三国以来人士目录》，在叙述的时段上与《前贤志》和《后贤志》相对应，所录人物既全部包括已入前、后贤《志》的，更有大量是新增的，特别是补充了完全为前、后贤《志》所不载的宁州各郡县的部分人士，总计四百零一人（其中常志原有三百九十一人，后人新添十人）。在体例上较前两卷很不同，各目均先品题二字（如"高尚""德行""文学"，等等，但也有些人尚未确定），接着载其身份、姓名、字号、籍贯，有的还加以简要的介绍或说明。在顺序上，两个目录均分郡载录，各郡依其时代先后为序。

唐代刘知幾在《史通·杂述》中说："郡书者，矜其乡贤，美其邦族。施于本国，颇得流行；置于他方，罕闻爱异。其如常璩之详审……而能传诸不朽，见美来裔者，盖无几焉。"记事"详审"，确实是《华阳国志》的突出特点和价值所在，是其长期传承的关键。常璩不但注意从全国性的史书如《左传》《战国策》《史记》《汉书》《东观汉记》《三国志》等著作中采摘资料，还广泛利用三州各种方志材料和成汉档案材料，并进行了大量实地考察的工作，因此其书资料相当丰富。不仅如此，常璩对各种文献和传闻还注意比较和鉴别，在求真务实上很下功夫，包括对各种神话及传说材料的慎重处理，实则记，虚则斥；对《史记》《汉书》《三国志》等各种文献的辨正；以及对疑问和缺漏的实事求是。这样，《华阳国志》既体现出全国性史书所不具有而为地方史志特有的资料优势，又能克服一般地方史志"夸饰风土"之弊。正由于《华阳国志》资料丰富、可靠，甚至独有，所以能够如参天大树般长期挺拔于方志之林，历代征引和取材者不计其数，至今仍是研究我国先秦、汉晋西南地区特别是巴蜀地区的史料宝库。这当中，有许多史料仅见于此书，或最早见于此书，或以此书的记载最为详备。①

三、以"大一统"观念重建巴蜀古史

在对巴蜀古史的记述方面，古蜀史的著作早于并多于古巴史。古蜀史著作已如上述，而古巴史方面，本章第一节已提到蜀汉谯周的《三巴记》。另外西晋蜀郡太守黄容"好述作"，著有《梁州巴纪》（已佚）②，也事关古巴史。而将巴、蜀两地的古史合并在一书中记述的，大约始于两晋时期，除了这里即将讨论的东晋常璩所著的《华阳国志》外，所知还有晋袁休明所撰的《巴蜀志》。袁氏里籍、始末均不详。其书久佚，今有佚文二则，一见于北魏郦道元《水经注》卷三十六："（朱提山）高山嵯峨，岩石磊落，倾侧萦回，下临峭壑，行者扳缘，

---

① 参见刘琳：《〈华阳国志〉——中国方志之王》（《巴蜀史志》2012年第1期）、刘重来和徐适端主编的《〈华阳国志〉研究》（巴蜀书社2008年版）以及李勇先的《煌煌巨著　辉映古今——〈华阳国志〉历史地位及其史料价值浅述》一文（《成都史志》2012年第1期）。
② （晋）常璩撰，刘琳校注：《华阳国志校注》卷一一《后贤志》，巴蜀书社1984年版，第882页。

牵援绳索。三蜀之人，及南中诸郡，以为至险。"①二见于北宋李昉等撰《太平御览》卷五五一《礼仪部三十·棺》："獠夷死，即立埋，棺不卧设。"②

《华阳国志》则是合并叙述巴、蜀两地古史（以及南中地区古史）的杰作。除了综合多家《蜀本纪》特别是旧题扬雄的《蜀王本纪》外，《华阳国志》还吸收了《三巴记》《梁州巴纪》等著作的内容。黄容的《梁州巴纪》在《华阳国志·后贤志》中曾述及，常璩应当有所参考。《三巴记》的作者谯周，为常璩所推崇，常璩将他与撰写《三国志》的陈寿合比为司马迁与班固，说"谯侯修文于前，陈君焕炳于后，并迁双固，倬群颖世"③，因此他的《三巴记》很可能是《华阳国志·巴志》的重要基础，仅据今存佚文，所知《巴志》所记战国时期巴国将军蔓子的忠烈事迹可能就源于《三巴记》④。之外，《华阳国志》还大量参考和吸收了诸如《尚书》《左传》《国语》《史记》《汉书》等相关记载。在对以上著作整合的过程中，常璩根据自己的古史立场，往往做了大量的增删、附会工作，因而表现出明显的重建巴蜀古史的特色。

一是将巴蜀境内众多的部落和方国纳入巴国和蜀国两大政治集团的体系中。

现代研究表明，人类总是由氏族而部落，而国家，由小国而大国。以中原华夏历史而论，也是夏有万国，殷有三千，周有八百，到战国时期才出现方千里、方三千里的大国，落后于华夏的古代巴蜀地区自不能例外。巴和蜀本来是两个地区的名称，大概起源于川东的巴山（或巴水）和川西的蜀山，于是川东泛称巴，川西泛称蜀。古代民族部落住在巴的，中原都称之为巴，住在蜀的，则称之为蜀。所以，古代以巴、蜀为名的方国都不止一个。如巴地见于文献的至少就有后照之巴、孟涂之巴、廪君之巴、板楯之巴、忠州之巴、江州之巴、枳巴、垫江之巴、平都之巴、宗姬之巴等等，故学者指出："先秦时期的巴地，既不曾有过统一巴地的巴国，也没有一个同一的巴族。"⑤

《华阳国志》的记述则与此不同，它认为先秦时期广袤的巴蜀土地上早在

---

① （明）曹学佺《蜀中广记》卷九六亦引此条，其中"行者扳缘，牵援绳索"作"行者攀缘，牵援带索"，并说："全书不传，此数语见，亦碎金残璧也。"影印文渊阁《四库全书》本。
② 参见刘纬毅：《汉唐方志辑佚》，北京图书馆出版社1997年版，第147页。
③ （晋）常璩撰，刘琳校注：《华阳国志校注》卷一《巴志》，巴蜀书社1984年版，第90页。
④ 《三巴记》的相关记述今见《太平御览》卷五五六《礼仪部三十五·葬送》，内容正与《华阳国志·巴志》所记同。
⑤ 蒙默等：《四川古代史稿》，四川人民出版社1988年版，第23~29页。

所谓的"人皇"时代就并存着巴、蜀两个大国，即所谓："华阳之壤，梁岷之域，是其一囿。囿中之国，则巴、蜀矣。"两国最晚在西周之初已有较为庞大的势力范围，巴国"其地东至鱼腹（治今奉节），西至僰道（治今宜宾），北接汉中，南极黔、涪（今乌江流域）"；蜀国"其地东接于巴，南接于越（今贵州中部），北与秦分，西奄峨（今峨眉山）、嶓（嶓冢山）"。在只有巴、蜀两国的大前提下，《华阳国志》进一步把古史传说中的众多民族部落纳入巴、蜀两国体系之中。于是，《蜀王本纪》所载的蚕丛、柏灌、鱼凫、杜宇、开明这些不同地区的蜀王①，被列成为前后相继的君王或朝代："周失纲纪，蜀先称王，有蜀侯蚕丛……始称王……次王曰柏灌，次王曰鱼凫……后有王曰杜宇……七国称王，杜宇称帝，号曰望帝。"接着是杜宇禅位于开明，"开明立，号曰丛帝"。不同地区的巴国，也被说成是巴国首都的四方迁移："巴子时虽都江州，或治垫江，或治平都，后治阆中。其先王陵墓多在枳，其畜牧在沮，今东突峡下畜沮是也。"从而把居于汉水中游而为楚所灭的宗姬之巴与为秦所灭的江州之巴合在一个巴国体系下进行叙述。

二是结合中原王朝的情况，将古代巴、蜀称王称帝的时代明确化。

《蜀王本纪》提到的古代蜀王蚕丛、柏灌、鱼凫、杜宇，不见于中原文献，也没有明确的时代。《华阳国志》不但承认有这些蜀王，而且还结合中原王朝的情况，对其称王称帝的时代具体化、明确化。如将蚕丛称王的时代确定在西周末年："周失纲纪，蜀先称王，有蜀侯蚕丛，其目纵，始称王……次王曰柏灌，次王曰鱼凫。"之后是杜宇，他之称帝在战国七国称王时，"后有王曰杜宇……七国称王，杜宇称帝，号曰望帝。"接着是杜宇禅位于开明，那时间更晚，开明一共经历了"十二世"，才为秦国所灭。《华阳国志》所确定的这些时代，不仅偏晚，而且明显有误。且不说它把《蜀王本纪》所说的数万年或数千年前的蚕丛氏抑之于西周末年是否合理，但依七国称王看，则在公元前334年至前323年，而秦灭蜀在公元前316年，短短二十年中，既有杜宇称帝并禅位于开明帝，又有开明十二世，无论如何是说不通的。所以学者一般认为"十二世"当为有据，而杜宇称帝当七国称王之时，则是臆想。②他对巴国建

---

① 宋治民先生认为这只是文献记载，考古材料的反映则是"完全不同"的，看不出"他们分属不同民族，相继来到成都平原建立蜀国"的情况。见其《蜀文化与巴文化》，四川大学出版社1998年版，第10~11页。

② 顾颉刚：《论巴蜀与中原的关系》，四川人民出版社1981年版，第77~78页。

立的时代,也说是在战国之时:"战国时,(巴)尝与楚婚,及七国称王,巴亦称王。"①正如前面所说,本来就不存在一个统一的巴国,所以这里的巴子称王的时代仍是臆想。

三是将先秦时期的巴国和蜀国描述为炎黄支裔,与所谓三皇五帝时代、中原夏商周等政权有着不可分割的血肉联系。

《华阳国志·巴志》指出:"华阳之壤,梁岷之域,是其一囿。囿中之国,则巴、蜀矣。其分野:舆鬼、东井。其君上世未闻。五帝以来,黄帝、高阳之支庶,世为侯伯。及禹治水,命州巴、蜀,以属梁州。禹娶于涂山,辛壬癸甲而去,生子启,呱呱啼,不及视,三过其门而不入室,务在救时——今江州涂山是也,帝禹之庙铭存焉。会诸侯于会稽,执玉帛者万国,巴、蜀往焉。周武王伐纣,实得巴、蜀之师,著乎《尚书》……武王既克殷,封其宗姬于巴,爵之以子,——古者远国虽大,爵不过子,故吴、楚及巴皆曰子。"②一句话,"巴国远世则黄、炎之支封,在周则宗姬之戚亲"③。《蜀志》的开头又进一步写道:"蜀之为国,肇于人皇,与巴同囿。至黄帝,为其子昌意娶蜀山氏之女,生子高阳,是为帝颛顼。封其支庶于蜀,世为侯伯。历夏、商、周,武王伐纣,蜀与焉。"④又在总结性的议论中指出:"蜀之为邦……故上圣则大禹生其乡,媾姻则黄帝婚其族。"⑤这些论述,把僻处西南的巴、蜀与三皇五帝、与中原王朝紧紧地联系在了一起。⑥

应当承认,常璩的上述说法既有所本,也有自己的建构成分,与史事并不完全吻合。《巴志》提到的"禹娶涂山""启生涂山"之事见于先秦典籍。《尚书·皋陶谟》载:"禹曰:……予创若时,娶于涂山,辛壬癸甲,启呱呱而泣,予弗子,唯荒度土功。"《孟子·滕文公上》:"禹八年于外,三过其

---

① (晋)常璩撰,刘琳校注:《华阳国志校注》卷一《巴志》,巴蜀书社1984年版,第32页。
② (晋)常璩撰,刘琳校注:《华阳国志校注》卷一《巴志》,巴蜀书社1984年版,第20~21页。
③ (晋)常璩撰,刘琳校注:《华阳国志校注》卷一《巴志》,巴蜀书社1984年版,第101页。
④ (晋)常璩撰,刘琳校注:《华阳国志校注》卷三《蜀志》,巴蜀书社1984年版,第175页。
⑤ (晋)常璩撰,刘琳校注:《华阳国志校注》卷三《蜀志》,巴蜀书社1984年版,第330页。
⑥ 王明珂先生对《华阳国志》的这些叙述有深入分析,认为是作为"华夏边缘"的蜀人对华夏的认同,是"弟兄祖先历史心性"的产物。详见其《英雄祖先与弟兄民族:根基历代文本与情境》,(台北)允晨文化实业股份有限公司2006年版,第99~104页。

门而不入。"表面上看，常璩只是综合了这些记载而已，实际上他把"涂山"明确在巴地的"江州"，就将此事说成了巴地引以为豪的大事。不过从江州涂山存在"帝禹之庙铭"以及先前的《蜀王本纪》已记"（禹）于涂山娶妻，生子名启。于今涂山有禹庙，亦为其母立庙"来看，常璩的记述不过是承袭之前的旧说而已。至于说禹会诸侯于会稽，则是综合《左传》和《国语》的说法。《左传》哀公七年："禹会诸侯于涂山，执玉帛者万国。"《国语·鲁语下》："昔禹致群神于会稽之山。"而"巴、蜀往焉"之事，则是常璩的推测。武王伐纣借力蜀师事，确实见诸《尚书·牧誓》，誓言提到八国之人，即所谓"庸、蜀、羌、髳、微、卢、彭、濮人"，但这个"蜀"是否指今天巴蜀境内的蜀人，学界尚有争论①；而且这里也没有提及巴人，所以常璩直言"周武王伐纣，实得巴、蜀之师，著乎《尚书》"，则明显夸大事实。"武王既克殷，封其宗姬于巴，爵之以子"一句，则可能是本于《左传》昭公十三年和《史记·楚世家》所记楚共王妾有"巴姬"一事而加以附会的。至于《蜀志》所谓"昌意娶蜀山氏女"，早有明载，已见前述。而"大禹生其乡"，即大禹生于西蜀，前举《蜀王本纪》已有此说，东汉的《吴越春秋》卷六也说禹"家于西羌，地曰石纽，在蜀西川也"，《三国志·蜀志·秦宓传》记蜀汉秦宓也有"禹生石纽，今之汶山郡"的说法。

但无论如何，在《华阳国志》之前，各种文献都没有把巴、蜀国王说成是黄帝、高阳所封的支庶，且"世为侯伯"。这一点，很可能是常璩在大一统观念下的自我建构。无非是说，早在三皇五帝时代，全国就是一个统一的整体，黄帝、颛顼是中央的统治帝王，巴、蜀君王则是其"支庶""侯伯"。加之"昌意娶蜀女""禹娶涂山""启生涂山""武王伐纣，实得巴、蜀之师"，"武王封巴姬"，等等，经过常璩的大力加工和整合，建构出如下明确的信息：相对封闭的巴、蜀实际上与三皇五帝、与中原王朝关系紧密，多有往来，二者具有不可分割的血肉联系。这当然不完全符合历史事实，但在当时却具有维护统一、反对分裂的积极作用。

四是对涉及神话的古说加以删改，减其神性，增其人性。

这方面是比较多的。如对古蜀王蚕丛等，《蜀王本纪》载："蜀王之先名

---

① 徐中舒先生依据考古材料认为这个"蜀"就在今四川盆地西部的成都平原，见其《四川彭县濛阳镇出土的殷代二觯》，《文物》1962年第2期。

蚕丛，后代名曰柏濩（当作'灌'），后者名鱼凫。此三代各数百岁，皆神化不死，其民亦颇随王化去。"《华阳国志·蜀志》则去其"数百岁""神化不死"之类的语言，直接记为："蜀侯蚕丛……始称王……次王曰柏灌，次王曰鱼凫。"从而把本为"一代"之名、各自统治达"数百岁"的蜀王看成是迭相继位的三朝君王，把一代之名说成是一人之名了，影响至为深远。

对蜀王杜宇，《蜀王本纪》载："后有一男子名曰杜宇，从天堕，止朱提。有一女子名利，从江源井中出，为杜宇妻。乃自立为蜀王，号曰望帝。治汶山下，邑曰郫，化民往往复出。"《华阳国志·蜀志》则说："后有王曰杜宇，教民务农，一号杜主。时朱提有梁氏女利游江源，宇悦之，纳以为妃，移治郫邑，或治瞿上……巴亦化其教而力务农，迄今巴、蜀民农时先祀杜主君。"很明显，后者割弃了前者"从天堕""井中出"等神话以及"化民往往复出"等语言，又做了"教民务农""巴亦化其教而力务农"之类的补充，似乎更为雅正，杜宇也更具圣人风范；但却将"止朱提"一语也加以窜乱了，则既掩盖了杜宇是从朱提即今云南昭通迁来成都平原的历史，又让人误将本为江源部落女首领的利反认为是朱提人了。

对开明帝，《蜀王本纪》那段"荆人鳖灵死，尸化西上，后为蜀帝"的传奇故事非常生动，但《华阳国志·序志》则予以斥责："太素资始，有生必死，死，终物也。自古以来，未闻死者能更生。当世或遇有之，则为怪异，子所不言，况能为帝王乎？"正因为有此观念，《华阳国志·蜀志》在述及开明帝时，不但完全舍弃了《蜀王本纪》那段材料中的传奇色彩，而且对鳖灵一名也不著录，从而对开明氏的来历完全失载；又对望帝与鳖灵妻通这种在当时极为平常之事也深加隐讳，不著一字。至此，我们不能不佩服顾颉刚说得有理："常氏全不认识神话、传说之本来面目。"①

对所谓"五丁力士"的记载，《蜀王本纪》认为是"天生"："天为蜀王生五丁力士，能徙蜀山，王死，五丁辄立大石，长三丈，重千钧，号曰石笋，千人不能动，万人不能移。"《华阳国志·蜀志》认为是蜀人："蜀有五丁力士，能移山，举万钧，每王薨，辄立大石，长三丈，重千钧，为墓志，今石笋是也……"既无"天生"的神话，又无"千人不能动，万人不能移"的夸张语言，加上"为墓志"，人性几乎完全替换了神性。

---

① 顾颉刚：《论巴蜀与中原的关系》，四川人民出版社1981年版，第79页。

五是对先前的旧说进行增饰。

常璩对神话也并非一概删除，他有时不仅注意保留先前记述的神话色彩，而且对有些内容还加以增饰（当然不排除他另有所本）。如关于石牛便金一事，《蜀王本纪》有详载："秦惠王时，蜀王不降秦，秦亦无道出于蜀，蜀王徙万余人传猎褒谷，卒见秦惠。秦惠以金一笥遗蜀王，蜀王报以礼物，礼物尽化为土，秦王大怒，臣下皆再拜贺曰：土者，土地，秦当得蜀矣。秦王恐亡相见处，乃刻五石牛置金其后，蜀王以为金便，令五丁拖牛成道，致三枚于武都，秦道乃得通，石牛之力也。"《华阳国志·蜀志》对这种石牛道的开通形式和时间不以为然，但却对石牛便金这种明显带神话色彩的故事不做否定，反有所增饰："周显王之世，蜀王有褒汉之地，因猎谷中，与秦惠王遇，惠王以金一笥遗蜀王，王报珍玩之物，物化为土，惠王怒，群臣贺曰：'天奉我矣，王将得蜀土地。'惠王喜，乃作石牛五头，朝泻金其后，曰牛便金，有养卒百人。蜀人悦之，使使请石牛，惠王许之，乃遣五丁迎石牛。既不便金，怒遣还之，乃嘲秦人曰'东方牧犊儿'，秦人笑之曰：'吾虽牧犊，当得蜀也。'"很明显，《本纪》将落脚点放在石牛成道上，为《蜀志》不取；《蜀志》改将落脚点放在秦蜀互嘲上，事虽有趣，但难以置信，不过却能坐收强化蜀之无奈、秦之必胜的历史感。

又如蜀王娶武都女子事，《蜀王本纪》有两段记载："武都人有善知蜀王者，将其妻女适蜀，及居蜀之后，不习水土，欲归，蜀王爱其女，留之，乃作《东平》之歌以乐之。""或曰：前武都丈夫化为女子，颜色美好，盖山之精也。蜀王取以为妻，不习水土，疾病欲归，蜀王留之，无几物故，蜀王发卒于武都担土，于成都郭中葬之，盖地数亩，高七丈，号曰武担，以石作镜一枚，表其墓，径一丈，高五尺。"《华阳国志·蜀志》则综合这两段记载而加以叙述，对"丈夫化女子"、成"山精"之类的神话不予怀疑，又在末尾增加感伤的环节："后王悲悼，作《臾邪歌》《龙归》之曲。"

再如秦王嫁女于蜀一事，《蜀王本纪》载："于是秦王知蜀王好色，乃献美女五人于蜀王。蜀王爱之，遣五丁迎女。还至梓潼，见大蛇入山穴中，一丁引其尾不出，五丁共引蛇，山乃崩，压五丁。五丁踏地大呼秦王，五女及送迎者悉化为石，蜀王登台，望之不来，因名五妇候台。"注意，《蜀王本纪》此事是紧接蜀王娶武都女子事之后。而《华阳国志·蜀志》则有所不同："周显王二十二年，蜀侯使朝秦。秦惠王数以美女进，蜀王感之，故朝焉。惠王知蜀王好色，许嫁五女于蜀，蜀遣五丁迎之，还到梓潼，见一大蛇入穴中，一人揽其尾掣之，不禁，至五人相助，大呼拽蛇，山崩。时压杀五人，及秦五女并将从。而山分为五岭，直顶上有平石。蜀王痛伤，乃登之，因命曰'五妇冢山'；川〔于〕平石上为望妇堠，作思妻台。今其山或名五丁冢。"显然，《蜀志》虽然删去了"五丁踏地大呼秦王，五女及送迎者悉化为石"，但并没有改变故事的神话色彩，而且还做了一些变化和补充，特别是所增"蜀王痛伤""作思妻台"的情节，或许意在突出蜀王的执迷不悟。

六是利用谶纬学说对巴蜀古史进行附会。

常璩虽然"不认识神话、传说之本来面目"，但对一些谶纬之说却信之不疑。如在《华阳国志·巴志》开头就举出当时流行的谶书《洛书》的说法："人皇始出，继地皇之后，兄弟九人，分理九州，为九囿，人皇居中州，制八辅。"以此附会出巴、蜀早在人皇时代就已开国。在《蜀志》中也直接引用当时的纬书《河图括地象》的说法："岷山之地，上为井络，帝以会昌，神以建福。"①以此说明巴蜀开发甚早。在《序志》中所引《蜀纪》之言"三皇乘祇车出谷口"，实际出自谶书《河图》的原文。这些都说明常璩的《华阳国志》和《蜀王本纪》一样，也是受到西汉晚期以来谶纬学说的深刻影响。

事实上，谶纬学说在巴蜀地区颇为流行。西汉末年王莽在利用图谶建立新朝的过程中，就有广汉郡梓潼县人哀章活跃的身影，事见《汉书·王莽传》。后来在两汉之交割据巴蜀的公孙述也"好为符命鬼神瑞应之事"，早在割据陇西时就曾"妄引谶记"而与刘秀打了一场谶书战。②这些对巴蜀地区的谶纬之风不能不产生重大影响。刘秀建立东汉政权后，"宣布图谶于天下"，这对包括巴蜀地区在内的全国谶纬之风的弥漫更是具有推波助澜的作用。本来汉代巴蜀地区"多贵今文而不崇章句"③，而今文经学与谶纬之学关系密切，所以巴蜀学人多染谶纬之风，正如学者在论述蜀学时所指出的："东汉以还，今文大儒多废章句，而为图谶。"三国蜀汉时期虽然风气有变，从贵今文经学转尚古文经学，但谶纬之风仍未歇绝，即是说："蜀汉时，图纬伪学虽微，而任安

---

① 徐中舒在《论蜀王本纪成书年代及其作者》一文中指出："帝以会昌"指的是鳖灵会见望帝受禅为开明帝，"神以建福"指的是鳖灵治水，蜀民得以安处。见《徐中舒历史论文选辑》下册，中华书局1998年版，第1323页。
② 《后汉书》卷一三《公孙述传》，中华书局1965年点校本，第538页。
③ 《三国志》卷四二《蜀书十二·尹默传》，陈乃乾点校，中华书局1959年版，第1026页。

弟子传图谶，何宗为先主从事祭酒，杜琼为后主太常，谯周亦通此业，尚未尽绝。"①正由于巴蜀地区谶纬之风盛行，所以巴蜀史学也不能不深受影响，《蜀王本纪》《华阳国志》只是著例而已。

常璩在《华阳国志·序志》中自称其著书标准是"验以《汉书》"，而《汉书》"旁贯《五经》"②，深受儒家思想和大一统观念的影响；他又标举"抑绌虚妄，纠正缪言"的记述原则；兼之谶纬学说对他影响很大。明白了这些，我们对常璩就之前各种有关古巴蜀历史的记载和传说所做的种种整顿、对他重新建构起来的较为系统和明朗的巴蜀古史面貌，就不难理解了。不过以现代史学和考古学视之，常璩的一些处理明显失当，也夹杂了不少的牵强附会，因而很多是不可信据的。如顾颉刚在20世纪40年代曾根据《蜀王本纪》和《华阳国志》所记蜀事的比较，明确指出："扬雄所录固多不经之言，而多为蜀地真实的神话传说。常氏书雅驯矣，然其事既非民间之口说，亦非旧史之笔录，乃学士文人就神话传说之素地而加以渲染粉饰者。何去何从，即此可晓。"③这一观点至今仍值得重视。

四、贯彻"五善"的著史宗旨

东汉末期史学家荀悦曾在他的编年史著《汉纪》卷一中直陈其修史宗旨："夫立典有五志焉，一曰达道义，二曰彰法式，三曰通古今，四曰著功勋，五曰表贤能，于是天人之际，事物之宜，粲然显著，罔不能备矣。"这一作史方法（即刘知幾所谓的"史例"）在魏晋时期影响很大，杜预的"为例之情五"、干宝的修史"五志"说均渊源于此。④生当其间的常璩更是直袭其为《华阳国志》的著史宗旨，他在《序志》中稍加变通地写道："夫书契有五善：达道义，章法戒，通古今，表功勋，而后旌贤能。"通观《华阳国志》，"五善"的思想可以说贯穿其全部。具体说来，表现在以下诸方面。

---

① 王文才：《两汉蜀学考》，巴蜀文化丛书编委会编：《巴蜀文化论集》，四川民族出版社1999年版，第350～351页。另参见焦桂美《论蜀汉经学之嬗变——与两汉蜀地本土经学传统相比较》，《孔子研究》2006年第3期；夏增民《汉晋蜀地江东地区儒学的传播与地域性发展》，《孔子研究》2009年第1期；杨民《秦汉西晋中央与巴蜀地方关系研究》，巴蜀书社2011年版，第133～134页。
② 《汉书》卷一〇〇下《叙传第七十下》，中华书局1962年点校本，第4235页。
③ 顾颉刚：《论巴蜀与中原的关系》，四川人民出版社1981年版，第78页。
④ 参见蒙文通：《中国史学史》，上海人民出版社2006年版，第52～53页。

（一）强调巴蜀与华夏的一体性

常璩在书中特别将先秦时期的巴国和蜀国描述为炎黄支裔，与中原夏、商、周等政权有着不可分割的血肉联系。这一点已在上一部分有所论述。另外作者还在《序志》中对那种否定蜀地与关中久远联系、把秦汉以前的蜀地视为蛮荒之地的说法进行了坚决的批判。例如，他针对秦蜀之间直到战国晚期才"因石牛始通"的说法，举出有关记载和说法予以批评："《蜀纪》言：'三皇乘祇车出谷口。'秦宓曰：'今之斜谷也。'及武王伐纣，蜀亦从行。《史记》：周贞王之十六年，秦厉公城南郑。此谷道之通久矣。而说者以为蜀王因石牛始通，不然也。"又针对"蜀椎髻左衽，未知书，文翁始知书学"这种缩短巴蜀文明教化历史的说法，指出："昔唐帝万国时雍，虞舜光宅八表，大禹功济九州，后稷封殖天下。井田之制，庠序之教，由来远矣。孔子'述而不作，信而好古，窃比于我老彭'，则彭祖本生蜀，为殷太史。夫人为国史，作为圣则，传自上世，见称在昔。及周之末，服事于秦，首为郡县，虽滨戎夷，亦有冠冕。故《蜀纪》曰'大人之乡，方大之国'也。至于汉兴，反当荒服，而无书学乎。《汉书》曰：郡国之有文学因文翁始。若然，翁以前，齐鲁当无文学哉？"①

基于巴蜀与华夏一体性的认识，作者深明大义，崇尚统一，反对分裂，认为在巴蜀地区搞割据是没有出路的，是死路一条。他在《序志》中明确指出：

综其理数，或以为西土险固，襟带易守，世乱先违，道治后服，若吴、楚然，故逋逃必萃，奸雄窥觎。盖帝王者，统天理物，必居土中，德膺命运，非可资能恃险，以干常乱纪；虽饕窃名号，终于绝宗殄祀。何者？天命不可以诈诡而邀，神器不可以侥幸而取也。是以四岳、三涂、阳城、太室、九州之险，而不一姓；冀之北土，马之所产，古无兴国。夫恃险凭危，不阶历数，而能传国垂世，所未有也。故公孙、刘氏以败于前，而诸李踵之覆亡于后。天人之际，存亡之术，可以为永鉴也；干运犯历，破家丧国，可以为京观也。②

---

① （晋）常璩撰，刘琳校注：《华阳国志校注》卷一二《序志》，巴蜀书社1984年版，第896~897页。
② （晋）常璩撰，刘琳校注：《华阳国志校注》卷一二《序志》，巴蜀书社1984年版，第901页。

这段话虽然含有浓厚的"君权神授"的天命论，但作者强调单纯地"恃险凭危"，任何政权都不可能长治久安的思想，则是颠扑不破的真理。联系到"帝王者，统天理物，必居土中"的观点，作者实际上是说，虽然巴蜀"险固"，多次出现割据政权，但实际上都不可能长久，"天工人代，万邦是望；明不二日，地不重皇"①，统一总是历史发展的大趋势。他希望后人借古鉴今，从公孙述、刘焉刘璋父子、蜀汉、成汉等割据政权最终覆亡的历史中吸取教训，"以为永鉴"。

正由于常璩有此"大一统"思想，所以他对谯周规劝刘禅归顺魏国的义举深表赞赏，认为有"全国济民"之功。②他自己也曾力劝成汉割据政权的首领李势放弃抵抗，归附东晋。并在《李特雄期寿势志》中也毫不隐讳地写道：东晋大将桓温兵临成都城下时，"中书监王嘏、散骑常侍常璩劝势降，乃夜开东门走。至葭萌，使散骑常侍王幼送降文于温。"③这些都显示出他对大一统的向往与践行。这在当时无疑是最大的"道义"。

（二）重视郡守贤愚功过的书写

在地志的书写中，常璩非常重视各地郡守贤愚功过的记述，以此既能达到"表功勋，旌贤能"的目的，又能起到"章法戒"的作用。

具体说来，常璩或通过选载歌谣的方式对郡守给以歌颂或讽刺。如东汉顺帝永建（126~131）中，有位名叫吴资的巴郡郡守执政，致当地"屡获丰年"，于是百姓歌之曰："习习晨风动，澍雨润乎苗。我后恤时务，我民以优饶。"后来吴资离任，"民人思慕"，又有歌诗："望远忽不见，惆怅尝徘徊。恩泽实难忘，悠悠心永怀。"④反之，对那些有恶行的郡守，百姓则少不了讥讽。如东汉桓帝时，巴郡郡守李盛"贪财重赋"，国人刺之曰："狗吠何喧喧，有吏来在门。披衣出门应，府记欲得钱。语穷乞请期，吏怒反见尤。旋步顾家中，家中无可与。思往从邻贷，邻人已言匮。钱钱何难得，令我独憔悴。"⑤透过这些善恶分明、形象生动的诗歌，我们不难体会到民心的向背和

---

① （晋）常璩撰，刘琳校注：《华阳国志校注》卷一二《序志》，巴蜀书社1984年版，第906页。
② （晋）常璩撰，刘琳校注：《华阳国志校注》卷七《刘后主志》，巴蜀书社1984年版，第596页。
③ （晋）常璩撰，刘琳校注：《华阳国志校注》卷九《李特雄期寿势志》，巴蜀书社1984年版，第695页。
④ （晋）常璩撰，刘琳校注：《华阳国志校注》卷一《巴志》，巴蜀书社1984年版，第41页。
⑤ （晋）常璩撰，刘琳校注：《华阳国志校注》卷一《巴志》，巴蜀书社1984年版，第43页。

常璩的政治立场。

　　常璩还注意通过选录一些带神话色彩的故事来加以彰显。如在叙及战国末期蜀郡郡守李冰的事迹时，插入了李冰入水与江神搏斗的神话。①在汉朝广都县民朱辰为巴郡太守"甚著德惠"时，载录一个灵异的故事："辰卒官，郡獽民北送及墓。獽蜑鼓刀辟踊，感动路人，于是葬所草木顷许皆仿之曲折。迄今蜀人莫不叹辰之德，灵为之感应。"②

　　而对于那些敢于为民请命、兴利除害的郡守，作者则不惜浓墨重彩地进行叙述。如在述及巴郡郡守但望"勤恤民隐"时，作者先举出郡文学掾赵芬等人的诉状，接着又举郡户曹史枳力劝但望采纳赵芬等人意见的恳切话语，最后又全录但望希望朝廷分郡以解民困的长篇上书，从而将一代郡守的贤良展露无遗。③又如在叙及李冰事迹时，更是详细地描写了他主持的包括都江堰在内的一系列水利工程，并以"蜀于是盛有养生之饶焉"的显著效果作结。④在述及西汉初年蜀郡郡守文翁时，既书其发展教育，造成"蜀学比于齐鲁"的盛况，又书其整治水利的一面。⑤而后者可补《汉书·文翁传》之缺。

　　常璩还注意把郡守的贤明与地方人才辈出联系起来，如在《蜀志》部分先写道："蜀自汉兴，至乎哀、平，皇德隆熙，牧守仁明，宣德立教，风雅英伟之士命世挺生，感于帝思。"⑥后又在称赞"三蜀"地区"人士俊乂"时，进一步把蜀郡、广汉郡守选用的特殊性和盘托出："益州以蜀郡、广汉、犍为为'三蜀'，土地沃美，人士俊乂，为一州称望。然汉选蜀郡、广汉太守，每重德高俊。故前有赵护、第五伯鱼，后有蔡、陈，表章礼物，殊于诸郡。其太守著功德者有刘感〔咸〕、孙宾〔宝〕、蔡（茂）、陈宠。伯鱼自郡径迁司徒，宠亦至三公。而祋讽、尹睦、鲜于定、赵瑶，皆公望也；薛鸿辈，卿佐也；而许靖亦为上公，及何祗、常合皆有称。"⑦显然，常璩的意思是说，"三蜀"地区人才济济不是偶然的，与朝廷重视选派"重德高俊"的郡守是密切相关的。

---

① （晋）常璩撰，刘琳校注：《华阳国志校注》卷三《蜀志》，巴蜀书社1984年版，第201页。
② （晋）常璩撰，刘琳校注：《华阳国志校注》卷三《蜀志》，巴蜀书社1984年版，第249页。
③ （晋）常璩撰，刘琳校注：《华阳国志校注》卷一《巴志》，巴蜀书社1984年版，第45~49页。
④ （晋）常璩撰，刘琳校注：《华阳国志校注》卷三《蜀志》，巴蜀书社1984年版，第201~210页。
⑤ （晋）常璩撰，刘琳校注：《华阳国志校注》卷三《蜀志》，巴蜀书社1984年版，第214页。
⑥ （晋）常璩撰，刘琳校注：《华阳国志校注》卷三《蜀志》，巴蜀书社1984年版，第221页。
⑦ （晋）常璩撰，刘琳校注：《华阳国志校注》卷三《蜀志》，巴蜀书社1984年版，第254页。

在《南中志》部分，常璩更是把国家（包括割据政权）的统治与南中地方的治乱紧密结合起来记述。在分郡叙述前，除去前面的总序外，全志的主要内容就是记述两汉、蜀汉和两晋统治者治理南中地区的具体情况，以汉武帝开置南夷郡县始，而终于东晋时期"南中尽为（李）雄所有"①。大体说来，对于两汉时期，重点是叙述地方官守如何"召乱"，即统治者对这一地区的贪酷与残暴和由此激起的频繁动乱。与之形成鲜明对比的，是详细叙述蜀汉政权的"致治"过程，重点是诸葛亮南征对孟获"七虏七赦"所表现出来的以诚服人的高明之举，后来还涌现出马忠、霍弋等贤明的郡守。西晋初期"依（霍）弋故事"进行统治，但是在李毅为政时，地方"政以贿成"，遭遇大规模的叛乱；至王逊入守，大势已去，最后经过东晋宁州刺史、南夷校尉尹奉"威刑缓钝，政治不理"的长期不作为的统治之后，在咸和八年（333）"南中尽为（李）雄所有"。

当然，在记述南中地区两汉多数郡守的贪残时，作者不忘载录部分贤明的郡守。如广汉人郑纯、蜀郡王阜就与众不同，作者写道："益州西部，金银、宝货之地，居其官者，皆富及十世。孝明帝初，广汉郑纯独尚清廉，毫毛不犯。夷汉歌咏，表荐无数，上自三司，下及卿士，莫不叹赏。明帝嘉之，因以为永昌郡，拜纯太守。章帝时，蜀郡王阜为益州太守，治化尤异，神马四匹出滇池河中，甘露降，白乌见；始兴文学，渐迁其俗。"②

反之，在记述诸葛亮的以诚服人和后来的都督马忠"柔远能迩，甚垂惠爱"、霍弋"抚和异俗……轻重允当"时，作者也记述了个别地方官的恶行。如都督张翼"持法严，不得殊俗和"，以致发生"夷帅刘胄反"的叛乱之事。③

正是通过记述南中地方治理情况特别是各地郡守贤愚功过及其在南中地区治乱安危过程中的重要作用，常璩才在最后的总结中特别写道：南中地区"要荒之俗，不与华同，安边抚远，务在得才。故高祖思猛士作歌，孝文想颇、牧咨嗟。斯静御之将，信王者所详择也。马、霍、王、尹，得失之际，足以观矣"④。这种呼唤地方治才、安定边远的思想在整个前四卷地志的总结话语中是非常独特的（前三卷的总结中只字不提）。

---

① （晋）常璩撰，刘琳校注：《华阳国志校注》卷四《南中志》，巴蜀书社1984年版，第377页。
② （晋）常璩撰，刘琳校注：《华阳国志校注》卷四《南中志》，巴蜀书社1984年版，第347页。
③ （晋）常璩撰，刘琳校注：《华阳国志校注》卷四《南中志》，巴蜀书社1984年版，第360页。
④ （晋）常璩撰，刘琳校注：《华阳国志校注》卷四《南中志》，巴蜀书社1984年版，第468页。

（三）表彰地方贤能不遗余力

在《前贤志》和《后贤志》以及附载的两个目录中，常璩载录了大量"华阳"地区的士女，这固然是在"旌贤能"，有些也可说是"达道义""表功勋"。这当然不必赘述。而在前四卷的地志部分，作者也非常注意记载和总结当地有德或有才的贤能士女。

如在《巴志》部分，常璩记述了战国时期誓言"头可断，城不可得"的忠烈之士巴蔓子、秦汉之际帮助刘邦"定秦"的果毅之人范目。①而对汉代的杰出人士，则有更多记载。有些是以小传的形式重点记述的，如西汉末年"数进忠言"的巴郡谯玄、东汉时"严明正直"的陈纪山、"惠爱在民"的严王思，以及号为"三贞"的马妙祈妻、义王元愦妻姬、赵蔓君妻华。作者还注意把时人的颂诗一并载录，如对忠臣谯玄有颂诗："肃肃清节士，执德实固贞。违恶以授命，没世遗令声。"②常璩还概括地颂扬了当地其他名贤："其德操仁义，文学政干若洛下闳、任文公、冯鸿卿、庞宣孟、玄文和、赵温柔、龚升侯、杨文义等播名立事、言行表世者，不胜次载者也。"③

在《巴志》部分的分郡叙述中，作者也注意记述一方贤能。如在"巴西郡"下，作者对汉晋时期人才辈出的情况写道：

自先汉以来，傀伟倜傥，冠冕三巴。及郡分后，叔布、荣始、周群父子、程公弘等，或学兼三才，或精秀奇逸；其次马盛衡、承伯才藻清妙，龚德绪兄弟英气晔然，黄公衡应权通变，马德信、王子均、勾孝兴、张伯岐建功立事，刘二主之世，称美荆楚。乃先汉以来，冯车骑、范镇南皆植斯乡，故曰"巴有将，蜀有相"也。及晋，谯侯修文于前，陈君焕炳于后，并迁双固，倬群颖世，甄在传记，缙绅之徒不胜次载焉。④

在"宕渠郡"下，作者又写道：

---

① （晋）常璩撰，刘琳校注：《华阳国志校注》卷一《巴志》，巴蜀书社1984年版，第32、37页。
② （晋）常璩撰，刘琳校注：《华阳国志校注》卷一《巴志》，巴蜀书社1984年版，第39~40页。
③ （晋）常璩撰，刘琳校注：《华阳国志校注》卷一《巴志》，巴蜀书社1984年版，第44页。
④ （晋）常璩撰，刘琳校注：《华阳国志校注》卷一《巴志》，巴蜀书社1984年版，第90页。

先汉以来，士女贤贞，县民车骑将军冯绲、大司农玄贺、大鸿胪庞雄、桂阳太守李温等皆建功立事，有补于世。绲、温各葬所在，常以三月，二子之灵还乡里，水暴涨，郡县吏民莫不于水上祭之。其列女节义在《先贤志》。①

在卷二《汉中志》和卷三《蜀志》部分，作者也著录了当地大量卓异之士，并分西汉、东汉两个时段分别叙述。兹录《蜀志》对西汉蜀地人才盛况的记载：

蜀自汉兴，至乎哀、平，皇德隆熙，牧守仁明，宣德立教，风雅英伟之士命世挺生，感于帝思。于是玺书交驰于斜谷之南，玉帛戋戋乎梁、益之乡。而西秀彦盛，或龙飞紫闼，允陟璿玑；或盘桓利居，经纶皓素。故司马相如耀文上京，扬子云齐圣广渊，严君平经德秉哲，王子渊才高名儁，李仲元湛然岳立，林翁孺训诂玄远，何君公谟明弼谐，王延世著勋河平。其次，杨壮、何显、得意之徒恂恂焉。斯盖华、岷之灵标，江、汉之精华也。故益州刺史王襄悦之，命王褒作《中和颂》，令胄子作《鹿鸣》声歌之，以上孝宣帝。帝曰："此盛德之事，朕何以堪之！"即拜为郎。②

细读常璩这些文辞古雅优美、充满赞扬和自豪之情的文字，尽管我们难以完全懂得他所指的具体人名和事迹，尽管与作者已有一千六百多年的时间距离，但我们仍能亲切地体会到他那"达道义""表功勋""旌贤能"的深刻用意。

即便是在卷四《南中志》叙述落后的南中地区时，常璩仍然注意发掘和记录乡贤，有的甚至给出小传。如牂柯郡的尹珍就有小传："明章之世，毋敛人尹珍，字道真，以生遐裔，未渐庠序，乃远从汝南许叔重受五经，又师事应世叔学图纬，通三材；还以教授，于是南域始有学焉。珍以经术选用，历尚书丞、郎，荆州刺史；而世叔为司隶校尉，师生并显。平夷傅宝、夜郎尹贡亦有名德。［宝］历尚书郎、长安令、巴郡太守，［贡至］彭城相，号'南州人士'。"③不仅详载了尹珍的情况，还附载了他的老师和当地的其他贤能。

---

① （晋）常璩撰，刘琳校注：《华阳国志校注》卷一《巴志》，巴蜀书社1984年版，第96~97页。
② （晋）常璩撰，刘琳校注：《华阳国志校注》卷三《蜀志》，巴蜀书社1984年版，第221页。标点略有改动。
③ （晋）常璩撰，刘琳校注：《华阳国志校注》卷四《南中志》，巴蜀书社1984年版，第380页。

在"朱提郡"下又写道:"其民好学,滨犍为,号多士人〔人士〕,为宁州冠冕。"①可以说,在常璩的心里,始终关心地方贤能,并力图记录在他的笔下,有的具体些,有的简要些。

第四节 南北朝隋唐时期巴蜀史学概况

南北朝隋唐时期的巴蜀史坛虽然长期比较沉寂,但也并非无可称述,其中巴蜀地方史志的编修传统就不曾中断,并涌现出一些优秀的地方史志著作。

一、南北朝时期的巴蜀史志与李膺《益州记》

南北朝时期的巴蜀地方史志,今天可以考见的已不多。

《梁州记》,南朝宋人刘澄之著,刘氏出身宋朝皇族。古梁州为《禹贡》九州之一,内容广包西南,至西汉时更名为益州。三国时期魏国攻灭蜀国之时,又从益州分出梁州,统巴汉七郡,治所在今汉中。从今存佚文来看,刘澄之所谓的梁州当指后者,记述内容包括梁州的山川、名胜、人物、交通,以及相关的史实和掌故,至今仍有一定的资料价值。此记久佚,学者据诸书征引而有辑佚,其中王文才辑有六条②,刘纬毅辑有二十二条。③

《寻江源记》一卷,《隋书·经籍志》著录。此书不详何人所著,但"江源"即长江之源,古人长期认为就在巴蜀地区的岷江上游,故此书必与巴蜀有关。王文才也因为"水流巴蜀"而将其作为《梁益四记》之一,在《蜀志类钞》中辑有六条佚文④,内容全是巴蜀地区的自然山川。

《益州谱》四十卷。《隋书·经籍志·史部·谱系》在著录"贾执《姓氏英贤谱》一百卷"条下有按语:"南朝梁有《益州谱》四十卷。"另在《谱系》的正文中又有"《益州谱》三十卷"。两者疑为一书,而分卷不同。当属于记载巴蜀地区大族谱系的谱牒。

《益州记》两种。明朝学者曹学佺在述及南朝李膺《益州记》时曾这样写道:"《益州记》二卷,梁太仆卿涪城李膺公辅撰,时为本州别驾。乐史

---

① (晋)常璩撰,刘琳校注:《华阳国志校注》卷四《南中志》,巴蜀书社1984年版,第414页。
② 王文才、王炎编著:《蜀志类钞》,巴蜀书社2010年版,第126~127页。
③ 刘纬毅:《汉唐方志辑佚》,北京图书馆出版社1997年版,第259~262页。
④ 王文才、王炎编著:《蜀志类钞》,巴蜀书社2010年版,第127~129页。

《寰宇记》常引用之。按公辅一作公膺。先是谯周、任豫、刘欣期各有《益州记》，散见类书。"①谯周《益州记》前已述，这里除李膺《益州记》外，又提到"任豫、刘欣期各有《益州记》"。南朝宋人任豫（或作任预）的《益州记》，史有明载；但刘欣期的《益州记》，则不见著录。《汉唐方志辑佚》曾记载说刘欣期是晋人，著有《交州记》。②目前尚未见刘欣期著《益州记》的其他任何记载。这几部《益州记》，以李膺的最为著名，留存的佚文也最多。下面对其人其书做些介绍。

李膺，字公胤，南朝广汉郡（治今遂宁西）人，一说梓潼郡涪县（今四川绵阳涪城区）人。③齐明帝时，曾为涪县令，梁武帝时从益州主簿升为别驾。

《益州记》共三卷，宋以后亡佚。但在唐宋类书及舆地书籍，如《艺文类聚》《初学记》《北堂书抄》《太平御览》《元和郡县志》《太平寰宇记》等书中多有征引。晚明曹学佺撰《蜀中广记》列有此书，且所征引者有些已超出唐宋类书及舆地书籍，则曹氏或见《益州记》残篇④。现代学者邓少琴、孙琪华、王文才、刘纬毅等均有辑佚。

从现存佚文来看，第一，该书所记范围不限于当时的益州，还包括梁州、巴州和北巴州，故此"益州"当是借用古称来包括整个巴蜀地区；第二，《益州记》大抵如《华阳国志》巴蜀四志那样，按当时州郡，分叙各州建置、沿革、大事、山川、名迹，以及史实和掌故，资料比较翔实丰富，为四川一部重要的地志。如该书记载的早期道教在巴蜀的发展、僚人入蜀情况等，都是相当珍贵的资料。

《四库全书总目·地理类八》"益部谈资"条曾指出：包括李膺《益州记》在内的一些地方史志"虽不尽传，而大要亦多杂载事迹，取备掌故。则缀拾搜罗，正考订者所不废"。意思是说，虽然李膺《益州记》已经失传，但将

---

① （明）曹学佺：《蜀中广记》卷九六《著作记第六》，影印文渊阁《四库全书》本。
② 刘纬毅：《汉唐方志辑佚》，北京图书馆出版社1997年版，第130页。
③ 关于李膺的籍贯，或综合北宋《太平寰宇记》卷八三和明朝《蜀中广记》卷四四《人物志》第四的记载，认为是当时益州梓潼郡涪县人。但唐朝官修《南史·邓元起传》有"广汉罗研"，在邓传附《罗研传》又有"蜀士以文达者，唯研与同郡李膺"，说明李膺应为广汉郡（治今遂宁西）人。北宋初类书《太平御览·职官部》引《三国典略》载李膺事迹，也说"梁李膺公胤，广汉人"。我们认为后说更为可信，前说疑因李膺曾为涪县令而误为涪县人。
④ （明）曹学佺《蜀中广记》卷九六《著作记第六》谓李膺著《益州记》二卷，影印文渊阁《四库全书》本。

有关散佚的内容辑出，仍然具有重要的考订价值。这主要表现在：一是《益州记》详于州郡建置迁徙、水道名山胜迹，给唐宋编纂地志留下了丰富的资料，一些内容还可以补充《华阳国志》的不足；二是可以纠正明清地理书的错误，因为明清方志辗转抄引二书，时有改窜，甚至混入他书，必须靠原文来校正。①

这里要说明的是，任豫、李膺时代相近，二书又同名《益州记》（或称《蜀记》），故在历代征引中往往相混，有些征引根本就没有注明作者，所以今天我们也不可能将其完全区别开来。正由于此，当代学者在辑佚时也未能完全区别。从笔者所见的辑佚情况来看，刘纬毅的辑佚最为简略，也最笼统②；邓少琴、王文才的辑佚分郡排列，较为清晰③；孙琪华的辑佚则最下功夫，不但分郡排列，而且内容更为丰富。④

二、隋唐时期的巴蜀史志概况

隋朝在结束了长期的分裂动荡之后，为巩固统治，强化了对国史修撰的管理，严禁私修国史和臧否人物。隋文帝开皇十三年（593）五月癸亥，"诏人间有撰集国史、臧否人物者，皆令禁绝。"⑤同时要求各地将有关情况报送中央："隋大业中，普诏天下诸郡，条其风俗、物产、地图上于尚书。故隋代有《诸郡物产土俗记》一百三十一卷，《区宇图志》一百二十九卷，《诸州图经集》一百卷。其余记注甚众。"⑥隋朝时期巴蜀地区共有三十多个郡（隋朝的郡由先前的州改名而来），应该基本上都有相应的地方史志之作，内容至少包括风俗、物产和地图等项。这些内容为全国性的《诸郡物产土俗记》《区宇图志》和《诸州图经集》的修撰，至少起到了提供资料的作用。《文选·南都

---

① 参见李巧思：《〈益州记〉佚文考辨》，《四川师范大学学报》2002年第3期。
② 刘纬毅：《汉唐方志辑佚》，北京图书馆出版社1997年版，第257~258、305~313页。
③ 邓少琴：《梁李膺〈益州记〉辑存》，见《邓少琴西南民族史地论集》（上），巴蜀书社2001年版，第571~602页；王文才、王炎编著：《蜀志类钞》，巴蜀书社2010年版，第77~123页。
④ 参见孙琪华著，蒙默、黎明春整理：《益州记辑注及校勘》，巴蜀书社2015年版。笔者最初所见为打印稿，为蒙默先生所赐，上有蒙默先生的若干批注和增删笔迹。在访谈中，蒙默先生还谈及蒙文通先生和他自己也有辑佚。
⑤ 《隋书》卷二《高祖纪》，中华书局1973年点校本，第38页。
⑥ 《隋书》卷三三《经籍志》，中华书局1973年点校本，第988页。

赋》注文引录《蜀郡图经》文一则，学者或疑为隋朝所修。①

进入唐朝，国家继续加强了对各地情况的掌控。《唐会要》卷五十九《职方员外郎》载："建中元年十一月二十九日，诸州图每三年一送职方，今改至五年一造送，如州县有创造及山河改移，即不在五年之限。后复故。"这里的职方说的是兵部。《新唐书》卷四十六《百官志·兵部职方》有更详细的记载："职方郎中、员外郎各一人，掌地图、城隍、镇戍、烽候、防人、道路之远近，及四夷归化之事。凡图经非州县增废，五年乃修，岁与版籍偕上。"这些规定，要求地方各州先是每三年、后改为每五年都要修造《图经》上报中央。唐代巴蜀地区共有六十个州（府），每个州（府）每隔三五年都要修造《图经》，而唐王朝共有近三百年的统治。依据这些数据，可以推想当时巴蜀地区前后修造的《图经》可能有数千种之巨。唐朝后期为官蜀地的卢求在《成都记序》中说巴蜀地区"《图经》甚备"，当非虚言。现在还有或多或少内容存世的巴蜀《图经》，以州来计，所知有渝州、夔州、黎州、陵州、静州、维州、悉州、恭州、通州、奉州、汉州、松州、阆州、拓州、剑州、翼州等十六州，数量是很少的。另外还有一些县级图经，所知有玄武、金水、新津、汉源、通望等五县，数量更少。②唐朝巴蜀地区这些图经，没有一部完整流传下来，但同样为全国性地理总志的修撰提供了材料，如李泰主纂的《括地志》、梁载言《十道志》、贾耽《古今郡国县道四夷述》和《贞元十道录》、韦澳《诸道山河地名要略》（又名《处分语》）、李吉甫《元和郡县图志》等的修撰，应该说都离不开巴蜀地区提供的《图经》等资料。巴蜀地区《图经》之不能传世，还有时人故意毁坏的原因。卢求在《成都记序》就说："先是，西蜀图经甚备，朝野之士多寄声写录，主务兹者不胜其烦，遂尽削而潜焚之。长吏至，即据显者集为一轴以献，繇是百不书一。"③这是十分可惜的。

从现有材料来看，除了部分州县的图经有零篇断简传世外，还有一些其他方面的地方史志。这里分类做些介绍。

一是侧重历史地理的著作。这方面较多，最著名的是卢求的《成都记》五卷。史载：唐宣宗大中七年至十一年（853~857），白敏中为成都尹、剑南西

---

① 刘纬毅：《汉唐方志辑佚》，北京图书馆出版社1997年版，第360页。
② 学者已做了些辑佚工作，见《汉唐方志辑佚》，北京图书馆出版社1997年版，第409~416页。
③ （宋）袁说友等编：《成都文类》卷二三，赵晓兰整理，中华书局2011年版，第473页。

川节度副大使、知节度事，卢求为其从事，随侍在蜀多年，因撰《成都记》五卷。此记已佚，但长篇序文仍在，另有少量佚文存世。①

《益州理乱记》三卷，唐郑昈撰，《新唐书·艺文志二》地理类著录。

《蜀记》二种。一为一卷本，唐人元澄撰，《宋史·艺文志》著录。二为二卷或三卷本，为郑昈撰。宋《直斋书录解题》卷八称其书"杂记蜀事、人物、古迹、寺观之属"。郑氏《蜀记》和《益州理乱记》是否同书异名，不得而知，学者或认为是一人一书，并辑有多条佚文。②

《戎州记》一卷，唐初李仁实著，《新唐书·艺文志二》地理类著录。《旧唐书·令狐德棻传附李仁实》："李仁实，魏州顿丘人，官至左史，尝著《格论》三卷、《通历》八卷、《戎州记》，并行于时。"戎州治今宜宾，唐时为边地。

《阴平县记》，唐大中六年（852）记。作者说法不一。宋陈思《宝刻丛编》卷一八据《复斋碑录》，说是"唐郑纲撰，无书人名氏，篆额大中六年五月十八日记"。而同时的王象之《舆地碑记目》卷四则记为"郭茵撰"。而《全蜀艺文志》卷五二又记为"周芮撰"，《蜀中广记》卷九六又记为"周茵撰"。

另外，宋《太平御览》卷三六〇"孕"引录《蜀郡记》一则，学者或疑为"隋人作"。《太平御览》卷五二"石"引录《蜀中记》一则，宋《太平寰宇记》卷七四"犍为县"引录《益州地理志》一则，明《蜀中广记》卷六五"酒谱"引录《古郫志》一则，《太平御览》卷九七七"葱"引录有《巴南山川记》一则。这些作品均不见著录，撰人不详，学者或以为"约唐代作"。③

又，南宋郑樵《通志》卷六六载："《益州记》三卷，隋李充撰。"清修《云南通志》卷三〇载："《益州记》，唐李充撰。"可能都是南朝李膺《益州记》之误。

---

① 王文才、王炎编著：《蜀志类钞》，巴蜀书社2010年版，第159～162页。
② 刘纬毅：《汉唐方志辑佚》，北京图书馆出版社1997年版，第406～407页。另外，明代陈士元在地理书《江汉丛谈》卷二述及"鳖灵陈郎之浮尸"时，注文称："郑昈《蜀记》云：鳖灵，荆人也。时杜宇为蜀王，号望帝。鳖灵死于荆江，其尸逆水而上至蜀，尸起，望帝以为相，使凿巫山，治水有功，遂禅以位，是为开明氏。"又，南宋《成都文类》卷七在宋人葛琳《和浣花亭》条注引《蜀记》一则："梵安寺乃杜甫旧宅，在浣花去城十里，大历中，节度使崔宁妻任氏亦居之，后舍为寺，人为立庙于其中，每岁四月十九，凡三日，众邀乐于此。"可能也是郑氏《蜀记》的内容。
③ 刘纬毅：《汉唐方志辑佚》，北京图书馆出版社1997年版，第360、407、410、415页。

二是关于边防和少数民族的著作。著名的有《西南备边录》十三卷（佚），剑南西川节度使李德裕著。其"大略"谓："成都，藩翰西南，备御不可少弛，于是纂兵将、粮械之数，城镇、种落之名，岁计、经用之目，并以大和六年（832年，唐文宗时）为断。及诸郡故实、外夷情状，烦碎毕书。又新作城镇，缘边贼路，皆以朱书别之。总成小图，标之首卷。今所存仅一卷，余皆缺（原小字注：第四卷叙维州本末尤详，会昌中上之）。"①此书虽在北宋中期已仅存一卷，但还是受到人们的重视，如南宋李焘就说："德裕之深谋远虑，虽至今可用也。"②德裕另有《西蕃会盟记》三卷、《西戎记》二卷。

此外，见于记载的还有范传正《西陲要略》三卷，当是关于西南边防的；韦皋《西南夷事状》十七卷（或称二十卷），据说是"叙开复南诏之由"③。这些应该都是关于巴蜀及其周边地区少数民族和边防之事的著作。

三是关于唐玄宗、唐僖宗避乱入蜀的著作。关于唐玄宗的，今知有李匡文《明皇幸蜀广记图》二卷、宋巨《明皇幸蜀录》一卷，后来宋居白合二书为一，成《幸蜀记》三卷（均佚）。南宋《郡斋读书志》卷六详记其本末："《幸蜀记》三卷，右唐李匡文、宋巨、宋居白撰。初，匡文记尽孝明崩，巨记止于归长安，叙事互有详略。居白合二记，以宋为本，析李为注，取二序冠篇，复掇遗事增广焉。"④关于唐僖宗的，则有王坤的《僖宗幸蜀记》一卷（佚）。

四是专记风俗、见闻的著作。有张周封的《华阳风俗录》一卷。史载：唐文宗大和四年（830），名臣李德裕以兵部尚书为成都尹、剑南西川节度副大使、知节度事。张周封为从事，随其入蜀多年，因撰《华阳风俗录》一卷。明彭大翼《山堂肆考》卷二一四"闻声主离"引述一条："《华阳风俗录》：杜鹃大如鹊而羽乌，其声哀而吻有血，土人云：春至则鸣，闻其初声，则主离别之苦。人恶闻之，惟田家候其鸣，则兴农事。"

段成式《游蜀记》及《锦里新闻》三卷则是关于蜀地见闻的游记，已佚。《太平寰宇记》卷七二、一四九有《游蜀记》引文各一条。段成式（803～863），字柯古，临淄（今山东淄博东北）人。其父亲段文昌，官至宰

---

① （宋）王应麟：《玉海》卷五八，影印文渊阁《四库全书》本。
② （元）马端临：《文献通考》卷二〇六《经籍考三十三》，上海师范大学古籍研究所、华东师范大学古籍研究所点校，中华书局2011年版，第5861页。
③ （宋）王应麟：《玉海》卷一六，影印文渊阁《四库全书》本。
④ （宋）晁公武著，孙猛校注：《郡斋读书志校证》，上海古籍出版社1990年版，第247页。

相。成式以荫入官,为秘书省校书郎,累迁至吉州刺史,终太常少卿,他最著名的著作则是笔记小说集《酉阳杂俎》。

综上所述,可知隋唐时期巴蜀地方史志的编修之风仍然很盛,归纳起来,有这么几个特点:一是侧重地理的地方史志的编修继续发展,州县《图经》越来越受到政府重视,有普及化之势;二是有关西南边防和少数民族事宜的记录较以前明显增多,这与唐朝西南少数民族活跃、边防多次出现危机有关;三是专门叙论乡党耆宿的人物传几乎没有,这与隋朝政府明确规定不得私自"臧否人物"有关,更主要的恐怕还是盛行于魏晋的人物品评之风已随着九品中正制的废除而在隋唐时期消失殆尽;四是作者群里有很多是外来人士,这一点已有学者指出:"隋唐时期,巴蜀地区的传统史学渐趋沉寂,有关巴蜀地区的著述,大多是外来人士所著。"①后面两点实际都反映出这一时期巴蜀本地学者稀少的局面。北宋吕大防在《华阳国志后序》中曾说:"自先汉至晋初愈四百岁,士女可书者四百人,亦可谓众矣。复自晋初至于周显德,仅七百岁,而史所纪者无几人。"②缺乏人才,当然就无法有专门的乡党耆宿传,也当然只好将地方史志的书写权拱手让与外来者了。

---

① 李敬洵:《四川通史》卷三《两晋南北朝隋唐卷》,四川人民出版社2010年版,第593页。
② (晋)常璩撰,刘琳校注:《华阳国志校注》附录四,巴蜀书社1984年版,第1004页。

第三章 巴蜀史学的繁盛发展（两宋时期）

北宋和南宋的"武功"虽然远不及之前的唐朝和之后的元明清，但在"文治"上则多方面超过了唐朝甚至后来的元明清，其中史学方面更是取得了骄人的成就，堪称中国古代史学发展的巅峰。陈寅恪所谓"宋贤史学，今古罕匹""中国史学，莫盛于宋"之论①，蒙文通所谓"经学莫盛于汉，史学莫精于宋"之说②，均道出了这一事实。统观两宋三百年的史学，确实生机勃勃，其修史制度之完备、史书体裁之创新、名家名著之众多、记述领域之拓展、思想内涵之丰富，均为学界瞩目。这里略举其大者：一是把开始于东汉的官修本朝史制度发展到完备的阶段，各朝起居注、时政记、日历、实录、会要、国史几乎一应俱全（晚宋时期除外）；二是私修本朝史著作数量大，质量高，远超前代；三是司马光以通贯眼光撰成《资治通鉴》，标志着编年体的成熟，在此基础上又新创了纪事本末体和纲目体及其系列史著，极大地丰富了我国的史学宝库；四是在唐朝《通典》的基础上，出现了南宋的《通志》和宋末元初的《文献通考》，完成了我国古代"三通"的制度史架构，后人续修不断，形成所谓"九通""十通"的系列著作；五是儒学复兴运动下的新儒学对史学发展影响深刻，形成了《唐鉴》《读史管见》和《资治通鉴纲目》等义理史学名著；六是历史考据学也发展到"大盛"（王国维语）的局面，涌现出《资治通鉴考异》《两汉书刊误》《容斋随笔》等考证史学名著，为清代考证学的鼎盛奠定了一定基础；七是将我国古代源远流长的方志体发展到新的阶段，既出现了多部全国性地理总志，更有大量普及到各州的一方之志；八是宗教史学更为发展，不但延续了前代《高僧传》的修纂传统，而且开创性地出现了《佛祖统

---

① 陈寅恪：《隋唐制度渊源略论稿》第六部分《兵制》，上海古籍出版社1982年版，第134页；《金明馆丛稿二编·陈垣明季滇黔佛教考序》，生活·读书·新知三联书店2001年版，第272页。
② 蒙文通：《跋华阳张君〈叶水心研究〉》，见《蒙文通文集》第三卷《经史抉原》，巴蜀书社1995年版，第470页。按，陈、蒙两位先生所指的具体内涵有别，陈先生主要推崇以北宋欧阳修为代表的道德史学和以司马光为代表的长编修史法，蒙先生主要看重南宋经史结合的浙东史学。参见蒙默编：《蒙文通学记》（增补本），生活·读书·新知三联书店2006年版，第44页。

纪》《释氏通鉴》等纪传体、编年体佛教通史著作。

与全国史学大发展相呼应，这一时期的巴蜀史学也迎来了第二个高峰，而且是比三国两晋时期更大的高峰。两宋时期的巴蜀地区，社会长期稳定，经济持续发展，文化异常繁荣，在此背景下，史学也呈现出空前未有的大发展，在宋代史学的灿烂星空里放射出夺目的光芒。其中北宋时期的巴蜀史学偏重于前朝史的编修和研究，这与当时全国史学的面貌是一致的，其重心又经历了从前后蜀史到唐朝史的转移。宋初有勾延庆的《锦里耆旧传》和笔记体的《野人闲话》《茅亭客话》等，记述前后蜀历史，至北宋中期张唐英集其大成而成《蜀梼杌》。华阳范镇和范祖禹又分别参与《新唐书》和《资治通鉴·唐纪》的修撰，贡献卓著，其中范祖禹从司马光处所得的长编法还在蜀地得到传承，南宋李焘、李心传得其法而著成本朝史巨著。成都吴缜又对《新唐书》尽心校勘，写出了《新唐书纠谬》这样的考证学名著。此其一。其二，重视史论，并为适应北宋中期"学统四起"的学术新变化，而呈现出多种路向，如三苏史论注重历史形势及前因后果的分析，在整个宋代都有重大影响，南宋浙东诸儒承袭其风尤盛；范祖禹的《唐鉴》注重标举纲常伦理，属于典型的儒学史论，是宋代义理史学的典范和开创之作，此风延及南宋而有胡寅的《读史管见》和朱熹的《资治通鉴纲目》等。

南宋时期的巴蜀史学，则一是以本朝史的编修为大宗。除了"卓然可传"的三部私修本朝史《续资治通鉴长编》《建炎以来系年要录》和《东都事略》外，还有专门辑录北宋九朝和南宋高宗朝名臣碑传的资料汇编《名臣碑传琬琰集》，以及记录宋代兴起的道学发展史的《道命录》，等等。这些私修本朝史著作都是后人了解和研究宋史的基本典籍。二是理学对史学的影响更大。著有《建炎以来系年要录》的李心传，与他的父亲李舜臣、兄弟李道传、李性传都是理学家，因此在他们的史著中不能不有理学的影响和偏向。著有《东都事略》的王称也受到理学的影响，他在《东都事略·儒学传》中阐述了理学家的道统观，叙述了北宋周、张、二程等理学家，是现存最早记述北宋理学诸儒的纪传体史书。一些理学家如张栻、魏了翁更是直接运用理学思想来评判历史，这是对北宋范祖禹义理史论的继承和发展。

这时巴蜀方志的编写也出现了一些新变化，不仅数量大增，而且在前朝州郡《图经》普及的基础上，州一级的方志得以普及，很多州府还多次纂修方志，这为清代县级方志的普及奠定了基础；有学者还能突破巴蜀地域所限，从全局的视野写出地理总志，这就是成都人范子长的《皇朝郡县志》，就此前的巴蜀史学而言，这是空前的。

宋代巴蜀史学的繁盛发展引起了东南地区一些学者的特别关注，史载宋末王应麟与汤汉"朝夕讲道，言关、洛、建上、江西之同异，永嘉制度、沙随（程迥）《古易》、蔡氏（沈）《图书经纬》、西蜀史学"。①从上下文来看，这里的"西蜀史学"应该是对宋朝巴蜀史学的概称，而且主要是指以李焘、李心传、王称为代表的一批巴蜀史学名家及其本朝史巨著。我国史学发展虽然在宋代已出现地区性特征②，但用这样明确的概念来称呼区域史学的，还是第一次，比著名的"浙东史学"概念都早很多。③这说明宋代巴蜀史学的发展是特别卓异的，而且富有区域特色。

第一节　修史论史重点的转移：从前后蜀史到唐朝史

北宋承唐五代而来，本着新朝撰修前朝史的传统和从历史中寻找借鉴的本能，开国不久即有薛居正主持的《五代史》（俗称《旧五代史》），另外还出现了多家五代十国史著；至北宋中期，社会危机加重，古文运动和儒学复兴运动深入推进，适应新形势和新学风的需要，朝野掀起重修前朝史的风潮，最突出的成果是宋祁、欧阳修主持的《新唐书》和欧阳修私修的《新五代史》，以及司马光用通贯的眼光而主修的编年史巨著《资治通鉴》。其中成都人范镇对《新唐书》、范祖禹对《资治通鉴·唐纪》的成书均有重要贡献，范祖禹还专门著成义理史著的典范《唐鉴》，成都人吴缜又针对《新唐书》的不足而著成《新唐书纠谬》这样的考证学名篇。而巴蜀学者又注意对前后蜀历史的纂修，其中新津人张唐英的《蜀梼杌》最为有名。

---

① （元）袁桷：《延祐四明志》卷四《人物考·王先生》，影印文渊阁《四库全书》本。清代黄宗羲原著、全祖望补修的《宋元学案》卷八五《深宁学案》所述微异，"建上"作"濂闽"，陈金生、梁运华点校，中华书局1986年版，第2866页。
② 参见吴怀祺：《宋代史学思想史》第八章附录《宋代地区性史学的特征的形成和浙东史学、蜀中史学》，黄山书社1992年版，第227～237页。
③ 宋代浙东诸儒虽长于史学，但"浙东史学"的概念则迟至清代章学诚才明确提出。见（清）章学诚撰、仓修良编：《文史通义新编·内篇二·浙东学术》《外篇三·与胡雒君论校胡稚威集》，上海古籍出版社1993年版，第70、573页。

一、记述前后蜀历史的专书——《蜀梼杌》

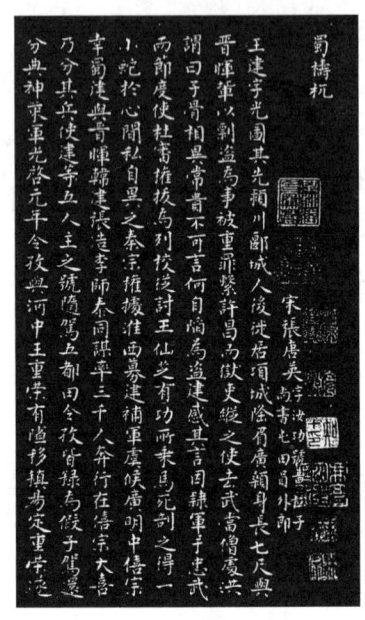

《蜀梼杌》书影(明钞本)

前蜀(907~925)和后蜀(934~965)是五代十国时期相继以成都为政治中心的割据政权,对巴蜀地区进行了长达五十多年的统治。对于这段长达半个世纪的割据史,历史上出现了众多的专门史著和相关著作。其中北宋中期新津人张唐英所著的《蜀梼杌》,最为详完,在中国史学史和巴蜀史学史上均占有重要地位,有必要加以专门论析。

(一)张唐英生平略述

张唐英(1026~1068)为北宋徽宗朝宰相张商英之兄,字次功(或作次公、汝功),号黄松子,蜀州新津(今四川新津)人。除《蜀梼杌》外,他还撰有《仁宗君臣政要》《唐史发潜》和《补北楚书》等史著。南宋时王称所著《东都事略》和元修《宋史》均在其弟张商英传后附其传,誉其为"有史材"。

根据有关资料,张唐英的祖上是在唐末随僖宗由长安迁居入蜀的,最初住在"邛州白鹤山",至其曾祖父时迁居"蜀州新津县之新穿乡"。在整个五代到北宋初期,张家都不显达,但也绝非普通人家,毕竟已有像张立这样"有诗百余篇"的读书人了。到其父亲张文蔚(998~1067)一辈时,张家则成为当地很有势力的人家。他对自己的孩子期望甚高,不仅有一般大户人家那种对教育的重视,所谓"公有田二廛,渎一廛,以市书,以求师,使教诸子",而且还为七子分别取名为轩英、颛英、唐英、虞英、商英、邦英、民英。这些名字与古代的黄帝(轩辕氏)、颛顼、尧(有唐氏)、舜(有虞氏)、商汤、汉高祖刘邦、唐太宗李世民等所谓的圣人明君相应,绝非率意为之,当与张文蔚所怀"致君尧舜"的宏大理想有关。张文蔚这一"明目张胆"的趋进向上心理,显然与北宋初期巴蜀士人普遍的"安其乡里,皆不愿出仕"[①]的内敛心态相反。

---

① (宋)曾巩:《曾巩集》卷四三《赠职方员外郎苏君墓志铭》,陈杏珍、晁继周点校,中华书局1984年版,第587页。

在父亲的影响下,张唐英少年时代就志趣不凡。大约十岁时,他曾师从当地"号为硕儒"的乡先生,仅"就学岁余",便有"才有余而道不足,不可以为吾学"之叹。父亲并没有责怪他的年轻气盛,而是"以一廛土,购书千余卷资其读"。从此张唐英"闭户刻苦力学,或半岁不识肉味"。后来经过两次科举的努力,他终于在皇祐元年(1049)二十四岁时金榜题名,开始走上仕途。张唐英在政治上不算得志,长期沉沦下僚,但在史学著述上却成就可观,是一位卓有成就的史学大家。①

(二)《蜀梼杌》的文献基础

张唐英在叙述《蜀梼杌》修撰由来时,曾提到多部先前有关前后蜀历史的著作,并有一些点评:

> 王、孟父子四世,凡八十年,比之公孙述辈,最为久远,其间善恶之迹,亦可为世之鉴戒。然编录者,如《耆旧传》《鉴戒录》《野人闲话》之类,皆本末颠倒,鄙俗无取。真宗时,知制诰路公振修《九国书》,有前蜀后蜀世家列传,然而繁简失当,尚多疏略。如张扶、冯涓、张士乔、段融、蒲禹卿、张云、陈及、田淳之徒,谏诤章疏,皆有益于世教,尽弃而不录,此观者所以惜其有未备也。予家旧藏《前蜀开国记》《后蜀实录》,凡一百三十卷,尝欲焚弃而不忍。今因检阅始终,削去烦冗,编年叙事,分为十卷。其间事实未显,如髳须、肥遗、远望、绩长、禹粮、蒲骚之类,各为解其失误。凡《五代史》及皇朝《日历》所载者,皆略而不书,名曰《蜀梼杌》,盖取楚史之名,以为记恶之戒,非徒衍其小说,盖亦使乱臣贼子观而恐惧耳。②

这段自序提到四类有关前后蜀历史的著作,一是"本末颠倒,鄙俗无取"的《耆旧传》《鉴戒录》《野人闲话》之类;二是"繁简失当,尚多疏略"的路振《九国志》的前后蜀世家列传;三是"欲焚弃而不忍"的《前蜀开国记》《后蜀实录》;四是宋初官修而载有蜀事的《旧五代史》和《日历》。张氏对这些著作尽管褒贬不一,但都进行了参考借鉴。当然,张氏这里只是举例而

---

① 详见粟品孝:《张唐英生平与著作考论》,《社会科学研究》2010年第3期。
② (宋)张唐英:《蜀梼杌自序》,王文才、王炎校笺:《蜀梼杌校笺》卷首,巴蜀书社1999年版,第2页。

已,绝非他参考的全部。下面依据有关史料和研究①,对《蜀梼杌》成书之前记述前后蜀历史的著作作一缕述,以见《蜀梼杌》撰写的广泛文献基础。

1. 前后蜀时期的相关著作

关于前蜀的历史,可能在前蜀开国不久就已开始修撰。目前具体的修史情况还了解甚少,所知仅有永平二年(912)三月,"诏平章事张格,专编纂开国以来《实录》"②,但详情不知。后蜀则直继唐代,建立了比较健全的修史制度③,在宰相李昊的主持下,修有《前蜀书》四十卷和《蜀书》二十卷这两部分别关于前蜀和后蜀的纪传体史书,还修成《后蜀高祖实录》三十卷、《后蜀后主实录》八十卷,二书或合称为《后蜀实录》。他还集有《蜀祖经纬略》一百卷、《枢机集》二十卷传世,则为当时朝廷制诰奏议之类的合编。

另外前后蜀时期还有一些私人著作。如由预修《前蜀书》的后蜀知制诰幸寅逊私修的《前蜀开国记》二十卷、历仕前后蜀的毛文锡私修的《前蜀纪事》二卷、后蜀杨九龄撰的科举资料的汇编《蜀桂堂编事》二十卷、时人张彭私以"平生见闻"而著的《锦里耆旧传》、前蜀中书舍人王仁裕的《入洛记》一卷等。这些都是专门记述前后蜀历史的。还有一些杂记,涉及前后蜀历史的,如尝事前蜀王衍及后蜀孟知祥父子且累官门下侍郎平章事的益州人欧阳迥(一作炳,见《宋史·艺文志》)著的《唐录备阙》十五卷、后蜀时期任普州军事判官的东海人何光远的《鉴诫录》十卷。何光远还著有《广政杂记》三卷,与浦仁裕《蜀广政杂录》十五卷,并见《通志·艺文略》。另外,陵州贵平(今四川仁寿县东北)人孙光宪所著《北梦琐言》三十卷,也是一部关涉前后蜀历史的重要著作。他还另有编年体史著《续通历》十卷,"辑唐泊五代事,以续马总《历》(按:即唐人马总《通历》),参以黄巢、李茂真、刘守光、阿保

---

① 笔者这里特别多地参考和吸收了《蜀梼杌校笺》一书和房锐先生《孙光宪著述考》《〈北梦琐言〉与唐五代史籍》两文(分载《四川师范大学学报》2002年第5期、2003年第4期)的研究成果,同时也作了一些补充。
② (宋)张唐英撰,王文才、王炎校笺:《蜀梼杌校笺》卷一《前蜀先主》,巴蜀书社1999年版,第115页。
③ 参见杜文玉:《五代十国制度研究》,人民出版社2006年版,第334页;谢保成《隋唐五代史学》,商务印书馆2007年版,第440页。

机、吴、广、闽、唐、湖、越、两蜀事迹。"①

2. 宋以来的相关著作

入宋以后，有关前后蜀历史的修撰仍延续了相当长一段时间。专门记述蜀事者有董淳的《后蜀纪事》三卷、随宋军入蜀的康延泽的《平蜀实录》一卷，还有濮州人张守约《蜀记》一卷，"载孟昶初降及薨事"②。最有名的是勾延庆在前述张彰《锦里耆旧传》的基础上修补而成的《锦里耆旧传》八卷，"纪王氏孟氏据蜀时事"。是书至清代只有后四卷传世，但仍有重要的史料价值，正如四库馆臣所指出的："书虽以'耆旧传'为名，而不以人系事，其体实近编年。所录两蜀兴废之迹亦颇简略，惟于诏敕章表书檄之文，载之独详。中间如前蜀咸康元年，唐兵至成都，王宗弼劫迁王衍于西宫，《通鉴》在十一月甲辰，而此书作乙巳。又宋太祖赐后蜀主孟昶诏一首，其文多与《宋史》不同。如此之类，亦皆可以备参考也。"③当代学者王文才在《蜀梼杌校笺序》中也指出："观所载文，每异他本，似录自官府簿书，文献足征，是可贵也。"

五代杂史之记蜀事者，除了专门的五代史著作如范质《五代通录》、王溥《五代会要》、薛居正等《旧五代史》、陶岳《五代史补》、王子融《唐余录》、尹洙《五代春秋》外，尚有记载十国史的路振《九国志》和佚名的《五国故事》等。

张唐英在自序中还提到《皇朝日历》，当是指《太祖日历》，始修于太祖时期，到太宗朝前期完成。其中自然会有宋太祖平蜀之事的记载，而为张唐英所参考。另外，北宋前期还修有《太祖实录》《太祖国史》④，自然也少不了平蜀一事，张唐英应该也能看到。

另外还有一些笔记小说。如宋初成都人景焕的《野人闲话》五卷，"记孟蜀时事"。张唐英虽讥其"鄙俗无取"，实际上仍有所取材。又有宋初客居

---

① （宋）晁公武撰，孙猛校证：《郡斋读书志校证》卷四，上海古籍出版社1990年版，第203页。按：《续通历》虽在宋太祖朝"以其所纪多非实"而遭到禁毁，但实际上直到北宋中后期仍未绝迹，司马光在修《资治通鉴》时，就曾以之参核唐五代事，所以约略同时的张唐英修《蜀梼杌》时可能也看到过。

② （宋）晁公武撰，孙猛校证：《郡斋读书志校证》卷八，上海古籍出版社1990年版，第353页。

③ （清）纪昀、陆锡熊、孙士毅等著，四库全书研究所整理：《钦定四库全书总目》（整理本）卷六六《〈锦里耆旧传〉提要》，中华书局1997年版，第910页。

④ 北宋太祖朝《日历》《实录》和《国史》的编修情况，详见蔡崇榜：《宋代修史制度研究》，（台北）文津出版社1991年版，第40~41、64~76、117~119页。

成都的湖北江夏（今湖北武汉）人黄休复的《茅亭客话》十卷，"所记多蜀事"，不少内容就是关于前后蜀的，还有驳正《北梦琐言》者。①黄休复另著有《益州名画录》三卷，专载唐末五代成都地区的绘画活动。至于蜀人苏耆（987~1035）的《闲谈录》三卷，"记五代以来杂事"②，可能也关涉蜀事。

以上这些著作，都是张唐英撰修《蜀梼杌》之前就已经传世的作品，或是直接记录前蜀后蜀之史，或是关涉蜀事者，也有一些笔记小说，且全部在其自序所言的四大类著作系列范围。张唐英是否都已寓目，我们不得而知，但多数都加以了参考借鉴，应近于事实。

（三）《蜀梼杌》的内容与识见

《蜀梼杌》为编年体，本为十卷，久已散佚。今存为后人的删节本，或为一卷，或为二卷。王文才、王炎的《蜀梼杌校笺》，则析为四卷，依次是前蜀先主、前蜀后主、后蜀先主、后蜀后主，并附录有佚文、题跋、志传、《锦里耆旧传》和两蜀年表。

正如上一部分所引张唐英的自序，《蜀梼杌》是有惩于已有著作对两蜀历史记载的疏略而写的。同样据其《自序》，该书还具有鲜明的褒善贬恶的道德目的和政治功用。作者之所以取名《蜀梼杌》，乃是"取楚史之名"，即模仿历史上的《楚梼杌》，"以为记恶之戒"，"使乱臣贼子观而恐惧耳"。他在自序中还说："王、孟父子四世，凡八十年，比之公孙述辈，最为久远，其间善恶之迹，亦可为世之鉴戒。"取鉴的政治目的十分清楚。

该书内容尽管散佚很多，但仍具有重要的史料价值。清代四库馆臣曾说：此书"于王建、孟知祥据蜀事迹，颇为详备"；而欧阳修《新五代史》的前后蜀世家"删削太略"，故此书"可补其所遗"。其中还特别指出："今世官署戒石所刻'尔俸尔禄，民膏民脂，下民易虐，上苍难欺'四语，自宋代以黄庭坚书颁行者，实摘录孟昶广政四年所制《官箴》中语，其文全载于此书。凡此之类，皆足以资考证。"③

该书还反映出作者不凡的史识。如作者在《自序》中结合唐朝韦皋"求兼

---

① （宋）陈振孙：《直斋书录解题》卷一一，徐小蛮、顾美华点校，上海古籍出版社1987年版，第324、328页。
② （宋）晁公武撰，孙猛校证：《郡斋读书志校证》卷一三，上海古籍出版社1990年版，第577页。
③ （清）纪昀、陆锡熊、孙士毅等著，四库全书研究所整理：《钦定四库全书总目》（整理本）卷六六《〈蜀梼杌〉提要》，中华书局1997年版，第910~911页。

两川节钺而不能得"、刘辟"不数月已就槛车之缚"与五代王建、孟知祥成功割据四川的情况对比,明确地将蜀地变乱的根本原因归之于朝廷,认为自古以来割据四川之人,都是因为中原多故,于是闭关恃险,苟且偷生,偏安一隅。并由此得出结论说:"朝廷治则蜀不能乱,朝廷不治则不惟蜀为不顺,其四方藩镇之不顺,亦有不下于蜀者。"由此出发,作者大胆地揭露了五代时期中央政府不合理的治蜀政策,他指出:当前蜀灭亡,后主王衍入洛之时,蜀人以为天下太平,非常高兴;可惜后唐庄宗"总制失驭,中外继叛";加之孟知祥受命入蜀后,后唐明宗猜忌蜀人,"凡高赀有力者尽令东徙";于是时人张丕立不无感叹地说:"蜀中之叛,非蜀人为之也,皆朝廷所委用之臣所为也。"①联想到宋初平蜀多杀,又加重搜刮,导致巴蜀地区变乱迭起,张氏的这些意见无疑具有很强的现实批判性,对当时朝廷治蜀也是一种警示。再如他通过对王建崛起、称帝和治蜀全过程的记叙和梳理,不但不责其割据巴蜀之举,反而将其与长期享有美名的刘备相提并论,以为"前视刘备,可以无愧"。②这在当时强调中原正朔、贬抑割据政权的主流意识形态下,是十分难得的,也是符合实际的。另外他对王衍"惟宴游是好,唯险巧是近,惟声色是尚",终至葬送基业的评论③,也较为得当,清修《十国春秋·前蜀后主本纪》的后论即就此改写而成。

二、宋代以理论史的典范之作——《唐鉴》

范祖禹之所以能够写出《唐鉴》这样的史学名著,与他的家庭氛围与师友环境是密不可分的。他的伯祖父范镇(1008~1089)曾参与《新唐书》的编修,并与《资治通鉴》主编司马光关系密切;缘此,长期受到范镇"抚育教诲"④的范祖禹对唐史也甚感兴趣并相当熟悉,从而得以被司马光选入《资治通鉴》局,编修《唐纪》部分。而正是在编修《资治通鉴·唐纪》的基础上,

---

① (宋)张唐英:《蜀梼杌自序》,王文才、王炎校笺:《蜀梼杌校笺》卷首,巴蜀书社1999年版,第2页。
② (宋)张唐英撰,王文才、王炎校笺:《蜀梼杌校笺》卷一《前蜀先主》,巴蜀书社1999年版,第154页。
③ (宋)张唐英撰,王文才、王炎校笺:《蜀梼杌校笺》卷二《前蜀后主》,巴蜀书社1999年版,第250~251页。
④ (宋)范祖禹:《范太史集》卷三七《祭蜀公文》,影印文渊阁《四库全书》本。

范祖禹又深受当时新兴的理学思想的影响,"折以义理",著成义理史学的名篇《唐鉴》。因此,在论述范祖禹《唐鉴》之前,这里先对范镇参修《新唐书》和范祖禹与修《资治通鉴·唐纪》的情况略做叙述。

(一)范镇对《新唐书》、范祖禹对《资治通鉴·唐纪》编修的贡献

《新唐书》的修撰,始于庆历五年(1045)五月,宋仁宗诏命宋祁、王尧臣、张方平、余靖为同刊官。同年闰五月,又诏命"大理寺丞、馆阁校勘范镇"与曾公亮、赵师民、何中立、宋敏求、邵泌"并为编修《唐书》官",《新唐书》书局正式成立。皇祐元年(1049),宋祁被任命为"刊修官",当时编修官有王畴、范镇、吕夏卿、宋次道四人。至和元年(1054)八月,欧阳修也被任命为"刊修官"。后来,又加刘羲叟、梅圣俞为编修官。嘉祐五年(1060),设局编修历时十七年的《新唐书》完成。

《新唐书》虽以"刊修官"欧阳修、宋祁署名,但实际上编修官范镇、王畴、吕夏卿、宋次道、刘羲叟、梅圣俞六位做了大量工作和重要贡献。先是协助宋祁完成列传,继后又协助欧阳修完成志、纪、表。在编修过程中,"宋祁、范镇到局各及十七年,王畴十五年,宋敏求、吕夏卿、刘羲叟并各十年以上"。而宋祁在这十七年中,曾出京为官,离开书局(但仍为刊修官);欧阳修则是至和元年到局,故自始至终参加《新唐书》修撰的编修官只有范镇一人。范镇在编修《新唐书》中的具体分工不甚清楚,但他长期在局,勤恳修纂,贡献卓著。范镇自称:"王景彝(畴)与予同在《唐书》局,十余年如一日……"①欧阳修对此做过充分肯定,他写道:"范镇、王畴、吕夏卿、刘羲叟并从初置局便编纂故事,分成卷草,用功最多。"②

可见,《新唐书》编修历时绵长,过程曲折,其间人员出入较大,而华阳范镇则是始终在局的编修官,又是"用功最多"的编修官之一。所以,范镇对《新唐书》成书的贡献是应该得到充分肯定的。

范镇对唐史的兴趣和热情直接影响了他的侄孙范祖禹(1041~1098)。范祖禹自幼丧父,寄居其叔祖范镇家,范镇"抚育如己子"③,范祖禹因此从小就受到良好的教育和严格的训练,尤其跟随范镇打下了坚实的唐史基础。司马

---

① (宋)范镇:《东斋记事》卷三,汝沛点校,中华书局1980年版,第27页。
② (宋)欧阳修:《欧阳文忠公集》卷九一《辞转礼部侍郎札子》,四部丛刊初编本。
③ 《宋史》卷三三七《范祖禹传》,中华书局1977年点校本,第10794页。

光与范镇关系友善，对范祖禹的史学功底尤其是唐史水平自然比较了解，所以在修撰《资治通鉴》时，把范祖禹辟为"同修"，参加唐史部分的编修工作。

在《资治通鉴》成书过程中，司马光的三位助手贡献卓著。司马光之子、任"检阅文字"的司马康曾对三人的分工情况及作用有简要说明："《资治通鉴》之成书，盖得人焉。史记、前后汉则刘贡甫（攽），自三国历七朝而隋则刘道原，唐迄五代则范纯甫。"[①]即是说，在《资治通鉴》的编修过程中，刘攽（字贡甫、贡父）、刘恕（字道原）和范祖禹（字纯甫、淳夫，一字梦得）是得力助手，他们分别负责《通鉴》的两汉、魏晋至隋和唐五代部分的编写。此说出自司马光门人晁说之后来的追记，未必完全可信，但范祖禹负责有唐一代近三百年的历史，则自来无有异辞。

按照司马光的说法，《资治通鉴》的编纂方法是所谓的"长编法"，即先搜集归类各种材料，以年月日为丛目；接着按编年体的形式纂成长编，"宁失于繁，毋失于略"；后在考其异同的基础上删繁就简，形成定稿。前两项工作由司马光指导，主要由助手完成；末一项工作一般由司马光亲自进行。唐史部分，范祖禹就是在司马光的指导下，完成了丛目和长编的工作。其工作量之大，有司马光《与宋次道书》为证：

某自到洛以来，专以修《资治通鉴》为事，于今八年，仅了得晋、宋、齐、梁、陈、隋六代以来奏御。唐文字尤多，托范梦得将诸书依年月编次为草卷，每四丈截为一卷，自课三日删一卷，有事故妨废则追补。自前秋始删，到今已二百余卷，至大历末年耳。向后卷数又须倍此，共计不减六七百卷，更须三年方可粗成编，又须细删，所存不过数十卷而已。[②]

由此可知，范祖禹仅唐朝部分的长编就编有"六七百卷"之多（最后成书仅八十一卷），而丛目部分当有更大的分量，足见其劳苦功高。

进一步从编修时间上来看。英宗治平三年（1066），有志于纂修一部编年通史的司马光奏进《通志》八卷，"起周威烈王二十三年，尽秦二世三年"，

---

① （宋）晁说之：《景迂生集》卷一七《送王性之序》，四部丛刊初编本。
② （宋）马端临：《文献通考》卷一九三《经籍考二十》引高似孙《纬略》，上海师范大学古籍研究所、华东师范大学古籍研究所点校，中华书局2011年版，第5602页。

得到朝廷的重视和肯定。不久司马光受诏设局，接续编修《通志》，意欲将"上自战国，下至五代"的历史贯通（次年神宗赐名《资治通鉴》）。最初以刘恕、刘攽入局同修。熙宁三年（1070），朝廷发生政治变动，刘攽在四月被贬泰州通判，司马光遂推荐范祖禹入局接替。《长编》对此有载："攽在局五年，通判泰州，知资州龙水县范祖禹代之。"①次年夏天，刘攽离京赴任。不久，刘恕又出知南康军。书局仅有范祖禹一人同修。熙宁五年（1072）初，司马光将书局西迁洛阳，仍然只有范祖禹一人同修。虽然刘攽、刘恕仍在修史，但已不在书局了，刘恕后来曾有"数月"的时间到洛阳参加书局修史，并在元丰元年（1078）九月去世。《资治通鉴》是在元丰七年（1084）十一月彻底完成的。

可以看出，刘攽在局六年，刘恕在局七年，范祖禹则在局十五年，范虽然入局最晚，却在局时间最长。范祖禹十五年都在司马光身边，其中有整整六年的时间书局只有范祖禹一个"同修"（司马康仅是充编修《资治通鉴》所检阅文字而已），全力协助司马光，其贡献之大，恐怕不宜仅仅以他编修有唐朝丛目和长编可以言尽。或许他对司马光的考证异同、删削定稿，都参与了一定的工作。

这里还必须指出的是，范祖禹不仅对司马光《资治通鉴》的最终成书贡献卓著，而且还把司马光传授的长编修史方法在巴蜀地区继续传播，直接影响了南宋史家"二李"即李焘、李心传的史学创作，他们分别编著的《续资治通鉴长编》和《建炎以来系年要录》都是长编修史方法的直接产物。

（二）范祖禹《唐鉴》对儒学思想的阐发

由上可见，范祖禹上承家学，复师事司马光，受到正统儒学教育和史学训练。考中进士后，长期追随司马光在洛阳纂修《资治通鉴》。而他生活的时代，又是理学兴起之时，他与二程兄弟之间也交谊甚深，其史学颇受理学影响。因为这三方面的机缘，范祖禹既能师承司马光修习治史之法，又能吸取二程洛学思想，以理论史，遂在史学上自成一家。

《唐鉴》是范祖禹在协助司马光纂修《资治通鉴·唐纪》的基础上编写的。他在哲宗元祐元年（1086）《进唐鉴表》中说："臣昔在先朝，承乏典

---

① （宋）李焘：《续资治通鉴长编》卷三五〇，元丰七年十二月戊辰条，上海师范大学古籍研究所、华东师范大学古籍研究所点校，中华书局2004年版，第8390页。

局，实董有唐。尝于纫次之余，稽其成败之迹，折以义理，缉成一书。"①《唐鉴》原本十二卷，今本二十四卷，为南宋吕祖谦作注时所析。全书上起唐高祖起兵，下迄朱温篡唐，是一部编年体的简明唐代兴衰史。其编纂体例是，每卷先列史事，后发议论，史实与议论相结合。据统计，全书史事三百三十二条，五万余字；史论二百九十四条，亦五万余字，大抵是史事与议论并重。选材上偏重政治上的成败得失，或褒或贬，凡三致意。史称其书"深明唐三百年治乱，学者尊之，目（祖禹）为'唐鉴公'"。②在当时影响十分巨大。

《唐鉴》书影（宋刊本）

范祖禹既主修《资治通鉴·唐纪》；在此之前石介的《唐鉴》、江休复的《唐宜鉴》、孙甫的《唐史论断》俱已成书流传，像《唐史论断》更是声誉昭著。范祖禹何以又要撰写《唐鉴》呢？其原因主要是范祖禹受当时蓬勃发展的儒学复兴运动和理学思想的影响，而嫌上述诸家于义理阐发不足。为更好地服务于当朝政治，配合时代潮流，就需要从比较纯粹的儒学角度，去解释、去评判唐代三百年的治乱兴衰。《唐鉴》正是这一时代需要的产物。

《唐鉴》以义理入史③，对儒学思想的阐发主要表现在以下几方面：

第一，重视君道、臣道的总结，这是全书的中心。传统社会推行君主专制，君主是否奉行君道，直接关系到国家的治乱兴衰。在范祖禹看来，君道足以包括正心修身、勤政节俭、虚怀纳谏、严教太子、慎重择相、用贤摈佞、施政以仁、讲求礼法，等等。在一些方面，范祖禹的议论甚能切中要害，引人警惕。如论正心修身，他说："先王必正其心，修其身，而天下自治。"以此证明《孟子》"君仁莫不仁，君义莫不义，君正莫不正，一正君而国定矣"的义理。④这种论史角度，与孙甫就迥然异趣。孙甫对太宗推许备至，先称之

---

① （宋）范祖禹：《进唐鉴原表》，《唐鉴》卷首，影印文渊阁《四库全书》本。
② 《宋史》卷三三七《范祖禹传》，中华书局1977年点校本，第10800页。
③ 参见蔡崇榜：《〈唐鉴〉与宋代义理史学》，《四川大学学报丛刊》第32辑，1986年。
④ （宋）范祖禹：《唐鉴》卷一二，影印文渊阁《四库全书》本。

以"圣子",后许以为明主,①皆是就其功业事迹发论。而范祖禹则看到太宗正心修身上的缺失,开篇即明太宗其身不正,"太宗陷父于罪,而胁之以起兵",从而指出"太宗有济世之志,拨乱之才,而不知义也"②。因为唐之开国君主其身不正,所以终唐一世,人君所为多不合义理,"起兵而诛其亲者谓之定内难,逼父而夺其位者谓之受内禅。此其闺门无法,不足以正天下,乱之大者也!"此外,唐德宗性猜忌,唐文宗好权术,这在范祖禹看来都不是为君之道而无益于治道,"人君一不正其心,则无以正万事。苟以术御下,是自行诈也,何以禁臣下之欺乎!"

在强调为君应行君道的同时,《唐鉴》还用了相当篇幅倡导为臣尽臣道的道理。范氏在强调君为臣纲这一主旨时,明确指出臣子不能苟从于君主。他发扬新儒学的义理,特别是从古老的《孝经》出发,提出从道不从君的大胆思想,认为君臣关系应是"以道相与,以义相正","非徒以上下之分相使而已"③。既然如此,君主有过当谏,有误当正;并认为谏与不谏是区别贤佞的标志。他说:"(贤相)不惟以谏争为己任,又引天下之贤者使之谏其君,此爱君之至者也。佞相不惟谀其主,又恶人之谏,恐其为己不利,此贼君之大者也。"并引孔、孟言语,认为士大夫"行己有耻",提倡重义轻利。④这些思想鲜明地体现了当时思想家在理学方面提出的新要求。

正由于范祖禹对君臣关系这些新认识,并在实际的进读和劝讲中加以贯彻,所以南宋高宗赞其有"台谏手段"⑤,同乡苏轼夸其为"讲官第一"⑥。

第二,强调纲常伦理的树立,这是全书的主线。纲常伦理是儒家思想的核心,是宋代新儒学特别是理学着力强调的。受儒家学说复兴运动和理学思潮影响的范祖禹,在评史的过程中,更是力图正名分,立纲常。如之前备受世人包括学者孙甫等人推崇的唐太宗,在范祖禹看来不仅是其身不正,而且僭越名分,违背纲常。他在《唐鉴》开卷头条即书:李世民胁父起兵于太原,是"陷父于罪";而其父子又臣事突厥,导致"唐世人主无正家之法,戎狄多猾夏之

---

① 参见(宋)孙甫:《唐史论断》卷上《高祖太宗》,影印文渊阁《四库全书》本。
② (宋)范祖禹:《唐鉴》卷一,影印文渊阁《四库全书》本。
③ (宋)范祖禹:《唐鉴》卷六,影印文渊阁《四库全书》本。
④ (宋)范祖禹:《唐鉴》卷一七,影印文渊阁《四库全书》本。
⑤ (宋)张端义:《贵耳集》卷上,影印文渊阁《四库全书》本。
⑥ 《宋史》卷三三七《范祖禹传》,中华书局1977年点校本,第10800页。

乱"。玄武门之变，李世民先是杀害已被立为太子的建成，接着自己当了皇太子，范祖禹认为这完全是践踏纲常、蔑视伦理的表现，他写道："建成虽无功，太子也；太宗虽有功，藩王也。太子，君之贰，父之统也，而杀之，是无君父也！……太宗之罪著矣！"①对于武后、肃宗，范祖禹也一并斥为篡国。他不同意老师司马光"但据功业之实而书之"、在《通鉴》中直书武则天年号的做法，在《唐鉴》中黜武后之号而以"嗣圣"纪年，明确指出："黜武氏之号，以为母后祸乱之贼。窃取《春秋》之义，虽获罪于君子而不辞也。"他论肃宗也说："肃宗以皇太子讨贼，至灵武遂自称帝，此乃太子叛父，何以讨禄山也！"并进而指出：

唐有天下几三百年……三纲不立，无父子君臣之义；见利而动，不顾其亲，是以上无教化，下无廉耻。古之王者，必正身齐家以率天下，其身不正，未有能正人者也！唐之父子不正，而欲正万事，难矣！其享国长久，亦曰幸哉！②

可以看出，纲常名分是范祖禹论述有唐一代治乱兴衰的一把标尺，不论有无事功，一律以此为准绳。这较当时孙甫、欧阳修、司马光等唐史论者都要明决，显示出更为浓厚的理学印记，故而后世理学家称《唐鉴》所论"明乎《春秋》之大旨，而得夫子之正传也"。③

第三，摈弃天命，提倡天理，体现出当时新的历史哲学。随着社会的进步和新儒学的发展，天命神权观在宋代日益衰落。在范祖禹之前，欧阳修就已经用"人事"替换了天命，他说："盛衰之理，虽曰天命，岂非人事哉！"④到范祖禹的时代，理学们家已经高倡天理，力图以天理取代天命，作为最高的道德原则。程颐就说："为君尽君道，为臣尽臣道，过此则无理。"⑤这个理就是指天理，君道臣道都包容于其中，是不能违背的。范祖禹的《唐鉴》便以此观念评论历史，他说："《易》曰：'穷理尽性，以至于命。'自君臣

---

① （宋）范祖禹：《唐鉴》卷二，影印文渊阁《四库全书》本。
② （宋）范祖禹：《唐鉴》卷一一，影印文渊阁《四库全书》本。
③ （宋）林之奇：《拙斋文集》卷一二《论作史之体》，影印文渊阁《四库全书》本。
④ 《新五代史》卷三七《伶官传序》，中华书局1974年点校本，第397页。
⑤ （宋）程颢、程颐：《河南程氏遗书》卷五，《二程集》，王孝鱼点校，中华书局1981年版，第77页。

而言之，为君尽君道，为臣尽臣道。此穷理也，穷理则性尽，性尽则至于命矣。"①遵循天理，就会天下大治。如唐太宗听从魏徵的意见，是"顺天下之理而治之"，于是"行之四年，遂致太平"。②反之，违背天理，就会天下大乱。如他说："明皇一日杀三子，而李林甫以刑措受赏。谗谄得志，天理灭矣，安得久而不乱乎！"③由此，宋儒发明的天理就巧妙地注入史著之中，取代了前此僵化的天命史观，从而建立起符合时代需要的新的历史哲学。

可见，《唐鉴》以史著的形式集中、系统地反映了理学家的政治、伦理思想，鲜明地体现了理学兴起的时代特色和义理史学的论史特点，是宋代较为完整地领会理学主旨而撰写的第一部义理史著。此书的完成，标志着义理史学已在宋神宗之世由前期转入后期，由单纯模仿《春秋》褒贬义例，发展到广泛援经入史，史学逐步义理化。因而此书一出，即受到理学家们的高度称赞，在当时史学界的地位与程颐《易传》在经学界的地位相当，都是"理正词直"，可以"追配古作"。④程颐更视此为案头之书，以为"自三代以后无此议论"。⑤南宋朱熹、吕祖谦、韩淲等人将其与之前盛行一时的孙甫《唐史论断》（简称《唐论》）比较，都认为《唐鉴》"理"胜《唐论》，"《唐论》有才术，《唐鉴》有学术……之翰（孙甫）史才也，醇甫（范祖禹）则学者耳。"⑥准确地把握了《唐鉴》的特点和价值。

《唐鉴》之后，以理入史的著作日多，其中不少还是理学家亲自编撰而成。如胡寅有《读史管见》，朱熹有《通鉴纲目》，张栻有《经世纪年》，吕祖谦有《大事记》等，都是义理史学的经典之作。到南宋后期，有人将义理史学著作汇集成书，名为《读史明辨》⑦，奉为读史论史的准绳。其中尤以范祖

---

① （宋）范祖禹：《唐鉴》卷一五，影印文渊阁《四库全书》本。
② （宋）范祖禹：《唐鉴》卷三，影印文渊阁《四库全书》本。
③ （宋）范祖禹：《唐鉴》卷九，影印文渊阁《四库全书》本。
④ （宋）楼钥：《攻媿集》卷六六《答綦君（更生）论文书》，四部丛刊初编本。
⑤ （宋）程颢、程颐：《河南程氏外书》卷一二，《二程集》，王孝鱼点校，中华书局1981年版，第443页。
⑥ （元）马端临：《文献通考》卷二〇〇《经籍考二十七》，上海师范大学古籍研究所、华东师范大学古籍研究所点校，中华书局2011年版，第5754页；（宋）韩淲：《涧泉日记》卷中，影印文渊阁《四库全书》本。
⑦ （宋）赵希弁：《读书附志》，孙猛校正：《郡斋读书志校证》，上海古籍出版社1990年版，第1117页。

禹、胡寅、朱熹三人所著最为有名，南宋刘克庄以为：此三书之作，"圣贤复起，必从之也"①。

三、考据史学的名著——《新唐书纠谬》

《新唐书纠谬》是北宋成都人吴缜的考据史学名篇。吴缜，字廷珍，英宗治平年间进士，官至左朝议大夫，曾知邛（今四川邛崃市）、蜀（今四川崇州）、洋（今陕西洋县）、万（今重庆万州）四州，"俱以惠政闻"。吴氏治学勤奋，尤以考史见长，南宋吴元美说他"平生力学，博通古今，多求前史谬误而订之"②。吴氏著作甚多，最著名的是《新唐书纠谬》（以下简称《纠谬》）和《五代史纂误》。《纠谬》二十卷，主要是针对欧阳修、宋祁主修的《新唐书》的不足而发，完成于北宋哲宗时期，一直保存较好，

《新唐书纠谬》书影（知不足斋丛书本）

长期流传。《五代史纂误》则是就欧阳修《新五代史》的错谬而作，本为五卷，二百余条，但至迟在清代就已失传，后来四库馆臣从《永乐大典》中辑出一百一十二条，重新整理为三卷传世。这里主要介绍《纠谬》。

《纠谬》每卷一门，共分二十门，四百四十九条。具体名目（含条数）依次是：以无为有（五条）、似实而虚（五条）、书事失实（十条）、自相违舛（三十七条）、年月时世差互（二十五条）、官爵姓名谬误（五十条）、世系乡里无法（七条）、尊敬君亲不严（三条）、纪志表传不相符合（五十三条）、一事两见而异同不完（二十一条）、载述脱误（四十条）、事状丛复

---

① （宋）刘克庄：《后村先生大全集》卷一〇六《方蒙仲通鉴表微》，王蓉贵、向以鲜点校，刁忠民审订，四川大学出版社2008年版，第2733页。
② （宋）吴元美：《新唐书纠谬跋》，附该书末，知不足斋丛书本。

（四十六条）、宜削而反存（十一条）、当书而反阙（十九条）、义例不明（八条）、先后失序（七条）、编次未当（五条）、与夺不常（六条）、事有可疑（十三条）、字书非是（七十八条）。这二十个名目，按问题性质，大致可以归纳为五类，即史料取舍不当、史实有误、前后矛盾、时间差互、义例不明。《新唐书》之所以出现大量错谬，吴氏归结为"八失"，即是："一曰责任不专，二曰课程不立，三曰初无义例，四曰终无审核，五曰多采小说而不精择，六曰务因旧文而不推考，七曰刊修者不知刊修之要而各徇私好，八曰校勘者不举校勘之职而惟务苟容。"这些概括，基本上抓住了《新唐书》的症结。

我们知道，《新唐书》虽然是一书，但"责任不专"，分由两人刊修，欧阳修负责本纪、志、表，宋祁负责列传。修撰之际，欧阳在京城，宋在外地，虽然欧阳修曾派遣编修官吕夏卿前往郑州（今河南郑县）同宋祁"商较同异"，但《新唐书》记载有唐一代三百年史事，篇帙达二百二十五卷，仅仅派人前往商较，自难一一协调。而且，虽然宰相韩琦曾嘱欧阳修审核全书，"改归一体"，但欧阳修却推脱说："宋公于我前辈，且人所见不同，岂可悉如己意？"最后竟"一无所易"①，直接上交了朝廷。由于二人通气不够，定稿时又没有通贯审核，这样就造成了大量前后矛盾或重复的弊病，如吴氏归纳的"自相违舛"三十七条、"纪志表传不相符合"五十三条、"事状丛复"四十六条，基本上都是"责任不专"所致。

更重要的是，两位刊修官根本不重视历史事实的考信，这是问题的关键。欧阳修究心《春秋》之学，宗主"宋初三先生"之二的胡瑗、孙复，号称"褒贬谨严"，故修史"专以褒贬笔削自任"；而宋祁深于小学，长于辞章，"独以文辞华采为先"。他们均"疏于考证"。吴氏所指"多采小说而不精择""务因旧文而不推考""刊修者不知刊修之要而各徇私好"之失，主要都缘于二人在思想上轻视考证。吴氏点出的"以无为有""似实而虚""书事失实""年月时世差互""官爵姓名谬误""载述脱误"等谬误类别，大抵都是两位刊修官不重视考证事实的结果。

至于吴氏所指"课程不立""初无义例""终无审核""校勘者不举校勘之职而惟务苟容"之失，则主要是当时朝廷命官修史时的问题，与欧阳修、宋祁个人无直接关系。但反映出当时官修史书的系列问题，并成为《新唐书》众

---

① （宋）欧阳修：《欧阳文忠公集》附录五《先公事迹》，四部丛刊初编本。

多弊端的重要原因。

从方法上看，《纠谬》主要是"以本史自相质正"①，即以《新唐书》本身的内容，前后互证，比勘异同，发现谬误。这就是现代史学家陈垣所谓的"本校法"。如其"刘兰拒却颉利"条，即用《新唐书》的《太宗纪》《突厥传》的记载来勘正《刘兰传》的失误。本校法或称本证法，早在西汉的刘向就开始使用，东晋孙盛撰《异同辨》、唐代刘知幾撰《史通·汉书五行志错误》也偶有使用，但大规模使用此法并写成专著的，则首推吴缜的《纠谬》。

虽然《纠谬》并非没有采用他校法、理校法，但非常少，绝大多数都是用的本校法。若从更全面更准确地校勘《新唐书》来说，这种过于单一的方法势必使不少谬误勘证不出，这不能不说是吴氏考据史学的一大缺陷。清人王鸣盛在《十七史商榷》卷六十九"新唐书纠谬"条中就讥讽吴氏说："只就一部书中搜求，吴自言寡闻，固矣。然且不必论其广以他书校否，可笑是并《旧（唐）书》亦绝不一参对，为他省事耳。"指出了《纠谬》参考史籍过少，过分倚重本证法的缺点，虽有偏颇，但确实点住了要害。而且，《纠谬》所考也确有疏漏之处。清人钱大昕已指出吴缜于地理、职官考证非其所长，并参诸家之说，精考详究，对《纠谬》一书又纠摘出错误三十余条。不过《纠谬》全书四百四十九条，钱氏所纠十不及一，正如李慈铭所谓："吴氏专著一书，纠并时新出之史。而欧、宋皆大臣盛名，官修进御，吴欲以一人之力攻之，其用心自更精当，故所得尤多……要其全书中瑕类不及十之一。"②其成绩还是主要的。

在北宋当时，考史著作知名的主要有司马光的《通鉴考异》，刘敞、刘攽、刘奉世的《汉书刊误》和吴缜的《新唐书纠谬》及《五代史纂误》。其中司马光的《通鉴考异》侧重史实的考证，"对于史事的本末异同辨之甚详"，而三刘的《汉书刊误》"则以考论文字者居多"。③相比之下，吴缜的《新唐书纠谬》和《五代史纂误》则要全面得多，不仅涉及文字、史实订正，也涉及编纂体例、材料取舍的品评，其风格独异，近乎史评家者流。尤其是稽弹的对象是当代名家欧、宋之作，从而开稽评当代人著述之先河。此风一煽，降及南宋，同类著作层出不穷。如汪应辰《唐书列传辨正》，专攻《新唐书》列传而

---

① （宋）吴缜：《新唐书纠谬序》，载该书卷首，知不足斋丛书本。
② （清）李慈铭著，由云龙辑：《越缦堂读书记》三《历史》，中华书局2006年版，第297~299页。
③ 刘节：《中国史学史稿》十一《两宋史学概观》，中州书画社1982年版，第190页。

不及纪志；李心传《旧闻证误》，并纠时人欧阳修、李焘等大家之误；李大性《典故辨疑》，考证梅尧臣《碧云騢》、孔平仲《杂录》、王禹偁《建隆遗事》皆他人托名之作。

此书对后世也产生了较大影响。明代陈第撰《毛诗古音考》、清代汪辉祖撰《元史本证》、钱大昕撰《廿二史考异》，现代史学家陈垣作《元典章校补释例》等，都曾直接得益于吴缜此书。其中钱大昕自称对《纠谬》一书，考究用功，"老而不衰"①。陈垣在阐释本校法时，专门举《纠谬》为例，他说："本校法者，以本书前后互证，而抉摘其异同，则知其中之谬误。吴缜之《新唐书纠谬》，汪辉祖之《元史本证》，即用此法。"②

《纠谬》将所认识到的《新唐书》的问题整理成"二十门"，并将致误的原因概括为"八失"，这种条理化的总结可以说是对史学考据所作的初步的理论探索，在以前还是不曾有过的。正如研究者指出的："作者对《新唐书》所误之类型的划分及其致误原因的分析，虽未尽合理，但在历史文献学的发展上，也是有意义的。"③而且，在史学批评理论方面，吴氏还提出了两个问题。一是"信史"问题。他说："必也编次、事实、详略、取舍、褒贬、文采，莫不适当，稽诸前人而不谬，传之后世而无疑，粲然如日星之明，符节之合，使后学观之而莫敢轻议，然后可以号信史。反是，则篇帙愈多，而讥谯愈众，奈天下后世何！"给"信史"作这样的规范和定义，在史学史上以前还没有过。二是史学批评的标准问题。他认为："为史之要有三：一曰事实，二曰褒贬，三曰文采。有是事而如是书，斯谓事实；因事实而寓惩劝，斯谓褒贬；事实、褒贬既得矣，必资文采以行之，夫然后成史。至于事得其实矣，而褒贬、文采则阙焉，虽未能成书，犹不失为史之意。若乃事实未明，而徒以褒贬、文采为事，则是既不成书而又失为史之意矣。"这种关于事实、褒贬、文采之于史书关系的认识，尤其强调事实的重要性，"是中国古代史学批评史上的新发展"，"是格外值得重视的"。④

---

① （清）钱大昕：《新唐书纠谬跋》，附载该书末，知不足斋丛书本。
② 陈垣：《校补释例》卷六，陈智超主编：《陈垣全集》第七册，安徽大学出版社2009年版，第311页。
③ 瞿林东：《中国史学史纲》，北京出版社1999年版，第488页。
④ 瞿林东：《中国史学史纲》，北京出版社1999年版，第500～501页。

第二节 三苏史论的崛起及其重大影响

宋仁宗嘉祐二年（1057）欧阳修主持的贡举考试，在宋代文化发展史上具有重大意义。[①]张载、程颢、苏轼、苏辙、曾巩这些后来的大学者，都是此榜的进士高第。其中苏轼、苏辙兄弟来自眉山，与他们一同入京的父亲苏洵也以其高文博学而受到重视，眉山三苏自此开始崛起。在三苏崛起以前，巴蜀地区虽然也涌现了不少人才，有的还比较突出，如龙昌期、范镇、张唐英等，但他们的声誉尚不能与全国其他地方如所谓的"宋初三先生"胡瑗、孙复、石介和江西的欧阳修、王安石，北方的司马光、邵雍等名儒相比。整个说来，自三苏崛起始，巴蜀本地才涌现出全国第一流的文化巨匠和学术大师，造成全国性的巨大影响。

眉山三苏是以一家父子兄弟的面目出现的，他们不但文采飞扬，而且具有自成体系的学术思想，形成的苏氏蜀学是北宋中期主要学术流派之一。三苏的史论就植根于这一基础，不仅表现了他们非凡的文学才华，也反映出他们深刻的历史见识，而与范镇、张唐英、范祖禹、吴缜等约略同时的巴蜀史家不同，具有更大的震撼性和影响力，不仅对巴蜀地区，也对全国特别是南宋浙东诸儒，产生了重大影响。

一、史事评论与史学评论：三苏史论的两大方面

三苏的史才，在当时和后世都为不少有识之士看重。北宋时人雷简夫见苏洵《史论》，以为"真良史才也"[②]；王安石欲参酌裴松之注重修《三国志》而不能，晚年则谓："非子瞻（苏轼），他人下手不得矣。"[③]南宋朱熹对苏辙《古史》亦不乏赞美之词："近世言史者，惟此书为近理。"[④]不过三苏最为倾心和最有成就的，并非著史与考史，而是论史。苏辙自己晚年回顾其家学时就说："父兄之学，皆以古今成败得失为议论之要。"[⑤]苏轼也自谓："及

[①] 详见曾枣庄：《文星璀璨——北宋嘉祐二年贡举考论》，复旦大学出版社2010年版。
[②] （宋）邵博：《邵氏闻见后录》卷一五，刘德权、李剑雄点校，中华书局1983年版，第119页。
[③] （宋）王铚：《默记》卷中，朱杰人点校，中华书局1981年版，第29页。
[④] （宋）朱熹：《朱熹集》卷七二《古史余论》，郭齐、尹波点校，四川教育出版社1996年版，第3795页。当然，从总体上讲，朱熹对苏辙的《古史》是持批判态度的，参见粟品孝：《朱熹与宋代蜀学》，高等教育出版社1998年版，第56~59页。
[⑤] （宋）苏辙：《栾城集·后集》卷七《历代论引》，曾枣庄、马德富点校，上海古籍出版社1987年版，第1212页。

壮大，不能晓习时事，独好观前世盛衰之迹，与其一时风俗之变，自三代以来，颇能论著。"①验之于三苏作品，史论文章确实占有相当篇幅，史论是三苏史学的着力所在。②

三苏的史论作品极为丰富。苏洵有总体探讨史学观念的《史论》三篇，他在引言中述其所作原因时说："史之难其人久矣。魏晋宋齐梁隋间，观其文则亦固当然也。所可怪者，唐三百年，文章非三代两汉无敌，史之才宜有如（左）丘明、（司马）迁、（班）固辈，而卒无一人可与范晔、陈寿比肩……吁！其难而然哉。夫知其难，故思之深，思之深，故有得，因作《史论》三篇。"③表明苏洵具有成为良史之才、重振史学辉光的高度自觉。而具体展现苏洵论史才华并为其赢得巨大声誉的，则是其《几策》《权书》《衡论》等三组共二十余篇史论。文史兼长的欧阳修获读这些文章，赞不绝口，以为"辞辩宏伟，博于古而宜于今，实有用之言，非特能文之士也"④。另外苏洵还撰有《谏论》上下篇及《誉妃论》《管仲论》《明论》《孔子论》等史论性作品。

受父亲的影响，苏轼、苏辙兄弟也重视论史。苏轼的史论作品数量之多、质量之高，较之其父有过之而无不及。其中最为精粹的部分主要收在中华书局点校本《苏轼文集》卷二至卷四中，共有四十多篇，大体可分为两个方面：一是论历代人物，包括论先秦人物的《伊尹论》等二十一篇，论秦汉人物的《秦始皇帝论》等十二篇，论三国人物的两篇，即《魏武帝论》《诸葛亮论》；论唐代人物的一篇，即《韩愈论》。从中可知苏轼所论人物的重心在先秦秦汉时期。二是论历史事件，包括《论郑伯克段于鄢》等六篇。其他的还有十余篇，包括反映其史学正统观的《正统论》三首。除这些作品外，在《苏轼文集》卷六十五中，还集中收有苏轼九十多篇"史评"，涉及众多的历史人物和历史事

---

① （宋）苏轼：《苏轼文集》卷四八《上韩太尉书》，孔凡礼点校，中华书局1986年版，第1381页。
② 关于三苏的史论，文史学界都有所留意和初步研究，代表性成果主要有：蔡崇榜《略谈三苏的史论》，《文史杂志》1991年第2期；张元《苏轼的史论》，《宋史研究集》第二十五辑，（台北）"国立"编译馆1995年版；陈晓芬《论三苏的史论文》，《第四届宋代文学国际研讨会论文集》，浙江大学出版社2006年版。
③ （宋）苏洵著，曾枣庄、金成礼笺注：《嘉祐集笺注》卷九《杂论·史论引》，上海古籍出版社1993年版，第227页。
④ （宋）欧阳修：《荐布衣苏洵状》，曾枣庄、金成礼笺注：《嘉祐集笺注》附录一，上海古籍出版社1993年版，第521页。

件，大体也属于史论性作品。不过有的并非苏轼所作，如《历代世变》一文纵论古今世事，颇得后世推重，明代袁黄、王世贞所编历史教科书《纲鉴合编》，就在卷首《读纲鉴法》中载录此文，且与程颐、朱熹等理学名儒的读史方法并列；近来有学者分析苏轼史论，还特加征引，说其"将苏轼深湛的史学功力表露无遗"①。不过据笔者考证，此文乃是程颐的作品，并非苏轼所作②，今天不可据此考论苏轼的史学思想。

苏辙的史论作品也很多，单篇的就有七十余篇传世，主要包括《历代论》四十五篇和《应诏集》所收的二十八篇。这些史论中，以人物为题的最多，计有四十六篇，包括从先秦的尧舜到五代的冯道共五十多位历史人物；以朝代、时代为题的也有十二篇，上起三代，下至五代，如《夏论》《六国论》《五代论》等；以地理区域或边疆民族为题的有六篇，如《蜀论》《西南夷论》等；其他的还有十篇，如《兵民》《王者不治夷狄论》《史官助赏罚论》等。这些史论的内容时间跨度长，论题范围广，关涉宋以前不少著名人物和重大事件。苏辙对这些史论相当自负，曾上书朝廷重臣曾公亮说："有《历代论》十二篇，上自三王而下至于五代，治乱兴衰之际，可以概见于此。"③另外，苏辙还专门针对司马迁《史记》而著成《古史》一书，"记伏羲、神农讫秦始皇帝，为七本纪、十六世家、三十七列传"，其中"于得失成败之际，亦备论其故"，即在本纪、世家、列传一篇终后，以"苏子曰"发论，比较集中地展现了苏辙的论史才华，"充分体现出苏辙的历史思想和政治思想"④，也是一系列重要的史论作品。

一般说来，史论就是对历史的评论，具体包括两个方面的内容：一是对史事或历史人物所作的评论，即史事评论；二是对史学、史书或某种史学现象、史学思想的评论，即史学评论。⑤下面就分别从这两方面来略述三苏史论的主要内容。

---

① 张元：《苏轼的史论》，《宋史研究集》第二十五辑，（台北）"国立"编译馆1995年版。
② 参见栗品孝：《〈历代世变〉非苏轼所作考》，《四川大学学报》（哲社版）2003年第4期。
③ （宋）苏辙：《栾城集》卷二二《上曾参政书》，曾枣庄、马德富点校，上海古籍出版社1987年版，第483页。
④ 张伟：《苏辙与〈古史〉》，《史学史研究》2003年第3期。
⑤ 瞿林东：《中国史学的理论遗产》，北京师范大学出版社2005年版，第165页。

（一）关于史事评论

1. 以观风察势为核心

本节开头所举苏轼"好观前世盛衰之迹，与其一时风俗之变"一语，集中概括了三苏史事评论的核心内容。所谓观风俗之变，就是从历代社会风尚的变化入手，考察社会历史的运动和发展。

苏洵认为，从尧舜至三代，社会风尚发生了巨大变化，夏尚忠，商尚质，周尚文，一代有一代的时风。不仅如此，"尚文"之风还是社会历史发展不可逆转的大"势"，他说："忠之变而入于质，质之变而入于文，其势便也。及夫文之变，而又欲反之于忠也，是犹欲移江河而行之山也。人之喜文而恶质与忠也，犹水之不肯避下而就高也。"①苏辙也观察到这种变化，他说："予读《诗》《书》，历观唐虞至于夏商，以为自生民以来，天下未尝一日不趋于文。"这里所谓的"文"，是与"野"相对的，可解为文明、文雅，核心是封建的伦理道德秩序，所以苏辙说："文之为言，犹曰万物各得其理云尔，父子君臣之间，兄弟夫妇之际，此文之所由起也。"而且，同父亲一样，苏辙也认为"尚文"乃是大"势"所趋，他说："夫自唐虞以至于商，渐而入于文，至周而文及于天下。当唐虞夏商之世，盖将求周之文而其势有所未至，非有所谓质与忠也；自周而天下习于文，非文则无以安天下之所不足，此其势然也。"②可见苏洵、苏辙父子在讨论社会"尚文"之风时，是从带有客观性的"势"这一角度出发的，看到了社会运动和历史发展的客观性、必然性。苏轼在观察历史时，有时把这种"势"称作"时"，认为所谓"圣人"之所以伟大，不在于他们本身能够创造时势，而在于他们往往能够很好地把握时势的机缘，即："圣人不能为时，亦不失时。时非圣人之所能为也，能不失时而已。"③同样注意到了时势的客观性，"很机智地说明了'圣人'与'时'的关系"④。

---

① （宋）苏洵著，曾枣庄、金成礼笺注：《嘉祐集笺注》卷六《六经论·书论》，上海古籍出版社1993年版，第158页。
② （宋）苏辙：《古史》卷五《周本纪》，曾枣庄、舒大刚主编：《三苏全书》第三册，语文出版社2001年版，第400页。
③ （宋）苏轼：《苏轼文集》卷六《封建论》，孔凡礼点校，中华书局1986年版，第158页。此论或题《始皇论中》《秦废封建》。
④ 瞿林东：《中国古代史学批评纵横》，中华书局1994年版，第71页。

三苏不仅对"时势"的客观性已有了比较清楚的认识，而且在史论中还以此观点来考察历史盛衰变化之迹。如对于废之已久的井田制，宋人多有复古的梦想，苏洵虽然也认为井田之废是现今民生困苦的制度根源，然而由于对时势客观性的重视，他并不赞成恢复这一古制。他看到古代之所以能够行井田是"其所由来者渐矣"，现在若是强行恢复，"其势亦不可得"①。再如秦废封建、行郡县，乃历史一大变革，后世议论纷纭，唐朝柳宗元认为："（封建）非圣人之意也，势也。"②苏轼力赞其说，以为此论"当为万世法"，"虽圣人复起，不能易也"③。苏辙更进一步指出那些讥讽秦行郡县制的人乃是"惑于其名而未察其势"，"古之圣人立法以御天下，必观其势，势之所去不可强反，今秦之郡县岂非势之自至也欤！"④显然，二苏是从古今时势的差异，认识到秦废封建、行郡县乃当时大势使然，后人不可自作聪明，逆势而行。

2. 以借古鉴今为目的

和当时很多学者一样，三苏论史并非为了说古，而是借古鉴今，力图发挥史学的资鉴作用。苏洵《上韩枢密书》就说："所献《权书》，虽古人已往成败之迹，苟深晓其义，施之于今，无所不可。"⑤

进言之，三苏都撰有《六国论》，从不同角度分析了战国时代六国破灭和秦朝兴亡的道理。苏洵重在揭示六国"赂秦"的危害，他说："六国破灭，非兵不利，战不善，弊在赂秦；赂秦而力亏，破灭之道也。"⑥苏辙则看到战略上联盟对敌的重要性，他分析当时的形势是"韩、魏塞秦之冲，而蔽山东诸侯，故夫天下之重者，韩、魏也"。如果齐、楚、燕、赵四国团结一致共同帮助韩、魏对抗秦国，则"彼秦者何为哉"！然而四国却往往背盟败约，自相残

---

① （宋）苏洵著，曾枣庄、金成礼笺注：《嘉祐集笺注》卷五《衡论·田制》，上海古籍出版社1993年版，第134~137页。
② （唐）柳宗元：《柳河东集》卷三《封建论》，国学基本丛书本。
③ （宋）苏轼：《苏轼文集》卷五《封建论》，孔凡礼点校，中华书局1986年版，第158页。
④ （宋）苏辙：《古史》卷七《秦始皇本纪》，曾枣庄、舒大刚主编：《三苏全书》第三册，语文出版社2001年版，第446页。
⑤ （宋）苏洵著，曾枣庄、金成礼笺注：《嘉祐集笺注》卷一一《上韩枢密书》，上海古籍出版社1993年版，第301页。
⑥ （宋）苏洵著，曾枣庄、金成礼笺注：《嘉祐集笺注》卷三《权书·六国》，上海古籍出版社1993年版，第62页。

杀，"至使秦人得伺其隙以取其国，可不悲哉"！①苏轼则从士的地位变化入手，着重分析六国久存而秦却速亡的原因。他认为春秋战国之际，诸侯争相养士，所以"民之秀杰者，多以客养之，不失职也"；等到秦统一天下后，"则以客为无用，于是任法而不任人"，这样就导致了"民之秀异者，散而归田亩……辍耕叹息以俟时也"！②则士的出路与国家的兴亡大有关联。

这些论述，表面是在探讨历史问题，实际却是在借古论今。北宋仁宗时代，对西夏和辽都采用屈辱的输绢纳币方式来换取边境的和平。苏洵对此深为不满，在《审敌》一文中明确指出："天子不忍边民重困于锋镝，是以虏日益骄，而赂日益增，迨今凡数十百万而犹慊然未满其欲……夫赂益多，则赋敛不得不重。赋敛重，则民不得不残。故虽名为息民，而其实爱其死而残其生也。"③他撰《六国论》，以为六国赂秦而亡，就是借以讽喻北宋朝廷对西夏和辽的纳币求和的失策。北宋中叶以后，社会矛盾日益尖锐，统治者担心士人对政府不满而与乱民结合或是投靠外敌，故而对士人失职现象格外关注。针对这一现实，苏辙撰《六国论》，以为秦之所以速亡，在于士人失职所致，目的也是借以警醒当局重视士人出路问题。至于苏辙所论，则是暗讽北宋王朝前方受敌，而后方却骄奢淫逸，生活腐朽，前后方不能有效协调，团结一致，共同御敌。④

宋神宗和王安石主持的变法活动，是当时政治上的重大事件。二苏兄弟与王安石政见不合，常常借史申论。如苏轼在《商君功罪》中写道："后之君子，有商君之罪而无商君之功，享商君之福而未受其祸者，吾为之惧矣！"⑤这个"后之君子"，是暗指王安石及其变法派。苏辙对变法也颇有微词，在史论中亦时有表露。如其《尧舜》篇就说："世之君子，凡有志于治，皆曰富国

---

① （宋）苏辙：《栾城集·栾城应诏集》卷一《六国论》，曾枣庄、马德富点校，上海古籍出版社1987年版，第1579~1580页。
② （宋）苏轼：《苏轼文集》卷五《论养士》，孔凡礼点校，中华书局1986年版，第139页。按：此论在苏轼《经进东坡文集事略》卷一四中题为《六国论》，另或题为《战国任侠》《游士失职之祸》。
③ （宋）苏洵著，曾枣庄、金成礼笺注：《嘉祐集笺注》卷一《几策·审敌》，上海古籍出版社1993年版，第13页。
④ 参见蔡崇榜：《略谈三苏的史论》，《文史杂志》1991年第2期。
⑤ （宋）苏轼：《苏轼文集》卷六五《商君功罪》，孔凡礼点校，中华书局1986年版，第2004页。

而强兵。患国之不富，而侵夺细民；患兵之不强，而陵虐邻国。富强之利终不可得，而谓尧、舜、孔子为不切事情。於乎殆哉！"①此论更是对朝廷倡导的变法目标与实际措施之间巨大张力的反省。

（二）关于史学评论

1. 苏洵的经史观

苏洵所撰《史论》三篇，是三苏史学评论中最具影响的作品。其重点是论述儒家经典《春秋》与史书的关系，即经史关系，具体包括三个层面的思考，即义一、体二、相资。他写道：

> 史何为而作乎？其有忧也……仲尼之志大，故其忧愈大，忧愈大，故其作愈大，是以因史修经，卒之论其效，必曰乱臣贼子惧。由是知史与经，皆忧小人而作，其义一也。其义一，其体二，故曰史焉，曰经焉。大凡文之用四，事以实之，词以章之，道以通之，法以检之。此经史所兼而有之者也。虽然，经以道、法胜，史以事、词胜，经不得史，无以证其褒贬，史不得经，无以酌其轻重。经非一代之实录，史非万世之常法，体不相沿而用实相资焉。

所谓"义一"，首先是指经书与史书在根本目的上是一致的，都是"忧小人而作"；其次，二者又同时兼有事、词、道、法四种内容。这是指经、史二者所具有的共性。但经非史、史亦非经，二者在体例上有着显著的区别。"经以道、法胜"，主要目的是要阐释儒家思想的道与法，而"事则举其略，词则务于简"；相反，"史以事、词胜"，表现出来的就是"事既曲详，词说夸耀，所谓褒贬论赞之外无几"。苏洵还进一步分析认为："经或从伪赴而书，或隐讳而不书，若此者众，皆适于教而已"，所以"经非一代之实录"，与史书是不同的。"史之一纪、一世家、一传，其间美恶得失固不可以一二数，则其论赞数十百言之中，安能事为之褒贬，使天下之人动有法如《春秋》哉！"所以"史非万世之常法"，与经书有别。这是讲经、史二者的个性，即在体例、作用方面的区别。

经、史这种"义一""体二"的特点，必然会导致"体不相沿而用实相

---

① （宋）苏辙：《栾城集·栾城后集》卷七《历代论一·尧舜》，曾枣庄、马德富点校，上海古籍出版社1987年版，第1213页。

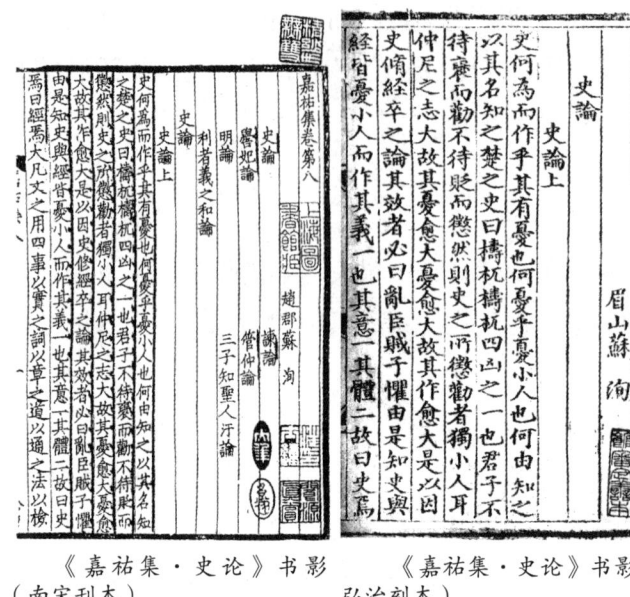

《嘉祐集·史论》书影（南宋刊本）　　《嘉祐集·史论》书影（明弘治刻本）

资"的情况。苏洵说："使后人不知史而观经，则所褒莫见其善状，所贬弗闻其恶实"，即是"不得史而经晦"；相反，"使后人不通经而专史，则称谓不知所法，惩劝不知所祖"。他举例说：司马迁《史记》、班固《汉书》之所以为世所重，盖由于二书"虽以事词胜，然亦兼道与法而言之，故时得仲尼遗意"。这说明经、史二者是互为联系、互相资补的。

苏洵这一观点，主要是针对当时的学术流向和史学风气而发的。中唐以来，在啖赵学派的影响下，学者解说《春秋》，不守家法，融合三传。这种新的学术动向发展到宋代，一方面如孙复论经（《春秋》），"不复信史，故尽弃三传"①；一方面如欧阳修作史（《新唐书》《新五代史》），偏重褒贬笔削，不重考详史实，他们都没有很好地把握经史关系。而苏洵此论，则比较全面地把握到经史二者的个性、共性和相互的联系，辩证深刻，高出侪辈，故有学者誉之为一时之"绝识"②。

2. 苏轼的正统论

正统论是传统史学的一大基本理论，曾引起学者的长期争鸣。在宋代多个政权并存与儒学复兴运动高涨的时代背景下，有关正统问题的讨论更是达到了高潮。苏轼的《正统论》三篇正是这股思潮之下的产物。

在苏轼之前，欧阳修先是撰写"正统七论"，复又删成三篇；章望之不

---

① （宋）苏辙：《春秋集解·引》，曾枣庄、舒大刚主编：《三苏全书》第三册，语文出版社2001年版，第13页。

② 蒙文通：《中国史学史》，上海人民出版社2006年版，第80页。

以为然，著《明统》三篇予以驳辨。① 后起的苏轼是欧非章，著《正统论》三篇，包括《总论》一篇和《辨论》两篇，发展欧阳修之论，反驳章望之之说。苏轼认为："正统者，名之所在焉而已。名之所在而不能有益乎其人，而后名轻。名轻而后实重。吾欲重天下之实，于是乎名轻。"很明显，苏轼将正统问题归结为名实问题，又从重实甚于重名的立场，对以章望之为代表的一些学者的正统论立场进行了批驳。具体说来，苏轼针对章氏讨论三国时期正统归属问题提出的"魏不能一天下，不当与之统"的说法，认为这是迂腐之见，因为历史事实是："魏虽不能一天下，而天下亦无有如魏之强者。"当时三国鼎立，蜀最弱，自不待言，吴也并非魏的对手，"虽存而非两立之势也"。因此力主魏国在历史传承中的正统地位。他还针对章氏提出的"乡人且耻与盗者偶，圣人岂得与篡君同名"的论点，提出："苟其势不得与之皆坐，则乡人何耻邪？圣人得天下，篡君亦得天下，顾其势不得不与之同名，圣人何耻邪？"苏轼这里强调的"势"，就是前面所说的具有客观性的时势。只要顺应了这个客观的"势"，即便是"篡君"，也应该与之正统。即是说："天下无君，篡君出而制天下，汤、武既没，吾安所取正哉？故篡君者，亦当时之正而已。"以此推理，五代初期的梁朝虽为"篡君"朱温所建，亦当与之正统。

苏轼提出这种以三国时期魏国和五代时期梁朝为正统的观点，实际上是在维护北宋政权的正统地位。这虽是北宋正统论争中的主流意见，不足为奇，但其从名实关系的角度进行论证，则具有独到性。

3. 苏辙对《史记》的批评

《史记》为古代史学名著，自来多褒扬之辞，但也不时招来批评之声。苏辙晚年于自传中就说："司马迁作《史记》，记五帝三代，不务推本《诗》《书》《春秋》，而以世俗杂说乱之，记战国事多断缺不完，欲更为《古史》。"② 他在《古史叙》中进一步阐明了编写《古史》的原委，对司马迁及其《史记》有更具体的批评。

在《古史叙》中，苏辙对于司马迁开创纪传体之功予以首肯："太史公

---

① 欧阳修的"正统七论"收载《欧阳文忠公集》卷五九，后删成的三篇则收载《欧阳文忠公集》卷一六，四部丛刊本；章望之的《明统》已佚，但苏轼的《正统论》（载《苏轼文集》卷四）对其有摘引，可见其大概。

② （宋）苏辙：《栾城集·栾城后集》卷一二《颍滨遗老传上》，曾枣庄、马德富点校，上海古籍出版社1987年版，第1284页。

始易编年之法为本纪、世家、列传，记五帝三王以来，后世莫能易之。"但又认为司马迁作为一个史家缺乏应有的才识，"其为人浅近而不学，疏略而轻信"。这一看法固然有苛责之嫌，但苏辙并没有将此简单化地归结为司马迁个人的问题，而是进一步阐明了其所处时代的局限性：一是当时史学的指导思想不清晰，这是司马迁"浅近而不学"的背景。所谓："汉景、武之间，《尚书古文》《诗毛氏》《春秋左氏》皆不列于学官，世能读之者少，故其记尧舜三代之事，皆不得圣人之意。"二是当时能够利用的史料也相当有限而且真伪掺杂，这是司马迁"疏略而轻信"的原因。即是说："战国之际，诸子辩士各自著书，或增损古事，以自信一时之说，迁一切信之，甚者或采世俗相传之语以易古文旧说，及秦焚书，战国之史不传于民间，秦恶其议已也，焚之略尽，幸而野史一二存者，迁亦未暇详也，故其记战国有数年不书一事者。"这些看法不无道理。

《古史》书影（南宋刊本）

二、文学化与罕及纲常伦理：三苏史论的特点及重大影响

三苏史论与同时代其他学者包括巴蜀其他史家相比，具有自己鲜明的特点。

第一，在形式上，三苏史论文学化色彩很重，多笔势纵横，议论横生，极具感染力，从而将古代的史论发展到一个新的高度。从作者的身份来看，古代的史论可分为两类，一类为史家之作，"乃史臣于传末作论议，以断其人之善恶"；另一类即非史家之论，"则学士大夫议论古今时世人物，或评经史之言，正其讹谬"①。文人论史即属后者。三苏都是大文豪，其史论无疑都是非史家的文人之论。这类史论，贾谊的《过秦论》是其发端，其文波澜层折，姿

---

① 吴纳：《文章辨体序说》，人民文学出版社1962年版，第43页。

态横生，把文人论史的个性特点充分发挥了出来。但是，在此之后至于唐代，文人虽时有论史之作，却以就事论事为多，鲜见如此酣畅淋漓的论史文章。而且，遍阅汉魏六朝与唐代散文，除了极个别人相对集中撰写史论，如李德裕留存数十篇论史文章，是唐代文人史论最多的一位，其他文人大多只偶一为之，如韩愈、柳宗元等散文大家也少有史论。至宋代，史论文逐渐增多，一些著名学者如王禹偁、孙复、石介皆有所作，不过文章体貌仍无显著改变。直到三苏崛起，史论文才独成一派气象，其数量之富，立论之新，文采之盛，令世人瞩目，不仅重现如《过秦论》那样腾跃矫夭之貌，而且充分反映出苏氏关于史学、社会、人生诸多独特的认识观念。①从而将古代文人论史水平提高到一个新的阶段，并对当时和后世都产生了重要影响。

第二，在思想内容上，三苏"以古今成败得失为议论之要"（前已引），喜言得失成败，罕及纲常伦理，这与高扬儒家伦理道德的一批新儒特别是一些理学家或偏向理学的学者的论史风格迥然不同。此以唐史为例，苏轼写有《唐太宗借隋吏以杀兄弟》一文，毫不涉及太宗启唐室纲常紊乱一说；其《孙武论下》论及唐朝时，也仅说"昔唐之乱，始于明皇"，不及太宗与纲常之事。这与同时代的理学名儒程颐和巴蜀史学名家范祖禹形成鲜明对比。程颐是著名的理学家，十分重视儒学伦理的阐发，并运用于史学评论之中，这突出地表现在他与范祖禹的史学名著《唐鉴》的密切关系上。程门有言："范淳夫（祖禹）尝与伊川论唐事，及为《唐鉴》，尽用先生之论。先生谓门人曰：淳夫乃能相信如此"②，"《唐鉴》议论多与伊川同"③。考伊川论唐事，如说："唐太宗，后人只知是英主，元不曾有人识其恶。至如杀兄取位。若以功业言，不过只做得个功臣，岂可夺元良之位？至如肃宗即位灵武，分明是篡也！"④这与《唐鉴》卷二正"太宗之罪"、卷一一论肃宗叛父正好相符。而《唐鉴》卷十一总论李唐政治："唐有天下几三百年，由汉以来，享国最为长久。然三纲

---

① 参见陈晓芬：《论三苏的史论文》，《第四届宋代文学国际研讨会论文集》，浙江大学出版社2006年版，第379~380页。
② （宋）程颢、程颐：《河南程氏外书》卷一一，《二程集》，王孝鱼点校，中华书局1981年版，第416页。
③ （宋）程颢、程颐：《河南程氏外书》卷一二，《二程集》，王孝鱼点校，中华书局1981年版，第439页。
④ （宋）程颢、程颐：《河南程氏遗书》卷一七，《二程集》，王孝鱼点校，中华书局1981年版，第178页。

不立，无父子君臣之义，见利而动，不顾其亲，是以上无教化，下无廉耻。"更与程颐论"十世可知"时所谓的唐朝"三纲不正，无父子、君臣、夫妇"①的意思完全一致，都是侧重于儒学伦理思想的贯彻和阐发。而三苏的论史风格则与此完全不同。②

再如苏辙有《冯道》篇③，立论与特重儒家伦理的欧阳修完全异趣。欧阳修说："予读冯道《长乐老叙》，见其自述以为荣，其可谓无廉耻者矣。"④这种观点正好与苏辙开篇就提出的当时的"议者"的论调一致："冯道以宰相事四姓九君，议者讥其反君事仇，无士君子之操。大义既亏，虽有善，不录也。"对于这种流行的观点，苏辙不以为然，他认为："吾览其行事而窃悲之，求之古人，犹有可得言者。"接着用历史上的往事来论证冯道行为的合理性，他举出了管仲不死召忽，晏婴不死齐庄公，二者皆为后人赞许。苏辙认为把冯道和管仲相比，尚嫌冯之功业不足，但比之于晏婴并不逊色，"使道自附于晏子，庶几无甚愧也"。再考察冯道自唐明宗以至后周，虽无赫赫之功，但也并非乏善可陈。像冯道这样生于乱世，做个不与时政的隐士很容易，但与"自经于沟渎何异"！所以冯道的行为，是需要智慧和勇气的。而在这种情况下，还对冯道加以责难，就有点不近人情了，"如冯道犹无以自免，议者诚少恕哉！"很明显，苏辙根本不同意如欧阳修那样从道德伦理的角度评价冯道。

由于三苏史论见解不凡，颇具卓识，又纵横捭阖，事理兼备，故而后人誉之为"古今议论之杰"⑤。近代蜀学大师刘咸炘更是推许三苏为宋代史学策论一派之宗，他说："两宋人策论，皆宗苏氏，虽多夸谈，而于其本朝治体则甚明了，为元、明以来所不及。策论虽有短哉，亦有裨于史学也！"⑥三苏重史对宋代巴蜀史学的繁荣和全国史学发展都有重要影响。蒙文通研究指出：

---

① （宋）程颢、程颐：《河南程氏遗书》卷一八，《二程集》，王孝鱼点校，中华书局1981年版，第236页。
② 参见粟品孝：《〈历代世变〉非苏轼所作考》，《四川大学学报》（哲社版）2003年第4期。
③ （宋）苏辙：《栾城集·栾城后集》卷一一《历代论·冯道》，曾枣庄、马德富点校，上海古籍出版社1987年版，第1275~1277页。
④ 《新五代史》卷五四《杂传叙》，中华书局1974年点校本，第611页。
⑤ 叶適语，见（宋）罗大经《鹤林玉露》乙编卷三《东坡文》，王瑞来点校，中华书局1983年版，第168页。
⑥ 刘咸炘：《刘咸炘论史学·宋史学论》，上海科学技术文献出版社2008年版，第177页。

"苏氏延北宋一线史学之传,俾蜀之史著,风起云蔚,其为教亦宏矣。"北宋二程洛学、王安石新学和苏氏相较,"程、王二派皆卑视汉、唐,故轻史学,北宋史学一发之传,则系于苏,故至南渡,二李、三牟上承范氏,史犹盛于蜀。"①更值得注意的是三苏对东南浙东史学的影响。蒙文通认为,北宋学术主要是以二程为代表的洛学、以苏轼为代表的蜀学和以王安石为代表的新学三家,南宋浙东之学则汇集北宋三家之大成,其中浙东好史之风源于苏氏。这一看法最早反映在1935年6月发表的《评〈学史散篇〉》中。当时蒙文通就指出:"南渡之学,以女婺(浙东)为大宗,实集北宋三家之成。"其中吕祖谦等人与洛学关系紧密,自无疑问。三家之中又唯有王安石一派重视制度之学,而南渡以后"制度几为学术之中心",浙东诸儒重经制之学,于北宋实"有源于王氏"。又程、王二派皆轻史学,唯苏氏重视史学,故"女婺之学偏于史,可谓远接苏氏之风乎"!另外,"吕(祖谦)、叶(適)、二陈(陈傅良、陈亮)皆以文名,固亦规摹苏氏。"即南宋浙东诸儒的好史之风、文章之功,是承接苏氏而来的。具体又有偏重,"吕氏(祖谦)尚性理,则本于程者为多;唐氏(仲友)尚经制,则本于王者为多;陈氏(亮)先事功,则本于苏氏者为多。"②此后蒙文通又做了进一步强调或阐述,如在1935年9月7日《致柳翼谋(诒徵)先生书》③中,以"浙东史学"直称"女婺之学",先说"北宋之学,洛、蜀、新三派鼎立,浙东史学主义理、重制度,疑其来源即合北宋三派以冶于一炉者也",继又指出:"程、王之学不谈史,而浙东之儒言之。王淮言朱熹为程学,陈同甫为苏学。《隐居通议》言水心欲合周、程、欧、苏之裂。朱子亦曰:伯恭生怕人说异端俗学之非,护苏氏尤力。此见浙东史学与苏气脉之相通。"1943年7月至9月发表在成都《华文月刊》上的《宋代史学》和1946年仲夏所写的《跋华阳张君〈叶水心研究〉》④都曾论及这一观点。其中《宋代史学》就是蒙氏写于20世纪30年代的《中国史学史》讲义的中唐两宋一

---

① 蒙文通:《蒙文通文集》第三卷《经史抉原》,巴蜀书社1995年版,第319~320页。
② 蒙文通:《评〈学史散篇〉》,《图书季刊》中文本第2卷第2期,1935年6月。现收载《蒙文通文集》第三卷《经史抉原》,巴蜀书社1995年版,第411~412页。
③ 收载《蒙文通文集》第三卷《经史抉原》,巴蜀书社1995年版,第414~417页。
④ 载《蒙文通文集》第三卷《经史抉原》,巴蜀书社1995年版,第470~473页。

节的大部分内容。①

在蒙文通发表《评〈学史散篇〉》不久,邓广铭亦撰文指出:南宋浙东学派不仅仅渊源于北宋二程洛学,还与王安石新学和眉山苏氏之学有渊源关系。他写道:"分看各家,虽畸轻畸重各不相同,若作为一个整体而看浙东之学,则正是熔铸性理、经制、文史三方面的学问于一炉之内的。性理之学本于伊洛,经制之学沿溯新经,而文史之学则出诸苏氏。"②此说与蒙氏是一致的。

三苏史论不仅在宋代产生了重要影响,而且在宋以降的历史长河中亦有很大的影响力,这在本章开头所引梁启超的那段话已可说明。此不赘述。

第三节 "卓然可传"的三部私修本朝史

宋朝有较为完备的官修本朝史机构,编修了数量庞大的时政记、起居注、日历、实录、会要和国史等。这些著作除部分《宋会要》和《宋太宗实录》残本流传至今外,基本散佚不存。在发达的官方修史成就的影响下,兼以宋代经济的高度发展、文化政策的宽松、印刷条件的便利,私修本朝史的风气也盛极一时,这一特点在南宋时期表现得尤为突出。在经历了北宋灭亡、宋室南渡的重大变故之后,一方面文献典藏损失惨重,急需学者收罗整理;一方面社会又需要总结北宋统治的经验教训,以为新兴政权服务。因此,南宋重建不久,就掀起了本朝史编修和史料整理的热潮。③在这股时代风气中,具有深厚史学传统的巴蜀地区表现得尤为突出。早在20世纪20年代,刘咸炘就注意及此,他说:"宋人之于史,有后世所不及者一端,则掌故、记注之学是也。吕氏虽传中原文献,而南渡掌故之宗则在蜀中。盖其地自唐以来,久不被大灾,而印书之风又盛也。"④近些年学者们通过进一步研究,或说南宋本朝史的修撰和史料整理盛极一时,"而推此风气之主流,则在四川"⑤;或谓"(南宋)蜀中

---

① 蒙先生的《中国史学史》已收载《蒙文通文集》第三卷《经史抉原》,第222~344页,又有上海人民出版社2006年的单行本。
② 邓广铭:《浙东学派探源——兼评何炳松〈浙东学派溯源〉》,天津《益世报·读书周刊》第13期,1935年8月29日。
③ 具体情况可参见燕永成:《南宋史学研究》,甘肃人民出版社2007年版,第19~31页。
④ 刘咸炘:《刘咸炘论史学·宋史学论》,上海科学技术文献出版社2008年版,第188页。
⑤ 蔡崇榜:《宋代四川的史学》,四川大学硕士学位论文,1985年,第78页。

史学第一个特征是重视当代史的编修"①；或称"南宋四川史家最大的贡献首为当代史的纂修"②。这些看法均呼应了刘咸炘的观点。

宋代巴蜀学者在本朝史的编修和史料整理方面所取得的成就是举世瞩目的。最为学者称道的是李焘的《续资治通鉴长编》、王称的《东都事略》和李心传的《建炎以来系年要录》《建炎以来朝野杂记》，它们在史学史上一向具有崇高的地位，是宋史研究最基本的典籍。清代四库馆臣在概观宋代众多私修史著时就说："宋人私史卓然可传者，唯偁〔称〕与李焘、李心传之书，固宜为考宋史者所宝贵矣。"③

一、北宋九朝的编年史巨著——《续资治通鉴长编》

《续资治通鉴长编》（以下简称《长编》）的作者李焘（1115~1184），字仁甫，一字子真，号巽岩，眉州丹棱人。南宋高宗绍兴八年（1138）进士，初任四川地方官多年，其后历任兵部员外郎、礼部郎中、湖北转运副使、秘阁修撰、权同修国史、权实录院同修撰、知常德府、遂宁府等官。宋孝宗淳熙十一年（1184）以敷文阁学士致仕，不久在临安（浙江杭州）病逝。谥文简，累赠太师、温国公。

李焘出身于书香门第，父亲李中为大观三年（1109）进士，曾知仙井监，官至左朝请大夫，家富藏书，"通习本朝典故"④。在父亲的教育和影响下，李焘"博极群书，搜罗百氏，慨然以史自任，本朝典故，尤悉力研核"⑤，达到了"如嗜饮食"⑥的程度。一生著述甚富，尤在本朝史方面倾注了毕生心血，其积四十年之功著成的《续资治通鉴长编》更是享誉后世。

围绕《续资治通鉴长编》之作，李焘还先后撰写近二十种本朝史著作。

---

① 吴怀祺：《宋代史学思想史》，黄山书社1992年版，第232页。
② 王德毅：《南宋四川的史学》，（台北）《中国历史学会史学集刊》第38期第47页，2006年7月。
③ （清）纪昀、陆锡熊、孙士毅等著，四库全书研究所整理：《钦定四库全书总目》（整理本）卷五〇《〈东都事略〉提要》，中华书局1997年版，第692页。
④ （宋）李心传：《建炎以来系年要录》卷一八三，绍兴二十九年七月戊戌条，中华书局1988年影印本，第3043页。
⑤ 《宋史》卷三八八《李焘传》，中华书局1977年点校本，第11914页。
⑥ （宋）楼钥：《攻媿集》卷九四《少傅观文殿大学士致仕益国公赠太师谥文忠周公神道碑》，四部丛刊初编本。

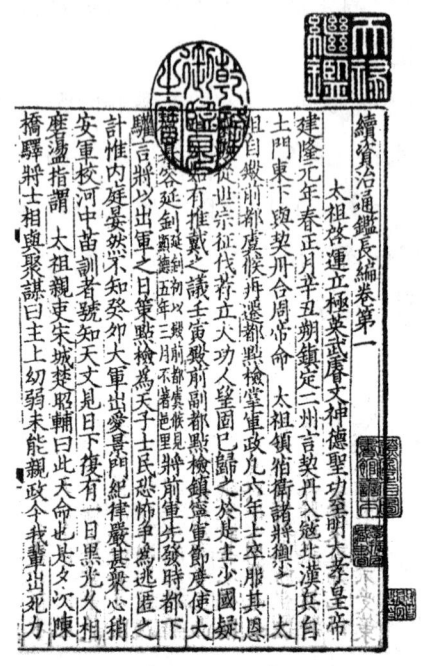

《续资治通鉴长编》书影（辽宁省图书馆藏宋刻本）

最早撰写的是关于北宋一朝的《续百官公卿表》一百四十二卷。公卿百官是当时史书的主角，他们的升降除罢又是官场政治风云变幻的直接反映；而且北宋时期的职官制度"复杂多变"，当时之人已深感难于弄清。李焘由此入手，既抓住了重点，又突破了难点。而且，李焘还"断自天圣以来，取丞（御史中丞）、杂（知杂御史）、三院（台院、殿院、察院）姓名，悉列之表"，作《天禧以来御史年表》；又因"天禧别置谏院，礼秩优异，他官莫拟，崇广言路，谏官、御史权势气力乃与宰相等"，而撰《天禧以来谏官年表》，"其名迹皆可考见"。①北宋台谏官是官场中的重要人物，既充皇帝的耳目，许风闻言事；又往往在不同派系的斗争中扮演举足轻重的角色，连当朝宰相有时也但闻台谏风旨。因此了解台谏官名迹，也应是编写北宋史的关键之一。之外，李焘还写有《本朝事始》《科场沿革》《集贤学士带赐典故》等书，这些都可说是《长编》的基础工作。

不仅如此，李焘还几乎系统地研究了北宋重要臣僚的言行事迹，并用不同形式加以整理和论述。如写有《赵普别传》，并为《赵韩王遗稿》作序，又编写了范仲淹、韩琦、文彦博、富弼、欧阳修、王安石、司马光、三苏（苏洵、苏轼、苏辙）及六君子年谱。他还和洪迈合撰《宋名臣录》《宋勋德传》《宋两朝名臣传》，以及《咸平诸臣传》《熙宁诸臣传》《两朝诸臣传》，等等。这些著述为其《长编》的撰写打下了坚实的基础。

李焘还注意对官修史书的研究和编撰。其《长编》，主要取材于历次修撰的《实录》《国史》和《会要》等，因此他不仅比较完备地搜集了官方史书，而且对于历次成书的优劣作出判断。他还撰有神宗、哲宗、徽宗、钦宗《四朝

---

① （元）马端临：《文献通考》卷二〇三《经籍考三十》，上海师范大学古籍研究所、华东师范大学古籍研究所点校，中华书局2011年版，第5814～5815页。标点有改动。

史稿》五十卷,又和洪迈一起撰毕《四朝国史》三百五十卷,其中诸志二百卷"多出李焘之手"①,《地理志》更是全出李焘之手。以他和吕祖谦为主撰《重修徽宗实录》二百卷、《考异》二十五卷和《目录》二十五卷。此外,他还为《四朝会要》作序,写有《进呈四朝会要申请事宜状》。足见他对官修史书是颇为熟悉的,特别是神宗、哲宗、徽宗、钦宗四朝的官修史书,都或多或少和他发生过撰著关系,而《长编》这四朝的史文,又占全书的大半分量。因此,他在《长编》中对于《实录》《国史》和《会要》等官修史书的取舍,是建立在扎实的基础上的。

李焘上述本朝史著作基本上都已亡佚,幸其花费四十年心血、贯穿北宋一代的编年史巨著《续资治通鉴长编》(下简称《长编》)大部分保留至今,成为宋史研究最基本的典籍之一。

(一)《长编》的修撰与流传

《长编》是接续《资治通鉴》而来。早在司马光生前,已有"取实录、正史,旁采异闻,作《资治通鉴后纪》"的动议,但最终未能如愿,仅留下《记闻》《日记》和《朔记》等资料,"皆《后纪》之具也"。②李焘的《长编》,就是踵继司马遗志而成。

《长编》之作,资料搜集大约始于绍兴十二年(1142)李焘赴任华阳县主簿之际,有计划地编写则始于绍兴二十四年(1154)知成都府双流县时,至淳熙十年(1183)全部定稿,故他在当年奏进《长编》时自称"臣网罗收拾垂四十年"。

李焘自知成都府双流县开始,"日翻史册,汇次国朝事实,谓司马光修史,先为《百官公卿表》十五卷,后颇散佚,乃遍求正史、实录,旁采家集、野史,增广门数,起建隆,迄靖康,合新旧官制,成一百四十二卷,其重编光者,仅七之一。"这就是历经大约十年努力的《续百官公卿表》,是关于北宋一朝的"百官沿革,公卿除拜"的历史著作。时人以为"《长编》之书,盖始

---

① (宋)洪迈:《容斋随笔·三笔》卷一三《四朝史志》,上海师范大学古籍整理组校点整理,上海古籍出版社1978年版,第572页。
② (宋)李焘:《温公日记跋》,《文献通考》卷一九七《经籍考二十四》,上海师范大学古籍研究所、华东师范大学古籍研究所点校,中华书局2011年版,第5683页。

于此"①。此后，李焘开始正式编纂《长编》，先后分四次进奏给朝廷，最后又"重别写进"。第一次是在宋孝宗隆兴元年（1163）知荣州任上，进奏宋太祖一朝十七年的史实，共十七卷，被诏"降付国史日历所"②，此时称《续资治通鉴》。随后李焘继续编写，并对太祖一朝的书稿重新修订，在乾道四年（1168）第二次进奏朝廷，内容为自太祖建隆元年至英宗治平四年闰三月共五朝的事迹，一百零八卷③，并正式定名为《续资治通鉴长编》。两年以后，朝廷诏将其书"付秘书省，全依《通鉴》纸样及字样大小，缮写《续通鉴长编》一部，仍将李焘衔位于卷首，依司马光衔位书写，限日进纳"④。《长编》不但再次得到了最高统治者的肯定，而且取得了北宋司马光《资治通鉴》那样崇高的政治地位。之后李焘继续加紧编纂，并在淳熙元年（1174）上表，表示"今欲纂辑治平以后至中兴以前六十年事迹，庶几一祖八宗之丰功盛德，粲然具存，无所缺遗"⑤。次年二月，时任江西转运副使的李焘"上神、哲两朝《续资治通鉴长编》，自治平四年三月尽元符三年正月"⑥，共四百一十七卷。这是第三次上书。到淳熙四年（1177）八月，李焘又编辑"元符接靖康《长编》成"⑦，第四次投进朝廷，是关于宋徽宗和宋钦宗两朝的《长编》，共三百五十七卷。此后他对全书通盘修订，至淳熙十年（1183）李焘知遂宁府时，始上其全书定稿，他在这次进书表中说："臣累次进所为《续资治通鉴长编》，今重别写进，共九百八十卷，计六百四册。其修换事，总为目一十卷。又缘一百六十八年之事，分散为九百八十卷之间，文字繁多，本末颇难立见，略存梗概，庶易检寻，今创为建隆至靖康《举要》六十八卷，并卷《总目》共

---

① （宋）周必大：《文忠集》卷六六《敷文阁学士李文简公（焘）神道碑》，影印文渊阁《四库全书》本。
② （清）徐松辑：《宋会要辑稿》崇儒四之一四，中华书局1957年影印本，第2237页。
③ （元）马端临：《文献通考》卷一九三《经籍考二十》，上海师范大学古籍研究所、华东师范大学古籍研究所点校，中华书局2011年版，第5611页。
④ （清）徐松辑：《宋会要辑稿》崇儒五之三八，中华书局1957年影印本，第2265页。
⑤ （元）马端临：《文献通考》卷一九三《经籍考二十》，上海师范大学古籍研究所、华东师范大学古籍研究所点校，中华书局2011年版，第5612页。
⑥ （宋）留正：《皇宋中兴两朝圣政》卷五四，续修《四库全书》本。
⑦ （宋）周必大：《文忠集》卷六六《敷文阁学士李文简公（焘）神道碑》，影印文渊阁《四库全书》本。

五卷。以上四种，通计一千六十三卷，六百八十七册。"①宋孝宗诏"以其书付秘书省"②。至此，《长编》修撰工作全部完成，包括相互联系的四个组成部分，即《长编》九百八十卷、《举要》六十八卷、《总目》五卷和《修换事目》十卷，共计一千零六十三卷。

《长编》撰成后，不仅朝廷有藏，而且还长期流传于民间，包括详略不同的刻本五朝（宋太祖朝至宋英宗朝）《长编》行于坊间。但在经历宋元鼎革的重大变故后，元廷已无《长编》，民间也"秘其所藏，不敢送官"③，故世罕有其传。至明初修《永乐大典》时，完整的九朝本《长编》已不见（配套的《举要》《总目》和《修换事目》也如此），故仅录载宋太祖至宋哲宗共七朝的《长编》。至清朝修《四库全书》时，七朝本《长编》也已失传，馆臣乃据略有缺失的《永乐大典》辑出《长编》，包括从宋太祖到宋英宗五朝全部和宋神宗、宋哲宗两朝大部（缺英宗治平四年四月至神宗熙宁三年三月、哲宗元由八年七月至绍圣四年三月、元符三年二月至十二月纪事），厘定为五百二十卷，编入《四库全书》，抄藏于南北七处藏书阁。一般称此为阁本《长编》。后来流传民间的阁本抄本、爱日精庐本、浙江书局本均由此而出。另外，见于前人著录并为我们今天见到的，还有两种标题不同的南宋刊本五朝《长编》一百零八卷，为节本，其中之一题有"撮要"两字，系宋刻清补本。此外尚有影宋本、旧抄本、近人傅增湘以浙江书局本为底本对校清抄本的双鉴楼校本等。④还有，清朝黄以周等人又依据宋人杨仲良改编《长编》而成的《皇宋通鉴长编纪事本末》，编有《续资治通鉴长编拾补》六十卷，对于补充长期流传的五百二十卷本之缺颇有裨益。从1979年起，中华书局开始陆续出版点校本《长编》和《拾补》，2004年又全部重印，流传日广。比较通行的版本还有上海古籍出版社1985年影印的浙江书局本《长编》及其《拾补》，台北世界书局

---

① （元）马端临：《文献通考》卷一九三《经籍考二十》，上海师范大学古籍研究所、华东师范大学古籍研究所点校，中华书局2011年版，第1637页。按：马端临记载这次进书在淳熙九年，误；《宋史·李焘传》将进书时间又误为"七年"，将"九百八十卷"误为"九百七十八卷"。

② （宋）周必大：《文忠集》卷六六《敷文阁学士李文简公（焘）神道碑》，影印文渊阁《四库全书》本。

③ （元）袁桷：《清容居士集》卷四一《修辽金宋史搜访遗书条列事状》，四部丛刊本。

④ 本段以上文字主要据裴汝诚、许沛藻《续资治通鉴长编考略·版本著录考略》（中华书局1985年版）写成。

出版的杨家骆校补编定《续资治通鉴长编新定本》。

(二)《长编》的编纂特色

由于《长编》是接续司马光《资治通鉴》的,故李焘的编纂主要就取法于司马光及其《资治通鉴》,并坚持以长编体的形式成书,进而形成了材料详备、考核精审的编纂特色和效果。

1. 取法司马,变而通之

李焘对于司马光,极为崇敬。他继承了司马光的政治倾向,反对王安石及其变法,"耻读王氏书",甚至上疏朝廷要求将王安石父子画像撤除孔庙,而以司马光等人代之。在《长编》的写作中,李焘更是在多方面取法司马光及其《资治通鉴》。当然,李焘也是一位极富创造力的学者,他并没有固守司马光的藩篱,而是做了若干重要的变通。

一是在体例上,《长编》遵循了《资治通鉴》编年系事、"年号以后来者为定"的原则。如建隆四年十一月始改元乾德,《长编》从正月便记为乾德元年,不复称建隆四年。以后乾德改元、太平兴国改元,例皆准此。但在太祖开宝九年的书法中则作了变通,李焘解释说:"据《资治通鉴》例,年号以后来者为定……按太宗于开宝九年十月二十一日即位,十二月二十二日改元,不俟逾年,与常例不同,今仍称开宝九年。"显然,李焘的变通缘于宋太宗的反常,似有暗讽宋太宗继统不合法的深意。

二是在方法上,李焘沿用了司马光作《资治通鉴》时创立的长编法。他说:"窃闻司马光之作《资治通鉴》也,先使其僚采摭异闻,以年月日为丛目,丛目既成,乃修长编。唐三百年,范祖禹实掌之。光谓祖禹,长编宁失于繁,无失于略。今《唐纪》取祖禹之六百卷,删为八十卷是也。臣今所纂辑,义例悉用光所创立,错综铨次,皆有依凭。"①李焘著书"宁失于繁,无失于略"的宗旨,正是继承于司马光的"长编法",故全书取材浩博,内容丰实;只是他没有像司马光修《资治通鉴》那样,进一步把长编细删为定本。与李焘同时而稍后的叶適深知其意,他说:"公(按指李焘)终不敢自成书,第使至约出于至详,至简成于至繁,以待后人而已。"②今考其书,累见正文之后

---

① (元)马端临:《文献通考》卷一九三《经籍考二十》,上海师范大学古籍研究所、华东师范大学古籍研究所点校,中华书局2011年版,第5611页。

② (元)马端临:《文献通考》卷一九三《经籍考二十》,上海师范大学古籍研究所、华东师范大学古籍研究所点校,中华书局2011年版,第5613页。

有"此当删存""此或附某事之后"一类注语,知其不称《续资治通鉴》,称《续资治通鉴长编》并非自谦,而是对《资治通鉴》写作的一种变通。

三是在结构安排上,采取了包括司马光在内的历代史家详近略远的修史原则。李焘曾说:"左丘明传《春秋》,自隐至成八公,凡百五十年,为十三卷;自襄至哀四公,凡百五年,为十七卷。年近则事详,远则略,理势固然,无足怪者……今以(《资治通鉴》)《唐纪》视《汉纪》,其纸叶盖多八九,视《周纪》滋益多,于斯文奚累焉!而或者弗察,强以繁省论文,晋张辅遽谓孟坚不及子长。孟坚不及子长固也,岂在文之繁省乎?此儿童之见耳!"①李焘这种不以繁简论文,而注重详近略远的思想,在其《长编》中得到了贯彻。据南宋赵希弁所见,《长编》一书共九百四十六卷(已缺钦宗朝三十四卷),宋太祖至宋英宗五朝一百零八年,一百七十五卷;宋神宗朝十八年,二百二十八卷;宋哲宗朝十五年,二十二卷;宋徽宗朝二十四年,三百二十三卷。又从清乾隆年间四库馆臣重加厘定卷数的七朝《长编》来看,宋太祖朝、宋太宗朝的大部分时间是每年一卷,宋太宗朝末期(淳化五年到至道三年,除去至道元年外)是每年二卷,宋真宗、宋仁宗和宋英宗三朝平均每年二卷多,宋神宗朝急遽上升到平均每年九卷,宋哲宗朝平均每年又增加到约十五卷。可见时代愈近,记载愈详。

四是沿袭了司马光为《资治通鉴》撰写《总目》《考异》和《举要》等配套性著作的做法。李焘在淳熙九年(1183)"重别写进"全书定稿时曾说写有"建隆至靖康《举要》六十八卷,并卷《总目》共五卷"②。这里虽然没有提到《考异》,实际上他也像司马光那样,写有大量关于材料出处、去取和辨别的考异性内容,只是没有单独成书,而是作了变通,不但内容大增,而且直接夹注于书中,"散附各条之下",与《资治通鉴考异》"为例小殊,而考订得失则一也"③。必须补充说明的是,李焘还在宋孝宗的指示下,依据王安石修改《三经新义》的做法,在"重别写进"全书时,专门编有《修换事目》十

---

① (元)马端临:《文献通考》卷一九三《经籍考二十》,上海师范大学古籍研究所、华东师范大学古籍研究所点校,中华书局2011年版,第5603~5604页。
② (元)马端临:《文献通考》卷一九三《经籍考二十》,上海师范大学古籍研究所、华东师范大学古籍研究所点校,中华书局2011年版,第5612页。
③ (清)纪昀、陆锡熊、孙士毅等著,四库全书研究所整理:《钦定四库全书总目》(整理本)卷四七《〈资治通鉴考异〉提要》,中华书局1997年版,第650页。

卷，并将具体修换的四千四百五十余事写入《长编》定稿中。①这无疑是对司马光著书的一种变通和发展。

还需指出的是，《长编》在写法上较之《资治通鉴》尚有一大变通，那就是《长编》没有《资治通鉴》那样"臣光曰"之类的大量史论，基本上只是编年系事，难见作者自己的论评，只是偶然引述他人之议。如《长编》卷九十"天禧元年九月乙酉"条载："议者谓（王）旦逢时得君，言听谏从，安于势位，而不能以正自终，或比之冯道云。"

可见，李焘《长编》编年系事的体例、"宁失于繁，无失于略"的宗旨、详近略远的结构、《举要》等配套性著作的编写，莫不是取法司马光及其《资治通鉴》；但他坚持以长编的形式成书而不是直接删定为《续资治通鉴》，坚持把大量的注文（包括考异）直接写进书中，坚持只记事实而不发议论的编纂原则，则是十分重要的变通。这些变通虽然使《长编》不如《资治通鉴》文笔简练，文学艺术成就大为逊色，致有"篇帙浩繁，文字重并，未为成书，不便观览"②之讥，但反而成就了《长编》的另一大编纂特色，那就是材料详备、考核精审。

2. 材料详备，考核精审

一般认为，《长编》记事以宋朝官修的实录、国史、会要为主要依据，并参考日历、时政记、敕令、宝训、御集等各种官方文书，还尽量利用野史、奏议、文集、笔记、行状、碑志等私家著述，取材异常广博，至有"一代之书萃见于此，可谓备矣"③的极评。仅就今本七朝《长编》来看，其引书也绝不下四百种。更重要的是，对于这些来源广泛的材料，李焘不是进行简单地排列拼合，而是做了严肃认真的分析取舍，并以长编体的形式著录于一书之中。

据李焘自己的概括，长编体的一个重要特点是"所见所闻所传闻之异，必兼存以求是"④。这里的关键，一是兼存各种异说，二是力求考辨是非。这集中反映在《长编》大量的注文之中。兹举二例：

一是《长编》卷二七三熙宁九年三月壬午载："诏：均州团练副使随州

---

① 参见裴汝诚、许沛藻：《续资治通鉴长编考略·〈修换事目〉考略》，中华书局1985年版。
② 宋人陈傅良语，见（元）马端临《文献通考》卷一九三《经籍考二十》，上海师范大学古籍研究所、华东师范大学古籍研究所点校，中华书局2011年版，第5615页。
③ （宋）陈傅良：《止斋先生文集》卷四〇《嘉邸进读艺祖通鉴节略序》，四部丛刊初编本。
④ （宋）李焘：《温公日记跋》，（元）马端临《文献通考》卷一九七《经籍考二十四》，上海师范大学古籍研究所、华东师范大学古籍研究所点校，中华书局2011年版，第5683页。

安置，刘彝追毁出身以来告敕，送涪州编管，以御史中丞邓绾言沈起、刘彝虽已降责，尚有未尽，乞治彝张皇之罪，重行诛戮故也。[朱本改墨本云：'尚有未尽，及沈起所言刘彝张皇之罪，乞重行诛戮。'签贴云：'以中书《时政记》添修'。新本云：'此朱史私意。'今依旧文。]"（方括号内为注文，下同）这段注文显示的是对官修实录的取舍，从中可知李焘的叙述不主一本，而是参考比较了不同时期修撰且多有歧异的《神宗实录》墨本（旧文）、朱本和新本，并说明了它们的异同，作出了自己的判断。

二是《长编》卷二十二"太平兴国六年九月丙午"条载："始太祖传位于上，昭宪顾命也……[王禹偁《遗事》云……按：禹偁《遗事》既与《（三朝）国史》不同，要不可信。然廷美（太宗弟）尹开封，德恭（廷美子）授贵州防御使，颇与太宗传位之迹略相似，恐昭宪及太祖意或如此。故司马光《记闻》亦云：'太后欲传位二弟。'盖当时多有是说也，今两存所云。赵普请使陶谷草誓书，转以相付，则必不然。今不取。又云：'秦王既幽死，誓书收入禁中。南阳王寻亦坐事，逼令自杀。'此尤误，不知德昭自杀乃太平兴国四年八月，德芳死乃六年三月，而廷美七年三月始罢开封尹也。大抵《遗事》言多鄙近，不似禹偁所为，或出于怨家仇人肆口谤讪，托名禹偁，故不可遽信，然亦不可全弃也。两存其说，则祖宗盛德自著，后世必知其诬矣。……江休复《嘉祐杂志》云：太宗、涪陵各相去十数岁生，与《遗事》略同。足明当时多有是说也。]"这段注文很长，涉及官修史书与私家著述优劣的比较，从中可知李焘在正文中虽然依据的是《国史》，但对记载此事的私家著述也注意参阅，并做了认真的考辨，还对这些不同的记载采取了"两存所云""两存其说"的态度；而且虽然认为《建隆遗事》为托名之作，"不可遽信"，但也认为其中的内容"不可全弃"。这无疑是实事求是的史料处理方法，既保留了各种异说，也便于读者的理解。

《长编》注意兼存异说的特点，还突出地反映在对北宋中后期变法派与反对派言论著述的采录上。虽然李焘不喜王安石的变法之举，但在记载变法时，除采用反对派司马光、文彦博、韩琦、苏辙、邵伯温等人的记录外，也留意摘抄变法派王安石《熙宁奏对日录》、吕惠卿《日录》及文集、曾布《日录》、沈括《自志》等著作，不但由此保存了大量异说，也有助于人们更全面地认识当时的变法活动。而且，《长编》的有些记载，纯粹是为了保存历史资料。如沈括于熙宁八年（1075）出使辽朝，交涉重划代州以北地界事，据李焘自注：

"沈括自有《乙卯入国奏请》并《别录》载使事甚详,今掇取其间辨论地界处,具注括《自志》下。其紧要亦不出括《自志》也,恐岁久不复见括《别录》,故且存之。"①可见李焘此处已不是从著作本身的史料取舍出发,而是从保存历史文献的角度出发,有意把沈括的《乙卯入国别录》(今已佚)摘抄在《长编》注文中,这为后人了解沈括使辽交涉一事留下了珍贵资料。

《长编》广受学者称赞的还有,它虽然取法司马,但在具体修书时,对司马光的著述如《涑水记闻》《日记》《朔记》,以及体现司马光意志并为其粉饰的《神宗实录》(墨本),也不是照搬照抄,而是认真考辨,有所取,也有所不取。

总之,李焘基本上搜罗到了当时能够见到的各种官修史册和官文书、档案,并对这些资料进行了认真的研究和细致的甄别,使用时不主一本;还广泛参用了私家著述,并注意辨其真伪,不因人废书,也不因书废事,录存了大量的资料;而且对所有的官私材料均坚持弃取有考的稳妥做法,并通过注文的形式将这些资料的出处、取舍、异同和真伪等情况加以说明,充实其中。故时人叶适称赞《长编》说:"凡实录、正史、官文书,无不是正,就一律也;而又家录、野记,旁互参审,毫发不使遁逸。"②汪应辰举荐李焘时也说他"于实录、正史之外,凡传记、小说,采撷殆尽,考其异同,定其疑谬,精密切当,皆有依据"③。

(三)《长编》的价值与直书精神

南宋时期,与《长编》同样记载北宋一朝的编年史著,还有熊克的《九朝通略》、徐度的《国纪》,但分别只有一百六十八卷和六十五卷,非常简略,长期不为人所重,也没有流传下来;纪传体史著则有王称的《东都事略》,其书虽然长期流传以迄今日,但也只有一百三十卷的规模。惟有《长编》以九百八十卷之巨,述北宋一百六十八年之史,卷帙浩繁,征引广博,兼存异说,考核精审,迥出流辈,故一向为学林所重。早在《长编》成书不久,叶适就认为"本朝则李焘

---

① (宋)李焘:《续资治通鉴长编》卷二六五"熙宁八年六月壬子"条注文,上海师范大学古籍研究所、华东师范大学古籍研究所点校,中华书局2004年版,第6498页。
② (宋)叶适:《水心文集》卷一二《巽岩集序》,见《叶适集》,刘公纯、王孝鱼、李哲夫点校,中华书局1961年版,第310页。
③ (清)徐松辑:《宋会要辑稿》崇儒五之三七,中华书局1957年影印本,第2265页。

史底最信而详"①。至清代,虽然迭经沧桑的《长编》只存五百多卷,但仍是记载北宋史迹最详备之作,故四库馆臣许其为"淹贯详赡,固读史者考证之林"②,今人更以之为"研究北宋历史最基本的文献"③。曾仔细通读《长编》,并为其编制《人名索引》的日本宋史专家梅原郁说:"《长编》的确是名不虚传的北宋史料宝库,里面深藏着许多有待挖掘的宝物。"④下面分三点作进一步阐述。

1. 《长编》巨大的史料价值

由于《长编》对北宋官私的各种记载"采摭殆尽",以致"一代之书,萃见于此",作者李焘又对这些资料下了一番"罕有其比"的考证之功,并注意兼存异说,宁繁勿简,故《长编》在资料的原始性、丰富性和可靠性上达到了前所未有的地步。因此,早在《长编》尚未全部定稿之时,其神宗、哲宗、徽宗和钦宗四朝纪事便为官修的《四朝国史志》"摭取寔多"⑤;其书完成后,皇帝认为"无愧司马光"⑥,学者更是甚重其书,不少著述便直接或主要取材于《长编》。如有人以《长编》为蓝本,作《续长编节》《续长编录》⑦,陈傅良复据《长编录要》作《建隆编》进读;杨仲良又改换体裁,据《长编》而撰成《续资治通鉴长编纪事本末》;至于《太平治迹统类》《皇宋十朝纲要》也主要取材于《长编》。一些类书征引《长编》史文,如《山堂考索》,等等,则为数更多。宋末元初人作《宋史全文》,北宋部分主要就依据《长编》。清代学者毕沅主持撰修的《续资治通鉴》,北宋部分也主要取材于《长编》。

而且,《长编》所取材的大量官私著述早已散佚,部分著述虽然保留至今,但在长期的传抄过程中又不无讹误;至于长期被学者奉为"正史"的《宋

---

① (宋)叶適:《习学记言》卷三七,影印文渊阁《四库全书》本。
② (清)纪昀、陆锡熊、孙士毅等著,四库全书研究所整理:《钦定四库全书总目》(整理本)卷四七《〈续资治通鉴长编〉提要》,中华书局1997年版,第655页。
③ 徐规:《〈续资治通鉴长编〉评介》,徐规:《仰素集》,杭州大学出版社1999年版,第1020页。
④ 见《续资治通鉴长编索引》序,该索引原由日本同朋舍1978年出版,后由台北宗青图书出版公司1986年出版。
⑤ (宋)周必大:《文忠集》卷一四四《同赵相王枢因四朝史志成书乞与李焘推恩》,影印文渊阁《四库全书》本。
⑥ (宋)周必大:《文忠集》卷六六《敷文阁学士李文简公(焘)神道碑》,影印文渊阁《四库全书》本。
⑦ (宋)章如愚:《群书考索》后集卷六三《财用门》真宗景德会计录注、仁宗皇祐会计录注,影印文渊阁《四库全书》本。

史》《辽史》，由于纂修时不及参考《长编》，致有许多失误。这样，《长编》既可补有关著述之缺，也可纠有关著述之失。正如清代学者黄廷鉴仔细研究后所指出的：

> （《长编》）洵为北宋纪载之渊薮矣，其中分注考异，详引他书，而于神、哲之代尤多，如《国朝会要》《政要》、历朝《实录》《时政记》，王禹偁《建隆遗事》、蔡襄《直笔》、王拱辰《别录》、司马温公《日记》、王荆公《日记》、刘挚《日记》、吕大防《政目》、吕公著《掌记》、曾布《日录》、林希《野史》、王岩叟《朝论》、欧阳靖《圣宋掇遗》、邵氏《辨诬》诸书，及诸家传志碑铭，皆无一存者。即幸有传书，如《东斋纪事》《涑水纪闻》《东轩笔录》《湘山野录》《玉壶清话》《邵氏闻见录》《笔谈》《挥麈录》之类，往往传写讹脱，亦足据以是正。则此编非特足以考订宋、辽二史之阙讹，而有宋一代杂史、小说家之不存之书，亦可赖以传其十二，诚温公《通鉴》之后不可不读之书也。①

事实上，当今一些学者就注意从《长编》中辑录北宋官私材料，如有学者从中辑出《宋神宗实录》朱本、墨本和新本"百余条约数万字（尚非全部）"的资料②，又有学者从中录出宋辽关系的若干史料③，都推进了相关的研究。还有学者则注意以《长编》的记载比勘他书，发挥其校勘学价值，如近几十年整理出版的《宋史》《辽史》《宋会要辑稿·崇儒》和唐宋笔记资料等著作，《长编》都是重要的参考资料；一些学者对《宋史》"本纪"、诸"志"的补正，也十分注意利用《长编》。

2. 《长编》的历史编纂学价值和地位

《长编》在历史编纂学上也具有很高的价值和地位。长编法是司马光修《资治通鉴》的一个重要创造，在其《答范梦得》一书中论述颇详，但具体到

---

① （清）黄廷鉴：《第六弦溪文钞》卷三《续资治通鉴长编跋》，丛书集成初编本。
② 胡昭曦：《〈宋神宗实录〉及其朱墨本辑佚简论》，原刊《四川大学学报》（哲社版）1979年第1期，现收载《胡昭曦宋史论集》，西南师范大学出版社1998年版，第199页。
③ 参见陶晋生、王民信《李焘续资治通鉴长编宋辽关系史史料辑录》，三册，（台北）"中央"研究院历史语言研究所，1974年。陶先生在此基础上撰写多篇论文，后整理成专著《宋辽关系史研究》，（台北）联经出版事业公司1984年版。

成书，则其《资治通鉴长编》早已不存，惟李焘《长编》是这种编纂体例流传下来的第一部范本，也是最杰出的范本。所以，欲探长编法之精义及如何运用，至少须将司马光《答范梦得》书与李焘《长编》涵泳并观。近代史学大师陈寅恪甚重此法，他在《杨树达论语疏证序》特别说道："今先生汇集古籍中事实语言之与论语有关者，并间下己意，考订是非，解释疑滞。此乃司马君实、李仁甫长编考异之法，乃自来诂释论语者所未有，诚可为治经者辟一新途径，树一新模楷也。"①事实上，陈寅恪巨大史学成就的取得，也与其继承和发展李焘长编考异之法密切相关②。

在探讨长编法时，还需注意李焘的资料搜集和分类之法。史载："昔李仁甫为《长编》，作木厨十枚，每厨作抽替匣二十枚，每替以甲子志之。凡本年之事有所闻，必归此匣，分月日先后次第之，井然有条。"③这显然是撰写编年体著作的一种"积累和利用资料的好办法"④，在历史编纂学上自有其价值。

3. 《长编》的直书求实精神

《长编》是记载本朝事迹的史书，以本朝人修本朝史，易于触犯时忌，冒着很大风险。宋代文官政策虽较宽松，但亦有因写史而获重遣者。如高宗绍兴十四年（1144）秦桧当权时，有私史之禁。不久，李光因作《小史》，"语涉讥谤"，遂遭秦桧陷害，有关的胡寅、张焘等八人也受到程度不同的牵连打击。⑤而李焘在乾道八年、九年间知泸州时，也曾被同僚攻击，谓"《长编》记魏王（按指太祖子德昭）食肥肉，语涉诬谤"⑥。故李焘撰写《长编》时，不能不有所顾忌，落笔亦多讳避。但是李焘治史的直书求实精神在《长编》中还是随处可见的。如在太平兴国四年（979）太宗高梁河战败的次月，李焘记载说：

初，武功郡王德昭从征幽州，军中尝夜惊，不知上所在，或有谋立王者。

---

① 陈寅恪：《金明馆丛稿二编》，生活·读书·新知三联书店2001年版，第262页。
② 详见王永兴：《陈寅恪先生史学述略稿》，北京大学出版社1998年版，第67～126页。
③ （宋）周密：《癸辛杂识·后集》"修史法"条，吴企明点校，中华书局1988年版，第81页。
④ 徐规：《〈续资治通鉴长编〉评介》，徐规：《仰素集》，杭州大学出版社1999年版，第1023页。
⑤ （宋）李心传：《建炎以来系年要录》卷一六一，"绍兴二十年正月丙午"条、"三月庚寅"条，中华书局1988年版，第2604、2607～2608页。
⑥ （宋）周必大：《文忠集》卷六六《敷文阁学士李文简公（焘）神道碑》，影印文渊阁《四库全书》本。

会知上处，乃止。上微闻其事，不悦。及归，以北征不利，久不行太原之赏，议者皆谓不可，于是德昭乘间入言，上大怒曰："待汝自为之，赏未晚也。"德昭惶恐，还宫，谓左右曰："带刀乎？"左右辞以宫中不敢带。德昭因入茶酒阁，拒户，取割果刀自刎。

据李焘自注，此条记事乃据司马光《记闻》（今本卷二）。又说"《（三朝国史）本传》云德昭好啖肥猪肉，因而遇疾不起。今不取。"①这段记述不仅对高梁河败迹事有所透露，而且揭出了太宗赵光义与魏王赵德昭等叔侄、君臣之间的深刻矛盾。此事事关重大，李焘不取《国史》反而取野史的做法，是需要勇气的。

二、南宋高宗一朝的编年史名著——《建炎以来系年要录》

《建炎以来系年要录》的作者李心传（1167～1244），字微之，号秀岩，隆州井研（今属四川乐山）人。宋宁宗庆元元年（1195）试进士报罢，此后"遂决意不复应举，闭户著史"②。晚年因朝臣交章论荐，被任命为史馆校勘，积功赐同进士出身。在朝与修《中兴四朝帝纪》，后于成都府置局辟官，修成《十三朝会要》，这是宋代唯一一部在京师之外修成的《会要》。

与李焘一样，李心传也来自书香门第，有良好的家学渊源。父亲李舜臣（约1137～1181）字子思，乾道二年（1166）进士。力主抗金，著有《江东十鉴》十篇，深得南宋主战名相张浚、虞允文赏识。师从冯时行、员兴宗，学宗伊洛，有较高的理学造诣，尤其深达易学，著有《易本传》三十三卷。③李舜臣有三子：心传、道传、性传。在父亲的教育和当时理学之风的熏陶下，兄弟三人都心向理学，故有"一家理学，共仰儒宗"④之誉。身处这样的家庭环境，李心传自然在理学的研修和讲传方面用功甚多，但他主要的心力、成就和

---

① （宋）李焘：《续资治通鉴长编》卷二〇，太平兴国四年八月甲戌条，上海师范大学古籍研究所、华东师范大学古籍研究所点校，中华书局2004年版，第460页。
② 《宋史》卷四三八《李心传传》，中华书局1977年点校本，第12984页。
③ （清）黄宗羲原著，全祖望补修：《宋元学案》卷三〇《刘李诸儒学案》，陈金生、梁运华点校，中华书局1986年版，第1087页。
④ （清）张宁阳等修，陈献瑞、胡元善纂：《（嘉庆）井研县志》卷一〇《艺文志》，嘉庆元年（1796）刻印本。

影响，还是在史学方面。

李心传的史学成就与李焘齐名，有四川"二李"之称。一生史著宏富，主要成就在本朝史领域，除了著名的《建炎以来系年要录》（下简称《要录》）和《建炎以来朝野杂记》（下简称《杂记》）外，尚有：《旧闻证误》十五卷（今本仅五卷），"为考订两宋特别是北宋史事的第一流笔记，乃有宋一代考据学的代表作"①；《道命录》十卷（或作五卷），"参取百四十年间道学兴废之故"而成，从历史角度记载程颐以来理学家的进退始末，备录其褒赠、贬谪、荐举、弹劾之文，并采取正文与注文相结合的方式，从而说明宋代一百四十年间理学三起三落的曲折历程，《宋元学案》的"元祐、庆元党案"主要是以此书为底本的。②以上诸书均保存至今。已佚的本朝史著作则有《西陲泰定录》九十卷，主要"记吴曦叛逆以及削平本末"，"并记国家大政令、边防大节目"③；之外还有《建炎边防记》二卷、《孝宗要略初草》二十三卷等。

《建炎以来系年要录》（清光绪庚子年广雅书局刊本）

（一）《要录》与《杂记》的编纂及其关系

李心传萌发编纂《要录》和《杂记》的想法，大约始于其十多岁随父居住京师的时期。他在《杂记》甲集的序言中这样写道："心传年十四五时，侍先君子官行都，颇得窃窥玉牒所藏金匮石室之副，退而过庭，则获覼闻名卿才大夫之议论。每念渡江以来，纪载未备，使明君、良臣、名儒、猛将之行事犹郁而未彰，至于七十年间，兵戎财赋之源流，礼乐制度之因革，有司之传，往往失坠，甚可惜也。"④这虽然只是《杂记》的序言，但由于《要录》和《杂

---

① （宋）李心传：《建炎以来朝野杂记》卷首，徐规"点校说明"，中华书局2000年版，第2页。
② （清）黄宗羲著，全祖望补修：《宋元学案》"序录"，陈金生、梁运华点校，中华书局1986年版，第18页。
③ （宋）陈振孙：《直斋书录解题》卷五，徐小蛮、顾美华点校，上海古籍出版社1987年版，第158页。
④ （宋）李心传：《建炎以来朝野杂记》卷首，李心传序，徐规点校，中华书局2000年版，第3页。

记》甲集基本上是同步完成的，且都是记述南宋建立以来的历史，故也可反映《要录》和《杂记》共同的写作动机，那就是要网罗保存历史文献，彰显南宋君臣所谓的功业，以维护南宋政权的统治。至于二书集中的撰写，大约开始于宋宁宗庆元元年（1195）李心传举进士不第之后，史称其受此打击，"遂决意不复应举，闭户著史"①。

《要录》是完整记述南宋高宗一朝三十六年历史的编年史著作。其初稿的完成，在嘉泰末年至开禧初年间（1204～1205）。至嘉定元年（1208）写成净本，于嘉定三年奏进朝廷，入藏国史院。其初进本为一百卷，五十册。宋理宗宝祐元年（1253），贾似道在扬州刊刻此书，并作跋语说："臣唯高宗皇帝受命中天，功德巍煌，布在方册。而广记备言，有裨一朝巨典，则唯臣心传撰次《建炎以来系年要录》首为成书……中兴旧事，故老相传，虽能仿佛者，然文不足证也。乃以臣所藏蜀本《系年要录》二百卷，刊于州治，与臣傅良所述《建隆编》并传云。"②于是在一百卷本之外，又有二百卷扬州刻本流传。二百卷本在明代被收入《永乐大典》之后失传，至清代编纂《四库全书》时，四库馆臣从《永乐大典》辑出，重新厘定为二百卷，大致恢复了该书的本来面目。据载，李心传在四川还写有宋孝宗、宋光宗两朝《系年要录》稿③，可惜"会蜀乱散失，不可复得"④。其门人高斯得继其志撰定的《孝宗系年要录》，也没有留传下来。

《杂记》分甲乙两集，各二十卷。甲集成于嘉泰二年（1202），乙集成于嘉定九年（1216），则编撰时间与《要录》大致同时。张端义《贵耳集》卷上记载，李心传自云："余有《朝野杂录》，至戊、己矣。"如此说不虚，则其书不止甲乙二集，但今天已不能得其实了。《杂记》专记南宋高、孝、光、宁四朝的典章制度及其他有关史事，"虽然以'杂记'为名，其体例实同

---

① 《宋史》卷四三八《李心传传》，中华书局1977年点校本，第12984页。
② （宋）李心传：《建炎以来系年要录》卷末，贾似道跋，影印文渊阁《四库全书》本。
③ （宋）李心传：《建炎以来朝野杂记》甲集卷首《朝省坐国史院札子行下隆州取索孝宗光宗系年要录指挥》《国史院遵奉圣旨指挥下转运司抄录孝宗皇帝光宗皇帝系年要录公牒》，丛书集成初编本。
④ （宋）陈振孙：《直斋书录解题》卷四，徐小蛮、顾美华点校，上海古籍出版社1987年版，第120页。

'会要'"①。甲集分上德、郊庙、典礼、制作、朝事、时事、杂事、故事、官制、取士、财赋、兵马、边防十三门；乙集少郊庙，为十二门。凡礼乐政刑之大，以及职官科举兵农食货边事，无不该具；而士大夫间遗闻逸事，亦偶及之。尤其官制、财赋、边防各占五卷，篇幅居全书各门之首，从中可见其书重心之所在。《杂记》版本甚多，目前较通行的是中华书局2000年出版的徐规整理点校本，但书前不载朝廷宣取《要录》的指挥三通和国史院公牒一通，此数通公文唯武英殿聚珍版丛书的福本和广本收载，据以排印的丛书集成本也收有。

一般认为，《要录》和《杂记》都是关于南宋建立以来史事的记述，一为编年体，叙事全面，一为会要体，侧重典章制度，二者"互相经纬"②。但两者的联系不宜夸大。南宋成都辛氏刊刻《杂记》时，曾在《公牒》之后附有识语数行："秀岩李氏所著《建炎以来朝野杂记》，乃三省［朝］《系年要录》之张本也。高庙一朝，成书既久，已为金匮石室之藏。阜陵（按指孝宗）、崇陵（按指光宗）之书，述续有绪，行上送宫，学士大夫恨未之见也。《杂记》甲乙凡二集，总四十卷，其间中天［兴］百年，丰功盛烈，与夫礼乐刑政之条目，典章制度之沿革，兵戎食货之源流，莫不咸在，三朝《要录》之纲要，实备于此。《宣取招［指］挥》、史院《文牒》，具著于右，使引用者，知是书之所载，皆已经进之事实，不复致疑焉。"③此说有类今日之广告，通过对业已"经进"的《要录》的攀附，竭力提高所刊刻的《杂记》的身价。所谓《杂记》乃三朝《要录》之张本，三朝《要录》之纲要实备于《杂记》，则是不明二书实际内容有重大区别的夸饰之说。为此，已有学者通过列举两书的歧异记述并从两书的性质、取材和订正情况分析其成因。④限于篇幅，这里就不展开论述，读者请自行参阅。

只是有必要赘述的是，由于《要录》的定稿比《杂记》甲集成书晚六年，

---

① （清）纪昀、陆锡熊、孙士毅等著，四库全书研究所整理：《钦定四库全书总目》（整理本）卷八一《〈建炎以来朝野杂记〉提要》，中华书局1997年版，第1079页。
② （清）纪昀、陆锡熊、孙士毅等著，四库全书研究所整理：《钦定四库全书总目》（整理本）卷八一《〈建炎以来朝野杂记〉提要》，中华书局1997年版，第1079页。
③ 见（宋）李心传《建炎以来朝野杂记》卷首，丛书集成初编本。
④ 参见梁太济：《〈系年要录〉〈朝野杂记〉的歧异记述及其成因》，《文史》第四十一辑，中华书局1996年版。

故书中所记高宗朝事,总的说来要比《杂记》精审,可校正《杂记》之处颇多。当然,由于《要录》原书早已失传,今本是清代四库馆臣从《永乐大典》中辑出,并重加厘定的,有不少窜改,故其中错误、不妥处也相当多。《杂记》有几种旧抄本(包括影宋抄本)流传,多有可供校正《要录》记事失误之处。另外,《要录》仅记高宗一朝的史事,而《杂记》兼及高、孝、光、宁四朝史事,并连带追叙当代典章制度的渊源,间有评论,故较《要录》不无优胜之处。①

要之,《要录》和《杂记》各有侧重,各有长短,不可偏废,二书"互相经纬",共同构成了南宋历史的基本典籍,是研治宋史者的必读之书。

(二)《要录》的主体取材问题

同《资治通鉴》和《长编》一样,《要录》的修撰也以官修史书为主,又广泛参考了大量私家著述,取材异常广博。早在《要录》成书不久,时人就以"详洽""该详"称誉此书,甚至认为是"广记备言,有裨一朝巨典"②。据现代学者研究,"《要录》全书共参阅官私著作计二百五十八种,这里还不包括臣僚的墓志、行状、行述、奏状及朝廷的指挥、诏诰等。如果加上这些当有三百余种"③。有学者还"详细地统计了《要录》中李心传明确指明的所参阅的资料",将它们分为官修史书,诏令奏议,题文记,传记文,私修史书、笔记、文集、书牍,其他等六大类,指出"以上六大类资料,共有八百六十二种(件),被参阅的总次数为四千三百七十五次"④。均表明《要录》取材的丰富,这一点在学界历来没有争议。

但是,《系年要录》的主体取材是什么呢?目前有三种不同的意见:

一是南宋时人许奕约在嘉定三年(1210)冬缴进《系年要录》的奏状:"纂辑科条,编年纪载,专以《日历》《会要》为本。然后网罗天下放失旧闻,可信者取之,可削者辨之,可疑者阙之。"⑤

二是清代中期所修的《四库全书总目》卷四七《〈建炎以来系年要录〉提要》:"其书以国史、日历为主,而参之以稗官野记,家乘志状、案牍奏报、

---

① 参见《建炎以来朝野杂记》卷首,徐规"点校说明",中华书局2000年版,第2~5页。
② (宋)李心传:《建炎以来系年要录》卷末,贾似道跋,影印文渊阁《四库全书》本。
③ 孔学:《〈建炎以来系年要录〉取材考》,《史学史研究》1995年第2期。
④ 聂乐和:《〈建炎以来系年要录〉的编撰和流传》,《史学史研究》1988年第2期。
⑤ (宋)李心传:《建炎以来朝野杂记》卷首《付出高宗皇帝系年要录指挥》,丛书集成初编本。

百司题名,无不胪采异同,以待后来论定。"

三是清末光绪八年(1882)萧藩刻印《系年要录》的序言:"是书记高宗一朝故事,编年纪月,盖以《日历》《小历》为本,广收博采,最为赡富。"

从《系年要录》广泛参取当时各种官私记载,荟萃融合以成一书来看,这三种意见都没有问题;但从构成《系年要录》主干的基本资料来源上说,这三种说法则有明显差异。究竟何说为是呢?

据史载,南宋高宗一朝的《国史》即《高宗正史》始修于宁宗嘉泰二年(1202)二月,五月改成修高宗、孝宗、光宗《三朝正史》;理宗嘉熙二年(1238)又命李心传专修高、孝、光、宁《四朝国史》,直到南宋亡国也未最后完成。①因此嘉定五年(1212)已降付到国史院的《系年要录》根本不可能取材高宗一朝的《国史》,《四库全书总目》的说法明显有误。

而关于高宗一朝的《日历》《会要》和《中兴小历》则完成于《系年要录》修撰以前。高宗一朝的《日历》有三种:一是《建炎中兴日历》五卷,绍兴九年(1139)进呈;二是《绍兴日历》五百九十卷,绍兴十三年(1143)二月进呈,载高宗即位至绍兴十二年事迹;三是《高宗日历》一千卷,孝宗淳熙三年(1176)三月成书,内容起高宗即位至绍兴三十二年六月。《中兴会要》二百卷,孝宗乾道六年(1170)始修,九年(1173)七月成书,时间起止与《高宗日历》同。熊克的《中兴小历》成书于孝宗淳熙末年,是关于高宗一朝的私修编年史,清代避乾隆皇帝之讳,改称《中兴小纪》。

李心传修撰《系年要录》时,对这些著述都有广泛的吸取。一般认为,《高宗日历》叙事首尾完整,又以严格的年经月纬的编年体裁网罗全部官府部门和中级以上全体文武官员活动的广阔内容,是同属编年体裁的《系年要录》主体框架所建立的依据。又据统计,《系年要录》全书有九百七十四条内容标明参考《日历》,居全书引书之冠,而更多的是直取《日历》而不加说明。因此,《高宗日历》是《系年要录》主体框架所据,是《系年要录》的主要所本。

至于《中兴会要》,内容与《高宗日历》相近而偏窄,《系年要录》全书仅有八十五条标明参考之。许奕说其"专以《日历》《会要》为本",明显有些牵强,他主要是强调《系年要录》以官方史书为本,意在抬高《系年要录》的权威性和可信度,以取得朝廷的认可,实际上《中兴会要》的作用不但远在

---

① 见高斯得:《耻堂存稿》卷二《经筵进讲故事》,丛书集成初编本。

《高宗日历》之下,也不及熊克私修的《中兴小历》。

与《要录》的性质一样,熊克的《中兴小历》也是以高宗一朝的《日历》为基础综合多种私记的编年史著。《四库全书总目》卷四七《〈中兴小纪〉提要》谓:此书"自不及李心传书纂辑于记载详备之余。然其上援朝典,下参私记,缀缉联贯,具有伦理,其于心传之书,亦不失先河之导"。正由于《中兴小历》与《系年要录》均是记述高宗一朝的历史,又均系年经月纬的编年之体,故《中兴小历》就自然成为《系年要录》的"先河之导",是继《高宗日历》之外的又一部主要史源。当然,由于经熊克"缀缉联贯"修入《中兴小历》的资料,李心传绝大多数也能看到,可以径直征引,所以《要录》曾经依傍《中兴小历》的正面痕迹留下的并不多。至于反面的痕迹,则散见《要录》全书的近五百条对《小历》的驳正意见,要是没有对《小历》下过一番认真细致的大功夫,是绝对不可能写出的。这样,《中兴小历》就成为《要录》写作的"主要依傍"。①

所以我们认为,萧藩所谓《要录》"以《日历》《小历》为本"的说法,才是认真通读全书后的有得之见,是对《要录》主要取材的准确概括。

(三)《要录》对《长编》的因与革

一般认为,《要录》是继李焘《长编》之后,又一部利用司马光开创的"长编法"所撰写的重要著作,故有"近则取法李焘,远则追步司马温公"②之说。从时间上看,李焘《长编》接续司马光《资治通鉴》,李心传《要录》又接续《长编》,三书构成了前后紧密衔接的编年序列。从方法上看,《长编》取法《通鉴》而有变通,《要录》取法《长编》又有发展,四川编年"二李"通过这样的接力棒,将司马光开创的"长编法"推进到一个新的阶段。

《要录》在体例上对《长编》有因有革。③其因循的一面主要表现在:

第一,遵循《资治通鉴》编年系事、"年号以后来者为定"的原则。李心

---

① 这部分主要参据以下三文写成:梁太济《〈建炎以来系年要录〉取材考》,《商鸿逵教授逝世十周年纪念文集》,北京大学出版社1995年版;孔学《〈建炎以来系年要录〉取材考》,《史学史研究》1995年第2期;孙建民《取舍之际见精神——略论〈建炎以来系年要录〉的取材》,《上海师范大学学报》1996年第3期。

② (清)叶桂年等修,吴嘉谟、龚煦春纂:光绪《井研县志》卷一三《艺文志》,光绪二十六年(1900)刻本。

③ 参见蔡崇榜:《南宋编年史家二李史学研究浅见》,《史学史研究》1986年第1期。

传撰《要录》，其于建炎改元事注云："建炎改元，在五月之朔，今为所载乃中兴事，始改依《资治通鉴》及累朝实录中载改元例，即于岁首书之。"通过这样的体例遵从，《要录》得以从容地追叙宋高宗继位前的大势，从而为读者理解南宋初建提供了便利。

第二，着力网罗文献，编年系事，而绝少议论。《要录》虽不及《长编》繁富，但以二百卷篇幅，载一朝三十六年间事，取材之广、记事之详亦为当代后世所推重。四库馆臣谓其"在宋人野史中，最足资考证"。至于议论，同《长编》一样，《要录》中也绝难见到作者的意见，只偶然引述他人的议论。如《要录》卷一〇七"绍兴六年十二月己未"条载：陈公辅请禁程学，"时朱震在经筵不能争，论者非之"。即使这类情况在《要录》中也是少见的，确实遵循了《长编》旨在编年叙事而绝少议论的原则。

第三，自注其书，以明材料出处、去取之由，以及辨别是非、考证异同。李焘沿袭司马光《资治通鉴考异》的做法，写有大量关于《长编》材料出处、去取和辨别的考异性内容，但不是像司马光那样自成一书，而是"散附各条之下"，形成正文与注文同在一书、有机配合的格局。《要录》继承了《长编》的这一做法，同样写有大量有关材料取舍和考辨的注文，同样散附于各条正文之下。

当然，《要录》在一些方面也对《长编》有所变通。

首先是取材原则有别。从书名上看，心传之书内容接续《长编》，而取名"要录"不称"长编"，似已示其区别，《长编》的取材原则是"宁繁勿略"，《要录》据许奕所言则为"酌繁简之中"。许奕为蜀中简州人，曾在宝庆二年同四川制置使崔与之等交章奏荐李心传，所言"酌繁简之中"的取材原则同《要录》书名吻合，应是不谬。对勘二书，尤为明白。

《长编》正文九百八十卷，载北宋九朝一百六十八年间事，平均每年五点八卷。《要录》二百卷，载南宋高宗一朝三十六年间事，平均每年五点五卷。从总体衡量，《长编》只是略详于《要录》。然而，《长编》的叙事原则是"年近则事详，远则略"①，记太祖一朝仅十七卷，平均每年一卷；而徽宗朝二十六年间事则以三百二十三卷记之，平均每年十二点五卷。宋室南渡，高宗朝史号"中兴"，事之繁复，当不在徽宗朝之下，若按李焘"详近略远""宁

---

① （元）马端临：《文献通考》卷一九三《经籍考二十》，上海师范大学古籍研究所、华东师范大学古籍研究所点校，中华书局2011年版，第5605页。

繁勿略"的原则，卷帙当远过《徽宗长编》。而心传《要录》，反于三十六年间事用二百卷载之，平均每年五点五卷，按年计不及《徽宗长编》之半，何况李焘以南宋人记北宋事，经靖康之难后，有关徽宗朝历史的官私记载已散失不少；而心传则以南宋人叙高宗朝事，文献保存较好，极易取材，徐梦莘的《三朝北盟会编》仅载宋金间通和而后用兵之事，高宗朝已占一百五十卷。说明《要录》略于《长编》，不是无事可载，也非材料不足，而是取材原则异趣。

李心传于《要录》卷一四九"绍兴十三年六月戊戌"条注云："秦桧再当国柄十有八年，自定和策勋之后，士大夫无有敢少违其意者，故一时轮对，臣僚但毛举细务，以应诏旨，如绍兴二十七年六月黄中所论及上谕大臣之辞，盖可见也。故自今年以后，至绍兴二十五年十月己卯以前，执事面对百二十四事，盖撮其大略书之。"考《要录》绍兴十三年至二十五年记载，平均每年不及二卷，为全书之最略。显然，职事面对奏札，"皆撮其大略书之"，是其简略的主要原因。这也说明《要录》在取材上同《长编》是有区别的。即使是《要录》最详部分，建炎元年至绍兴十二年，也不过平均每年九卷多，仍不及《长编》差详。如卷一〇九"绍兴七年三月甲子"条只载王贵、牛皋升官，而《宋会要辑稿》兵一八之三八则说明升官原因："掩杀逆贼五大王刘复、李成等，累立奇功故也。"相反，《长编》对于这类事件的原因不惟不删削，而且尽力增补之。如《真宗实录》载天禧三年八月丁亥大赦天下，李焘考证其因在于天书再降，又于诸州编录建隆以来赦文中寻出大赦制辞，全文附于本条之下，并注明："惟此制辞差详，恐其亡逸，今特著于此。"所以王曾瑜说："《要录》不如《长编》……如果将《宋会要辑稿》同两书对比，《长编》的记载往往比《宋会要》详尽，而《要录》的记载往往比《宋会要》简单。"[1]可见，从叙事上也能看出《长编》《要录》取材上"宁繁勿略"与"酌繁简之中"的差别，故《要录》无愧于"宏博而有典要"[2]之誉。

其次是注文内容的新变化。《要录》今本的注文，除了少量为《永乐大典》或《四库全书》的编者所加以外，绝大多数还是作者李心传本人的自注。大致说来，《长编》自注较《资治通鉴考异》显著有所增加，《要录》自注较

---

[1] 王曾瑜：《岳飞新传》，上海人民出版社1983年版，第335页。
[2] （清）纪昀、陆锡熊、孙士毅等著，四库全书研究所整理：《钦定四库全书总目》（整理本）卷四七《〈建炎以来系年要录〉提要》，中华书局1997年版，第657页。

之《长编》又有新的发展，从而使自注的内容范围空前扩大，并构成了《要录》及其自注的显著特色。①限于篇幅，其具体情况就不赘述了。

最后要指出的是，《宋史·李心传传》在评论李心传及其《要录》等著述时曾说："心传有史才，通故实，然其作《吴猎项安世传》，褒贬有愧秉笔之旨，盖其志常重川蜀，而薄东南之士云。"此说出于正史，影响很大，但所谓"其志常重川蜀，而薄东南之士"云云，则是元代史臣的诬枉不实之词。已有学者详辨②，兹从略。

三、北宋九朝的简明纪传体著作——《东都事略》

《东都事略》（以下简称《事略》）一百三十卷，包括本纪十二卷、世家五卷、列传一百零五卷和附录八卷，记事"断自太祖，至于钦宗，上下九朝"③，是一部记述北宋九朝历史的纪传体史书。因北宋都城开封或称东京、东都，此书又叙事简略，故以《东都事略》命名。

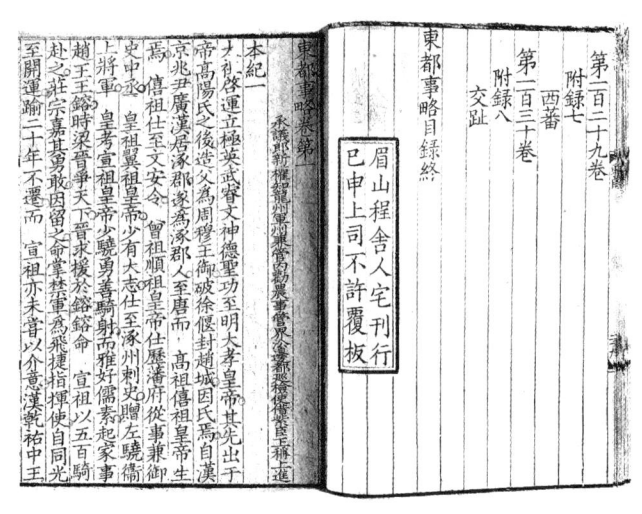

《东都事略》书影（南宋眉山程舍人刊本）

《事略》是由作者王称于宋孝宗淳熙十三年（1186）投进朝廷的。王称或作王偁，字季平，生卒年不详，曾官承议郎，知龙州，又除直秘阁。宋宁宗庆元（1195～1200）中，以吏部郎中卒。④王称出生于眉州眉山一个"世称为文章家"的书香门第，家

---

① 详见梁太济：《〈要录〉的自注范围及其所揭示的修纂体例》，《文史》2000年第1、2辑（总第50、51辑）。
② 参见蔡崇榜：《关于〈宋史·李心传传论〉的问题》，《史学月刊》1990年第4期。
③ （宋）王称：《东都事略》卷首，洪迈札子，（台北）文海出版社1979年影印本。
④ （宋）李心传：《建炎以来朝野杂记》甲集卷四"续资治通鉴长编"条，徐规点校，中华书局2000年版，第113～114页。

学渊源深厚。曾祖王朝隐"博物洽闻，号经史笥"①。从祖父王当"中制科异等"，曾任龙游县尉，"博览古今"，所著《春秋列国名臣传》五十卷，"人竞传之"，另著有《史论》十二卷等②，《事略》和《宋史》均有传。父亲王赏崇宁二年（1103）进士，"负该洽之学"③，曾任礼部侍郎直学士院兼侍讲、实录院修撰，"习知今事，长于叙述"，著有《玉台集》四十卷，卒于绍兴十九年（1149）。王称是在家父的引导和家庭的熏陶下走上史学之路的。他在《除直秘阁谢表》中说得十分清楚："念昔先臣，少登鼎甲，忝甘泉之侍从，陪南渡之衣冠，曾与编摩，肆掌书命。臣猥名牛马之下走，敢谓箕裘之故家，闻《诗》《礼》以仅传，抚笔瓢而无恙。冥搜故实，坐阅岁时，矗矗记录之多，浸浸编秩之广。"④洪迈在《奏表》中也说："称之父赏在绍兴中亦为实录修撰，称承其绪余，刻意史学……撰成《东都事略》百三十卷。"⑤朝廷的《除（王称）直秘阁告词》亦言："弓冶之子，犹思继承其业，况贵而为士哉！尔敏识多闻，儒林之秀，惟乃父习知今事，长于叙述，而能克绍先志，论次旧闻，裒上成编，有补太史显扬之望，盖不孤矣。"⑥近人陈述根据这些说法，附益推考，断定《事略》乃王赏、王称父子合力之业。⑦此说有一定道理，但王称作为主撰人则无可否认，毕竟时人均以王称为《事略》的作者。

（一）《事略》的编写特点

与同时代其他的本朝史著作相比，《事略》有两大突出的特点，一是体用

---

① （宋）吴泳：《鹤林集》卷三四《王立言墓志铭》，影印文渊阁《四库全书》本。
② （宋）王称：《东都事略》卷一一四《王当传》，（台北）文海出版社1979年影印本；《宋史》卷四三二《王当传》，中华书局1977年点校本。按：此处所载王当"《春秋列国名臣传》五十卷"，《宋史》卷二〇二《艺文志》则著录为"《春秋列国诸臣传》五十一卷"。又，曹学佺《蜀中广记》卷四十六以王当为王赏之兄，后世多沿袭之，但据《鹤林集》卷三四《王立言墓志铭》："博物洽闻，号经史笥，名朝隐者，君（按指王立言）五世祖也。中制科异等名当、号红带老人名准奇者，君之高祖从兄弟也。礼部侍郎直学士院兼侍讲、修国史，始终不附京、桧，号玉台先生名赏者，君曾祖也。订唐、五代、国朝故实，承议公（原本缺）《东都事略》吏部公名偶者，君之王父从祖父也。"则王当应为王赏的父辈。
③ （宋）张扩：《东窗集》卷六《王赏兼侍讲制》，影印文渊阁《四库全书》本。
④ （宋）王称：《东都事略》卷首《除直秘阁谢表》，（台北）文海出版社1979年影印本。
⑤ （清）徐松辑：《宋会要辑稿》崇儒五之四一，中华书局1957年影印本，第2267页。
⑥ （宋）王称：《东都事略》卷首《除直秘阁告词》，（台北）文海出版社1979年影印本。
⑦ 陈述：《〈东都事略〉撰人王赏称父子》，《中央研究院历史语言研究所集刊》第8本，1939年10月。

纪传，二是叙事简约。下面分别论析之。

1. 体用纪传，形式灵活

宋代是我国编年体的极盛时期，在私修本朝史方面，一般均使用编年体，除上举《长编》和《系年要录》外，重要的尚有《三朝北盟会编》《中兴小纪》《皇宋十朝纲要》《皇宋中兴两朝圣政》《续宋编年资治通鉴》《靖康要录》《宋宰辅编年录》《宋季三朝政要》《宋史全文资治通鉴》等。相比而言，利用纪传体来修撰当代历史的就少之又少了。近人刘咸炘注意到这点，他说："唐以后史皆官修，私家遂少。学者之用力于史者，不过作传记书，更勤者则为编年，其能本纪列传勒成一家者，寥寥无几。"①在这样的时风下，王称父子却采用纪传体的形式来修撰北宋一祖八宗的历史，可谓特立独行。

不仅如此，《事略》在纪传体的实际运用上并不拘泥，显得较为灵活。从结构形式上看，其书只有本纪、世家、列传及附录，而缺表、志，与一般的纪传体史书已不同。进一步观察，世家、列传、附录前均有总论，总论之下又各有专论，而专论因叙事而发，打破了一般纪传体史书每卷均设论赞的固定程式；或一传多论，或数卷才有一论，形式灵活多变，颇有苏轼论文"行乎当行，止乎当止"之意。再从具体记述内容上看，本纪部分载录大量诏令原文（只偶有删削繁词），不仅有别于一般纪传体史书，而且一定程度上弥补了其"志"之缺。如与《宋史》比较，诏令在其本纪中简略且有限，一般详见于各志之中。《事略》本纪部分详载诏令的特色，得到后世一些学者的注意和肯定。如明代学者王维俭评价《事略》说："《本纪》载诏制之词，尤为有识。"钱谦益也说：《事略》一书，"《本纪》最佳"②。《事略》世家部分所载内容，皆为皇后与皇子之事，与前代史书含义也不同。至于列传部分，效仿《三国志·诸葛亮传》文末附载文集目录及陈寿进表的体例，在某些重要列传之后附录有关文献。如《朱勔传》后附蜀僧祖秀《华阳宫记》，《耿傅传》后附尹洙《闵忠》《辩诬》二文，《赵尚宽传》后附王安石《新田诗》、苏轼《新渠诗》，《李格非传》后附传主自作的《洛阳名园记》，等等。这类附录文字与本传相互发挥，更有助于加深人们对传主及其时代的认识，在一定程度

---

① 刘咸炘：《刘咸炘论史学·别史考遗》，上海科学技术文献出版社2008年版，第199页。
② 并见（清）钱谦益：《钱牧斋全集·牧斋初学集》卷八五《书东都事略后》，上海古籍出版社2003年版，第1784页。

上克服与补救了一般纪传体史书的不足。故清代四库馆臣认为此举"虽非史法，亦足资考证"①，钱谦益也誉为"有识"之举。②

这里要特别指出的是，清代学者朱彝尊曾说："传《儒林》者，自司马氏、班氏以来，史家循而不改。逮宋王偁撰《东都事略》，更名《儒学》，而以周、张、二程子入之。元修《宋史》，始以《儒林》《道学》析而为两，言经术者入之《儒林》，言性理者别之为《道学》。"③一些研究者遂以为《东都事略》开始把前人创设的《儒林传》改为《儒学传》，并大申其义。④其实，早在五代时期编修的《旧唐书》已改传统的《儒林传》为《儒学传》，北宋官修的《新唐书》和国史并加沿用，朱彝尊的说法明显失察。⑤

2. 叙事简约，但不疏略

在经历北宋灭亡、宋室南渡的巨大变故后，文献典章的毁失相当严重。为此，南宋史家撰写本朝史著时，非常注意整理、保存历史文献，以至于务求详博成为时代风气，大册巨编，比比皆是。《长编》叙述北宋九朝历史，多达九百八十卷；李壁《国朝中兴诸臣奏议》，辑高宗一朝臣僚奏议，达四百五十卷；《系年要录》述高宗一朝历史，也多达二百卷；《三朝北盟会编》记宋徽宗、钦宗、高宗三朝与金朝通和用兵之事，亦有二百五十卷之多。与之迥然不同的是，记述北宋九朝历史的《事略》，却只有区区的一百三十卷，不及同样记述北宋九朝历史的《长编》的七分之一，可谓名副其实的"事略"了。正由于《事略》的逆风而行，南宋一些学者遂有"疏略"之讥。如目录学家赵希弁

---

① （清）纪昀、陆锡熊、孙士毅等著，四库全书研究所整理：《钦定四库全书总目》（整理本）卷五〇《〈东都事略〉提要》，中华书局1997年版，第692页。
② （清）钱谦益：《钱牧斋全集·牧斋初学集》卷八五《书东都事略后》，上海古籍出版社2003年版，第1784页。
③ （清）朱彝尊：《曝书亭集》卷三二《史馆上总裁第五书》，四部丛刊初编本。
④ 参见蔡崇榜：《宋代四川史学家王称与〈东都事略〉》，《成都大学学报》1985年第1期；何忠礼：《王称和他的〈东都事略〉》，《暨南学报》1992年第3期；罗炳良：《南宋史学史》，人民出版社2008年版，第220页。
⑤ 北宋官修国史设有《儒学传》，可参见王明清《挥麈前录》卷三、《后录》卷六和龚明之《中吴纪闻》卷二等有关内容。参见粟品孝：《关于〈东都事略·儒学传〉的评价问题》，《史学史研究》2010年第1期。

云其"疏驳甚多"①,陈振孙以为"其所纪太简略,未得为全善"②,史学家李心传也以"疏驳"相讥③,理学家朱熹甚至认为它"只是说得个影子"④。

其实,《事略》之"略"无可指责。从书名上看,王称父子意在简略,本无追求详博之志。更重要的是,该书简而不疏,即清代四库馆臣称许的"叙事约而该"⑤。为说明此点,有必要与同为纪传体的《宋史》相应部分比较。例如《事略·太祖纪》只用三百余字记载陈桥兵变,而把罗彦瓌逼迫后周宰相范质归附赵匡胤的内容置于《范质传》,既做到叙事简净,又使得语无重出;而《宋史》将这段史实分别记载于《太祖纪》《范质传》和《罗彦瓌传》三处,烦冗重复,远逊于王称的史笔。又如《事略·太宗纪》记载太平兴国四年(979)消灭北汉、北伐契丹大败而归等事实,只用二百多字,即已了然;而《宋史·太宗纪》记载这段历史却用了一千六百多字,未免芜杂。再如《事略·王安石传》二千四百余字,主要记载王安石的生平仕履、变法与反变法的斗争、评价王安石等内容;而《宋史·王安石传》除引录王安石《上仁宗皇帝言事书》外,基本内容不出此,不过略增王安石的逸闻趣事,以及新法扰民等攻击之词,结果全文多达四千五百多字。⑥两相对比,更可知《事略》确实叙事简要而少疏漏,既突出重点,又避免繁复,达到了较高的历史编纂水平。

(二)《事略》的史源与史料价值

比之于前述《长编》和《系年要录》的丰富取材,《事略》的史源要简单些。时人洪迈在奏表中曾说:"其非国史所载而得之于旁搜者,居十之一,皆信而有证,可以据依。"⑦李心传又说:"其书(按指《事略》)特缀取五

---

① (宋)赵希弁:《读书附志》,孙猛《郡斋读书志校证》,上海古籍出版社1990年版,第1107页。
② (宋)陈振孙:《直斋书录解题》卷四,徐小蛮、顾美华点校,上海古籍出版社1987年版,第110页。
③ (宋)李心传:《建炎以来朝野杂记》甲集卷四"续资治通鉴长编"条,徐规点校,中华书局2000年版,第114页。
④ (宋)黎靖德编:《朱子语类》卷一三〇,王星贤点校,中华书局1994年版,第3121页。
⑤ (清)纪昀、陆锡熊、孙士毅等著,四库全书研究所整理:《钦定四库全书总目》(整理本)卷五〇《〈东都事略〉提要》,中华书局1997年版,第692页。
⑥ 参见蔡崇榜:《宋代四川史学家王称与〈东都事略〉》,《成都大学学报》1985年第1期;罗炳良《南宋史学史》,人民出版社2008年版,第219页。
⑦ (宋)王称:《东都事略》卷首,洪迈札子,(台北)文海出版社1979年影印本。

朝史传及四朝实录附传，而微以野史附益之，尤疏驳。"①两者一褒一贬，均是说《事略》主体材料来源于官修本朝史，"旁搜"的"野史"之类的史料很少。但王称自称"冥搜故实，坐阅岁时，亹亹记录之多，浸浸编秩之广"（前已引），其在官修本朝史外的资料搜萃之功，看来不能轻易否定。

不过《事略》的史源主要是官修本朝史，大抵是事实。如果从取材是否丰富来看，李心传所谓的"疏驳"可以理解；但从官修史书比之一般野史杂记更为可靠来讲，洪迈的"信而有证，可以据依"的评断更为服人。对比《长编》和《宋史》等书，《事略》确实具有记载可靠、史料价值高的优点。

首先，《事略》曾为南宋修《四朝国史》和元修《宋史》提供一些基础。南宋史臣洪迈纂修《四朝国史》时，自称"有赖"《事略》。②元修《宋史》，也参考、借鉴和吸取《事略》不少，不仅如四库馆臣所谓《事略·文艺传》"为《宋史》所资取"，而且《宋史·世家序》云："王偁《东都事略》用东汉隗嚣、公孙述例，置孟昶、刘𨰻等于《列传》。旧史因之。今仿欧阳修《五代史记》，列之世家。"说明《宋史·世家》曾参考《事略》。又如《宋史·西南溪峒诸蛮传》载秦再雄事，仅在《事略》所立《秦再雄传》基础上调换数字，也是参取《事略》的明证。

其次，《事略》的一些内容可补《长编》《宋史》等书之缺。如《事略·太祖纪》载录诏令二十七道，其中十四道在《宋史·太祖纪》中只字未见（有些虽然见于《宋史》各"志"，但往往不如《事略》详完）；有十一道可补《长编》之缺，其中又有六道在今本《宋大诏令集》中有目无文或完全失收。若从全书看，可补今本《长编》《宋史》和《宋大诏令集》的诏令必将更多。③又如，《事略·太祖纪》述著名的"陈桥兵变"，保留了赵匡胤知道当晚将校闹事且"以饮饯宣劝"的史料，而今本《长编》和《宋史》皆不载这一至关重要的情节，从而多少掩盖了赵匡胤蓄意发动政变的事实。再如，在《事略·列传》部分所收的七百人中，至少有赵承煦等十余人为《宋史》所不载，其中赵承煦、赵彦若、冯熙载诸人事迹，即使在今本《长编》中也不见只字记载。而且，《事略·列传》的有些记载还比《宋史》相关内容更详细，如《事

---

① （宋）李心传：《建炎以来朝野杂记》甲集卷四"续资治通鉴长编"条，徐规点校，中华书局2000年版，第114页。
② （宋）王称：《东都事略》卷首，洪迈札子，（台北）文海出版社1979年影印本。
③ 参见何忠礼：《王称和他的〈东都事略〉》，《暨南学报》1992年第3期。

略》卷七十二《欧阳修传》载有对"六一居士"的解释,而《宋史》则无。还有,《事略》多载人物享年,而《宋史》则多忽略。有人以两书相应部分统计,一百二十二人享年载于《事略》而不见于《宋史》,载于《宋史》而不见于《事略》者只有二十七人。①

第三,《事略》的一些内容可纠《长编》《宋史》等书之失。如四库馆臣曾举例说:"刘美本姓龚,冒附于外戚,《事略》直书其事。《宋史》采其家传,转为之讳。赵普先阅章奏,田锡极论其非,而《宋史》误以为群臣章奏,必先白锡。杨守一以涓人补右班殿直,迁翰林副使,而《宋史》误作翰林学士。新法初行,坐仓籴米,吴申等言其不便,《宋史》误以为司马光之言。"②著名考据史学家钱大昕撰《廿二史考异》,也广引《事略》,以证《宋史》地名、谥法及人物享年记载之误。至于用《事略》以订正今本《长编》的大量例子和订正《宋史》的其他例子,在由中华书局出版的点校本《长编》和《宋史》的校勘记中有更集中的反映,读者自可参阅。

最近又有学者专门将《事略》与《宋史》《辽史》和《金史》进行对比,发现其中的史实互歧达七百余条③。虽然孰优孰劣尚待考证,但从中进一步可知《事略》的史料价值非同一般。

由于《事略》的逆风而行,其在宋代少得推许者,仅见南宋史臣洪迈修《四朝国史》时借重《事略》。但其略而不疏的特点,则在元修《宋史》中发挥出特殊的作用,显示出很高的史料价值。正由于此,在特重编年和务求详博的时代风气消退之后,人们对《事略》逐渐有了更为客观的认识和积极的评价。明代王维俭说:"《东都事略》于宋史家为优长",钱谦益说:"其书简质有体要,视新史(按指《宋史》)不啻过之。"④王士禛说:"王称《东都事略》,淹贯有良史材,与曾子固《隆平集》颉颃上下。"⑤四库馆臣也说该书"叙事约而该,议论亦皆持平。如康保裔不列于忠义,张方平、王拱辰不讳

---

① 舒仁辉:《〈东都事略〉与〈宋史〉比较研究》,商务印书馆2007年版,第49页。
② (清)纪昀、陆锡熊、孙士毅等著,四库全书研究所整理:《钦定四库全书总目》(整理本)卷五〇《〈东都事略〉提要》,中华书局1997年版,第692页。
③ 舒仁辉:《〈东都事略〉与〈宋史〉比较研究》,商务印书馆2007年版,第99~284页。
④ 并见钱谦益:《钱牧斋全集·牧斋初学集》卷八五《书东都事略后》,上海古籍出版社2003年版,第1784页。
⑤ (清)王士禛:《蚕尾续文》卷一九《跋〈东都事略〉》,见《带经堂集》卷九一,续修四库全书本。

其瑕疵，皆具史识"，进而以为是书与《长编》《系年要录》同为"卓然可传"的宋代三部私史，"固宜为考宋史者所宝贵"。①

更有甚者，一些学者撰史还有意仿效《事略》。如元末明初王祎撰《国朝名臣列传》，自谓："辄用正史之体，仿宋《东都事略》而为之。"②明清学者多病《宋史》芜漏，累志重修。王维俭撰《宋史记稿》二百五十卷，以《事略》为北宋部分的主要依据；钱士升撰《南宋书》六十八卷，以续王氏《事略》。邵晋涵志修《宋史》，认为《事略》差为简明，北宋部分无须别作，于是先辑《南宋事略》以配王氏书，"篇目悉依王氏之例"。③

第四节 巴蜀理学名儒的史学思想

发轫于中唐的儒学复兴运动发展到宋代，理学得以崛起，并成为此后数百年绵延不绝的时代思潮。其价值尺度和思想观念，对宋以来文化的各个方面不断渗透，影响至为深远。作为具有经世价值和取鉴功能的史学，更是得到绝大多数胸怀修齐治平理想的理学家的高度重视。一般说来，他们注意借重历史人物和历史事件的评论，来阐发儒家义理思想，尤其突出史学的政治惩劝和道德教化功能，把研经治史作为实现其理学追求的重要手段。代表性著作有胡寅的《读史管见》、朱熹的《资治通鉴纲目》、吕祖谦的《大事记》，等等。流风所及，一些以史见长的儒者也自觉或不自觉地运用理学的知识和价值，来记述或评论历史，典型如北宋范祖禹的《唐鉴》；甚至直接为理学人物及其活动树碑立传，记录理学的政治遭遇和坎坷命运，如南宋李心传的《道命录》等。

作为全国史学重要组成部分的巴蜀史学，也深受理学这一时代思潮的影响，除了上举北宋范祖禹的《唐鉴》和南宋李心传的《道命录》外，值得注意的还有王称在《东都事略·儒学传》中对理学家道统思想的叙述，并收录了理学先驱即"宋初三先生"孙复、胡瑗、石介，以及周敦颐、张载、二程这些理学巨子，并肯定了周敦颐"倡明道学"、二程"始推原正心诚意之旨，以续千

---

① （清）纪昀、陆锡熊、孙士毅等著，四库全书研究所整理：《钦定四库全书总目》（整理本）卷五〇《〈东都事略〉提要》，中华书局1997年版，第692页。
② （明）王祎：《王忠文公集》卷五《国朝名臣传序》，影印文渊阁《四库全书》本。
③ （清）钱大昕：《十驾斋养新余录》卷中《南宋事略》，见钱大昕《十驾斋养新录》，陈文和、孙显军校点，江苏古籍出版社2000年版，第456~457页。

古之绝学"。另外《东都事略·儒学传》也可能是最早为周敦颐立传的史书。随父移居湖南的大理学家、绵竹人张栻，撰有《通鉴论笃》《经世纪年》《汉丞相诸葛忠武侯传》等史著，严格地贯彻了理学的论史法度；理学名儒、蒲江人魏了翁造诣精深，虽无史学名著，但史学思想中的理学色彩也格外鲜明。这里主要论述张栻和魏了翁二人的史学思想。

一、张栻以义利之辨论史

张栻（1133～1180），字敬夫，号南轩，汉州绵竹（今四川绵竹）人，是南宋孝宗朝崛起的理学大儒，与同时的朱熹齐名。他本为蜀人，但自幼随父离蜀，一生主要是在湖南居住和讲学，并将胡安国开创的理学湖湘学派发展到鼎盛。与北宋范祖禹主要是史学家不同，张栻则主要是理学家，他的史学思想抹上了更为浓郁的理学色彩。

张栻著述丰富，主要偏于经部，专门的史部专著仅有《通鉴论笃》三卷、《经世纪年》二卷和《汉丞相诸葛忠武侯传》一卷共三种，此外文集中尚有《史论》二十四篇。《通鉴论笃》"取《通鉴》中言论之精确者，表而出之。多或全篇，少至一二语，去取甚严"。①即是按照理学标准对《资治通鉴》史论部分的删节。《经世纪年》则是在邵雍《皇极经世书》的基础上改编的，一方面做成图表，"考自尧甲辰，至皇上乾道改元之岁，凡三千五百二十有二年，列为六图"，旨在"使学者晓然得其真"；一方面"明微扶正"，即以理学家强调的所谓"纯儒"的正统观念对传统史学中的正闰关系进行调整。②这两部史著都已佚失。下面主要依据现存的《汉丞相诸葛忠武侯传》和《史论》二十四篇，探讨张栻的史学思想。③

第一，以义利之辨为论史尺度。大讲义利之辨，是张栻理学思想的要旨。正如他自述其"讲学之要"时所说："学莫先于义利之辨。义者，本心之当为，非有为而为也。有为而为，则皆人欲，非天理。"④由此出发，张栻在评

---

① （宋）陈振孙：《直斋书录解题》卷四，徐小蛮、顾美华点校，上海古籍出版社1987年版，第118页。
② （元）马端临：《文献通考》卷一九三《经籍考二十》，上海师范大学古籍研究所、华东师范大学古籍研究所点校，中华书局2011年版，第5607～5608页。
③ 这里的论述主要参考蔡东洲《试论张栻的史学思想》，《天府新论》1992年第2期。
④ 《宋史》卷四二九《张栻传》，中华书局1977年点校本，第12775页。

论历史时,也总是以义利之辨为准绳,作为史著中材料取舍的依据和史论中人物得失的标准。

比较张栻《汉丞相诸葛忠武侯传》和陈寿、裴松之《三国志·诸葛亮传注》,张栻对传注材料的取舍很有规律,即以义利的尺度去区分哪些是"纯儒"之举,哪些是"杂驳"之术,对纯儒性的言行大力表彰,而对杂驳性的举措一概弃之不取,不顾历史事实地删减有关史料,以维护诸葛亮的所谓"纯儒"形象。比如,诸葛亮为后主写《申》《韩》《管子》《六韬》之事,明载刘备遗诏之中,确凿无疑,而张栻却武断地删去,因为他认为这些书都是权谋功利的"杂驳"之书。诸葛亮曾有"自比管、乐"之语,从南朝袁宏《三国名臣序赞》到南宋陈亮《酌古论》均无否定,而张栻却以"传者之误"为由加以删削。因为在他看来,帮助齐桓公九合诸侯的管仲和辅佐燕昭王连破七城的乐毅就是功利杂霸的代表,诸葛亮是纯儒与正义的典范,绝不可能"自比管、乐"。对于张栻只辨义利、不顾史实的撰史做法,同时代的另一理学大师朱熹也觉得有些过分,认为在史实无疑的情况下,"不当不载管、乐自许事"。然而张栻却坚持己见并大胆地阐明笔削之意:"予推明其本心,证以平生大节,而削史之说有近于霸术者,区区妄意扶正息邪,而不自知其过也。"①

不难看出,张栻对诸葛亮的评价,采取的完全是重义轻利的人物褒贬标准。这在他的另一篇有关诸葛亮的文章中进一步得到反映,他认为,诸葛亮虽然出师未捷,功业不就,"然其扶皇极,正人心,挽回先王仁义之风,垂之万世",与日月同光;"其治国,立经陈纪,而不为近图;其用兵,正义明律,而不以诡计",可谓深明义利之大旨。②张栻这种褒美仁义、痛斥功利的做法,还体现在他对其他历史人物的评价上。如对汉初名臣张良、萧何,他褒张贬萧,因为张良"所守在义而不以利",有儒者气象:"子房之心,非以功利也",是非有为而为,"故能屈伸在己,而动无不得";而萧何则是心怀功利,只能被人"侮而忽之"。③另外对东晋建功立业的名臣温峤,张栻竟认为

---

① (宋)张栻:《张栻全集·汉丞相诸葛忠武侯传》,杨世文、王蓉贵校点,长春出版社1999年版,第1206~1226页。
② (宋)张栻:《张栻全集·南轩集》卷一〇《衡山石鼓山诸葛忠武侯祠记》,杨世文、王蓉贵校点,长春出版社1999年版,第700~701页。
③ (宋)张栻:《张栻全集·南轩集》卷一六《张子房平生出处》,杨世文、王蓉贵校点,长春出版社1999年版,第779页。

其动机不纯,为的是"投富贵之机,赴功名之会",说什么即使他能辅佐东晋收复中原,一统天下,也不足道。① 这就把义利之辨发挥到了无以复加的地步。

第二,坚持"居正"为重的正统史观。重视正统论,是宋代儒学更新下史学发展的一大特征。正统论是史书撰写上的一个政治原则问题,它往往以某种标准为历朝历代的政权构建出一套合法性系谱。其标准也随时代的变迁而变化。北宋时期由于统一问题基本解决,因此当时的学者讲正统时多注重一统,忽视居正,如司马光撰《资治通鉴》,其中正统的赋予,就是以统一为标准的,他说:"苟不能使九州合为一统,皆有天下之名而无其实者也。虽华夏仁暴,大小强弱,或时不同,要皆与古之列国无异。"② 然而到了张栻的时代,中原沦陷,南宋偏安半壁,一统为正就受到了大多数学者的反驳。张栻在正统观上,便是注重居正而忽视一统的典型代表。

张栻认为,"合天下于一"是霸道功利之私,而"居天下之正"才是天命人心之公。因此,在他的正统观里只有"居正",没有"一统"的踪影。这同他严于义利之辨、王霸之别的论史尺度是相辅相成的。据其《经世纪年自序》,他深明"尊王攘夷"的大义,以正闰之论,力扶万世之纲常。可以说,《经世纪年》就是这种史法思想的体现。

"尊王"就是尊崇以仁义得天下、由得民心而得天下的帝王,而不是凭权力篡夺的僭伪之君。为此,他对历史上所谓以仁义取天下的帝王的作为如舜禹践位、汤武革命、刘邦建汉、光武中兴等都倍加赞扬,予以正统相传;而对夏朝寒浞弑君夺位、秦王以暴力一统天下、新莽、曹魏篡夺汉室,则痛加批判,认为不得为正统。其中他在三国正统的归属上,夺曹魏之统以归蜀汉,影响尤为深远。曹魏篡权自立,在此之前虽也受到不少儒者的非议,但因其占据中原之地,且下启西晋一统之局,故历代史家多以正统归之。直到北宋中期的欧阳修与司马光都仍坚持以曹魏为正统的传统史法。张栻认为《资治通鉴》"以魏年号接汉献之统"是"名不正而言不顺",当时"献帝虽废,而昭烈以正义立

---

① (宋)张栻:《张栻全集·南轩集》卷一七《温峤得失》,杨世文、王蓉贵校点,长春出版社1999年版,第801~802页。
② (宋)司马光:《资治通鉴》卷六九《魏纪一》,文帝黄初二年四月末"臣光曰","标点资治通鉴小组"校点,中华书局1956年版,第2187页。

于蜀,武侯辅之,汉统未坠地也,要尽后主末年始系魏年号为正"。①所以他在《经世纪年》中,直书蜀之年号,以为三国正统。此后,朱熹撰《通鉴纲目》也采取以蜀汉为正统的史法,以后的李杞《改修三国志》,萧常和郝经的两种《续后汉书》以及赵居信的《蜀汉本末》都遵循此法。从此,伪魏正蜀的正统观便逐渐深入人心了。

"攘夷"是张栻正统史观的又一组成部分。他在论及南北朝时期、五代汉族政权和少数民族政权并存时,无论少数民族政权如何强盛和清明,无论汉族政权多么弱小和腐败,正统一律系于汉族王朝。张栻在史论中对东晋琅琊王坐视怀、愍二帝蒙尘而不救的不忠不义痛加贬斥,但仍然将王统系于东晋。②同样,他认为五代朱温等本为篡伪之君,但北方辽朝是契丹族所建,不当续正统,故不得不系正统于五代政权。③显然,他的这一史学思想是与当时宋金对峙的时局和他坚持抗金的立场分不开的。

二、魏了翁注重考据和识古今制度之变的思想

魏了翁(1178~1237),字华父,号鹤山,邛州蒲江(今四川蒲江)人,是南宋继朱熹之后的著名理学家之一,其时望甚高,有"南方共宗鹤山老"④的盛誉;又与当时另一理学重臣真德秀(号西山)齐名,并称"真魏"。清初大学者黄宗羲比较二人的学术后指出:"两家学术虽同出于考亭(朱熹),而鹤山识力横绝,真所谓卓荦观群书者;西山则依门傍户,不敢自出一头地,盖墨守之而已。"⑤充分肯定了魏了翁杰出的理学造诣。

魏了翁虽然主要以理学名世,但在史学上也甚为用心。他濡染于巴蜀发达的史学环境,早年便对杜佑的《通典》"熟复终帙",并"仿其书为《国朝通

---

① (宋)张栻:《张栻全集·汉丞相诸葛武侯传》,杨世文、王蓉贵校点,长春出版社1999年版,第1225页。
② (宋)张栻:《张栻全集·南轩集》卷一七《晋元帝中兴得失》,杨世文、王蓉贵校点,长春出版社1999年版,第799~800页。
③ (宋)张栻:《张栻全集·南轩集》卷一四《经世纪年序》,杨世文、王蓉贵校点,长春出版社1999年版,第749页。
④ (宋)家铉翁:《则堂集》卷五《伯成尝受学于河朔前辈鹤鸣翁其学亦宗濂洛赠以诗勉其自拔于流俗》,影印文渊阁《四库全书》本。
⑤ (清)黄宗羲原著,全祖望补修:《宋元学案》卷八一《西山真氏学案》,陈金生、梁运华点校,中华书局1986年版,第2696页。

典》"①，又长期与李心传、彭百川、李壁等四川史学名家交游往来，并曾在朝廷兼任国史院编修等史官，故在史学上也有相当的造诣。他在兼任史官时，特别对当时实录编修出现的"卷帙猥繁""纪载脱略"的弊病提出批评，要求做到"文省而事详"，否则"是非失实，无以传示方来"②，显示出严谨的修史态度。具体到史学思想上，魏了翁既有一般理学家论史重纲常伦理的共性，更有不同于一般理学家的注重考据、注重识古今制度之变的特点。

（一）论史重纲常伦理

和当时其他理学家一样，魏了翁主要是以理学那套新的义理史观来评判历史。如好友裴梦得（字及卿）所著《史汉四纪》，"进楚隐，尊义帝，去逆吕，纪二少帝，而列孺子婴于孝平、光武之间"，这与历史上实际的王位统治秩序明显不同，但与理学家注重纲常伦理的正统观吻合，故深得了翁赞赏，以为其书有"扶天理、正人心"之功。裴氏另著有《汉注拾遗》，了翁亦称其"明辨详说，以正人心"③。注重从所谓"天理""人心"的角度论史，正是理学家的鲜明特征。从下面魏了翁《经外杂抄》的两条笔记更可见他的这一论史尺度。

  王介甫（安石）《宰嚭》诗："谋臣本自系安危，贱妾何能作祸基，但愿君王诛宰嚭，不愁宫里有西施。"李泰伯（觏）诗："若教管仲身长在，宫内何妨有六人。"程正叔（颐）云：管仲时，威公之心未蠹也。若已蠹，虽管仲奈何？未有心蠹尚能用管仲之理。程说知本，王、李何其谬也！

  介甫《读蜀志》诗："千载纷争共一毛，可怜身后两徒劳，无人语与刘玄德，问舍求田意最高。"李季章（壁）注云云，其实兴复之义，天理人心之所同，不可以纷争言。④

---

① （宋）魏了翁：《鹤山先生大全文集》卷六四《通典跋》，四部丛刊初编本。
② （宋）魏了翁：《鹤山先生大全文集》卷一六《论实录缺文》，四部丛刊初编本。
③ （宋）魏了翁：《鹤山先生大全文集》卷五五《裴及卿史汉四纪序》《裴及卿汉注拾遗序》，四部丛刊初编本。
④ （宋）魏了翁：《经外杂抄》卷二，丛书集成初编本。按：这两条分别摘抄自李壁的《王荆公诗注》卷四八《宰嚭》："程氏云：'李觏谓：若教管仲身长在，官里何妨更六人。此语不然。管仲时桓公之心特未蠹也，若已蠹，虽管仲可奈何？未有心蠹尚能用管仲之理。'公（王安石）语亦李意。当以程说为允。"卷四六《读蜀志》："公此诗于理似未安，兴复之义，天意人心之所同，不可以纷争言也。"影印文渊阁《四库全书》本。另可参见元人刘埙《隐居通议》卷一一《半山读蜀志》，丛书集成初编本。

这两条是魏了翁读李壁（字季章）《临川诗注》时的摘抄，虽然都是李壁的观点，但明显反映出魏了翁的论史倾向，即要从"天理""人心"这一"本原"的高度来评判历史。另外魏了翁在《经外杂抄》中还摘抄了理学家胡寅评诸葛亮、唐太宗的两篇文字，如不以"成败利钝"看待诸葛亮，而直申其"忠义之行"；不重唐太宗的"功业"，而要辨明其"出于人心有不可泯灭"的那些是是非非①，同样反映出魏了翁论史重纲常伦理的理学家本色。

魏了翁这一史观还反映在他对年表体例的认识上。他认为年表不能"徒以记谱牒、书官名""仅书拜罢而不著理乱"，而要注重"明理乱得失之实"，特别称赞和引录理学家吕祖谦通过年表的用心编排以见"亲疏之相辅""勋戚之薄厚""君臣之职分"的年表观。他对时人尹起莘在朱熹《通鉴纲目》基础上又做《发明》的举动也大为叹赏，认为其书"（对三家分晋之事）直据《史记》为自相推立，实未尝请命。曹操篡于汉末，实未尝畏名义而不敢废汉。至书汉魏晋唐以来乱臣、贼子、孽后、妖嫔，推明文公（朱熹）秉法之意，尤懔懔可畏"，无愧"《纲目》之忠臣"②。这些都进一步显示出了翁注重以纲常伦理评判历史的立场。

（二）注重考据和识古今制度之变

如果说魏了翁论史重纲常伦理与一般理学家并无二致的话，那么他注重考据、注重识古今制度之变的思想，则与一般理学家有明显区别了。

我们知道，魏了翁在宝庆二年至绍定四年（1226~1231）谪居靖州（今湖南靖县）期间，学术思想发生了很大的变化。他自称："此来山间温寻旧读，益觉今是昨非，安知数年后又不非今也？以此多惧，未暇轻有著述。又见得向来多看先儒解说，不如一一从圣经看来，盖不到地头亲自涉历一番，终是见得不真；又非一一精体实践，则徒为谈辩文乘之资耳。来书乃谓只须祖述朱文公诸书，文公诸书读之久矣，正缘不欲于卖花担上看桃李，须树头枝底方见活精神也。"③可见，魏了翁在来靖州之前主要精力是放在研读"先儒解说"即朱熹等人的著作上；而现在是要"一一从圣经看来"，"一一精体实践"，直接从原始经典中吸取"活精神"，并将包括朱熹在内的先儒传注义疏"重新整顿"。

---

① （宋）魏了翁：《经外杂抄》卷二，丛书集成初编本。
② （宋）魏了翁：《鹤山先生大全文集》卷五六《蔡文懿公百官公卿年表序》《通鉴纲目发明序》，四部丛刊初编本。
③ （宋）魏了翁：《鹤山先生大全文集》卷三六《答周监酒》，四部丛刊初编本。

从学术理路上看，魏了翁思想的这次转变，主要就是从单纯地重视儒家义理特别是理学思想的探求，转变为兼重义理之所由来的考据之功，将考据与义理紧密结合起来，而主要的精力和时间则是集中于细密的考据功夫上，希望通过笃实的考据来更好地阐发义理。他自称："自《易》《诗》《书》《三礼》《语》《孟》重下顿［钝］工夫，名物度数，音训偏旁，字字看过，益知义理无穷。"①在这一思路的指导下，魏了翁编纂了《九经要义》《古今考》等书，还做了不少的读书笔记，后人编为《经史杂抄》（或称《读书杂抄》）、《经外杂抄》等。

《九经要义》是魏了翁对"诸经义疏"的"重加辑比""重与疏剔""重别编校"②，并"将要紧处编出"③而形成的，主要体现的是魏了翁的经学思想。而《古今考》则主要是一部试图阐明"古今典礼名物之变"④的历史著作。但二者也有紧密的联系，大致说来，《九经要义》的编纂是基础，《古今考》的撰写才是更高的追求，前者乃后者之预备。这正如宋末元初的方回所说："鹤山先生渠阳山中尝取'九经'注疏为《要义》，所以为《古今考》张本也。"⑤方回并在了翁《古今考》"姓刘氏"条下专门附录了了翁《九经要义》中一段论述姓氏源流的文字。两相对比，确是大同小异。足见此说不虚。了翁自己在述其《古今考》的由来时也说：

某山间三阅寒暑，于"六经"名数、文义上重下钝功夫，的然见得古人所志所学，历战国、暴秦以后无传焉，极于五胡之乱，影灭迹绝……方欲通古今为一书，使后之有志于王道者，犹可以推原寻流。⑥

所谓"于'六经'名数、文义上重下钝功夫"，就是在编纂《九经要义》；最后的"欲通古今为一书"，就是指《古今考》之作，可见前者确为后

---

① （宋）魏了翁：《鹤山先生大全文集》卷三四《答丁大监（黼）》，四部丛刊初编本。
② （宋）魏了翁：《鹤山先生大全文集》卷三四《答范殿撰（子长）》《答许介之解元（玠）》、卷三六《答苏伯起（振文）》，四部丛刊初编本。
③ （宋）魏了翁：《鹤山先生大全文集》卷三五《答朱择善（改之）》，四部丛刊初编本。
④ （宋）魏了翁：《鹤山先生大全文集》卷三七《答程运使（遇孙）》，四部丛刊初编本。
⑤ （宋）魏了翁、（元）方回（续）：《古今考》卷一《姓刘氏·附论赐姓赐氏赐族之别》，影印文渊阁《四库全书》本。
⑥ （宋）魏了翁：《鹤山先生大全文集》卷三四《答袁衢州（甫）》，四部丛刊初编本。

者之张目。当然，《九经要义》涉及的方面很广，而《古今考》则主要局限于"典礼名物"，所考"多在制度"①。两者的性质和重点是完全不同的。另外，"多辨证经义之语"的《经史杂抄》②（即《读书杂抄》）、"杂录诸书而略以己意标识于下"的《经外杂抄》，都主要是魏了翁在靖州"随手记载，以备考证之用"③的笔记，大约也有为其《古今考》作铺垫之意。

《古今考》只写有很少的内容，除自序一篇外，"仅得二十条，又有录无书者四条"④，不足一卷，是一部未完之帙。后来宋末元初的方回得其"草稿"之后，才继承了翁思路，将其扩展到三十八卷的规模（另有二十卷本），但"宋元间并无刊本，至（明朝）王圻始为付梓"⑤，清朝时收载《四库全书》中。了翁的自序非常重要，有必要详引如下：

自两汉诸儒去古未远，已不能尽识三代遗制，凡冕服、车旗类，以叔孙通所作汉礼制度为据，其所臆度者无以名之，则曰：犹今之某物。然孔、贾诸儒为之疏义，则又谓去汉久远，虽汉法亦不可考。因叹三代遗制，始变于周末，大坏于秦、汉，而尽亡于魏、晋以后，虽名物称谓，字义音释，亦鲜有存者，故使经生学士白首穷经，而弊弊于训诂占毕之末，有终其身而不能尽知者。呜呼！是谁之咎与？《解》之繇曰："无所往，其来复吉。有攸往，夙吉。"汉承秦敝，大难既解，是无所往也，而昧于"来复夙往"之戒，徒能随世就事，为秦汉以后规模。贾谊所谓建久安之势，成长治之业者，盖欲及时定制，尽复三代之旧，为万世太平计，而一时君臣不足以知此。至董仲舒、王吉，则浸远浸疏，盖自是人情习于简陋，古制盖不可考矣。姑即汉纪，随文辩证，作《古今考》。⑥

---

① （清）纪昀、陆锡熊、孙士毅等著，四库全书研究所整理：《钦定四库全书总目》（整理本）卷一一八《〈古今考续古今考〉提要》，中华书局1997年版，第1587页。
② （清）纪昀、陆锡熊、孙士毅等著，四库全书研究所整理：《钦定四库全书总目》（整理本）卷一二六《〈经史杂抄〉提要》，中华书局1997年版，第1682页。
③ （清）纪昀、陆锡熊、孙士毅等著，四库全书研究所整理：《钦定四库全书总目》（整理本）卷一一八《〈经外杂抄〉提要》，中华书局1997年版，第1586页。
④ （清）纪昀、陆锡熊、孙士毅等著，四库全书研究所整理：《钦定四库全书总目》（整理本）卷一一八《〈古今考续古今考〉提要》，中华书局1997年版，第1587页。
⑤ （清）《钦定天禄琳琅书目》卷九，影印文渊阁《四库全书》本。
⑥ （宋）魏了翁：《鹤山先生大全文集》卷五四《古今考序》，四部丛刊初编本。

由这段引文可知，了翁非常推崇儒家经典载录的"三代遗制"，认为自春秋战国以来它便逐渐败坏不堪，至魏晋以后就彻底不再；"去古不远""大难既解"的汉朝最宜担当兴复之责，反而"随世就事""习于简陋"，终致诸儒不能"尽识三代遗制"，当道君臣也不能"尽复三代之旧"。正由于认为汉朝在"三代遗制"的演变进程中处于如此关键的地位，所以了翁特意选取《汉书·本纪》的内容为话头，本诸儒家经疏，力图将长期困扰无数"经生学士"的"古制"及其演变情况疏通清楚。这在了翁为他人著作作序时说得更为简明："嬴政率意变古，而汉兴，昧于有'攸往夙吉'之训，凡三代文献，无所证于后世。予尝读其书（《汉书》）而愤叹，乃考之'六经'，订之王法，以识古今之变为一书，使后人泝流寻原，尚有以见古人大经大法之所自。"①

《古今考》的编纂体例非常考究，以《汉书·本纪》本文的内容标目，而"于历代制度推类以尽其余"，"盖特借《汉书》中一物之名，推求古制，而与史家本文则绝不相涉也"②。具体说来，了翁所撰的二十条考证，均是以《汉书·高帝纪》本文的内容标目。如《高帝纪》首段记载道：

高祖，沛丰邑中阳里人也，姓刘氏。母媪尝息大泽之陂，梦与神遇，是时雷电晦冥，父太公往视，则见交龙于上。已而有娠，遂产高祖。

了翁不是对这段话本身的内容进行阐释，而是分别以"高祖""丰沛邑中阳里人""姓刘氏""母媪梦与神遇"（此条有目无文）、"母媪父太公"标目，借机对涉及的名物做追源溯流式的考证辨释。如"高祖"条下是阐述庙号、谥号的由来及变迁，"丰沛邑中阳里人"条下是考述郡、县、邑、里等地方组织的形成演变，"姓刘氏"条下是论姓氏的起源和发展变化。

但了翁不是津津于细故的乾嘉考据诸儒，他是理学家，考据不是目的，义理才是根本，他是力图通过考据来阐发义理。如"高祖"条下，了翁这样写道：

既曰高帝矣，此其言高祖何？系之帝即谥也，系之祖则庙号也。武丁、祖

---

① （宋）魏了翁：《鹤山先生大全文集》卷五五《裴及卿汉注拾遗序》，四部丛刊初编本。
② （清）纪昀、陆锡熊、孙士毅等著，四库全书研究所整理：《钦定四库全书总目》（整理本）卷一一八《〈古今考续古今考〉提要》，中华书局1997年版，第1587页。

甲、太甲，虽有庙号，而丁甲以日为纪，非谥也。由殷而上，无谥。或以尧、舜、禹等为谥，非也。至殷始有三宗庙号，至周始有文武等谥，至高帝然后一人而有谥有号。然谥曰高皇帝，庙曰高祖，犹通一高字也。至文帝以后，然后号与谥异，然犹曰太宗、世宗、中宗、世祖云耳，又其后，一人之身既曰明帝，又曰显宗；既曰章帝，又曰肃宗，不知节谥者安所据也？明帝犹可宗也。又其后也，和帝曰穆宗，殇帝曰康宗，安帝曰恭宗。则终汉之世，无一而非宗者。又其后也，帝谥少而五六言，多至十七八言，虽有博识强记之士，固已不能悉数，施诸诏命奏疏，亦以文繁，难于节约。其势必以庙号、陵名代之，则是一人而兼十余字之美，义有相包，字犹别出，虽有昏僻之主，犹得仁圣之名。施诸当时，人已议朝臣之庸鄙；书诸简策，人复议世道之浇讹。相承至今，谥为虚设，仅以陵庙见诸典章。又极其事而言之，则必缺如。殷三宗、汉七制，无害其为庙号，以其有德可宗，而不在迭毁之数也。和、殇、安、顺以来，胡为而皆无不可宗之帝？有天下者知和、殇、安、顺亦得为宗，则知庙号而承陋袭讹，不可不速已也。

很明显，这段话既以考据之功把庙号、谥号的源流和区别做了梳理，同时也说明，愈到后来，庙号、谥号愈来愈失去其本真，昭示出世道的沦丧和社会的危机，对世人尤其是后世君王颇具警示作用。了翁自称其书"有补于世教"①，于此可见一斑。

了翁这种注重深入儒家原典，注重结合"名数、文义"的考据来阐发义理的思想，既是要改变当时程朱理学盛行之后多数学者祖述程朱、"流情传注"的弊病，显示出不凡的创新精神，也预示了后来经史之学的发展方向，成为明清经史考据之学发展的先导。②明乎此，我们就不难理解了翁的《古今考》在明清时期仍然受到学者重视，并时加征引。如明人杨慎《丹铅余录·总录》、清人陈元龙《格致镜原》、徐乾学《读礼通考》《钦定历代职官表》等书都有引录，显示了《古今考》在考据学上的价值。

---

① （宋）魏了翁：《鹤山先生大全文集》卷三七《答程运使（遇孙）》，四部丛刊初编本。
② 参见蔡方鹿：《魏了翁评传》，巴蜀书社1993年版，第350～352页；《张栻、魏了翁的实学思想及对湘蜀文化的沟通》，《湖南大学学报》2005年第1期。蔡先生这里只言及经学，笔者认为史学亦然。

第五节　方志编写的丰硕成果

一般认为，宋代是我国古代方志体例的成熟和定型阶段。宋以前的古方志，多半详于地理，略于人文；而自宋代开始，"由地理扩充到人文、历史方面，人物和艺文志在宋代的地方志中占有重要的地位。在体例方面，上承《史》《汉》余绪，下为方志编纂打下良好的基础。"①宋代方志不仅体例日趋成熟，而且数量庞大。据张国淦《中国古方志考》统计，约有六百余种；质量也非常高，像《太平寰宇记》《元丰九域志》《舆地纪胜》《方舆胜览》等都是全国性地理总志的名著；乾道、淳熙、咸淳三朝《临安志》，范成大的《吴郡志》，等等，更是地方志中长期传承的精品。

巴蜀地区的方志编修也在宋代得到空前的发展。过去一些学者曾有部分清理，如《中国古方志考》一书，著录有关宋代巴蜀的方志，约一百一十种，占全国的六分之一强。蒙文通也曾加以留意，他特别指出："两宋之世，史学特盛，超越汉唐，蜀中史著之多，方志之富，更为特出。总宋蜀中四路图经，无虑千卷……以余之浅陋，所考见者将近二百种。"②由于社会历史的原因，自《中国地方志联合目录》一书来看，无一部宋代巴蜀方志传世，这给研究巴蜀方志造成了一定的困难。虽然如此，我们犹能从一些散见的资料，考见当时巴蜀方志编修之盛。

一、州级方志的普及

宋代方志主要包括全国性总志和地方志两类，其中地方志又分为图经和方志两种。由于南宋时期图经都名为方志，所以这里对两者也都统一到方志的名下来叙述。据初步清理，宋代巴蜀地区（这里仅限今四川、重庆范围）至少有：

全国性总志一部，即南宋成都人范子长撰写的《皇朝郡县志》一百卷；

全蜀总志两部，即北宋真宗时任弇的《梁益记》（或作《梁益志》）十卷和稍后的华阳人郭友直《剑南广记》四十卷；

路级图经方志七部，分别是《川峡路图经》三十卷、《益州路图经》八十二

---

① 朱士嘉：《中国方志的起源、特征及其史料价值》，《史学史资料》1979年第2期。
② 蒙文通：《华西大学图书馆四川方志目录序》（1951），《蒙文通文集》第四卷《古地甄微》，巴蜀书社1998年版，第106页。

卷、《利州路图经》六十三卷、《利州路志》（卷数不详）、《梓州路图经》六十九卷、《夔州路图经》五十二卷和《（乾道）夔路图经》。可以说每一路均有方志。

州（府、军、监）级图经方志一百七十八部；

县级图经方志二部，即《仁寿县志》（仁寿县隶属陵州）和《新明县图经》（新明县隶属广安军）。

除以上总志和地方各级方志外，宋代巴蜀地区还有一些专门性的地图或方物志、风俗志、江水志、人物志。如孟蜀孙遇、杨蠲在乾德初年为宋太祖赵匡胤绘制的《蜀中山川形势图》，尽陈蜀中山川形势、戍守处所、道里远近，成为北宋指挥灭蜀战争的军事地图。而著名的方物志有《青城山方物志》、宋祁《益部方物略记》、沈立《剑南风物录》等，风俗志有石庆嗣《梓潼风俗谱》、赵汝愚《剑南须知》等，江水志有沈立《蜀江志》等，人物志则有张绪的《锦里耆旧续传》、刘甲《蜀人物志》等。另外，还出现了专门搜集一地文章的总集，最著名的是南宋知成都府袁说友主持修撰的《成都文类》五十卷，之外还有南宋广都（今属四川成都）人、知夔州费士戣所辑《固陵集》二十卷，"编集管内山川建置碑文记颂为二十卷，多半夔门之书，在旁县者十之二三。"①这实际是属于专志系列，所以南宋王象之在所著地理总志《舆地纪胜》卷一八二中还专门将此称为《固陵志》。②

限于篇幅，这里主要以路为单元，通过表格的形式对已经普及的州级图经方志的情况作些简介。③

（一）成都府路的州志六十二部

据《宋史·地理志》载：北宋时成都府路有府一，成都府；州十二，即眉州、蜀州、彭州、绵州、汉州、嘉州、邛州、简州、黎州、雅州、茂州、威州；军二，即永康军、石泉军；监一，即仙井监。南宋时，蜀州升为崇庆府、嘉州升为嘉定府，仙井监升为隆州，其余府、州、军照旧。每个府、州、军、监都修有图经或方志，现将其基本情况列表于下。

---

① （明）曹学佺：《蜀中广记》卷九七《著作记第七》，影印文渊阁《四库全书》本。
② 三国时期蜀汉刘备于夔州地置固陵郡，《固陵集》命名依此。
③ 这部分主要参据顾宏义《宋朝方志考》一书（上海古籍出版社2010年版），笔者略有补充和修正。

表3-1　宋代成都府路的州县志编修情况简表

地区	名称	卷数	作者或序者	时代	备注
成都府（益州，治今四川成都）（十部）	（祥符）益州图经	不详	李宗谔	真宗祥符年间	《益部方物略记》和《成都文类》卷四二各引录一则。
	成都古今集记（甲记）	三十卷	知府赵抃	神宗熙宁年间	存赵抃《自序》与范百禄《序》。《舆地纪胜》《方舆胜览》等多所引录。
	元丰成都志	不详	佚名	神宗元丰年间	《遂初堂书目·地理类》著录。
	成都图经	不详	佚名	北宋后期或南宋初	《方舆胜览》等书有引录。
	续成都古今集记（乙记）	二十二卷	知府王刚中	高宗绍兴三十年（1160）	存王刚中《自序》。南宋赵与时《宾退录》等书引录。
	成都古今丙记	十卷	知府范成大	孝宗淳熙四年（1177）	存范成大《自序》。《坦斋通编》引录一则。
	成都古今丁记	二十五卷	知府胡元质	淳熙七年（1180）	存胡元质《自序》。《建炎以来系年要录》等书有引录。
	成都古今前后记	六十卷	孙汝听	淳熙间	见《舆地碑记目》卷四成都府碑记。
	（庆元）成都志	不详	知府袁说友	宁宗庆元中	今唯存袁说友自序。《舆地碑记目》《方舆胜览》等书有引录。
	成都府志	不详	佚名	南宋中期或稍后	章如愚《群书考索后集》《永乐大典》等书引录。
彭州（治今四川彭州）（一部）	（彭州）图经	不详	佚名	不详	《方舆胜览》卷五四和《元胜览》卷中各引录一则。
汉州（治今四川广汉）（二部）	广汉图经				《方舆胜览》卷五四有引录。
	广汉志			宋徽宗朝以后	《舆地纪胜》卷一五二引录。

续表一

地区	名称	卷数	作者或序者	时代	备注
邛州（治今四川邛崃）（五部）	临邛图经	不详	佚名	约北宋时	《方舆胜览》卷五六、《蜀中广记》卷七四有引录。
	蒲阳志	不详	佚名	南宋前期	《遂初堂书目·地理类》著录。《禹贡锥指》卷九引录。
	临邛志（或称《临邛记》），又《补遗》十卷	二十卷	知州宇文绍奕	淳熙时	《宋史·艺文志三》著录。《舆地纪胜》《蜀中广记》和《永乐大典》多有引录。
	临邛郡续志	不详	佚名	宋宁宗嘉泰、开禧间	《永乐大典》卷三一四八陈熙、卷一〇四二一李防各引录一则。
	邛州志	不详	佚名	宋宁宗后期	《舆地纪胜》卷一一二和《蜀中广记》卷五六各引录一则。
蜀州（崇庆府，治今四川崇州）（一部）	崇庆府图经	不详	佚名	孝宗淳熙至理宗初年间	《舆地纪胜》卷一五一引录一则。
绵州（治今四川绵阳）（四部）	（绵州）旧经			北宋英宗朝以后	《蜀中广记》卷九引录一则。
	绵州图经			北宋后期、南宋初期	宋姚宽《西溪丛语》卷下引录二则。
	古涪志	十七卷	任子宣等	南宋孝宗淳熙年间或稍后	《宋史·艺文志三》著录。
	绵州志				《舆地纪胜》卷一七、卷六八各引录一则。
简州（治今四川简阳）（二部）	（简州）图经			南宋宁宗朝	《舆地纪胜》卷一四五引录五则。
	简池志			南宋宁宗末、理宗初	《舆地纪胜》《方舆胜览》有引录。

续表二

地区	名称	卷数	作者或序者	时代	备注
嘉州（嘉定府，治今四川乐山）（八部）	祥符（嘉州）图经		李宗谔	北宋真宗祥符年间	《舆地纪胜》卷一四六引录。
	（嘉州）图经			北宋前期	《舆地纪胜》卷一四六引录。
	峨眉志		张开	北宋仁宗、神宗时	晁公武《郡斋读书志》卷八著录。
	（元祐）嘉州志	二卷	知嘉州吕昌明	北宋哲宗元祐中	本志是在《峨眉志》的基础上，"以《嘉州图经》增广"而成。
	嘉州新志				《蜀中广记》卷一一"扬雄山"引录一则。
	嘉定志		郭公益		见《舆地纪胜》卷一四六。
	嘉定乙志				《舆地纪胜》卷一四六引录一则。
	嘉定续志		林洁巳	理宗初	见《舆地纪胜》卷一四六。
眉州（治今四川眉山）（七部）	（眉州）旧经			北宋时	《方舆胜览》卷五三引录一则。
	通义编（或作通义记）		眉山人家安国	北宋神宗、哲宗时	见《舆地碑记目》卷四。
	眉州图经			南宋时	《舆地纪胜》卷二一、《方舆胜览》卷五三各引录一则。
	眉州志		眉山人孙汝听	南宋	见《舆地碑记目》卷四。
	通义志	三十六卷	皇族赵善赣	南宋	《宋史·艺文志三》著录。
	（开禧）江乡志		张伯虞撰、刘光祖序	南宋中期	见《舆地碑记目》卷四。
	武阳志	二十七卷	嘉州人何友谅		《宋史·艺文志三》著录。

续表三

地区	名称	卷数	作者或序者	时代	备注
陵州（陵井监、仙井监、隆州，治今四川仁寿）（五部）	（陵州）旧经			北宋前期	《舆地纪胜》卷一五〇引录五则。
	（熙宁）陵州志			北宋熙宁年间	《蜀中广记》卷九六于"蜀古今传"条引录一则。
	陵井监图经			熙宁五年至宣和四年间（1072～1122）	《蜀中广记》卷八、卷六六引录三则。
	（隆州）图经			南宋时	《舆地纪胜》卷一五〇多有引录。
	隆山志	三十六卷	赵甲		《宋史·艺文志三》著录。唐初改隆山郡为陵州，此以古名称之。
雅州（治今四川雅安）（三部）	（雅州）旧经			北宋时	《舆地纪胜》卷一四七引录二则。
	（雅州）图经			南宋孝、光宗时	《舆地纪胜》卷一四七引录九则。
	雅安志		李嗣文	南宋中期	见《舆地纪胜》卷一四七。
黎州（治今四川汉源）（一部）	沈黎志	二十三卷		南宋孝宗、光宗时	《宋史·艺文志三》著录。
茂州（治今四川茂县）（三部）	（茂州）旧经			北宋时	《舆地纪胜》卷一四九引录二则。
	茂州图经		郡守史宪序	南宋时	见《舆地纪胜》卷一四九。
	茂州志			南宋时	《舆地纪胜》引录五则。

续表四

地区	名称	卷数	作者或序者	时代	备注
威州（维州维州，治今四川理县东北）（三部）	（祥符维州）图经		李宗谔	北宋真宗	《舆地纪胜》卷一四八引录一则。
	维州志			景祐年改州名以前	《蜀中广记》卷三二引录一则。
	（威州）图经			北宋中期以后	《舆地纪胜》卷一四八、《方舆胜览》卷五六引录多条。
永康军（治今四川都江堰市）（四部）	永康图经	不详	佚名	不详	《舆地纪胜》《方舆胜览》等书引录。
	永康军志	不详	教授张增	孝宗时人	《舆地纪胜》卷一七六和《蜀中广记》卷六各引录一则。
	永康军图志	二十卷	知军虞刚简	嘉定初	《宋史·艺文志三》著录。
	续永康志	不详	佚名	宁宗后期或理宗初	《舆地纪胜》卷一五一引录三则。
石泉军（治今四川北川西北）（三部）	（石泉军）旧图经			北宋末、南宋初	《舆地纪胜》卷一五二引录四则。
	石泉军图经			南宋前期	《舆地纪胜》卷一五二引录七则。
	（石泉军）新图经			宁宗朝或理宗初	《舆地纪胜》卷一五二引录一则。

上表显示，在州县志的编写方面，成都府最多，有十部；其次是嘉州（嘉定府）八部，眉州七部，邛州、陵州（陵井监、仙井监、隆州）各五部，绵州和永康军各四部，雅州、茂州、威州（维州）和石泉军各三部，汉州和简州各二部，彭州、蜀州和黎州各一部。

（二）梓州路（潼川府路）的州志五十四部

据《宋史·地理志》等载，潼川府路初名梓州路，有府二，即潼川府（本为梓州）、遂宁府（本为遂州）；州九，即果州（后升顺庆府）、资州、普州、昌州、叙州、泸州、合州、荣州、渠州；军三，即长宁军、怀安军、广安军；监一，即富顺监。每一府、州、军、监也都有图经或方志，具体情况见下表。

表3-2　宋代梓州路（潼川府路）的州县志编修情况简表

地区	名称	卷数	作者或序者	时代	备注
梓州（潼川府，治今四川三台）（八部）	（祥符梓州）旧图经		李宗谔	北宋真宗祥符年间	见《舆地纪胜》卷一五四。
	梓州志			北宋重和年以前	《蜀中广记》卷二九引录一则。
	潼川旧记			北宋末、南宋初	《舆地纪胜》卷一五四引录二则。
	（淳熙）梓潼古今记		孙汝听	南宋	
	潼川府图经	十一卷	袁观	南宋高宗时	《宋史·艺文志三》著录。
	（潼川府）新图经			南宋宁宗时	《舆地纪胜》卷一五四引录一则。
	新潼川志（或名潼川新志）		刘甲	南宋理宗初	见《舆地纪胜》卷一五四。
	潼川府志			宋	《永乐大典》卷九七六六引录。
遂州（遂宁府，治今四川遂宁）（二部）	（遂宁府）图经			北宋末或南宋前期	《舆地纪胜》卷一五五多有引录。
	遂宁志		马崇文		见《舆地纪胜》卷一五五、《四川通志》卷三十三。
普州（治今四川安岳）（三部）	祥符（普州）旧图经		李宗谔	北宋真宗祥符年间	《舆地纪胜》卷一五八、《方舆胜览》卷六三均有引录。
	普州图经			北宋后期	《舆地纪胜》卷一五八多有引录。
	（嘉定）普州志	三十卷	杨泰之	南宋宁宗嘉定年间	《宋史·艺文志三》著录。

续表一

地区	名称	卷数	作者或序者	时代	备注
荣州（绍熙府，治今四川荣县）（三部）	（荣州）旧图经			南宋高宗绍兴年或以前	《舆地纪胜》卷一六〇多有引录。
	（隆兴）荣州图经		教授勾演撰、知州李焘序	南宋孝宗隆兴元年（1163）	见《舆地纪胜》卷一六〇。
	荣州志		荣州人王禹	南宋中期	见《乾隆荣县志》纂志姓氏。
资州（治今四川资中）（三部）	资州图经			南宋前期	《舆地纪胜》卷一五七多有引录。
	资州志			南宋光宗、宁宗时	《舆地纪胜》等书多有引录。
	资中志（或作资中记）		扈自中编、李折序	南宋	见《舆地纪胜》卷一七五。
戎州（叙州，治今四川宜宾）（五部）	（祥符戎州）图经		李宗谔	北宋	《大清一统志》卷三〇一引录一则。
	（叙州）旧经			北宋	《舆地纪胜》卷一六三引录一则。
	叙州图经	三十卷	俞闻中	南宋孝宗时	《宋史·艺文志三》著录。
	叙州志			南宋孝宗至宁宗间	《舆地纪胜》卷一二二、卷一六六引录二则。
	叙南续志			南宋宁宗后期、理宗初	《舆地纪胜》卷一六三、卷一六六引录二则。
泸州（治今四川泸州）（八部）	祥符（泸州）旧经		李宗谔		《永乐大典》卷二二一七多有引录。
	泸州图经			北宋末、南宋时	《舆地纪胜》等书多有引录。

续表二

地区	名称	卷数	作者或序者	时代	备注
泸州（治今四川泸州）（八部）	（江阳）前谱			南宋时	《永乐大典》卷二二一七泸州所引《江阳谱》引录一则。东汉末置江阳郡，南朝梁改置泸州，本志命名依此。
	开禧（泸州）志记				《永乐大典》卷二二一七有引录。
	（嘉定）泸州志			南宋宁宗嘉定间	《舆地纪胜》卷一五四、卷一六六有引录。
	（嘉定）江阳志		教授李浚	南宋宁宗嘉定间	见《舆地纪胜》卷一五三。
	江阳谱		曹叔远	宁宗末、理宗初	见《舆地纪胜》卷一五三。
	江阳续谱	二册		理宗时	《文渊阁书目》卷四著录，《永乐大典》卷二二一八引录三则。
果州（顺庆府，治今四川南充）（二部）	果州图经	五卷	佚名	南宋时	《宋史·艺文志三》著录。《舆地纪胜》多有引录。
	开汉志	不详	朱繁	南宋宁宗后期	《舆地纪胜》卷一五六载：郡守朱繁《开汉志序》"纪将军加封诰词有云'实开汉业'，故建楼命名曰开汉。郡志名编亦曰开汉，理亦无碍"。而《郡志序》云："又以开汉名郡。"是本志名"开汉"之缘由。
昌州（治今重庆大足）（三部）	（祥符昌州）图经		李宗谔	北宋真宗祥符年间	《舆地纪胜》卷一六一引录一则。
	（昌州）图经				《舆地纪胜》卷一六一多有引录。
	静南志	十二卷	黎伯巽（曾知昌州、夔州路提点刑狱）	南宋宁宗时	《宋史·艺文志三》著录《舆地纪胜》卷一六一题为《靖南志》。"靖南""静南"古通。昌州为唐肃宗时置，后废，复置，充静南军使以镇蛮獠。此以静南代称昌州。
合州（治今重庆合川）（五部）	（合州）旧图经			北宋前期	《舆地纪胜》等书有引录。
	（合州）图经			南宋中期	《舆地纪胜》《方舆胜览》等书有引录。

续表三

地区	名称	卷数	作者或序者	时代	备注
合州（治今重庆合川）（五部）	（合州）新图经			南宋	《舆地纪胜》卷一五九、《元一统志》卷五有引录。
	合州志				《舆地纪胜》等书多有引录。
	（嘉定）垫江志	三十卷	知合州任逢	南宋宁宗嘉定年间	《宋史·艺文志三》著录。北朝西魏改宕昌郡为垫江郡，此地正在宋合州。本志命名依此。
渠州（治今四川渠县）（二部）	（渠州）图经			北宋真宗朝或稍前	《舆地纪胜》卷一六二引录四则。
	宕渠志	二卷			《宋史·艺文志三》著录。隋大业初改渠州为宕渠郡，本志命名依此。
广安军（治今四川广安）（二部）	（广安军）图经				《舆地纪胜》卷一六五有引录。
	（嘉定）广安志		郡守廖唐英	南宋宁宗嘉定元年（1208）	见《舆地纪胜》卷一六五。又《蜀中广记》卷二八引录吴荐《广安志》一则，卷五八引录宋《广安志》一则。吴荐生卒时代、事迹皆不明，或为撰《广安志》者，而廖唐英以郡守序之。
怀安军（治今四川金堂淮口镇）（三部）	（怀安军）旧经	不详	佚名	北宋前期	《舆地纪胜》卷一六四引录一则。
	（怀安军）图经	不详	佚名		《舆地纪胜》《方舆胜览》多有引录。
	金渊志	不详	知军韩植序	宁宗时	《舆地纪胜》《方舆胜览》等书有引录。军内的金水县原为金渊县、金渊郡，本志命名依此。
长宁军（治今四川长宁县南）（三部）	长宁图经				《舆地纪胜》卷一六六有引录
	（嘉定）长宁志		教授贺寅东序	嘉定十二年（1219）	见《舆地纪胜》卷一六六。
	（宝庆）长宁续志		知军孙若蒙	宝庆元年（1225）	《舆地纪胜》卷一六六引王象之《长宁续志考订》曰："宝庆乙酉（1225），太守孙公若蒙作《长宁续志》。时象之备员郡文学，遂得以考订本末附见。"
富顺监（治今四川富顺）（二部）	（富顺监）图经			南宋中期	《舆地纪胜》卷一六七多引录。
	富顺志		郡守杨汝为序		见《舆地纪胜》卷一六七。

上表显示，在州县志的编写方面，政治中心梓州（潼川府）和东南治边重地泸州最多，共有八部；其次是戎州（叙州）和合州，各有五部；普州、荣州（绍熙府）、昌州、怀安军、长宁军各三部；最少的是遂州（遂宁府）、果州（顺庆府）、渠州、广安军和富顺监，各有二部。

（三）利州路的州志二十五部

据《宋史·地理志》，北宋利州路辖有府一，即兴元府；州九，即利州、洋州、阆州、剑州、文州、兴州、蓬州、政州、巴州。南渡后府三，即兴元府、隆庆府、同庆府；州十二，即利州、金州、洋州、阆州、巴州、沔州、文州、蓬州、龙州、阶州、西和州、凤州；军二，即大安军、天水军。其中大体在今四川境内的有利州、阆州、剑州（隆庆府）、龙州（政州）、蓬州、巴州，均编修有图经或方志。具体情况见下表。

表3-3　宋代利州路的州志编修情况简表

地区	名称	卷数	作者或序者	时代	备注
利州（治今四川广元）（三部）	（利州）旧经			宋	《舆地纪胜》卷一八四引录二则。
	利州图经			北宋中期以后	《舆地纪胜》卷一八四多有引录。
	（嘉定）宁武志	十五卷	杨炎正编，邹孟卿序	南宋嘉定后期	见《舆地纪胜》卷一八四。《宋史·艺文志三》著录，误题为邹孟卿。
剑州（隆庆府，治今四川剑阁南普安镇）（七部）	（祥符剑州）图经		李宗谔		《舆地纪胜》卷一九二引录一则。
	（剑州）旧经				《舆地纪胜》卷一八六多有引录。
	剑州图志			北宋后期或南宋初	《舆地纪胜》卷一八六、《方舆胜览》卷六七各引录一则。
	隆庆图经			孝宗乾道初年以后	《舆地纪胜》多有引录。
	普安志				《舆地纪胜》卷一九二、《方舆胜览》卷六七各引录一则。唐天宝初改剑州为普安郡，本志命名依此。
	隆庆府志			南宋后期	《永乐大典》卷九七六五"千人岩"引录一则。
	剑门志				《蜀中广记》卷六一冲寂观引录一则。

续表

地区	名称	卷数	作者或序者	时代	备注
龙州（政州，治今四川江油北）（四部）	（龙州）旧经			北宋	《方舆胜览》卷七〇引录一则。
	（龙州）图经			南宋前期	《方舆胜览》卷七〇引录二则。
	（嘉泰）龙门志		杨熹序	南宋宁宗嘉泰年间	见《舆地碑记目》卷四。
	龙门续志		双流人宋之源序	南宋宁宗嘉定年间	见《舆地碑记目》卷四。
阆州（治今四川阆中）（五部）	（熙宁）阆苑记	三十卷	何求	北宋神宗熙宁年间	见《舆地纪胜》卷一八五。
	阆州图经			北宋神宗元丰年间	《舆地纪胜》卷一八五多有引录。
	（绍兴）阆苑续记	二十六卷	阆中人曹无忌	南宋高宗绍兴末	据《舆地纪胜》卷一八五，此书续何求《阆苑记》而成，自元符三年（1100）至绍兴二十五年（1155）。
	阆苑新记	三十卷	王震序	南宋孝宗淳熙年间	见《舆地纪胜》卷一八五。《宋史·艺文志三》则著录为"王震《阆苑记》"，乃误题。
	阆州志				《舆地纪胜》卷九九、《方舆胜览》卷三六各引录一则。
蓬州（治今四川蓬安北）（三部）	蓬州图经			南宋前期	《舆地纪胜》卷一八八多有引录。
	咸安志		李晔序	南宋前期	见《舆地纪胜》卷一八八。唐天宝初改蓬州为咸安郡，本志命名依此。
	蓬州志			宋	《舆地碑记目》卷四达州·碑记引录一则。
巴州（治今四川巴中）（三部）	（巴州）图经			熙宁年后	《舆地纪胜》卷一八七引录九则。
	（淳熙）清化前志		教授刘甲（龙游人）	南宋淳熙年间	见《舆地纪胜》卷一八七。隋曾改巴州为清化军，本志命名依此。
	清化续志		教授李钧	南宋中后期	见《舆地纪胜》卷一八七。因续刘《志》而作，故名《续志》。

（四）夔州路三十七部

据《宋史·地理志》等，夔州路在北宋有州十：夔州、黔州、施州、忠州、万州、开州、达州、涪州、恭州、珍州；军三：云安军、梁山军、南平军；监一：大宁监。南渡后，恭州、忠州和黔州先后升为重庆府、咸淳府和绍庆府，又新增播州、思州，其余州、军、监如旧。除珍州、施州、播州、思州外，基本都在今四川和重庆境内。每一府、州、军、监都修有图经和方志。具体情况见下表。

表3-4　宋代夔州路的州志编修情况简表

地区	名称	卷数	作者或序者	时代	备注
夔州（治今重庆奉节）（四部）	夔州旧图经			北宋后期	《舆地纪胜》卷一八二引录一则。
	夔州图经	四卷	安福人刘得（或作德）礼	南宋孝宗后期至宁宗前期间	《宋史·艺文志三》著录。
	夔州新图经			宁宗末、理宗初	《舆地纪胜》卷一八二云安军引录一则。
	夔州志	十三卷	马导		《宋史·艺文志三》著录。
渝州（恭州、重庆府，治今重庆市）（五部）	（祥符渝州）图经		李宗谔	北宋真宗祥符年间	见《舆地纪胜》卷一七五。
	渝州志			北宋仁宗至哲宗朝间	《舆地纪胜》卷一八〇引录一则。
	重庆府志			南宋宁宗嘉定末	《永乐大典》多有引录。
	（绍定）重庆图经		黎伯巽	南宋理宗绍定	《舆地纪胜》卷一五七载："绍定丁亥，（王）象之过重庆，宪使黎伯巽方类次图经"云云。当即本《图经》。
	（淳祐）重庆郡志			南宋理宗淳祐后期	《文渊阁书目》卷一九著录，或曰一册，或曰七册。
涪州（治今重庆市涪陵区）（六部）	（涪州）旧图经			北宋前期	《舆地纪胜》卷一七四引录二则。

续表一

地区	名称	卷数	作者或序者	时代	备注
涪州（治今重庆市涪陵区）（六部）	涪州图经			北宋末或南宋前期	《舆地纪胜》卷一七四、《方舆胜览》卷六一均有引录。
	涪陵志			北宋末或南宋时	《舆地纪胜》卷一七四、《蜀中广记》卷六九有引录。涪州在唐天宝初曾改为涪陵郡，本志命名依此。
	龟陵志		杨兴序	淳熙十五年（1188）十月以前	见《舆地纪胜》卷一七四、《锦绣万花谷自序》。因涪州城东有山名龟山，故涪州别称龟陵，本志命名依此。
	龟陵新志		郑鉴序	南宋孝宗以后	见《舆地纪胜》卷一七四。
	涪州志				《舆地纪胜》卷一九〇引录一则。
万州（治今重庆万州）（五部）	（万州）旧经			北宋时	《舆地纪胜》卷一七七引录一则。
	南浦志		赵善赣（宋太宗七世孙）	南宋前期	见《舆地纪胜》卷一七七。万州在唐天宝初曾改为南浦郡，本志命名依此。
	南浦记			宋	《舆地纪胜》卷一七七、《方舆胜览》卷五九、《蜀中广记》卷五七等书均有征引。
	万州图经			南宋宁宗时	《舆地纪胜》卷一七七引录十一则。
	万州新志		王子申序	宁宗、理宗初	见《舆地纪胜》卷一七七。
黔州（绍庆府，治今重庆彭水）（三部）	（黔州）旧图经			北宋前期	《舆地纪胜》卷一七六、《方舆胜览》卷六〇均有引录。
	黔州图经			南宋中期	《舆地纪胜》卷一七六、卷一七八均有引录。
	潜藩武泰志	十四卷	冉木	理宗朝	《宋史·艺文志三》著录。南宋绍定元年（1228），因黔州乃理宗"潜藩"，故升为绍庆府，军号武泰军。
开州（治今重庆开县）（一部）	（祥符开州）图经		李宗谔		见《舆地碑记目》卷四。

续表二

地区	名称	卷数	作者或序者	时代	备注
忠州（咸淳府，治今重庆忠县）（三部）	（忠州）旧经			宋	《方舆胜览》卷六一引录一则。
	忠州图经	一卷			《宋史·艺文志三》著录。
	南宾志		青神人樊汉炳序	南宋高宗绍兴时	见《舆地碑记目》卷四。忠州在唐天宝初改为南宾郡，本志命名依此。
达州（治今四川达州）（二部）	达州图经	不详	佚名	宋	《方舆胜览》卷四一、卷五九各引录一则。
	通川志	十五卷	马景修	北宋神宗以后	《宋史·艺文志三》著录。达州时称通州，隋时为通川郡，本志命名依此。
梁山军（治今重庆梁平）（一部）	梁山军图经		军教授黄震仲		见《舆地纪胜》卷一七九碑记、《蜀中广记》卷九六。
南平军（治今重庆綦江南）（二部）	南平军图经	一卷		北宋末或南宋前期	《宋史·艺文志三》著录。《舆地纪胜》卷一八〇引录十则。
	南平志		郡守赵彦迈序		见《舆地纪胜》卷一八〇。
云安军（治今重庆云阳）（二部）	（祥符）云安军旧图经		李宗谔		见《舆地纪胜》卷一八二。
	云安军图经			宋	《蜀中广记》卷七九引录一则。
大宁监（治今重庆巫溪）（三部）	（大宁）旧志			北宋	《舆地纪胜》卷一八一引录一则。
	大宁志		知监王子申	南宋孝宗朝后期或光、宁宗时	《舆地纪胜》卷一八一引录《大宁方志序》三则，并曰"王子申"。
	大宁监图经	三卷		南宋宁宗嘉定后期	《宋史·艺文志三》著录。《舆地纪胜》卷一八一引录十则。

上表显示，夔州路的州级图经、方志最多的是文化相对发达的涪州，共有六部，其次是政治地位越来越高的渝州（恭州、重庆府）和同样在战略上具有重要地位的万州，各有五部，夔州则有四部，黔州、忠州、大宁监各三部，达

州、南平军、云安军各二部,最少的是开州和梁山军,只有一部。

通过以上梳理,可以看出,两宋时期巴蜀地区的方志撰写成就巨大,不但开创性地涌现出全国性总志一部,而且每一州(府、军、监)都有方志,呈现出明显的普及特点,较之隋唐州郡图经的普及化又大进了一步。至可宝贵的是,很多州(府、军)都多次纂修方志,形成连绵不断的方志系列,从而在时间上、空间上更加完整地反映了一州(府、军)的全貌。当然,县志的编修还很薄弱,这与清代县志的普及不可同日而语。从纂修人来看,既有大量的来自川峡域外的官僚学者,更有众多的本地人士,与隋唐方志(不包括图经)主要由外地官僚学者撰写的情况明显不同,这又反映出巴蜀本地人才之盛的新局面。

二、蔚为壮观的成都"四记"

从以上清理不难发现,当时巴蜀地区政治、经济和文化中心的成都府,在地方志的编修上最为突出,前后至少共有十部方志。其中最为后世称道的是由赵抃开其头的《成都古今集记》甲、乙、丙、丁四部,前后相续,蔚为壮观。它们都是由当时主政成都的知府主持修纂,内容翔实,可靠性高。虽然早已散佚不存,但多有序跋留存,也有不少著述论及或引录,值得加以考述。①

(一)成都"四记"纂修概况

1. 赵抃《成都古今集记》三十卷

赵抃(1008~1084),字阅道,衢州西安(今浙江衢州)人。多次入蜀任职,对蜀中情况深为熟悉,所谓"凡蜀中利害情伪,风俗好恶,瞭然见之不疑"②。他"善因俗施设,猛宽不同",在成都的治理,"尤为世所称道"③。长期治蜀为赵抃编纂《成都古今集记》提供了坚实的基础。

《成都古今集记》是在宋神宗熙宁七年(1074)赵抃知成都府时编纂的,缘于对蜀地前代史书记载的不满。他自称:"尝谓前世之士,编撮记述,不失于疏略,则失于漫漶;不失于鄙近,则失于舛杂。向治平末,因取《续耆旧传》而修

---

① 这部分主要据金生杨等《论宋修〈成都志〉》一文(载《中国地方志》2006年第6期)写成,特此说明。
② (宋)赵抃:《成都古今集记序》,袁说友等编:《成都文类》卷二三,赵晓兰整理,中华书局2011年版,第479页。
③ 《宋史》卷三一六《赵抃传》,中华书局1977年点校本,第10325页。

正之。"①在编修过程中,赵抃"延博识之士,参考众书","摭其故实,以类相从","述其郡邑、山川、都城、邑郭、府寺、宫室之详,分百余门"②。内容极其丰富,时人范百禄概括其书:"自开国权舆、分野占象、州部号名因革之别,其镇其浸、冈联派属之详,都城邑郭、神祠佛庙、府寺宫室、学宫楼观、囿游池沼建创之目,门阎巷市、道里亭馆、方面形势,至于神仙隐逸、技艺术数、先贤遗宅、碑版名氏,事物种种,瓌谲奇诡,纤嗇毕书。"③

2. 王刚中《续成都古今集记》二十二卷

绍兴二十八年(1158)九月,王刚中以龙图阁待制出任四川制置使兼知成都府。任职将满周岁,他便因间隙,以赵氏《成都古今集记》为基础,搜访纂辑,完成《续成都古今集记》二十二卷。此时距赵氏《集记》编成八十七年。在这八十七年中,蜀地又发生了不少事情,值得记述。故王氏称:"自熙宁迄今凡九十年〔实为八十七年〕年,事当纪述者盖难遽数,而旧记莫或踵继,见闻异辞,日月浸久,恐遂湮灭,可不惜哉!"④

《续成都古今集记》的内容主要有两个方面:一是辨正赵抃《成都古今集记》的差误,补足其脱遗之处;二是续补赵氏《成都集记》完成后蜀地发生之事。比如,王刚中于书中著录花蕊宫词二十八首就属于补赵抃《成都古今集记》记载不足的内容。宋赵与时《宾退录》载:"首卷书王平甫所云花蕊宫词三十二首,今考王恭简(刚中)《续成都集记》才二十八首,尽笔于此,庶真赝了然。"⑤

3. 范成大《成都古今丙记》十卷

王刚中编成《续记》后时隔十八年,范成大又编成《成都古今丙记》十卷。范成大是在淳熙二年(1175)六月移镇全蜀的,出任四川制置使兼知成都府。他兴学勤政,深得蜀民之心。范成大编纂《丙记》的理由并不复杂,自

---

① (宋)赵抃:《成都古今集记序》,袁说友等编:《成都文类》卷二三,赵晓兰整理,中华书局2011年版,第479页。
② (宋)晁公武著,孙猛校证:《郡斋读书志校证》卷八,上海古籍出版社1990年版,第352页;(宋)王应麟:《玉海》卷一五《地理·地理书》,影印文渊阁《四库全书》本。
③ (宋)范百禄:《成都古今集记序》,袁说友等编:《成都文类》卷二三,赵晓兰整理,中华书局2011年版,第480页。
④ (宋)王刚中:《续成都古今集记序》,袁说友等编:《成都文类》卷二三,赵晓兰整理,中华书局2011年版,第487页。
⑤ (宋)赵与时:《宾退录》卷九,影印文渊阁《四库全书》本。

云:"《续记》之成距今才十有八年,虽事之当书者不至甚夥,然恐自是日月寖久,来者难考,乃搜耳目所及者继书之,名曰《丙记》。"①也就是说,范成大的动机就是出于保存历史。

范成大所编《成都古今丙记》重视蜀地治理,此可以从宋人引文见其一斑。《坦斋通编》载:"《成都丙记》云:乾道三年,邛州不熟,浦江宰邵隆年捕得盗麦者闻于州,太守冯觉不理,因此攘夺群起。茶马张茂材领马纲之卒及成都禁兵至延贡镇,搜匿奸渠魁杀之,诖误者给牒遣归,俗乃安妥。宣抚司奏其事,始于邛之安仁有旨:冯觉及通判蒲琭各镌三官放罢,安仁宰宋琛追官,编管五百里,茂材赐诏奖谕。"②此则记载四川地方守臣处理民众盗夺之事及朝廷旨意,目的无疑是警示后来者切实负起保一方平安的责任。

4. 胡元质《成都古今丁记》二十五卷

淳熙四年(1177)二月,宋廷以新知荆南府胡元质为四川安抚制置使兼知成都府。居处成都的三年间,胡氏缀辑成《成都古今丁记》二十五卷,时间当在淳熙七年(1180)。此外,胡氏还别行编辑"沈黎蕃部驿骚乱"及平定之事,但未论定,没有附入此书。

胡元质之所以要编《成都古今丁记》,是缘于"蜀久困于征输,榷酤之额虽减,盐茗之课犹重,与其他边防、民政,事所当行,利兴害去,皆有端绪,可覆而考也"。以此而论,则胡氏所编重在考察蜀地征输及边防、民政问题上,显有补前三记之缺的用意,所以他说:"合成都四《记》而观之,往事顿前,得过半矣。"③时隔三年,以二十五卷的卷帙而论,胡氏此编实为翔实可观了。

(二)成都"四记"修纂的意义

宋代成都"四记"的修纂,依托于深厚的历史文化基础,有着深远的历史意义。

其一,保存了历史资料,有效地传承了巴蜀文化。赵抃不满足蜀地前代的志书,编纂《成都集记》,而后继者或补其缺漏,或续记史实,对蜀地历史文化的记载和传承起到了承前启后的作用。与其他《梁益志》《蜀古今传》之类

---

① (宋)范成大:《成都古今丙记序》,(宋)袁说友等编:《成都文类》卷二三,赵晓兰整理,中华书局2011年版,第490页。
② (宋)邢凯:《坦斋通编》,影印文渊阁《四库全书》本。
③ (宋)胡元质:《成都古今丁记序》,(明)杨慎编:《全蜀艺文志》卷三〇,刘琳、王晓波点校,线装书局2003年版,第797~798页。

的作品相较而言,成都"四记"体例更完备,记载更为翔实、集中,在保存史料、传承文化方面更为有效。明人彭韶修《四川成都志》,十分清楚地认识到宋修成都"四记"的作用。他说:"成都古有《华阳》等志,久而失传。宋熙宁间,赵清献公再知成都,始删修古今事为《集记》。绍兴间,制置王恭简公再集熙、丰以来事为《续记》。至淳熙间,范石湖、胡长文二公相继帅蜀,又集南渡以后事为丙、丁二《记》。丙、丁言者,意以《集记》为甲,《续记》为乙,且次第以俟后人于无穷也。凡事目创于《集记》,后三《记》皆祖述之。四《记》者,今皆行于世。二千年之蜀中更变故事得不泯者,四《记》之力也。"①今天,我们翻阅古书,仍时常见到古人论及蜀事时往往引述赵抃、王刚中、范成大、胡元质等人所编纂的《成都记》。

其二,推动和发展了志书纂修的理论方法,弥补了前志缺陷,开启了后来志书的新发展。宋人认识到前人蜀志的不完善。他们针对志书的不足,不断改定,或改撰,如赵抃《成都古今集记》修正《续耆旧传》;或补充,如王刚中《成都集续记》补赵氏《集记》记蜀事的佚脱之处;或续记史实,如后两部志记都续记有前纂志书之后的历史事实。这样,后出转精,志书的纂修水平越来越高,越来越精密,客观地发展了方志学。

其三,注重总结历史经验教训,为后人提供了治蜀方略。史书本有以史为镜,供后人借鉴的功效,而成都"四记"的修纂特别注意总结治蜀经验教训,为后人治蜀提供借鉴。赵氏称:"书寇盗,所以警出没;书蛮夷,所以尽制御之本末。终之以伐蜀,使万世之下知蜀之终不可以苟窃也。"②可见军事治乱为赵氏所重。

其四,充分显示了宋代文化的兴盛和方志学的蓬勃发展。宋人能够多次兴修《成都记》,这在历史上是很了不起的事。就是在方志学极度兴盛的清代,其相应的志书修纂也难与之匹敌。成都"四记"相因相革,互为补充,其组织结构之完备,内容之翔实,充分显示了方志学的蓬勃发展与完善。主持修纂"四记"的几位文官多有才华,在文史方面成就不小,也显示了宋代文化的发达。王刚中不但治蜀有方,而且"官闲吏退,以读书著文为乐,有《易说》

---

① (明)彭韶:《四川成都志序》,(明)杨慎编:《全蜀艺文志》卷三〇,刘琳、王晓波点校,线装书局2003年版,第801页。
② (宋)赵抃:《成都古今集记序》,(宋)袁说友等编:《成都文类》卷二三,赵晓兰整理,中华书局2011年版,第479页。

《春秋通义》《仙原圣记》《经史辨疑》《汉唐史评》《唐史要览》《天人修应录》《东溪集》《应斋笔录》《续成都记》凡百余卷"①。范成大更是宋代著名文学家,他还另编有《吴郡志》五十卷。

至为可惜的是,成都"四记"无一保留至今,宋末严酷的民族战争使得这些宝贵的地方志书损失惨重,流传稀少。南宋晚期的陈振孙即感慨道:"于时岁在己丑(1229),蜀故无恙也。后七年(1236)而有兵祸,秦汉故迹,焚荡无遗。今其可见者,惟此二记(《成都古今集记》《续成都古今集记》)耳,而板本亦不可复得矣。"②由此可见,在惨烈的宋蒙(元)之战中,不仅蜀地遭受摧残,蜀地文化、地志也备受折磨,荡然无遗。元费著《成都志序》也称:"兵余,版毁莫存,蜀宪官佐,搜访百至,得一二写本。"③其寻觅所得者仅袁说友《成都志》而已,可见当时战争破坏之严重。明杨慎称其父尝取"成都丙、丁两《记》"等书纂《蜀文献志》④,彭韶更说:"四《记》者,今皆行于世。"⑤这说明至少在彭韶之时,宋所修《成都古今集记》《续成都古今集记》《成都集丙记》《成都集丁记》还保存着。但何宇度著《益部谈资》则称此四《记》全部散佚。⑥时至今日,宋修成都"四记"已佚,仅知其大略。不过,明代五次修纂《四川总志》,据杨慎所言,其中借鉴利用了宋代成都"四记"的材料和体例是没有问题的。由此,宋代成都"四记"又或多或少以"隐姓埋名"于《四川总志》中的方式流传到了今天。

三、一部内容宏富的地理总志——《皇朝郡县志》

宋代是我国古代地理总志快速发展的时期,先后出现了一批对后世产生重要影响的著作,如北宋乐史《太平寰宇记》、欧阳忞《舆地广记》、王存等《元

---

① (宋)孙觌:《鸿庆居士集》卷三八《宋故资政殿大学士王公墓志铭》,影印文渊阁《四库全书》本。
② (宋)陈振孙:《直斋书录解题》卷八,徐小蛮、顾美华点校,上海古籍出版社1987年版,第256页。
③ (元)费著:《成都志序》,(明)杨慎编:《全蜀艺文志》卷三〇,刘琳、王晓波点校,线装书局2003年版,第800页。
④ (明)杨慎:《升庵集》卷一《四川总志序》,影印文渊阁《四库全书》本。
⑤ (明)彭韶:《四川成都志序》,(明)杨慎编:《全蜀艺文志》卷三〇,刘琳、王晓波点校,线装书局2003年版,第801页。
⑥ (明)何宇度:《益部谈资》卷上,影印文渊阁《四库全书》本。

丰九域志》，南宋范子长《皇朝郡县志》①（佚）、王象之《舆地纪胜》、祝穆《方舆胜览》、王希先《皇朝方域志》（佚）等。其中范子长是成都人，其《皇朝郡县志》（以下简称《郡县志》）是巴蜀地区出现的一部罕见的全国性地理总志。其书早已散佚不存，现搜剔有关资料，对其人其书探知一二。②

（一）范子长其人及其《郡县志》的编纂

范子长，字少才，号格斋，成都双流人。宁宗庆元年间"以进士官太学"，嘉泰末年（1204），邛州蒲江人魏了翁"入为学官"，自称"与李仲衍、范少才、赵全道先生同在学省"③，可知范子长此时仍在国子监做官。不久，在权相韩侂胄力主北伐的声浪中，已迁吏部郎官的范子长因"言事忤权奸"，又"知庙论不合"，遂与魏了翁等"相继补外"④。到嘉定初年（1208），鉴于"开禧北伐"的失败，取代韩侂胄的权相史弥远推行"更化"，于是朝廷纷纷起用先前"补外"之人。已回蜀地的范子长也在被推荐之列，拟"召赴行在"，但由于"弥远忌之"，从中横加阻挠，范子长"畀节不得入对"⑤。此后范子长便一直在蜀地任官，并在嘉定五年左右知泸州，以代许奕。官终利州路提刑。所著有《皇朝郡县志》一百卷、《格斋集》四十卷，皆已失传。

范子长出自"世显以儒"的成都双流著姓范氏。其家族自北宋中期范镇崛起后，先后涌现出范镇、范百禄、范祖禹、范冲、范温等名人，既是官宦世家，也是学术名族。其中范镇与修《新唐书》、范祖禹与修《资治通鉴》，并自撰《唐鉴》，范冲又主修《神宗实录》等，范家成为名副其实的史学世家。而在范子长稍前或同时，范氏家族又有范仲黼、范仲芑、范仲艺、范谟、范荪、范子该等人高中进士，或任官朝廷和地方，或讲学成都。特别是在宁宗庆元至嘉定年间，在成都东门外，仁寿虞刚简、资中赵昱（希光）、豫章李修己

---

① 《宋史》卷二○四《艺文志》作《皇州郡县志》，"州"当为"朝"误。
② 这部分主要是在李勇先《范子长及其〈皇朝郡县志〉》一文（载《宋代文化研究》第十一辑，线装书局2002年版，第234～247页）的基础上写成的，特此说明。
③ （宋）魏了翁：《鹤山先生大全文集》卷五九《跋宋常丞（德之）送行诗后序》，四部丛刊初编本。
④ （宋）魏了翁：《鹤山先生大全文集》卷五九《跋宋常丞（德之）送行诗后序》、卷八二《故秘书丞兵部郎官潼川府路转运判官张公墓志铭》，四部丛刊初编本。
⑤ （宋）魏了翁：《鹤山先生大全文集》卷一九《被召除授礼部尚书内引奏事第一札》，四部丛刊初编本。

（思永）、延平张士佺（子真）、汉嘉薛绂（仲章）、陵阳程遇孙（叔达）、井研李心传（微之）、李道传（贯之）、唐安宋德之（正仲）、汉嘉邓谏从（元卿）等人，与双流范氏族人范仲黼、范荪、范子该等人"相为师友"，"相与切磋于义理之会"。范子长经常参加这类"会文讲学"活动，讨论学术，议论时政。①范子长濡染于这样的家族和地域氛围，对其学术养成，特别是致力于史学尤其是《郡县志》的编纂，无疑是很大的促动。

范子长何时从事《皇朝郡县志》一书的编纂，不见任何记载。很可能在中进士前后，尤其是在与师友们讲学论道的学术活动中，激发了他经世致用的思想，并产生了编纂一部历史地理总志的想法。他试图通过编纂一部全国性的总志，来实现自己以史为鉴、经邦纬国的政治理想和远大抱负。与范子长同时的好友、后来成为著名史学家的李心传在庆元元年（1195）进士下第后就绝意科举，闭门著述。正是在师友们的感染和鼓励下，范子长很有可能在此时就开始从事《郡县志》一书的资料搜集和准备工作。在中进士"官太学"后，便致力于《郡县志》一书的编纂了。由于《郡县志》牵涉范围广泛，规模又达百卷，因此其在编纂过程中，范子长必定得到不少的帮助。今有一条材料透露这一讯息："（史尧辅）除丧，调昌州大足县尉，未上，上谒帅司范公（子才），以书局留之，与修职方志。"②

（二）《郡县志》的内容和编纂体例、方法

《郡县志》问世后，较早引用此书的是南宋人王象之，他在所著《舆地纪胜》（以下简称《纪胜》）中共引用了两百余次，是引用《郡县志》内容和次数最多的著作。此后祝穆的《方舆胜览》、潜说友的《咸淳临安志》，以及明代的《明一统志》《六艺之一录》《浙江通志》《石柱记笺释》等书也间有引录，但都比较少。根据这些著作的引录来看，可知《郡县志》一书内容宏富，在编纂体例和方法上也有创新。先看其内容。

第一，叙述地方行政区划及其机构的沿革。如诸路分合，《纪胜》卷一八三兴元府引《郡县志》云："兴元、剑、利、阆、金、洋、巴、蓬、大安为东路，阶、成、西和、凤、文、龙、兴为西路。乾道四年复分，兴元帅兼领

---

① 参见胡昭曦：《宋代"世显以儒"的成都范氏家族》，《胡昭曦宋史论集》，西南师范大学出版社1998年版，第286~319页。
② （宋）魏了翁：《鹤山先生大全文集》卷七一《宣教郎致仕史君（尧辅）墓志铭》，四部丛刊初编本。

之。淳熙二年复分。三年又合，五年复合，绍兴四年再合。"如监司沿革，《纪胜》卷二引《郡县志》述两浙转运司沿革："元丰元年，诏转运司通管二路，提刑、提举司各分路置。"如州沿革，《纪胜》卷一〇二引《郡县志》述梅州州沿革云："梁正明三年，伪汉刘氏窃据其地，于县置敬州。"如县沿革，《纪胜》卷一一六引《郡县志》述化州石城县沿革："本汉高凉县地。唐武德五年始置石城县，属罗州。六年，罗州自石龙徙治于此。天宝元年更名廉江县。皇朝开宝五年废罗州，并废县隶吴川。乾道三年，广南西路诸司言吴川县地广民众，乞将吴川县所隶西乡置石城县。诏从之。"

第二，记载各地风土民情。如《纪胜》卷八十六房州风俗形胜门引《郡县志》："房自战国时更属秦、楚，故其民实兼秦、楚之俗。至今安于山僻，男子烧畲为田，妇人绩麻为布，以给衣食，少从学之士。其信巫重祀，子分赘，劲悍决裂，盖兼秦、楚之俗也。"《纪胜》卷一〇五引《郡县志》述象州风俗："其俗火耕水耨，食鱼稻，信鬼神，好淫祀。又云俗以鸡骨卜吉凶。《旧经》：人多骋猎，家少秀民。"

第三，记述各地山川地理。包括州（府、军、监）所领属县山岩洞穴、江河溪流、池塘湖泊等的方位、远近、流域分布等情况。如《纪胜》卷一六〇荣州引《郡县志》云："荣德山，其高插天，资、昌、富顺皆见之，一名龙仙，一名老君山。"又云："中江水。在威远东一百一十里，来自资州内江县南，流入威远县界，入富顺监。"

第四，载录各地古迹。包括各地亭堂楼阁、祠庙寺观、关塞故城遗址、州县废置始末、陵墓碑等。如《纪胜》卷六十六引《郡县志》述鄂州横江鲁肃庙"在城西南二里"。同书卷七十五引《郡县志》云："会溪城。本溪州。五代时溪州刺史彭士愁遣子师暠率奖、锦诸州降于马氏。至皇朝，而师暠之弟师晃乞于溪州旧基筑城。至嘉祐中，彭士义叛，已而乞降。熙宁八年，遂改为会溪城，隶沅陵县，官有知城、巡检、主簿，东距州城一百二十里。"

第五，记述官吏和其他人物。除记载本朝重要人物如王世则、范雍、陈祐、冯时、李新、喻汝砺、虞允文、史浩等而外，还记载了宋以前的人物。如《纪胜》卷四安吉州人物门引《郡县志》云："徐氏，唐太宗贤妃徐惠，长城人。八岁能属文。父尝试使拟《离骚》，为《小山》篇曰：'仰幽岩而流盼，抚桂枝以凝想。将千龄兮此遇，荃何为兮独往。'父大惊。太宗闻之，召为才人。太宗讨四夷，惠上疏极谏，且言：地广者非常安之术，人劳者乃易乱之符。"

再看其编纂体例和方法。大致说来，《郡县志》的编纂体例较唐朝和北宋时期的一些全国性地理总志都有所变化和创新。如在门类划分上，《郡县志》除府境、四至八到、郡境外，还增添了陆路、水路里程等类，这就比《元和郡县地志》《太平寰宇记》《舆地广记》详细得多。此外，《郡县志》还增加了官吏、路分沿革、监司沿革等门类，这是以前历史地理总志所没有的，并为后来王象之《舆地纪胜》和祝穆《方舆胜览》所继承。因此可以说，在宋代地理总志的编纂体例上，《郡县志》起到了承先启后的作用。

至于编纂方法，至少有以下两点可述。

第一，重视辨析史料真伪。《郡县志》一书，并不完全是将各种史料汇编在一起，而是对各种不同的记载有所考证。如霅溪，《纪胜》卷四安吉州·景物上引《郡县志》："《图经》谓自铜岘山出曰前溪，自天目山出曰余不溪，误矣。盖自清源门入曰苕溪，其流浊；自安定门入曰霅溪，其流清，不过二溪耳，且余不溪与苕溪皆出天目山。前溪虽出铜岘山，然至德清县东已与余不溪合而北流，至定安门外，通谓之霅溪，不待与苕溪合然后名之也。'霅'者，以众流合集为义，而《旧经》按字书为'四水激射之声'，亦非也。"又如《纪胜》卷一五四潼川府铜山县·沿革引《郡县志》："汉文帝赐邓通严道铜山，乃在今黎州，非此地也。正观二十三年置监。"又广州沿革，《纪胜》卷八九引《郡县志》："以今日之地理考之，潮州旧隶扬州，连州旧隶荆州，未可尽以为九州之外也，合行修正。"从上可知，子长《郡县志》一书中肯定有许多考证辨析的内容。

第二，采用两存其说的方法。子长在编纂时，对一时无法考证清楚的内容，并不是武断地下结论，而是采用两存其说的方法，以待后人做进一步的考证。如《纪胜》卷十一庆元府·景物下引《郡县志》："在定海县东南九十里，有十二峰。祥符五年，有青松峰，下生芝草五本，守臣以闻，有回诏碑。今瑞岩乃属台州，小有不同。抑是时尚属明，后割隶台州，亦未可知，姑两存之。"又如关于沃洲山的记载，《纪胜》同卷引《郡县志》："瑞岩山。在鄞县东二十里。唐白居易有《院记》，以为越州山川之首。然沃洲自古名胜以为在越，今两存之。"

以上两点，突出地反映出范子长编修此书是极为认真严谨的。

（三）《郡县志》的失传原因

《郡县志》的内容宏富，体例也有所创新，既总结和继承了此前有关地理志书的内容和优点，也根据时代的发展而补充记载了不少新的内容，从而为此后地理志书的编纂提供了重要的基础。也就是说，在编纂体例上，《郡县志》在宋代地理总志的编纂上起到了承上启下的作用。至于其具体内容，也多被后来地理志书所吸收，尤其是《纪胜》，单是明确标明的就有两百余处征引，其具体参考和没有标明的不知还有多少。可以说，如果没有《郡县志》，《纪胜》的内容和价值无疑要逊色得多。

尽管如此，《郡县志》自成书后，除王象之等少数历史地理学家引用外，在当时并未引起人们的足够重视，并没有得到广泛的传播，几乎没有任何目录学著作著录其书，并最终导致该书大约在明末清初失传。其之所以失传，固然不排除一些偶然的因素，但与之后的《纪胜》相比，该书存在明显短处，应是其失传的重要原因。

第一，在编纂体例上不如王象之《纪胜》。尽管《郡县志》一书分门别类地进行了编纂，但《纪胜》在此之外还增加了仙释、碑记、诗文、四六等门类。而祝穆《方舆胜览》的编纂体例在当时更适合士大夫和科举考试的需要，其影响还超过了《纪胜》，这更是《郡县志》所不及的。

第二，从编纂方法来看，《郡县志》尽管也注明资料出处，但往往是在叙述中连带指出，并不像《纪胜》几乎每条都注明引用资料出处。《郡县志》尽管也有考证的内容，但毕竟只是在个别地方零星出现。而《纪胜》却大量采用考证的方法。尤其是建置沿革部分，基本上是王象之经过精心考证编写而成，代表了当时沿革地理研究的最高水平。

第三，从内容上看，《郡县志》和《纪胜》的史料尽管都主要来源于各地图经地志及历代"正史"地理志、本朝诏令制诰等，但王象之《纪胜》所采用的资料更加丰富，远远超过了《郡县志》。在书中，王象之还大量引用了《郡县志》的内容。尽管《郡县志》的部分内容为《纪胜》所无，但从总的情况来看，《郡县志》远不如《纪胜》丰富，这是《郡县志》不能传世的重要原因。

当然，《郡县志》毕竟是一部在南宋出现的重要的历史地理学总志著作，今天还是有必要对其加以辑佚和研究的。

第四章

巴蜀史学的低谷与缓慢发展（元明清时期）

元明清三朝是我国历史上统一规模空前和专制集权高度强化的历史时期，反映到史学上，一方面是由国家组织的大型官修史籍的频繁编纂，如超越区域性地方志的全国性地理总志《一统志》的出现及其反复修纂，《经世大典》《永乐大典》《古今图书集成》《四库全书》等大型政书、类书和丛书的横空出世；另一方面是涌现出一批眼界更为宽广的私修史著，如顾炎武的《天下郡国利病书》、顾祖禹的《读史方舆纪要》，以及大量足迹广远的行记、游记等。当然，针对专制主义进行批判的史学思想也在明代中后期社会经济高度发展的环境下产生，并在明清易代这一特殊时期达到高潮，"先后出现了顾炎武、黄宗羲、王夫之、唐甄等众多的思想和学术巨匠。他们以其深邃的历史思考和对封建专制制度的鞭笞，将明清史学中的历史批判推向思想的高峰"。[1]不过随着清王朝统治的加强，这一带有启蒙意义的思潮逐渐沉寂，代之而起的是对传统学术文化的细致推考和总结，经史考据之学登峰造极，王鸣盛的《十七史商榷》、赵翼的《廿二史札记》、钱大昕的《廿二史考异》和崔述的《考信录》皆是考据史学的名篇。而逆此风潮，讲求"史意"的章学诚则著成《文史通义》，将我国古代史学理论水平推向最高峰。

相比于当时全国史学的继续发展而言，这一时期的绝大部分时间内，巴蜀地区的史学可谓低迷不振，远远不能与之前两宋时期的繁荣景象相提并论。这当然主要是由于宋末元初和明末清初巴蜀地区连续遭受了两次空前未有的长期战乱，严重破坏了巴蜀本地的经济文化生态，史学发展难以维系。不过另一方面，为躲避战乱，部分巴蜀学人流寓东南，发展学术文化，在史学上也做出了不凡的成绩，典型的如祖籍仁寿的虞应龙编修《元大一统志》、虞集编修《经世大典》，都堪称元代史学的盛事；又如达州唐甄寓居江浙，著成《潜书》，闪耀着光辉的历史批判思想，是清朝初年批判君主专制主义思潮的重要组成部分。

---

[1] 向燕南、张越、罗炳良：《中国史学史》第五卷《明清时期（1840年前）》，上海人民出版社2006年版，第14~15页。

当然，巴蜀本地在医治战争创伤的艰难历程中，学术文化也逐渐恢复和发展。反映到史学上，如元代中后期华阳人费著注意收集和整理包括《岁华纪丽谱》《氏族谱》等在内的巴蜀谱牒，并编撰《成都志》，为保存前代巴蜀文化做出了重要贡献；在明代中期崛起的新都人杨慎以其旷世博学，撰写了包括名著《全蜀艺文志》在内的大量著作，其一系列的考证之作又开启了明朝史学的考信之风，对整个明清时期的考据学发展都有重要影响；另外内江人赵贞吉还率先提出"六经皆史""孔子为史圣"的命题："乌知六经之皆史乎？又乌知仲尼为史之圣乎？"①是后来章学诚著名的"六经皆史"论的先声，在史学理论发展史上占有一席之地。清代巴蜀本地虽然受当时以乾嘉考据学为代表的学术主流的影响很小，学术发展的总体水准也远远低于发达的东南地区，以至乾嘉时期开馆编《四库全书》《全唐文》，蜀中竟无共襄其事者；正续《皇清经解》收录作者一百三十五人，著作三百九十八部，也无一蜀人。②但绝不能因此就说这一时期巴蜀本地的学术乏善可陈。清朝中期崛起的罗江人李调元、双流人刘沅就以博学多识著称，他们虽与当时的主流学术即考据学不无距离，但也有自己的独特贡献。李调元广搜文籍，汇成《函海》，收书一百六十三种，八百五十二卷，是整个清代及其以前巴蜀历史上规模最大的丛书，在保存和传播包括蜀中在内的一些稀见和重要文献方面贡献突出，如杨慎和他自己的著作多赖此而存。刘沅会通三教，融贯四部，著述繁多，后人汇刻为《槐轩全书》，其中有《史存》《明良志略》等史学作品，他注重道家道教的思想还对后来其孙子刘咸炘在民国时期形成"察势观风"的道家史观有很大影响。

这里要特别强调的是，明清两代巴蜀学者虽然在国史的编修上乏善可陈，与宋代的兴旺景象形成强烈的反差，但地方史志的写作则超迈前代。明代新都人杨慎的《全蜀艺文志》和来蜀为官的福建人曹学佺的《蜀中广记》，搜罗之富，价值之高，可以说是继东晋《华阳国志》之后最重要的地方史志作品；清代汉州（今四川广汉）人张邦伸的《锦里新编》和甘肃武威人张澍的《蜀典》，也是内容丰富的珍贵巴蜀史著作。这一时期的地方志编修更是获得了重要发展，不但多次编修省级方志，体例日善，内容日丰，其中嘉庆《四川通

---

① （明）赵贞吉：《赵文肃公文集》卷二三《史业二门都序》，明万历十三年（1585）赵德仲刻本。
② 徐仁甫：《廖季平经学思想的衍化》，《四川文史资料选辑》第二十八辑，四川人民出版社1984年版，第11页。

志》高达二百零四卷，是在整个巴蜀古代史上最为浩繁的方志作品；而且还出现了大量的府、州、县志，并在清朝形成县级方志基本普及之势，诞生了段玉裁《富顺县志》、李调元《罗江县志》和张澍《大足县志》等名篇佳构。另外，这一时期战乱很多，有关记载也不少，尤以记录明末清初那场史无前例的大乱最为引人瞩目，李蕃《明末清初雅安受害记》、傅迪吉《五马先生纪年》、费密《荒书》、欧阳直《蜀乱》（或称《蜀警录》《欧阳氏遗书》）、沈荀蔚《蜀难叙略》、张烺《烬余录》等书都是亲历者的记述；李馥荣《艳滪囊》、彭遵泗《蜀碧》、刘景伯《蜀龟鉴》、孙淇《蜀破镜》等，则或属采集，或是抄编。它们固然有很高的史料价值，但不可全视为"实录"。

第一节　元朝费著与虞集的史学成就

作为宋蒙（元）战争的主战场之一，巴蜀地区经历了长达四十余年的惨烈战争，这使得唐宋以来空前繁荣的巴蜀社会经济遭受重创，昔日人文荟萃的气象不复存在，巴蜀文化从高峰跌入低谷。进入元朝以后，蒙古以塞外游牧民族入主中原，统治阶层大多出身挥戈跃马、弯弓射雕的军人世家，起初对汉地的诸子百家、琴棋书画等高雅文化并无太大的兴趣与认同。但是，随着生活环境、政治需要的改变，这些异族武将的后代也逐渐"舍弓马而事诗书"[①]。所以，陈垣指出："色目人之读书，大抵在入中国一二世以后。其初皆军人，宇内既平，武力无所用，而炫于中国之文物，视为乐土，不肯思归，则惟有读书入仕之一途而已。"[②]在当时的四川地区，有些蒙古、色目人对汉地文化的喜好甚至出于汉人之上。例如，元至正初年，"蜀帅纽邻之孙尽出其家赀，遍游江南，四五年间得书三十万卷，溯峡归蜀，可谓富矣。"[③]另一方面，元朝统治者出于掌握国情的需要，重视编纂《经世大典》《一统志》和续修各地州县方志。这些原因又在客观上促进了元代巴蜀史学的发展，使处于急剧衰退中的巴蜀史学呈现出向内"拾残补缺"和向外"慧命赓续"两种发展态势。所谓"拾残补缺"，是指四川地区经历兵燹，人口锐减，史籍亡佚；丧乱之后，

---

① （元）戴良：《九灵山房集》卷二一《鹤年吟稿序》，四部丛刊本。
② 陈垣：《元西域人华化考》，上海古籍出版社2000年版，第17页。
③ （明）胡应麟：《少室山房笔丛·甲部》卷一《经籍会通一》，上海书店2009年版，第13页。

四川本地的读书人开始着手收集、整理残存的地方文献史料,力图重建巴蜀风俗文化。华阳人费著收集整理宋代遗存的巴蜀谱牒是这方面的一个代表。所谓"慧命赓续",是指因躲避战乱而流寓东南的世家大族对巴蜀史学传统的延续和发扬。尽管元初四川人口锐减,但并不等于减少的这部分川人都死于战火,事实上其中相当一部分只不过是迁徙或逃亡了。宋末元初,川西地区的世家大族和士大夫阶层掀起了"蜀士流寓东南"的热潮。①这些家学渊源深厚、文化造诣高超的世家大族保存了宋代巴蜀史学的优良传统,并将其推上了一个新的高度。其中,虞集是他们的杰出代表。以下以费著、虞集为中心,论述元代巴蜀史学的这两种发展特征。

一、费著对前代巴蜀文献的收集与整理

关于费著的生平,文献记载很少。目前已知有关他生平最详细的记载,出自明正德十三年(1518)刊行的《四川志》卷九《成都府·人物志》,萧启庆《元代进士辑考》②、顾宏义《金元方志考》③在此基础上略有补充。综合以上材料可知:费著,字克昭,华阳(今四川成都)人。泰定元年(1324)甲子科进士,授国子助教,后改太史院都事。同年十一月调四川,为汉中廉访使。至正八年(1348)为翰林待制、中顺大夫,累迁翰林直学士,调重庆府总管。至正十七年(1357),明玉珍攻重庆,费著遁居犍为而卒。其兄克诚,也是进士擢第,时人称兄弟二人为"成都二费"。万历《四川总志》称费著"有时名"④,《麟溪集》曾收录一首费著称述浦江义门郑氏家族的五言古诗⑤,据此分析,"有时名"疑为"有诗名"之误。

今存署名费著的作品共计十篇:《成都志序》《蜀名画记》《成都周公礼殿圣贤图考》《氏族谱》《器物谱》《笺纸谱》《蜀锦谱》《钱币谱》《楮币谱》《岁华纪丽谱》,分别记述唐宋时期成都的风俗人物及文化史上蜀锦、

---

① 参见陈世松、史乐民:《宋末元初蜀士流寓东南问题探讨》,《元史论丛》第五辑,中国社会科学院出版社1993年版。
② 萧启庆:《元代进士辑考》,(台北)"中央"研究院历史语言研究所2012年版,第220页。
③ 顾宏义:《金元方志考》,上海古籍出版社2012年版,第224页。
④ (明)虞怀忠修,郭棐纂:《四川总志》卷八,明万历九年(1581)刻本。
⑤ (明)郑太和辑:《麟溪集》丁卷,明成化十一年(1475)刻本。

蜀纸、蜀纸币的发展变迁情况，是研究唐宋巴蜀地区政治、经济、社会文化的宝贵材料。这十篇作品全部收录在杨慎编的《全蜀艺文志》，据后人考证，除《成都志序》一篇明确有费著的署名外，其余九篇可能都出自南宋庆元年间袁说友及其幕僚编纂的《成都志》，并非费著所作。①

《成都志序》收在《全蜀艺文志》卷三十，这一卷主要收录明以前巴蜀地区的各种志序，按时间顺序排列，费著《成都志序》在宋袁说友《成都文类》和明彭韶《四川成都志序》之间，署"至正三年费著序"。费著所撰的这部至正《成都志》，今已亡佚，《千顷堂书目》卷八有著录，卷数不详，《文渊阁书目》卷四有《成都志》十八册，但不能确定是否就是至正《成都志》，详见顾宏义《金元方志考》②和《四川省志》附录《蜀志考》③。《成都志序》记述本地官吏千方百计搜访、获得宋代《成都志》《成都文类》写本的经过，又谈及《成都志》主要反映郡邑沿革、人物风俗，篇幅不大，所以先行付梓，而《文类》浩繁，未及刊刻等情况。此序是研究元代巴蜀地方志编撰的重要史料。

《蜀名画记》，又名《名画记》④，收在《全蜀艺文志》卷四十二，是一组巴蜀历代绘画史料中的最后一篇，记录中唐至北宋末年四川成都一带知名画家二十余人的生平事迹。其中大量文字与北宋郭若虚《图画见闻志》相同，但间或也有《图画见闻志》不载之事，似乎是先从《图画见闻志》中辑出相关画家的传记，再根据其他的一些材料进行增删而成的。另外，《蜀名画记》文字简略，所收画家有不少在北宋黄休复《益州名画录》中早已有详尽的记载，由此可知，编撰者当时掌握的材料极其有限。因此，《蜀名画记》虽然为了解唐宋时期成都地区的画家和画迹提供了一定的线索，但作为《益州名画录》之后

---

① 参见［日］森田宪司：《〈成都氏族谱〉小考》，《东洋史研究》1977年第36卷第3期；谢元鲁：《岁华纪丽谱等九种校释》前言，《巴蜀丛书》第一辑，巴蜀书社1988年版；谢元鲁：《〈岁华纪丽谱〉〈笺纸谱〉〈蜀锦谱〉作者考》，《中华文化论坛》2005年第2期；谢元鲁：《对〈楮币谱〉〈钱币谱〉作者及写作年代的再认识》，《中国钱币》1996年第1期。
② 顾宏义：《金元方志考》，上海古籍出版社2012年版，第226页。
③ 黄友良主编：《四川省志·附录》，四川人民出版社2000年版，第143页。
④ 曹学佺《蜀中广记》引《蜀名画记》，皆省"蜀"字，作"费著《名画记》"，明叶盛《箓竹堂书目》卷二的"无名氏《名画记》一卷"也疑指此篇。

编纂的地区性绘画史，其价值和意义非常有限。①

《成都周公礼殿圣贤图考》收在《全蜀艺文志》卷四十八，全文详细记载成都周公礼殿的位置、结构、陈设，以及《成都礼殿圣贤图》人物姓名，是今天研究成都城坊古迹的重要史料。因文中有"距今庆元戊午"字样，可知此文作于宋宁宗庆元四年（戊午，1198），可能是庆元《成都志》中的一篇，而其中大部分文字又是录自南宋绍兴年间王刚中《续成都古今记》。

《氏族谱》，又名《成都氏族谱》，收在《全蜀艺文志》卷五十三至五十五。这是费著诸谱中很有巴蜀地方特色的一篇。它鉴于前代巴蜀史志只有人物传记，没有氏族谱系的缺失，为体现宋代以来巴蜀地区家族世代相传的盛况而专门创设《氏族谱》的体例。全谱记叙了唐宋以来成都地区最兴旺的四十五个家族，按各自起家的先后顺序排列。日本学者森田宪司考证《氏族谱》成书于南宋庆元五年（1199）前后，是庆元《成都志》中的一篇。②谢元鲁认为，在广都费氏条下有"费氏自叙曰"一段文字，这应是经费著删补后留下的痕迹。③但是，谢氏此说难以成立，因为谱中成都郭氏、北郭氏、双流李氏各条都有"自叙"，这些"自叙"显然不是出自费著之手。

《器物谱》收在《全蜀艺文志》卷五十六，考证四川地区从魏晋至宋代发现的玺印、礼器、铁券等文物十七件，图文并茂，涉及四川地方政治、民族、宗教、文化等方面的史事，同时，也体现出宋代金石学兴起对巴蜀地区的影响。该谱末尾的"唐钱券"条与赵抃《成都古今集记》中残存的一段文字几乎完全相同④，由此推测此谱应出自宋人之手。

《笺纸谱》收在《全蜀艺文志》卷五十六，详细记载成都地区造纸的原料、过程、工具和交易场所，以及蜀纸的种类、用途等。此外，更重要的是谱中对唐代女诗人薛涛的生平及其创制薛涛笺做了翔实的记述。因此，该谱是研究四川古代造纸业的重要史料。根据谱中涉及的地名、描述的情景与元代史实

---

① 关于《蜀名画记》的进一步介绍，可参考王卫明《费著的〈蜀名画记〉》一文，见王卫明：《大圣慈寺画史丛考：唐五代宋时期西蜀佛教美术发展探源》，文化艺术出版社2005年版，第113页。
② [日]森田宪司：《〈成都氏族谱〉小考》，《東洋史研究》1977年第36卷第3期。
③ 谢元鲁：《岁华纪丽谱等九种校释》前言，《巴蜀丛书》第一辑，巴蜀书社1988年版，第93页。
④ 王文才、王炎编著：《蜀志类钞》，巴蜀书社2010年版，第204页。

不符，有学者认为《笺纸谱》的写成大致应在淳熙三年至端平二年之间。① 此外，谱中"澄心堂纸"条谓"余得之蜀士"云云，不像四川本地人的口吻，由此推测，作者可能是一位南宋游宦四川的官员。

《蜀锦谱》收在《全蜀艺文志》卷五十六，记载宋代成都官办锦院和民间机户织锦的情况及其变迁，其中北宋部分节录自吕大防《锦官楼记》，没有多少新意。而后面关于宋代蜀锦的品种、花色的记述，为历代文献中最系统和详尽的，是研究蜀锦的必读资料。由于谱中提到"今取承平时锦院与今茶马司锦院所织锦名色著于篇"，"茶马司锦院"为宋代特有的官方机构，是专门为西南、西北边境少数民族交换马匹而织造蜀锦的工场。宋理宗淳祐二年（1242）成都被蒙古军队攻陷以后未再设置，由此可知《蜀锦谱》必非费著所作。②

《蜀锦谱》（清嘉庆中海虞张氏刊墨海金壶本）

《钱币谱》《楮币谱》收在《全蜀艺文志》卷五十七。《钱币谱》记述四川地区使用铜钱的历史，其中对于五代及宋初四川铁钱发行流通情况进行了详细的介绍。《楮币谱》主要记录交子初创时的印制与发行情况，官交子发行后的专用楮纸造纸工场和印制交子的官府工场组织机构，官交子的套色印制以及南宋楮币样式等。二谱是研究中国古代货币史的重要文献，具有很高的史料价值。但是，《钱币谱》说四川铁钱"逮今行之"，而元代全国通行纸钞、白银；又《楮币谱》记载宋宁宗庆元三年（1197），四川制置司因发生水旱灾害，请求增印钱引，说"逮今共合四千九百三十七万贯"，由此可知两谱均作于南宋时期，非费著所作。③

《岁华纪丽谱》，或名《成都游宴记》，收在《全蜀艺文志》卷五十八。

---

① 谢元鲁：《岁华纪丽谱等九种校释》前言，《巴蜀丛书》第一辑，巴蜀书社1988年版，第94页。
② 谢元鲁：《〈岁华纪丽谱〉〈笺纸谱〉〈蜀锦谱〉作者考》，《中华文化论坛》2005年第2期。
③ 谢元鲁：《对〈楮币谱〉〈钱币谱〉作者及写作年代的再认识》，《中国钱币》1996年第1期。

此谱与唐代韩鄂的《岁华纪丽》名称偶合，但内容、体裁均不相同。《岁华纪丽》是一本类书，将经史诗赋中的偶俪之句分类附着在四时十二月节序之后。而《岁华纪丽谱》属于地志，类似南北朝时期梁朝宗懔的《荆楚岁时记》。全谱按时间顺序记载一年之中从正月元日至岁末冬至各种节日，成都官民游乐庆祝的盛况。由于谱中记载的是成都丰富多彩的都市生活，以及宋祁、张詠、赵抃等达官显要的风雅韵事，为世俗所喜闻乐见，所以名气很大，《四库总目提要》称此谱"侈丽繁华，虽不可训，而民物殷阜，歌咏风流，亦往往传为佳话，为世所艳称"①。

与前面各谱的情况类似，根据谱中文字的出处、说话的语气及官职、政区的名称分析，《岁华纪丽谱》应是宋代文献，不可能是费著的作品。谢元鲁认为，其直接出处可能来自编纂于南宋时王刚中的《续成都古今集记》和袁说友的庆元《成都志》，而其间接文献来源，则可能上承北宋时赵抃的《成都古今集记》一书。②但是，这一观点尚有两点值得商榷之处。首先，《岁华纪丽谱》的资料来源不仅有宋代的各种《成都记》，还有唐代卢求的《成都记》。例如，"上元节放灯"条引"旧《记》"（即卢求《成都记》）记载僧人叶法善引唐明皇至成都观灯，与敦煌话本《叶净能诗》第十一段相合。③其次，《永乐大典》卷八八四九"游"字"踏青游"条引袁说友《成都志》的一段文字，按理说应是《岁华纪丽谱》"二月二日踏青节"条的直接出处，但是两段文字虽记录相同的事情，行文之间却是两套不同的口吻，没有丝毫因袭、模仿的痕迹。以此推测，《岁华纪丽谱》或另有所本。

《岁华纪丽谱》在署名费著的诸谱中名气最大、流传最广，绝非偶然。因为，记叙岁时节庆的风俗，最能表现出地域文化的特点和时代风尚的变迁。例如，将《成都古今集记》中的"岁时"④与现藏台北故宫博物院的明人吴彬《岁华纪胜图》⑤比较，可以看出宋代成都与明代南京岁时风俗的差异，这种

---

① （清）纪昀、陆锡熊、孙士毅等著，四库全书研究所整理：《钦定四库全书总目》（整理本）卷七〇《〈岁华纪丽谱〉提要》，中华书局1997年版，第969页。
② 谢元鲁：《〈岁华纪丽谱〉〈笺纸谱〉〈蜀锦谱〉作者考》，《中华文化论坛》2005年第2期。
③ 此段文字《蜀志类钞》在辑佚卢求《成都记》时失收。参见罗宁《读〈叶净能诗〉》，项楚主编：《新国学》第四卷，巴蜀书社2002年版，第170页。
④ 王文才、王炎编著：《蜀志类钞》，巴蜀书社2010年版，第194页。
⑤ 周功鑫：《故宫藏画大系·明贤妙绘》，广西师范大学出版社2008年版，第31～53页。

差异主要体现在地域文化方面。此外,还可以考察同一地域不同时代的风俗变迁。例如,明嘉靖云阳县"岁时之礼"有:"正旦拜贺,元夕观灯,清明、十月朔日俱拜扫,端午蒲觞,重九登高,冬至祀先。"①将其与《岁华纪丽谱》所载的成都岁时民俗相对照,可以发现,其中有的名称相同,如正旦、上元、清明、端午、重九、冬至,有的活动大同小异,足见宋元更替之后,四川许多州县仍旧按传统的民俗习惯在开展活动。②

最后,略论费著的署名问题。

首先,古人修志,一般将地方行政长官署名第一。费著时任重庆府总管,为《成都志》作序,后人可能不明真相,遂将《成都志》里所有的作品都误认为费著所作。

其次,将前人现成的作品整体拼为一部书,甚至一字不改,这是古人编志书的一种体例。例如,明陈继儒《太平清话》就认为:"杨用修以王象之《舆地纪胜》《成都碑目》,元费著《器物谱》《蜀锦谱》《钱楮谱》《岁华纪丽谱》,陆游及胡元质《牡丹谱》,洪迈《糖谱》,沈立《海棠记》,皆载在《蜀志》可读,修郡乘者可援以为法。"③清王士祯也有类似的见解,并认为这样做"殊有别趣"④。因此,费著将宋人的作品不加修改地辑在一起,编成一部《成都志》正是采用了上述这种志书编纂方法。

再次,费著编《成都志》资料残缺,当时难以详考作者。明人何宇度《益部谈资》列举从汉代李膺《益州记》至明朝郭棐《夔记》有影响的巴蜀地方志,共计十一种,其中既没有提到袁说友的庆元《成都志》和《成都文类》,也没有提到费著的至正《成都志》。何氏还说:"诸书仅《华阳国志》《蜀鉴》《蜀梼杌》《夔记》有刻,余俱漫漶久矣。"⑤由此可见,宋末巴蜀地区的战乱对文献的毁坏非常严重,元代以前的地方志与文献刻本大都已不复存在。费著以官府之力,千方百计也仅搜寻到《成都志》和《成都文类》等少量抄写本。在此基础上编纂至正《成都志》,资料来源非常有限。

---

① (明)杨鸾修,秦觉纂:《(嘉靖)云阳县志》卷上,民国24年(1935)铅印本。
② 陈世松、李映发:《成都通史》卷五《元明时期》,四川人民出版社2011年版,第345页。
③ (明)陈继儒:《太平清话》卷一,中华书局1985年版,第16页。按:"皆载在《蜀志》可读"不通,疑"可"字为衍文,"读"当作"续"以接下文。
④ (清)王士祯:《香祖笔记》卷一二,影印文渊阁《四库全书》本。
⑤ (明)何宇度:《益部谈资》卷上,丛书集成初编本。

总之，尽管费著在中国史学史的相关论著中很少有提及，例如，《中国史学思想通史·元代卷》《中国史学史资料编年》均不载其人其事，但是，他"记述四川地方风俗、土产，对研究地方史、地方志有重要的资料价值"①，而且，这些谱牒在后代成为一种体例和范式，受到巴蜀史家的推崇和效仿，例如，民国刘咸炘就曾作《广岁华纪丽谱》《广笺纸谱》《蜀茶谱》等，因此，费著对宋代巴蜀谱牒的收集、整理在巴蜀史学史上应该占有一席之地。

二、寓居江南的"一代文宗"虞集

（一）虞集的生平与学术渊源

虞集（1272～1348），字伯生，号邵庵，又号道园。祖籍仁寿（今四川仁寿），生于湖南衡州（今湖南衡阳），侨居抚州崇仁（今江西崇仁）。

虞集是故宋世家子弟，其家族原是南宋巴蜀地区声名显赫的仁寿虞氏，五世祖虞允文，指挥著名的采石之战，一生出将入相，为南宋中兴名臣。曾祖虞刚简，为利州路提刑，有治绩，"尝与临邛魏了翁，成都范仲黼、李心传辈，讲学蜀东门外，得程、朱氏微旨，著《易诗书论语说》，以发明其义，蜀人师尊之"②。外祖父杨文仲历官国子祭酒、给事中、工部侍郎，崖山之战，随帝昺蹈海而死。宋元之际，"蜀人受祸惨甚，死伤殆尽，千百不存一二，谋出峡以逃生"③。于是虞集的祖父虞伯圭、父虞汲决定迁居崇仁。在崇仁，虞汲与名儒吴澄为友，吴澄"称其文清而醇"。虞母杨氏，家学渊源深厚，明于《春秋》性理之学，虞集与弟虞槃幼年受业家庭，杨氏口授《论语》《孟子》《左氏传》及欧、苏文。长大后，师

虞集像

---

① 胡昭曦：《宋元时期的四川》，《旭水斋存稿》，四川大学出版社2012年版，第154页。
② 《元史》卷一八一《虞集传》，中华书局1976年版，第4174页。
③ （元）虞集：《道园学古录》卷一九《史氏程夫人墓志铭》，四部丛刊本。

从吴澄，受到吴澄的精心点拨。总之，虞氏家族重视教育后代，以学术传家，乡土观念较强，联姻、交游一般都是同乡。诚如张邦炜所指出的："虞氏家族成员刻意追求的不是进士与高官，而是道义与学问……虞氏非累世高官的著姓，乃是读书绩学的名门。"①

虞集的一生，大致可分为四个时期：八岁以前，侍从外祖父宦游，辗转于湖南、浙江、福建等地。九岁至三十岁，家居读书，随父寓居崇仁，得以从游于故宋诸公名卿，备闻前代掌故。三十岁至六十二岁是虞集的鼎盛时期。元成宗大德五年（1301），三十岁的虞集始至京师，六年（1302）授大都路儒学教授，之后历任国子助教、国子博士、太常博士、翰林待制兼国史院编修官、翰林直学士、知制诰、同修国史，兼经筵官等职。元文宗至顺元年（1330）拜奎章阁侍书学士，诏修《经世大典》，为总裁官。元统元年（1333）谢病南归，二年（1334）有旨诏还朝，因病不能行。六十二岁以后，归田隐居，悟道参禅，从之求学、求文者络绎不绝。至正八年（1348）五月卒于家，赠江西行省参知政事，仁寿郡公，谥文靖。

《宋元学案》曰："先生（虞集）文章为一代所宗，而其学术源委则自父汲。与草庐为友，先生以契家子从之游，故得其所传云。"②也就是说，虞集平生学术渊源一部分来自家学，一部分来自吴澄。但是，《宋元学案》的说法比较粗疏，虞集的学术思想其实主要有三个来源，而不是两个来源。所谓家学，实际上就是蜀地固有的学风，虞集《送赵茂元序》曰：

> 百十年前，吾蜀乡先生之教学者，自《论语》《孟子》《易》《诗》《书》《春秋》《礼》，皆依古注疏句读授之。正经日三百字为率，若传注、史书、文章之属，必尽其日力乃止。率晨兴至夜分，不得休以为常。持身以尚孝友、惇忠信、厉节义为事。其为文多尚左氏、苏子瞻之说。及稍长，而后专得从于周、程之学焉。故其学者虽不皆至博洽，而亦无甚空疏。及其用力于穷理正心之学，则古圣贤之书、帝王之制度，固已先著于胸中。及得其要，则触

---

① 张邦炜：《宋元时期仁寿—崇仁虞氏家族研究》，《中国近世家族与社会学术研讨论文集》，（台北）"中央"研究院历史语言研究所出版品编辑委员会1998年版，第184页。
② （清）黄宗羲原著，全祖望补修：《宋元学案》卷九二《草庐学案》，陈金生、梁运华点校，中华书局1986年版，第3073页。

类无所不通矣。此其大概也。①

侨居江西崇仁以后,虞氏家族从蜀地带来的学风进一步与江左学术合流:

时江左学者犹守旧业,郡邑学校有用前代科目法出题讲课以程其艺者,所取辄百数十人。公(虞集)与嘉鱼令(虞槃)以所业应之,咸考中,出诸老儒上,时犹未冠也。故国名卿学士多寓是邦,公入则受教家庭,出则从诸公游,于经传百氏之说、帝王之制、有国家者兴衰得失之由与其为之之术,无不学焉。而典故沿革、世家爵里,考核于近代者,尤精详矣。②

蒙文通早已注意到南宋时期蜀学的经史、洛学的义理、新学的制度三派合流的趋势,虞集到江西以后,汇入到这股潮流之中。本身固有的蜀地经史之学,加上江左一带的学校仍用王安石"三经新义"取士(即"犹守旧业"),再加上吴澄的理学,而虞集集三者之大成。正如蒙氏所说:"倘本之蜀者,尤多合北宋三派以为一者也……诚以南渡后胡马窥江,故中国文物皆粹于东南,所以能成此绝学也。"③

综观虞集一生,政治上,历仕成宗、武宗、仁宗、英宗、泰定、文宗六朝,虽久立朝班,但未获重用,建言也大多未被采纳,所以,元仁宗尝对左右叹曰:"儒者皆用矣,惟虞伯生未显擢尔。"④学术上,以蜀学为本,但无门户之见,兼采江左义理、制度之学,终成一代宗师。元代诗坛宿老,以虞集为大宗,与杨载、范梈、揭傒斯并称"元诗四大家",又与揭傒斯、柳贯、黄溍号为"儒林四杰"。清代黄宗羲推崇姚燧和虞集为"元文两家"。至治、天历间,宗庙朝廷之典册、公卿大夫之碑板咸出其手。平生为文万篇,存者十之二三。诗文行于世者有《道园学古录》五十卷、《道园类稿》五十卷、《道园遗稿》六卷。今人新点校的文集有王颋的《虞集全集》,罗鹭《虞集年谱》

---

① (元)虞集:《道园学古录》卷五《送赵茂元序》,四部丛刊本。
② (元)赵汸:《东山存稿》卷六《邵庵先生虞公行状》,清文渊阁四库全书补配清文津阁四库全书本。
③ 蒙文通:《中国史学史》,上海人民出版社2006年版,第128页。
④ (明)宋濂等:《元史》卷一八一《虞集传》,中华书局1976年版,第4176页。

附有少量佚文。今人为虞集作的生平传记也较多，如《"汉廷老吏"虞集》①《一代文宗虞集》②《虞集年谱》③等。

（二）虞集与辽、金、宋三史的"正统"之争

辽、金、宋三朝谁当为"正统"，是困扰元代史臣的一个重大理论问题。由于宋、辽、金长期南北对峙，都自命为正统。元朝虽以异族身份入主中原，但统一全国后，为利于统治，也需要以正统自居。这样一来，在利用"正统论"解释政权的合法性时，就必须回答权力的授受和继承从何而来的问题。修辽、金、宋三史，以谁为正统，就是直接关系到元朝政权授受来源的一个棘手问题。因此，虽然修三史的建议屡次被提出，但终因"正统"之争悬而未决而一再拖延。

虞集当时身在朝中，亲历了这场旷日持久的正统之争。据虞集回忆，早在至元十六年（1279）南宋灭亡后不久，就有大臣董文炳以"国可灭，其史不可灭"为由，请求忽必烈命史官修辽、宋、金史。忽必烈虽然赞成这一提议，但因为天下刚刚才平定，时机尚不成熟，所以建议没有实施。元仁宗延祐元年（1314），又不断有人提出修三史的建议，当时虞集为太常博士，与大臣聚议廷中，提出："三史文书阙略，辽、金为甚，故老且尽，后之贤者，见闻亦且不及，不于今时为之，恐无以称上意。"虞集的看法虽然得到了典领大官的肯定，但终因各家观点存在巨大分歧，一时难以达成共识，遂被搁置。当时，不仅朝堂上议论激烈，而且还有官员将这个问题拿来做科考的试题，让普通士子也发表见解。例如，宋本的乡试策问：

赵宋立国三百余年，辽、金二氏与之终始，其君臣媺恶，其俗化隆污，其政事、号令、征伐、礼乐之得失，皆宜传诸不朽，为鉴将来。然当世史官记传，丛杂不可尽信；虞初稗官之书，又不足征。昔《晋书》成于贞观，《唐史》作于庆历，盖笔削之公，必待后世贤君臣而始定。圣天子方以人文化天下，廷议将并纂三氏之书为不刊之典，左氏、史迁之体裁何所法，凡例、正朔之予夺何以辨，诸君子其悉著于篇，用备采择。④

---

① 李舜臣、欧阳江琳：《"汉廷老吏"虞集》，江西高校出版社2006年版。
② 姬沈育：《一代文宗虞集》，中国社会出版社2008年版。
③ 罗鹭：《虞集年谱》，凤凰出版社2010年版。
④ （元）虞集：《道园学古录》卷三二《送墨庄刘叔熙远游序》，四部丛刊本。

就三史正统问题，元代诸儒意见相左，议论纷纷。据饶宗颐先生统计，文献可征者，今存四家：修端（一说谢端，四川遂宁人）《辨辽宋金正统》、王理《三史正统论》、杨维桢《正统辨》、王祎《正统论》。①这些争论意见，归纳起来，大致分为如下两种主张：

第一种主张以辽、金为正统而宋附之，扬夷族政权而抑汉族政权。例如，修端《辨辽宋金正统》主张辽自唐末保有北方，与前宋相次而终，当为北史；金太祖破辽克宋，帝有中原，亦当为北史，反对金于宋史中如"载记"之说。又认为，宋太祖至靖康当为宋史。自建炎之后，中国非宋所有，宜为南宋史。王理附和修端之说，作《三史正统论》主张以辽金为北史，宋为南史。又有王祎《正统论》主张宋既南渡，正统已绝。自辽并于金，又并于元，及元又并南宋，然后居天下之正，合天下于一，而复正其统。故元之绍正统，当自至元十三年（1276）始。②

第二种主张以《晋书》为例，以南宋为正统，立本纪，以辽、金为"载记"，扬汉族政权而抑夷族政权。这一派以杨维桢《正统辨》为代表，杨在文中针对修端等人的"分辽、金与宋为南北史"说、"宋分前后"说分别予以驳斥。他认为，论正统之说，出于天命人心之公，必以《春秋》为宗，不得以割据僭伪当之。论元之大一统，在平宋之后，故元统乃当承宋。又以道统立论，道统为治统所系，道统不在辽金而在宋。总之，主张元之正统，应上接宋。③杨维桢的《正统辨》作于至正三年（1343），即宋、辽、金史修成的第二年，三史总裁官欧阳玄读后感叹说："百年后，公论定于此矣。"④杨维桢的观点代表了汉人的普遍见解，但违背了北方少数民族人的意愿，所以，他的主张并没有被元朝统治者采纳。

至正三年（1343）三月，元顺帝正式下诏修辽、金、宋三史，以中书右丞相脱脱为都总裁官。由于诸儒议论三史正统，久拖不决，最后脱脱力排众议，独自决断："三国各与正统，各系其年号。"⑤所谓"各与正统，各系其年号"其实是一个皆大欢喜的折中方案，即分别为辽、金、宋三国各修一史，三

---

① 饶宗颐：《中国史学上之正统论》，上海远东出版社1996年版，第53页。
② 饶宗颐：《中国史学上之正统论》，上海远东出版社1996年版，第53~55页。
③ 饶宗颐：《中国史学上之正统论》，上海远东出版社1996年版，第54页。
④ 《明史》卷二八五《杨维桢传》，中华书局1974年版，第7308页。
⑤ （明）权衡：《庚申外史》，清雍正六年（1728）鱼元传钞本。

史正朔互不干涉,这样既保持了南方汉人的文化自尊,又使北方辽、金异族政权获得了正统地位。

辽、金、宋三史最终得以修成,虽然得力于脱脱的决断,但是,"各与正统"的折中方案,最初是由虞集提出的,脱脱只不过是采用了虞集的主张。据虞集《送墨庄刘叔熙远游序》:

> 天历、至顺之间,屡诏史馆趣为之,而予别领书局未奏,故未及承命。间与同列议三史之不得成,盖互以分合论正统,莫克有定。今当三家各为书,各尽其言而核实之,使其事不废,可也。乃若议论,则以俟来者。诸公颇以为然。①

《虞集年谱》将此事系于至顺元年(1330)三月②,当时虞集正在奎章阁修《经世大典》,所以有"予别领书局未奏,故未及承命"等语。虽然没有直接参与修三史的筹备,但私下与同僚的这一番议论,却得到了大家的赞同。所以,三年后敕修辽、金、宋三史,初欲用虞集为总裁,可见他是各方都能接受的人选,但最终因为有人"陈其病状,毋苦其远行,奏牍将上而止"③。总的来说,虞集"各自为书"和脱脱"各与正统"的方法,都是暂时的折中权宜之计,其目的是要搁置争议,尽快修成三史,保存三朝史实。这种担心故老无存、史料亡佚的心态,在虞集身上表现最为明显,他曾说:"延祐中有旨修辽、金、宋史,至今十数年间未遑有所笔录者,良以旧史多阙轶,而国家初入中原,政与金亡时事相关系,尤不可不备。然其亡几百年矣。故老既无存焉者,而遗文野史之略无足征,故常以为意,遇有见闻,必谨识之。"④可见虞集虽未直接参与三史的修纂,但私下却一直在为三史的修纂做准备。尽管三史修成后,颇受诟病,明代甚至有人主张彻底颠覆宋、辽、金三史的正统体系,重修《宋史》。但是,宋、辽、金三史终究还是流传下来,并被列入"二十四史",至少证明"各自为书"的解决方案与"扬汉抑夷"或"扬夷抑汉"相比,还是较为合理,更易于被后人接受。

---

① (元)虞集:《道园学古录》卷三二《送墨庄刘叔熙远游序》,四部丛刊本。
② 罗鹭:《虞集年谱》,凤凰出版社2010年版,第118页。
③ (元)欧阳玄:《圭斋文集》卷九《元故奎章阁侍书学士翰林侍讲学士通奉大夫虞雍公神道碑》,四部丛刊本。
④ (元)虞集:《道园学古录》卷一一《孟同知墓志铭跋》,四部丛刊本。

(三) 虞集的史学成就

作为一代宗师和馆阁名臣,虞集和他的蜀中先辈苏轼一样,成就是多方面的。政治上,他历仕六朝,精通元朝典章制度,谙熟历代成败之机,可惜这些才干未能充分施展。文学上,他是元代文坛巨擘,其诗文成就,在当时和后世都受到推崇。史学上,他主持纂修《经世大典》,该书网罗浩博,体例谨严,为明人迅速修成《元史》打下了坚实的基础。此外,他的文集中大量的序记碑铭为研究元代政治、经济、文化、宗教提供了重要史料,深受元史研究者的重视。这些都充分显示出虞集卓越的史学才能。以下着重从修《经世大典》和作序记碑铭两方面介绍虞集的史学成就。

1. 《经世大典》的纂修意义

《经世大典》,全名《皇朝经世大典》,是一部元代的官修政书。元文宗天历二年(1329)九月,"敕翰林国史院官同奎章阁学士采辑本朝典故,准唐、宋《会要》,著为《经世大典》"①。当时,虞集受知于文宗,为奎章阁侍书学士,故得参与其事。至顺元年(1330)二月,因国史院自有著述,元文宗专命奎章阁学士修《经世大典》,并以赵世延总其事,虞集副之。赵世延和虞集都是元代巴蜀史学史上的重要人物。赵世延(1261~1336),色目人,出身按竺迩家族,族属雍古氏(即汪古氏),其先居云中北边,后为蒙古汉军征行大元帅,宋理宗瑞平年间镇蜀,举家迁来成都,成为元代驻扎成都的军事世家。据陈垣考证为"基督教世家由儒入道"者②。赵世延幼孤,育于外氏,因从外祖父姓。外祖父原姓术要加,音转为"赵家",遂以赵为姓。世延历事九朝,在省台约五十年,官至中书平章政事,封鲁国公。《元史》有传。

至顺元年(1330)四月,《经世大典》正式开局,其组织形式是仿效《大唐六典》之例,分天、地、春、夏、秋、冬之别;用国史之例,别置蒙古局于其上。共分为七个部分进行,即按"君事"及"臣事"分别从事之。君事下有帝号、帝训、帝制、帝系,由蒙古局治之。臣事下有治典、赋典、礼典、政典、宪典、工典等六典,由天、地、春、夏、秋、冬六局分别纂修。这六典的名称是仿效《周官》及《大唐六典》之例,而其内容则仿照《通典》与《会要》。③

---

① 《元史》卷三三《元文宗本纪》,中华书局1976年版,第741页。
② 陈垣:《元西域人华化考》,上海古籍出版社2000年版,第51~54页。
③ 苏振申:《元政书经世大典之研究》,(台北)中国文化大学出版部1984年版,第11页。

开局之后不久，赵世延病重辞归，遂由虞集专任总裁。至顺二年（1331）五月大典草具成书，后来又屡加修订润色，于至顺三年（1332）三月表进皇帝。全书凡八百八十卷，目录一十二卷，附公牍一卷，纂修通议一卷。分帝号、帝训、帝制、帝系、治典、赋典、礼典、政典、宪典、工典十门，六典又分若干科目。详见下表：

表4-1 《经世大典》全书结构表①

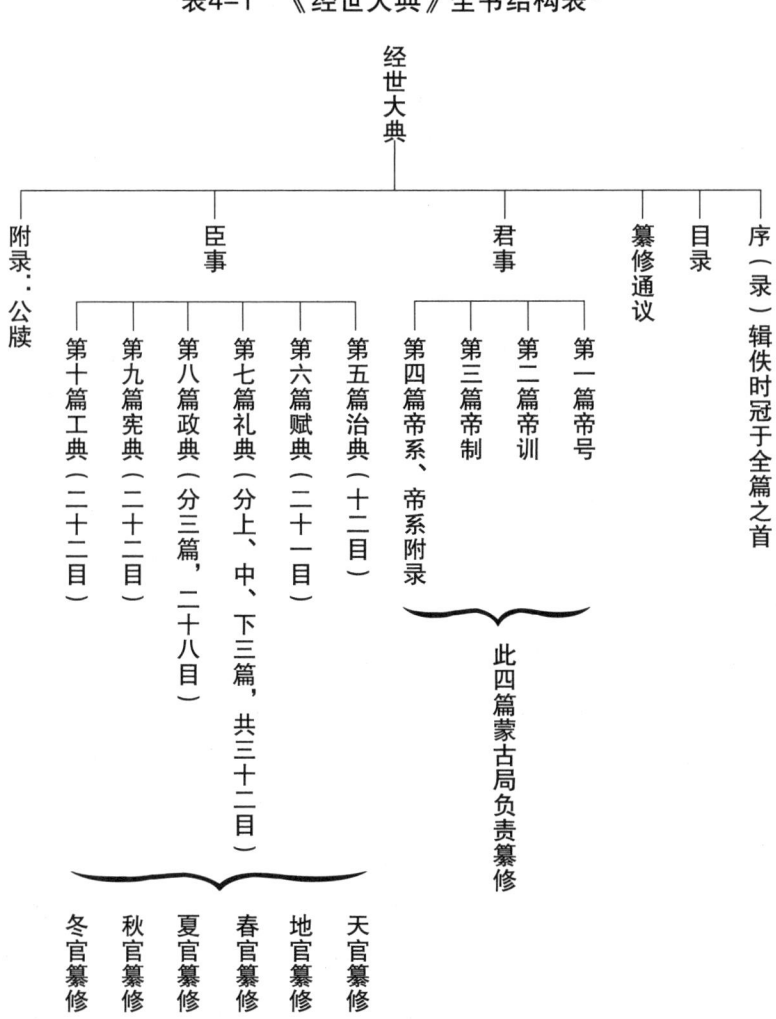

---

① 苏振申：《元政书经世大典之研究》，（台北）中国文化大学出版部1984年版，第20页。

关于各部分的内容主旨，虞集在《经世大典序录》中言之甚详：

> 于是定其篇目，凡十篇，曰君事四，臣事六。君临天下，名号最重，作《帝号》第一。祖宗勋业，具在史策，心之精微，用言以宣，询诸故老，求诸纪载，得其一二于千万，作《帝训》第二。风动天下，莫大于制诰，作《帝制》第三。大宗其本也，藩服其支也，作《帝系》第四。皆"君事"也，蒙古局治之。设官用人，共理天下，治其事者，宜录其成，故作《治典》第五。疆理广袤，古昔未有，人民贡赋，国用系焉，作《赋典》第六。安上治民，莫重于礼，朝廷郊庙，损益可知，作《礼典》第七。肇基建业，至于混一，告成有绩，垂远有规，作《政典》第八。政刑之设，以辅礼乐，仁厚为本，明慎为要，作《宪典》第九。六官之职，工居一焉，国财民力，不可不慎，作《工典》第十。皆"臣事"也。①

虞集除充任总裁之外，又兼修《治典》。《治典》是"臣事"的第一篇，分为官制、三公、宰臣年表、各行省、入官、补吏、儒学教官、军官、钱谷官、投下、封赠、承荫等十二目，基本囊括了当时朝廷重臣辅佐帝王统治天下的最主要的职能，集中体现了虞集领袖群伦的卓越政治潜质。虞集在《序录》中还回顾了唐宋《会要》的编纂历史，并提及其先祖虞允文修《宋会要》的旧事："窃观《唐会要》创于苏冕，续于崔铉，至宋王溥而后成书。《宋会要》始于王洙，续于王珪，至汪大猷、虞允文，二百年间三修三进。窃惟祖宗之事业，岂唐宋所可比方？而国家万万年之基，方源源而未已。"②虞集认为，唐宋《会要》均由数代人的努力而成书，其中还包括其先祖虞允文的功劳，元代立国的规模远超唐宋，《经世大典》也应该超过唐宋《会要》的规模。这表现出虞集欲图继承家学，超越前贤的修史志向。

总括而言，《经世大典》总结一代典章史实，体现了虞集丰富的史识和卓越的史才。他不囿于"夷夏之辨"，而是站在统一的多民族的国家立场来评价元朝建国的历史意义，体现了超越前人的历史眼光。他将"以民为本"的治国思想贯彻在《经世大典》中，《赋典总序》曰："以修德为立国之本，以养民

---

① （元）苏天爵辑：《国朝文类》卷四〇，四部丛刊本。
② （元）苏天爵辑：《国朝文类》卷四〇，四部丛刊本。

为生财之本，布诸方策，昭示后裔，以垂宪万世者，宁可既乎？"①因此，虞集在《经世大典》中体现的思想，不仅是有元一代的治国之策的总结，对后世也有着重要的参考价值。

遗憾的是，《经世大典》这部堪称有元一代规模最大的官方史学著作原书已佚，今存《永乐大典》残本佚文及前人自《永乐大典》辑出的《大元马政记》《大元官制杂记》《大元仓库记》《大元海运记》《元代画塑记》《大元毡罽工物记》《元高丽纪事》《皇元征缅录》《招捕总录》等，《海国图志》收入《元经世大典图》，以及《元文类》卷四十至四十二所收《经世大典序录》等。此外，明修《元史》，志、表及列传基本依据此书编写而成。②

2. 序记碑铭的史料价值

由于虞集学识渊博、文采出众，又久居台省，所以元代朝廷宗庙之典册诏告，公卿大夫之碑文行状，大多出自其手。有人曾进行过统计，《道园学古录》中收有九十人的碑传，《道园类稿》中收有五十五人，除去重复者，仍有百余人。这些传记，很多是元人文献中的独家材料，具有很高的史料价值，其中有些还是明人编修的《元史》中所没有的传记。例如，《道园学古录》中所记载两浙运使智受益（《两浙运使智公神道碑》）、中奉大夫赵洪（《赵文惠公神道碑》）、管军千户刘济（《福州总管刘侯墓碑》）、户部尚书马煦（《户部尚书马公墓碑》），皆可补《元史》之缺。

此外，虞集与道教、禅宗也有着密切的关系。他与吴全节、张雨、薛玄卿、朱思本等道士，释大昕、释来复、光雪窗、恩断

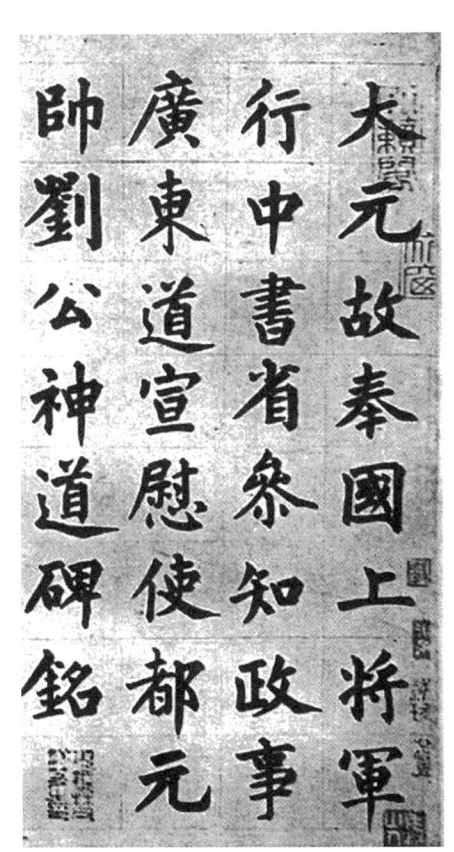

虞集书《刘垓神道碑铭》（上海博物馆藏。选自罗鹭《虞集年谱》）

---

① （元）苏天爵辑：《国朝文类》卷四〇，四部丛刊本。
② 苏振申：《元政书经世大典之研究》，（台北）中国文化大学出版部1984年版，第51~66页。

江等诗僧,都是方外挚友,晚年尤喜参禅论道。《道园学古录》中有《方外稿》六卷,历来不受研究者重视,多被弃而不论。偶有论及者,亦常以宗教无稽不经之事视之。殊不知,《方外稿》中的许多作品,实具颇高之史料价值与认识价值。陈垣在其《南宋初河北新道教考》中,曾多次引用虞集《方外稿》中的文字作为资料。如在考证分析全真教的起源、发展及其活动情况时,就征引了《白云观记》《至温禅师塔铭》《非非子幽室志》等文章。台湾学者袁国藩撰写《元代真大道教考》积十年之力收集元代真大道教的史料,仅得二十四条,而虞集《道园学古录》中就占三条。其《方外稿》中的《真大道教第八代崇玄广化真人岳公碑》一文,在作者考证元代真大道教的创始与传宗、教义与道众以及各代真人的生平时,被反复引用,发挥了重要作用。其他如《张宗师墓志铭》《陈真人道行碑》《崇寿观碑》《开元宫碑》《苍玉轩新记》《白云观记》《紫虚观记》《玉虚宫碑》等,更是保存了元代南方道教发展的珍贵史料。由此可见,《方外稿》中的文字,其文学价值姑且不论,单就其史料价值而言,亦值得重视。①

但是,前代学者也曾指出过虞集碑志中出现的一些硬伤。例如,《鲍君实墓志》将献所据两浙十三州之地归宋的钱俶误作钱元瓘。又如,《张宣敏公神道碑》将察罕误作阿术,导致《元史·张子良传》以讹传讹。据此,钱大昕批评虞集"能古文而未究心史学"②。但是,也有学者认为,虞集的碑传墓志,大多叙述清晰,考订详备,至今仍是学者们研究元代历史时经常征引的宝贵材料。钱大昕根据虞集碑传铭文中的少量错误,就批评他"未究心史学",是有失公允的。周少川《虞集的史学思想》一文③,较为客观公正地评价了虞集的史学思想,这代表着当今史学界对虞集的重新认识,可进一步参阅。

最后,关于虞集的史学成就,还要提到他的一部作品《平瑶记》。《平瑶记》,全名《广西都元帅章公平瑶记》,见《道园学古录》卷三八、《道园类稿》卷二九,又收入《四库全书·史部八》。此文作于元顺帝至正元年(1341)五月,记述元统二年(1334)冬十月,广西贺州、富川境内的瑶民叛乱,入其县,大掠其民。朝廷拜处州万户章伯颜为镇国上将军、广西宣慰使兼都元帅,佩金虎符,领兵擒杀诸溪洞酋长,招抚其众,平定叛乱。广西民众从

---

① 姬沈育:《20世纪以来虞集研究综述》,《郑州大学学报》(哲社版)2004年第2期。
② (清)钱大昕:《潜研堂集》卷三一《跋道园类稿》,清嘉庆十一年(1806)刻本。
③ 周少川:《虞集的史学思想》,《史学史研究》1999年第2期。

此乐生安业，咸颂其德。虞集因为与章伯颜有"一日之雅"，所以为其作《平瑶记》刻于石。同时，此文还记载了瑶族的政治、军事、经济、风俗习惯等事，是研究我国民族关系及民族历史的重要参考资料。据说，此文"后有旧《跋》云：此纪章巴［伯］颜平粤西瑶洞事迹，备国史之采也"①。可知此文是一篇虞集有意识创作的史著，不同于一般的应酬之作。但此文只称颂章伯颜的功绩，对于其他有功之人不记姓名，或只称之以"某某"，前人认为这样做有失史家之法。四库馆臣则认为："今核其文体，乃勒石纪功之作，非勒为一书上之于史馆者。故所存之稿皆阙其名姓以待填。犹之唐、宋文集，书首称年月日某再拜，墓志之末称某年月日葬公于某原例耳。遽以有乖史法诋之，非也。"②也就是说，虞集撰文时并非故意隐去其他人的姓名，而是先拟好稿子，等索稿人自己核实后再将姓名填上去，大体如唐、宋碑志不注明时间地点的写法。但这也从一侧面反映出虞集此文所记之事并非自己亲历，也没有亲自去收集积累资料，而是就章伯颜单方面提供的材料铺叙而成。史家之严谨不足，文士之辞章有余，这是馆阁史臣的通病，虞集也不能幸免。所以，元人刘因《读史评》曰："记录纷纷已失真，语言轻重在词臣。若将字字论心术，恐有无边受屈人。"③这恐怕在当时是有感而发的。

总之，虞集生当元代一统天下的太平之世，其史学成就颇能反映这个时期的统治思想。所谓"盛世修典""治世之音"，他的作品最为典范。大概也正因此之故，他的文章受到清代官方学者的特别推崇。四库馆臣称其《道园学古录》云："文章至南宋之末，道学一派侈谈心性，江湖一派矫语山林，庸沓猥琐，古法荡然。理极数穷，无往不复。有元一代，作者云兴，大德、延祐以还，尤为极盛。而词坛宿老，要必以（虞）集为大宗。"④鄙薄南宋，而推崇元朝，清人这种观点，是有现实政治原因的。清代的文化统治和元代的文化统治曾有相似之处，清代统治者对于文章的要求也和元代统治者有相似之处。而

---

① （清）纪昀、陆锡熊、孙士毅等著，四库全书研究所整理：《钦定四库全书总目》（整理本）卷五二《〈平瑶记〉提要》，中华书局1997年版，第733页。
② （清）纪昀、陆锡熊、孙士毅等著，四库全书研究所整理：《钦定四库全书总目》（整理本）卷五二《〈平瑶记〉提要》，中华书局1997年版，第733页。
③ （元）苏天爵辑：《国朝文类》卷八，四部丛刊本。
④ （清）纪昀、陆锡熊、孙士毅等著，四库全书研究所整理：《钦定四库全书总目》（整理本）卷一六七《〈道园学古录〉提要》，中华书局1997年版，第2228页。

虞集的文章正好适应了这样的要求。

当然，虞集还有一些纵谈史事、涉及时事政治的文章，是元初诸儒所不敢写的。例如《跋宋高宗亲札赐岳飞》①，称赞岳飞，摈斥秦桧，主张抗战，反对投降，虽讲宋金关系，对于元朝，也是有违碍的。又如《陈炤小传》②，表彰南宋末年一个职位不高的将领陈炤镇守常州，并以身殉城的事迹，涉及惨烈的宋元战况，与元朝关系极为密切。这样的文章，在元代初年是不能写的，但虞集著文的时候，已是元之盛世，需要表彰忠烈之时。因此，不仅可以赞扬岳飞抗金，也可以表彰陈炤抗元。此时此刻，写这样的文章，不仅不会违背统治者的旨意，而且是正合时宜，适应现实政治需要的。③这与清代康乾时期表彰文天祥、史可法如出一辙，大概这也是虞集受到清代馆阁史臣推崇和效仿的重要原因之一。

第二节　杨慎与明朝史学的考信之风

蒙文通指出："中国学术，建安、正始而还，天宝、大历而还，正德、嘉靖而还，并晚周为四大变局，皆力摧旧说，别启新途。"④作为中国古典时期学术的最后一大变局，明代正德、嘉靖之后的学术表现出类似西方文艺复兴时期"人的重新发现"与"世界的重新发现"的特征，其特点可概括为："抗议权威，冲破囚缚，立论尖新而不够成熟。"⑤这些特点反映在史学上，一是规模宏大、气派非凡的官修正统史学变成了百花齐放的私家撰述；二是不加甄别、缺乏学术价值的史料汇编变成了对材料有选择、有批判的治史方法。前一点集中体现在对理学的反动，后一点则体现在对考据方法的重视。上述两个方面兼而有之，并开一代风气之先者，为四川新都人杨慎。

一、杨慎的生平及其时代

杨慎（1488～1559），字用修，号升庵，新都（今四川成都新都区）人。

---

① （元）虞集：《道园学古录》卷四〇《跋宋高宗亲札赐岳飞》，四部丛刊本。
② （元）虞集：《道园学古录》卷四四《陈炤小传》，四部丛刊本。
③ 郭预衡：《中国散文史》中册，上海古籍出版社1986年版，第736页。
④ 蒙文通：《中国史学史》，上海人民出版社2006年版，第116页。
⑤ 萧萐父、许苏民：《明清启蒙学术流变》，辽宁教育出版社1995年版，第3页。

其父杨廷和，历仕宪宗、孝宗、武宗、世宗四朝，为武宗、世宗两朝宰辅。杨慎自幼聪颖过人，诗文并茂，受到茶陵派领袖、大学士李东阳的赏识。正德六年（1511），杨慎参加会试，名列第二，殿试拔为第一，中状元，授翰林修撰，时年二十四岁。正德八年（1513），杨廷和升任首辅。由于杨氏久在内阁、史馆等处任职，有机会遍阅文渊阁所藏皇家秘籍，这为杨慎著述的旁稽博采提供了一个必要前提。正德十六年（1521），明武宗死，明世宗继位，杨廷和以草诏定储之功，总揽朝政，杨慎也在此时充任经筵讲官。史载："杨石斋当国日，一弟为京卿，二弟为方面，诸子姓布列中外甚众，子慎复举进士第一人"①，杨氏家族在朝的权势达到顶峰。

可惜好景不长，随之而来的"大礼议"事件断送了杨氏家族的政治前程。"大礼议"是发生于嘉靖初年围绕"旁支入奉大统"如何"推尊本生"的礼法问题而爆发的一场政治纷争。起初，明武宗无子，死后群臣迎立兴献王世子朱厚熜为帝，但在朱厚熜以何身份即位的问题上，皇帝与群臣发生了严重的分歧。继位者朱厚熜（即嘉靖皇帝）及其支持者从孝道亲情的角度出发，主张"继统而不继嗣"；而以杨廷和为首的群臣从传统礼法角度出发，主张"继统则应继嗣"。由此引发的政坛纷争持续数年，身为首辅杨廷和之子、翰林修撰官的杨慎也卷入其中。嘉靖三年（1524）二月，杨廷和辞官回乡。六月，嘉靖皇帝将支持自己的张璁、桂萼升为翰林学士，杨慎率同官三十六人上书，言："臣等与萼辈学术不同，议论亦异。臣等所执者，程颐、朱熹之说也。萼等所执者，冷褒、段犹之余也。今陛下既超擢萼辈，不以臣等言为是，臣等不能与同列，愿赐罢斥。"②嘉靖大怒，下令停杨慎两个月俸禄。七月，嘉靖在左顺门下诏，去掉生母章圣皇太后尊号中的"本生"二字。张璁、桂萼又列上群臣欺罔十三事，且斥为朋党。群臣骇愕，杨慎对众人说："国家养士百五十年，仗节死义，正在今日。"于是与百官伏阙力谏。嘉靖皇帝震怒，遣锦衣卫执为首者八人下狱。杨慎等又纠集群臣撼门大哭。嘉靖皇帝益怒，命逮杨慎等一百三十四人下狱。两天后，对杨慎等一百八十余人施以廷杖，杖毙十六人。过了十天，再杖杨慎等带头伏哭的七人，杖毙一人。

作为明代嘉靖初年的一场重大历史事件，同时也是杨慎一生命运的转折

---

① （明）焦竑：《玉堂丛语》卷五，明万历四十六年（1618）徐象橒曼山馆刻本。
② 《明史》卷一九二《杨慎传》，中华书局1974年版，第5082页。

点,"大礼议"并非表面上的"继统"与"继嗣"的礼仪之争,"而实蕴含着皇权与阁权的政治之争,以及学术思想上正统朱(熹)学与新兴王(阳明)学之争"①。政治上,"宦者排廷臣而得复炽,贵倖切恨新政,新贵欲篡阁权,皆假议礼以出之"②,嘉靖皇帝即位后一度出现的革新气象转瞬即逝,朝政进一步腐朽昏暗。学术上,杨廷和等继嗣派恪守程朱理学,杨廷和以宋英宗时的濮议为依据,认为程颐的《代彭思永上英宗皇帝论濮王典礼疏》是"最得义理之正,可为万世法"。杨慎也说:"臣等所执者,程颐、朱熹之说也。"而张璁等继统派尊奉王守仁"心即理"的论点,指出:"《记》曰礼非从天降也,非从地出也,人情而已矣。""礼,时为大,顺次之,不时不顺,则非人情矣,非人情,则非礼矣。"③而支持张璁之说的也大多与王守仁有千丝万缕的联系,如席书是王守仁贬到贵州龙场驿时结交的好友;方献夫、黄宗明、黄绾是王守仁的学生,张璁外甥王激也是王门弟子;霍韬则是方献夫的同乡。在"大礼议"过程中,王守仁虽未直接上疏参与论争,但席书、霍韬等人却不时致书向王守仁请教。因此,"大礼议"既是继嗣与继统之争,同时也是学术上尊朱与申王两派的一次正面交锋。④从"大礼议"中的立场和表现来看,杨慎无疑是尊奉程朱理学的,这与他后来对理学的尖锐批判明显有矛盾。有学者认为,杨慎是借抨击朱子攻诘朝廷,以抒其郁结。⑤还有学者认为当时杨慎思想尚未定型,在谪戍云南时思想发生了变化,才站到了程朱理学的对立面,重塑了自己后半生的思想。⑥也有学者认为,杨慎对宋明理学既批判又继承,既有

---

① 张宪文、张卫中:《张璁年谱》,上海古籍出版社1999年版,张立文序第1页。
② 王文才:《杨慎学谱》,上海古籍出版社1988年版,第62页。
③ (明)张孚敬:《太师张文忠公集》卷一《正典礼第一》,明万历四十三年(1615)张汝纪等刻增修本。
④ 关于"大礼议"与王学的兴起,前人论述较多,可参见欧阳琛:《王守仁与大礼议》,《新中华》1949年第12卷第7期,第27~33页;唐长孺:《跋明张璁书扇——略述王守仁与张璁的关系》,《山居存稿三编》,中华书局2011年版,第485~494页;张宪文、张卫中:《张璁年谱》,上海古籍出版社1999年版,第26页。
⑤ 林庆彰:《明代考据学研究》,台湾学生书局1983年版,第238页。
⑥ 参阅丰家骅:《杨慎评传》,南京大学出版社1998年版,第59页;黄开国、邓星盈:《巴山蜀水圣哲魂:巴蜀哲学史稿》,四川人民出版社2001年版,第318页;陈世松、李映发:《成都通史》卷五《元明时期》,四川人民出版社2011年版,第400页。

相异之处，又有共同之点。[①]我们认为，杨慎对理学所持的态度是由内外两方面的原因造成的。从内因来看，杨慎学术的主要特征是博洽，原则上与《大学》"格物致知"、《中庸》"博学审问"的主张并不冲突。杨慎所反对的理学其实是那种空谈义理、虚而无实的理学。从外因来看，杨慎在"大礼议"中因坚持程朱之说而激怒嘉靖皇帝，几乎被杖杀。《明史·杨慎传》称："世宗以议礼故，恶其父子特甚，每问慎作何状。"在这种境况下，杨慎若仍然坚持程朱之说，必然被皇帝视为不思悔改，而遭到更严厉的惩罚。因此杨慎反程朱，或许也有避祸自保之意。

"大礼议"事件之后，杨慎被谪戍云南永昌卫（今云南保山），他于嘉靖三年（1524）秋被谪遣出京，次年正月抵达云南。从此开始了其长达三十四年的谪戍生活。

二、杨慎的主要史学著作及其对西南文化史的贡献

（一）杨慎的史学著作

杨慎勤于著述，《明史》本传载："明世记诵之博，著作之富，推慎为第一。"至于杨慎著作的具体种数，历来说法不一。明简绍芳《升庵先生年谱》说有四百余种，似乎包括杨慎死后未及整理的书稿在内。李贽《续藏书》所列书目有一百一十七种，大概仅收录当时已刊刻的。陈文烛《升庵文集序》说这一百余种当中，除杨慎自著诗文外，考订、杂著约有七十余种。万历年间，焦竑编《升庵外集》，列出一百三十八种，其中"正集"十五种，为诗文；"杂著"八十五种，为诗文评选、类书、经学、小学等；"外集"三十八

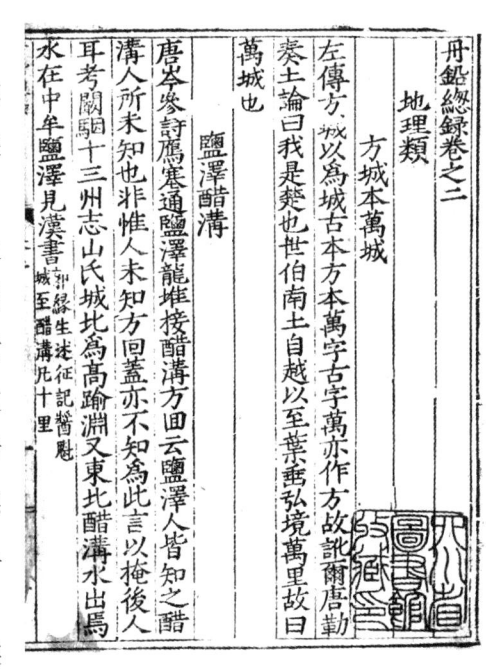

杨慎《丹铅总录》书影（明嘉靖三十三年梁佐校刊本）

[①] 贾顺先：《杨慎》，《杨慎研究资料汇编》，（台北）"中央"研究院中国文哲研究所1992年版，第531页。

种，为诗话、考订等杂著。何宇度《益部谈资》又列出一百四十种。明人所知见的杨慎著述种数皆未超出以上几家所列的范围。清初，李调元在前人收集的基础上编《升庵著书总目》，增益为两百种。清人所见也大体如此。1961年，四川省图书馆根据全国各地收藏目录，编成《杨升庵著述目录》（草稿），共计二百九十八种。1983年，王文才撰《杨慎学谱》时重新统计，"存亡并录，真伪兼收"，共得三百余种。其中，流传至今者，尚有《升庵文集》八十一卷、《升庵外集》一百卷、《升庵遗集》二十六卷、《升庵长短句》三卷、《陶情乐府》四卷、《廿一史弹词》十二卷等一百七十四种。

杨慎才华横溢，博览群书，著述的内容极广，包含经学、史学、文学、医学、民俗学、考订、音韵、文艺批评、书画评论等。在众多学问中，杨慎十分重视史学，认为："古今政治之盛衰，人物之贤否，非史不足以记治乱，示褒贬，故历代皆有国史。"①明、清以来，各家著录杨慎著作，列入史部的，主要有《各史要语》《晋史精语》《唐史要》《通鉴摘语》《山海经补注》《水经补注》《水经注碑目》《舆地碑目》《补名实异号录》《希姓录》《四川总志》《全蜀艺文志》《蜀志补罅》《雅州府志》《新都县志》《滇载记》《滇程记》《滇候记》《云南山川志》《苍洱纪游》等。按王文才《升庵著述录》列举的史部书目，杨慎的史学著作大致可分为校史、抄史、注史、补史、评史、考史、著史、修志等八类。

除以上八类外，值得一提的还有《历代史略词话》，又名《廿一史弹词》。其内容从开天辟地、三皇五帝、秦汉三国、两晋南北朝、隋唐五代，直说到辽宋金元。每段前均有诗、词和叙说，正文为十字（呈三、三、四句式）韵文。此书"是一本雅俗共赏的历史读物，裁剪数千年要事，写成长篇史诗。自明清以迄近代，广泛流传，几为家传户诵之书。明人因元代弹词失传，无所式法，乃称此著为《廿一史弹词》，视为创体，它对清代弹词的发展，具有启导作用"②。尽管前人对《历代史略词话》的研究侧重于它的文学性，但是，诚如王文才所言："其言不满三万，铺扬历代兴亡之迹，自洪荒迄于元世，概为十章，独具史法。"③所谓"独具史法"，也称"史家别调"，是说《历

---

① （明）杨慎：《升庵集》卷四七"野史不可尽信"条，影印文渊阁《四库全书》本。
② 王文才辑校：《杨慎词曲集》前言，四川人民出版社1984年版，第4页。
③ 王文才：《杨慎学谱》，上海古籍出版社1988年版，第351页。

代史略词话》与正史不同，它将学术性很强的内容加以艺术化、概括化，从短短的篇幅中就能看出历代兴废得失的原因。杨慎充分继承传统史传文学叙事方法，结合弹词、史传论赞以及小说戏曲中的引词、散场词或诗曰等形式，对普及历史知识做出了贡献。《历代史略词话》所反映的正是明代史学走向社会下层，使史学获得了更加丰富的通俗形式，从而使这时期的历史教育具有比以往更多的普及性和公共性的特征。另外，《历代史略词话》处处表现出历史的虚无感与荒诞感，对明清两代的正统史观产生了一定的解构作用。如著名的《临江仙》写道：

滚滚长江东逝水，浪花淘尽英雄。是非成败转头空。青山依旧在，几度夕阳红。

白发渔樵江渚上，惯看秋月春风。一壶浊酒喜相逢。古今多少事，都付笑谈中。①

这原是《词话》第三段"说秦汉"的开篇词，后来因成为《三国演义》的开篇词而家喻户晓、脍炙人口。这首词揭示了历代帝王将相们互相钩心斗角，为称王称霸而争夺城池，导致尸横遍野，血染山河，可是"是非成败转头空"，最后所有事迹都不过是供人们茶余酒后的谈资而已。清丁绍仪在《听秋声馆词话》中曾以"清空"二字作为对这首词的评价，其实也可以说这是一篇用词写的史论。

（二）杨慎对西南地方文化史的贡献

杨慎三十七岁谪戍永昌后，虽然常常以"奉戎檄"为名出外游历、考察，但行踪仅限于西南一隅，始终不敢逾越这一范围。在此期间，杨慎探访文物古迹，整理研究地方历史文献，为沟通西南少数民族文化，传承西南地方历史做出了杰出的贡献。以下从修志、考史、杂记三个方面评介杨慎在西南地方文化史上的成就和地位。

1. 编修西南地方史志

中国文化自来重视对历史的保存，国有国史，方有方志，族有族谱，家有家乘，在不同的社会层面都有历史的书写。如果这种书写中断，就表明其对应的社

---

① 王文才辑校：《杨慎词曲集》，四川人民出版社1984年版，第293页。

会层面已经衰亡。宋元更替之际，四川、云南的地方文化曾经遭受过兵燹的严重破坏，至明代初期也未完全恢复，所以这一时期，所修的方志极少。嘉靖以后，方志才逐渐增多。而杨慎正是处在这个西南地方文化复兴的转折点上的关键人物，他为四川、云南所纂修的史志，无论在当时还是后世，都堪称典范。

（1）《全蜀艺文志》

《全蜀艺文志》是杨慎为嘉靖《四川总志》编的一部诗文选集。此书以其独到的遴选标准和极高的文献价值，在西南地方文化宝库中占有重要一席，是研究巴蜀历史与文化的必备参考书。

据杨慎《四川总志序》自述，此书的编纂缘起是在嘉靖二十年（1541）春，即杨慎借"奉戎檄"之名第五次返蜀时，路过成都，适逢四川巡抚刘大谟发起重修《四川总志》，开局于成都城东静居寺宋濂、方孝孺祠，礼聘陕西周至人王元正（字舜卿）修《名宦》《人物》等志，遂宁人杨名（字实卿）修《建置》《山川》等志。唯独修《艺文志》没有合适的人选，于是委托杨慎编录。结果，杨慎"检故籍，探行箧，参之近志，复采诸家。择其菁华，裭其烦重，拾其遗逸，薅彼稂稗"，以短短二十八天的惊人速度完成了这部一百四十余万字的巴蜀文化巨著。

《全蜀艺文志》对巴蜀地方文化进行全方位的梳理、辑录和保存，共计收录诗文一千八百七十三篇，有姓氏的作者六百三十一人。全书遴选标准有三：

《全蜀艺文志》书影（清嘉庆二十二年重刻本）

一是仿照程敏政《新安文献志》体例，收录明代以前与四川有关的文字，凡蜀人所作，即使内容与四川无关的，如果存世仅一两篇也收。二是仿照吕祖谦《宋文鉴》体例，如李白、杜甫、三苏有全集行世的，只选录其中最有代表性的若干篇。三是仿照吴讷《文章辨体》体例，明人作品基本不收，"以避去取之嫌"。①所收诗文以唐宋为最多，明人的作品仅九十余篇，其中包括其父杨廷和的诗文三篇。

杨慎之所以能在短短的二十八天之中编出一部六十四卷的《全蜀艺文志》，虽然与他自身的博物洽闻、谙熟巴蜀掌故分不开，但更重要的还有两个外部原因。一是其父杨廷和的前期准备工作。杨慎《四川总志序》曰："先君子在馆阁日，尝取袁说友所著《成都文类》，李光所编《固陵文类》，及成都丙、丁两记，《舆地纪胜》一书，上下旁搜，左右采获，欲纂为《蜀文献志》而未果也。悼手泽之如新，怅往志之未绍。"二是各府州县搜访到的材料。杨慎序曰："又得汉太守樊敏碑于芦山，汉孝廉柳庄敏碑于黔江，文无销讹，刻犹古剞。东阜公（刘大谟）喜曰：'汉碑之传于今，中原亦扫迹矣，乃今得兹于远邦，不谓斯举之获乎。'"因此，家藏的书籍和官府的资料是杨慎迅速编成《全蜀艺文志》的两大重要条件。

由于有前代的文献积累，同时又充分利用了当时公私藏书的便利，《全蜀艺文志》得以广收古今图书，提炼巴蜀文化精华，有多达三百五十多篇诗文靠它得以幸存，而它为四川政治、军事、经济、文化、风俗等提供的宝贵资料更是难以估量。故王文才评价说："此编出，宋人巴蜀《文类》诸著俱废，知其所录之精当宏博矣。"②

但是，也有学者对《全蜀艺文志》的编选体例颇有微词，最知名者莫过于章学诚，他在《和州文征序例》中说："奈何志家，编次艺文，不明诸史体裁，乃以诗辞歌赋、记传杂文，全仿选文之例，列于书志之中，可谓不知伦类者也。"③章氏此处虽未点杨慎之名，但清代艺文志，大多模仿杨慎此书的体例，所以一般认为这段话是暗批杨慎。④至晚清，又有尊经书院院生吴福运

---

① （明）杨慎：《全蜀艺文志序》，《全蜀艺文志》，刘琳、王晓波点校，线装书局2003年版，第11页。
② 王文才：《杨慎学谱》，上海古籍出版社1988年版，第239页。
③ （清）章学诚：《文史通义》卷六，上海书店1988年版，第46页。
④ 王文才：《杨慎学谱》，上海古籍出版社1988年版，第239页。

不满杨慎的体裁，仿《七略》体例重拟《四川艺文志》[①]，以存巴蜀学术之全貌。笔者认为，杨慎原本就是史官，并非昧于史例之人，《文选》《文征》《七略》三种体例的优劣，需要具体分析，不可一概而论。正如研究者所指出的那样："《全蜀艺文志》之所以具有很高的文献价值，还在于杨慎选录诗文的标准与一般诗文选集有所不同。一般诗文选集主要从文学的角度来进行选择，而杨慎的视野则更为广阔，他更注意于诗文的史料价值，也就是说，他更注意从史志的角度来选文。因此，在此书中选入了不少为一般诗文选家不屑于选录的似乎很'另类'的、却又非常重要的文章。例如范成大的《益州古寺名画记》（此文很可能是范成大《成都古今丙记》的一部分），其中开列了淳熙间仍保存于大慈寺的唐宋名画，完完全全是一篇账单式的文字。它虽无文采可言，但却是四川古代绘画艺术史上的一篇重要资料。像这样的例子还不少。此外，《全蜀艺文志》较之以文学的标准来选文的《成都文类》，增加了世家、传、碑目、谱、跋、行记、题名等文体。这说明前者收文的范围较之后者更为广泛。在这些文体下所收录之文，多是珍贵的四川史资料。如卷五三至卷五七所收的费著七谱，即《氏族谱》《器物谱》《笺纸谱》《蜀锦谱》《钱币谱》《楮币谱》《岁华纪丽谱》，系统地记录了宋代成都的世家大族，新获文物，笺纸的名品，蜀锦的生产与花色，钱币的铸造与流通，纸币的发展与发行，以及岁时节日的盛况，对研究宋代四川的社会、经济、文化、风俗具有重要的价值。成都是世界纸币的发源地，而《楮币谱》则是系统介绍四川纸币的一篇宝贵文献。"[②]因此，《全蜀艺文志》有其不可取代的文献和史料价值，不能仅仅以文学体裁视之。民国时期，史学名家刘咸炘称赞《全蜀艺文志》"颇不庸滥"，同时也认为此书"文章之见尚深，于政事风俗罕留意。又宋世文集可取者多犹未取，盖亦局于见闻之故"[③]。于是又有《〈全蜀艺文志〉补目》之作，进一步弥补了杨慎修志的缺憾。

除《全蜀艺文志》外，杨慎参与编纂的巴蜀地方志还有《蜀志补罅》（一名《蜀志补遗》）及《雅州志》《邛州志》《新都县志》等，惜已不传。

---

① （清）王闿运编：《尊经书院初集》卷九，《中国历代书院志》第十六册，江苏教育出版社1995年版，第299~346页。
② （明）杨慎编：《全蜀艺文志》前言，刘琳、王晓波点校，线装书局2003年版，第5页。
③ 刘咸炘：《蜀诵》卷三，《推十书》（增补全本）丙辑，上海科学技术文献出版社2009年版，第915页。

（2）《滇程记》与《滇载记》

明嘉靖以前的云南地方文化，"一厄于蒙诏徙民，再厄于沐英一烬"①，几乎毁损殆尽。杨慎谪戍云南后，投身蛮荒，躬行实践，为云南的地方文化发展带来了一线转机。他在云南永昌、安宁、大理等地访古寻幽，考察南诏文化遗存，搜集、整理民间谣谚，为云南民间文学史保存了珍贵的资料。他网罗载籍，为云南编撰了《云南山川志》《滇程记》《滇载记》《滇候记》《滇产记》等一批地方史志，记载了云南的山川风物、人文地理，具有极高的学术价值。

《滇程记》是嘉靖三年（1524）杨慎在谪戍云南永昌的路途中写的一部里程记。全书从湖北公安记起，记录沿途所经驿亭里程、大小地名、山川形势、气候物产、风土民情，等等。谢国桢论此书写作之由时说："为了要考究云南的地理，他首先就要研究从中州地带到达云南的行程，《滇程记》这部书，就是杨慎为了企图达到这个目的而作的。"②《滇程记》所载"中州达滇三路"：一为"自邛、雅、建昌、会川渡金沙江，入姚安白崖曰古路"；二为"起泸州泝永宁，走赤水达曲靖曰西路"；三则"由大江舍舟"，自公安"出湖藩，转辰沅贵州曰东路"。杨慎初谪云南，即是从东路走的。由湖北江陵舍舟登陆，第一站就是公安，所以从公安记起，记叙一路上的山水、古迹、名胜、土质、草树、花鸟、路程、风俗、传说等。概括而言，《滇程记》的价值体现在四个方面③：

一是地名。特别是一些不知名的小地名，在地图或文献上根本找不到，但《滇程记》却有记载。如兰江驿、清化驿、遇仙桥、虎踏、马鞍等。还记载不少古迹名胜，如湖南的车胤故里、屈原祠、春申君墓、马伏波洞、桃川宫、秦人祠、穆天子大酉山，云南的孟获箐、古白崖、叶镜、波犬、打牛坪等。这些遗址或地名，对了解这些地方的沿革和史实都具有重要价值。

二是民俗。书中对西南少数民族风土、习俗、特产的记载特别详细。如贵州"苗俗长至为岁朝，考鼓击抃，群饮醉卧"。"江汉苗人以石垩就水泽发，獠家夷留鳅虾以供腊祭地，有羊场、鸡场实诸夷之市。以十二辰相递，历十二日一市，每场岁三十市，岁暮即场聚会，持牛角为觥，吹芦笙为乐，男女踏歌盘旋相侑，玩夕乃已。"云南洱海"每岁季夏月二十四日，土人士女杂然以炬

---

① 龙云、卢汉修，周钟岳纂：《新纂云南通志》第四册，云南人民出版社2007年版，第268页。
② 谢国桢：《评介明杨慎著〈滇程记〉〈滇载记〉》，《思想战线》1978年第4期。
③ 参见张德全：《第一部中原至云南的旅程指南〈滇程记〉》，《四川文物》1991年第2期。

火爇之，云不尔必有蜘蛛之孽"。最可贵的是，它还记录了沿途各地的民俗谣谚，对于民间文学史做出了贡献。

三是地形。如湖南"绿萝山枕沅水，山形峭峻，二歧分背，下瞰溪得白马波，流极清，驶环数里，平旷千锦为古桃源"。又贵州"渡重安江，江色如握靛。岸树二组缆绝之舟，循缆以渡。渡西有云溪洞，可隐千室，望香炉山为巴山之成，其高蔽霄，下肆无景，上有溪流。一溪沃畴千圳"。

四是交通。杨慎跋涉两万里，沿途邮亭的数目都亲自数过，还记下一路的里程，对于我们今天了解当时交通路程有重要参考价值。

总之，《滇程记》是历史上第一部记述中原至滇西沿途状况的著作，填补了西南边区缺少史料的空白。方国瑜在《云南史料目录概况》中称："盖明代记此路程之作，莫先于此书，且多翔实可信也。"①由于《滇程记》翔实地记载了入滇的路程，清康熙年间，徐炯奉命出使云南，即据《滇程记》按日考核其经行的地点，作为路程的指南，由此可见其对后世的参考价值。它不仅能用来查对地名里程交通，而且对于研究西南地理沿革、地形、物产等，特别是对了解西南少数民族的风俗民情等，尤其具有重要意义。清人杜文澜辑纂《古谣谚》一书，即大量采用了《滇程记》的有关内容。所以，四库馆臣称此书具有"备异闻""资考证""志山川、表里俗、采风谣"等多重价值。②

除了考察云南的风俗、地理，杨慎还特别关注云南的历史。他为了解云南古史，将《华阳国志》第四卷单刻传布，名曰《南中志》。云南巡抚顾应祥撰《南诏事略》时，曾经参考过《南中志》。在杨慎编辑的众多滇史要籍中，以《滇载记》最为著名。此书作于嘉靖五年（1526），是一部记载云南古代九隆世族及张、蒙、郑、赵、杨、段、高七大家族兴衰的史书。"载记"是一种史书体裁，用来记载偏安一隅的地方割据政权。杨慎《滇载记跋》记其撰述因由时说："余婴罪投荒，求蒙段之故于图经而不得也。闻其籍于旧家，有《白古通》《玄峰年运志》，其书用僰文，义兼象教。稍为删正，令其可读，其可载者，盖尽此矣。"此即是说《滇载记》是根据当地旧家所藏僰文《白古通记》写成的，内容赅博，是比较可靠的原始资料。杨慎就是利用这个材料删繁就

---

① 转引自杨春茂：《杨升庵对云南地方志的贡献》，《杨升庵诞辰五百周年学术论文集》，四川大学出版社1994年版，第65页。
② （清）纪昀、陆锡熊、孙士毅等著，四库全书研究所整理：《钦定四库全书总目》（整理本）卷六四《〈滇程记〉提要》，中华书局1997年版，第886页。

简，扼要叙述云南的历史。其中包括九隆族的起源、六诏的来历等神话传说，书中最脍炙人口的当属元代梁王之女阿盖公主与大理第九代总管段功的爱情悲剧。1942年，郭沫若根据阿盖与段功的故事写成长达五万多字的四幕五场悲剧《孔雀胆》，成为西南少数民族文学的代表作品。

《滇载记》是研究六诏史迹源流的重要史籍，但它与两《唐书》《通鉴》等正史比较，在时间、事件上多有不合之处。王文才认为："史传习见之事，慎非不知，然不引以校改滇记，正欲存南中之旧史。"①由此也可看出杨慎严谨的史学态度。

大约在《滇载记》完成后不久，杨慎又据倪辂《野史》《记古滇说集》等书编成《南诏野史》，记叙南诏蒙段的历史与传说。嘉靖十一年（1532）春，云南布政使高公韶邀杨慎参与《云南通志》的编纂工作，后因高公韶遭祸去职而未果。杨慎又曾为《大理府志》写序，并参与编订过《阿迷州志》。这些都能说明杨慎在云南地方志的修撰方面做出的贡献。

2. 考订西南历史地理

杨慎长于考证，生前有大量考订之作，这些考订之作或长或短，或繁或简，读起来支离破碎，后经张士佩、焦竑等人系统整理，去重存要，分门别类地收入《升庵集》和《升庵外集》中，其中有不少是对西南史地的精辟论述，如《升庵集》四十八卷，"蜀才""蜀士""蜀诗人""蜀之隐逸""蜀诗人王谦""蜀士在唐居首选者""蜀贤五相""蜀八仙""蜀无史职""蜀志遗事"等条，以及五十七卷"滇中诗人""唐武后时征云南"等条。据说，杨慎还曾双髻簪花，蛮妓扶舆，寻幽访胜，游历滇南，作《云南山川志》，记录云南玉案山、金马山、碧鸡山、太华山、点苍山、哀牢山、乌蒙山、高黎贡山和滇池、洱海、澜沧江等主要山川的位置、特点及其有关的民间传闻。以下从杨慎著述中略举数例，以窥杨慎考证西南史地的成就。

（1）禹穴的位置

司马迁在《史记·自叙》中说自己"上会稽，探禹穴"。后人认为"禹穴"在会稽，而杨慎认为："'上会稽'总吴越也，'探禹穴'言巴蜀也。"他讥讽那些作地志的人，把会稽禹庙旁的一个小坎当作"禹穴"，"是有何奇而辱子长之笔耶？"并进而论证说："蜀之石泉，禹生之地谓之禹穴。其石杳

---

① 王文才：《杨慎学谱》，上海古籍出版社1988年版，第247页。

深，人迹不到。顷巡抚仪封刘远夫修《蜀志》，搜访古碑刻'禹穴'二字，乃李白所书。始知会稽禹穴之误。大抵古人作文言简而括，若禹穴在会稽，而上云上会稽，下又云探禹穴，不胜其复矣。如《禹贡》曰：'云土梦作乂。'云在江南，梦在江北，五言而括千余里。"①

（2）"汶""岷"相混

四川盆地西北部有汶川，常人读作"问"，以为是山东济宁汶上之"汶"。杨慎指出，汶川的"汶"本当作"岷"，汉人隶定成"汶"。俗语说"貊不逾汶"，即指汶川，而非汶上。并引《夏本纪》"汶嶓既艺"为证。②

（3）李白故里

历来学者对于李白的籍贯众说纷纭，认为在山东、江西、南京、四川、陇西，莫衷一是。杨慎力证李白为蜀人，对后世产生了较大影响。杨慎考证说：

> 李白生于彰明县之青莲乡，其诗云"青莲居士谪仙人"是也。读书于康山，康山亦在彰明。杜工部寄李太白诗所谓"康山读书处，头白好归来"是也……又考《太白全集》，如《悲清秋赋》云："余以鸟道计于故乡兮，不知去荆、吴之几千。"《上安州裴长史书》云："见乡人相如大夸云梦之事，楚有七泽遂来观焉。"《淮南卧病寄蜀中赵征君蕤》云："国门遥天外，乡路远山隔。朝忆相如台，夜梦子云宅。"观此则太白为蜀人无疑矣。③

除考订西南史地，杨慎还记录了不少明代西南地区的地形地貌、风土民情，是今天研究西南少数民族地区生活、风俗的不可多得的宝贵材料。

三、杨慎的考据方法及其批评者

杨慎是明清两代考据学的先驱，他反对空谈，提倡务实求真，以博学考据的治学方法，推动了明清史学的考信之风。作为一个先驱式的学者，杨慎以出类拔萃的天纵之才而甘为幽微琐屑的雕虫之技，"如暴富儿郎，铜山金埒，不晓吃饭着衣"④，所以，他的考证往往别出心裁、大巧不工，因而也备受争议。

---

① （明）杨慎：《丹铅余录》卷二，影印文渊阁《四库全书》本。
② （明）杨慎：《丹铅总录》卷二，影印文渊阁《四库全书》本。
③ （明）杨慎：《谭苑醍醐》卷一，影印文渊阁《四库全书》本。
④ （明）王世贞：《弇州山人四部稿》卷一四八，明万历刻本。

（一）杨慎的博古思想与考据方法

杨慎提倡考据学与他批判宋明理学的思想是分不开的，而杨慎反对宋明理学又是与他好古、好奇的思想特质分不开的。杨慎好古，具有强烈的探本溯源意识，他有一段以地理上的远近来譬喻年代先后的著名论证，可视为他反对宋儒、推崇汉儒的立论基础：

或问杨子曰："子于诸经多取汉儒，而不取宋儒，何哉？"答之曰："宋儒言之精者，吾何尝不取？顾宋儒之失，在废汉儒，而自用己见耳。吾试问汝：'六经'作于孔子，汉世去孔子未远，传之人虽劣，其说宜得其真。宋儒去孔子千五百年矣，虽其聪颖过人，安能一旦尽弃旧而独悟于心邪？'六经'之奥，譬之京师之富丽也。河南、山东之人，得其十之六七，若云南贵州之人，得其十之一二而已。何也？远近之异也。以宋儒而非汉儒，譬云贵之人不出里闬，坐谈京邑之制，而反非河南、山东之人，其不为人之贻笑者几希。"①

通过上述论证，可以看出，杨慎把"六经之奥"比作"京师之富丽"，把汉儒比作靠近京师的河南、山东之人，把宋儒比作远离京师的云、贵之人。依据常识，远在云、贵之人不可能比河南、山东之人更了解京师，同样的道理，岂有距离孔子一千五百余年的宋儒反而比汉儒更懂得"六经"的奥义呢？这里值得一提的是，清代汉学家戴震对塾师有一段著名的诘难，与杨慎的见解如出一辙：

问："朱子何时人？"曰："南宋。"又问："孔子、曾子何时人？"曰："东周。"又问："周去宋几何时？"曰："几二千年。"又问："然则朱子何以知其然？"师无以应。②

戴震的诘难是否受到杨慎的影响，不得而知。但杨慎提倡多闻、多见、尚博、尚实，以博古考证的方法矫正宋明理学末流束书不观、游谈无根的习气，开启了明清两代考据学的新风，则是事实。史称他"凡宇宙名物，经史百家，下至稗官小说，医卜技能，草木虫鱼，靡不究心多识。阐其理，博其趣，而订

---

① （明）杨慎：《升庵集》卷四二"日中星鸟"条，影印文渊阁《四库全书》本。
② （清）江藩：《国朝汉学师承记》卷五，清嘉庆十七年（1812）刻本。

其讹谬"①。

在对宋明理学的批判中，考据学并不仅仅充当一种研读经典的辅助方法，正如艾尔曼所言："这种还原过程再和对六经日益增长的谨严的、批评性的考辨结合起来，就唤起一种批评意识，向过去至高无上的经典权威挑战……考证是义理的最终裁定者，这种要求揭示出考证学隐寓的社会和政治意义。"②例如，《诗经》的最后一首《殷武》曰："天命降监，下民有严。不僭不滥，不敢怠遑。"朱熹认为："'严'字当叶作昂，此间乡音。"杨慎驳斥说："不可以闽音证之，且三代之世，闽未入版图，作诗之人安得取闽音而入《商颂》乎？"③有力地质疑了朱熹的"叶韵"说，挑战了朱熹对经典诠释的权威性。

王文才归纳杨慎的考据方法，主要有四种：

一曰明音义。读书必先识字，识字必先审音，这是汉学家们的共识。杨慎最推崇《说文》和《尔雅》，他指出："古人恒言音义，得其音，斯得其义矣。以之读奥篇隐帙，涣若冰释，炳若日烛。"④杨慎花费很大精力去整理古音，筚路蓝缕，开辟路径，有《转注古音略》《古音骈字》《说文先训》《六书索隐》《古音略例》等二十多种著述，为后来陈第、顾炎武等的古音学奠定了基础。清儒承继其学，以声韵为锁钥，解读古书，取得巨大成绩。

二曰通句法。句法，又称"文法"或"语法"，指文章的作法。他说："解圣贤之经，当先知古人文法……必晓古人文法，而后可以解圣贤之经。"⑤杨慎对古人句法虽无系统的专著，但是在《升庵经说》中，却揭示了许多重要的条例，如：古书传例，题标于篇首，又结于篇终；古人之文，有因此而援彼者，有从此而省彼者；古文多倒读成文；古人言数之多止于九等，都十分精当。

三曰重校勘。宋人校书，往往篡改古书，而去本字。杨慎校书不废异文，每据《说文》等引文与本经异处，就其注语以释本义，无专经守固之陋，不失为校读古书的一种方法。例如《左传·昭公元年》"周公杀管叔而蔡蔡叔"，

---

① （明）李贽：《续藏书》卷二六，《李贽文集》第四卷，社会科学文献出版社2000年版，第574页。
② ［美］艾尔曼著，赵刚译：《从理学到朴学》，江苏人民出版社1995年版，第21页。
③ （明）杨慎：《丹铅总录》卷一四，影印文渊阁《四库全书》本。
④ （明）杨慎：《升庵集》卷二《转注古音略序》，影印文渊阁《四库全书》本。
⑤ （明）杨慎：《升庵集》卷四一"数往者顺知来者逆"条，影印文渊阁《四库全书》本。

杨慎指出第一个蔡字的异文作"𣰵",指流放。①虽然杨慎不是第一个发现此处异文的人（五代徐锴《说文解字系传》已言及），但杨慎校书，凡有助于正确读懂史书、把握史实的异文，他才着意研究，并非为训诂而训诂。

四曰存佚说。杨慎解经读史，不专守汉人既成的说法，如《诗》兼取三家义，有时采用纬书。他采集的佚文取材广泛，《汉书》注、《文选》注、诸子书、古类书都是他采纳的对象。他广搜博采，辑佚存遗，保留了不少重要的佚作。尽管这些辑佚的成果真伪杂陈，受到后人的诟病，但对于整理古籍而言，仍然具有积极的价值和意义。②

林庆彰从提倡汉学、研究文字音义、研究诸子学、批评宋明理学等四个方面研究杨慎的学术后，归纳出如下四个突出的特点：

其一，他开始突破宋人的旧典范，建立一种新学风。他与王守仁同时反对宋学，王氏由心性之学入手，仍不脱理学的格局；杨氏则以恢复汉学为职志，遂开清代考据学的先河。

其二，他认为要恢复经学的地位，必须从重视古注疏开始。且要通经就须先通字学，要通字学则应精研《说文》。所以他不但研究《说文》，也精通文字音义之学。清代学者之重视《说文》，即为杨慎所启导。

其三，他在诸子之学衰微的时代，从诸子书的真伪入手，兼校正阙误、评述思想，启导后人研究诸子之风。对宋明理学的弊端，也能洞见机先，提出剀切的批评。

其四，他的治学已完全抛开宋学家专断的态度，而是一种客观的考据方法。这是将所搜得的资料加以归纳，以得出结论，亦即学术研究中的归纳法。此种方法为清代学者所广为使用。③

除此之外，值得一提的是，杨慎的考据学与清代汉学家的考据学毕竟有些不同。日本汉学家内藤湖南曾指出："此人（杨慎）在史学方面一直予以关心的两部书是《文心雕龙》和《史通》。"④《文心雕龙》和《史通》属于文学批评和史学批评的范畴，但是，杨慎关心《史通》，不是"从研究《史通》本身的角

---

① （明）杨慎：《古音丛目》卷五，影印文渊阁《四库全书》本。
② 以上四点详见王文才：《杨慎学谱》，上海古籍出版社1988年版，"序"第16~18页。
③ 林庆彰：《杨慎在明代学术史上的地位》，《杨慎研究资料汇编》，（台北）"中央"研究院中国文哲研究所1992年版，第629页。
④ ［日］内藤湖南著，马彪译：《中国史学史》，上海古籍出版社2008年版，第220页。

度着手的"①,而是与明人好评点的学风密切相关。也即是说,杨慎的考据是以评点为目的的,这与清代汉学以考据注疏为中心的治学方法大不相同。

(二)明清两代的尊杨与抑杨

杨慎学贯古今,博洽多闻,为一代之冠。他既受到当时和后世很多学者的景仰和推崇,又在复古主义和方法论上深刻影响了清代的考据学。但是,杨慎的考据也存在不少的疏失,受到后人的指摘。这些指摘,有些是杨慎在考据过程中自身的缺陷造成的,如林庆彰所言:"用修之考证,可以好奇炫博四字赅之,故其考经、史、子、集之不足,又以考僻事、僻典为尚。明代考据学所以走入杂博僻异之途,用修实不能辞其咎。"有些却是不同地域、学派的门户之见,以及文人相轻的陋习引起的,也如林庆彰所言:"盖纠用修,即胜用修,能胜用修,自为士林所重,是众人皆为此而不疲也。"②基于以上这些原因,"尊杨"和"抑杨"成为明清两代学者们长期争论不休的一个话题。

早在嘉靖年间,杨慎在云南永昌、安宁、大理等地就有不少追随者,当时被目为"杨门六学士""杨门七子"的就有张含、李元阳、杨士云、王廷表等人。但是,此时对杨慎的崇拜仅限于西南一隅。到隆庆、万历时期,杨慎的著述逐渐扩散到东南一带,首先接受他的学问,沾染他的治学风气的有卜大有、李贽、焦竑、张燧等人。

卜大有(1512~?),浙江秀水(今嘉兴)人。嘉靖二十六年(1547)进士。编纂有《史学要义》,是一部关于历代学人论史学资料的分类汇编,收录的文章有二百多篇,其中收录杨慎八条札记。

李贽(1527~1602),福建泉州人。嘉靖三十一年(1552)举人,与焦竑、张燧交往密切。李贽对杨慎十分推崇,除选评《杨升庵集》二十卷外,还在《续藏书》中将杨慎同时列入"忠节名臣"与"文学名臣",并在传后罕见地列出杨慎著作一百一十七种的目录;又在《焚书》中写了一篇《杨升庵集》的读后感,抒发自己对杨慎的崇敬之情:"吁!先生人品如此,道德如此,才望如此……余是以窃附景仰之私。"③

焦竑(1540~1620),山东琅琊人,寓居南京,万历十七年(1589)状

---

① 王嘉川:《清前〈史通〉学研究》,社会科学文献出版社2013年版,第217页。
② 林庆彰:《明代考据学研究》,台湾学生书局1983年版,第45页。
③ (明)李贽:《焚书》卷五,张建业主编:《李贽文集》第一卷,刘幼生等整理,社会科学文献出版社2000年版,第194页。

元。焦竑对杨慎的学问非常钦佩，尝称："明兴，博雅饶著述者，无如升庵先生。"①他用数十年的时间收集杨慎的著作，访求到一百三十八种，编成《升庵外集》一百卷。

张燧，湖南人，明亡后寓居日本。其《千百年眼》不仅多次引用杨慎的论述，而且其札记风格也模仿杨慎《丹铅总录》。张燧曰："余盖尝评论之：升庵博洽似张茂先（张华），诗文似庐陵（欧阳修）、眉山（苏轼）两先生，坎壈过汉之贾长沙（贾谊），而经术解悟直越宋之程、朱而上之。有升庵而当代之人物可与往哲争衡矣！矮人观场，徒谓先生为博学人，而一二倔强之老，又且掇拾其后，是皆不知先生，又何足以为先生重轻耶？"②

除此之外，明代学者深受杨慎的影响而自己未曾明言的，还有陈第、顾炎武、方以智等。陈第撰《毛诗古音考》，顾炎武撰《音学五书》，方以智撰《通雅》，都和杨慎的古音学有直接的渊源。③

清代学者"尊杨"首推李调元。李调元编纂大型丛书《函海》，广为搜罗杨慎的著作，得二百种，汇刻其中四十五种近二百卷入《函海》，并在《函海序》中称赞杨慎"博学鸿文，为古来著书最富第一人"④。同时，杨慎的考据学直接或间接影响了一批清代学者。例如，杭世骏《订讹类编》《续补》等书中所引杨慎之处甚多。刘咸炘也指出："升庵说经，往往与惠（栋）、戴（震）之传合符哉。"⑤

杨慎知识渊博，注意考订名物制度、社会经济和风俗，引领了明清两代学术风气。这是值得肯定的。但也必须指出，杨慎"恃其渊博，逞诐诡之论"⑥，在其论著中常常出现一些不该有的缺失和错误。例如，《全蜀艺文志》卷八《剑门》诗，薛逢作，而误题为李商隐；卷三十七《颜鲁公祠堂

---

① （清）李调元：《童山集·文集》卷三《升庵著书总目序》，清乾隆刻函海道光五年（1825）增修本。
② （明）张燧：《千百年眼》"杨介甫父子相业文章"条，广益书局民国24年（1935）版，第141页。
③ 杨崇焕：《陈第古音学出自杨升庵辨》，《杨慎研究资料汇编》，（台北）"中央"研究院中国文哲研究所1992年版，第537页。
④ （清）李调元：《童山集·文集》卷三，清乾隆刻《函海》道光五年（1825）增修本。
⑤ 刘咸炘：《蜀学论》，《推十书（增补全本）》戊辑，上海科学技术文献出版社2009年版，第495页。
⑥ （清）何文焕：《历代诗话考索》，《历代诗话》下册，中华书局1981年版，第823页。

记》，唐庚作，而误题为马存；卷四十三《破吐蕃露布》，王应麟作，而误题为韦皋。又如卷十二《同群公秋登琴台》诗，此乃宓子贱琴台，在山东，非司马相如琴台，不应收；卷三十四李德裕《怀崧楼记》，此楼在滁州，也与蜀无关。① 又如，《升庵集》中"曹操欲用孔明"条，将胡孔明误作诸葛孔明。② 诸如此类，不胜枚举。更有甚者，杨慎"手脚有点不干净，喜欢造假"③。其中伪造石函古本《周易参同契》④和《汉杂事秘辛》⑤就是典型的例子。

杨慎著述中这些美中不足之处，为后人留下了指摘的话柄。正如清人周亮工所言："杨用修先生《丹铅》诸录出，而陈晦伯（陈耀文）《正杨》继之，胡元瑞（胡应麟）《笔丛》又继之，时人颜曰《正正杨》。当时如周方叔（周婴）、谢在杭（谢肇淛）、毕湖目（毕拱辰）诸君子集中，与用修为难者不止一人。"⑥这段话大致反映出明朝隆庆、万历以后，学术上"抑杨"的概况。以下着重介绍明代"抑杨"的三位代表人物。

陈耀文，河南确山人。嘉靖二十九年（1550）进士。撰《正杨》四卷，一百四十余条，专门纠正杨慎考证之误。由于陈耀文博通淹贯，涉猎颇广，他对杨慎的纠驳，大多能深中肯綮。但是，他撰《正杨》，并非就事论事，而是为了与杨慎争胜，所以态度流于叫嚣。清代四库馆臣就说："耀文考正其非，不使转滋疑误，于学者不为无功。然哄起争名，语多攻讦，丑词恶谑，无所不加。虽古人挟怨构争如吴缜之纠《新唐书》者，亦不至是，殊乖著作之体。"⑦

王世贞（1526~1590），江苏太仓人。嘉靖二十六年（1547）进士，"后七子"的领袖。王世贞虽然不像陈耀文有专书纠驳杨慎，但《弇州四部稿》《艺苑卮言》等书大量提及杨慎的考据成果，批评的力度绝不亚于陈耀文，

---

① （明）杨慎编：《全蜀艺文志》，线装书局2003年版，"前言"第6页。
② （明）杨慎：《升庵集》卷四六，影印文渊阁《四库全书》本。
③ 梁启超：《古书真伪及其年代》，中华书局1962年版，第4页。
④ 《周易参同契》三卷，东汉魏伯阳撰，道教早期经典，被誉为丹经之祖。朱熹曾为其作注。杨慎自称得到古本，优于通行本。其《古文参同契序》曰："南方有掘地得石函，中有古文《参同契》。"实系杨慎伪造。参见汪启明：《考据学论稿》，巴蜀书社2010年版，第641页。
⑤ 《汉杂事秘辛》一卷，叙述汉桓帝梁皇后选入宫及册封之事。杨慎《杂事秘辛跋》曰："得于安宁州土知州董氏。"实系杨慎伪造。参见张心澂：《伪书通考》，民国丛书第三编第43册，上海书店1991年版，第872页。
⑥ （清）周亮工：《因树屋书影》卷八，清康熙六年（1667）刻本。
⑦ （清）纪昀、陆锡熊、孙士毅等著，四库全书研究所整理：《钦定四库全书总目》（整理本）卷一一九《〈正杨〉提要》，中华书局1997年版，第1592页。

有些讥讽近乎尖刻,例如说"杨用修如暴富儿郎,铜山金埒,不晓吃饭着衣"①。王氏还说:"用修工于证经而疏于解经,详于稗史而忽于正史,详于诗事而不得诗旨,求之宇宙之外而失之耳目之前。"②这一评价为后来四库馆臣对杨慎的批评定下了基调。

胡应麟(1551~1602),浙江兰溪(今浙江金华)人,著有《丹铅新录》《艺林学山》,专门辨正杨慎之误。胡应麟认为,杨慎"命意太高""持论太果","太高则迂怪之情合,故有于前人之说,浅也凿而深之,明也汨而晦之。太果则灭裂之衅开,故有于前人之说,疑也骤而信之,是也骤而非之"③。胡应麟虽然比较谦虚,但仍不免争强好胜的心理,论杨慎失误之处,往往因小失而大讥。明人周婴评论胡应麟"徒见用修之论,辄思所以胜之,不知其自陷于挂漏而乖僻也"④。

除上述诸人外,著书辨正杨慎舛误的还有明末的周婴,他在《卮林》中专辟"明杨"一篇,指摘杨慎之误十余条,但周婴并无炫博争胜之弊,属于杨慎的批评者中措辞比较温和的。总体来说,明代的"抑扬"仅是学者们的个人行为,从一个侧面说明杨慎的影响在增大,逐渐受到当时学者的重视,而无损于杨慎的形象。到了清代,四库馆臣使用官方的权威贬低杨慎,可谓集明清两代"抑扬"之大成,并且在很大程度上造成了以后人们对杨慎评价的定式。

《四库全书总目》著录杨慎著述二十九种,对各书均加以考证和评骘,除对杨慎的文学成就稍有赞扬外,其他学术成果一概持贬斥的态度。其主要论点如下:

(1)取名太急,稍成卷帙,即付枣梨,饾饤为编,只成杂学。

(2)王世贞谓其"工于证经而疏于解经,详于稗史而忽于正史,详于诗事而略于诗旨,求之宇宙之外,而失之耳目之内",亦确论也。

(3)又好伪撰古书以证成己说。⑤

---

① (明)王世贞:《弇州山人四部稿》卷一四八,明万历刻本。
② (清)钱谦益:《列朝诗集·丙集》卷一五,清顺治九年(1652)毛氏汲古阁刻本。
③ (明)胡应麟:《少室山房笔丛》,中华书局1958年版,第71页。
④ (明)周婴:《卮林》卷八,影印文渊阁《四库全书》本。
⑤ 以上三条见(清)纪昀、陆锡熊、孙士毅等著,四库全书研究所整理:《钦定四库全书总目》(整理本)卷一一九《〈丹铅余录、续录、摘录、总录〉提要》,中华书局1997年版,第1591页。

（4）慎于正德、嘉靖之间，以博学称，而所作《丹铅录》诸书，不免瑕瑜并见，真伪互陈。又晚谪永昌，无书可检，惟凭记忆，未免多疏。耀文考正其非，不使转滋疑误，于学者不为无功。①

（5）（顾炎武）非如杨慎、焦竑诸人偶然涉猎，得一义之异同，知其一而不知其二者。②

有学者指出："《提要》不仅采用汉学家的观点来抑贬升庵除诗文之外的学术论著，而且在其他学人著作中，作性质、条件各不相同的絜长较短，以贬低升庵在学术上的成就和地位。自《提要》成书问世以后，对升庵的学术评价，似已成为定论，三百多年来的学术界对此未见有何异议。"③四库馆臣无视杨慎在明清考据学风形成过程中的先驱地位，以后出转精的学问否定前人筚路蓝缕的草创之功，割裂了学术史发展的继承性和连续性，表现出清代官学的武断和蛮横。直到近数十年来，杨慎的学术地位和价值才重新得到较为客观公允的评价，诚如嵇文甫所言："当明朝中叶，固然是'心学'盛行的时代，可是就在这时候，为后来清儒所大大发展的考证新学风逐渐萌芽了，这里首先打开风气的要数杨升庵。升庵著《丹铅录》《谭苑醍醐》《古音丛目》《古音猎要》等数十种，虽疏舛伪妄，在所不免，但读书博古，崇尚考据之风，实自此启。"④

第三节 清代唐甄与刘沅的史论

一、清初唐甄的历史批判思想

明清时期是我国专制皇权统治的晚期，一方面是君主专制主义走向极端，一方面是具有新的生产因素的商品经济的进一步发展，二者的矛盾冲突促使思想界涌现出一批具有批判精神的学者，"他们通过自己的史学作品，表达对封

---

① （清）纪昀、陆锡熊、孙士毅等著，四库全书研究所整理：《钦定四库全书总目》（整理本）卷一一九《〈正杨〉提要》，中华书局1997年版，第1592页。
② （清）纪昀、陆锡熊、孙士毅等著，四库全书研究所整理：《钦定四库全书总目》（整理本）卷一一九《〈日知录〉提要》，中华书局1997年版，第1596页。
③ 张德乐：《〈四库提要〉对杨升庵学术论著评论的发覆》，《杨升庵诞辰五百周年学术论文集》，四川大学出版社1994年版，第185页。
④ 嵇文甫：《王船山的学术渊源》，《王船山学术论丛》，中华书局1958年版，第42页。

建政治及思想文化专制的抗议与批判"。一般认为，这种批判意识的突出发展开始于明代中期，时人祝允明著有《罪知录》，"谓汤、武非圣人，伊尹为不臣，孟子非贤人，武庚为孝子，管、蔡为忠臣，庄周为亚孔子一人"等，皆"举、刺、予、夺，言人之所不敢言"。①明代后期，被称为"异端之尤"的李贽著有《藏书》《续藏书》，明确宣称勿"以孔子之是非为是非"，提出了"颠倒千万世之是非"而"决于一己之是非"的论史思想。②到明清之际，"天崩地解"，学者深受朝代更迭和社会变乱的巨大震撼，对历史的反思愈发深沉，对历史的批判愈发激烈，先后涌现顾炎武、黄宗羲、王夫之、唐甄等一大批思想和学术巨匠。其中的唐甄就是来自巴蜀大地的杰出学者。

唐甄（1630~1704）原名大陶，字铸万，后更名甄，别号圃亭，四川达州人。③八岁时离开老家，随侍知吴江令的父亲唐阶泰，后因蜀地战乱不断，难以返家，长期流寓在外，主要居于江淮地区。清顺治十四年（1657）回四川参加乡试，中举后出任山西长子县知县，"导民蚕桑"，颇有政绩，十个月后"以逃人诖误去职"，辗转各地，艰难谋生，后定居终老于苏州。唐甄力嗜古学，"贯综经史"，学宗王阳明，服其"良知之学"和"知行合一之教"，著书以《潜书》影响最大；于《诗经》和《春秋》也有深入研究，自称"患毛、郑之言大同而小异，说《诗》无两是之义，择其善者而从之，以便称引"，著成《毛诗传笺合义》；"患左氏之言太简，取触类而长之义，以通其所未及"，著成《春秋述传》。另有《潜文》《潜诗》和《日记》各若干卷，后人编为《圃亭集》。④

《潜书》是唐甄最重要的作品，也是他唯一一部流传至今的著作。原名《衡书》，"志在权衡天下"；"后以连蹇不遇"，改为今名。全书共分九十七目，分上、下两篇，上篇五十目侧重学术思想，下篇四十七目侧重政治历史，自称"上观天道，下察人事，远正古迹，近度今宜，根于心而治之行，

---

① （清）纪昀、陆锡熊、孙士毅等著，四库全书研究所整理：《钦定四库全书总目》（整理本）卷一二四《〈祝子罪知录〉提要》，中华书局1997年版，第1653页。
② （明）李贽：《藏书》卷首《世纪列传总目前论》，张建业主编：《李贽文集》第二卷，刘幼生等整理，社会科学文献出版社2000年版，第7页。
③ 关于唐甄的姓名和籍贯，史书有多种不同记载，具体考辨可参考李之勤《唐甄事迹丛考》，附载《潜书（附诗文录）》后，中华书局1963年版，第252~258页。
④ （清）唐甄：《潜书》上篇下《五经》，中华书局1963年版，第62页；王闻远：《西蜀唐圃亭先生行略》，附载《潜书》后，第228页。

如在其位而谋其政，非虚言也"①，是一部经世之作。从写作风格上看，《潜书》刻意模仿周秦诸子，意欲成一家之言，表现出很高的思想水平。其婿王闻远写道：

宁都魏叔子（禧）见先生《潜书》，曰："是周秦之书也，今犹有此人乎！"每接宾客及致书于人，必称唐子之文掩汉而上之。华亭高谡苑，读《潜书》，极赏其奇。尝遇先生于黄鹤楼，握手谈心者累日。先生诗有"见誉何太高，鞠躬不敢当"之句，酬谡苑也。吴江徐虹亭盛称先生之文，推为当代作家第一。宣城梅定九（文鼎）见先生所著书，倩人尽录之，曰："此必传之作也，当藏之名山以待其人耳。"②

他的忘年交潘耒为其书作序时又说：

古之立言重世者，必有卓绝之识，深沉之思，蕴积于中，多不可制，吐而为辞，风发泉涌。若先秦诸子之书，醇驳不同，奇正不一，要皆独抒己见，无所蹈袭，故能历千载而不磨……斯编远追古人，貌离而神合，不名《潜书》，直名《唐子》可矣！③

评价之高，无以复加。近代梁启超也盛推唐甄其人其书，说他是一位"瑰奇之士"，有"特见""特识"，《潜书》"在古今著作之林，总算有相当位置。大约王符《潜夫论》、荀悦《申鉴》、徐幹《中论》、颜之推《家训》之亚也"。④

总的来看，唐甄是清初的大思想家，《潜书》既是一部政论，也是一部史论，全书洋溢着浓郁的历史批判精神，特别是对流行了数千年的君主专制主义给予了深刻批判，这是唐甄史论中"最有价值的部分"⑤；同时他在学术思想

---

① （清）唐甄：《潜书》下篇下《潜存》，中华书局1963年版，第205页。
② 王闻远：《西蜀唐圃亭先生行略》，附载《潜书》后，中华书局1963年版，第228页。
③ 潘耒序载《潜书》卷首，中华书局1963年版，第6页。
④ 梁启超：《中国近三百年学术史》，东方出版社1996年版，第169、182~188页。
⑤ 向燕南、张越、罗炳良：《中国史学史》第五卷《明清时期（1840年前）》，上海人民出版社2006年版，第224页。

方面也颇有批判精神，尤其对宋明理学的空疏流弊进行了有力的批判。

（一）对君主专制制度的深刻批判

唐甄生当明清鼎革之际，目睹了明朝的败亡和清朝的崛兴，因此对治乱兴亡的话题颇多反思。相比于前朝的思想家而言，他有一个突破性的见解，就是把责难的矛头指向君主。这一点虽然也受到前代思想家的影响，但主要还是明朝君主专制主义极端发展的产物，是唐甄最闪光的史学思想。

在对历代治乱兴亡的总体见解上，唐甄有一种中国古代大多数政治家、思想家共同的历史观，那就是倒退论，认为早期治多乱少，后来治少乱多："上观古昔，尧、舜、禹、启，治世惟久。夏、殷、西周、西汉，治多于乱……其余一代之中，治世十一二，乱世十八九。"① 当然，他也不是那种绝对的悲观主义者，他说："天运物运，皆有循环；兴必废，废或复"②，"阴阳者，治乱之道也。阴阳之复，其时不失，冬夏之日至是也。治启于黄帝，二千余岁，至于秦而大乱。乱启于秦，至于今，亦几去黄帝之年矣，或将复乎！"③ 这虽然还是属于旧时的循环史观，仍非科学的史观，但毕竟表现出一种对天下由乱而治的乐观向往，这在遭逢时难、饱经风霜的年代还是不易的。

那历史上这些治乱兴亡的局面是如何造成的呢？唐甄对此也有着丰富的思考，而最后的归结点，往往总在君主。如他曾提出：

> 亡国之道有十焉：有法而无实，国亡；赏罚不中，国亡；用舍不明，国亡；左右誉之而褒显，民安之而贬黜，国亡；百姓困穷，司牧不知，知而不为之所，国亡；百官好利而无耻，国亡；将帅不得人，士卒不用命，国亡；御将不得尽其能，国亡；不奴使宦寺，使与国政而号为内臣，国亡；金粟殚竭，不足以厚禄食，养战士，国亡。④

如何能够避免这些"亡国之道"呢？唐甄认为宰相很重要，有了贤明的宰相，"彼十亡者，皆可无虞也"。宰相似乎成了关键。但唐甄又说："君者，利之源也，奸之的也。"朝廷是否能够出现贤相还是在于君主，君主才是国家

---

① （清）唐甄：《潜书》上篇下《鲜君》，中华书局1963年版，第66页。
② （清）唐甄：《潜书》下篇上《更币》，中华书局1963年版，第141页。
③ （清）唐甄：《潜书》下篇上《尚治》，中华书局1963年版，第105页。
④ （清）唐甄：《潜书》下篇上《任相》，中华书局1963年版，第121页。

治乱兴亡的关键。他特别举出明朝亡国的例子:

> 庄烈皇帝,亦刚烈有为之君也。以藩王继统,即位之初,孤立无助,除滔天之大逆,朝廷晏然,不惊不变。忧勤十七年,无酒色之荒,晏游之乐,终于身死社稷,故老言之,至今流涕。是岂亡国之君哉!而卒至于亡者,何也?不知用人之方故也。
>
> 当是之时,非无贤才也。袁崇焕以间诛,孙传庭以迫败,卢象昇以嫉伤其功。此三人者,皆良将,国之宝也,不得尽其才而枉陷于死。使当日者有一张居正为之相,则间必不行,师出有时,嫉无所施,各尽其才,而明之天下犹可不至于亡。然而迹庄烈之所为,虽有居正,不能用也。庄烈居高自是,举事不当,委咎于人。无择相之明,执国政者,皆朋党之主,数举数罢,易于敝扫。百职之任,何由得人乎!是以援私植党,充于朝廷;倾人夺位,险于仪秦;将卒无忌,诛焚劫略,毒于盗贼;百姓畏兵如虎狼,望贼如汤武。迨乎季年,主虑瞀乱,无所适从,诛戮巫行,四方解体;而明遂不可为矣。①

应该说,唐甄的这段论述不算严谨,过于抬高了贤相的作用,但认为贤相不出、贤才不用的关键在于崇祯皇帝本身的"居高自是""无择相之明",从而导致了明朝的灭亡,这一思想还是十分鲜明的。

正是在对包括明朝败亡等无数历史事实的思考中,唐甄认为真正对国家治乱起关键作用的不是宰相和一般大臣,而是高高在上的君主。他非常大胆地指出:"治天下者惟君,乱天下者惟君。治乱非他人所能为也,君也。小人乱天下,用小人者谁也?女子、寺人乱天下,宠女子、寺人者谁也?奸雄、盗贼乱天下,致奸雄、盗贼之乱者谁也?"②换句话说:"天下之治,非臣能治之也;天下之乱,非臣能乱之也。"终极责任还是在于君主,他举出历史事例说道:"使舜内惟二妃之听从,外舍皋、夔而用四凶;虽有皋、夔,舜之天下必乱。使纣不听妲己之言,舍佞臣而用比干、胶鬲;虽有佞臣,纣之天下必治。治乱在君,于臣何有!"这种直指君过的做法,是对长期以来"厚责其臣而薄责于君"思想的重大突破。有意思的是,唐甄为了增强他的说服力,还特别掂

---

① (清)唐甄:《潜书》下篇上《任相》,中华书局1963年版,第122页。
② (清)唐甄:《潜书》上篇上《鲜君》,中华书局1963年版,第66页。

出了经典依据,直言:

> 不责其臣而责君者,非吾之言,仲尼之教也。《春秋》之法:臣弑其君,罪在臣,称臣之名;罪在君,称君之名,而不著其臣之名。宋人弑其君杵臼,齐人弑其君商人,莒弑其君庶其,晋弑其君州蒲,莒人弑其君密州,吴弑其君僚,皆隐其臣之名,若国人共诛之者。岂宽弑君之贼哉?君惟不道,不君其君而后动于恶;非人弑之,自弑之也。君而不君,国人不与,社稷不保,国家危亡,而且恶名著于《春秋》,罪在贼臣之上,可不惧乎!①

基于"治乱在君,于臣何有"的思想,唐甄又进一步借历代战乱杀人之多的问题,直指君王为贼,喊出"自秦以来,凡为帝王者皆贼也"的惊世之论。为什么这么说呢?他分析道:

> 杀一人而取其匹布斗粟,犹谓之贼;杀天下之人而尽有其布粟之富,而反不谓之贼乎!……大将杀人,非大将杀之,天子实杀之;偏将杀人,非偏将杀之,天子实杀之;卒伍杀人,非卒伍杀之,天子实杀之;官吏杀人,非官吏杀之,天子实杀之。杀人者众手,实天子为之大手。②

这种把杀人的罪魁祸首直指君主,并以此为"贼"的思想,在清朝以前的历史上都是不曾有过的。虽然不完全准确,但也洞见了相当的历史事实,特别是考虑到君主是"天下之主",是专制集权的总代表,唐甄的这一批判可以说触及了专制制度的核心,是相当深刻的见解。正由于此,学者多把唐甄与黄宗羲并论,或认为唐甄对君主的批判与黄宗羲《明夷待访录》的《原君篇》"不谋而合"③;或认为唐甄的思想与黄宗羲"相近"④。

不仅如此,唐甄还对君主专制体系内的宦官制度给予了严厉的批判,认为"阉奴之祸,自古为烈,明著于前史。后世人君,且有爱之如美女而不见其为猛虎者,祸不可以为戒也"。为此,他提出了除去宦官的非常之论:

---

① (清)唐甄:《潜书》下篇上《远谏》,中华书局1963年版,第127页。
② (清)唐甄:《潜书》下篇下《室语》,中华书局1963年版,第196页。
③ 梁启超:《中国近三百年学术史》,东方出版社1996年版,第185页。
④ 侯外庐主编:《中国思想史纲》下册,中国青年出版社1980年版,第95页。

阉人不革,则小人必逞,君子必灾,家必内败,天下必亡,去之不待转计者也。蜀人谚曰:"斩草不除根,萌芽依旧生。"除根若何?不用阉人,则无自宫以幸进者。此除根之道也,非阉人得志而后谋去之,乃谓之除根也。①

那具体在什么时候才方便除去宦官呢?唐甄认为最好在王朝之始,"开国之时,去阉人如去草,除阉人之萌如除草之萌,固甚易也。"这与其说是在批判历史,不如说是在为刚刚建立的清朝进谏。他还专门考察了宦官的历史沿革:"帝喾立四妃,帝尧因之;舜不告而娶,不立正妃;夏增以九女,为十二人;殷增以二十七人,为三十九人;周增以八十一人,为百二十人。唐虞夏商女御少,故不用阉人;周女御多,故用阉人。不从周,从夏商;不从夏商,从唐虞。"②也就是说,历史上曾经有"不用阉人"的时代,而且是被认为治世,或治多乱少之世(说详前引文),我们后世自可加以效法。

明朝宦官专权十分严重,明末清初的很多学者都对其给予了严厉的批判,如黄宗羲就说:"阉宦之祸,历汉、唐、宋而相寻无已,然未有若有明之为烈也!"③他也注意到:"(君主)崇其宫室,不得不以女谒充之;盛其女谒,不得不以阉寺守之。"但仅主张减少宦官:"为人主者,自三宫以外,一切当罢。如是,则阉之给使令者,不过数十人而足矣。"④这显然不能与唐甄直接要求废除宦官的思想并论,因此相比而言,唐甄的思想确实更为尖锐。

但问题是:在去掉了庞大的宦官群体之后,宫廷又如何运转呢?唐甄进而提出了更大胆的新思想:

贵为天子,亦可以庶人之夫妇处之。缝纫庖厨,数妾足以供之;洒扫粪除,数婢足以供之。入则农夫,出则天子,内则茅屋数椽,外则锦壤万里,南面而临天下,何损于天子之尊!⑤

---

① (清)唐甄:《潜书》下篇下《去奴》,中华书局1963年版,第168页。
② (清)唐甄:《潜书》下篇下《去奴》,中华书局1963年版,第168~169页。
③ (清)黄宗羲:《明夷待访录·奄宦上》,《黄宗羲全集》第一册,浙江古籍出版社2012年版,第44页。
④ (清)黄宗羲:《明夷待访录·奄宦下》,《黄宗羲全集》第一册,浙江古籍出版社2012年版,第45~46页。
⑤ (清)唐甄:《潜书》下篇下《去奴》,中华书局1963年版,第169页。

这一思想虽然被清朝末年的学者李慈铭讥为"足笑倒千人"之论①，但联系到近现代世界各国的民主政治，唐甄的这一思想并非痴人说梦，而是超越时代的精卓之识。

唐甄不仅要求在衣食住行方面限制君主，还要求君主在思想上应当抑制自己的尊威。他强调"天子之尊，非天地大神也，皆人也"。既然如此，就不能自尊自大，否则就会产生"臣日益疏，智日益蔽，伊尹、傅说不能诲，龙逢、比干不能谏，而国亡矣"的严重后果。为此，君主不应"势尊自蔽"，而是要有意识地"抑尊"，"位在十人之上者，必处十人之下；位在百人之上者，必处百人之下；位在天下之上者，必处天下之下"。②与"抑尊"相应，君主应当注意"违己"和"从人"，"违己"就是不要独断专行、刚愎自用，"从人"就是要善于接受贤臣的建议。他说：

是故君何以昏？自用则昏。君何以明？用人则明。恭己虚衷，不敢自是。师冢宰而友五卿，举社稷以从。是谓以众明为一明，以众聪为一聪，不劳而天下大治。③

在对君主专制制度深入批判的同时，唐甄对广大民众则表现出了高度的同情和重视。他指出："为政者多，知政者寡"，兵（固边疆）、食（充府库）、度（尊朝廷）、赏罚（叙官职）这"四政"固然重要，但"国无民，岂有四政"！最重要的还是在"民"。明朝之所以败亡，关键就是统治者与民众矛盾的激化，统治者失掉了"民心"。为此他写道：

昔者明之亡也，人皆曰："外内交哄，国无良将；虽有良将，忌不能用，安得不亡！"此其亡之势也，非其亡之根也。

当是之时，兵残政虐，重以天灾，民无所逃命，群盗得资之以为乱。马世奇曰："治献贼易，治闯贼难，盖人心畏献而附闯也。非附闯也，苦兵也。一苦于杨嗣昌之兵，再苦于宋一鹤之兵，又苦于左良玉之兵。行者居者，皆不得

---

① （清）李慈铭：《越缦堂日记·荀学斋日记》"光绪十年十一月初八日戊申"条，附载《潜书》后，中华书局1963年增订第2版，第251页。
② （清）唐甄：《潜书》上篇下《抑尊》，中华书局1963年版，第69页。
③ （清）唐甄：《潜书》下篇上《用贤》，中华书局1963年版，第146页。

保其身命。贼知人心所苦,所至辄以剿兵安民为辞。愚民被惑,望风降附,而贼又散财赈饥以结其心,遂趋贼如归,人忘忠义。其实贼何能破州县?以从贼者众也。"施邦耀曰:"今日盗寇所指,百姓非降则逃,良由贪吏失民心也。得一良吏,胜得一良将;去一贪吏,胜斩一贼帅。"二子之言,见乱本矣。

当是之时,天下之大,万民之众,恒患无兵。京师之守,以一卒而当数陴。李自成虽尝败散,数十万之众,旬日立致。是故陕民之谣有之曰:"挨肩膊,等闯王。闯王来,三年不上粮。"民之归之也如是。盖四海困穷之时,君为仇敌,贼为父母矣。四海困穷,未有不亡者。其不亡者,未及其命之定也。天留其命,未生奸雄;天薄其命,则生小雄;天绝其命,则生大雄。当四海困穷之时,无雄,则饥寒积忧之气,发为灾侵,为慧孛,为水旱,为山川草木人鬼之妖。有小雄以倡之,则逋聚山泽,破城据险,旋灭旋起,以耗国家。有大雄以倡之,则长智增勇,撼山沸河,数百年厚建之社稷,如椎卵矣。若是者,皆困乏也,为奸雄所凭也;此明之所以亡也。①

显然,唐甄洞见了明朝灭亡的根本,失去了民心的江山注定是要倾覆的。这一见解即便放在今天,也是十分深刻的。

由于唐甄能够看到民众对江山社稷的支撑或倾覆作用,所以他在很多议论中都强调统治者要为民着想。如他曾提出"穷富之源,治乱之分"②的观点,认为"财者,国之宝也,民之命也",统治者只要不贪污、不重赋,"不扰民",也就是"无有窃其宝而攘其命者",民众自然就会"家室皆盈,妇子皆宁",形成天下大治的局面;反之则会造成"蠹多树槁""痈肥体散"的乱亡之势。唐甄还说:"立国之道无他,惟在于富。自古未有国贫而可以为国者。"这里的"富"不是指国家府库充盈,而是民众富有,即"富在编户,不在府库"③,也就是要走"富民"之路。怎么去"富民"呢?他认为在考核地方官员时,应当"养民以论功",不能只看官员是否廉洁或多有才干,"廉而不能养民""才而不能养民"都是不行的。而且从上到下,要形成"以富民为功"的责任体系和社会风气。因为"上不以富民为功,而欲吏以富民为

---

① (清)唐甄:《潜书》下篇上《明鉴》,中华书局1963年版,第108页。
② (清)唐甄:《潜书》下篇上《富民》,中华书局1963年版,第105页。
③ (清)唐甄:《潜书》下篇上《存言》,中华书局1963年版,第114页。

务"①,那是不可能的。这里的"上",当然是指以君主为代表的朝廷。他还特别强调落实问题,认为"国有善政,而德泽不加民者,政虽善,未尝入民也",那也是不可取的。"权令"不能停留在空文上,一定要落到实处,"治道贵致其实","以实则治,以文则不治"。②

对君主的批判和对民众的重视,实际上是一体两面,所以唐甄在讨论"内贼""外寇"这天下二乱"皆由于国家空虚"时,特别强调君主要有"厚本"即重民的思想。他说:

是故明德之君,不侈其尊富强大也。以为我实民之父母,民实我之男女,唯恐其衣食之不足,居处之不安,日夜念之不忘。其大臣必用忠厚之人,其外牧必用慈惠之人;与我同忧,与我同爱。劝农功,课桑麻,厚蓄积,惩奢靡。虽有凶年,民不知菑。谷不可胜食,财不可胜用,而天下大富矣。衣食足而知廉耻,廉耻生而尚礼义,而治化大行矣……以此治天下,皆长久之道也。③

这段话很好地展现了唐甄"我实民之父母,民实我之男女"的君民关系思想,联系到上文他对明朝灭亡原因的探讨,可知他的这一"天下长久之道"是立足于包括明朝灭亡在内的整个历代治乱兴亡的思考基础之上的。④

(二)批判宋明理学不重事功

唐甄专门著有《尊孟》《宗孟》和《法王》三文,钦服孟子和王阳明的思想。他说:"尧、舜以来,传道皆以传心。人莫不知焉,人莫不言焉,而道卒不得明者,何也?以其虽知心而学之不一,求之不专,如天象全见而未执其枢也。陆子静读《孟子》而自得,立其大而小不能夺;阳明子专致良知,而定乱处谗,无所不达。二子者,皆能执其枢者也。"⑤由此可见,唐甄虽然继承了宋儒孟子之后道统中绝的说法,但不同意宋儒中程朱理学一派建构起来的由周敦颐、二程接续孟子的新道统论。他这里虽举到了宋儒陆九渊(子静),但实

---

① (清)唐甄:《潜书》下篇上《考功》,中华书局1963年版,第111页。
② (清)唐甄:《潜书》下篇上《权实》,中华书局1963年版,第115~116页。
③ (清)唐甄:《潜书》下篇下《厚本》,中华书局1963年版,第201~202页。
④ 当然,囿于时代局限,生活在清朝的唐甄主要批判的还是清朝以前的专制制度,他不仅不敢把矛头指向清朝,甚至还说过"大清有天下仁矣"(《潜书·室语》)这样的话。
⑤ (清)唐甄:《潜书》上篇上《宗孟》,中华书局1963年版,第9页。

际上更推崇王阳明,所以在《法王》中开篇就写道:"阳明子有圣人之学,有圣人之才,自孟子而后,无能及之者。"①

作为一位"宗阳明良知之学"的理学家,唐甄非常认同孟子的良知说:"人之所不学而能者,良能也;所不虑而知者,良知也。孩提之童无不爱其亲,及其长也,无不知敬其兄也。"(《孟子·尽心上》)并在《法王》篇中写道:"阳明子以死力格外物,久而不得,乃不求于外,反求于心,一朝有省,会众圣人之学,宗孟子之言,而执良知以为枢。"②与所有心学家一样,唐甄重视内在的心性修养,认为"良知,在我者也,非若外物,求之不可得也"。③

但唐甄并没有像一些心学学者那样走上空谈心性之路,而是主张既要"自修"心性,又要扩充出去,"达于天下"。他说:"心体性德,既已自修;天地万物,何以并治?必措之政事而后达。""万物繁育,咸得其生,皆心之所贯,非异事也。"④又说:"性统天地,备万物。不能相天地,不能育万物,于彼何缺,即已有缺。""是故虚受不可言仁,必道能广济,而后仁全于心,达于天下。"⑤为此,他对那种"儒者不计功"的说法给予了坚决的批驳:

大瓠曰:"吾闻儒者不计功。"(唐子)曰:"非也。儒之为贵者,能定乱,除暴,安百姓也。若儒者不言功,则舜不必服有苗,汤不必定夏,文、武不必定商,禹不必平水土,弃不必丰谷,益不必辟原湿,皋陶不必理兵刑,龙不必怀宾客远人,吕望不必奇谋,仲尼不必兴周,子舆不必王齐,荀况不必言兵。"⑥

唐甄用这些史实说明,儒家是要讲求事功的。他还根据"心者事之本"的心学观,把心比作植物的根,说之所以要"厚雍其根",就是"为其花之可悦也,为其实之可食也"。相反,"使树矣不花,花矣不实,奚贵无用之根,不

---

① (清)唐甄:《潜书》上篇上《法王》,中华书局1963年版,第9页。
② (清)唐甄:《潜书》上篇上《法王》,中华书局1963年版,第10页。
③ (清)唐甄:《潜书》上篇上《宗孟》,中华书局1963年版,第8页。
④ (清)唐甄:《潜书》上篇上《宗孟》,中华书局1963年版,第8~9页。
⑤ (清)唐甄:《潜书》上篇上《性功》,中华书局1963年版,第16~17页。
⑥ (清)唐甄:《潜书》上篇上《辨儒》,中华书局1963年版,第3页。

如掘其根而炀之"。"心"也是这样,"事不成,功不立,又奚贵无用之心,不如委其心而放之。""心"是拿来用的,他说:"心,灵物也;不用则常存,小用在小成,大用则大成,变用则至神。不可使如止水,水止则不清;不可使如凝胶,胶凝则不并。"①可见,在唐甄看来,内在的养心不是目的,而是为了外在的事功。

正是基于上述思想,唐甄对宋明理学偏重内在心性而忽视外在事功的流弊提出了批评。他与顾祖禹的一段谈话非常经典:

顾景范语唐子曰:"子非程子、朱子,且得罪于圣人之门。"

唐子曰:"是何言也!二子,古之圣人也,吾何以非之!乃其学,精内而遗外。其精者,颜渊不能有加;其遗者,盖视仲(由)、冉(求)而阙如也。吾非非二子,吾助二子也。"

顾子曰:"内尽而外治。"

唐子曰:"然则子何为作《方舆》书也?但正子之心,修子之身,险阻战备之形,可以坐而得之。何必讨论数十年,而后知居庸、雁门之利,崤函、洞庭之用哉?"②

唐甄这里明确指出宋明理学存在"精内而遗外"的特点,他们内在心性修养很高,却缺乏外在的事功;同时他也借机否定了那种"内尽而外治"的说法,认为不仅要正心修身,也必须扩充出去,"讨论"外在的事务。

唐甄有时又从内外和主宾的角度批评程、朱一派理学。他说:"修非内也,功非外也。自内外分,管仲、萧何之流为宾,程子、朱子之属为主;宾摈不入,主处不出;宾不见阃室之奥,主不习车马之利。自内外分,仲尼之道裂矣。"③这实际仍是在批评程、朱一派只重内在修养,"不习车马之利",即不重外在事功。

有意思的是,唐甄还采取戏言的方式,嘲讽宋儒空谈心性以致误国。他写道:

---

① (清)唐甄:《潜书》上篇上《辨儒》,中华书局1963年版,第3~4页。
② (清)唐甄:《潜书》上篇下《有为》,中华书局1963年版,第50页。
③ (清)唐甄:《潜书》上篇下《良功》,中华书局1963年版,第52页。

> 昔者宋国日蹙,窜于吴越,其后诸儒继起,以正心诚意之学匡其君,变其俗。金人畏之,不敢南侵。于是往征之,不戮一士,不伤一卒,不废一矢,不刺一矛。宋人卷甲而趋,金人倒戈而走。遂北取幽州,西定西夏,东西拓地数千里,加其先帝之境土十二三焉。①

这段戏言显然意在反讽宋儒那套正心诚意之学的无能,批评他们的事功不著。需要说明的是,唐甄并不否定"正心诚意之学"本身,他说:"正心诚意,学之本也。古之人正心诚意,则为圣人;后之人正心诚意,则为拘儒。"②作为心学家,唐甄自然喜言"正心诚意之学",他所否定的,只是那种内外分开,只讲"正心诚意"、鄙薄外在事功的"拘儒"做法。

这里有必要指出的是,王阳明心学一派学者在明代后期已经明显出现了不务实学、空谈心性的风气,后来的一些学者甚至将此视为明朝灭亡的原因。如反王学的顾炎武就说:

> 五胡乱华,本于清谈之流祸,人人知之。孰知今日之清谈,有甚于前代者。昔之清谈谈老庄,今之清谈谈孔孟,未得其精而已遗其粗,未究其本而先辞其末。不习六艺之文,不考百王之典,不综当代之务,举夫子论学论政之大端一切不问,而曰"一贯",曰"无言"。以明心见性之空言,代修己治人之实学。股肱惰而万事荒,爪牙亡而四国乱,神州荡覆,宗社丘墟。昔王衍妙善玄言,自比子贡,及为石勒所杀,将死,顾而言曰:"呜呼,吾曹虽不如古人,向若不祖尚浮虚,勠力以匡天下,犹可不至今日。"今之君子,得不有愧乎其言?③

这里没有点明王学,但他在另外一个地方又说:

> 以一人而易天下,其流风至于百有余年之久者,古有之矣。王夷甫之清

---

① (清)唐甄:《潜书》上篇上《辨儒》,中华书局1963年版,第2页。
② (清)唐甄:《潜书》上篇上《辨儒》,中华书局1963年版,第3页。
③ (清)顾炎武著,黄汝成集释:《日知录集释》卷七《夫子之言性与天道》,上海古籍出版社2006年版,第402页。

谈，王介甫之新说，其在于今，则王伯安之良知是也。①

把这两段话联系起来，不难看出顾炎武所批评的正是王阳明心学一派的空谈误国之风。

作为"宗阳明良知之学"的唐甄，自然不会同意顾炎武的上述言论，他把空谈心性、不重事功的批判矛头特别指向程朱一派的理学，或许隐含有批驳顾炎武的用意在，因为据《日知录集释》所列九十余家来看，唐甄赫然名列其中，他对顾氏《日知录》这一反王学的立场当是十分清楚的。

另外，唐甄对宋明理学否定汉唐诸儒的做法也不满，他说："自宋及明，世之学者，好争讼而骂人，为创见以立异；以其意断百世以上之事，繁引曲证以成其字事。凡周汉以来授受之有本者，皆草刈而粪除之。暴秦烧之于前，世儒斩之于后，其亦甚悍矣哉！"②这一立场决定了他不认同宋明理学的很多著作，反而对先前的一些经学著述比较推崇，如他说：

近世之于五经，群疑多端，众说蜂起，不可以不定所从。子思之后，世有哲人，孔安国仲尼之十一世孙也，仲尼既没，诸儒则讲习于冢上，至汉不绝。安国尤长于《书》，乃其家学而又得闻于诸儒之言，其所作《书传》，必得其真。学《书》者舍安国其奚从！《诗》之序，必仲尼之徒为之，以序言绎《诗》意，论世论人，言隐而义显，大毛公及事荀卿，其去仲尼之世未远也，其创为传也，尊序如尊经；小毛公又继成之，郑氏遵畅厥旨，《诗》之义大明。学《诗》者舍毛、郑其奚从！至于左丘明身为鲁史，其所记述，本末周详，典礼彰明，仲尼取之以修《春秋》，丘明即史为传，以明仲尼之褒贬，更无可疑。杜氏又推五体，触类而长之，以发传所未发，《春秋》之义大明。学《春秋》者，舍左氏其奚从！③

这段话意在对"五经"的标准注疏"定所从"，肯定了汉晋时期有关《尚书》《诗经》和《左氏春秋》的著作，实际上就否定了宋儒的新标准，对宋明

---

① （清）顾炎武著，黄汝成集释：《日知录集释》卷一八《朱子晚年定论》，上海古籍出版社2006年，第1068页。
② （清）唐甄：《潜书》上篇下《五经》，中华书局1963年版，第62页。
③ （清）唐甄：《潜书》上篇下《五经》，中华书局1963年版，第61～62页。

理学同样是具有批判意义的。

对宋明理学的空疏流弊进行批判，是明末清初学者的普遍风气，只不过唐甄更多的指向不是王阳明的心学，而是程朱理学。联系到当时清朝以程朱理学为统治思想，他对程朱理学末流不重事功的批判实际和他对君主专制的批判一样，是具有现实批判意义的。

二、清代中期刘沅的道德史学

在经过长期的"湖广填四川"的移民浪潮之后，巴蜀社会逐渐走出低谷，至清代中期开始得到较大恢复和发展。在此基础上，巴蜀地区的学术文化也有了长足进步，博通经史成为主要学术取向，先后涌现出号称"文坛全才"的李调元（1734~1803）和"西川夫子"刘沅（1768~1855）等著名学者。李刘二人虽然均非专门的史学名家，在史学发展史上地位不显，但他们学识广博，不乏论史之作，治学旨趣迥异于当时以乾嘉考据学为代表的学术主流，不喜考据，偏尚义理，是今日讨论清代巴蜀史学不可或缺的重要学者。限于篇幅，这里主要论述槐轩先生刘沅。

刘沅，字止唐，一字讷如，号青阳，世称槐轩先生。出自成都附近的双流望族，"先世三代苦学"：曾祖刘嘉珍"性耽典籍"，潜心儒学；祖父刘汉鼎"日以读《易》为事"，著有《易蕴发明》一书；父亲刘汝钦"读书通大义"，曾入太学学习，"精易学，洞彻性理"。濡染于如此浓郁的家学氛围，刘沅自幼勤学，泛观博览，奠定了扎实的经史根底，可惜在乾隆五十七年（1793）考取举人后几次会试都名落孙山，遂"无心仕进"，专力学术。刘沅非常重视传道授业，史称其"循循善诱，著弟子籍者前后以千数，成进士登贤书者百余人，明经贡士三百余人。薰沐善良，得为孝子、悌弟，贤名远播乡间者，指不胜屈"。①也正是在长年的讲学过程中，刘沅会通儒、释、道三教，尤其逐渐将儒

刘沅像（八十八岁时）

---

① 《国史馆本传》，（清）刘沅《槐轩全书》（增补本）卷首，巴蜀书社2006年影印本（据西充鲜于氏特藏本），第6~7页。

家的伦理道德与道家的内丹术熔为一炉，形成了别具特色、影响广泛的刘沅道（又称槐轩道，俗称刘门教，但实际并非道教的支派）。①

刘沅著述繁多②，门人、后人详加整理后总其名曰《槐轩全书》，主要包括《四书恒解》《诗经恒解》《书经恒解》《礼记恒解》《周官恒解》《仪礼恒解》《易经恒解》《春秋恒解》《孝经直解》《槐轩约言》《槐轩杂著》及史学著作《史存》和《明良志略》等，"是一部以儒学元典精神为根本，会通儒家哲学、道家哲学和佛家哲学，融道入儒，会通禅佛，而归本于儒，用以阐释儒、释、道三家学说精微，揭示为人真谛的学术巨著"。③刘沅生平治学，旨在融合儒道，发明心性，尤近陆王心学。其言曰："读圣人书如见圣人，岂不赖乎此心此理得乎天理之正而后可哉？愚故离其章句，核其指归，百家腾跃，一以圣人为折中。然要亦吾心自然之天理，人情中正之秉彝……制礼作乐，辅相裁成，皆自一心而推，实由穷理尽性而致。外此，奚所著作而奚所考据哉？"④他遍注经书，除《孝经》外皆名曰"恒解"。恒者，常也。恒解者，揭示经书中蕴含的常理而已。刘氏的注经不同于乾嘉时期盛行的训诂考据，而是如宋明儒家那样讲解章句、标榜大义。他继承了陆九渊"心同理同"的观点，主张后人只有反身求得"吾心之理"才可以上接千载以往的圣人余绪。⑤这与清代汉学家的阐释理路不同，主要还是沿袭宋明理学的格调。⑥其学通过其所创之"刘门教"在民间传播甚广，实系清代巴蜀学术文化的一大流派。

刘沅的史学专著主要是《史存》一书，"颜曰《史存》，谓正史之余，私存焉耳"⑦。是书共三十卷，主要是编撮旧史而成，其史事上自周敬王二十二年（前498）孔子离开鲁国，下迄蜀汉后帝刘禅投降魏国之年即蜀汉炎兴元年

---

① 马西沙、韩秉方：《中国民间宗教史》下册，中国社会科学出版社2004年版，第1006页。
② 详细的考证见赵均强：《以"中"贯之：刘沅学术思想研究》，四川大学博士学位论文，2009年，第58~64页。
③ 段渝：《一代大儒刘沅及其〈槐轩全书〉》，《槐轩全书》（增补本），巴蜀书社2006年影印本，第7页。
④ （清）刘沅：《槐轩杂著》卷一《恒解问》，《槐轩全书》（增补本），巴蜀书社2006年影印本，第3363~3364页。
⑤ （宋）陆九渊：《陆九渊集》卷三三，中华书局1980年版，第388页。
⑥ 参见黄开国、邓星盈：《巴山蜀水圣哲魂——巴蜀哲学史稿》，四川人民出版社2001年版，第444页；周鼎：《刘咸炘学术思想研究》，巴蜀书社2008年版，第32~33页。
⑦ （清）刘沅：《史存·凡例》，《槐轩全书》（增补本），巴蜀书社2006年影印本，第2312页。

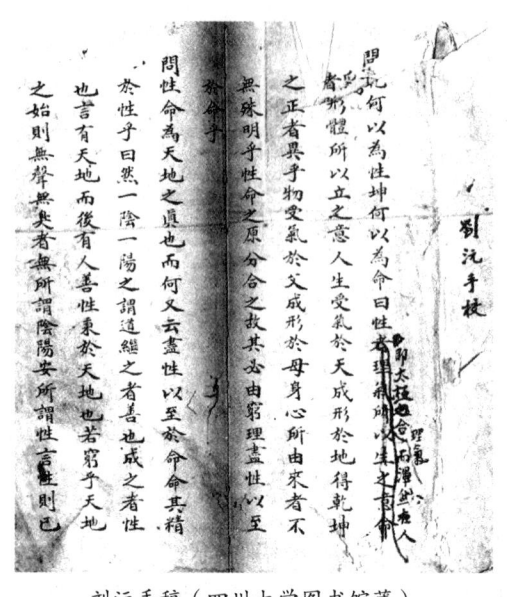

刘沅手稿（四川大学图书馆藏）

（265）。对此他在《自叙》中解释说："其所以托始于孔子者，世无圣人之臣，则虽有圣君，亦难成其功化也；所以绝笔于汉季者，晋宋以下，篡弑相仍，君位忝而治功何足问也！"①内容上凡《春秋》所已载者从简从略，之后乃详。全书主要分为《周纪》（卷一至卷三）、《七国纪》（卷四）、《秦纪》（卷五）、《楚汉纪》（卷六）和《汉纪》（卷七至卷三十）五个部分，其中卷十七为"新莽、更始"，为《汉纪》之附。

《史存》是以纲目体的形式按年编排的，一般每一条目包括三个部分的内容：先列出事目，算是"纲"，顶格排；接着详述其事或其人，有的则是议论，作为"目"，低两格排；最后冠以"书法"，同样是低两格排。也有一些条目有纲无目，或没有"书法"。有些条目最后还有"附辨""附记"或"附论"，都是低两格排；少数条目还列有清朝高宗"纯皇帝"即乾隆帝的评论。全书还有一些"总论"，一般在卷末，相当于历代"正史"的论赞和《资治通鉴》的"臣光曰"，具体分布情况是：卷一至卷三，述《周纪》，有一总论；卷四、卷五和卷六分述《七国纪》《秦纪》和《楚汉纪》，各有一总论；从卷七开始述《汉纪》，一般一个皇帝一篇总论，共有三十篇总论。其中的"书法"部分是作者的自创，或解释材料去取、字词用法，或辨正事实，或阐发道理，褒贬是非。这种"自言自释"的方式前所未有，正如刘沅在《凡例》中所说："自言自释，从古著书无此例。愚自解'书法'，并于纪录事实，有原文晦涩者，亦剪裁明了。"②其中多数"书法"内容都是一篇篇或繁或简的议论，与"总论"合观，可以更全面和清楚地反映作者的史学思想。

---

① （清）刘沅：《史存·自序》，《槐轩全书》（增补本），巴蜀书社2006年影印本，第2309~2310页。
② （清）刘沅：《史存·凡例》，《槐轩全书》（增补本），巴蜀书社2006年影印本，第2314页。

（一）"为乱臣贼子防其流"

刘沅推崇孔子及其《春秋》，其《史存》实际上是继承《春秋》"使乱臣贼子惧"的思想旨趣，故自称"此编为乱臣贼子防其流，不得不以大义裁之"①。基于这一宗旨，本书主要通过史料的剪裁、字词的运用、结构的安排及随之而来的大量议论来阐发儒家的纲常伦理，贬斥乱臣贼子，颂扬忠臣孝子，充满浓郁的道德主义色彩。

全书基于纲常伦理的考虑，在结构安排上与司马光《资治通鉴》多有不同。如东周为秦灭后，《通鉴》就"以秦继周"，以《秦纪》的形式书写。但刘沅则出于贬斥秦国的道德考虑，以《七国纪》的形式记述，他在《书法》中写道："天下不可一日无君，则帝王之统必须有所归。然天之立君，以为民也，不能则天，而苟且据位，则不得为天与。六合之遥即荒裔，亦有君长，各君其国、各子其民者多矣。秦至无道，虽混一，亦何得为正统？"②这里虽然也微微虑及当时的政治格局，即还处于战国七雄纷争阶段，秦国最强，也还只是七国之一，但更多的考虑则是秦国的"无道"，秦王不能"为民"，不能"则天"，故不可与为"正统"。与《七国纪》处理类似的是《楚汉纪》的安排，《通鉴》"于汉高帝入秦，即以汉纪年"，也就是从刘邦封汉王的那一年开始就进入《汉纪》部分，但当时还处于以楚帝项羽和汉王刘邦为主的各军事集团激烈厮杀过程中，全国并没有进入汉朝一统天下的阶段，也就是说："项氏未灭，天下不一"，所以刘沅"以列国分争之例书之"，名为《楚汉纪》。不过这只是刘沅一方面的考虑，他更注重的还是道德的层面："汉高之兴，虽较项籍稍优，亦无行仁仗义、伐罪吊民之本心。"③贬斥汉王的政治道德目的十分清楚。

明白了刘沅在处理《七国纪》和《楚汉纪》时更重伦理道德这一点，我们就不难明白他对魏、汉、吴三国纷争时期的处理了。他既不认同《通鉴》"以魏纪年"的做法，也不以《三国纪》的形式记述，而是继续安排在《汉纪》的框架之中。这虽然是沿袭朱熹《纲目》以蜀汉纪年的做法，但实际上也有刘沅

---

① （清）刘沅：《史存·凡例》，《槐轩全书》（增补本），巴蜀书社2006年影印本，第2314页。
② （清）刘沅：《史存》卷四《七国纪》，《槐轩全书》（增补本），巴蜀书社2006年影印本，第2408页。
③ （清）刘沅：《史存》卷六《楚汉纪》，《槐轩全书》（增补本），巴蜀书社2006年影印本，第2446页。

一以贯之的道德考虑。他认为当时的曹、孙都是"汉贼",而"出自孝景皇帝中山靖王之胄"的刘备则是汉政权的合法继承人,比光武帝刘秀称帝都还正当,即是说:"(曹)丕既篡汉,刘氏无主,汉中王(刘备)义当为帝,较之光武,更始尚在而即位,尤为正大光明。"①即刘备是汉政权"名正言顺"(同前引)的继承者,他建立的蜀汉政权是东汉政权的自然延伸,将其归诸《汉纪》是理所当然的事情。

还有,在刘邦打败项羽而称帝的公元前202年,《通鉴》和朱熹《资治通鉴纲目》均书"汉太祖高皇帝五年"(从刘邦被封为汉王的公元前206年算起,到公元前202年即是五年),而刘沅则改书"太祖高皇帝元年",其理由是:"惟高帝不书元年,承汉王元年纪之,则无以明大一统之义。今从己亥起称元年,乃见楚之未灭,犹不得为一统。"②这不但把作为列国之主的汉王和作为中央共主的汉帝区别开来,而且具有了"大一统之义"的政治道德意涵,更符合历史的实际。不过这与刘沅在《秦纪》中的纪年处理不同,《秦纪》仍是以始皇帝二十六年开始纪年的,这固然有秦始皇自己没有在统一全国后改元纪年的因素,但更重要的则是刘沅不承认秦帝"大一统"的政治合法性(见上引文)。表面上是双重标准,实际上刘沅始终是从纲常伦理的道德角度出发,只不过他承认汉高祖称帝的政治合法性,而不承认秦始皇罢了。

另外,刘沅对西汉吕后专权、新莽政权和更始帝统治时期的历史记述没有给予正常的纪年,而是作为《汉纪》的附录来处理的。其中在吕后时期的干支纪年下直书"高后吕氏僭制某年",贬斥的目的十分明确。对变汉为新的王莽,刘沅更直以"篡贼"视之,"故不以纪年"③。

至于对一些字词运用的考究,不少也包含伦理道德的考虑。如对周考王,因其所立不由父王"定王之命",故开始纪年时只书"元年春正月",而"不书'王'"④。战国时期的秦王,始终不书"秦王",而书以"秦伯",主要

---

① (清)刘沅:《史存》卷二八《汉纪·昭烈皇帝》,《槐轩全书》(增补本),巴蜀书社2006年影印本,第3178页。
② (清)刘沅:《史存》卷七《汉纪·太祖高皇帝》,《槐轩全书》(增补本),巴蜀书社2006年影印本,第2464页。
③ (清)刘沅:《史存》卷一七《新莽附记》,《槐轩全书》(增补本),巴蜀书社2006年影印本,第2738页。
④ (清)刘沅:《史存》卷一《周纪·考王》,《槐轩全书》(增补本),巴蜀书社2006年影印本,第2331页。

就是他们崇尚霸术，尚力不尚德。秦二世，《通鉴》和《纲目》都称"二世皇帝"，刘沅则只称"二世"，不称皇帝，原因是他"背父杀兄而立，则乱贼矣，乱贼为君亦书，非天意也，是非必以天理为断"。①东汉末帝刘协，死后魏国谥为"献"，故长期被称为汉献帝，但刘沅则坚持用刘备给予的谥号，改称汉愍帝，原因就是"魏，篡贼也，故从汉帝之谥"。②对东汉末年到三国时期已号称魏王、魏帝、吴王、吴帝者，也不认同，甚至很少称魏主、吴主，这主要是因为刘沅认为他们都是"汉贼"。另外充溢全书的"书'杀'不书'诛'"、书"盗"、书"弑"、书"戕""书'楚'以夷之""书'奔'以贱之""书'自号''自封'以罪之"、书"伐"、书"寇"，以及是否直书人名、官名等《春秋》笔法，无不有褒善贬恶的道德目的。

（二）"修、齐之本已无，何问经邦？"

与防止"乱臣贼子"相联系的，是刘沅对帝王"修身"和"尊贤"的重视。他多次谈道："九经之文，首修身，而次及尊贤。"③因此在讨论历代帝王政治时，很多时候是"修身""尊贤"并举。比如在总论吕后时，刘沅就写道："吕后以阴险之资，怀不测之志，使高帝正身有道，选用名贤，则所以防闲而训化之者，必有其方……后之有天下者，当知至治不外家庭，靖邦必需贤佐，毋矜远略而忽闺门，毋薄勋旧而从邪佞，则保世兹大，庶可庆无疆焉！"④在总论景帝之末时也说："是故选贤与能，恭默思道，为图治之先务也。"⑤整个说来，刘沅对"修身""齐家"问题更为重视，认为是最根本的。

我们知道，利用《大学》的修身、齐家之说来规劝帝王，始于孟子，而盛于宋儒，朱熹尤为突出。而将此作为史论标准，评点历代帝王政治得失的，

---

① （清）刘沅：《史存》卷五《秦纪》，《槐轩全书》（增补本），巴蜀书社2006年影印本，第2432页。
② （清）刘沅：《史存》卷二六《汉纪·孝愍皇帝上》，《槐轩全书》（增补本），巴蜀书社2006年影印本，第3055页。
③ （清）刘沅：《史存》卷一八下《汉纪·光武皇帝下》，《槐轩全书》（增补本），巴蜀书社2006年影印本，第2838页。又，《史存》卷一四《汉纪·孝成皇帝》也说："九经之义，身已修矣，而尤必亲贤。"（见《槐轩全书》增补本第2707页）
④ （清）刘沅：《史存》卷七《汉纪·高皇后僭制》，《槐轩全书》（增补本），巴蜀书社2006年影印本，第2499页。
⑤ （清）刘沅：《史存》卷七《汉纪·孝景皇帝》，《槐轩全书》（增补本），巴蜀书社2006年影印本，第2532页。

北宋蜀儒范祖禹则着鞭在先，代表作是其《唐鉴》，之后南宋胡寅的《读史管见》、朱熹的《资治通鉴纲目》、明朝丘濬的《世史正纲》光而大之。但持之最严、用力最专、论说最详的，恐怕要数刘沅的《史存》一书。

《史存》几乎每一篇"总论"，都不厌其烦地强调帝王修身齐家在政治生活中的基础和"本原"作用，这在其他史书中是不多见的。如第一篇总论是讨论周朝兴衰的，其中写道："周公制作，集群圣而折衷之，其事极乎纤细，而其要归于人伦。《周礼》周官，无非睢麟之意所推衍而成。后世不得其法，非礼度之不详，实本原之未立。春秋以前，书阙有间，《大学》之教，所谓兢兢于修、齐者，岂无故欤！"①强调儒家修身、齐家这一"人伦"之"本原"的要旨十分清楚。接着在第二篇总论中继续提到"《大学》之教"，并说："遐稽三代立国，其子孙未必毫无乱亡，而诚、正、修、齐之学不绝于斯世，故能迴黍谷之春，造生民之命。有天下者，其亦恍然于本原之治乎！"②通过追溯三代，再次说明"修、齐之本"的重要性。之后在评价汉朝每一个帝王时，几乎无不以此为中心和重点。如论汉高祖，批其"肆其诈妄之情，尤多悖礼伤义"，而"修身齐家之道，一毫未闻"③，不仅造成了其子惠帝短命、其妻吕后专权，而且导致了后来历朝西汉帝王修身齐家方面的缺失，是西汉王朝败亡的罪魁祸首。这一点在刘沅总论西汉时说得很清楚，他先说早期圣贤"正家正国，尤先正身"，后说高祖"未尝学问，任意施为"，结果"子孙则而效之"，因此西汉的败亡，"推原其由，则高帝贻谋，实阶之厉"④。

刘沅为了突出修身、齐家的重要性，还对历史上一些艳称的盛世提出了不同看法。如文景之治的盛况，刘沅虽然专门附录了班固在《汉书》中的一段论赞，但认为"特史臣阿附之辞"，根本不予认同。在他看来，景帝"修、齐之本已无，何问经邦？"接着就在总论景帝之后告诫道："后之有天下者，当知

---

① （清）刘沅：《史存》卷三《周纪·赧王》，《槐轩全书》（增补本），巴蜀书社2006年影印本，第2406页。
② （清）刘沅：《史存》卷四《七国纪》，《槐轩全书》（增补本），巴蜀书社2006年影印本，第2423页。
③ （清）刘沅：《史存》卷六《汉纪·太祖高皇帝》，《槐轩全书》（增补本），巴蜀书社2006年影印本，第2487页。
④ （清）刘沅：《史存》卷一六《汉纪》，《槐轩全书》（增补本），巴蜀书社2006年影印本，第2737页。

正身以正朝廷，必由心术；不端其本，而徒事业之张皇，去圣益远。"①之后的武帝时期，是汉代空前的盛世，但刘沅虽然谈论了其巩固和发展汉朝的历史贡献，但重点则在述其"纵肆而妄庸"的一面，在概言"家庭者，治化之原"之后，直斥武帝家法之短："爱子杀母，钩弋无辜，家法如斯，安能保世滋大！"最后总结说："圣人万事万理，必本于心；治己治人，必基于厚。若恃明断之材，昧修、齐之义，虽省察防闲，犹且无补，况帝之纵肆而妄庸者乎！"②

那帝王"修、齐之本"是如何形成的呢？刘沅继承了宋儒"变化气质"的工夫论，他写道："人性皆善，而气质不齐，变化气质，岂不由贤父师哉！……及其长也，小学、大学与齐民无殊，外有以束其威仪，内有以清其志气，凡修己治人之道，莫不服习深而训导勤。"③正是由于重视"变化气质"这一后天之功，所以刘沅在讨论光武帝时特别写道："光武起于布衣，温良谨厚，大度知人，岂秉资特异？亦其平日之所居游，观摩有素耳。观严光、朱季辈与帝同学，咸有操行，则其敬业乐群之时，岂毫无攻错？史臣无识，不能备书，于是论者但谓其天诞，亦昧于修己治人之正理矣。"④反对"天诞论"，强调后天"师友陶成之功"，并认为这才是"修己治人之正理"。这一观点在刘沅讨论刘备时也体现出来，他认为刘备的修养不仅有"秉资之明"，更"藉师儒之教"："昭烈生于草茅，志量本异常辈，而其后从事陈庐康成等，所闻所见，虽未必皆纯粹，然立身之学，数子所知，故史称昭烈为人忠厚，众多归焉，而信义著于天下。"⑤这无疑是对刘备"忠厚""信义"的合理解释。

从儒学发展史来看，早期的儒学虽然提出了"修、齐、治、平"之说，但由于不重心性的探讨，故对修身、齐家之义论说不多；至宋儒受佛教、道教之说的影响，重新发掘并发展早期儒学的心性学说，特别强调修身齐家在治国平

---

① （清）刘沅：《史存》卷九《汉纪·孝景皇帝》，《槐轩全书》（增补本），巴蜀书社2006年影印本，第2532页。
② （清）刘沅：《史存》卷九《汉纪·孝武皇帝》，《槐轩全书》（增补本），巴蜀书社2006年影印本，第2596页。
③ （清）刘沅：《史存》卷九《汉纪·孝景皇帝》，《槐轩全书》（增补本），巴蜀书社2006年影印本，第2532页。
④ （清）刘沅：《史存》卷一八下《汉纪·光武皇帝下》，《槐轩全书》（增补本），巴蜀书社2006年影印本，第2837~2838页。
⑤ （清）刘沅：《史存》卷二八《汉纪·昭烈皇帝》，《槐轩全书》（增补本），巴蜀书社2006年影印本，第3190页。

天下中的基础作用。刘沅的上述史论，正是这一思想在历史评论中的运用，尽管不完全合理，有些也很片面，但确也抓住了汉代帝王普遍的特点，对后来治世者自然不无警醒的作用。

刘沅在强调"修、齐之本"的同时，也非常重视辅佐大臣的贤愚，把它看成是仅次于"修身"的又一关键。如楚帝项羽，刘沅甚重其才，但十分惋惜其无"大贤"相助："项籍具兼人之勇，值昏暴之时，使当时有大贤之才，导以仁义，收拾民心，声罪致讨，所至怀柔，智谋皆为之屈矣。无如恣睢自用，嗜杀妄为，又不得良臣匡救之，遂至得罪天下。"①项羽失败的关键在于没有"大贤""导以仁义"，没有"良臣匡救之"。在刘沅看来，汉代帝王多数也存在这种情况。如高祖治国，所任"唯智术之士"②，"不任仁贤，纵任悍妻""辅导太子，无圣贤之流亚"③，是造成惠帝短命、吕后专权的直接原因。文帝虽然是三代以下少有的"仁厚贤明"之君，但"不得大贤辅之"，没有伊尹、周公这样的良臣"从容而效"，结果治绩有限。为此，刘沅感叹明君、良臣自古难全："君非其人，臣又希济，君子是以慨明、良之不易兼全也。"④汉武帝之时，"正衣食足而礼义兴之会也，使有大贤出而襄赞，庶礼乐可兴，隆古可复"，结果呢？"明明天子，不思正位凝命，修德事天……帝之去秦皇者几希？……特无贤智之才扶持而匡救之耳。"⑤汉武帝之所以犯下一系列过错，关键就是缺乏"大贤"出来"匡救"。

在刘沅看来，真正主明臣良、明良双全的，是三国蜀汉早期的君臣，即君主刘备和大臣关羽、诸葛亮，他在最后一篇总论中写道："观孔明、关子，千古圣人，而倾心昭烈，其平生抱负，夫岂偶然？三代下求明、良不可得矣，而昭烈君臣，特开一局于扰乱之秋，成交泰之美，其事尤难，岂容以成败论之

---

① （清）刘沅：《史存》卷六《楚汉纪》，《槐轩全书》（增补本），巴蜀书社2006年影印本，第2464页。
② （清）刘沅：《史存》卷七《汉纪·太祖高皇帝》，《槐轩全书》（增补本），巴蜀书社2006年影印本，第2487页。
③ （清）刘沅：《史存》卷七《汉纪·孝惠皇帝》，《槐轩全书》（增补本），巴蜀书社2006年影印本，第2492页。
④ （清）刘沅：《史存》卷八《汉纪·孝文皇帝》，《槐轩全书》（增补本），巴蜀书社2006年影印本，第2518页。
⑤ （清）刘沅：《史存》卷一〇《汉纪·孝武皇帝》，《槐轩全书》（增补本），巴蜀书社2006年影印本，第2596页。

乎？"①不能因为蜀汉政权的败亡来否定"昭烈君臣"相济相得的盛况。

刘沅之所以重视帝王的"修身"和"尊贤"问题，恐怕与他所处的时代有关。当时君主专制主义极端发展，君尊臣卑、君主妄为的情况相当普遍，因此他的上述议论实具有限制君权、批判君主独裁的现实意义。

第四节 方志修纂的重要进展

作为一种独特的文化载体，地方志不仅是某一地域的百科全书或资料宝库，更是一方历史文化精神的凝聚和总结。刘咸炘指出："一代有一代之时风，一方有一方之土俗，一纵一横，各具面目，史、志之作，所以明此也……夫论一朝者以一朝之兴废为纲，则道一方者必以一方之治乱为领。"②巴蜀自古就有史志修撰的传统，在两宋时期特别兴盛，著述之富，为全国之冠。入元以后，蜀学凋零，史志之学因官方的支持，虽未坠于地，但已大不如前。尽管如此，元明清三朝巴蜀地方志修纂数量非常可观，巴蜀现存旧志约六百种，其中省志九种，府志三十一种，直隶州志二十八种，直隶厅志四种，分州志三十九种，厅志十一种，县志最多，达四百一十四种，屯志六种，乡镇志二种，乡土志五十六种，其中绝大部分是明清时期修纂的。③这些方志比较系统和完备地保存了巴蜀地区的风俗民情、历史地理、文学掌故、矿藏物产、自然灾害等资料，为研究明清以来巴蜀历史文化的发展演变提供了珍贵史料。

一、元初虞应龙对《元大一统志》编修的贡献

据顾宏义《金元方志考》，元代巴蜀地区编纂的方志有《（至正）成都志》《成都彭州志》《（泸州）图经》《眉州志》《顺庆路志》《保宁志》《涪州志》《绍庆志》等八种④，今已全部亡佚。编撰者除费著一人外，余皆

---

① （清）刘沅：《史存》卷三〇《汉纪·后帝下》，《槐轩全书》（增补本），巴蜀书社2006年影印本，第3286页。
② 刘咸炘：《蜀诵》卷一，《推十书（增补全本）》丙辑，上海科学技术文献出版社2009年版，第798页。
③ 参阅张利主编：《中国西部地区地方文献资源论稿》，内蒙古大学出版社2007年版，第34~35页。
④ 顾宏义：《金元方志考》，上海古籍出版社2012年版，第223~228页。

《元大一统志》书影（元大德刻本，选自赵万里校辑《元一统志》）

无考。除此之外，还有一部卷帙浩瀚的全国性舆地总志与四川人有关，这就是由虞应龙等编纂的《元大一统志》。①

严格来说，《大一统志》并不属于地方志，而是一种地理书，它由《水经注》《括地志》的体裁演变而来，首创于元代，后被明清两代所承袭。据《秘书监志》记载，至元二十二年（1285），为了落实秘书监纂修典籍的职责，元世祖"命大集万方图志而一之，以表皇元疆理无外之大。诏大臣近侍提其纲，聘鸿生硕士立局置属庀其事"②。此处所说的"聘鸿生硕士"一事，即《元史·世祖本纪》所载的至元二十三年（1286）二月丙寅，"以编地理书，召曲阜教授陈俨、京兆萧㪺、蜀人虞应龙。唯应龙赴京师"。此时尚无"大一统志"之名，只称为"地理书"。朝廷所聘请的三位博学之士，也只有虞应龙一人应召而来。

---

① 此书原名《大元大一统志》，省称《元大一统志》，编纂宗旨是彰显元朝的"大一统"，后人或称《大元一统志》或《元一统志》。
② （元）王士点：《秘书监志》卷四，影印文渊阁《四库全书》本。

虞应龙，字（或号）柏心①，祖籍仁寿。据学者考证，虞应龙是虞允文的曾孙，因祖父虞杭孙在杭州做官，葬于杭州，虞氏这一支后来因蜀地战乱便避居吴越。②文天祥曾称赞虞应龙有文学之才，"凡登朝必与史事，诸所衮钺（褒贬），得《春秋》大旨"，同时，他还精通典刑。③宋度宗咸淳九年（1273），任雷州（今广东省海康市）知州。入元后，任湖南道儒学提举。在此期间，他耗时数年，"将古今书史传记所载天下地理建置、郡县沿革、事迹源泉、山川人物及圣贤赋咏等分类编述，自成一书，取《汉书》王吉所云'《春秋》所以大一统者，六合同风'，名其书曰《统同志》"④。因为有《统同志》的前期成果，元世祖召虞应龙携书到京师，任命为秘书少监，主持修志。"由此可以推知《大一统志》殆即用《统同志》为蓝本。"⑤

《元大一统志》始修于至元二十三年（1286），许有壬《大一统志序》云："至元二十三年岁丙戌，江南平而四海一者十年矣。集贤大学士中奉大夫行秘书监事扎马刺丁（即札玛里鼎，色目人）上言：'方今尺地一民，尽入版籍，宜为书以明一统。'世皇嘉纳。命札马剌丁洎奉直大夫秘书少监虞应龙等，搜辑为志。二十八年（1291）辛卯书成，凡七百五十五卷，名《大一统志》。"⑥但是，《大一统志》进呈后，虞应龙对初修本仍不太满意，认为此书虽"比前代地理书似为详备，然得失、是非安敢自断，尚欲网罗遗逸，证其同异焉"。⑦因此，《大一统志》的编纂并未停工。《秘书监志》载有至元三十一年（1294）八月支给虞应龙等十名秀才饮食的名单。⑧据此可知，虞应龙后来仍在继续纂修《大一统志》。元成宗即位后，修志的资料又有大量的补充，"元贞二年（1296）三月得《云南图志》，大德二年（1298）二月又得《甘肃图志》，三年（1299）七月又得《辽阳图志》，复命秘书监增修，至大德七年（1303）二次成书，凡得一千三百卷，由集贤大学士同知宣徽院事

---

① （元）王士点：《秘书监志》卷四有一处称其为"虞柏心先生"。
② 张邦炜：《宋元时期仁寿—崇仁虞氏家族研究》，《中国近世家族与社会学术研讨会论文集》，（台北）"中央"研究院历史语言研究所出版品编辑委员会1998年版，第178~179页。
③ （宋）文天祥：《文山集》卷九《雷州十贤堂记》，四部丛刊本。
④ （元）王士点：《秘书监志》卷四，影印文渊阁《四库全书》本。
⑤ 张国淦：《中国古方志考》，中华书局1963年版，第119页。
⑥ （元）许有壬：《圭塘小稿》卷五，影印文渊阁《四库全书》本。
⑦ （元）许有壬：《圭塘小稿》卷五，影印文渊阁《四库全书》本。
⑧ （元）王士点：《秘书监志》卷四，影印文渊阁《四库全书》本。

孛兰肹、秘书监岳铉等上进，存于秘府，至顺帝至正二年（134）始付出刊行之，定名为《大元大一统志》"①。从至元二十三年（1286）始修到大德七年（1303）全书正式告成，前后共耗时十八年，虞应龙可能没有亲眼见到《大一统志》告成便逝世了。

《元大一统志》全书亡佚于明代，今存残本若干卷，佚文散见于《永乐大典》残本及《元史》《明一统志》《满洲源流考》《热河志》等书。1933年，《辽海丛书》收录《大元一统志残本》十五卷，辑本四卷，并附金毓黻《大元一统志考证》长文一篇。1966年，赵万里在前人基础上辑校《元一统志》，由中华书局出版。2004年出版的《永乐大典方志辑佚》中还有少量佚文补充。

从现存的残帙来看，《元大一统志》总分为一中书省、十行中书省，每省又分路或府，路府下有属州，属州有下属县。全书大体上以一州为一卷，内容较多的，则分为两卷（如合州）或三卷（如葭州）。对每一州的记述，模仿唐代《元和郡县图志》、宋代《太平寰宇记》《舆地纪胜》等书体例，分为十目，条目的分合损益具体见下表：

表4-2 唐宋元四部地理总志类目分合损益表

《元和郡县图志》	建置沿革	管县	州境	八到	贡赋							
《太平寰宇记》	建置沿革	领县	州境	四至八到	户		土产	风俗		人物		
《舆地纪胜》	州县沿革					景物		风俗形胜	古迹	官吏	人物	仙释	碑记	诗	四六
《元大一统志》	建置沿革	坊郭乡镇	里至			山川	土产	风俗形势	古迹	宦迹	人物	仙释	

---

① 金毓黻：《中国史学史》，商务印书馆1999年版，第166页。

由上表可知，《元大一统志》的体例综合了前代地志的不同特点，斟酌损益而成。区划沿革、地域分野的类目大体上承袭唐代《元和郡县图志》等书而来，风俗名胜、人物古迹则深受宋代《太平寰宇记》《舆地纪胜》等书的影响，而略加变通。例如，《舆地纪胜》旧有碑记、诗、四六等艺文之目，《元大一统志》将其拆分，附在山川、古迹、人物等条目之后，如"巫峡"条后摘录宋玉《高唐赋》，杜甫《春夜峡州田侍御长史津亭留宴》《寄刘峡州伯华使君四十韵》，萧庭直、秦惟肖佚诗，苏轼《出峡》等诗文。这样的修改，比《舆地纪胜》编排合理、检索方便，发挥了类书的优长。

但是，《元大一统志》并非每州都十目齐备，除建置沿革、山川、古迹三目比较固定外，其余七目或有或无，依材料多寡而定。这大概正是初修本编成后，虞应龙仍欲"网罗遗逸"，进一步完善的重要原因。尽管如此，《元大一统志》所引资料，内容也已相当庞杂。"凡大江以南各行省，大半取材于《舆地纪胜》和宋、元旧志，北方等省，则取材于《元和郡县图志》《太平寰宇记》和金、元旧志居多。今宋、元旧志，十亡八九，金志全佚，而《元和郡县图志》《太平寰宇记》《舆地纪胜》等书，今传本俱有缺叶缺卷，正赖此书得以订补。"①又如，"叙大都寺观之壮丽，古迹之纷繁，多他书所未见。延安路石油条、鄜州石脂、石油等条，可补沈括《梦溪笔谈》之遗。延安路范雍、计用章、庞籍、狄青、韩琦、薛奎、王温恭、夏安期、李师中、李若谷、王庶等人事迹均出《宋史》，但与今本《宋史》多不合，盖《元一统志》所据，乃元初纂修本，今所见乃脱脱纂修本，故两本不同如此"②。以上仅是显而易见的方面，其他一些个别细微之处，更是不胜枚举。例如，"眉州·人物·苏轼"条，引黄庭坚《东坡先生真赞》，"阅士如墙"作"国士如墙"，"皆成文章"作"而成文章"，"放之朱崖儋耳"作"贬之朱崖儋耳"③，颇具校勘价值，但未引起今人的重视。④诚如赵万里所言："此书存，则无数宋、金、元旧志俱随之而存，此书亡，则宋、金、元旧志亦随之而亡。此书学术上之重要性，于此可见一斑。"⑤

---

① （元）孛兰肹等撰，赵万里校辑：《元一统志》前言，中华书局1966年版，第1页。
② （元）孛兰肹等撰，赵万里校辑：《元一统志》前言，中华书局1966年版，第3页。
③ （元）孛兰肹等撰，赵万里校辑：《元一统志》，中华书局1966年版，第506页。
④ 如《黄庭坚全集》（四川大学出版社2001年版，第557页）即未参校此处异文。
⑤ （元）孛兰肹等撰，赵万里校辑：《元一统志》前言，中华书局1966年版，第1页。

《元大一统志》汇总历代方志、图经、典籍，彰显出元王朝一统天下的盛况，是中国地志之学的巅峰之作。此后，明、清统治者纷纷仿效编纂《大一统志》，但明清两代的《一统志》在规模气象上远不如《元大一统志》。《大明一统志》九十卷，篇幅不及其十分之一；《大清一统志》经过三次编修，至嘉庆二十五年（1820）最后一次重修，共计五百六十卷，篇幅不及其一半。而且明清两代《一统志》的文献资料、项目分类大多以《元大一统志》为蓝本，因袭剪裁，少有新意。所以，四库馆臣评价说："考舆志之书出自官撰者，自唐《元和郡县志》、宋《元丰九域志》外，惟元岳璘［铉］等所修《大元一统志》最称繁博。"①而令人感慨的是，该书的主要编纂者虞应龙却被埋没在历史的尘埃之中。

二、明清四川省志的多次编纂及其价值

（一）明清时期四川省志的纂修概况

省志，又名"通志"或"总志"②，是明清方志系统中不可或缺的重要组成部分。众所周知，中国地方志的发展，随着明清大一统帝国统治的强化而体系日趋完备，至明朝中叶已出现"天下藩郡州邑莫不有志"③的盛况，此后各地又不断重修、续修，滋生益繁。当时，在国家一级有一统志，在省一级有通志，各府厅州县一级也有府志、厅志、州志、县志。一统志、通志和各级府厅州县志的纂修，彼此联动，构成了一个有机的体系。通常情况下，一统志的纂修，取材于通志；通志的纂修，取材于各府志；而府志的纂修，又取材于各厅州县志。"在这一系列中，各省通志一方面为修一统志提供材料，另一方面又促使下属各府厅州县修志，处在重要位置，起着承上启下的作用。"④因此，省志既是皇朝大一统志纂修的蓝本和凭据，又是一省之内各种方志的集大成之作。

论明清两代四川省志的纂修，首先要从四川省级行政辖区的形成说起。今

---

① （清）纪昀、陆锡熊、孙士毅等著，四库全书研究所整理：《钦定四库全书总目》（整理本）卷六八《〈明一统志〉提要》，中华书局1997年版，第927页。
② 由于明代的省级行政区划称承宣布政使司，不称省，所以没有以"省志"为名称的。
③ （清）陈栻修：《（道光）上元县志》卷首，明人沈庠序，清道光四年（1824）刻本。
④ 林平：《清修省志述略》，《宋代文化研究》第十三、十四辑，四川大学出版社2006年版，第596页。

天作为行政区划名称的"四川",始于宋真宗咸平四年(1001)分置益州路、梓州路、利州路、夔州路,合其名曰"川峡四路",简称"四川"。但是,宋代的"四川"仅是对"川峡四路"的统称,并非后来意义上的"四川省"。作为省级建置的"四川",始于元代。① "元代鉴宋世州府之制,漫无统纪,因取中枢集权之义,于各地方建行中书省十有一,以代行中枢职权,此为后世行省制度之始。"② 四川作为元朝划分的十一个行省之一,从此与中央政权保持着相对稳定的行政关系,成为一个固定的行政区域。这个行政区域与此前历代巴蜀的疆域相比较,有三处明显的伸缩变化。第一是把历史上属于巴蜀的汉中划归陕西,使四川北部门户大开,失去了天然的地理屏障。第二是把西藏东部和青海南部的涉藏地区划归四川,这一地区无论山川地理,还是宗教、风俗都与汉地迥异,划归四川管辖,主要是为了便于中央王朝控制青藏地区。第三是把四川南部与云南、贵州接壤的少数民族地区切割成犬牙交错的形状,把深入云南腹地的会川、东川、乌撒和深入贵州腹地的播州划归四川管辖,使西南土司各部相互牵制。这就是钱穆指出的:"任何一省都如此。给你这一半,割去你那一半。好使全国各省,都成支离破碎。既不能统一反抗,而任何一区域也很难单独反抗。这是行省制的内在精神。"③

行省制度是建构明清大一统王朝的基础,而从一统志到省志,再到府厅州县志的纂修正是行省制度"以省统路,以路统府、统州,以府、州统县"④的集中反映。或者可以说,明清时期官方的修志就是为了配合和贯彻行省制度的执行而设立的。同时,行省制度的行政区划也限定了修志的视野、志书的级别,以及取材的范围。

基于以上认识,明清两代王朝高度重视修志的原因已不言而喻。随着朝廷一次次敦促修志的上谕和《修志凡例》的颁降,四川也和全国其他各省一样,不断掀起纂修省志和各级府厅州县志的高潮。从明初至清末五百余年当中,四川省志的纂修大约经历了九次,完整保存下来的共有七部(见下表)。

---

① 关于四川及四川省的得名,学界研究较多,最新的成果可参见胡昭曦:《四川省省名考析》,《蜀学》第七辑,巴蜀书社,2012年12月;刘复生:《由虚到实:关于"四川"的概念史》,《中国历史地理论丛》2013年第2期。
② 龚煕春:《四川郡县志序》,《四川郡县志》,成都古籍书店1983年版,第371页。
③ 钱穆:《中国历代政治得失》,生活·读书·新知三联书店2001年版,第118页。
④ 龚煕春:《四川郡县志序》,《四川郡县志》,成都古籍书店1983年版,第371页。

表4-3　明清时期四川省志纂修情况一览表

年代	名称	纂修人	卷数	存佚
天顺四年（1460）	《四川志》	马显修，黄明善纂	不详	佚
成化年间（1465~1487）	《四川志》	不详	不详	佚
正德十三年（1518）	《四川志》	熊相纂修	三十七卷	存
嘉靖二十年（1541）	《四川总志》	刘大谟修，杨慎、杨名、王元正纂	八十卷①	存
万历九年（1581）	《四川总志》	虞怀忠修，郭棐纂	三十四卷	存
万历四十七年（1619）	《四川总志》	吴之皞修，杜应芳纂	二十七卷	存
康熙十二年（1673）	《四川总志》	蔡毓荣修，钱受祺纂	三十六卷	存
雍正十一年（1733）	《四川通志》	黄廷桂修，张晋生纂	四十七卷，首一卷	存
嘉庆十七年（1812）	《四川通志》	常明修，杨芳灿纂	二百零四卷，首二十四卷	存

从纂修主体来看，明清时期四川省志的纂修都是由地方大员延聘本省耆旧或外省名士来完成的。例如，明代四川巡抚刘大谟礼聘陕西盩厔（今作周至）人王元正和蜀人新都杨慎、遂宁杨名等耆旧执笔编纂《四川总志》。又如，清代四川总督常明开局特聘江苏金匮（今无锡）人杨芳灿入川主纂《四川通志》。从时间上看，四川省志有不少是在朝廷下令修一统志后才被动纂修的。例如，明英宗天顺四年（1460）《四川志》的纂修是为了配合天顺五年（1461）修《明一统志》，可视为《明一统志》四川部分的单行本。又如，嘉庆十七年（1812）《四川通志》与嘉庆十六年（1811）清朝第三次纂修一统志（即《嘉庆重修一统志》）密切相关，有四川总督常明奏折为证："现

---

① 含杨慎辑《全蜀艺文志》六十四卷。

嘉靖《四川总志》　　　　万历《四川总志》

奉部咨,以国史馆续修《一统志》,饬将廓尔喀、西藏等处事实详查咨送。窃以此次咨送之稿底,即可为重修《通志》之张本,若乘此时续行编纂,实为一举两得。"①从体例上看,四川省志的纂修大多遵照朝廷颁布的《修志条例》,或按《一统志》编纂条例而作,少有主动的变革和创新。例如,万历九年《四川总志》的纂修体例悉遵《明一统志》,而内容则主要参照嘉靖《四川总志》,正如四川巡抚王廷瞻在"序"中所说:"兹编大都遵我明《一统志》例,其仍三太史(王元正、杨慎、杨名)之旧者十七,删旧之繁而增入新事者十二。"②纂者郭棐也说:"体则一仍乎旧,事变兼纪乎新。"③

综合这些情况,明清两代四川省志的编纂是在朝廷修《一统志》的带动下完成的,它一般由官督绅办,遵照朝廷颁布的修志凡例,并大量使用提供给《一统志》的材料。

（二）明清四川省志的体例沿革与编写意义

明朝政府高度重视地方志的纂修,为规范各府、州、县修志的体例,永乐十六年（1418）还专门颁布过《纂修志书凡例》,规定各级志书应详记建置

---

① （清）常明修,杨芳灿纂:《四川通志·奏折》,巴蜀书社1984年版,第34～35页。
② （明）虞怀忠等修,郭棐等纂:《四川总志》卷首,王廷瞻序,万历九年（1581）刻本。
③ （明）虞怀忠等修,郭棐等纂:《四川总志》卷首,郭棐序,万历九年（1581）刻本。

沿革、分野、疆域、城池、山川、坊郭镇市、土产、风俗、户口、学校、军卫、郡县廊舍、寺观、祠庙、桥梁、古迹、宦迹、人物、仙释、杂志、诗文等二十一门的史实与现状。①《纂修志书凡例》的要求如此广博、缜密和详尽，在中国方志史上是空前的。依照《凡例》的规定，明代的省志多以事类为纲，"事类"就是疆域、城池、山川、土产、风俗、户口、学校、寺观、古迹、人物、诗文等目类，在这些事类下再根据需要，或以府、州、县为目，或以朝代顺序为目汇编材料，也有以省、府为纲，纲下再以事类为目的情况。明代的四部四川省志就是在这样的时代背景下修成的。

尽管朝廷对修志的体例有严格而详密的要求和规定，但就是在这样的情况下，四川省志在编纂过程中仍然进行了一些重要的变革。以下就正德《四川志》、嘉靖《四川总志》为例，列表说明其结构、类目的变化。

正德《四川志》是在天顺旧志的基础上修订而成的，纂修者熊相在《序例》中已明确说："四川旧志，天顺庚辰，布政（使）马君显，聘提学签事、眉山黄君明善所纂也。余特正其文与误耳。"②但熊相究竟修订过哪些内容，由于天顺旧志今已不存，难知详情。但熊相《序例》说："其《建置沿革》曰立曰置，曰分曰割，曰并曰改，曰升曰降，皆因事为例，既革而曰沿曰复，曰又曰仍，更其名者则书，徙其治者则书，分并不常书，相沿而无更徙者，虽隔代不书，其名则以我朝之所命者为主。《公署》《储恤》《坛庙》之类，各府州志所通有者，则总书而注之，若卫所与府州同治者附见，僻处一方及《土官衙门》而无可附者，则特为之志。"此段可与卢雍《序》对照："（熊相）乃更为裁定，先立年表，总书本省及郡县官制建置沿革以统之，后则分注本省及诸府卫事类以属之，表以括注，注以实表，所以辨纪纲合异同也。"③由此大体可知，熊相对天顺旧志的修订分为类目和结构两个方面。类目方面没有做大的调整，只是将当时一些撤销或合并的建制特别标注出来，然后，将地方上公署、储恤、坛庙之类比较特殊的设置也加以书写注明。卢雍《序》则指出了正德《四川志》与此后的省志最大的

---

① 此凡例见（明）李世芳修，叶文等纂《寿昌县志》卷首，嘉靖四十年（1535）刻、万历十四年（1586）增刻本。
② （明）熊相纂修：正德《四川志·序例》，明正德十三年（1518）刻、嘉靖十六年（1539）增补本。
③ （明）熊相纂修：正德《四川志》，卢雍序，明正德十三年（1518）刻、嘉靖十六年（1539）增补本。

不同之处在于其结构。全志分为《布政司志》《府志》《通志》三大部分。前为《布政司志》，首列全蜀西番之图二幅，这是迄今所见四川最早的舆图实物，后分为历代年表、建置沿革、疆域、形胜、城池、贡院、藩封、公署、镇巡三司、名宦、分野、灾祥、财赋等十三目。中为各《府志》，分为建置沿革、疆域、形胜、山川、城池、风俗、土产等二十五目。最末为《通志》，分经略、遗事、考异、诗文等四目，书后附有《后序》一篇（详见下表）。这种由布政司到各府州县再到通论的"总—分—总"结构，体现出明代中期纂修地方志的特点。而在各《府志》之内分目的方式，与清代纂修省志的体例正好相反，因此也反映出明清两代修志方法的不同。

表4-4　正德《四川志》类目表

布政司志	全蜀西番图二幅、历代年表、建置沿革、疆域、形胜、城池、贡院、藩封、公署、镇巡三司、名宦、分野、灾祥、财赋
府　志	建置沿革、疆域、形胜、山川、城池、风俗、土产、公署（卫所附）、学校、名宦、流寓、人物、科第、列女、水利、财赋、储恤、关津、邮驿、台榭、陵墓、古迹、祠庙、寺观、仙释
通　志	经略、遗事、考异、诗文

如果说正德《四川志》没有完全按照永乐十六年《纂修志书凡例》编排类目，那么它至少没有超越朝廷《凡例》的范围。而嘉靖《四川总志》的类目则有很多地方突破了明初的规定（见下表），如《帝后纪》叙述从夏禹以来四川地区出现过的帝后的统绪，有与中原王朝分庭抗礼之势。又如《藩封志》记录明代蜀王的官署，强调蜀王在四川的特殊地位。再如《杂志》载历代盘踞四川的割据势力及叛臣、盗贼，也是朝廷没有规定必录的条目。反映出明初到嘉靖专制主义思想文化的控制从严到宽的变化趋势。另外，《经略志》单独立为一个目类，下属赋役、边防、水利、驿传、屯田、盐法、茶法、军政等八目，也反映出嘉靖《四川总志》的编纂者对经世致用之学的强调和重视。还有在结构上，嘉靖《四川总志》总共八十卷，而《艺文志》一目就有六十四卷之多，其他全部内容合在一起才十六卷，显得前轻后重，不成比例。这一方面取决于杨慎旷世的博学和过人的才气，非王元正、杨名二人所能望其项背。但是从另一方面说，它也客观上反映出当时四川地区看重诗文的时代风气。

表4-5 嘉靖《四川总志》类目表

总 图	全蜀图一幅，三边图附（缺）
布政司	建置沿革、形胜
帝后纪	夏大禹、汉昭烈、宋三后、蜀三妃
藩封志	蜀府、郡王、官僚附
监守志	镇守题名（太监）、文署题名（巡抚都御史、巡按御史、清军御史、行署、布政司、按察司）、武署题名（总后、参将、都司）
全蜀名宦志	略
郡县志	建置、郡名、形胜、风俗、山川、土产、公署、学校（书院附）、宫室（桥梁附）、祠庙（寺观附）、陵墓、古迹、名宦、流寓、科第、人物（隐逸、孝义附）、列女、仙释
经略志	赋役、边防、水利、驿传、屯田、盐法、茶法、军政
杂 志	僭据（叛臣、盗贼附）、灾祥
艺文志	诗、文

清代省志的纂修，最初悉遵朝廷诏令，以贾汉复顺治《河南通志》和康熙《陕西通志》为样板。由于康熙《陕西通志》按行政区划分类，以府、州、卫分区记事，结构松散，不利于通贯地反映全省概况，因此仿效者较少。而顺治《河南通志》以事类为纲，分为三十类，能够比较综合完整地反映一省概貌，因此效仿者多。康熙《四川总志》和雍正《四川通志》都明显仿效了顺治《河南通志》的分类（见下表），只是类目排序先后、名称多寡有所变化而已。总的来看，康熙《四川总志》和雍正《四川通志》比顺治《河南通志》的分类更细，例如，康熙《四川总志》多出的宫室、寺观、祥异、僭据、屯田、茶法、盐法、钱法、兵制、驿传、木政（榷政附）、筹边（设防附）等，基本上是因袭嘉靖《四川总志》的类目。而雍正《四川通志》又在此基础上增加了忠义、武功、土司、西域，新增的这些分类较能反映四川作为西部边陲省份的一些特殊社会面貌，并不是一味地机械模仿顺治《河南通志》或因袭明朝旧志。

表4-6 顺治《河南通志》、康熙《四川总志》、雍正《四川通志》类目比较表

河南通志	图考	沿革	星野	疆域	山川	风俗	城池	河防	封建	户口	田赋	物产	职官	公署	学校
四川总志	图	建置沿革	星野	附于形胜	山川	风俗	城池	水利	附于帝王		贡赋	附于风俗	秩官	公署	学校
四川通志	图考	建置沿革	星野	疆域形势	山川	风俗	城池关隘	水利		户口	田赋	物产	职官	公署	学校
河南通志	选举	祠祀	陵墓	古迹	帝王	名宦	人物	孝义	列女	流寓	隐逸	仙释	方技	艺文	杂辨
四川总志	科第	祠祀	陵墓	古迹	帝王	名宦	人物	孝义	列女	流寓	隐逸	仙释		艺文	
四川通志	选举	祀典	陵墓	古迹	帝王	名宦	人物	孝友	列女	流寓	隐逸	仙释		艺文	

由于省志的内容日趋浩繁，而纲目的划分也随之越来越细碎零乱，难以达到纲举目张、了如指掌的效果，所以从雍正年间尹继善修《江南通志》开始，"采用了一种稍作变通的体例。该志首为诏谕，次分舆地、河渠、食货、学校、武备、职官、选举、人物、艺文、杂类十志，以此为纲，统领全书三十余子目"①。此后的嘉庆《四川通志》即采用了这种新形式。嘉庆《四川通志》二百零四卷、首二十四卷，是清代规模最大、卷帙浩繁、字数最多、内容最丰富的四川省志，全志分十二门六十三目（见下表），可谓四川旧志之集大成者。嘉庆《四川通志》在结构上大体模仿《江南通志》，但也做了一些重

---

① 林平：《清修省志述略》，《宋代文化研究》第十三、十四辑，四川大学出版社2006年版，第606页。

要修改。例如，增加了《天文志》和《西域志》，其中《西域志》六卷是当时比较完备的一种西藏通志，体现了四川西连番族的特殊地理价值。同时，还将《河渠志》并入《舆地志》，使舆地志占全志的分量极重，约占全书三分之一的篇幅。将《艺文志》变为《经籍志》，仿《四库全书总目提要》之例，把蜀人著述分经、史、子、集汇为一编。而各有关之诗文词赋、记传碑铭、奏疏公牍等则分别附载于山川古迹、祠庙寺观、人物风土等各门类之中，不再专列《艺文志》。

嘉庆《四川通志》书影（清嘉庆二十一年刻本）

表4-7　嘉庆《四川通志》纲目表

卷首	康熙、雍正、乾隆、嘉庆四朝"圣训""宸章"等，有许多是关于平定西藏叛乱、征讨大小金川、镇压白莲教起义的资料。另附入汉代以来有关四川之敕诰等史料。
天文志	略
舆地志	建置沿革、疆域、形势、山川、江源、堤堰、城池、公署、关隘、津梁、祠庙、寺观、陵墓、古迹、金石、风俗
食货志	田赋、户口、徭役、榷政、盐法、茶法、钱法、木政、仓储、蠲赈、物产
学校志	学校、书院、祀典
武备志	武功、兵制、屯田（附屯练、团练）、驿传、铺递、边防、土司
职官志	题名、政绩、忠节、谪臣、杂传

续表

选举志	进士、举人、贡生、武科、封荫、荐辟
人物志	人物、忠节、孝友、行谊、隐逸、流寓、艺术、仙释、烈女、杂传
经籍志	经部、史部、子部、集部、附录
纪事志	略
西域志	略
杂类志	纪闻、外纪、祥异、辨讹

当然，嘉庆《四川通志》也留下一些缺憾，受到后人的诟病。例如，曾参与民国《四川通志》修纂事宜的龚煕春就说："吾蜀嘉庆中，修纂《四川通志》，专据《大清一统志》，此外无所发明。其叙述沿革之由来，并不引据何书，使考古者有无征不信之叹。"① 蒙文通也指出："嘉庆《四川通志》据正史列蜀人名氏，不见于正史者则多佚而不载。刘鉴泉据宋人文集录出多人。然刘所见宋人文集有限，《四库珍本丛书》即所未见，故可于刘所见集外更补集之。他如《舆地纪胜》《寰宇通志》均记有蜀人事，亦可用以补之。"②

综观明清两代四川省志的体例沿革，大体上经历了一个以省、府为纲到以事类为纲的变化，而事类的分合上又经过了一个由简到繁再到简的变化；明朝的省志主要是贯彻朝廷颁发的修志条例，清朝的省志则主要是模仿外省的通志，不过它们都不是机械的，而是很注意结合巴蜀地区实际的地理特点和社会情况进行调适变通，增减类目，反映出一定的灵活性。这些变化是随着修志者知识经验的积累和认识水平的逐渐提高而实现的。明清两代所修四川省志，部帙浩繁，内容丰富，蕴藏着当时巴蜀地区人文、地理、社会、历史、文化等各方面的生动材料，具有珍贵的文献价值；其所采用的各种体例形式，对我们今

---

① 龚煕春：《四川郡县志》序，成都古籍书店1983年版，第3页。
② 蒙文通：《治学杂语》，蒙默编：《蒙文通学记》（增补本），生活·读书·新知三联书店2006年版，第6页。

天编纂现代的新型方志，仍然具有参考价值。

三、府州县志的日渐普及与名家修志

（一）府州县志的日渐普及

从目前了解的情况来看，元代可能是巴蜀地方志修纂的低谷时期。我们知道，元代"四川等处行中书省，为路九、府三，属府二，属州三十六，军一，属县八十一"①。而据顾宏义《金元方志考》的研究，这些路、府、州、县中，仅三路有志，即至正《成都志》《绍庆志》《顺庆路志》；一府有志，即《保宁志》②；四州有志，即《成都彭州志》《眉州志》《（泸州）图绘》《涪州志》，一共只有八部方志，且未见县级志书。③可见当时地方志的修纂远未达到行政区划所规定的覆盖面。尽管这并非元代巴蜀方志的全貌，但由此大致可以推断巴蜀方志的数量和普及程度都无法和两宋时期相比。其中的原因显然与南宋末年巴蜀地区经受多年酷烈的战火、破坏惨重有关。④

进入明代，随着社会经济的恢复，修志逐渐开始制度化、规范化、程序化，国家颁布了著名的永乐十年（1412）《修志凡例》和永乐十六年（1418）《纂修志书凡例》。永乐十年《修志凡例》是为纂修《一统志》搜集材料而颁布的，共十七则、二十五个目类，每则条例之下还不厌其烦地列出必须记载的具体内容的名目。其内容要求之繁多、分类之细密，远远超过《元大一统志》的十个目类。但是，由于永乐十年《修志凡例》仅为各地报送《一统志》所需材料而订立，并未明确要求各地必须修纂方志，于是永乐十六年六月"乙酉，诏纂天下郡县志书……仍命礼部遣官，遍诣郡县，博采事迹及旧志"⑤。为规范各府、州、县普纂志书，又在永乐十年《修志凡例》的基础上进一步修订，颁布了永乐十六年《纂修志书凡例》。在朝廷的提倡和敦促下，地方上的修志事业蓬勃展开，并逐渐形成"郡邑莫不有志"的盛况。⑥巴蜀地区也和全国其他地区一样，进入了地方志修纂的高速发展期。

---

① （明）宋濂等：《元史》卷六〇《地理志》，中华书局1976年版，第1434页。
② 绍庆路治今彭水，顺庆路治今南充，保宁府治今阆中。
③ 顾宏义：《金元方志考》，上海古籍出版社2012年版，第223～228页。
④ 顾宏义：《金元方志考》前言，上海古籍出版社2012年版，第3页。
⑤ （明）雷礼：《皇明大政纪》卷八，明万历刻本。
⑥ （明）孙文龙纂辑：《承天府志》，李维桢序，明万历三十年（1602）刻本。

在明代巴蜀地区的众多方志中，现存最早的是永乐五年（1407）《泸州志》，时间在永乐帝两次颁布《凡例》之前。不过明代巴蜀地方志的大规模修纂，则是自成化、弘治以后，尤其是在嘉靖、万历两朝三次修纂省志的带动下，各府、州、县志的修纂更为普遍。不幸的是，经明末清初的战乱，明代巴蜀的府、州、县志流传下来的不多，至清乾、嘉间，明志的散佚更加严重。《续修四库全书提要》称，此时蜀中明代县志已"寥若晨星"，有的地区甚至散失殆尽。① 保存至今的约有十七种，其中府志六种，州志八种，县志三种。下面我们根据目前的研究情况，将明代巴蜀地区的府、州、县志的修纂和存佚情况列表如下：

表4-8　明代巴蜀地区府州县志修纂存佚情况一览表②

成都府 ▲（天启）成都府志		成都县	
		华阳县	
		双流县	
		郫县	
		温江县	
		新繁县	
		新都县	新都县志
		彭县	
		崇宁县	
		灌县	
		金堂县	
		仁寿县	
		井研县	（景泰）井研县志 （成化）井研县志 （万历）井研县志
		资　县	资中县志

---

① 巴兆祥：《方志学新论》，学林出版社2004年版，第74页。
② 关于明代方志存佚数量的统计数据各家说法难以统一。本表依据林平、张纪亮《明代方志考》（四川大学出版社2001年版，第398~412页）制作，个别地方参考近年新发表的论著作了修订。表中"▲"号表示今存。

续表一

成都府 ▲（天启）成都府志			内江县	（永乐）内江县志 （正统）内江县志 （弘治）内江县志 （万历）内江县志 （崇祯）内江县志
			安县	
	简州	简州志	资阳县	
	崇庆州		新津县	（万历）新津县志
	汉州	（万历）广汉志 ▲（万历）汉乘备录 （嘉靖）汉州志	什邡县	
			绵竹县	
			德阳县	德阳县志
	绵州		罗江县	
			彰明县	
	茂州	威茂通志	汶川县	
	威州		保县	
保宁府 ▲（嘉靖）保宁府志			阆中县	
			苍溪县	
			南部县	
			广元县	
			昭化县	
	剑州	（正德）剑州志	梓潼县	
	巴州		通江县	
			南江县	
顺庆府			南充县	（嘉靖）南充县志
			西充县	
	蓬州	▲（正德）蓬州志	营山县	（成化）营山县志 （正德）营山县志
			仪陇县	
	广安州		岳池县	
			渠县	
			邻水县	
			大竹县	（嘉靖）大竹县志

续表二

			奉节县	
夔州府 ▲（正德）夔州府志 （万历）夔州府志			巫山县	巫山县志
			大昌县	
			大宁县	
			云阳县	▲（嘉靖）云阳县志
			万　县	
			开　县	
			梁山县	
			新宁县	
			建始县	
	达　州		东乡县	
			太平县	
重庆府 ▲（成化）重庆郡志 ▲（万历）重庆府志			巴　县	巴县志
			江津县	江津县志
			璧山县	
			永川县	永川县志
			荣昌县	
			大足县	
			安居县	
			綦江县	（万历）綦江县志
			南川县	
			长寿县	长寿县志
			黔江县	
	合　州	▲（万历）合州志	铜梁县	（隆庆）铜梁县志
			定远县	
	忠　州		丰都县	
			垫江县	
	涪　州		武隆县	
			彭水县	

续表三

遵义军民府 （万历）绥阳舆图志 （万历三十年） 遵义府志 （万历四十年） 遵义府志		遵义县	
		桐梓县	
	真安州	绥阳县	
		仁怀县	
叙州府 叙州府志		宜宾县	
		南溪县	
		庆符县	
		富顺县	（景泰）富顺县志 （嘉靖）富顺县志 （万历）富顺县志
		长宁县	长宁县志
		兴文县	
		隆昌县	
	高 州	筠连县	
		珙 县	
龙安府		平武县	
		江油县	
		石泉县	
马湖府 ▲（嘉靖）马湖府志		屏山县	
镇雄府 （永乐）芒部军民府志			
乌蒙军民府 （永乐）乌蒙军民府志			
乌撒军民府			

续表四

东川军民府（永乐）东川军民府志	潼川州	▲（万历）潼川州志 ▲（嘉靖）潼川志	射洪县	（成化）射洪县志 （万历）射洪县志
			中江县	（嘉靖）中江县志 （万历）中江县志
			盐亭县	
			遂宁县	（嘉靖）遂宁县志
			蓬溪县	蓬溪县志（嘉万间）
			安岳县	（万历）安岳县志
			乐至县	
	眉　州	眉州志	彭山县	
			丹棱县	
			青神县	▲（嘉靖）青神县志
	邛　州	邛州志	大邑县	
			蒲江县	
	嘉定州	（成化）嘉定州志 （嘉靖）嘉定州志 （万历）嘉定州志 ▲（万历三十九年）嘉定州志	峨眉县	（嘉靖）峨眉县志 （天启）峨眉县志
			夹江县	夹江县志
			洪雅县	▲（嘉靖）洪雅县志 （天启）洪雅县志
			犍为县	
			荣　县	
			威远县	威远县志
	泸　州	▲（永乐）泸州志 ▲（崇祯）泸州志	纳溪县	
			江安县	
			合江县	
	雅　州	（嘉靖）雅州府志	名山县	
			荥经县	（崇祯）荥经县志
			芦山县	

显然，上表远未反映明代巴蜀地区的府、州、县志编修的实际情况。事实上，今天我们也无法确知当时巴蜀地区是否达到了"郡邑莫不有志"的盛况，但较之于元代，可以肯定已有很大进步。而且据研究可知，"这些志书内容，举凡建置、学校、官师、节孝、文艺、吏治、户口、选举、灾祥、风俗等各门

目无不具备，井井有条，与前代志书相比，内容更为完备，足见明代以来，四川府州县志也基本定型，各地的官修制度已大体形成，并为清代四川修志的空前兴盛准备了理论基础与典籍条件"①。

清代是巴蜀地方志编写的繁盛时期，据《中国地方志联合目录》统计，有清一代，巴蜀方志共有四百一十六部，位居全国之首。至此可能才真正实现了明人张邦政所说的"郡邑莫不有志"的盛况。

顺治年间，巴蜀尚处于战乱之中，不具备修志的条件，因此没有一部省、府、州、厅、县志。直到康熙二十年（1681）平定吴三桂叛乱以后，社会秩序才安定下来。康熙二十年以前，巴蜀的地方志仅见两部，一部是康熙十一年（1672）蒋超私人撰的《峨眉山志》，另一部是康熙十二年（1673）蔡毓荣等修、钱受祺等纂的《四川总志》。因此，康熙年间巴蜀虽然修志四十七种，但绝大部分都是在康熙二十五年（1686）以后修成的。从横向来比较，康熙年间全国共修省、府、州、厅、县志一千三百五十四种，四川仅占百分之三点四，还不及河北一百二十八种、山东一百一十四种、广东一百一十四种、浙江一百零六种、河南一百零六种、江西一百零五种的二分之一。但是，雍乾时期巴蜀修志迅速进入高峰期。雍正、乾隆两朝，全国共修地方志一千二百三十一种，巴蜀地区多达一百一十五种，为同一时期全国修志总数的百分之九点三五，跃居全国前列，其后依次为河南一百零三种、山西一百种、江西九十一种、河北八十九种。嘉道时期，巴蜀修志仍然保持领先势头，至道光二十年（1840）止，又修成地方志一百五十四种。②

清代巴蜀地方志不仅数量大增，而且基本上已遍及绝大多数州、县。有的州、县还创修了本地区有史以来第一部志书。如康熙《新津县志》、康熙《崇庆州志》、乾隆《金堂县志略》、乾隆《双流县志》、乾隆《郫县志书》、乾隆《新都县志书清册》、乾隆《大邑县志》均系草创。一些州、县志甚至多次重修，有的甚至打破了旧有的"三十年修县志，六十年修府志"惯例。如《崇庆州志》康熙朝修成刊行后，乾隆朝又有四卷、卷首一卷本，嘉庆朝修成刊行了十卷、卷首一卷本。《中江县志》先后修成刊行和抄写四次：有康熙五卷本，乾隆十二卷本、嘉庆六卷本、道光新志八卷、卷首一卷本等。《德阳县

---

① 吉正芬：《四川地方志纂修源流述略》，《中国地方志》2011年第10期。
② 王纲：《清代四川史》，成都科技大学出版社1991年版，第1172页。

志》也先后修成刊行过四种版本。仅道光朝就修了两次，如《续增德阳县志》十卷道光五年（1825）刻印本和《德阳县新志》十二卷、卷首、末各一卷道光十七年（1837）刻印本。这些都反映出当时巴蜀地区各州、县修志事业的兴盛。

清代巴蜀地区的方志纂修之所以后来居上，蔚然成风，可能与下面几点原因有关：

一是形势发展的迫切需要。明末清初，巴蜀地区长期战乱，社会经济文化毁坏殆尽，但随着清朝在四川地区建立和巩固政权的需要，迫切需要地方志作为统治的参考。特别是清代实行官员任命地区回避制度，巴蜀各级地方官员都从外省调任。而这些来到巴蜀做官的外省人，虽多属科举出身，有较高文化水平，但对所任州、县地方情况，并不熟悉，因此迫切需要有地方志供其熟悉该地情况，为处理政治、经济和各类社会问题做参考。这种客观形势发展的需要，促进了巴蜀地方志纂修工作的开展。

二是三修《一统志》的推动。清代三次纂修《大清一统志》。第一次是从康熙二十五年（1686）始修，成于乾隆八年（1743），刊行于九年（1744）；第二次是从乾隆二十九年（1764）特诏重修，刊行于乾隆四十九年（1784）；第三次于嘉庆十六年（1811）奉旨重修，修成于道光二十二年（1842）。《大清一统志》，实际上就是一部完善的全国性地方总志。清政府在每次修《一统志》前，都要求各省纂修地方志，以备《一统志》采择取用。如康熙十一年（1672），皇帝就曾要各地纂修志书，以汇《大清一统志》之用。雍正也曾颁过类似的谕旨。在三修《一统志》的推动下，巴蜀进行了大规模修志工作。

三是巴蜀经济和文化教育的发展为地方志的纂修提供了物质和人才条件。巴蜀地方志多属官修，搜集资料、刊刻发行都需要不少经费。巴蜀地区经济在康熙中期已出现较快恢复发展势头，财政收入增加，为地方志的纂修提供了物质条件。另一方面，纂修地方志主要依靠本地士人从事编辑工作。随着巴蜀文化教育事业的发展，巴蜀地区各州、县都培养了一大批读书人，他们除少数进入仕途到外省做官外，大量人才留在本地。地方志纂修工作的开展，给他们创造了发挥自己才能的机会。这些人在巴蜀地方志纂修工作中做出了重要贡献。①

---

① 以上三点原因主要据王纲《清代四川史》，成都科技大学出版社1991年版，第1175~1176页。

道光以后，外侮频仍，国运式微，地处西南边陲的巴蜀虽然在方志纂修方面数量更大，但名作、佳作并不多见。自道光至宣统，巴蜀共新纂和补修地方志约一百七十余种，几乎各府厅州县皆有刻本或稿本流传至今。这一时期的方志，除内容有所增减、体例有所损益外，值得注意的变化还有两点：一是注重方志的现实性和实用性，提倡富而后教，因时制宜。例如，张龙甲《（光绪）彭县志序》曰："从古司牧之责，道在安民。安民之方，莫先富教。而所以富之教之者，则详于志书。盖志之所在，若疆域，若土田，若户口，若政事，若人文，一展卷而了然其间，或援古以证今，或随俗以立制，或因地以制宜，参伍错综，神明而变化之，所以佐出治之资者非一端，志之系于富教，不綦重哉！"①二是不少有识之士在继承前代修志成果的同时，提出了不少新的方志见识，并对清代前中期方志中怪诞迷信、烈女节妇以及穿凿附会的星野、祥异等内容一概删削，视作修志之"五弊"②。

（二）名志选析

梁启超论清代方志修纂存在的一大弊端曰："方志中什之八九，皆由地方官奉行故事，开局众修，位置冗员，钞撮陈案，殊不足以语于著作之林。"③因此，其间若有"经名儒精心结撰或参订商榷者"，则显得弥足珍贵。在《中国近三百年学术史》的"方志学"一节，梁启超特别精选出清代至民国大师名宿所修的地方志一百余种，给予表彰，其中不乏属于四川的佳构，如乾隆时期段玉裁的《富顺县志》、道光年间张澍的《大足县志》和民国时期张森楷的《合川县志》等六种。至于它们为什么全部都是县志，大概是因为与省志、府志比起来，"州县志规模较小，责任转专，故得良著亦较易"④。以下选择三种清代四川县志进行重点介绍，它们体例当行，门目齐备，而且选材谨严，内容翔实，编纂与著述相结合，都是"斐然可列著作之林"的名志。其中有的是"绩学之长官亲总其事"，如段玉裁《富顺县志》、张澍《大足县志》；有的是"本邑耆宿负重望居林下，发心整理乡邦文献"，如李调元《罗江县志》。

---

① （清）张龙甲修，吕调阳等纂：《重修彭县志》卷首，张龙甲序，光绪六年（1880）初刻、民国6年（1917）重印本。
② （清）文良、朱庆镛等修，陈尧采等纂：《嘉定府志》，朱庆毓序，同治三年（1864）刻本。
③ 梁启超：《中国近三百年学术史》，东方出版社2004年版，第326页。
④ 梁启超：《中国近三百年学术史》，东方出版社2004年版，第335页。

通过分析这些学者修志的成功案例，可以总结清代巴蜀地方志纂修的经验教训，为后人修志提供借鉴。

1. 段玉裁的乾隆《富顺县志》

富顺县在明清两代隶属于叙州府，是巴蜀修志比较频繁的一个县。据何锺嘉靖《富顺县志序》云："邑之志自宋元以前寥寥然已不足征。"①今天所知的《富顺县志》，始创于明代宗景泰年间，嘉靖、万历又曾经纂修过，可惜都已经亡佚。入清以后，《富顺县志》又有过五次纂修，分别在康熙二十五年（1686）、乾隆二十五年（1760）、乾隆四十二年（1777）、道光七年（1827）、同治十一年（1872），其中以代理知县段玉裁和本县乡绅李芝合纂的乾隆四十二年《富顺县志》最为后世所称道。

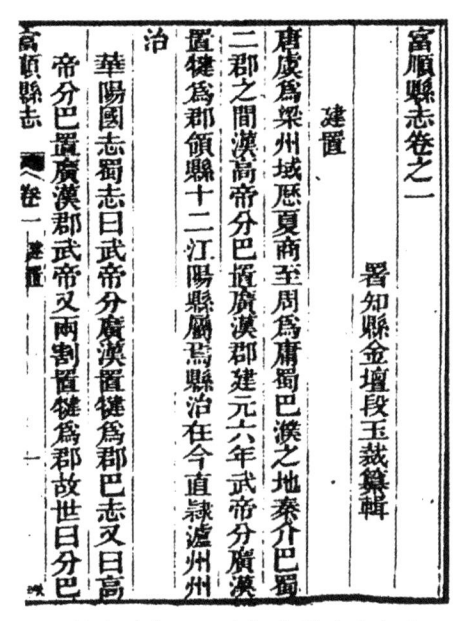

乾隆《富顺县志》书影（清光绪八年重刻本）

段玉裁（1734～1815），字若膺，号懋堂，金坛（今江苏省金坛市）人，乾嘉时期最重要的朴学大师之一。乾隆二十五年（1760）举人。三十八年（1773）到四川候补，先被派到富顺权知县事，不久即因大小金川战事吃紧，被派往打箭炉办理化林坪驿站的站务。三十九年（1774）九月，又受命署理南溪县事。四十年（1775）冬，再度被派往富顺任候补知县。第二年二月，大小金川平定，为官无事，"暇则手改旧志例类，网罗放佚，成书若干卷"②，适逢邑人李芝从湖北宜都知县任上辞官归来，主讲学易书院。于是段玉裁邀李芝共纂县志，仅用了五个月县志即告修成。正在此时，段玉裁奉调回成都候补，所纂县志稿由继任者于乾隆四十二年付梓刊行。

段玉裁与李芝共纂的乾隆《富顺县志》五卷，分为二十五目。段氏在其中做了两项重要的工作：

---

① （清）熊葵向修，周章熠纂：《富顺县志》卷二〇，清乾隆二十五年（1760）刻本。
② 刘盼遂：《段玉裁先生年谱》，民国25年（1936）铅印本，第13页。

一是修改旧志条例。在段玉裁修志之前，富顺有乾隆二十五年（1760）熊葵向修、周章熠纂的《富顺县志》二十卷，此志存在分类缺乏条理、内容芜杂、重复脱节等问题。有鉴于此，段氏对前志的类目进行了大幅度的调整，将旧志的四十六目归并为二十五目。其中，旧志的"科甲""成均""荐辟""封荫"四目均涉及官员的选拔，合并为"科第"；"忠义""孝行""高义"三目都是表彰忠孝节义，合并为"孝义"；"治行""武功""敦行""隐逸"四目人物事迹多有重叠，旧志采用互见的方式编排，查阅不便，合并为"乡贤"。另外，段玉裁还删除了旧志的"流寓""艺文"二目。"流寓"原载宋王梦卿、明杨慎、明赵祖仝、清李崇階四人事迹，篇幅短小，而且没有多少实质性的内容，所以删去。"艺文"则将原属"艺文"中的诗文附载于各相关的目类中，不再专列"艺文"一目。

二是考订旧志疏漏。段玉裁纂修《富顺县志》，详前人所略，略前人所详。凡历代"田赋""户口"，旧志已详细罗列的内容，段氏一概省略，只记录其任期内统计的最新数据。还有"土产"一目，前志列举详尽，新志则干脆省去。段玉裁把修志的大量精力都放在山川地理、乡贤事迹的考证上面。如此志卷二"山水下""雒水"条下有"知县金坛段玉裁《中水考》"上、下二篇①，纠正前人谬说，是清代《水经注》研究的重要成果。又如，《宋史·隐逸传》载眉、邛间有一卖酱薛翁，袁滋曾跟他学过《易》。段玉裁经过考证，定薛翁为富顺人，将其人其事载入《富顺县志》，并将自己撰写的《富顺县宋薛翁祠碑》附于该志卷三"薛翁祠"条下。②

值得一提的是，段玉裁修《富顺县志》深受其师戴震的方志学理论影响。戴震精于地理之学，段氏早年从戴震学，经常研讨地理方面的问题，还借抄过戴震校定的《水经》。这为段玉裁在《富顺县志》中考证"中水"打下了知识基础。乾隆三十四年（1769）七月，戴震致信段玉裁，详论修《寿阳县志》条例。戴指出旧志"每篇有小序，序皆通套语，近来亦有删去不用者矣"③。后来段玉裁修《富顺县志》，将熊葵向所修前志的小序全部删去，显然是受戴震的影响。此外，戴震修志重地理沿革，主张"查核以补旧志之疏"，这也集中

① 林超民等编：《西南稀见方志文献》第15卷，兰州大学出版社2003年版，第442页。
② 林超民等编：《西南稀见方志文献》第15卷，兰州大学出版社2003年版，第492页。
③ 刘盼遂：《段玉裁先生年谱》，民国25年（1936）铅印本，第8页。

体现在段玉裁修《富顺县志》的过程中。

段玉裁修《富顺县志》体例谨严有法，考证精审翔实，成为后世修志的楷模，陈锡鬯《跋》称赞他"出入班马之间，而擅三长者也"①。直至民国，仍有不少四川县志模仿其体例修纂，如张典等修、徐湘等纂《松潘县志》，蒲殿钦等修、崔映棠纂《绵阳县志》，均仿段玉裁《富顺县志》体例，《绵阳县志·凡例》更声称"举段懋堂大令《富顺志》为准，读其文体，洵如陈寿《三国志》高简有法"②。

2. 李调元的嘉庆《罗江县志》

罗江县，明代隶属成都府。"自明季兵燹后，生民凋瘵，邑几为墟"③，故顺治十六年（1659）并入德阳县，雍正七年（1729）又恢复罗江县的建制，改隶绵州。乾隆三十二年（1767），因涪水冲毁绵州城，迁州治于罗江县城，罗江裁县改州。至嘉庆七年（1802），绵州迁回旧治，罗江再次复县。据李调元称："罗江县旧无志。乾隆九年，邑令秀水沈公潜延余先君石亭公纂修。"④是为乾隆《直隶绵州罗江县志》，石亭公即李调元之父李化楠。由于当时"兵燹初定，并无书籍可考，又急于卒役，不及细访前代名家著述"，

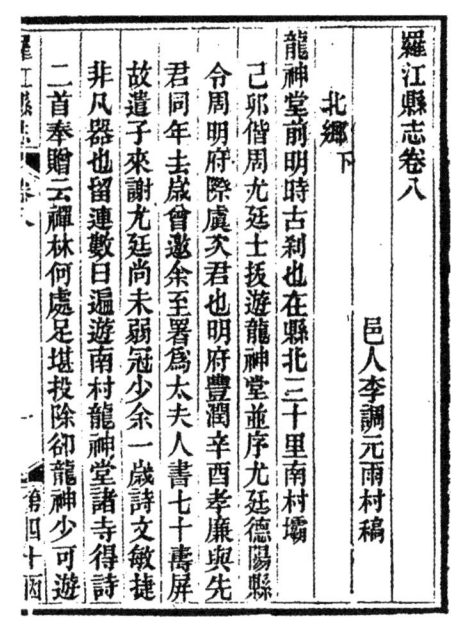

嘉庆《罗江县志》书影（清嘉庆七年刻本）

因此内容比较简陋，留下很多缺憾。有鉴于此，李调元思子继父志，撰写一部新的县志，以弥补前志的缺漏，遂有嘉庆《罗江县志》之作。

李调元（1734~1803），字羹堂，号雨村，又号童山。四川罗江县人，乾隆二十九年（1764）进士。历任吏部考功司主事兼文选司、广东学政、直隶通

---

① 林超民等编：《西南稀见方志文献》第15卷，兰州大学出版社2003年版，第613页。
② 蒲殿钦等修，崔映棠纂：《绵阳县志》，民国21年（1932）刻本。
③ （清）李桂林等纂修：《罗江县志》沈潜志序，清嘉庆二十年（1815）修、同治四年（1865）重印本。
④ （清）李调元纂修：《罗江县志》序，清嘉庆七年（1802）刻本。

永兵备道等职。乾隆四十七年（1782），因弹劾永平知府弓养正，得罪权相和珅，遣戍伊犁，以母老赎归，遂居家著述终老。李调元有《函海》《续函海》《童山诗集》《童山文集》等书行世，他是杨慎以后蜀中最博学多才的学者。

嘉庆《罗江县志》成书于嘉庆七年（1802）九月，是李调元最后一部著作。据《童山自记》，乾隆五十五年（1790），李调元仿朱彝尊《日下旧闻》体例，撰有《梓里旧闻》三十卷，"皆绵州四属故事……拟作州志稿本"①。此时，罗江县仍是绵州州治所在地，因此，最初的《梓里旧闻》是按州志的规模来撰写的，内容包括绵州全境，故有三十卷。嘉庆七年（1802），由于绵州迁回旧治，罗江复县，《梓里旧闻》缩编为《罗江县志》，所以仅有十卷。

李调元自述此志成书经过：

爰取先君所纂旧志，遍加考订。又复于登山临水之余，坐小舆，携胥吏，由本州五邑、山巅水涯，凡有半碣残碑，自明以上者，莫不手自摹拓。家故有万卷楼，又复獭祭渔猎，夜以继日，互相校雠，并取州邑旧志，去其无征，摘其可据。历三寒暑，以成此书。②

由此可以看出《罗江县志》编撰的三个特点：

一是李调元继承父志，在其父李化楠参与编纂的乾隆《直隶绵州罗江县志》基础上继续修订。四川历代方志中，子承父志，集两代人之力修成的似乎仅此一例。由此也反映出罗江李氏的乡土情结很深。

二是山川地理、名胜古迹经过实地考察，信而有征。李调元尤其注意金石碑刻的著录。《罗江县志》所录金石碑文多达四十余处，"其所采金石文，俱照式绘图于旁"③，对保存罗江的古代文献资料做出了重要贡献。

三是旁征博引，考订精详。李调元在修志过程中利用自家的"万卷楼"藏书，广泛征引各种典籍，一方面纠正罗江旧志和绵州旧志的错谬，另一方面补充新的内容。特别值得一提的是，李调元仿朱彝尊《日下旧闻》体例，在每条引文之后均注明出处，既反映出其修志的严谨态度，又增强了内容的可信度，

---

① （清）李调元：《童山自记》，《蜀学》第四辑，巴蜀书社2009年版，第275页。
② （清）李调元：《罗江县志》序，清嘉庆七年（1802）刻本。
③ （清）李调元：《罗江县志》序，清嘉庆七年（1802）刻本。

真可谓无征不信。

最后,《罗江县志》也有一点受人诟病之处,即全书大量征引李调元自己和亲友的诗文,"人物"一门,除明代进士高节一人外,只为李调元父子兄弟四人立传,这些都"有自我家族标榜之嫌"①。但是,瑕不掩瑜,嘉庆《罗江县志》仍不失为保存一方文献的著名方志。

3. 张澍的嘉庆《大足县志》

大足县是重庆府的属县,明代嘉靖、万历年间曾有过修志之举,可惜"自明季兵燹一劫,文无存,献无考"②。康熙二十年(1681),知县史彰以修志为己任,但仅编成初稿,而且极为简略。直至乾隆十五年(1750)始有县志刊印,此后嘉庆二十四年(1819)、光绪三年(1877)两次纂修。其中以张澍独纂的《大足县志》学术价值最高,堪称一部巴蜀名志。

张澍(1781~1847),字时霖,号介侯,甘肃武威人。嘉庆四年(1799)进士。因助两江总督百龄治黄河决堤有功,嘉庆十八年(1813)以劳叙选四川屏山县知县。张澍在四川为官近七年,历任屏山、兴文、大足、铜梁、南溪等县知县,直至嘉庆二十四年(1819)丁父忧解任回乡。张澍是乾嘉时代著名的考据学家,一生著述颇丰,在川期间,不仅勤政守责,政声卓著,而且还在公事之余,到处游历考察,留心收集四川地方文献,以个人之力为四川编纂了两部重要的志书。一部是成书于嘉庆二十三年(1818)的《蜀典》十二卷,该书汇集嘉庆《四川通志》缺漏的蜀中掌故,对四川的山川地理、人文风俗进行了大量的研究。另一部就是标志着"张澍方志学思想成熟时期"③的嘉庆《大足县志》。

嘉庆二十三年(1818)夏,《蜀典》刚刚完成后不久,因大足知县赵时奉调廉差(乡试之官),委托张澍代理大足知县。临别时,赵时对张澍说:"县志前此奉檄修,顾余心弗慊,未付刊,子盍为之更纂?"④张澍慷慨允诺。然而"取视其稿,则缺漏冗俗",重修县志的难度很大。于是,张澍每逢"案牍之暇,辄作数纸"。不料,没过多久,张澍又被调到铜梁代理知县。临行前,

---

① 詹杭伦:《李调元学谱》,天地出版社1997年版,第176页。
② (清)王德嘉等修,高云从等纂:《(光绪)大足县志》卷首,乾隆时李德旧序,清光绪三年(1877)刻本。
③ 漆子扬:《清代史学家张澍五种方志著述论略》,《武威年鉴》2009年,第411页。
④ 冯国瑞:《张介侯先生年谱》,民国25年(1936)《景慰庐丛刻》铅印本,第22页。

他多次实地考察大足石刻,为修志收集碑刻资料。一次游北山时,意外地发现了《唐昌州刺史韦君靖碑》,归来后作《书唐昌州刺史韦君靖碑画维摩石像碑后》,考证出金石史上由来已久的一个谬误,确认唐昌州刺史即韦君靖,非前人所说的"韦靖",成为他继《西夏天祐民安碑》后又一重大金石发现。这一发现无疑为正在修纂的嘉庆《大足县志》增色不少。二十四年(1819)春,张澍在铜梁任上继续撰写《大足县志》。"数月,复调办秋闱,未竟也。揭晓后,栖迟寓邸,人事夗夅(挈曳),夜雨挑灯,乃得成稿。"①

张澍所纂嘉庆《大足县志》八卷,成稿后一直未能刊印,到道光十六年(1836)才由当地士人李型廉补刻刊行。因此,今天所见嘉庆《大足县志》刻本并非张澍原本,而是李型廉等人在原本基础上重新编辑而成。据《续修四库全书提要》称,原本采用"平列分目体",分为建置、城池、里镇、场市、治署、仓储、监狱、坊表、桥梁、山川、古迹、官师、祠庙、坟墓、户口、田赋、盐政、驻防、铺递、学校、风俗、物产、祥异、选举、乡贤、节烈、仙释等目。而刻本则采用"总纲系目体",分为九门(见下表)。

表4-9　嘉庆《大足县志》纲目表

卷　首	王松序、张澍序、赵时序、乾隆十五年李德序、修志姓氏、图、例言
舆地志	疆域、山川、风俗、古迹、坟墓
建置志	城池、治署、学校、考棚、演武厅、坊表、桥梁、里镇、场市、监狱、养济院
祠祀志	祠庙、寺观
典礼志	略
食货志	户口、田赋、盐政、仓储、物产
官师志	略
选举志	进士、举人、例贡、眷硕
人物志	卓行、忠节、阵亡、孝义、儒林、隐逸、节烈、孝贞
杂记志	祥异

---

① 冯国瑞:《张介侯先生年谱》,民国25年(1936)《景慰庐丛刻》铅印本,第23页。

张澍自我评价《大足县志》曰:"分类简该,文词质古。"①全志体现了他的如下方志观:

> 世之为志者,率详今而略古,广分门类,妄撮杂事。于本邑掌故反多遗漏。如天文分野本主省郡,乃至小邑指一星为属,此陈卓、张瑾未有之说也。且地理不纪四至八到,山川不言险要攻守之略,纪人物不详行谊,专取他邑尊显者入之,以为荣滥,收风云月露之诗文以侈卷帙,此通弊也。

因为天文分野本省郡,不主小邑,所以他纂的《大足县志》不设"天文""分野"。又因为风云月露之诗文徒侈卷帙,所以吟风弄月之篇,一概不收。而且全志不列"艺文志",相关诗文分别附于各门目之中。除此之外,张澍修《大足县志》最大的贡献是拿自己新发现的金石碑刻材料与史书互相印证,纠正前人的一些谬误,大大提高了志书的质量。他认为:

> 夫金石之文,往往与史传相证据,且足以补史传之缺。如昌州刺史韦君靖,宋王象之《舆地碑目考》以为韦靖,本朝康熙时《四川通志》、乾隆时洪编修亮吉《府厅州县志》均沿其误。盖君靖其名,非以君为称,犹唐王君、李君美之取名耳。然《新旧唐书》皆无君靖名。今介侯搜得其碑,乃知平黄巢、韩秀升、高仁厚之乱,勋伐卓烁,不独筑永昌寨为功于昌州也。而范淳夫先生《古文孝经》刻亦出于人间,笔踪雄伟,胜于黄山谷,殊可宝贵。其它多有关志乘,择尤雅者,著录于篇。②

张澍修志取材广泛,考证翔实,特别是用亲身实地考察所得的材料,补正旧史、旧志的缺漏,使得嘉庆《大足县志》成为一部具有很高史料价值和学术价值的地方志,在巴蜀名志中占有一席之地。

---

① (清)张澍:《养素堂文集》卷五《代赵及莘重修大足县志序》,清道光十七年(1837)刻本。
② 以上两段引文均见(清)张澍《养素堂文集》卷五《代赵及莘重修大足县志序》,清道光十七年(1837)刻本。

第五章 巴蜀史学的转型与巨大发展（晚清以来）

晚清以来，伴随社会结构的巨大变动和中西文化的强烈碰撞，中国史学经历了数千年未有的大变革，逐渐从传统史学转型为近现代史学。

中国传统史学的转型肇始于清代嘉庆、道光时期，其时史学一方面缘于"汉学之途穷思变"，另一方面缘于"内忧外患之所激"，经历了"从考据到经世"的大转向，推动了边疆史地和外国史地研究的蔚然勃兴，激发了中国史家近代观念和世界意识的形成。[①]中国史学从此卷入到艰难曲折的大转型时期，呈现出鲜明的"过渡时代"特征。[②]

随着甲午战后民族危机的加剧，以及维新运动的推广，西学传播日益普及，尤其是进化论和民族主义更是风靡一时，影响深远。鼓吹"史界革命"的"新史学"在此背景下应运而生。在近代西方新史学和日本"文明历史学"的多重影响下，清末新史学思潮倡导"反王朝体系"的国族史观、"自下而上"的民史立场、"以社会科学治史"的方法论、力求发现人群进化的"公理公例"的为学宗旨，以及推崇通史写作的撰述兴趣，深刻地塑造了近代中国史学的基本特征。[③]

民国时期，新史观、新方法、新材料和新体制进一步推动中国史学进入了一个全新时期。[④]继进化史观输入后，疑古思潮和整理国故运动在五四运动之后兴起，唯物史观在20世纪30年代以后逐渐盛行。考古学、人类学、社会学、心理学、语言学等近代西方社会科学相继引进国内，为历史学提供了新视野和新方法，历史学家开始积极探寻将传统史学改造为"科学的研究"的道路。[⑤]而殷墟甲骨金石器物、汉简木简、敦煌石室遗书、内阁文库档案等大量新史料

---

① 陆宝千：《嘉道史学——从考据到经世》，（台北）《近代史研究所集刊》1974年第4期。
② 瞿林东：《中国史学史纲》，北京出版社1999年版，第747页。
③ 王学典、陈峰：《二十世纪中国历史学》，北京大学出版社2009年版，第19页。
④ 参见顾颉刚：《当代中国史学》，王晴佳导读，上海古籍出版社2002年版，引论，第2~3页；洪认清：《中国史学思想通史·近代后卷》，黄山书社2002年版，第15~20页。
⑤ 傅斯年：《历史语言研究所工作旨趣》，《傅斯年全集》第三卷，湖南教育出版社2003年版，第9页。

的发现与整理,不仅带来了史学研究方法的更新,促进了"史料学派"的发展,也激发了学术界对中国古代社会的研究兴趣。早在清末开始的新式教育体系在民国后日益发展,20世纪20年代初相继出现了北大国学门研究所、清华大学国学研究院等专业性学术研究机构,1928年中央研究院历史语言所的建立更是标志着大学之外专业史学研究机构的出现。《史地学刊》《史地学报》等专业史学刊物也陆续出现。这些大学专门系科和专门研究机构的纷纷建立以及专业学术刊物的诞生,表明中国史学已经日益专业化和学院化,区别于传统旧史学的近现代新史学由此逐渐确立和发展起来。[①]

中华人民共和国成立后,史学研究在指导思想和研究目的上都发生了根本的变化。史学界轰轰烈烈地开展了旨在普及马列主义的政治学习运动,同时也开展了知识分子思想改造运动,解决史学工作者的思想问题与立场问题。同时,新的史学研究组织和机构也相继成立。这一时期中国史学日益呈现出政治化、革命化、计划化的新特征,一方面有效整合全国的学术资源,有助于集中力量攻克学术难题,同时推动了史学的现代化转型,促进了诸如中国近现代史和世界史等学科的发展;另一方面又导致史学与政治紧紧联系在一起,出现了历史研究的简单化、脸谱化的弊端。最极端的例子就是"影射史学"的出现。

"文革"结束之后,在"解放思想,实事求是"思想路线的推动下,历史研究逐渐摆脱极"左"思潮的束缚,受政治的干扰越来越小,与国际的交流越来越密切,呈现出开放多元的新特点。在坚持马克思主义的原则下,中国史学广泛吸收西方学术研究成果和继承中国优秀史学传统,在史学理论、史学研究和史学教育等诸多方面取得了丰硕成果。

与全国史学主流的演变轨迹大体相近(但有时间差),近代巴蜀史学从清朝光绪宣统时期开始呈现复兴之象、步入转型之轨,至民国和新中国时期更是获得了巨大发展,迎来了它漫长发展史上的第三个高峰。

1875年创建的尊经书院是在西学东渐和近代教育体制巨变中诞生的,在巴蜀学术文化发展史上具有继往开来的重要地位。书院以"绍先哲,起蜀学"相号召,引入乾嘉汉学,使巴蜀士林风气由"荒经蔑古"转而为学古通经,培养

---

① 刘俐娜:《20世纪初期中国史学的转型》,中国社会科学院研究生院博士学位论文,2003年,第46页。

了像廖平、吴之英、宋育仁、张森楷等一大批"通博之士，致用之才"，①为巴蜀史学的复兴和转型奠定了坚实基础。其中的张森楷专力史学，以乾嘉考据之法治史，有《通史人表》和《史记新校注》等名著；廖平以经学著称，培养了蒙文通、李源澄等经史兼通的著名史学家、经学家；宋育仁倡导西学，后出任四川通志局总裁，主编的《重修四川通志稿》是继嘉庆《四川通志》之后又一部全省总志。

在清末书院改制和新学堂建立的风潮下，巴蜀地区以尊经书院为代表的一批传统书院逐渐汇入新式学堂。民国建立后，伴随政体更新，"学堂"为"学校"取代，各种专科学校的发展和大学的建立及其国立化进一步推动了巴蜀近代新型教育体制的建立和发展。在此过程中，巴蜀地区的史学教育和史学研究的专业化程度不断提高，不但在大学（包括高师）建立了专门的史学系，还成立了史学研究会，出版有《史学杂志》等。这一时期出现了一批著称全国的史学名家，如专攻史学、撰有《推十书》巨著的刘咸炘；由经入史、经史结合，著有《古史甄微》，在学界率先提出"古史三系说"的蒙文通；注重地方史研究和民族地区调查，写成"开康藏研究先河"之《西康图经》的任乃强。另外还有一批受过新史学较完整训练、留学法国的何鲁之、李思纯等人，其中李思纯翻译有《史学原论》的名著，影响较大。至于成立于清末、在民国时期又有进一步发展的华西协合大学，在边疆史、民族史等方面有非常丰富和具有世界影响的研究成果。另外还有一批主要在外地发展、同样积聚起较大学术影响的巴蜀籍贯的史家，如中国马克思主义史学体系的开创者郭沫若、吴玉章，中国敦煌学研究的先驱者之一贺昌群，等等。

经过20世纪30年代大学的"国立化"，特别是抗日战争全面爆发后政治中心和经济文化机构内迁之后，巴蜀地区成为战时文化的大本营，巴蜀史学由此获得了巨大发展。不但高校和研究机构猛增，研究队伍扩大，而且众多主流派新史家和唯物史观派学者相继入蜀，给巴蜀地区吹来了强劲的新风，考古学、人类学、民族学等诸多新学科得以奠定，巴蜀地方史、民族史、边疆史等领域大受重视，成果卓著。其中一批受过主流派新史学严格训练的徐中舒、冯汉骥等人在战后长期留居巴蜀，为巴蜀地区的历史学、考古学、民族学的发展壮大

---

① 胡昭曦：《振兴近代蜀学的尊经书院》，《旭水斋存稿》，四川大学出版社2012年版，第216~241页。

做出了重要贡献；倡导文史互证的缪钺在战后也执教巴蜀，在魏晋南北朝史和中国古典文学史等领域名著学林。

1949年中华人民共和国成立后，巴蜀史学也汇入了新时期史学变革的大潮。徐中舒、蒙文通、冯汉骥和缪钺等著名学者纷纷学习马克思主义，参与讨论"五朵金花"等热点问题，推动了巴蜀地方史、中国古代史、考古学、西南民族史等领域的发展。同时，在"厚今薄古"思想的指导下，中国近现代史、中国革命史等领域进步显著。基础薄弱的世界史领域的研究水平也有所充实提高。

进入改革开放新时期，巴蜀史学再次获得了快速发展。博物馆建设、古籍整理、方志编纂和西南考古等都取得了前所未有的成就。历史研究大胆突破往日的禁区，填补了许多空白。随着国内外文化交流和学术讨论的日益频繁，以及诸如计算机、数据库和互联网等信息技术的运用，史学理论和研究方法日益呈现出多元化的格局，极大地拓宽和深化了史学研究的领域。

第一节 晚清以来巴蜀史学的转型及发展演变

一、清末民初巴蜀史学的转型

张之洞像

经过长期的"湖广填四川"和休养生息，到清代中期巴蜀地区社会经济全面恢复，文化教育也渐次兴起，初步形成以博通经史、文学发达和崇尚理学为特色的地域学风。① 晚清时期，四川学政张之洞兴办尊经书院，此后湖湘名士王闿运受聘出任山长。一时之间，尊经书院号称济济多士。流风所及，省内各书院也气象一新，育才甚多，如刘光第出自成都锦江书院，赵熙出自乐山九峰书院，遂开蜀学复兴之途。从此蜀中"文雅彬彬，比于江浙"，"彬彬向学，同风齐鲁矣"！②

---

① 参见赵灿鹏：《清代四川学风述略》，未刊稿。
② 分别见黄崇麟：《寿栎庐丛书序》，吴洪武等校注：《吴之英诗文集》，四川大学出版社2008年版，第565页；吴虞：《重印曾季硕〈桐凤集〉序》，赵清等编：《吴虞集》，四川人民出版社1985年版，第138页。

张之洞创建尊经书院的本意在于培养一批巴蜀文化精英,"绍先圣,起蜀学",一旦他们"学成而归,各以倡导其乡里后进,辗转流衍再传,而后全蜀皆通博之士、致用之材也"。因此,书院诸生志在读书,广泛涉猎经史、小学、舆地、推步、算数、经济、诗古文辞。所有的学习都以"通经"为本,而"通经之根柢在通小学",换言之,"凡为士,必知经学、小学"。张之洞反复强调乾嘉汉学的重要性,说:"天下人才出于学,学不得不先求诸经,治经之方不得不先求诸汉学,其势然、其序然也。"所以,"经学必先求诸《学海堂经解》,小学必先求诸段注《说文》,史学必先求诸三史,总计一切学术必先求诸《四库提要》。"①尊经书院的创办极大促进了乾嘉汉学在巴蜀地区的传播,深刻影响了近代蜀学的形成。尊经书院的高才生张祥龄曾经回忆说:"同治甲戌南皮张先生督学,提倡纪、阮两文达之学,建书院于省会。送高才生百人肄业其中,以《说文》及《提要》为之阶梯……川省僻处西南,国朝以来,不知所谓汉学,于是颖异之士,如饥渴之得美食,数月文风丕变,遂沛然若决江河。"②

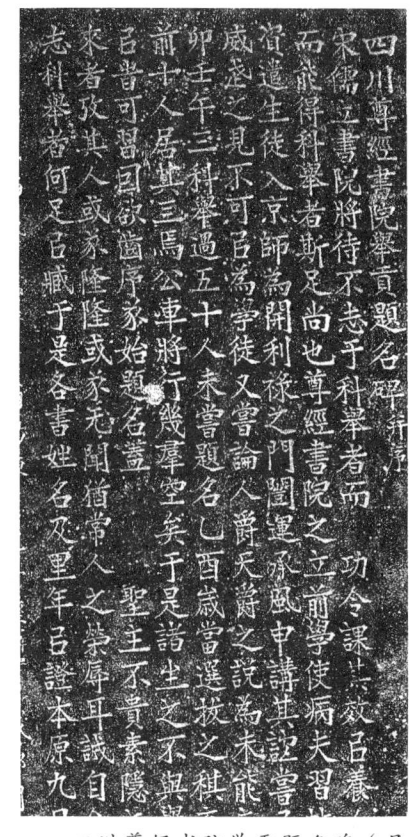

四川尊经书院举贡题名碑(局部)(2013年4月出土于四川大学望江校区,现藏四川大学档案馆)

尊经书院的创建是否为巴蜀地区学术的"预流"提供了一大契机,或许尚存争议。③值得注意的是,巴蜀地区经学异军突起快速发展的黄金时期,恰是

---

① 张之洞:《创建尊经书院记》,《张之洞全集》第十二册,河北人民出版社1998年版,第10075~10076页。
② 张祥龄:《翰林院庶吉士陈君墓志铭》,转引自廖幼平编:《廖季平年谱》,巴蜀书社1985年版,第16页。
③ 按照朱维铮的观点,此时张之洞还是"书生见识",其学术见解"在根本上没有超越汉代就有的'通经致用'模式"。参见朱维铮:《书目答问二种·导言》,(清)张之洞《书目答问二种》,生活·读书·新知三联书店1998年版,导言第17页。

清代经学走向衰落的最后五十年（同、光、宣三朝），换言之，"道咸以来兴起的今文经学运动，在同光年间终于在四川得到了响应"①。这一"时间差"导致近代蜀学表现出不同于主流思潮的地域特色。巴蜀学风兼容并蓄乾嘉朴学传统和道咸今文经学传统，呈现出与清代中前期迥然不同的新面貌。此后，近代蜀学经尊经书院、四川存古学堂、国学院（后为国学学校、省立国学专门学校）、成都高等学堂和公立四川大学中国文学院等教育机构一脉相承而发展壮大，一直持续到20世纪30年代初期。近代蜀中史家大都能秉承晚清以来巴蜀经史之学传统，呈现出颇为相近的治史风格，如重视正史，崇尚博通，留意乡邦文献，而与同时期的国内史学主流呈现出较大的差异。②

清末新政时期，传统书院渐趋衰落，近代学堂接踵而起。服务于近代民族国家意识形态的国民普通教育以忠君爱国启蒙自强为宗旨，大力提升历史教育的地位，广泛推动近代历史知识的传播。如1903年的《奏定学堂章程》明确规定，中学堂的历史教学先讲中国史，次讲亚洲各国史，再次讲欧美史，详于大国而略于小国，详于近代而略于远年，特别强调历史教学须注意"发明实事之关系，辨文化之由来，使得省悟强弱兴亡之故，以振发国民之志气"③。学堂教育的兴起也标志着在官方教育中传统的四部之学被效仿西学的七科之学正式取代。④

中国史学近代化的一大趋势是专业学术机构的出现。1909年，京师大学堂"中国史学门"正式招生，这是"中国大学史学教育史上一个具有里程碑性质的事件"⑤。作为近代中国建立的第一个大学史学科系，京师大学堂的"中国史学门"开启了近代中国史学专门化职业化的新潮流。民国建立后，经过"壬子学制""新学制改革"等多次教育改革，从大致仿效日本模式逐步变为仿效欧美模式，大学在文、理、法、商、医、农、工七科的模式下分设科系。于是在20世纪20年代，史学学科陆续在各大学建立起来。

---

① 杨世文：《清代四川经学考述》，《西华大学学报》（哲社版）2010年第2期。
② 参见王东杰：《学术中心与边缘互动中的典范融合：四川大学历史学科的发展（1924—1949）》，《四川大学学报》（哲社版）2006年第4期。
③ 璩鑫圭、唐良炎主编：《中国近代教育史资料汇编·学制演变》，上海教育出版社1991年版，第321页。
④ 左玉河：《从四部之学到七科之学》导言，上海书店2004年版，第2页。
⑤ 尚小明：《近代中国大学史学科系设置考察》，《史学月刊》2011年第8期。

在此背景下，近代巴蜀地区第一所综合性高等学校四川省城高等学堂于1903年11月正式开学。高等学堂的课程设置基本上都是谨遵部章，贯穿中体西用的教学方针。如正科一部（文科）主要有下列课程：经学大义、人伦道德、中国文学、中国历史、外国历史、中国政治地理、外国政治地理、英语、法语、法学、理财学、心理学、兵学、体操。此后各类新式学堂如四川高等学堂、四川法政学堂、四川优级师范学堂等也纷纷兴建，教学内容率以西学、新学为主，形成了"西学为主，中学为辅"的新局面。民国以后，各类近代专业化的史学课程更加普及。1915年，由原四川法政学校和四川公立商业专门学校合并成立的四川公立法政专门学校开设了法制史、政治史、外交史、经济史、财政史等专门史课程。在原来的四川师范学堂基础上改办成立的国立成都高等师范学校也在1918年左右分别开设了中国史、东亚史和西洋史等课程。同时，由清末四川存古学堂经过几次改名成立的四川公立国学专门学校也将传统的经学、史学、词章三门改为符合新学制的哲学、历史、国文三科。

传统经史教育被分解为诸如经学伦理、国文、中国历史、中国地理等科目，而且学习时间大为缩短。不仅中等以上的学校课程中旧学很少，甚至没有了，而且在许多小学中，"四书五经"也遭到摒弃。新学堂的教材几乎都是清一色模仿日本、欧美的教科书译编而成。新式课程的设置促使学生的知识结构发生了巨变，最终导致"西学和新学在他们的知识圈中占主要地位"。[①]进化论、种族主义、国家主义等新观念和西方近代科学知识也由此广泛传播。此外，这一时期渐次兴建的图书馆、博物馆等近代文博机构也为这场知识结构的巨大转型推波助澜。1900年，傅崇榘在成都桂王桥北街创办图书局，内设两处阅报公所，陈列六七十种报章供公众阅览。此后，各类阅报室在巴蜀各地闻风而起。民国初期，虽然政局动荡，四川图书馆和华西协合大学博物馆仍然先后落成，为巴蜀地区现代文博事业奠定了基石。

20世纪20年代，历史学先后在成都高师、国立成都师范大学成为独立的学科建制单位，标志着现代色彩的历史学科在巴蜀地区的建立。历史系中有深受传统史学熏陶的学者张森楷、杨赞襄、叶茂林、祝同曾等，也有受过新史学完整训练的学者何鲁之、李思纯、刘掞黎等。何鲁之、李思纯均是留法学生，前者于巴黎大学专攻史学，后者则于德国柏林精心翻译法国实证史学名家郎格诺

[①] 隗瀛涛主编：《四川近代史稿》，四川人民出版社1990年版，第494页。

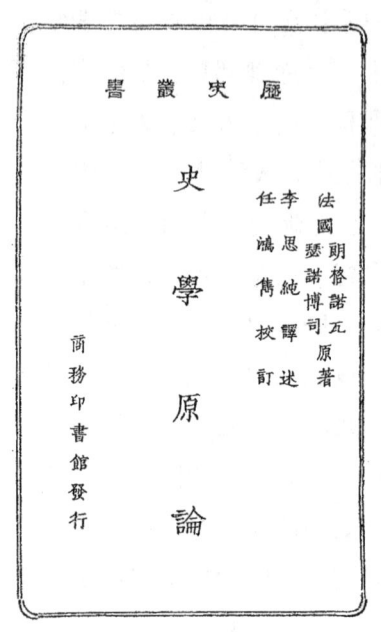

《史学原论》扉页（商务印书馆1926年版）

瓦（C.V.Langlois）和瑟诺博司（C.Seignobos）合著的名著《史学原论》。以批评疑古学派而闻名的刘掞黎则属于柳诒徵等人开创的"南高学派"。这批深受新史学熏陶的学者表现出某些共同之处，如不满新文化运动的反传统倾向，提倡欧美"新史学"理论，强调史学的意义在于寻求"历史智识"，故与秉承巴蜀经史传统的学者颇有相契之处。① 当时蜀中学人多兼治四部，除了历史系之外，国文系或中文系中仍有不少学者承袭传统经史之学，或由经以入史，或治经兼考史，或兼治文史，所涉及领域皆可归入广义或狭义的史学研究。

20世纪30年代，国立四川大学成立后，优化整合了国立成都大学、国立成都师范大学与公立四川大学的师资力量，教学质量和学术水平都有较大提高。这时，文学院各系科开出的课程种类齐全，质量较高。其中史学系所开课程种类繁多，展示出其学科化、专门化和现代化的程度已经达到较高水准。该系开设了如中国上古史、西洋上古史、东洋史、中国地理、中国中古史、西洋中古史、西洋近古史、世界地理、中国近古史、西洋近世史、中国近世史、世界现世史、中国民族史、中国制度史、中国法律史、中国学术史、中国外交史、中国文学史、中国革命史、中国殖边史、西南民族研究、史学名著研究、史学原论及研究法、史前史、思想政治史、经济思想史、社会进化史、希腊史、罗马史、日本近世史、法国革命史、俄国革命史、欧洲文艺复兴史、欧洲大战史、西洋革命史、西洋哲学史、欧洲外交史、史学史等几十种专业课程。②

至此，经过从书院到学校的体制转型，在巴蜀地区高等教育领域，体现为近代学科体制的史学学科已经完全建立起来。

---

① 参见王东杰：《学术中心与边缘互动中的典范融合：四川大学历史学科的发展（1924—1949）》，《四川大学学报》（哲社版）2006年第4期。
② 《四川大学史稿》编审委员会编：《四川大学史稿》第一卷，四川大学出版社2006年版，第147~148页。

二、抗战内迁与巴蜀史学的快速发展

1937年7月卢沟桥事变爆发后，抗日战争全面展开。为了坚持长期抗战，华北地区和沿海沿江的大批难民和工矿企业纷纷内迁西南腹地。与此同时，濒于战火的几十所高等院校也络绎内迁，形成了"我国历史上第一次自东向西的院校大转移"。①战时高校的大规模内迁打破了战前的高校布局，极大地促进了西南地区文化教育事业的发展。

抗战以前，西部地区高校数量很少，如四川全省仅有四所高校：国立四川大学、私立华西协合大学、省立重庆大学和私立西南美术专科学校。抗战全面爆发后，东部教育机关纷纷迁往西南、西北大后方。其中，内迁西南的院

1942年成都华西坝联合办学的五大学校长合影。左起分别是：燕京大学梅贻宝、金陵女子大学吴贻芳、金陵大学陈裕光、华西大学张凌高、齐鲁大学汤吉禾。（美国耶鲁大学神学院图书馆特藏部藏。张丽萍女士提供）

校最多，约有六十一所。入川院校有四十八所，主要分布在成渝两地。一时之间，巴蜀地区高校云集，诸如重庆沙坪坝、成都华西坝、北碚夏坝、江津白沙坝，更是成为大后方名噪一时的"文化四坝"。②

内迁高校也为巴蜀地区带来了众多学界名流。抗战前，在任鸿隽、张凌高等杰出教育家的领导下，川内高校已有吕叔湘、林山腴、赵少咸、庞石帚、祝同曾、闻宥、邓少琴、刘朝阳、韩儒林、何鲁之、许寿裳、金尤史（即金奎植）等知名学者执掌教席。抗战时期，更有一大批文史名家联翩而来，入川任教，如吴宓、钱穆、潘重规、丁山、伍非百、洪深、谢无量、束世澂、徐中舒、冯汉骥、蒙文通、毛坤、卢剑波、李思纯、周传儒、姜蕴刚、饶孟侃、卞之琳、罗念生、朱少滨、黄方刚、沈嗣庄、郑德坤、杨佑之、程英祺、

---

① 侯德础：《抗日战争时期中国高校内迁史略》，四川教育出版社2001年版，第1页。
② 莫珍莉：《重庆——抗战时期的文教中心》，《四川与抗日战争》，（台北）川康渝文物馆1995年版，第79~80页。

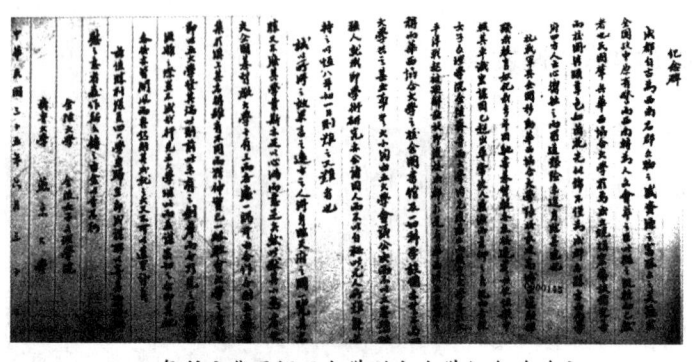

1946年所立华西坝五大学联合办学纪念碑碑文

谢霖甫、陈寅恪、顾颉刚、胡厚宣、魏建功、萧公权、常燕生、傅葆琛、李安宅、蒋旨昂等。抗战时期入川从事教育和研究的文史学者，还有到乐山的熊十力、马一浮、贺昌群、金景芳、叶圣陶、朱光潜、杨东莼、朱东润、廖长孺、吴其昌、张颐、钱歌川、程千帆、沈祖棻、杨端六、袁昌英、苏雪林，到李庄的傅斯年、陶孟和、李济、董作宾、梁思永、李方桂、夏鼐、梁思成、林徽因、刘敦桢、罗哲文、王世襄等。随着教师群体的壮大，巴蜀地区院校的办学规模也有了显著增长。如抗战前，川大仅有文、法、理、农四个学院十三个系，在校学生人数一千三百四十七人。到1945年抗战胜利时，已拥有文、法、理、工、农、师范六个学院二十二个系；除校本部外，还有规模较大的夜大学（设中文、法律、商学、教育、英文、新闻等科，后改为城内部），共有研究生、本科生、专科生五千多人。华大还成立了一批研究机构，如中国文化研究所、华西边疆研究所、经济研究所、教育研究所、历史研究部、中国社会史研究室等，培养了一批高级研究人才。

此外，高校内迁也为国民政府推行战时教育，重新调整和改革现有教育学术体制提供了机会。抗战时期，陈立夫执掌教育部，非常重视历史学科的建设。他曾回忆说："我发现这些大学（内迁高校）都像外国租界……课程五花八门，毫无标准，有关中国历史的部门最为缺乏。"[①]为此，1938年教育部开始着手制订《文理法三学院各学系课程整理办法草案》。遵照该草案规定，教育部制订了各院系必修及选修课程，其中中国通史成为各学院的共同必修科目。为配合大学课程的整理，1938年初还成立了隶属于教育部的大学用书编辑委员会，以采选成书、公开征稿、特约编著等方式广择书稿，经审定出版大学用书或"部订"教材。这些改革措施都促进了抗战时期历史教学的普及化和规范化，而且鼓励了历史学家从事于通史和专门史的编纂，取得了比较辉煌的成

---

① 陈立夫：《战时教育行政回忆》第一版，（台北）商务印书馆1973年版，第20页。

果。此外，教育部还积极推动各国立大学建立研究机构。早在抗战前，教育部已经公布改进高等教育计划，规定国立各大学设立研究机关，并公布了大学研究院暂行组织规程和学位授予法。全面抗战爆发后，教育部加大了推广力度，于1938年度拨给经费，就设备人才较优的国立大学，酌量增设各种研究所，同时协助原有研究所恢复招生。至1941年底，十六所公私立大学及独立学院所设的研究所达到三十五所，凡六十二学部。此后每年均有增加。① 大学研究机关的增设推动了学术研究的专门化，而且为战后中国培养了大批科研人才。

  抗战时期，国民政府在迁移高校的同时，从适应战时的科研需要出发，对高等教育的政策法令做出了一些必要的调整，同时也对各高校的历史系结构做了调整，从而形成了战时内迁西南高校的新特色：一是在继续开设战前原有科目的基础上，根据实际需要增设了一些新的科目，体现近代传统史学的职能。二是应战时之需，开展各种培训班和演讲会，直接为民族解放事业服务，较好地体现高校史学教育研究服务于政治的职能。另一方面，随着高校内迁大潮相继辗转入川的众多知名历史学学者、教授们在此著书立说，传道授徒，不仅推动了当时巴蜀地区史学教育的发展与进步，而且不同学术背景、不同学术流派的学者会聚一堂，为巴蜀史学带来前所未有的新气象和多元化风格。他们的研究既有不少全局性的高水平研究成果，还有许多巴蜀地域性的前沿课题；既推进了巴蜀文化的研究，又培养了大批巴蜀文科人才和巴蜀文化研究的传人。

抗战时期郭沫若（坐右一）与翦伯赞（坐右二）等人在重庆合影

---

① 中华民国教育部教育年鉴编纂委员会编修：《第二次中国教育年鉴·总述》，1948年，第10页。

1941年中央研究院第十三周年纪念会留影于李庄板栗坳

这一时期巴蜀史学的新气象首先是马克思主义史学的发扬光大。侯外庐曾说："抗战时期，一些革命的史学家来到大西南，他们以国民政府的文化工作委员会（文工会）作为合法的活动阵地，并以重庆为中心，在西南地区形成了一支掌握马克思主义世界观与方法论的史家队伍。"[①]郭沫若、翦伯赞、侯外庐、杜国庠、华岗、胡绳等人在重庆创办《读书月报》《理论与现实》《群众》等刊物，同时又于1942年发起成立了"新史学会"。在"学术中国化"的旗帜下，马克思主义史学家们取得了很大成就。郭沫若的《青铜时代》《十批判书》，侯外庐的《中国古代思想学说史》《中国近世思想学说史》，吕振羽的《中国政治思想史》等运用唯物辩证法和唯物史观方法论来研究中国古代社会和学术思想，提出了许多新的观点和见解。此外，吕振羽的《简明中国通史》上册、侯外庐的《中国古代社会史论》、翦伯赞的《中国史纲》、吴泽的《中国历史简编》等专著则在20世纪30年代社会史论战的基础之上深化总结，代表了中国通史编撰的新高度。这一批马克思主义史学家借用社会科学多学科理论研究历史，"把古史研究从史料考证史学研究的死胡同中解放出来，开启了新的史学研究的途径，传统史学也初步完成了向近代史学科学化的转型。"[②]同时，马克思主义史学在抗战时期的发展及其成就也奠定了1949年后史学事业的基础。

其次是崇尚史料的治史新风的输入。成立于1928年的中央研究院历史语言

---

① 侯外庐：《韧的追求》，生活·读书·新知三联书店1985年版，第123页。
② 于文善：《抗战时期重庆马克思主义史学研究》，华东师范大学博士论文，2011年，第183页。

研究所从南京迁至长沙，再迁昆明和四川李庄。史语所是中国现代史学史料学派的重镇。史语所学者因有着鲜明独特的治学风格和统一的治史宗旨而在当时众多的学术派别中独树一帜。所长傅斯年的名言"史学便是史料学""近代的历史学只是史料学"可看作史语所学人治学的箴言指针。①在抗战期间，史语所在诸多方面成绩斐然。在史学及文籍校订方面，有明实录之校勘，南北朝、唐、五代史之研究，突厥集史、居延汉简之整理，中古经济史之研究，契丹制度考，宋辽交涉史，辽金史中民族制度之研究等；在语言学方面，完成湖北方言调查报告，整理湖南方言调查材料，进行台语比较研究、武鸣土语研究、剥隘土语调查研究、黔桂台语侗语苗语调查、云南汉语方言之调查与整理，及四川方言调查等；考古学方面，编著《小屯村发掘报告》《殷历谱》《两城镇发掘报告》《侯家庄发掘报告》《绥远考古调查报告》《川康考古调查报告》及《大司空村发掘报告》，以及四川彭山汉墓发掘工作等；人类学方面，完成对中国人之颅骨、额骨、膝盖骨、跟骨、跗骨、锁骨、肱骨、下颚骨及发旋等的研究，进行川康民族文化之调查及贵州苗族体质及文化之调查报告，完成《湘西民族调查报告》《西南少数民族虫兽偏旁命名考略》等。同时，史语所还受中国太平洋国际学会的委托，编纂中国疆域沿革史，以承担复兴民族文化的历史使命。此外，中研院社科所还对社会经济史，包括明代田赋、清代道光以前的财政、晚清兵志等进行深入研究。

史语所迁川对巴蜀学界产生了极大的影响。华西协合大学开设的中国文化研究所于1940年春正式成立。该所在哈佛燕京的资助下，聘请一批全国著名学者以研究中国文化，如宗教、考古学、史学、人类学、语言学及美术。该所的特约研究员有陈寅恪、刘咸、李方桂、滕固、董作宾等，多为史语所研究员。中国文化研究所与史语所的联系也由此可见一斑。中国文化研究所出版有《华西大学中国文化研究所论丛》《华西大学文化研究所集刊》两种刊物，载有大量精粹之作。

三是掀起了巴蜀地区边疆研究的高潮。清代道咸以来，在经世思潮的影响下，边疆史地研究兴盛一时。民国以后，民族学、人类学与社会学等西学东

---

① 傅斯年：《史学方法导论》，欧阳哲生主编：《傅斯年全集》第二卷，湖南教育出版社2003年版，第309页；《历史语言研究所工作之旨趣》，《傅斯年全集》第三卷，第3页；《考古学的新方法》，《傅斯年全集》第三卷，第88页。

渐,同时中国面临的边疆危机日益加重,边疆研究再次勃兴。1931年后,随着日本侵占东三省,边疆研究便"呈现一种空前的热烈与紧张"。①全面抗战爆发后,国民政府西迁重庆,以前很少受人瞩目的西南地区因抗战的缘故成了"民族复兴"的基地和"抗战建国"的后方,地位陡然提升,被政府及民间寄予厚望。众多学者纷纷投入精力研究边疆问题;边疆研究机构及学术刊物如雨后春笋大量涌现;政府机关及社会团体也组织了不少边疆考察和研究活动。到1940年代初,边疆研究已"达到其发展阶段的顶点"。②

在这股边疆研究的热潮中,华西协合大学无疑是身先士卒。早在1922年,华大就成立了华西边疆研究学会。各大学迁来成都后,有兴趣研究中国西部少数民族的语言、风俗习惯、社会环境的学者增多。1941年初,一批中国教授、学者及社会名流九十四人签名发起组织"中国边疆学会"。该会以实现民族团结,建立国防力量,开发富源为目的,对边疆进行调查、研究、设计。1942年,华西大学经校董会决定,在学会的基础上正式成立研究机构——华大边疆研究所,由校长张凌高兼任所长,副所长李安宅实际主持工作,与该校博物馆及各院系配合,进一步深入进行科研、教学与实地考察等工作。华大的这三个组织既互相配合,又各自独立地开展调查研究,实地考察,主办公开演讲,举办文物展览,出版刊物等,表现出研究边疆问题的繁荣景象。其中华西边疆研究学会坚持每年出一期刊物,每月邀请专家、学者作专题演讲。学会刊物《华西边疆研究学会杂志》以英文出版,内容主要为有关西南地区的人类学(包括体质人类学、文化人类学即民族学、考古学、语言学)、历史学、民俗学、社会学、宗教学、地理学、地质学、生物学等方面的论文,是

《华西边疆研究学会杂志》封面

---

① 马长寿:《十年来边疆研究的回顾与展望》,蒙藏委员会编印:《边疆通讯》第4卷第4期,1947年,第1页。
② 马大正、刘逖:《二十世纪的中国边疆研究》,黑龙江教育出版社1998年版,第86页。

当时世界性权威刊物，为世界各国大图书馆所收藏。

边疆研究的活跃推动了中国人类学"华西学派"的形成。①华西协合大学于1910年建校不久即进行人类学与社会学的教学研究，建立了以人类学为主要内容的博物馆。该校社会学系及博物馆培养出一批人类学人才。抗战期间，五大学协作办学，不少著名的人类学家加入了华西的行列，其中也包括当时在成都的四川大学等校的人类学与社会学家。华西学派的发展进入到黄金时期。1952年，高校院系调整，华西协合大学的文科并入四川大学等学校，华西学派逐渐淡出学术舞台。华西学派于中国学术史上大约存在了四十二年之久，形成了鲜明的学术风格：在学术理论上的兼收并蓄，在研究方法中的史志结合，在研究领域中的注重康藏，对现代中国人类学的发展影响很大，尤其是在体质人类学方面成就非凡。

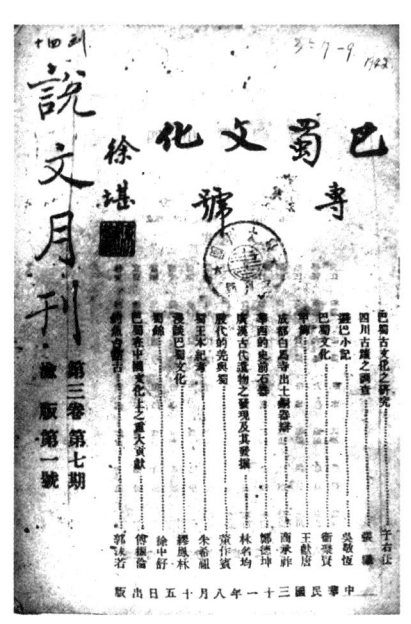

卫聚贤主编的《说文月刊》"巴蜀文化专号"

四是"巴蜀文化"逐渐成为学术界关注的重要命题。抗战时期巴蜀地区考古学、民族学和人类学等各种现代学科进一步发展，给予巴蜀文化研究以极大的动力。20世纪40年代，卫聚贤主编的《说文月刊》接连出版两期"巴蜀文化专号"，首次明确提出了"巴蜀文化"命题。该刊物还登载了郑德坤的《华西的史前石器》、林名均的《广汉古代遗物之发现及其发掘》、徐中舒的《蜀锦》、董作宾的《殷代的羌与蜀》、商承祚的《成都白马寺出土铜器辩》、缪凤林的《漫谈巴蜀文化》等文章。这些著述探讨了巴蜀地区的古代文明，激发了学术界对于巴蜀文化的浓厚兴趣。1946年郑德坤出版了《四川古代文化史》一书，这是有"巴蜀文化"命题以来研究巴蜀文化的第一部专著，与此前徐中舒的《古代四川之文化》②、林思进编纂的《华阳县志》、三四十年代蒙文通

---

① 参见李绍明：《中国人类学的华西学派》，《中国人类学评论》2007年第4辑；《略论中国人类学的华西学派》，《广西民族研究》2007年第3期。

② 文载《史学季刊》（成都）第1卷第1期，1940年。

的经史地理和道书研究、任乃强的康巴研究、甄尚灵的四川方言研究等系列著作一起成为此后巴蜀文化研究的奠基之作。

诚如著名历史学家顾颉刚所说:"抗日战争时期,我国的专家学者差不多全体集合到四川。当时,对于川康的自然界和社会各方面的调查研究风起云涌,实在是抗战前所没有预料到的收获。"① 其中西南民族史、西南考古学、西南边疆史地研究和巴蜀古史研究等后来成为巴蜀史学界研究特色的新专业在这一时期得以确立。至此,现代巴蜀史学史地并重、新旧兼收、重视通识的学风大致形成。

三、新中国时期巴蜀史学发展的新局面

中华人民共和国成立后,史学研究在指导思想和研究目的上都发生了根本的变化,"提倡用科学的历史观点,研究和解释历史、经济、政治、文化及国际事务","给青年知识分子与旧知识分子以革命的政治教育,以应革命工作和国家建设工作的广泛需要"②。于是史学界轰轰烈烈地开展了旨在普及马列主义的政治学习运动,同时也开展了知识分子思想改造运动,解决史学工作者的思想问题与立场问题。同时,史学界也面临着学术体制的巨大转变。首先是新的史学研究组织的出现。1949年7月1日,中国新史学研究会筹备会成立,几年后中国史学会在中国新史学研究会的基础上成立,各地也相继成立史学会分会。其次,新中国还建立了一套新的史学研究机构,即中国科学院下设的历史研究所及各大学历史系的教研室,新出现了一批专门的史学期刊及刊载史学文章的综合学术刊物。

1949年以后的史学风气和体制的转变突出了中国共产党对史学研究工作的集中领导与管理,把学术研究及全国的史学工作者完全纳入国家政治体制框架之中,一方面能够有效地整合全国的学术资源,有助于国家集中优势力量攻克学术难题;另一方面却导致史学与政治紧紧联系在一起,新中国的史学日益呈现出政治化、革命化、计划化的新特征。巴蜀地区的史学发展同样如此。

新中国成立初期,为适应国家经济文化建设变化的需要,高等学校还进

---

① 顾颉刚:《论巴蜀与中原的关系》,四川人民出版社1981年版,第1页。
② 中共中央文献研究室编:《建国以来重要文献选编》第一册,中央文献出版社1992年版,第10~11页。

行了大规模的院系调整。经过调整之后，四川省内的史学研究机构形成了以四川大学历史系、四川师范学院（现为四川师范大学）历史系、西南民族学院（现为西南民族大学）历史系、南充师范学院（现为西华师范大学）历史系、西南师范学院（现为西南大学）历史系、四川省哲学社会科学研究所（现为四川省社科院）地方史研究室等为主的格局。学者们纷纷学习马列主义和毛泽东思想，效仿苏联史学，用以指导历史研究，并参与了著名的"五朵金花"（中国古代史分期问题、中国封建土地所有制形式问题、中国封建社会农民战争问题、中国资本主义萌芽问题、汉民族形成问题）的讨论，一批具有较高学术水准的马克思主义的通史、专史和断代史著作也涌现出来。

在专门史学研究机构体系之外，巴蜀地区还陆续建成参事室、文史研究馆以及政协文史资料委员会等机构，组织社会各界著名人士编纂文史资料和整理地方文献，最有名的是《四川文史资料选辑》，还有全省各市区县数量庞大的文史资料选集，这些对于新中国时期史学研究贡献很大，尤其是在中国近现代史研究、地方文献的整理保护以及地方志书的编撰等领域都是功不可没的。另外，各级政府全面接管图书馆、博物馆的管理与指导事项，形成了以公共图书馆、高等学校图书馆、科学和专门图书馆为主体的新格局，并新建博物馆十多座，初步建立了较完整的文物博物馆体系，为巴蜀史学的发展提供了物质保障。

"文化大革命"时期，历史学"备受摧残"。"文革"结束后，在"解放思想，实事求是"思想路线的推动下，历史研究逐渐摆脱极"左"思潮的束缚，受政治的干扰越来越小，与海内外的交流越来越密切，呈现出开放多元的新特点，学者一面继续深入探讨20世纪五六十年代关注的重大历史问题；一面调整结构，尝试拓宽历史研究的领域。"文革"时期陷于停顿的各机构团体相继恢复正常工作，又先后成立了若干新的研究机构和学术团体，如四川省历史学会、巴蜀史研究会、巴蜀文化研究会、巴渝文化研究会（在今重庆市）、四川省地方志编纂委员会、四川省社科院历史研究所、四川大学古籍整理研究所、四川师范大学巴蜀文化研究中心、西华师范大学西部区域文化研究中心、四川省文史研究馆和西华大学共建的蜀学研究中心、宜宾师范学院思想家中心，等等。1997年重庆直辖后，重庆地区的高校、科研机构和文博单位发展变化很大，特别加重了对重庆本地的历史文化研究及抗战史研究。

总的来看，新中国时期的巴蜀史学在诸多领域取得了重要进展。首先，在地方历史和文化领域，研究成果大量涌现。20世纪80年代初由巴蜀史研究会推

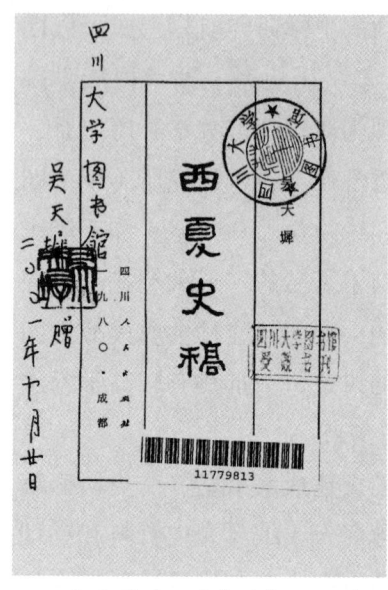

吴天墀《西夏史稿》初版（吴天墀先生签赠本）

出的《巴蜀史研究丛书》五种，即蒙文通的《巴蜀古史论述》（1981）[1]、顾颉刚的《论巴蜀与中原的关系》（1981）、徐中舒的《论巴蜀文化》（1982）、邓少琴的《巴蜀史迹探索》（1983）和任乃强的《四川上古史新探》（1986）等论著，代表了老一辈学者多年研究巴蜀历史与文化的总结性成果，推动了巴蜀区域历史与文化的研究。之后《四川古代史稿》（蒙默等，1989）、《四川近代史稿》（隗瀛涛主编，1989）、《四川通史》七卷本（贾大泉、陈世松主编，1993）、《巴蜀文化志》（袁庭栋，1998）、《重庆通史》（2003）、《成都通史》七卷本（2011）等通史类地方史和《清代四川史》（王纲，1991）等断代地方史著作也先后出版。至于各类专题研究，更有不少开创性成果，如《四川政区沿革与治地今释》（蒲孝荣，1986）、《宋代四川经济述论》（贾大泉，1985）、《唐代四川经济》（李敬洵，1987）、《四川人口史》（李世平，1987）、《四川军阀史》（匡珊吉、杨光彦，1991）、《巴蜀科技史研究》（冯汉镛主编，1995）、《四川书院史》（胡昭曦，2000）等专著分别从地理、人口、经济、军事、科技、教育等方面推进了巴蜀历史和文化的研究水平。目前对"湖广填四川"、巴蜀文化（含蜀学）、四川抗战的研究等是热点。此外，西南民族和川渝考古两个方向的研究也发展迅猛（详见后文）。

在中国古代史研究领域，新中国成立初期受学术风气的影响，不少学者致力于对古代社会制度分期问题的研究。重要的成果有徐中舒的论文《论西周是封建社会——兼论殷代社会性质》。[2]在战国封建论和西周封建论两大派别的争论中，徐中舒的研究成果成为西周封建论的主要支柱之一，受到全国史学界的广泛关注。胡鉴民的论文《西周社会性质问题》[3]，认为西周是奴隶制社会

---

[1] 括号内数字为该书首次出版的年份，下同。
[2] 载《历史研究》1957年第5期。
[3] 载《四川大学学报》1957年第2期。

初期，则代表了相反的立场。蒙文通的《中国历代农产量的扩大和赋役制度及学术思想的演变》一文[①]从经济与学术的变化探讨了中国历史的分期问题，突破了王朝体系，是其通观明变思想的代表作。另外在农民战争问题、汉民族形成及民族史问题、历史人物评价等方面，四川史学界也有一些重要成果。"文革"以后，巴蜀史学界一方面致力于整理发表历史学家们历经劫难重见天日的研究成果，如蒙文通的遗稿《越史丛考》（1983）、徐中舒的《先秦史论稿》（罗世烈等整理，1992）、蒙思明的《元代社会阶级制度》（1980）、吴天墀的《西夏史稿》（1980年。1983年又增订再版）和缪文远的《战国策考辨》（1984）等；另一方面，新中国成立初期培养的历史学者和"文革"后的新生代学者也崭露头角，在先秦、魏晋和唐宋等断代史领域创获尤丰，出版了《先秦史新探》（唐嘉弘，1988）、《魏晋南北朝史论稿》（杨耀坤，1993）和《宋蒙（元）关系史》（胡昭曦主编，1992）等大量成果，在全国有很大影响。

在中国近现代史领域，"文革"以前的代表性论文主要有王介平的《论严复》、李世平等的《中国共产党成立之前关于马克思主义在中国传播的几个问题》等[②]，专著有蒙思明的《总理衙门的组织与功能》（1949）等。同时，一批具有重大学术资料价值的古籍和文献资料如巴县档案、保路运动史料、近代四川教案和义和团史料等得到搜集整理。"文革"以后，巴蜀史学界在中国近现代史领域取得了长足的进步。李世平的《中国现代政治思想史》（1985）、李润苍的《论章太炎》（1985）和隗瀛涛的《四川保路运动史》（1991）都是这一时期的代表性成果。新一代学者在晚清政治转型、近代中国思想和学术变迁、抗战史、经济史等专题上也取得了卓有影响的成就，是近些年的研究热点。在中共党史和中华人民共和国史研

隗瀛涛像（由罗宏翔先生拍摄并提供）

---

① 《四川大学学报》1957年第4期。
② 二文分载《教学与研究》1957年第12期、《四川大学学报》1959年第2期。

究领域，巴蜀学界对于红军长征、川陕革命根据地、中华苏维埃共和国、留法勤工俭学运动和新民主主义理论等诸多专题展开了深入的研究，出版有《四川党史人物传》（中共四川省委党史工委编，1984）、《共产国际、斯大林与中国革命》（王庭科，1992）、《中华苏维埃共和国史稿》（唐志宏、谭继和主编，1993）等成果。

在历史文献汇集和古籍整理研究方面，巴蜀史学界也取得了令人瞩目的成就。有对历代史书的选注或校笺，如分别由徐中舒和缪钺主持的《左传选》（1963）、《三国志选》（1962），以及王文才等的《蜀梼杌校笺》（1999）等；有对巴蜀地方史志的校注，成绩最大的是任乃强对《华阳国志》的整理，著有《华阳国志校补图注》（1987），另有刘琳的《华阳国志校注》（1984）；有对宗教文献的汇集，如龙显昭等编的《巴蜀道教碑文集成》（1997）、《巴蜀佛教碑文集成》（2003）等；有对近代四川历史资料的汇集，如《四川文史资料选辑》《四川军阀史料》（1981）、《川陕革命根据地历史文献选编》（1982）、《中共四川党史资料丛书》（十二部，1986~2001）、《四川保路运动史料》（戴执礼，1994）等；有对地方档案的整理，最有名的有早期的《巴县档案》和最近的《南部档案》整理；至于个人文集的汇集、影印、点校，则更是不计其数。而在古籍整理和研究方面成果最为硕大的单位是1983年成立的四川大学古籍整理研究所，先后完成规模最大的断代文章总集《全宋文》（三百六十册，2006）、珍稀善本丛书《宋集珍本丛刊》（一百零八册，2004），与哈佛大学、台湾"中央"研究院合作完成"电子版《宋会要辑稿》"等大型项目，并有《宋代文化研究》辑刊和包括《三苏全书》在内的大量文集的点校出版，是国内宋代文化及其文献研究的重镇。目前，该所正致力于儒学文献《儒藏》和巴蜀文献《巴蜀全书》两部大型丛书的编纂和研究。

在传统深厚的宗教和神话史领域，巴蜀史学界也取得了在全国卓有影响的系列成就。源起于巴蜀的道教最受研究者重视，成就斐然，除《道教论稿》（王家祐，1987）外，当属卿希泰和他领导下的四川大学道教与宗教文化研究所推出的《中国道教史》（1988）等成果最有影响。佛教方面，有冯学成等人编纂的史料长编《巴蜀禅灯录》（1992），而在巴蜀地区有重要发展的唐宋佛教石窟也得到了学者的高度关注，尤以大足石刻的研究成果和资料整理最为丰富，出版有《大足石刻研究》（1985）、《大足石刻铭文录》（1999）等系列专著和论文集。神话方面,涉及《山海经》神话方面的研究特别丰富,另有袁珂的《中国神话传说词典》(1985)、《中国神话史》(1988)等力作。至于在近代巴蜀地区有很大影响的基督教,学界也有一些重要成果。

新时期的巴蜀史学界还积极吸收新知,大胆开拓研究领域,如在城市史研究领域突破明显,有隗瀛涛主编的《近代重庆城市史》(1991)、《中国近代不同类型城市综合研究》(1998)等一系列有影响的成果;在新兴的社会史研究领域,巴蜀学者在辽宋西夏金社会生活史、西藏古代墓葬制度以及妇女缠足等专题上也成就突出。而在国内学术界向来比较薄弱的世界史研究领域,巴蜀史学界也在美国史、欧洲史特别是意大利文艺复兴史、西方史学史与史学理论、南亚区域史等领域取得了长足进步,出版了《美国史纲要》(顾学稼等,1992)等著作,在全国的世界史研究领域发挥着越来越大的作用。

第二节 巴蜀史学转型时期的学术巨匠

一、"全史功臣"张森楷

张森楷(1858~1928),原名家楷,字元翰,后改名森楷,字式卿,晚号端叟,民国4年(1915)后更署石亲,学者称石亲先生。四川合川县(今重庆合川)人。十三岁至重庆应童子试,不售,在坊间得《史记菁华录》及《日知录》,爱不释手,其"治学及经世之志,实于此树其始基"①。1876年,四川提学使张之洞录取张森楷为州学生,并赠以《輶轩录》《书目答问》二书,旋入锦江书院。1877年,入尊经书院学习,为时任山长的王闿运所赏识。他的史学与同乡进士彭耀卿的文章、戴子和的词赋、举人丁治棠的经学同时见称于世,被时人誉为"合州四俊"。一年后又转读于锦江书院。自是年始,创例撰《通史人表》(初名《人表》)、《历代舆地沿革表》和

张森楷像

---

① 杨家骆:《张森楷年谱》,张森楷:《史记新校注稿》第一册,(台北)中国学典馆复馆筹备处1967年版,第2页。

《廿四史校勘记》（初名《校史质疑》）。1886年结束书院学习，受聘为合州振东乡学主讲。1892年，受川东道观察使黎庶昌礼聘，专门从事历史著述工作。次年，赴省城参加乡试，中举人。1895年，入尊经书院为襄校，着手编写《通史六鉴》，在觅人合作无果后改择"实业救国"的道路。1901年，在合州大河坝场（今合川区太和镇）创办"四川省蚕桑公社"，自任社长。从此中断著述十余年。1911年参加保路运动，并任川汉铁路公司成都局总理。1917年，受聘主持编修《合川县志》，历时五年完成。1924年，应四川通志局宋育仁聘请，以不足一年的时间完成《四川通志》中的《历代地理沿革表》和《历代职官沿革表》。1925年，成都大学成立，受聘任国史教授。1927年辞教授职，携所著《史记新校注》第五稿北上，读天津罗振玉家藏书。次年，又至北平傅增湘家，参阅古本《史记》精校所著。5月，重订《史记新校注》一百三十三卷。不久病逝。

（一）以乾嘉考据之法治史——张森楷的《通史人表》《廿四史校勘记》和《史记新校注》

张森楷在读史治史的过程中，为便阅者省览和自己钩稽，特创例为《通史人表》《历代舆地沿革表附形胜险要考》二书。又因经常翻检正史，留意到其中舛字误画"孳乳漫多，扫除难尽，非别为书记识，几于不可爬梳"，于是决定另著《读史质疑》，后又改名《廿四史校勘记》。然而三书并作，工程浩大。考虑到多歧亡羊，不如专一，他不得已放弃舆地之学，转而专心致力于《通史人表》和《廿四史校勘记》。

《通史人表》对历史人物的分类煞费苦心，独出心裁，不盲目遵信前人。如在十五目的分类中，"杂人"为张森楷独创，收录"以历朝掾吏僚佐已下之无所成名者"，收录的原则是："必取其与人事相关或姓名希奇，传闻殊异，足又资于考证者，始甄录之。"《通史人表》的分类没有沿袭传统史家的正统论，"第以大位苟尸，尊名已据，即不假人，要须纪实"。如正史列为奸佞叛逆的王莽、孙权、刘渊、武曌、杨行密、赵元昊等，根据生前确实已经改号称元作了帝王的事实，一律纳入帝王一格。不过，张森楷也并非完全抛弃了传统史学的春秋笔法，他虽然将王莽等列入帝王格，但是直书其名，而且还要在名字前冠以伪字，"既用藉别正统，亦庶非奖进乱贼"。[①]

---

① 郑贤书等修，张森楷纂：《民国新修合川县志》卷五六《序传上》，民国10年（1921）刻本。

作为一部考史之作,《通史人表》体例严谨,考订精核,较诸《汉书·古今人表》《新唐书·宰相世系表》等著作,在编纂体例和人物考订等各方面都远胜前人,将近乎绝迹的中国古代人表之学推到一个崭新高度。戴蕃瑨评价说:"石亲先生《人表》之学,确是孤学……清儒表谱之作,远逾古昔,而以疆域沿革为重,与图并行。晚有金陵吴氏廷燮,创为方镇诸表,乃年表性质,与人表无与。过此则未之闻矣。"①

除《通史人表》外,张森楷还致力于完成对二十四史的校勘。他严格规定了"遇疑事误文,辄反复推勘,务求其审"的原则,力求在信而有征的前提下写出自己的见解。还将乾嘉史家标榜的"实事求是"精神视作自己的治学原则,宣称"凡所称举,必自己出,非有纠绳补正,绝不拾取前人一字一句,以蹈剿说雷同之嫌",凡文献涉及的人文地理,务必求得依据,翔实甄录其出处,以期信而有征。所以,他的校勘是"以文义事实典制为范围,以文字音读训诂为要点,片言只字,小有异同,无论有无关系,均必切实审订"②。此后他接受黎庶昌的建议,仿照阮元的十三经校勘记,打破私著之例,搜罗古今考史诸名家之成说,依原文次第加入。此后欲觅两监殿本之宋后五史以完成全史校勘,"亦仓卒不可得",不得不抱憾叹息。张森楷自我评价其《廿四史校勘记》,说:"全史待订者十分,合宋以来至晚清诸史学家得四分,此校勘记可三分弱,得宋元诸精本补充,可三分强;余三分以俟后来,诚谓误书落叶,此事原无尽藏,亦见森楷自视欿然,未尝一日满足也。"③尽管如此,这部史学巨著仍深受当世

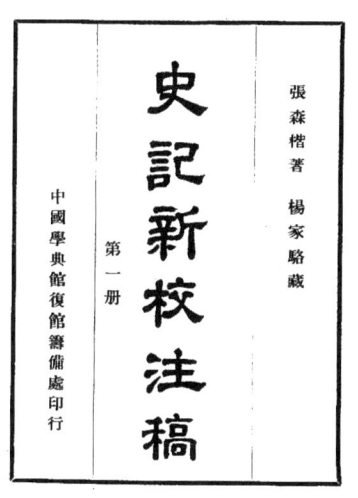

《史记新校注稿》(台北中国学典馆复馆筹备处1967年影印本)

---

① 刘放皆:《著述等身的历史学家张森楷》,四川省政协文史资料研究委员会、四川省文史馆编:《四川近现代文化人物》,四川人民出版社1989年版,第104页。
② 郑贤书等修,张森楷纂:《民国新修合川县志》卷五六《序传上》,民国10年(1921)刻本。
③ 郑贤书等修,张森楷纂:《民国新修合川县志》卷五六《序传上》,民国10年(1921)刻本。

称许，罗振玉誉其为"全史功臣，一经播布，即为史学家所不能废"。①

张森楷晚年又以从前完成的《史记校勘记》为底稿，集全力编订他的第三部巨著《史记新校注》。为了校注《史记》，张森楷以七旬高龄辞去国立成都大学史学教授之职毅然北上，利用罗振玉、傅增湘等名家的藏书，得以参阅了三十余种旧本、孤本、影本、写本等《史记》，参校的版本约二十余种，此外引用经纬雅言、子集故训，由唐至清诸家旧说达二百本以上。新校注经十次修订考校，历时十多年，至逝世前一月才定稿成书。是书集历代学者研究《史记》之大成，是"对《史记》研究的划时代的重大贡献"。②彭云生也称赞《新校注》"既荟萃众本，又详加校勘，订正讹误，爬梳甚精，比辑异同，折衷至当，凡旧本之行款题衔讳避缺改，亦一一备录，纤悉靡遗，虽有间伤繁琐略涉附会之处，要皆不足为此书病也。"③其重要价值尚待进一步研究。

较之手稿被杨家骆携往台湾而不为大陆学界熟悉的《史记新校注》，张森楷的《廿四史校勘记》因大部分手稿藏于南京图书馆，保存尚好，被中华书局版二十四史点校本如《后汉书》《晋书》《宋书》《南齐书》《梁书》《陈书》《南史》《北史》《旧唐书》等书广泛参考。④

近代藏书名家傅增湘曾叹息张森楷校勘古书未得善本，矻矻二十年，最终"徒劳寡益，壮志难偿"，其校勘也是"疏陋无取，实难问世"⑤。因祖父罗振玉的关系而与张森楷有一面之缘的罗继祖却持截然相反的看法。他说："1963年，予滥竽中华校史之役。局中议取资前人校勘成果。时近人校全史者仅两家，一为式卿，一为张涉园元济《二十四史校勘记》。涉园校本虽全，然为商务校印《百衲本二十四史》时之副产物，皆出校工手，罗列点画异同，涉园偶一审正耳。式卿则悉出手校，虽各史有详有略，而精义可采撷入《校记》者颇多。今中华标点本自《后汉书》而下《校记》，凡注张森楷云云者皆是

---

① 张森楷：《廿四史校勘记序例》，《民国新修合川县志》卷六九《序跋上》，民国10年（1921）刻本。
② 唐唯目编：《张森楷史学遗著辑略》，西南师范大学出版社1998年版，第43页。
③ 《〈史记新校注〉——张森楷先生遗著》，《史学季刊》第1卷第1期，1940年。转引自唐唯目编《张森楷史学遗著辑略》，西南师范大学出版社1998年版，第31页。
④ 参见唐唯目：《张森楷的〈宋史〉校勘与王坚补传》，《西南师范大学学报》（哲社版）1988年第2期。
⑤ 傅增湘：《〈校史随笔〉序》，《藏园群书题记》，上海古籍出版社1989年版，第1061页。

也。藏园校雠名家,偏重版本,故其言如彼。"①罗氏此言可谓公允。

(二)"以史为鉴,裨益社会风化"——张森楷的经世史学

正如漆永祥所留意到的一个有趣现象,"史学编纂与时代兴衰戚戚相关,甚至可以说是现实世界的晴雨表"。②张森楷生处清代光、宣之世,一面继承乾嘉史学的治学理路,主张"整齐故事,諟正文字,诚治史者入门关键";③另一方面也深受道咸以降经世致用之新学风的熏陶,宣称"以史为鉴,裨益社会风化"。④两者之间的切换与近代中国世局的变化息息相关。在张森楷的《廿四史校勘记》和《通史人表》接近完成之时,发生了中日甲午战争。他受张之洞、宋育仁之托,编著《历代邦交录》一书,以便为清廷对外交往提供有现实意义的历史借鉴。该书分"礼交"和"兵交"两篇,共一百卷。"礼交"篇内分设和议、朝聘、疆理、使材、文辞、礼俗、物品七门,门下又分奏疏、议论、入朝、请命、封拜、兴继、纳立、和亲、建置、侨徙、恢拓、界画、预储、推择、使命、应变、国书、辞令、仪节、风俗、赠赂、贡献、交际等二十三目。"兵交"篇内分设战例、兵制、谋略、攻战、资储、器械、善后七门。门下又分列奏议、议论、边军、卫戍、法制、任将、练兵、料敌、抚驭、善选、用间、伐谋、设备、示形、用锐、用奇、夹攻、诈败、诈降、乘虚、围攻、受降、屯守、火攻、水攻、刍粟、飞挽、征集、兵器、船马、炮火、弭兵、修守、撤防等三十四目。全书各门目中的记述全选自魏晋南北朝迄明代对外交往史实。此书为张森楷史学观念的"升华之作",从此前专注于对正史典籍的补缺纠谬转向以史学资治国事。

戊戌维新之后,张森楷的经世之志日益激昂。光绪二十六年(1900),他掌教邻水玉屏精舍,开始立志撰写《通史六鉴》。面对初步完成的《通史人表》和《廿四史校勘记》,他感叹道,考据学"不足为经世用,而史学大体,全在用世。区区考订,不过不贤识小之事,遽以是尽史学能事,未免小之"⑤。他特意发凡起例,创为"帝鉴""相鉴""将鉴""吏鉴""士鉴""女鉴",统为《通史六鉴》,计划仿照《资治通鉴》的体例,略依经子

---

① 罗继祖:《张森楷〈十七史校记〉》,《社会科学战线》1980年第4期。
② 漆永祥:《乾嘉考据学研究》,中国社会科学出版社1998年版,第209页。
③ 郑贤书等修,张森楷纂:《民国新修合川县志》卷二九《艺文一》,民国10年(1921)刻本。
④ 唐唯目编:《张森楷史学遗著辑略》,西南师范大学出版社1998年版,第45页。
⑤ 郑贤书等修,张森楷纂:《民国新修合川县志》卷二九《艺文一》,民国10年(1921)刻本。

义例，别类分门，逐条隶事，实践孔子所谓"我欲托之空言不如见诸行事之深切著明者"的古训。

为此，他发表征友启事，希冀联合同道中人共同勷力于此宏大事业。他在《求友引》中说：

> 方今中外大通，耳目日异。趋时之士，动言维新，微特术数技艺之能，机械工巧之长，必新法是尚，即帝道、相德、将略、吏治、士术、女学，亦皆事事求新。若自三古以还，无一足矜式者。守旧诸儒，奋起争之，谓其见异思迁，事不师古，诚偭错灭裂之尤，而还叩其古之可师者安在，则自一二经生常谈、子家孤证而外，率不能毕其词。间援史事以证，亦仅毛举皮傅，苦难贯串赅洽、本末粲然，卒为新学所诎而止，则非经学、子学不明之过，而史学不明之过也。①

面对举国趋新尊西的时代大潮，张森楷希望温故知新，高扬史学之经世价值。他选摘历史上各种不同地位的人的得失史事，供当时社会上不同地位的人作立身处世的借鉴。《通史六鉴》的编撰充分体现了张森楷史学经世思想的深化。他用一个有趣的比喻来解释经、子、史三者的关系："治世之道，譬治狱然。经犹法律，子犹事例，史则其成案也。"在此，张森楷将史附于经的传统观念用经史平等的观念所取代。另一方面，他也从经世致用的立场重新论证了史学的现实价值。他提出，所谓良史即当如司马迁的《史记》"贯穿古今，网罗物理，择言取义，必本圣人，谅为千秋得失之林，不为一人一家一时一事而作"。他批评中国传统史学自范晔、沈约以后渐失"经子之义"，"非屑屑词章之末，即断断字句之间，以致质不胜文，不乃词不达"②。因为同志响应者寥寥，张森楷鉴往知来以史致用的愿望未能实现，只好孤军奋战，压缩原计划的篇幅，精心选辑历史上有代表性的正反面典型人物，计人君十八人、大臣二十一人、将帅四十三人、官吏十二人、儒学二十三人、妇女九人，编成《经子时务杂抄》十卷。

张森楷对传统史学的批评和对通史编撰的倡导都与清末梁启超等人鼓吹

---

① 郑贤书等修，张森楷纂：《民国新修合川县志》卷五六《序传上》，民国10年（1921）刻本。
② 郑贤书等修，张森楷纂：《民国新修合川县志》卷五六《序传上》，民国10年（1921）刻本。

的新史学思潮遥相呼应。宣统元年（1909），张森楷任成都府中学堂中国史教员。为了寻找适合新式学堂教育宗旨的教材，他"重理旧业，时启新知"，遍阅前后历史课本，"无当意者"，索性自己按课编辑，数年之后，遂成《华夏史要》。①该书吸收了清末新史学思潮鼓吹的进化史观，仿照日本的历史课本，分中国历史为上古、中古、近古、近世四期。此外，又采取清末新史家偏爱的纪事本末体针对不同年级做了不同内容安排。如第一年级的重点内容是"历朝系统及兴亡大略"，第二年级是"朝政治乱及上下贤否概略"，第三年级是"历代用兵始末及其得失"，第四年级是"累世典章制度礼教风俗文学术业之沿革"。②张森楷的《华夏史要》与夏曾佑的名著《中国古代史》虽未必如人所称"齐名"③，然而皆可视作清末民初新史学思潮之代表作似可无疑。

张森楷身值近代巴蜀史学肇始之际，弃经从史，发扬司马迁"整齐故事，谊正文字"之治史宗旨，继承乾嘉考据学的学术理念，毅然以校勘全史为己任，穷毕生之精力，潜研默思，独出心裁，初步撰成《通史人表》《廿四史校勘记》和《史记新校注》三部巨著。又遭逢乱世，目击时艰，怀抱书生救国史学经世的热忱，先后立意编写《历代邦交志》《通史六鉴》和《华夏史要》等著作，虽有成有败，却也汇入清末史学革命的潮流之中，推动了中国传统史学的近代转型。

二、"一代之雄"刘咸炘

刘咸炘（1896～1932），字鉴泉，别号宥斋，原籍四川双流。祖父刘沅为清代蜀中名儒，父亲刘梖文也是知名学者。刘咸炘幼承家学，先后从兄咸荥和父亲学习，遍览四部，旁涉西学，以文史校雠之学而为世人所知。1916年后，任兄咸焌所办尚友书塾塾师。1926年后，执教于国立成都大学、公立四川大学中国文学院以及敬业学院，与蒙文通、彭芸生、吴芳吉等交游甚密。1932年，远游剑门途中不幸染病，归家不久，咯血而逝，年仅三十六岁。刘咸炘的论著大都是由读书札记辑理而成，虽已自成一家之言，然尚乏缜密融贯之专著。可惜英年早逝，遂赍志以殁。其生平著述大都收入《推十书》中，约二百三十一

---

① 郑贤书等修，张森楷纂：《民国新修合川县志》卷二九《艺文一》，民国10年（1921）刻本。
② 郑贤书等修，张森楷纂：《民国新修合川县志》卷五六《序传上》，民国10年（1921）刻本。
③ 杨家骆：《张森楷年谱》，张森楷：《史记新校注稿》第一册，（台北）中国学典馆复馆筹备处1967年版，第8页。

刘咸炘像

种，四百七十五卷。已刻印者十之八九，其余手稿则或为各图书馆收藏，或不幸散失。其著作之中，总挈纲旨的有《两纪》《中书》；辨天人之微，析中西之异的有《内书》《外书》；《左书》知言，如《孟子章类》《子疏》《学变图赞》《诵老私记》《庄子释滞》《吕氏春秋发微》等，为研究诸子学的著作；《右书》论世，如《太史公书知意》《汉书知意》《后汉书知意》《三国志知意》《史学述林》《学史散篇》等，为史学研评的著作。另外，如《蜀诵》《双流足征录》等则属于地方志性质的著作。《续校雠通义》《目录学》《校雠述林》等为校雠目录学。

（一）"明统知类""察势观风"——刘咸炘对章学诚史学理论的发扬及其道家史观

章学诚是清代中期著名史学家、浙东史学的代表人物之一。他生当考据之学极盛的乾嘉时期，独辟蹊径，撰成流传后世的《文史通义》《校雠通义》等理论著作，编修过《和州志》《亳州志》《永清县志》《湖北通志》等多部志书。虽然胡适曾感慨章学诚"生平事迹埋没了一百二十年无人知道"，其说法如仓修良所批评的"未免有些夸张"，然而章氏的著作的确是到清末民初才受到学界的广泛关注和高度评价。[①]其中刘咸炘对章学诚史学理论的创造性阐释颇为引人瞩目。他明确表示自己"私淑章实斋先生"[②]，并高度颂扬道："先师章君，宏识探源，明统通类，拨云见天，以史御子，由合见分"，而且明确揭示章氏的导学之功："君东我西，先后百年，不得及门，读书知言，口沫手

---

① 胡适：《章实斋年谱·胡序》，欧阳哲生编：《胡适文集》，北京大学出版社1998年版，第七册第25页；仓修良、叶建华：《章学诚评传》，南京大学出版社1996年版，第458页。另可参见陈志扬：《从隐晦走向昌明——章学诚的价值定位嬗变》，《中国社会科学院研究生院学报》2003年第1期。
② 刘咸炘：《推十文集》，《推十书》第三册，成都古籍书店1996年影印本，第2124页。

胝，千周彬彬，纵横上下，导我于前，述造纷纶，罔非引申。"①

"史义"或"史意"为章学诚"史学思想的中心"，也是其对中国传统史学思想的一大贡献。②刘咸炘继承了章学诚对记注与撰述、考索之功与独断之学的区分，进一步将史学分为四部分："一曰考证事实，是为史考；二曰论断是非，是为史论；三曰明史书之义例，是为史法；四曰观史迹之风势，是为史识。"清代学者长于史考，而宋明学者多喜史论，然史家的"专门之长"则在于史法与史识。史识者，"读史之识"；史法者，"作史之法"。"作者有识乃成其法，读者因法而生其识。虽二而实一也。法者，撰述之义例。章先生所谓圆而神者也。识者，知政事风俗人才变迁升降之故。孟子所谓论其世者也。"③探究史识，揭示史法，即构成了刘咸炘继承发扬章学诚史学理论的两大方面。

第一，在史法方面，刘咸炘的主要成就体现在《四史知意》和《史学述林》两部著作中。

历来研究前四史者众多，研究角度亦各有不同，然而许多评论家皆着眼于史书的文章义法，或者人物品评，即使从史学角度出发者，或者只言片语，或者钩沉索隐，未能对史书整体作史学方法论的思考。刘咸炘的《四书知意》不仅从事史考、史论，亦钻研史法与史识。如在《太史公书知意》中，刘咸炘指出，治《史记》须明四义：一辨真伪，二明体例，三挈宗旨，四较班范。所谓"辨真伪"，是指辨别《史记》究竟是哪几篇缺亡，以及究竟该如何判断何者是对《史记》的续补。刘咸炘认为古书旧籍，年代越久，名气越大的，后人羼杂续补亦多，须先

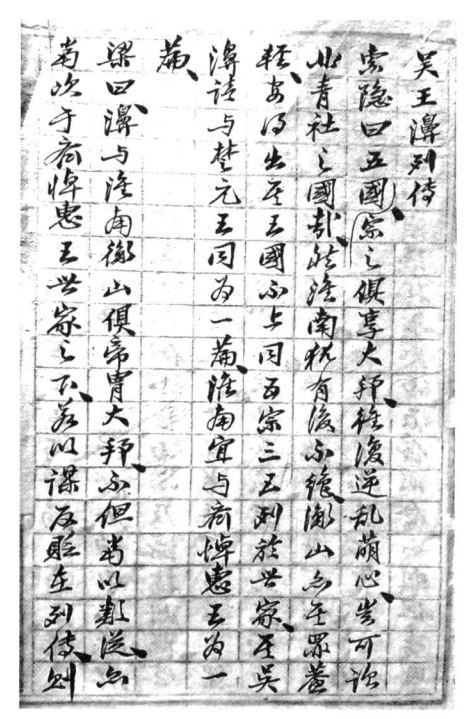

《太史公书知意》手稿（吴永胜先生提供）

---

① 刘咸炘：《〈文史通义〉识语》，《推十书》第一册，成都古籍书店1996年影印本，第695页。
② 王记录：《中国史学思想通史·清代卷》，黄山书社2002年版，第346页。
③ 刘咸炘：《治史绪论》，《推十书》第三册，成都古籍书店1996年影印本，第2386~2387页。

辨伪本，然后可读。所谓"明体例"，是指揭示《史记》之体例与史法。在体例上，《史记》取法《尚书》与《左传》。在史法上，《史记》因事命篇，并非仅为一人或数人立传，其中传主也无宾主之分。所谓"挈宗旨"，旨在辨明《史记》之著作宗旨。所谓的"较班范"，刘咸炘认为司马迁受班氏父子之批评，前人多为司马迁辨白，而对班氏父子过度批评，实则古代的良史"罔不相承，亦罔不相诋"，此乃因事势反复，史家不得不顺应世变，推陈出新。

同时，在《四史知意》的基础上，刘咸炘又将稍显零碎的读史札记进一步整理成专题论文集，命名《史学述林》，专门探讨史体问题。他发挥章学诚的"史义"说，提倡研究"真史学"，说："欲究真史学，（不止考证事实，品评人物，一切治史之功力不能为真史学。）须读真史学，（不止编纂材料、记载事实，一切记事书不能皆为真史书。）故必讲明史体。"如他对唐朝刘知幾在《史通》中曾提出著名的"六家二体"的史体观点，结合章学诚的史体分类说，重新提出"史法统于三体"，①即编年、纪传和纪事本末。编年体依时，纪事本末体依事，《尚书》体兼事与人，纪传体则兼三者而成类。他认为，随着历史学的发展，编年体的地位将日益下降，尚书体又太粗略幼稚，纪事本末体难以处理制度、思想和文化等问题，所以未来中国史学的发展应该以纪传体为主，兼采其余三者的优点。

第二，在史识方面，刘咸炘在《一事论》《认经论》《道家史观说》和《治史绪论》等各篇中多有涉及。概而论之，其中又有两个观点最值得重视：一是刘咸炘对"六经皆史"的新阐释，二是他创立的"道家史观"。

"六经皆史"是中国史学思想史上最著名的命题之一。章学诚对"六经皆史"说的阐发可谓不遗余力。其宗旨可一言以蔽之："古人不著书，古人未尝离事而言理，六经皆先王之政典也。"②刘咸炘详尽考察后认为，章氏的"六经皆史"说盖本诸王阳明，至于"六经皆史"说所蕴含的"古人未尝离事而言理"的根本观点则更是源远流长，从先秦道家直至明代王阳明代有论述。③刘咸炘则从章氏主张的"史为记事之书"入手讨论，说：史其实"只是记实事之称，非仅指纪传编年。《说文》曰：'史，记事者也。'"④凡记事都可称

---

① 刘咸炘：《三术》，《推十书》第一册，成都古籍书店1996年影印本，第8页。
② 刘咸炘：《文史通义校注》，《推十书》第一册，成都古籍书店1996年影印本，第1页。
③ 刘咸炘：《先河录序》，《推十书》第一册，成都古籍书店1996年影印本，第743~744页。
④ 刘咸炘：《文史通义识语》卷上，《推十书》第一册，成都古籍书店1996年影印本，第696页。

为史。六经最初即源于记事,故又称为史。从六经之起源而言,《诗》《书》《礼》《易》《春秋》皆上古载籍,本为记事致用之书,故皆可称之为史。从六经的内容来看,也可称作史。如《易》揭示了历史发展的规律,颇类似于今日的历史哲学,与《书》《春秋》等书异曲同工。故司马迁称"《易》本隐以之显,《春秋》推见至隐",章学诚亦说,"《易》以天道而切人事,《春秋》以人事而协天道"。① 至于《礼》之为史,章学诚未曾专言。刘咸炘补充解释说,王官所守之政教典章,用途不一,故既可谓之史,亦可谓之礼,又可谓之经。《礼》之为史,亦可毋庸置疑。《乐》之为史则与《礼》相类。刘咸炘还进一步发挥章学诚的校雠理论,主张"合章炳麟之证以修章学诚之义,而以孔颖达之言为定义",以经与传互证,释经为常,又为纲为正。② 因而他主张改"六经皆史"为"六经皆正书"。③

刘咸炘在阐释与发挥章学诚文史校雠之学的同时,兼采祖父刘沅之家学,创立了"道家史观"。他将刘沅的"道"落实到"器"上,即事言理,同时吸收章学诚明统知类的文史校雠学,推陈出新地将实斋心中的"史学"改造为"人事学"。其"人事学"体现出的史学思想与西方20世纪蔚然兴盛的文化史研究遥相呼应,旨在广泛吸纳西方近代社会科学成就的前提下拓宽中国传统官方史学日益狭窄的视野。他赞同梁启超在《中国历史研究法》中提出的"以文化史代政治史"的观点。同时,他又批评梁氏"以纵断史代横断史"的观点,因为诸如哲学史、民族史、地理史等专门史也当重视综合之识。④ 他将寻求综合之识的史学思想命名为道家史观。他说:"吾常言,吾之学,其对象可一言以蔽之曰史,其方法可一言以蔽之曰道家。"何谓道家方法?"一言以蔽之曰御变。御变即是执两……用中御变,一纵一横,端是横,变是纵,要之皆两也。"执两御变即是察势观风。刘咸炘又解释说:"《七略》曰:道家者流出于史官,秉要执本,以御物变。此语人多不解,不知疏通知远,藏往知来,皆是御变。太史迁所谓通古今之变,即是史之要旨。吾名之曰:察势观风。"⑤

---

① 刘咸炘:《文史通义校注》,《推十书》第一册,成都古籍书店1996年影印本,第20页。
② 刘咸炘:《认经论》,《推十书》第一册,成都古籍书店1996年影印本,第25~26页。
③ 刘咸炘:《经传定论》,《推十书》第一册,成都古籍书店1996年影印本,第1647页。
④ 刘咸炘:《治史绪论》,《推十书》第三册,成都古籍书店1996年影印本,第2390页。
⑤ 刘咸炘:《经传定论》《道家史观说》,《推十书》第一册,成都古籍书店1996年影印本,第32页。

刘咸炘在一系列史学论著《流风》《人文横观略述》《齐鲁二风论》《唐士风论》《南宋学风考》《明末三风略考》等中，始终秉持察势观风执两用中的研究方法，尝试勾勒出中国历史的"土风"和"时风"之形势流变。刘咸炘还强调，察势观风执两用中是中国古代史家的优秀传统，司马迁的《史记》即是这方面的千古杰作。史学的研究对象无非"政事、风俗、人才三端。三端交互，政俗由人成，人又由政俗成"，故史家须知"史本纪事，而其要尤在察势观风。所谓《春秋》家而有《诗》教，《诗》亡然后《春秋》作者也。事实实而风气虚，政事、人才皆在风中。即事见风，即实求虚，所谓史而有子意也"①。

刘咸炘还以道家史观之循环论大胆质疑近代以来几乎成为史家圭臬的进化论，并以老子的"反德"和荀子的"积智"为说，提出"智进德退"，认为一个人的智力来源于后天的知识积累，而德性则本于先天的本性体悟。随着人类社会的历史演变，知识越积越多，智力自然相应增长，而人则距其本性越来越远，德性也遂相应减弱。因此，当时国人普遍将中西文化一主进步一主退步的差异解释实为一种"误读"。西方人鼓吹进化是就知识的积累与增进而言，而中国人常说退化则是就道德而言。两者立论之着眼点既有不同，故结论自有偏差。②

萧萐父曾言简意赅地评论说，刘咸炘的学术思想是"淹贯经史而以史为重，兼崇儒道而以道为归"。③其独创的"道家史观"典型地体现了他的这一思想特色。刘咸炘本于章学诚的史义论，更进而探究何为史识。他以章氏倡导的文史校雠之法治史，明统知类，考镜源流，通天人之际，辨子史之变，最终由章氏的史学思想上升为博大精深的历史哲学，其中精蕴至今尚待当代学者尽其心力去深入探索。④

---

① 刘咸炘：《经传定论》《道家史观说》，《推十书》第一册，成都古籍书店1996年影印本，第32页。最近王汎森先生对刘咸炘史学著作中"风"的观念做了深入阐发，详见其《执拗的低音：一些历史思考方式的反思》第四讲《风——一种被忽略的史学观念》，生活·读书·新知三联书店2014年版，第169~209页。
② 参见周鼎：《边缘的视界：刘咸炘对进化论的批判》，《四川大学学报》（哲社版）2004年第3期。
③ 萧萐父：《刘鉴泉先生〈道家史观说〉述评（提纲）》，《〈推十书〉导读》，上海科学技术文献出版社2010年版，第125页。
④ 参阅杨志远《刘咸炘史学思想初探》，《史学史研究》2014年第3期。

（二）存蜀旧风，开创新篇——刘咸炘的巴蜀文化史研究

刘咸炘在继承和发扬章学诚史学理论、形成"察势观风"的道家史观的过程中，对整个历史文化有多方面的深入研究，并有大量著述，其中在宋史和巴蜀文化史方面的研究成果非常丰富。这里主要就后者作些论述。①

诚如前述，晚清民国时期是巴蜀文化的复兴和转型时期，"绍先哲，兴蜀学"和编纂新方志在当时蔚为兴盛。生当其时的刘咸炘对此也有强烈的自觉，非常重视巴蜀历史文化的研究。大致说来，他一方面从学术史的角度提纲挈领地探讨蜀学史，一方面又从方志学的角度简明扼要地梳理巴蜀地方人文的独特风貌。前者以言简意赅的《蜀学论》为代表，后者则当推《蜀诵》和《双流足征录》两部地方志著作。②

刘咸炘的《蜀学论》，是近代蜀学"复兴"以来，继谢无量《蜀学原始论》之后又一篇从宏观角度探讨"蜀学史"的文章，且更为深入全面，学术意义也更大。在这篇仅有二千余字的文章中，刘咸炘本着章学诚校雠之学的精神，辨章学术，考镜源流，提出蜀学精华主要表现在易学、史学和文学三个方面。蜀中易学特盛，源远流长，名家辈出，尤其是在汉代和唐宋两度达到高峰。商瞿学《易》于孔子，尚属传疑，姑且不论，有史明记者代不乏人，如西汉严君平、北周卫元嵩、唐代李鼎祚、宋代谯定，等等。蜀中史学也很发达，隋代之前的史学著述传世极少，其中两部即为蜀中史家常璩的《华阳国志》和陈寿的《三国志》。前者优于东汉赵晔的同类著述《吴越春秋》，后者则紧步班固之《汉书》。五代十国时期，巴蜀史学更是独步一世。在两宋时期，巴蜀史学发展进入鼎盛时期。蜀中不只是保存了大量两宋史料，其史学撰述的繁荣也在宋代堪称首屈一指，代表性的史学成果有王称《东都事略》、李心传《建炎以来系年要录》《建炎以来朝野杂记》《道命录》、李焘《续资治通鉴长编》、吴缜《新唐书纠谬》《五代史记纂误》，等等。蜀中文风同样渊源甚早，蔚然成林。刘咸炘认为，《诗经》国风开篇为《周南》《召南》，其中已见蜀士之作。此后，汉代成都人司马相如、王褒、扬雄在中国文学史上地位显

---

① 这部分主要是在刘复生先生的《刘咸炘〈蜀学论〉及其在学术史上的意义》一文（《社会科学研究》2006年第3期）和他主持的国家社科基金一般项目（05BZS036）结题稿《国学视野下的近代蜀学与四川地方文化》第七章第一节《存蜀旧风、开创新篇：晚清民国四川官、私史志的编撰》的基础上写成的，特此说明，并致谢忱。
② 三书现均已收载上海科学技术文献出版社2009年版的《推十书》（增补全本）中。

赫，被后世尊为典范。有唐一代，更是文星"比肩而出"而"舂道益炽"。陈子昂在唐最早倡导诗文革新，鼓吹恢复《风》《雅》的优良传统，李白和杜甫也都与蜀土有不解之缘。刘咸炘还认为，蜀中文学影响深远，如韩愈、柳宗元等人深受扬雄的影响；班固、张衡等人则效仿司马相如的文风。在宋代，蜀中文学依然兴盛。如在唐宋八大家中，蜀中苏氏父子即占据三席。即使在深受战争破坏的元代，蜀中仍有如虞集这样的著名文士闻名于世。明代的蜀中则有博学广采的一代大学者杨慎。文学的发达也推动了文字学的进步。就文字学而言，扬雄的《方言》是中国较早的代表之作。唐代李开冰校定《说文》开启五代宋初徐锴、徐铉兄弟的文字研究。五代时期，蜀中学者的《字原偏旁小说》对于宋代学者颇有影响。

刘咸炘不仅言简意赅地勾勒出了蜀学两千多年的发展脉络，还进而总结了蜀学的学术性格。首先，蜀学的核心是文史之学，"统观蜀学，大在文史"。按照四部的划分，蜀学短于经、子两部而长于史、集两部。刘咸炘从"六经皆史"的立场出发，主张易学属于史学，因此他把作为蜀学精华的易学、史学和文学进而归纳为文史两类。而且刘咸炘还强调指出蜀学"寡戈矛之攻击，无门户之眩眛"，换言之，蜀学的"文史"内涵是开放而非封闭的，没有戈矛相攻的门户之见。其次，蜀学的风格是崇实不虚。刘咸炘在此区分了"玄"与"虚"，认为蜀学的"崇实"并非排斥玄理，而是排斥虚诞，故"虽玄而不虚"。如南宋蜀中两位学者张栻和魏了翁在理学兴盛的时代始终坚持反对空疏之习。明代王阳明心学盛行，学者往往热衷静坐，束书不观，而王氏三传弟子蜀中学者赵贞吉"好言通三教杂流"，也正是"崇实"的体现。所以，"杂流之术"在巴蜀地区传承甚久。如唐代赵蕤的《长短经》、宋代苏洵的《权书》《衡论》均是这一思潮的代表著作。

在刘咸炘看来，蜀学的种种特征与巴蜀地域位于南北之间的独特"土风"关系极大。他说："夫民生异俗，土气成风。……吾蜀介南北之间，折文质之中，抗三方而屹屹，独完气于鸿蒙。"刘咸炘治史向来主张"观风察势"，重视研究"时风"和"土风"，这与他的挚友蒙文通在《古史甄微》中强调"地理关于文化之重要"一样，都体现了20世纪前期"蜀学"的一大特色，也是对他努力阐发的古代蜀学崇实不虚的优良传统的现代继承和发扬。而且，和蒙文通在《议蜀学》中振兴"蜀学"的意旨相同，刘咸炘也有强烈的中兴"蜀学"

的愿望①，他的所有研究可以说都有这样一个宏大的目的。

《蜀诵》和《双流足征录》是刘咸炘的两部地方志，是清末民国旧方志向新方志转型过程中的重要作品，也是他中兴"蜀学"的具体成果。

《蜀诵》是针对"甚陋"的旧《四川通志》而作。刘咸炘在《弁言》中首先指出一般地志的写作范围和不易成功的原因：

> 言地志者不出两途，一征人文，一考山川古迹。夫人文虽重，必有所由成，作史者岂但集碑传而已耶！山川名称屡变，古迹基址多湮，附会而实之事等课虚，弊如指鹿。既为末务，亦鲜成功。

相比而言，在古代由"太史之所掌，训方之所诵"的"政事风俗"方面的内容，最容易为"言地志者"所忽，而《蜀诵》之作，"颇留意于此"，也是他取名的缘由。可以说，注重"政事风俗"是《蜀诵》的一大特点。

《蜀诵》共四卷三十七篇，卷一的《绪论》叙全书宗旨并总论西蜀风气，言其《土俗略考》乃综合《汉书·地理志》、常璩《华阳国志》及隋、宋二史对蜀地描述的三大风俗即所谓"三端"而成。具体说来，一则分析蜀中肥饶重商，此乃奢风、兵祸所由。《宋史·地理志》所言川峡四路"尚奢靡"，乃偏于都会而言。二则指出蜀中文章特盛而有好文之风，虽显柔弱之气，但蜀文却"常开天下之先"。三则认为《汉书·地理志》所谓"贵慕权势"

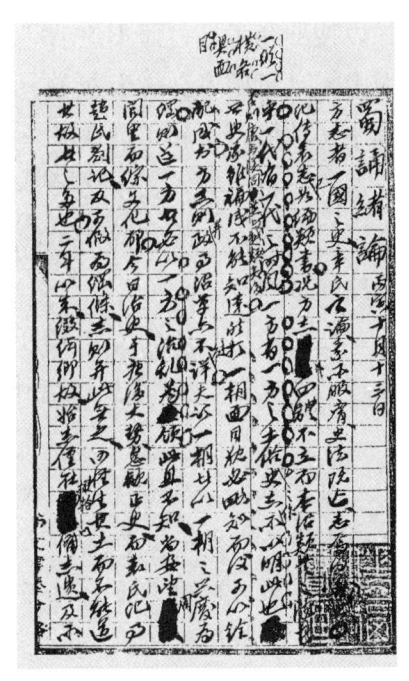

《蜀诵》手稿（选自《推十书（增补全本）》）

之风非蜀所独有，且蜀多隐者而又有不仕之风，宜辩证看待。尤具卓识的是，他在《土俗略考》篇中批评了《四川通志》"风俗"一门笼统记述之弊，认为要对古书所记"风俗"情况具体分析，四川地区范围宽广，各地并非一俗，而

---

① 参见刘复生：《表宋风，兴蜀学——刘咸炘重修〈宋史〉简论》，《四川大学学报》（哲社版）2003年第5期。

古书所载多指四川中部而言，后世不可以偏概全。

关注地方政事是《蜀诵》的另一大方面。《宋初治蜀考》是篇幅较长的一篇，记唐末五代以来主要是宋初蜀事。唐五代时期蜀土久安，俗好娱乐，入宋不久却发生了大规模的王小波李顺之变，其间的诸多政事确是值得深长思考的。张咏"治蜀尤著，而正史不详"，于是专作《张忠定公事辑》篇加以补充，这是近代学者最早对宋初蜀史的关切之作。

刘咸炘的《双流足征录》则主要是针对古志无考、旧志太略而作。与一般史志不同，《双流足征录》有自己的采辑原则：一是旧《志》有录者"不重录"；二是采辑事文，"详古略今"；三是注明出典，"以有据为主"；四是旧已有载，"皆重为考录"。总的说来，重在将"散见群籍"的"前代之事"加以搜罗和考订，而不追求"成书"。主要内容包括四考一表及文征，即《地域考》《货殖考》《士女考》《宋世族表》《著述考》《文征》及《附录》。其中《地域考》和《货殖考》已成，其余采补未完。他表示："撰述成书，固非吾任，将待其人。今之采录，本为记注，备资料而已。"以资料分类汇集为主，与《蜀诵》的宗旨相同。虽然如此，刘咸炘在每考中所阐发的一些识见，仍然弥足珍贵。

在刘咸炘具体撰著方志的过程中，也形成了一些很有特色的方志学思想。他特别重视方志和历史书的密切关系，曾批评后世方志之作已失其本：

史法既亡，志焉得善。后史纪、传、表、志，已如编类书，况方志四体不立而本沿类书之法者乎？

土风既与时风并重，则有良史，更须有良方志。方志横断之史也。而自来方志，仅是地记类书，不足当之。①

这是联系到后世史书史法来谈方志之作的，其将方志看作历史书的思想十分清楚。

我们知道，对方志的定性，在清代中叶即已形成以戴震为代表的地理派和以章学诚为代表的历史派。刘咸炘学宗章学诚，服膺其"方志者一国之史"的思想，但他将地志分为人文和山川古迹两类，似不全是"历史派"。当然，他

---

① 刘咸炘：《治史绪论·土风》，《推十书》第三册，成都古籍书店1996年影印本，第2391页。

所着重者在人文，颇留意者在"政事风俗"，承袭的是章学诚的思路。至可宝贵的是，他虽然深受章学诚影响，但并不盲从，而且还有新的发展。他在《蜀诵·绪论》的"后记"中指出：

> 国史记注之上，更有撰述，撰述之上，更有贯通之识，为文之主而存于文外。自章先生出，而撰述之道大明，贯通之识亦已有端绪，惟方志则止粗有记注之法。章先生所撰，成撰述矣，而贯通之识仍未之见。盖缘向来于方志止视为国史横剖之一部分，以为一方不似一代，无所谓自成面目者，既无其事，作者何由强造一贯。
>
> 吾今以土俗贯论，豁然无碍，乃知方志固与国史各有一贯。十五《国风》，百篇之《书》，本非同物。特古之方志不传，汉《地理志》以下并言风俗者亦希，郡县志书又徒填泛誉之词，土俗面目，多已沦亡，故不可说耳。此篇之成，较章先生更进一步。

因为"较章先生更进一步"，故此篇之成，他自己"颇为得意"，在"后记"中自称"非独烦碎考证，积而通贯之可喜也，乃在足明方志自有方志之精神，与国史异也"。也就是说，方志不只是"国史横剖之一部分"，不仅是"记注"，也不只是"撰述"，写作方志更重要的是要抓住一方风俗文化发展的主线，即刘咸炘所谓的"贯通之识"。这就把方志的撰著提升到了一个新的认识水平，可谓刘咸炘在方志学上的杰出贡献。

近代以来，首论"方志学"者，当推梁启超。在其《中国近三百年学术史》中，有专论"方志学"一目，明确提出"方志学"概念并对其方方面面作了阐述。这大概是最早对方志学的"现代"论述。梁著此书于1924年出版，刘咸炘在《蜀诵》中对"方志学"的论述大体也在同时，同样是民国以来最早对方志学的类似表述。① 刘咸炘的方志学见解得到了蒙文通的高度评价。蒙氏认为，两宋时方志大盛，"持义卓绝，寄兴悠长"，后世方志之义晦而"不足观"。章学诚虽极具史识，但论方志则"仅琐琐于记注之规，若撰述之事于方志无所涉，是固不足以窥宋人之门庭也"。而刘咸炘虽学宗章学诚，识见则

---

① 一般认为，李泰棻1935年出版的《方志学》和傅振伦《中国方志学通论》（均为商务版）二书的出版，标志着中国现代方志学的创立。若此说成立，则梁启超、刘咸炘当为之先河。

远过之,"斯宥斋识已骎骎度骅骝前矣,是固一代之雄乎!"(宥斋为刘咸炘别号)。并赞扬《双流足征录》补旧志之缺者多至七卷,"事丰旨远,数百年来,一人而已"①。

第三节 出自巴蜀地区的马克思主义史学家

一、中国马克思主义史学体系的开创者——郭沫若

郭沫若像

郭沫若(1892~1978),原名郭开贞,四川乐山人。早年赴日本留学,后弃医从文,与成仿吾、郁达夫等组织"创造社",积极从事新文学运动。大革命失败后流亡日本,埋头研究中国古代社会、甲骨文字、殷周青铜器铭文、两周金文以及古代铭刻等,"用科学的真理,发现了古代的许多真理"②。尤其是在古文字研究领域,他取得了堪与王国维、罗振玉、董作宾等人比肩的成绩。四人并称"甲骨四堂"。1937年抗日战争全面爆发后,回国从事抗日救亡运动,他一方面继续探究古代社会的思想学说,另一方面进行历史人物研究,创作历史戏剧,成为国民党统治区文化界的领军人物。1948年,郭沫若当选为第一届中央研究院院士。中华人民共和国成立后,郭沫若长期担任中华全国文学艺术界联合会主席和中国科学院院长等职,并曾任政务院副总理兼文化教育委员会主任、全国人民代表大会常务委员会副委员长、中国科学技术大学校长、中国人民保卫世界和平委员会委员、中日友好协会名誉会长等职,当选中国共产党第九、十、十一届中央委员。

---

① 蒙文通:《〈华西大学图书馆四川方志目录〉序》,《蒙文通文集》第四卷《古地甄微》,巴蜀书社1998年版,第108页。
② 周恩来:《我要说的话》,王锦厚等选编:《百年论郭沫若》,成都出版社1992年版,第324页。

郭沫若是中国现代文化史上一位学识渊博、多才多艺的著名学者；他在文学、艺术、哲学、历史学、考古学、金文甲骨文研究等诸多领域都取得了卓越成就，是公认的中国马克思主义史学体系的开创者。其全部作品编成《郭沫若全集》三十八卷，分为文学编（二十卷）、历史编（八卷）、考古编（十卷）。此外，郭沫若主编了《中国史稿》，该书从1958年开始编写，1962年部分初稿完成，曾作为大学试用教材印行，后经进一步修改扩写，到"文革"后出齐全书。同时，他还主编了传世甲骨集大成著录的《甲骨文合集》。

（一）"破天荒的工作"——郭沫若与中国马克思主义史学体系的初步建立

20世纪初，梁启超等运用进化史观，力倡"史界革命"，要求近代史家应当研究人群进化现象及其"公理公例"。但历史究竟循着什么途径发展，其公理公例是什么，用什么方法才能求得这些公理公例，进化史观支配下的新史学对此的解说却极为空泛。20世纪20年代末，尽管共产主义运动在大革命失败后进入低潮，马克思主义、唯物史观却席卷了整个思想文化界。1924年，李大钊出版《史学要论》。这是中国第一部用马克思主义观点写成的史学理论著作，标志着中国马克思主义史学的产生。李大钊较为系统地阐述了唯物史观的基本原理，提出马克思唯物史观"为史学界开一新纪元"，指出了唯物史观在史学发展史上的地位及对历史学的作用，并将唯物史观初步运用于中国古代和近代的历史研究。在这一时期，还有杨匏安《马克思主义——一名科学社会主义》、蔡和森《社会进化史》、瞿秋白《社会科学概论》、李达《现代社会学》等著作阐述马克思主义历史理论，学术性与政治性并重，侧重于研究近现代中国社会的特点。20世纪30年代的社会史论战尤其体现了马克思主义思潮在中国的接受程度。①大革命失败以后，中国社会究竟向何处发展，各派政治力量都力图按照自己的政治理想来改造中国。为此则必须回答当时中国社会的性质是什么，而这又只能通过历史来加以说明。正是唯物史观回答了上述一系列问题，从而为马克思主义史学提供了基本的研究途径。就学术史的内在理路来看，从乾嘉学派到古史辨运动，中国传统经史之学的诸多重大问题已经从考证层面加以解决。因此，除了有待于新材料的发现之外，"现代史学的进一步发展自然要伸展到解释的层次上"。②这一时期，"以马克思的'唯物史观'为

---

① 参见李红岩：《20世纪30年代马克思主义思潮兴起之原因探析》，《文史哲》2008年第6期。
② 陈少明：《汉宋学术与现代思想》，广东人民出版社1998年版，第120页。

主要思想,以辩证法为方法,以辩证唯物论为基础,以中国社会史为解决中国问题的锁钥"成为中国思想界的大潮。①

1930年1月,郭沫若出版《中国古代社会研究》。该书是"我国第一部自觉地运用马克思主义唯物史观研究中国历史的拓荒之作",标志着中国马克思主义史学初步形成。②郭沫若在留学日本时期即曾翻译日本著名的马克思主义经济学者河上肇的《社会组织与社会革命》一书。这一翻译工作对他的思想转型起了重要作用,用他的话说就是:"从此,我逐步成了马克思主义者。"③大革命失败后,他流亡日本,又研读和翻译了《资本论》《政治经济学批判》《德意志意识形态》和《家庭、私有制和国家的起源》等马克思主义经典著作。他决心以《家庭、私有制和国家的起源》的研究方法为"向导"来撰写"续篇",于恩格斯"所知道了的美洲的印第安人、欧洲的古代希腊、罗马之外,提供出来了他未曾提及一字的中国的古代"。④同时,他也"想就中国的思想,中国的社会,中国的历史,来考验辩证唯物论的适应度"。⑤从1928年8月到1929年11月,郭沫若先后写成五篇用唯物史观剖析中国古代社会的重要史学论文,加上一篇自序、十篇附录,于1930年汇集成专著《中国古代社会研究》出版。《中国古代社会研究》的问世,开辟了马克思主义史学研究的新天地,产生了巨大的社会影响。

在《〈周易〉时代的社会生活》

《中国古代社会研究》初版(上海联合书店1930年)

---

① 郭湛波:《近五十年中国思想史》,山东人民出版社1997年版,第149页。
② 以下论述主要参考田居俭:《郭沫若与中国马克思主义史学》,《历史研究》1992年第2期。
③ 郭沫若:《答青年问》,《文学知识》1959年第5期。
④ 郭沫若:《中国古代社会研究·自序》,《郭沫若全集·历史编》第一卷,人民出版社1982年版,第9页。
⑤ 郭沫若:《海涛集·跨着东海》,《郭沫若全集·文学编》第十三卷,人民文学出版社1992年版,第331页。

中，郭沫若用"科学的钥匙"打开了《周易》这座"到20世纪的现代都还发着神秘的幽光"的殿堂。他明确宣称《易经》是"古代卜筮的底本"，作者不必是一个人，作的时期也不必是一个时代。因此，他一反前人的思路，要去探索"一个社会生活的状况和一切精神生产的模型"。他从《周易》所记载的渔猎、牧畜、交通、耕种、工艺、贸易等生产活动出发，考察与之相关的由家族关系、政治组织、行政事项（包括享祀、战争、刑罚）、阶级等方面体现的社会结构，以及它们在宗教、艺术、思想诸领域的反映，通过对从渔猎牧畜向农耕转化时期的经济基础与上层建筑的分析，参照摩尔根《古代社会》的研究，他得出结论：《易经》"是由原始公社社会变成奴隶制时的社会的产物"；《易传》产生在"由奴隶制确切地变成封建制度的时代"。两者都是产生在"革命的时代"。他还在分析《周易》思想时，引用恩格斯的"自然是辩证法的证明"的观点，探究古代的辩证思维，尤其是《易传》中的"唯物的社会进化观"，批判《易传》《大学》与《中庸》中反映出来的儒家的折中主义思想。①

在《〈诗〉〈书〉时代的社会变革与其思想上的反映》中，他指出：中国古代社会有两个值得注意的变革时期，"第一个变革是在殷、周之际达到完成，第二个变革的完成，是在东周以后"，其中特别强调"这两个变革的痕迹在《诗经》和《书经》中表现得更加鲜明"。于是，他以《诗》《书》二经互为表里，进一步对中国古代社会的发展阶段作了全新的解释。他说："历来的经学家讲皇、帝、王、霸，以为中国古代历史的推移是由皇而帝，由帝而王，由王而霸，周室东迁就是由王而霸的关键。其实这皇、帝、王、霸，照我们现代的眼光看来，皇就是完全的神话时代，帝是原始公社社会，王是奴隶制的社会，霸是封建的社会。"他接着用"现代的眼光"具体划分了中国古代"历史的发展阶段"：尧、舜时代是"实行亚血族群婚"的母系氏族社会；夏、殷是经亚血族群婚的父系氏族社会"转换到奴隶制国家"的时代；周室东迁前后为由"奴隶制度变为真正的封建制度的时期"。②

在这篇论文中，郭沫若还着重论述了西周奴隶制。他依据《诗》《书》

---

① 郭沫若：《中国古代社会研究》，《郭沫若全集·历史编》第一卷，人民出版社1982年版，第32、69、72页。
② 郭沫若：《中国古代社会研究》，《郭沫若全集·历史编》第一卷，人民出版社1982年版，第90、153、98、100、155页。

各篇，论证了"铁的发现"及其在"农业上"和"社会上"引起的"很大的革命"。他断定："奴隶制的社会组织是在周初才完成。它的原因是在农业的发达。农业的发达可能是在铁的耕器的发明。"①又论证了"所谓农夫，所谓庶民，都是当时的奴隶"，而周公东征就是以武力平定不甘沦为奴隶的殷民反抗，巩固奴隶制，所以，"他是奴隶制的完成者"。②他还以《洪范》为主要材料，参考列宁的《谈谈辩证法问题》，分析《洪范》中的辩证法，探究其中呈现的奴隶制下神权政治的宗教思想。郭沫若对中国西周奴隶制的研究，"打破了一二千年来官学对中国古代史的'湮没''改造'和'曲解'，确是一桩破天荒的工作。"③

1929年夏，郭沫若研读了当时出版的几乎所有的殷代甲骨文和殷、周两代青铜器图录的铭文与考释。深入研究了甲骨文和金文之后，又运用这批真实可据的原始史料深入研究殷周社会，于1929年9月至11月前后写出了《卜辞中的古代社会》和《周代彝铭中的社会史观》。在《卜辞中的古代社会》一文中，他宣称其研究目标与此前的罗振玉、王国维等不同，说："我们是要从古物中去观察古代的真实的情形，以破除后人的虚伪的粉饰——阶级的粉饰。"经过对商代"社会基础"的渔猎、牧畜、农业、工艺、商贾等生产状况的考察，他得出结论："商代的产业是由牧畜进展到农业的时期。"经过对商代的婚姻、氏族、财产、阶级等"上层建筑的社会组织"的考察，又得出结论："殷代已到氏族社会的末期，一方面氏族制度尚饶有残余，而另一方面则阶级制度已逐渐抬头。"④在《周代彝铭中的社会史观》的论文中，他根据存世的二三千具以上的周代彝器，断定"周代是青铜时代"；又根据大量铭文断定周代的"庶人""民人""臣仆"等，都是作为"一种主要的财产"用以赏赐、买卖和抵债的奴隶，他们"来自俘虏"并"家传世袭"。⑤从而再次证明西周社会是奴隶制度，并反证其不是封建制度。

郭沫若撰写上述系列论文的终极目的，是以唯物史观为指针，探索中国古代社会的历史进程和发展规律。他确信："社会的整个的建筑是砌成在经济基

---

① 郭沫若：《郭沫若全集·历史编》第一卷，人民出版社1982年版，第127页。
② 郭沫若：《郭沫若全集·历史编》第一卷，人民出版社1982年版，第110、112、122、124页。
③ 何干之：《中国社会史问题论战》，上海生活书店1937年版，第105页。
④ 郭沫若：《郭沫若全集·历史编》第一卷，人民出版社1982年版，第195、217、245页。
⑤ 郭沫若：《郭沫若全集·历史编》第一卷，人民出版社1982年版，第251、253~255页。

础上的。生产的方式生了变更，经济的基础也就发展到了更新的阶段。经济的基础发展到了更新的一个阶段，整个的社会也就必然地形成一个更新的关系，更新的组织。"从这个原则出发，他对马克思在《政治经济学批判》序言中说的"亚细亚的、古典的、封建的和近代资产阶级的生产方法，大体上可以作为经济的社会形成之发展的阶段"作了如下解释："这样的进化的阶段在中国的历史上也是很正确的存在着的。大抵在西周以前就是所谓'亚细亚的'原始公社社会，西周是与希腊、罗马的奴隶制时代相当，东周以后，特别是秦以后，才真正地进入了封建时代。"①

类似这样的结论，还见于他在1928年10月写的《中国社会之历史的发展阶段》。由于此文与前述四篇论文性质相近，郭沫若便将它收入《中国古代社会研究》并作为全书的《导论》。郭沫若经过考察和分析，得出结论："中国的历史是在商代才开幕，商代的产业是以牧畜为本位，商代和商代以前都是原始公社社会。"西周因为发明铁器，"从牧畜社会的经济组织一变而为农业的黄金时代"；"一方面在族内使用着奴隶"，一方面去征服"四方八面都还是比较落后的牧畜民族"，"事实上它还是被四围的氏族社会的民族围绕着的比较早进步了的一个奴隶制的社会"。周室东迁以后，中国的社会才由奴隶制逐渐转入了真正的封建制，"从那时候一直到最近百年，中国尽管在改朝换代，但是生产的方法没有发生过变革，所以社会的组织依然是旧态依然，沉滞了差不多将近二千年的光景"。②郭沫若还进一步提出，自周初至封建社会末期，三次社会大革命都是由生产力的变革引起的。周初开始发现了铁，从而在农业上起了一个很大的革命，在社会上也起了一个很大的革命。这是中国社会的第一次革命，即奴隶制革命。生产力的进一步发展又引起了奴隶制社会的崩溃。第二次的社会变革随之发生，结果是"奴隶制的社会又一变而为封建制的社会"。再后来，"自从蒸汽机发明了以后，产业便进展到一种更新的阶段；大规模的生产，大资本的集中，海外大殖民地的发现等等——在封建社会的胎内生出它怎么也容纳不下的一个胎儿，是社会上又来一个第三次的革命。"③资本主义制度便取代了封建制度。

---

① 郭沫若：《郭沫若全集·历史编》第一卷，人民出版社1982年版，第153~154页。
② 郭沫若：《郭沫若全集·历史编》第一卷，人民出版社1982年版，第21~28页。
③ 郭沫若：《中国古代社会研究》，《郭沫若全集·历史编》第一卷，人民出版社1982年版，第17页。

郭沫若从马克思主义社会经济形态理论出发，论证中国历史发展与世界历史发展的共同性，为中国马克思主义史学的发展做出了划时代的贡献。他倡导马克思主义的中国化，说："要使这种新思想真正得到广泛的接受，必须熟练地善于使用这种方法，而使它中国化。使得一般的，尤其是有成见的中国人，要感觉着这并不是外来的异物，而是泛应曲当的真理，在中国的传统思想中已经有着它的根蒂，中国的历史发展也正是循着那样的规律而来。"①他试图通过研究中国史说明，马克思主义经典作家所揭示的人类社会的发展规律同样适用于中国。他说："以往的社会的进展就是这样。一切的社会现象决没有一成不变的东西，瞻往可以察来，这是一切科学的预言的根本。社会科学也必然地能够预言着社会将来的进行。"②

尽管《中国古代社会研究》有其不足之处，但它毕竟以其创造性的成就，为中国史学的发展划出了一个崭新的时代。诚如李一氓所说："就我个人来说，我真正佩服的，是郭老对中国古代史的研究，是他的中国历史分期意见，是有关中国社会性质的论断，这是站得住脚的，马克思主义的，是首创性的，在他以前没有第二个人。他的功绩在这里。"③原创造社成员李初梨也指出，郭沫若"是首先用马列主义的眼光来研究中国古代史的一个，他天才地一个一个地解开了那些古代的神秘的谜，为我们的理性开辟了一条通到古代人类社会的大道，不管它或许包含着一些缺点，甚至个别的错误，然而它的成果，毫无疑义地成为一切后来者研究的出发点"。④因此，郭沫若是当之无愧的"中国马克思主义历史学的奠基人和开创者"。⑤

此外，值得一说的是，郭沫若在《中国古代社会研究》一书中初次提出了殷周奴隶社会和战国封建论。虽然，此后郭沫若对于中国社会史分期理论屡有修订，如许冠三所说，"一生中历大变四，中变五，细变则难以枚举"，⑥

---

① 郭沫若：《海涛集·跨着东海》，《郭沫若全集·文学编》第十三卷，人民文学出版社1992年版，第331页。
② 郭沫若：《中国古代社会研究》，《郭沫若全集·历史编》第一卷，人民出版社1982版，第17页。
③ 李一氓：《正确评价郭沫若同志》，《郭沫若研究》（学术座谈会专辑），1984年，第23页。
④ 李初梨：《我对郭沫若先生的认识》，延安《解放日报》1941年11月18日。
⑤ 田昌五：《论郭沫若的史学体系》，《文史哲》1993年第5期。
⑥ 许冠三：《新史学九十年》，岳麓书社2003年版，第378页。

然而其西周奴隶制的基本立场却始终未变，只是在20世纪40年代抛弃了殷代氏族社会末期说，肯定殷代是奴隶制社会。在1945年发表的《古代研究的自我批判》一文中，他指出：殷代不是金石并用时代，而是青铜时代；殷代的主要生产部门不是畜牧业，而是农业；殷代农业中已使用大规模的奴隶劳动，殷代不是原始社会而是奴隶制社会。但是，郭沫若对于奴隶制社会的时间下限的界定却摇摆不定。从1928年在《〈诗〉〈书〉时代的社会变革与其思想上的反映》一文中最初提出问题，到1972年在《中国古代史的分期问题》一文中最后一次论证，几乎持续了半个世纪，前后三易其说。[1] 20世纪50年代，郭沫若花费很大精力钻研这个课题。有关这方面内容的系列论文，后来都收入了《奴隶制时代》，"作为《十批判书》的补充"。[2]他一度把界线划定在秦、汉之交（前206），但是很快他又否定了这一新主张。最后，经过慎重的考虑，他又把下限划在春秋与战国之际。[3]在《奴隶制时代》《汉代政权严重打击奴隶主》《略论汉代政权的本质》等文章中，他论证了自己的战国秦汉封建社会说。他认为，战国秦汉社会中，占主导地位的是以地主土地所有制为基础的封建制生产关系，主要矛盾是农民阶级和地主阶级之间的矛盾。[4]

郭沫若开风气之先地提出了古代史分期问题。他是国内最早运用奴隶主和封建主对生产者占有程度不同的理论来区别奴隶社会和封建社会的学者之一。他强调指出，判断封建社会的关键"就是抓住封建社会中的农民阶级与地主阶级这个主要矛盾，而且特别是地主阶级这个矛盾方面。如果在某一个历史时期中，严密意义的地主阶级还不存在，那么那个时期的社会便根本不能是封建社会"[5]。根据这个标准，他以丰富、翔实的文献资料和考古资料，系统地论证了"殷代是奴隶制""西周也是奴隶社会""奴隶制下限在春秋战国之交""西汉不是奴隶社会"等重大问题，丰富和完善了中国古代史分期问题

---

[1] 郭沫若：《奴隶制时代》，《郭沫若全集·历史编》第三卷，人民出版社1984年版，第3~13页。
[2] 郭沫若：《奴隶制时代》后记，《郭沫若全集·历史编》第三卷，人民出版社1984年版，第244页。
[3] 郭沫若：《郭沫若全集·历史编》第三卷，人民出版社1984年版，第33、34、38页。
[4] 郭沫若：《郭沫若全集·历史编》第三卷，人民出版社1984年版，第36、44~60、210~220页。
[5] 郭沫若：《中国古代史分期问题》，《郭沫若全集·历史编》第三卷，人民出版社1984年版，第5页。

的研究。他最后将奴隶社会与封建社会的更替断定在"春秋与战国之交",确立了"战国封建说",并以其有理有故、体系完整、逻辑严密而成为这一学派的主要代表人物。郭氏此说仍有来自不同方面学者的辩难,如吕振羽、翦伯赞、范文澜、徐中舒、吴泽等学者持西周封建说,尚钺、王仲荦、何兹全等学者持魏晋封建说,而雷海宗、李鸿哲及此后张广智等学者则根本否定奴隶制的存在。郭沫若通过与观点相异的学者切磋辩诘,以"一家之言"促"百家争鸣",锻炼和提高了史学队伍的理论思维能力,逐步深化了学界对奴隶社会和封建社会一些重大理论的认识,诸如:奴隶社会形成的条件,中国奴隶社会的特点,奴隶制和封建制的基本区别,奴隶制向封建制过渡中生产关系一定要适合生产力性质的规律如何起作用,封建制取代奴隶制的标志,中国从奴隶社会过渡到封建社会的具体途径,等等;从而也使参加中国古代史分期讨论的"西周封建说""魏晋封建说"等各派进一步从理论阐述到史料诠释更加充实和完善了自家的观点,推动了中国马克思主义史学的发展。

(二)"创通条例,开拓闉奥"——郭沫若的古文字与古史研究成就

在《〈诗〉〈书〉的社会变革与其思想上的反映》初稿完成后,郭沫若对他"所研究的资料开始怀疑起来了",对《易》《诗》《书》的时代性及其可靠性产生了怀疑,意识到"材料不真,时代不明,笼统地研究下去,所得的结果,难道还能正确吗?"因而"在研究程序上,起了一个大转变","想要寻找第一手的资料,例如考古发掘所得的,没有经过后世的影响,而确确实实足以代表古代的那种东西"。[①]郭沫若转向古文字研究,认为古文字可"短刀直入"地反映古代社会之真实情况。他前所未有地将唯物史观引入古文字研究领域,取得了卓越的成就。如关于甲骨文研究,古文字学家商承祚对此评价道,在郭沫若之前,"已有不少学者从事这项研究工作,或撰集字书,或编印材料,或论释文字,或考证史实,但真正能将甲骨文字作为历史材料加以全面的、深入细致的研究,得出合乎客观实际的科学结论的,当首推郭老"[②]。郭沫若在古文字领域的成就主要体现在两个方面:

第一,创立甲骨文和金文的诸多条例,初步形成古文字的释读体系。郭

---

① 郭沫若:《我是中国人》,《郭沫若全集·文学编》第十三卷,人民文学出版社1992年版,第357~358页。
② 商承祚:《缅怀郭沫若同志》,《悼念郭老》,生活·读书·新知三联书店1979年版,第371页。

沫若在甲骨文研究方面的成就主要见于《甲骨文字研究》《卜辞通纂》和《殷契粹编》。他以敏锐的洞察力和严格的科学精神，对甲骨学自身的规律，诸如分期断代、卜法文例、兆序兆辞、断片缀合、校对重片与残辞互足等许多方面进行研究，为甲骨学研究的发展做出了卓越贡献。正如有学者所高度评价的，"夫甲骨之学，前有罗（振玉）王（国维），后有郭（沫若）董（作宾）"。在甲骨学研究的草创时期，"雪堂导夫先路，观堂继以考史"，而在发展时期，"鼎堂发其辞例，彦堂区其时代"。①

郭沫若的"发其辞例"首先表现在对甲骨文字进行创造性的分期断代。自1899年甲骨文发现起，学者们就开始探讨甲骨文的时代。早在1917年，王国维、罗振玉就曾以"称谓"对甲骨文进行区分时代的尝试。但是这些工作都片断而零碎，没有能系统化并形成科学规律。直到董作宾根据殷墟科学发掘工作的启示，并综合了大批科学发掘甲骨材料，发表了《甲骨文断代研究例》，才完成了这一工作。郭沫若与董作宾大致同时着手分期断代的研究，但因获悉董作宾的断代研究成果，没有对自己的分期断代研究心得作进一步系统的总结，不过其中不少结论与董氏"多相暗合"。②如他提出依据"称谓""贞人""书体"等标准辨别甲骨的时代，并在《卜辞通纂》一书中将所收甲骨分期断代，与董作宾的研究可谓殊途同归。

郭沫若还对甲骨文例做出了发凡起例的贡献。刻辞在甲骨上的刻写部位及行款是有一定规律的。这就是甲骨文例。经过孙诒让、罗振玉、王国维、叶玉森、胡光炜、董作宾、胡厚宣等几代学者的努力，甲骨文例的基本规律才得以明晰。郭沫若在《卜辞通纂考释》和《殷契萃编考释》中，也对甲骨文例多所阐发，并纠正了前人不少错读，基本上与董作宾同时窥破了"龟卜文例"的奥秘。而且他对骨卜文例的研究更是走在前头。特别是郭沫若的《卜辞通纂》这部"关于甲骨文字全面精选总编通释的著作"③，为甲骨文研究创立了一个完备、严整的科学体系。郭沫若在该书《序》中说："本书之目的，在选辑传世

---

① 唐兰：《关于尾右甲刻辞》，《考古社刊》第六期，1936年。
② 郭沫若：《卜辞通纂》后记，《郭沫若全集·考古编》第二卷，科学出版社1982年版，第19页。
③ 胡厚宣：《沉痛悼念尊敬的郭沫若同志》，《悼念郭老》，生活·读书·新知三联书店1979年版，第427页。

卜辞之菁粹者，依余所抱之系统而排比之，并一一加以考释，以便观览。"①《卜辞通纂》正编共收甲骨800片，按刻辞的内容分为干支、数字、世系、天象、食货、征伐、畋游、杂纂8项，对每项又逐片加以考释并作小结。综览全书，既得全面系统了解卜辞内容，又可借助各项卜辞分别研究商代社会各个方面。同时，该书在探索和揭示甲骨文的自身规律方面，也多有创获和启示。

郭沫若为《两周金文辞大系图录》自题的书名（1934年）

郭沫若在金文研究方面的成就，主要见于《两周金文辞大系图录考释》《殷周青铜器铭文研究》和《金文丛考》。其中，《两周金文辞大系图录考释》学术价值尤大。这是一部研究我国青铜器的划时代著作。自宋代以来，学者们长于编图录，释文字，著录的铜器及铭文数以千计。与郭沫若同时的一些学者，也多以主要精力用于收集拓本，编撰图录上，很少注意将图录、铭文融会贯通，作综合性的分析研究。郭沫若能于数千件铜器中选出若干有代表性的、能断定时代的器物作为标准器，研究其花纹、形制，而后加以扩大，联系在一起，把几百年间的几百件青铜器，按其时代与国别，编为《两周金文辞大系》，并加以考释。这部书的出版标志着马克思主义的研究方法已开始运用于金文研究的领域。②郭沫若说："夫彝铭之可贵在足以征史，苟时代不明，国别不明，虽有亦无可征"，然而宋代以来对铜器铭文年代虽有考订，但多泛泛而谈，所定年代多空疏不足为据，皆如王国维所说，于"创通条例，开拓闳奥，概乎其未有闻"者。③为了解决这一问题，寓居日本的郭沫若通过研读和翻译德国学者米海里司的名著《美术考古一世纪》，掌握和运用其介绍的近代考古学理论、方法，尤其是器物类型学的方法，来研究商周青铜器。按其形制、花纹、铭文内容和字体等因素特点，首次一扫混沌，开创性地创立了标准器断代法，并按时代和国别分类，将"一团混沌"的传世

---

① 郭沫若：《卜辞通纂》，《郭沫若全集·考古编》第二卷，科学出版社1982年版，第8页。
② 商承祚：《缅怀郭沫若同志》，《悼念郭老》，生活·读书·新知三联书店1979年版，第371～372页。
③ 郭沫若：《序文》，《郭沫若全集·考古编》第八卷，科学出版社2002年版，第10～11页。

青铜器，第一次变成完整的体系。使著录的青铜器铭文，既成为系统的编年史料，又成为有系统的国别史料。《大系》将三百二十三件年代、国别可征的青铜器做出了系统的断代区分：图像按照器形排列，铭文则根据时代和地区排列，西周依王朝先后排列，东周按国别排列。郭沫若还详细总结了其考定青铜器的方法："专就彝铭器物本身以求之，不怀若何之成见，亦不据外在之尺度。盖器物年代每有于铭文透露者……而由新旧史料之合证，足以确实考订者，为数亦不鲜。据此等器物为中心以推证它器，其人名事迹每有一贯之系统可寻。得此，更就文字之体例、文辞之格调，及器物之花纹形式以参验之，一时代之器大抵可以踪迹，即其近是者，于先后之相去要必不甚远。至其有历朔之纪载者，亦于年月日辰间之相互关系，求其合于不合，然此仅作消极之副证而已。"①1944年，他在《青铜器时代》中又作了进一步的说明，谈到了青铜器断代的几个标准：（一）标准器；（二）人名事迹；（三）文字体例与文辞格调；（四）器物之花纹形式；（五）历朔之记载。这样，由于郭沫若找到了周代彝器的"历史的串绳"，为推定青铜器的年代提供了科学依据。郭沫若还根据器物的花纹、形制、文体、字体，将殷、周的青铜器划为与此前《两周金文辞大系图编序说》略有不同的四期：鼎盛期（从年代上说来，这一期当于殷代及周室文、武、成、康、昭、穆诸世）、颓败期（这一期大率起自恭、懿、孝、夷诸世以迄于春秋中叶）、中兴期（自春秋中叶至战国末年）、衰落期（自战国末叶以后）。②这一分期至今仍为许多学者广泛采用。

第二，以唯物史观为指导，运用古文字研究成果探讨古代社会的社会结构和发展规律。考古学家夏鼐曾经说过："郭沫若同志远胜于一般古文字学家的地方，在于他既能做仔细的具体分析，更能注意到整个的历史的发展。"③郭沫若古文字考释最初受恩格斯《家庭、私有制和国家的起源》、摩尔根《古代社会》等影响，从人类学视角进行考释，时有新解。如从母权制到父权制社会的演进及生殖崇拜考释甲骨文中祖、妣。他据甲骨文的象形，认定"祖"为男根，"妣"为女阴。强调"知祖妣为牡牝之初字，则祖宗崇祀及一切神道设教

---

① 郭沫若：《序文》，《郭沫若全集·考古编》第八卷，科学出版社2002年版，第14页。
② 郭沫若：《两周金文辞大系图编序说——彝器形象学试探》，《郭沫若全集·考古编》第七卷，科学出版社2002年版，第8页。
③ 夏鼐：《郭沫若同志对中国考古学的卓越贡献》，《悼念郭老》，生活·读书·新知三联书店1979年版，第381页。

之古习亦可洞见其本原。盖上古之人本知母而不知父,则无论其父之母与父之父。然此有物焉可知其为人世之初祖者,则牝牡二器是也。故生殖神之崇拜,其事几与人类而俱来"。"古来凡神事之字大抵从示","盖示之初意本即生殖神之偶像","示乃牡神,亦有以牝为神者,其事当在祀牡之前"。这样,从祖先崇拜探源入手,考证出生殖神的偶像与生殖器的关系,考证出"知母而不知父"的远古传说与以女性为中心的亚血族群婚制的关系,便为揭开原始社会的谜底提供了钥匙。对此,闻一多即给予很高的评价,认为郭沫若"首发其凡"。① 在金文方面郭氏亦有相类考释。如"图腾"文字说等。在铜器铭文尤其是晚殷周初铭文中有许多类似图画的文字,前人多臆说,近代学者或参考西方语言学观点认为是"文字画",郭沫若认为"此等图形文字乃古代国族之名号,盖所谓'图腾'之孑遗或转变也"。并举诸例论证说,"要之,准诸一般社会进展之公例及我国自来器物款识之性质,凡图形文字之作鸟兽虫鱼之形者必系古代民族图腾或其孑遗,其非鸟兽虫鱼之形者乃图腾之转变,盖已有相当进展之文化,而脱去原始畛域者之族徽也"②。郭沫若图腾文字说既解释铜器铭文中部分难识之字,又可进而考证古史,新颖而有理据,得到不少学者认同。又如《释臣宰》,他从甲骨文和金文的字形,考出"臣"字"像一竖目之形"。并解释说:"人首俯则目竖,所以'象屈服之形'者,殆以此也。"又据金文"民"字"均作一左目形而有刃物以刺之"解释说:"周人初以敌囚为民时,乃盲其左目以为奴征。""臣民字均用目形为之。臣目竖而民目横,臣目明而民目盲。"他从而得出结论:"盖民乃敌虏之顽强不服命者,即是忠于故族而不甘受异族统治者之遗顽,而臣或宰则其中之携贰者。古人即用其携贰者以宰治其同族,故虽同是罪隶而贵贱有分……一部阶级统治史,于一二字即已透露其端倪。"③

在王国维及其弟子开创的金文民族地理、方国地理研究领域,郭沫若亦成就卓著。完成于1931年的《两周金文辞大系》,即"以年代与国别为之条贯",将两周彝铭作了"一番精密之整理",对列国地望、族属等问题多有考证。值得注意的是,郭氏不是简单地对铜器铭文中方国、采邑等的地理、族属

---

① 闻一多:《高禖郊社祖庙通考》跋,《清华学报》1937年第12卷第3期,第465页。
② 郭沫若:《殷彝中图形文字之一解》,《郭沫若全集·考古编》第四卷,科学出版社2002年,第13~22页。
③ 郭沫若:《释臣宰》,《郭沫若全集·考古编》第一卷,科学出版社1982年版,第76页。

进行考证，而是进而与地域文化考察结合起来："由长江流域溯流而上，于江淮之间顺流而下，更由黄河溯流而上，地之比邻者，其文化色彩大抵相同。更综而言之，可得南北二系。江淮流域诸国，南系也；黄河流域，北系也。南系尚华藻，字多秀丽；北系重事实，字多浑厚，此其大较也"，并对南北二系文化与商周文化的关系有所阐发，认为"徐楚实商文化之嫡系，南北二流实商周之派演……民族之商周，益以地域之南北，故二系之色彩浑如泾渭之异流。然自春秋而后，民族畛域渐就混同，文化色彩亦渐趋画一"①。

郭沫若研究的最终目的不在古文字本身，而是试图将其及传世文献等的考据性研究与唯物史观结合起来，对中国古代社会的发展阶段、社会形态等问题作阐释性研究，以探求中国社会的发展规律，认清现实社会的发展方向。故欲评价郭氏史学研究，应将二者结合起来从学术史的角度作"了解之同情"的客观分析。郭沫若曾云："从周代金文的研究中，除文辞与文字的考释之外，在史实上我是得到了一些重要的认识的。其首要者，如西周及春秋时代颇有关于奴隶制的资料，为旧有文献所缺佚，足以定历史阶段。"②

（三）"以人民为本位"——郭沫若的历史人物研究

历史人物研究是郭沫若的历史研究的重要组成部分。郭沫若一边从事研究，也一边从事创作，而且不少研究是作为创作的准备。这是他的历史人物研究的一大特色。他曾说："我是很喜欢把历史人物作为题材而从事创作的，或者写成剧本，或者写成小说。"③所以，他的历史人物研究成果丰硕，数量惊人。在他的笔下，凡是涉及历史人物的述评文字有三百多万字。其中包括：学术研究考证文字一百一十八万字，自

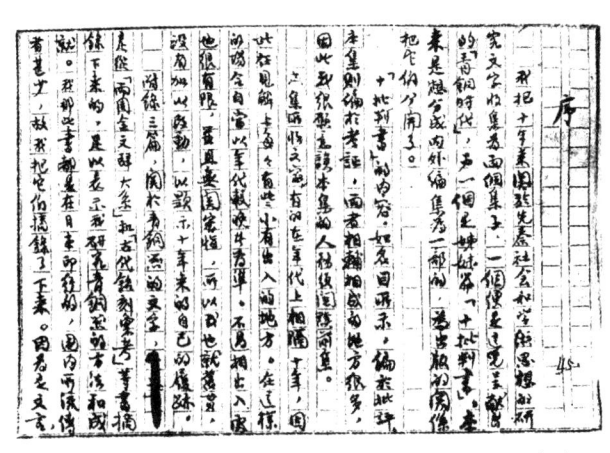

《青铜时代》手稿（选自《郭沫若全集·历史篇》）

---

① 郭沫若：《郭沫若全集·考古编》第八卷，科学出版社2002年版，第15~16页。
② 郭沫若：《金文丛考·重印弁言》，《郭沫若全集·考古编》第五卷，科学出版社2002年版，第9页。
③ 郭沫若：《历史人物》序，《郭沫若全集·历史编》第四卷，人民出版社1982年版，第3页。

传性历史人物回忆、评述文字一百一十一万字；历史人物剧本、历史人物小说八十八万字。"综观现代中国老一辈的著名史学家的著述，还没有见到有一位像郭沫若这样在历史人物研究方面，留下如此丰富史学遗产的。"①郭沫若早在20世纪20年代就研究过惠施、王阳明，对老子、孔子、墨子、庄子等先秦诸子，也有许多评述。他的历史人物研究著述中，最早问世的专书当推初版于1935年的《屈原》。20世纪40年代，他的历史人物研究著述最为丰盛，先后出版了《青铜时代》《十批判书》《历史人物》等代表性著作。

《青铜时代》和《十批判书》两书可以视作姊妹篇，初版于1945年3月和9月。郭沫若研究中国古代社会，既重视经济基础，又重视上层建筑。在研究先秦社会的生产方式，即先秦的社会结构和社会性质达到清晰程度之后，他又将研究的重心转向先秦社会上层建筑的重要组成部分意识形态，特别是先秦诸子思想，他将有关这方面的研究论文结集为《青铜时代》和《十批判书》出版。这两部专著，前者偏于考证，后者重在评论，相辅相成，同条共贯。与同时代胡适、钱穆等人的诸子研究不同，郭沫若研究先秦诸子，是从社会存在决定社会意识的根本原则出发，一反前人对先秦诸子或单纯训诂考释，或专门阐发义理的偏窄路数，他标新立异，用唯物史观来阐述各家学说的真相，"先求时代与社会的一般的阐发，于此寻出某种学说所发生的社会基础，学说与学说彼此间的关系和影响，学说对于社会进展的相应之或顺或逆"。他对先秦诸子各家思想及代表人物，正是在"西周是奴隶社会"的前提下进行了系统的考察和批判，"整理出了一个比较完整的轮廓"。②进而得出结论："自春秋末年以来中国的思想，得到一个极大的开放，呈现出一个百家争鸣的局面。这是因为奴隶制度解纽了，知识下移，民权上涨，大家正想求得一条新的纽带，以作为新社会的纲领。儒、墨先起，黄老继之，更进而有名、法、纵横、阴阳、兵、农，各执一端，各持一术，欲竞售于世，因而互相斗争，入主出奴，是丹非素。"③其中，儒、墨、道三家的斗争最激烈。"中国的思想史上自从有老子、孔子、墨子这三位大师出现以后，在战国年间演出了一个学术的黄金时

---

① 林甘泉、黄烈主编：《郭沫若与中国史学》，中国社会科学出版社1992年版，第341页。
② 郭沫若：《十批判书》后记，《郭沫若全集·历史编》第二卷，人民出版社1982年版，第487页。
③ 郭沫若：《十批判书·吕不韦与秦王政的批判》，《郭沫若全集·历史编》第二卷，人民出版社1982年版，第462页。

代，同时也是学派斗争得最剧烈的时代。墨家的一派非毁儒道，道家的一派非毁儒墨，儒家的一派非毁道墨。"①郭沫若在研究先秦诸子时，很注意他们的基本立场。判断他们立场的一个重要标准就是"人民本位"的思想。这在他对儒墨两家的研究中表现尤为明显。他从《墨子·非儒篇》中详细考证和分析了孔子及其弟子帮助乱党的七项材料，其中孔子有三项。他由此分析孔墨两家的基本立场："孔子是袒护乱党，而墨子是反对乱党的人。"又说："孔子的立场是顺乎时代的潮流，同情人民解放的。而墨子则和他相反。"②郭沫若关于韩非与荀子的比较研究也采用了这个标准，认为"荀子还侧重人民，韩非则专为帝王"③。对于先秦诸子思想中，最有影响力的儒、墨、道三家，郭沫若更是明确地以"人民本位"的标准区分他们的差别，"大体上说来，孔、孟之徒是以人民为本位的，墨子之徒是以帝王为本位，老、庄之徒是以个人为本位的"④。郭沫若比较推崇孔子，是因为他认为孔子是"奴隶社会变为封建社会的那个上行阶段中的前驱者"⑤，是因为孔子思想比其他诸子各家思想较为富于人民本位的色彩。

"以人民为本位"不仅是郭沫若对于"孔孟之徒"的评价，也是他的历史人物研究标准。在《十批判书》的后记中，郭沫若说："批评古人，我想一定要同法官断狱一样，须得十分周详，然后才不致有所冤屈。法官是依据法律来判决是非曲直的，我呢是依据道理。道理是什么呢？便是以人民为本位的这种思想。合乎这种道理的便是善，反之便是恶。"⑥所谓"人民本位"，就是考察历史人物的善恶，要看其言行是否有益于人民。这一观点在《历史人物》一书中得到了鲜明的反映。《历史人物》一书初版于1947年，辑录了《论曹植》

---

① 郭沫若：《青铜时代·先秦天道观之进展》，《郭沫若全集·历史编》第一卷，人民出版社1982年版，第363页。
② 郭沫若：《十批判书·孔墨的批判》，《郭沫若全集·历史编》第二卷，人民出版社1982年版，第78、85页。
③ 郭沫若：《十批判书·韩非子的批判》，《郭沫若全集·历史编》第二卷，人民出版社1982年版，第376、377页。
④ 郭沫若：《青铜时代》后记，《郭沫若全集·历史编》第一卷，人民出版社1982年版，第615页。
⑤ 郭沫若：《十批判书》后记，《郭沫若全集·历史编》第二卷，人民出版社1982年版，第478页。
⑥ 郭沫若：《十批判书》后记，《郭沫若全集·历史编》第二卷，人民出版社1982年版，第482页。

《隋代大音乐家万宝常》《王安石》《王阳明》《夏完淳》《甲申三百年祭》等九篇论文和五篇附录,是郭沫若40年代历史人物研究的代表性成果。在《历史人物》的自序中,郭沫若说自己研究历史人物的好恶标准是:"一句话归宗:人民本位。"①如他对鲜为人知的隋代一位不幸的大音乐家万宝常的生平遭遇"怀着无尚的同情",对他的音乐理论为权势者所剽窃,几乎被湮没,"尤其感到无尚的义愤"。在"感受着了一种迫切的冲动,觉得非把这位不幸的古人介绍出来不可"的心情下,写下了《隋代大音乐家万宝常》。又如,他崇敬王安石,是因为王氏"是一位大政治家,在中国历史上很难得找到可以和他比配的人。他有政见,有魄力,而最难得的是他是比较以人民为本位的人。他在历史上出现得太早了,孤立无辅,形成了一个屈原以来的历史上的大悲剧。这悲剧不限于他晚年的失意,而是在他的新政废止之后,宋室卒于遭到异民族的颠覆,中国的农民老是不得翻身"。②他那篇引起轩然大波的《甲申三百年祭》的写作意图原本也是为了坚持"人民本位"。他解释说:"主要的原因就是因为我同情了农民革命的领导者李自成,特别是以仕宦子弟的举人而参加并组织了革命的李岩,这明明是帝王思想与人民思想的斗争,而这斗争我们还没有十分普遍而彻底的展开。"③

20世纪50年代中期到60年代中期,郭沫若进一步阐发了他的"人民本位"思想。他说:"我们评定一个历史人物,应该以他所处的历史时代为背景,以他对历史发展所起的作用为标准,来加以全面的分析。"④又说:"我们评价一位历史人物应该从全面来看问题,应该从他的大节上来权其轻重,特别要看他对于当时的人民有无贡献,对于我们整个民族的发展、文化的发展有无贡献。"⑤他主张凡是符合这个标准的历史人物都应给以一定的地位。这同他早些时候评价历史人物所坚持的"人民本位"标准是一致的。郭沫若评价历史人物,是把历史人物放在历史发展过程的广阔背景上,以其言行对历史发展所

---

① 郭沫若:《历史人物》序,《郭沫若全集·历史编》第四卷,人民出版社1982年版,第3页。
② 郭沫若:《历史人物》序,《郭沫若全集·历史编》第四卷,人民出版社1982年版,第4页。
③ 郭沫若:《历史人物》序,《郭沫若全集·历史编》第四卷,人民出版社1982年版,第5页。
④ 郭沫若:《关于目前历史研究中几个问题》,《郭沫若全集·历史编》第四卷,人民出版社1982年版,第486页。
⑤ 郭沫若:《史学论集·替曹操翻案》,《郭沫若全集·历史编》第三卷,人民出版社1982年版,第470页。

起的作用为准绳来加以全面衡量，还历史人物以本来面目，正确评判其功过是非，特别能使一些长期蒙受不白之冤的历史人物得以昭雪。由于郭沫若在这方面做了大量的"翻案"文章，所以为历史人物翻案便构成了郭沫若研究历史人物的显著特点。譬如，自《史记·殷本纪》的记载开始，纣王就是一个"暴虐无道"的昏君形象，可是郭沫若悉心研究卜辞后惊奇地发现，纣王在殷末经营东南地区，对于古代中国统一有功，"比较起周人的翦灭殷室，于我们民族的贡献更要伟大"。[1]从而断然为纣王翻案，将纣王与他为之翻案的秦始皇相提并论，"提到古代中国的统一，人们很容易想到秦始皇。秦始皇是中国历史上有数的杰出人物，古代中国归于一统是由秦始皇收其果，而却由殷纣王开其端"[2]。继之又吟诗为纣王洗冤。在《访安阳殷墟》诗中咏道："偶来洹水忆殷辛，统一神州肇此人。百克东夷身致殒，千秋公案与谁论？"在《观圆形殉葬坑》组诗中又咏道："殷辛之功迈周武，殷辛之罪有莫须。殷辛之名当恢复，殷辛之冤当解除。"[3]又如，武则天是一位被其政敌和封建史家咒骂了千余年的女政治家。她之所以遭此厄运，无非是她敢于冲破封建网罗和世俗偏见，断然称帝改元，临朝执政。这在男尊女卑的封建卫道者眼中，自然是牝鸡司晨，人神不容。于是，便极尽诬蔑之能事，将"秽乱春宫""窥窃神器"等诸多罪名，强行加到她的头上。郭沫若对此甚为不平，在查阅了史籍中大量有关武则天的记载和武则天的著作后，竭力为她洗冤辨正，同时充分肯定她的"建言十二事"以及为实现这一治国纲领所采取的各项得力措施，高度评价了她的历史功绩："武后执政时代是唐朝的极盛时代，不仅海内富庶，治绩和文化也都达到相当的高度。她把唐太宗的'贞观之治'发展了，并为唐玄宗的所谓'开元盛世'奠定了坚实的基础。"[4]从而为武则天"翻案续新篇"开了先河。

再则李自成本为明末波澜壮阔的农民大起义的领袖，可是自明末清初以来的三百年间却一直被诬称"流寇""闯贼"，郭沫若在《甲申三百年祭》中

---

[1] 郭沫若：《青铜时代·驳说儒》，《郭沫若全集·历史编》第一卷，人民出版社1982年版，第452页。
[2] 郭沫若：《史学论集·关于目前历史研究中的几个问题》，《郭沫若全集·历史编》第三卷，人民出版社1982年版，第487页。
[3] 郭沫若：《郭沫若纪游诗选注》，上海文艺出版社1983年版，第137~138页。
[4] 郭沫若：《武则天·附录一·我怎样写〈武则天〉》，《郭沫若全集·文学编》第八卷，人民文学出版社1987年版，第232页。

则将这被颠倒了的历史一举颠倒了过来,他理直气壮地为李自成正名,称之为"农民革命的领导者"。他又从责深爱切的立场出发,既热情赞颂李自成领导的"规模宏大而经历长久的农民革命","使明朝最专制的王权统治崩溃了"的伟大功绩,又冷静地总结出他们率众进京称帝如何为胜利冲昏头脑,最终导致失败的惨痛教训。由此看来,《甲申三百年祭》不仅是一篇评价历史人物的杰作,而且还是一篇研究中国农民战争史乃至中国农民史的发轫之作。

邓小平总结评价郭沫若是我国杰出的马克思主义历史学家和古文字学家,"他在哲学社会科学的许多领域,包括文学、艺术、哲学、历史学、考古学、金文甲骨文研究,以及马克思主义理论著作和外国进步文艺的翻译介绍等方面,都有重要建树。"①在20世纪20年代,郭沫若以《中国古代社会研究》一书奠定了其中国马克思主义史学一代宗师的地位。他笔耕一生,著作等身,现存文字达二千万言以上,而且他的诸多研究以其新颖独特的思路激起中国学术界文化界一次又一次的讨论热潮。所以无论生前身后,他引发的是非毁誉始终不断。仅就史学成就而言,许冠三曾留意到:"周金甲骨研究诸例和古史分期学说,同是郭沫若一己所为,何以成败得失悬殊,判然若出两人之手?细考其因缘,大要不外三事。一宗旨。是志在求真,还是意在宣传?二态度。是感情放在理智后头,还是跑在先头?三方法。是批判吸收新学说,还是盲目照搬洋教条?选前者就成功,不然必失败。"②当代学者谢保成评价说:"郭沫若是一个兼具诗人气质、学者博识和政治身份的人物。作为学者的郭沫若,同其诗人的气质、政治身份交织在一起,使其学术研究既有成功的一面,也有不足之处。"③郭沫若别具一格的学术风格是"感情与理智的交融、形象思维与逻辑思维的交融"。④他的许多学术研究,都是由感情喜好出发,生出选题兴致,求得多种表现形式。一旦进入研究境界,在论辩的推动下,一定要尽一切努力去寻求证据,不嫌琐碎,甚至忘记初衷,非得弄清真相不可,以求得理智的归宿。当然,每项具体选题的研究,有时是想象推动着研究,有时是感情替代理智,因而所取得的成就也不尽相同。然而诗人的感情与学者的理智并不相互冲

---

① 邓小平:《在郭沫若同志追悼大会上的悼词》,《怀念郭沫若·诗文集》,生活·读书·新知三联书店1978年版,第1页。
② 许冠三:《新史学九十年》,岳麓书社2003年版,第411页。
③ 谢保成:《郭沫若学术思想评传》,北京图书馆出版社1999年版,第81页。
④ 谢保成:《郭沫若学术思想评传》,北京图书馆出版社1999年版,第87页。

突，有时候反而造就了郭沫若独特的思维方式，即形象思维与逻辑思维的交织，使得他在古代器物考释领域成为具有开拓之功的一代宗师，而他的历史人物研究也总是与他的历史剧作密不可分。同时，他从1927年6月决定参加北伐开始投身政坛，终身保持了学者与政治家的双重身份。有时候，学问与政治相得益彰，而也有时候，两者相互冲突，形成巨大紧张。郭沫若常常出于政治意识，往往把古人古事现代化，而且出于政治考虑，还轻易地或违心地否认自己的观点。这也是他的学问乃至品格在日后遭到诸多猜疑批评的一大原因。然而，正如有学者所说："虽然今日回首往事、臧否人物，对郭沫若有褒有贬，但无论如何也抹不掉他在文化转型中的这一贡献。"①而在现代中国史学史上，郭沫若所取得的巨大成就更是不容抹杀。尽管他的许多学术观点需要商榷修正甚至推倒，但是对于当代史学者，诚如历史学家田居俭所说，"更为重要的还是首先珍惜郭沫若史学成就中开风气之先的诸多启示"②。

二、中国马克思主义史学的开拓者之一——吴玉章

吴玉章（1878～1966），原名永珊，字树人，四川荣县人。自幼喜读史书，擅长作文，有"金玉文章"之誉。十四岁与仲兄一道就读尊经书院。戊戌变法时期大力宣传新政。1903年东渡日本留学，接受民主革命思想，1906年加入同盟会。1907年，继雷铁崖之后主办四川留学生杂志《四川杂志》。黄花岗起义失败后，他返川领导保路运动，于9月25日宣布荣县独立，在全国率先脱离清王朝建立军政府。民国初建，他代表蜀军政府赴南京，出任参议院议员、大总统府秘书。二次革命失败后，他到法国留学，并在法组建华法教育会。1917年回

吴玉章像

国，在北京创办留法俭学预备学校，选送留法学生近两千人。1922年任成都高等师范学校校长，和恽代英、杨闇公等创办刊物《星期日》等，传播新文化、

---

① 黄修己：《略说郭沫若与20世纪中国文化》，中国郭沫若研究会编：《郭沫若与二十世纪中国文化》，福建教育出版社2004年版，第10页。
② 田居俭：《郭沫若史学成就举要》，《史学史研究》1992年第2期。

新思想，组织马克思主义团体。1925年4月，经赵世炎等介绍在北京加入中国共产党。后奉命从事统战工作，并参加北伐。大革命失败后，参加南昌起义，任革命委员会委员兼秘书长。此后赴苏联，在东方大学等校学习任教，出席共产国际第七次代表大会、世界和平会议。1938年回国参加抗战，被选为第一届国民参政会参政员，出任延安宪政促进会会长、鲁迅艺术学院院长、延安大学校长、边区政府文化委员会主任，被尊为延安"五老"之一。1945年抗战胜利后，任中共代表赴渝出席政协会议。次年兼任中共四川省委书记。1948年任华北大学（今中国人民大学）校长。次年到北京，出席中国人民政治协商会议第一届全体会议，任中央人民政府委员。中华人民共和国成立后，又被选为第一、二、三届全国人民代表大会常务委员。他长期担任中国人民大学校长，兼任国务院文字改革委员会主任、全国教育工会主席、中国自然科学普及协会主席等职。主要著作有《辛亥革命》《历史文集》《吴玉章回忆录》等。

吴玉章是中国马克思主义史学的开拓者之一，在史学理论、中国通史、历史教育特别是中国近现代革命史等诸多领域都有突出贡献。①

（一）吴玉章的中国通史研究

1928年，吴玉章在南昌起义失败后辗转奔赴苏联。中共六大结束后，他进入莫斯科中山大学中国问题研究所。他和林伯渠共同合作研究中国土地问题。年底，由他执笔写成论文《太平革命以前中国经济、社会、政治的分析》（以下简称《分析》），共三万多字。②该文试图解决的"最难解答的问题"是：中国社会从秦代推翻了封建诸侯制度，为何在此后的二千年里没有发展到近代欧洲式的大工业资本主义社会？答案是："财产资本的土地私有制作了经济向前发展的大障碍。"③该文大量参考了诸如《资本论》《家庭、私有制和国家的起源》《中国的民主主义和民粹主义》《东方革命史》和《中国革命运动史》等马克思主义经典著作，阐明了中国封建社会的基本特征，批驳了周秦以

---

① 关于吴玉章的史学成就和史学思想的相关研究为数较少。在本节写作中，主要参考了以下论文，张剑平：《略论吴玉章在中国马克思主义史学中的地位》，《社会科学研究》1997年第4期；吴达德：《论吴玉章的历史观与史学思想》，《四川理工学院学报》（社会科学版），2005年第1期；刘海军：《吴玉章史学思想的特色》，《文史杂志》1999年第2期。
② 刘文耀、杨世元：《吴玉章年谱》，四川人民出版社1998年版，第192页。
③ 吴玉章：《太平革命以前中国经济、社会、政治的分析》，中共四川省委党史工作委员会《吴玉章传》编写组编：《吴玉章文集》下册，重庆出版社1987年版，第728页。

后中国封建制度已经瓦解，进入到商业资本主义或前资本主义的亚细亚社会形态的观点。该文比较了欧洲农村发展的两条路线，一是以英法为典型的农业经济资本主义化，农民脱离土地变成自由的工人，一是以德俄为典型的农业经济重新封建化，农民被更大程度地束缚在土地上，提出中国社会在先秦封建制度崩溃后则逐渐走上了第三条道路，即"以农业为主，发展半封建的制度"的道路。① 除了经济原因以外，中国封建制度的长期存在又与中国的家族制度、建立在儒家思想意识形态基础上的封建君主专制、财产资本的地主阶级政治等诸多因素密切相关。所以该文最后指出："中国革命若要成功，非推翻财产资本的地主阶级不可；要推翻财产资本的地主阶级，非推翻小资产阶级的绅士及封建家族社会不可；要推翻绅士及家族社会，非推翻孔子的学说不可。而唯一的就是要推翻他的经济基础，就是说唯一的手段就是土地革命，无条件地没收一切地主阶级的土地收归国有。"

吴玉章执笔完成的这篇分析报告并不是完全纯粹的史学论文，但是在中国马克思主义史学发展史上仍当占有不可忽视的地位。虽然其中不少论点即使在马克思主义史学内部也会引发极大争议，如认为秦朝"本是代表商业资产阶级的政权"②，然而正体现了中国马克思主义史学在草创时期不可避免的幼稚性。该文与同一时期郭沫若的《中国古代社会研究》都是产生于20世纪30年代中国社会性质大论战的前夜。吴玉章和郭沫若等早期的马克思主义史家致力于证明马克思和恩格斯的人类社会发展阶段论是正确解释中国历史的指导思想。郭沫若的《中国古代社会研究》最早尝试借助于马克思主义理论重释周秦之际的史实，而吴玉章与林伯渠合作完成的这篇《太平革命以前中国经济、社会、政治的分析》则是最早以马列主义理论深入分析中国秦代以后的封建土地制度、家族制度和政权性质的论著。该文由于未及时在国内公开发表，因而并不像郭沫若著作那样，在社会史大论战中引起广泛争论，但这无损它的史学价值。这是中国学者讨论中国封建社会长期延续这个重大问题的较早尝试。中国封建社会长期延续问题是20世纪以来中外学者关注和讨论的重大学术问题，也是迄今尚未完全解决的问题，吴玉章从封建土地制度、家族制度和封建政权的

---

① 吴玉章：《太平革命以前中国经济、社会、政治的分析》，《吴玉章文集》下册，重庆出版社1987年版，第743、751页。
② 吴玉章：《太平革命以前中国经济、社会、政治的分析》，《吴玉章文集》下册，重庆出版社1987年版，第736页。

《中国历史教程绪论》（新华书店发行1950年版）

阻碍作用分析问题，已被新中国成立后学术界证实是正确的认识。因此，可以说《分析》是一篇在中国马克思主义新史学发展过程中具有开山作用的史学论著，它的出现同样标志着中国马克思主义新史学的诞生。

1936年，吴玉章在莫斯科东方大学第八分校讲授中国史，修订完成了《中国历史教程》（以下简称《教程》）讲稿（或称"讲义"），同时为了教学方便，又根据讲义写了一个教学提纲《中国历史大纲》（以下简称《大纲》）。《中国历史教程》的绪论部分曾公开发表出版，对于1949年以后大陆马克思主义史学的发展颇具影响。

吴玉章从马克思主义史学的立场指出："人类的历史就是人类自己发展的历史。一切过去的历史，除了原始社会以外，都是阶级斗争的历史。"因此，他的中国历史研究主要着眼于阶级社会的产生、发展和衰落。他重视中国现代考古学的成就，认为商代还是金石并用的时代，文字才刚产生，也没有发现铁器的证明，所以"从商代起中国才算有了真正可考的历史"。①依据这一认识，他将一部中国历史划分为上古、中古、近古和近代四大时代。上古又分为两个时期，从太古到夏朝末为神话传说时期，从商朝到秦统一中国为有文字记载时期。适应前一个时期的生产方式为原始公社制度，后一个时期则为奴隶制形成和发生变化的时期。中古由秦统一到五代末年。近古由北宋统一至鸦片战争，为中国特殊的封建制度时期。近代从鸦片战争一直到作者编写讲义的前一年，即1935年。这段时期以五四运动为界，又可划分为前后两个阶段，即帝国主义侵略阶段与中国人民民族民主革命阶段。

吴玉章的历史研究始终强调以马克思主义的历史唯物辩证法为武器，分析说明中国历史，以恩格斯《家庭、私有制和国家的起源》一书的理论和方法作为上古史研究的指南，结合中国古史文献，全面描绘了这一时代的生产力、生产关系和婚姻文化形态。他重视分析不同时期的社会生活基础、社会结构、文化和历史人物，常能提出一些颇具新意的看法。如他用发展的眼光分析了大

---

① 吴玉章：《中国历史大纲》，《吴玉章文集》下册，重庆出版社1987年版，第809页。

禹治水和禹传子启的社会意义，认为启开始传子的制度是"母系氏族社会转到男系氏族社会的一大变革"①。他还明确指出，这一变革推动了中国宗法家族制度的壮大。此后，虽然中国自秦以后废除了封建诸侯形式，土地可以自由买卖，但封建制度的改革不过是造成了特殊的封建形式。秦末到太平天国历史上的农民大起义最根本的原因在于土地集中于地主之手，农民受到残酷的剥削。此外，他还指出，"中国历史应该是包括全中国各民族的历史"②。他批评传统史学都以汉族的历史作为中国历史，对于其他诸多民族的历史语焉不详，甚至付诸阙如。他倡议应该把各民族的历史汇合起来编纂成中国的历史。这一主张至今仍值得当代历史学者立志实践。

吴玉章在20世纪30年代中期编成的《教程》以及《大纲》，一方面直接继承了《太平革命以前中国经济、社会、政治的分析》的研究成果，注重分析宗法家族制度在中国历史发展中的特殊作用和土地制度对中国社会发展的影响，另一方面也注意到郭沫若和其他学者对秦以后的中国封建社会的分歧意见，明确赞同郭沫若的秦以后中国社会封建性的观点，只是对中国封建社会具体开始的时间有不同的看法。

（二）吴玉章的中国革命史研究

1948年始，吴玉章在新成立的华北大学讲授中国革命历史，其讲稿经整理后以《中国最近五十年民族与民主革命运动简史》（以下简称《简史》）为名油印出版。这是一部以马列主义、毛泽东思想作为理论指导，结合中国革命实际，最早具有系统性的完整的中国革命史专论。该文概述了从甲午中日战争到中华人民共和国诞生的中国最近五十年的革命史，认为这五十年革命史是资本主义最后阶段的帝国主义时代殖民地、半殖民地争取解放的革命斗争史，是殖民地和半殖民地对外打倒帝国主义、对内打倒封建主义与官僚买办资本主义的民族与民主的革命斗争史。在该文的总论部分，吴玉章倡导一种重视变化与联系的历史学方法。他说："我们研究历史的态度，不仅要诚实的按照年代纪实，叙述其中个别的事实，正确的描写单个的事变，而最重要的是要把这些事实和事变中间的联系表现出来。"③为此，他从世界历史的宏观视野着眼，以

---

① 吴玉章：《中国历史大纲》，《吴玉章文集》下册，重庆出版社1987年版，第815页。
② 吴玉章：《中国历史大纲》，《吴玉章文集》下册，重庆出版社1987年版，第811页。
③ 吴玉章：《中国最近五十年民族与民主革命运动简史》，《吴玉章文集》下册，重庆出版社1987年版，第867、873页。

甲午战争为界，将中国近百年革命史划分为旧民主主义革命和新民主主义革命两个时期，又进一步分为九个紧要阶段：甲午战后救国运动时期、戊戌变法时期、义和团运动时期、辛亥革命时期、五四运动时期、中国共产党成立及第一次大革命时期、土地革命时期、抗日战争时期和人民解放战争时期。在该文中，吴玉章着重阐述了近五十年中国革命的基本问题和主要问题，其中除毛泽东已经论述过的中国革命的对象、任务、动力、性质、前途与转变、战略与策略及土地问题外，还着重论述了革命的理论、革命运动的政党、近五十年的社会经济和国家政权，特别是革命的军队四个方面的问题。

中国近现代革命史的探讨虽并不始于吴玉章，但《教程》和《简史》对中国近代史的论述不容忽视，特别是关于研究中国近代史的关键和中国近代史各个方面的问题更值得重视。《简史》虽是一部未来得及进一步充实的总论和大纲，但它的问世却表明一个系统完备的中国现代革命史体系的初步形成，与毛泽东对中国革命理论问题的总结及范文澜、华岗、胡绳研究中国近代史、中国民族解放运动史一样具有开拓之功。

值得一提的是，吴玉章在李新、戴逸和胡华、王宗柏等帮助下整理而成的约十八万字的专著《吴玉章回忆录》。其中既有从甲午战争到解放战争自己亲身经历的革命历程的回顾，也有杨闇公、赵世炎、林伯渠等革命者斗争生涯的记述。约七万字的《从甲午到辛亥革命的回忆》，颇受史学家推崇，在于它不只是一篇回忆录，实际上是一部简明的辛亥革命史专著。书中所记吴玉章当时对义和团的认识和态度，特别是对百日维新的评价，对广州起义失败原因的分析，对汪精卫和喻云纪在暗杀活动中的不同表现的描述，既生动感人又颇具理论水平。通过对辛亥革命五十年的反复思考和理论研究，结合中国革命的实践，在马列主义理论指导下，吴玉章撰成的长篇论文《论辛亥革命》及其回忆录，将中国辛亥革命的研究，无论从史实上还是理论上都推进到新的阶段。正如著名史学家胡华所说："不但在国内史学界有重大影响，也受到国际史学界的重视。"至于他的其他回忆录，"不但对研究近现代中国革命史提供了丰富的第一手资料，而且也是进行革命传统教育的宝贵教材"[①]。

[①] 胡华：《吴玉章》，《中国历史学年鉴》（1979），人民出版社1980年版，第313页。

（三）吴玉章的史学思想

吴玉章晚年自称是"历史学的爱好者"[①]。这无疑是过谦之词，事实上他是党内公认的历史学家。1940年1月15日，中共中央在延安中央大礼堂隆重举行"吴玉章同志六十寿辰庆祝会"。李富春在会上宣读中共中央的贺词，称赞吴玉章为"我党可贵的历史专家"[②]。

吴玉章自幼爱好史学，五四时期接受了马克思主义理论。1928年开始用马列主义理论分析中国大革命和中国封建社会，随后又系统学习马列主义基本理论，并用这一理论为指导，开始了较系统地从事中国历史教学和研究活动。在长期的革命实践中，他逐渐形成了颇具特色的马克思主义史学观。他认为，"历史是人类社会自己发展的过程，人类社会最根本的特点，是人类能劳动生产，因此，人类社会的历史，是劳动生产者发展的历史"[③]。他遵循马克思和恩格斯的唯物史观研究历史，相信人类社会历史发展的法则是"一元的"，"中国社会历史的发展，当然也不能在这个共同法则之外，另有一个途径"[④]。但是，他也注意到需要正确把握历史发展的普遍性与特殊性，唯物史观与具体历史叙述的辩证关系。他指出："历史发展的规律，有其共同性，也有特殊性。因此，说到一般的共同性之外，一定要把握它的特殊性。我们反对那种说亚细亚生产方式是另外一种历史发展的道路，但我们并不反对说东方社会发展有它的一些特点。"[⑤]又说："不能把社会经济形态抽象的定义简单地交给学生，拿抽象的社会学的公式去代替有年代联系的具体叙述的历史。"[⑥]

吴玉章还坚持历史学的科学性。他强调历史是"一种科学，它是要发现整个人类社会发展变化的规律的科学，尤其是要研究劳动者推进人类社会发展的规律的科学"。人类社会发展变化的规律则是由马克思和恩格斯揭示的阶级斗争史观。因此，"研究过去的历史，主要的是研究一定阶级社会的产生、发展和衰落的过程，研究阶级斗争，研究怎样消灭阶级以达到无阶级的社会"[⑦]。新中国历

[①] 吴玉章：《〈历史文集〉序言》，《吴玉章文集》下册，重庆出版社1987年版，第905页。
[②] 刘文耀、杨世元：《吴玉章年谱》，四川人民出版社1998年版，第244页。
[③] 吴玉章：《在苏联》，《吴玉章文集》下册，重庆出版社1987年版，第1122页。
[④] 吴玉章：《中国历史大纲》，《吴玉章文集》下册，重庆出版社1987年版，第810页。
[⑤] 吴玉章：《中国历史教程绪论》，文明印刷所，1949年，第3页。
[⑥] 吴玉章：《中国历史大纲》，《吴玉章文集》下册，重庆出版社1987年版，第811页。
[⑦] 吴玉章：《在苏联》，《吴玉章文集》下册，重庆出版社1987年版，第1122页。

史学会一成立，吴玉章就强调"应当根据实事求是的精神，对历史材料作科学的研究"。①吴玉章将"史实务求其真实，评价务求其公允"作为治史的座右铭②，强调科学的历史研究首先要有可靠的史料。他指出："史实可信是科学的最基本的要求。一切正确的理论就是从可靠的事实中引出来的。如果史实错误，不管议论多么宏伟，也是站不住的。历史要求事实完全可靠，而不允许有任何的虚构和夸张。"③把握史料只是第一步，根据正确的理论解释史料发现规律才是历史研究最后的目标。吴玉章说："历史科学的任务就在于发现事变中的真实联系，说明一般的运动规律。要能够正确地担负起这个任务，就必须认真地学习马克思主义，学习毛泽东著作，掌握研究历史的最基本的方法。"④

吴玉章毫不讳言地宣称，"历史还是革命斗争的有力工具"。研究历史的意义，在于揭示"劳动者被奴役和争取解放斗争的历史"，从而坚定革命者的胜利信心，使革命者"获得进行斗争和争取胜利必需的知识"⑤。所以他的历史学研究重视为现实政治服务。如他通过对秦汉以后土地私有制的分析，驳斥了托派在中国社会性质问题上的错误观点；讲"南宋和战"之争时，批驳了日本帝国主义和国民党反动派御用学者在岳飞和秦桧问题上颠倒黑白的险恶用心。⑥吴玉章的这一史学思想也鲜明地体现了马克思主义史学的一大特色。

第四节　名家荟萃的中国古代史研究

一、经史融会的蒙文通

蒙文通（1894～1968），原名尔达，字文通，四川省盐亭县石牛庙乡人。1906年随伯父赴成都四川省立高等学堂分设中学求学，同学中有郭沫若、李劼人、王光祈、周太玄等。1911年入四川存古学堂，受知于经学大师廖平和刘师

---

① 刘文耀、杨世元：《吴玉章年谱》，四川人民出版社1998年版，第375页。
② 吴玉章：《〈历史文集〉序言》，《吴玉章文集》下册，重庆出版社1987年版，第906页。
③ 吴玉章：《吴玉章文集》上册，重庆出版社1987年版，第2页。
④ 吴玉章：《在辛亥革命学术讨论会上的讲话》，《辛亥革命五十周年纪念论文集》上册，中华书局1962年版，第3页。
⑤ 吴玉章：《在苏联》，《吴玉章文集》下册，重庆出版社1987年版，第1122页。
⑥ 吴玉章：《〈中国历史教程〉讲义》，《吴玉章文集》下册，重庆出版社1987年版，第778、793页。

培等。1915年春,撰《孔氏古文说》,辨旧史与六经之别,颇受廖平嘉许。1921年,追随伯父至重庆,先后执教重庆府联中和重庆二女师。同事中有张闻天、恽代英、萧楚女、邓少琴、唐迪生、彭云生等人。1922年,作《经学导言》书成。廖平见其书,不以其或违己说而生忤,反而褒扬有加,称赞蒙文通"文如桶底脱落,佩服佩服,将来必成大家"。1923年,远游江浙,在南京受学于欧阳竟无修习唯识法相之学,与同窗好友汤用彤、熊十力、吕澂、王恩洋等朝夕切磋。其间作《中国禅学考》,辨禅宗二十八祖之说不足据,并析今禅古禅之异趣,受到欧阳竟无赞赏。

蒙文通像

1927年后,先后执教于成都大学、成都师范大学、成都国学院、中央大学、河南大学、北京大学、河北女子师范学院。抗战爆发后回四川,任四川大学教授。不久出任四川省图书馆馆长,兼华西大学、四川大学教授。其间写成《周秦民族史》《中国史学史》《古地甄微》《儒家政治思想之发展》《墨学之源流及其原始》等论著。1952年院系调整后,专任四川大学教授,兼中国科学院历史研究所一所研究员、学术委员。在此期间,著述甚丰,尤以《越史丛考》著称于世。蒙文通资质聪颖,功底深厚,兴趣广泛,又得名师指引,故学术方向宽广,自经学入,泛及史传、诸子、理学,释道二藏莫不淹通,兼采博涉,著述丰富,考辨抉微,创获颇多,犁然自成体系,卓尔一家之言。积稿都百数十万言,其哲嗣蒙默整理编辑为《蒙文通文集》六卷,由巴蜀书社于1987~2001年间出版。该文集以类分卷,分别为《古学甄微》《古族甄微》《经学抉原》《古地甄微》《古史甄微》《道书辑校十种》,收录近百篇(部)著作,共二百三十多万字。该书内容包括先秦两汉的经学及诸子学,晚周、六朝、两宋史学,佛学中的禅学和唯识学,道家和道教学,宋明理学,古地理学,古代民族史,古代社会经济史等方面,如百川竞发,莫见涯涘,近世大家,少有出其右者。涉及范围之广博,论述之精深,令人惊叹。①

---

① 参见刘复生:《通观明变,百川竞发——读〈蒙文通文集〉兼论蒙文通先生的史学成就》,《四川大学学报》(哲社版)2004年第6期。

（一）"革命性的论述"——蒙文通的"古代民族文化三系说"

《古史甄微》（商务印书馆1933年版）

1927年，蒙文通撰成其成名作《古史甄微》，研讨了"三皇五帝"体系的形成和演变，指出此三五体系乃战国晚起之说，不足为据，诸传说帝王不过为上古各长其民的部落豪酋演化塑造而成。他进而提出中国上古民族可分为江汉、海岱、河洛三系，其分布之地域不同，其生活与文化亦异。江汉民族即炎族，以炎帝、神农、三苗、共工、祝融、蚩尤为代表，以姜姓为主；海岱民族即泰族，以燧人、伏羲、女娲、两皞、帝舜、皋陶为代表，以风、偃、嬴姓为主；河洛民族即黄族，以黄帝、颛顼、帝喾、帝尧为代表，以姬姓为主。"比其同异论之，泰族为长于科学、哲学之民族，俨然一东方之希腊；炎族为长于明祎祥、崇宗教之民族，颇似印度；黄族为长于立法度、制器用之民族，颇似罗马。"①在此三大族系中，又以居于东方沿海的泰族为最早，"当即为中国旧来土著之民，自东而西，九州之土，皆其所长"②。黄族发源于河、洛之间，是西北民族，炎族则懂农稼，是西南民族，"此两大民族，一游猎，为行国，一耕稼，为居国，累世争战，实占中国上古民族之主要部分"③。此后，从炎族、黄族到唐虞之世，"始则为南北二族，文化各殊，及接触既久，渐以孕育新文化，及于伯禹，遂大成熟……风、姜、姬氏，融和而一，统曰诸夏"④。

蒙文通秉此思路，进而提出古史传说三系之说。《山海经》所言史迹与屈原《天问》《庄子》多有吻合，而《孟子》源于《六经》，《韩非子》则源于《汲冢纪年》，故古代史迹传说可分为三系：北方三晋、东方齐鲁与南方楚地。"三方所称述之史说不同，盖即原于其思想之异。"鲁人敦礼义，晋人崇

---

① 蒙文通：《古史甄微》，《蒙文通文集》第五卷，巴蜀书社1999年版，第67页。
② 蒙文通：《古史甄微》，《蒙文通文集》第五卷，巴蜀书社1999年版，第57页。
③ 蒙文通：《古史甄微》，《蒙文通文集》第五卷，巴蜀书社1999年版，第55页。
④ 蒙文通：《古史甄微》，《蒙文通文集》第五卷，巴蜀书社1999年版，第55页。

功利，楚人好鬼神，其不同的地域文化传统遂产生以后诸子学术的歧异。如纵横、法家为三晋之学，辞赋、道家为南方之学，六经、儒、墨为东方之学。三墨为秦之墨主从事，南方之墨主谈辩，东方之墨主说书。战国道家也有南北之别，如庄周主虚无为南方之道家，黄老主因循为北方之道家。"三方文物之各殊，在在可见，固非言史一端而已。"①

今人王汎森对蒙文通的"古代民族文化三系说"评价说："将古代学术两系统说转化为古史多元论述，可以说是近代上古区系类型论的滥觞，它与徐中舒的《从古书中推测之殷周民族》（1927）、傅斯年的《夷夏东西说》（1934）、徐炳昶《中国古史的传说时代》（1943）中的三集团说，都是革命性的论述，共同打破了古来一系相承的旧说。"②蒙文通的古代民族三系说将纷繁纠结的上古史理出了一个头绪，使千百年来许多争讼未决的问题豁然而通，开创了中国地域文化研究之先河，其科学性也已经为后来的考古学和人类学的新发现所证实。③

正如杨向奎所揭示的，蒙文通的古史三系说与顾颉刚的"层累地造成古史说"颇有异曲同工之妙，前者在方法论上走向空间，后者则走向时间，"都受有今文经的影响"。④蒙文通的老师廖平早在《今古学考》中便提出将长期以来争讼不决的今古之分重新解释为齐、鲁与燕、赵学问之异，从而将学术观念的不同转化为地域的差异。蒙文通受此启发，在《经学抉原》中吸收廖平与刘师培的观点，提出晚周学术可分为三系：鲁学、齐学、晋学。今文学源于鲁学、齐学，而古文学则源出三晋。此后，受到新旧学术的激荡，蒙文通由经入史，以史证经，遂有《古史甄微》的文化多元论的创获。其间前后立场虽有转移，然而治学宗旨实未改变。⑤如其所言："《经学抉原》所据者制也，《古史甄微》所论者事也。此皆学问之粗迹。制与事既明，则将进而究于义，以阐道术之精微，考三方思想之异同交午，而衡其得失……庄、老沉疴，若在膏

---

① 蒙文通：《古史甄微·自序》，《蒙文通文集》第五卷，巴蜀书社1999年版，第2~3页。
② 王汎森：《近代中国的史家与史学》，复旦大学出版社2010年版，第76页。
③ 参见童恩正：《精密的考证 科学的预见——纪念蒙文通老师》，蒙默编《蒙文通学记（增补本）》，生活·读书·新知三联书店2006年版，第158~159页。
④ 杨向奎：《我们的蒙老师》，蒙默编：《蒙文通学记（增补本）》，生活·读书·新知三联书店2006年版，第68页。
⑤ 参见张凯：《出入"经""史"："古史三系说"之本意及蒙文通学术旨趣》，《史学月刊》2010年第1期。

育，荀、韩所陈，有同废疾，思、孟深粹，墨守无间，必读而辨之，而后知东方文化中之东方文化，斯于学为最美。"①

在倡鲁、齐、晋之学，以地域分今、古和破弃今、古家法而宗周秦儒学之旨之后，蒙文通于1944年又在《儒学五论》中提出，汉代经学，尤其是"先汉经说"乃融会百家之学，出入"六经"，综其旨要于儒家而创立了新儒学。其中酝酿长达十年之久的《儒家政治思想之发展》一文，一反旧日崇鲁学薄齐学之故说，揭示了齐学在周秦之际如何完成了对旧儒学的改造，转变为倡言"革命""素王"的新儒学。蒙文通还揭示汉代经师提出的"立素王之制"，或又称"一王大法"，其中的一大关键问题即是井田制。②针对长期各执一词的井田制问题，他指出文献记载上的井田制度，本来就有两种，一种是历史上确实存在过的，一种是学者们所理想的，前者是阶级严酷的不平等制度，后者是人人平等的理想制度。他以《孟子》结合《周官》《齐语》《左传》进行研究，提出西周是彻助并行、国野异制。这是周灭殷后，征服者统治被征服者的严格区分贵贱等级的不平等制度。这便是史迹之井田制。而汉代经师讲"一王大法"虽然也是在讲井田制，不过却是理想之井田制。蒙文通进而对汉代经师鼓吹的其他制度之荦荦大者作了比较研究，发现辟雍、封禅、巡狩、明堂等制度也都有史迹与理想之异，且皆有其微言大义。这一见解为后人找到了一把进一步研究井田制的钥匙。

（二）"历史学家的责任感"——蒙文通的民族史研究和巴蜀史研究

《古史甄微》在论述夏商周三代史事时，特别注意了周边民族与中原王朝的关系。之后，蒙文通开始探寻周秦时代西戎、赤狄、白狄诸民族先后迁徙之迹。20世纪30年代任教天津，在顾颉刚的催促下，陆续写成《犬戎东侵考》《秦为戎族考》《赤狄》《白狄东侵考》《古代民族迁徙考》诸文，刊于《禹贡》杂志，引起国内外学界对周秦民族的关注和争论。其时时势巨变，日寇肆虐，蒙文通深感对中国古代民族历史变迁进行探讨的重要性，体现了深切的现实关怀。诸篇后合为《周秦少数民族研究》，约十余万言，于1958年出版。诸篇考论从空间上追溯民族迁徙流动之迹，从时间上洞悉前后同一族称掩蔽之下

---

① 蒙文通：《古史甄微》，《蒙文通文集》第五卷，巴蜀书社1999年版，第15页。
② 蒙文通：《儒家政治思想之发展》，《蒙文通文集》第一卷《古学甄微》，巴蜀书社1987年版，第171页。

的不同族群，进而观其民族融合之势，提出了许多精辟的见解。如在考察戎狄活动的地理范围及其历史顺序时，蒙文通敏锐地留意到戎人的某些分支曾经南入江汉淮湘。近年来的民族学和考古学研究都对此说提供了佐证。又如蒙文通对中山国的考论也为20世纪70年代发现的河北平山县中山王陵墓的研究提供了有益参考。其考论中关于中山王国接受华夏文化，"行仁义，贵儒学"等论述也在出土铜器铭文中得到印证。①与此同时，蒙文通对魏晋南北朝的南方民族也进行了研究，指出当时不仅有北方民族的南下进入中原，而且也还有南方民族的北上。且又指出南方民族的北上当于扶南、林邑之崛起南裔有关。

20世纪50年代后，蒙文通继续关注包括巴蜀在内的南方民族史，写出一系列论著，发微见著，令人观止。1958年，他写了《汉唐间蜀境民族之移徙与户口升降》一文揭示汉唐间蜀境户口之升降变化，与全国各地颇不同步，其原因除与当地之治乱盛衰有关外，更颇与蜀境少数民族之移徙密切相关。60年代初，蒙文通又写了《巴蜀史的问题》《略论〈山海经〉的写作时代与产生地域》和《庄蹻王滇辨》等文。对于这几篇论文，蒙文通曾自我评价说，"都不是我六十岁以前所能写的，六十岁以后心思更深细曲折。一些二三十年前所知道而不敢用的材料，现在能理解能使用了"。②在这些文章中，他考察《山海经》产生的"时代"和"地域"，特别注意到该书把古巴、蜀、荆楚之地都作为天下之中来看待，认为《山海经》可能是巴、蜀地域所流传的代表巴蜀文化的典籍。这个观点随着近年来川西考古工作的深入开展尤其是三星堆遗址的发掘研究而得到证实。在《巴蜀史的问题》一文中，蒙文通提出了很多新颖而独到的见解。如对巴蜀两地区的范围，他认为在不同时期有不同的范围。他还特别指出存在一个"与巴蜀同俗"的范围。后来考古学上提出的"巴蜀式铜器"完全证实了这一观点的正确性。他还考论，在古代巴蜀区域内存在诸多诸侯国（部落国家），"古代的巴、蜀应该只是一种联盟，巴和蜀只不过是两个霸君，是这些诸侯中的雄长"。③他指出，秦灭蜀后，贬蜀王更号为侯，所谓三

---

① 本节主要参考龚谨述：《蒙文通先生的民族史研究——纪念蒙文通先生诞辰一百周年》，《民族研究动态》1994年第4期。
② 《治学杂语》，蒙默编：《蒙文通学记》（增订本），生活·读书·新知三联书店2006年版，第24页。
③ 蒙文通：《巴蜀史的问题》，《蒙文通文集》第二卷《古族甄微》，巴蜀书社1993年版，第199页。

封蜀侯皆当为蜀王子孙,从而解决了《史记》《华阳国志》等古代史籍的抵牾难解之处。对于巴蜀的生产水平,他也给予了重新评价,认为在秦灭巴蜀之前,巴蜀的生产水平已有相当高度,不必等到李冰守蜀筑都江堰。秦灭巴蜀后,巴蜀经济大大向前发展,但也不必始于李冰。他推论这是秦昭王把商鞅的开阡陌措施推行到巴蜀地区。1980年四川青川县郝家坪秦墓出土了记载昭王下令在蜀"开阡陌"的木牍证明了这一推论。蒙文通进而论巴蜀文化的特征,认为蜀人有自己的传统文化,未能笃信儒家的学说,仍然酷好文学,辞赋、黄老、律历、灾祥是巴蜀固有的文化等,极为深刻,乃为众辩纷纭的巴蜀文化论中的不朽篇章。在对《史记》"庄蹻王滇"的重新考证中,蒙文通经过细致的辨析,认为此为夜郎庄王建立牂牁国的讹传。此说颇引起学术界的关注。后来不少学者从考古学的角度指出,滇文化与楚文化是完全不同的两种类型,补充印证了蒙文通的观点。

《越史丛考》是蒙文通生前完成的最后一部论著,是为回答南方民族史的若干重要问题而作的。越南史家陶维英谓春秋战国以前,当另外一个大族(汉族)占据着黄河流域的时候,而越族却占据着扬子江以南整个地区,显然是对中国南方民族上古史的一大歪曲。《丛考》析楚、越畛域,辨楚、越同祖之谬,论楚、越不同族,明陶氏之舛谬于天下。对古史所载"百越"诸民族作了具体分析,揭示出他们各自不同的文化特征和变迁史迹,把南方民族史的研究推进到了一个新的阶段。其中《安阳王杂考》一章,揭古蜀开明王南迁史实,与徐中舒《交州外域记蜀王子安阳王史迹笺证》一篇得出大体相类的结论,都为蜀史添上新章。《丛考》又据《临海水土志》及《太平寰宇记》所载夷州(今台湾)有"越王射的正白""越王钓石",指出东瓯、闽越、南越在汉武帝破亡之后,越人不再有王,此"越王"必西汉以上之越王,则"台湾、澎湖早在春秋末叶或已为大陆建国吴、越所统属,而为越王巡游所至之地矣",把台湾与大陆统属关系的时间大大地推前了。①《丛考》是在"文革"中昼系牛棚、夜归伏案的艰苦条件下完成的,整理出版后,引起极大反响。李一氓写道:"首先感觉到作者作为历史学家,自有一种历史学家的责任感……他不是为历史考证而考证,不是抽象的考证,更不是炫耀博学的考证。在着笔时,他

---

① 蒙文通:《越史丛考》,《蒙文通文集》第二卷《古族甄微》,巴蜀书社1993年版,第404页。

必然怀有维护中国民族崇高利益的历史学家的责任感。"①

上述蒙文通的民族史研究不少又属于巴蜀史问题。事实上,蒙文通有很深的桑梓情怀,非常重视巴蜀区域历史文化的研究。他对区域史的重要性有清晰的认识,曾在1958年写道:"十余年前余深感各省区(或数省合为一区)在不同历史时期对国史有其不同影响,而各省区之历史关系整个国史者至重;近又深感省区内各州府(或数州府联为一地区)……对考论省区历史亦极重要。"②而研究区域史又必须重视其特点,才能达到修撰区域史的基本要求,他指出:"夫一区域之史,犹之一民族之史,英、法、德、苏,莫不有其各具

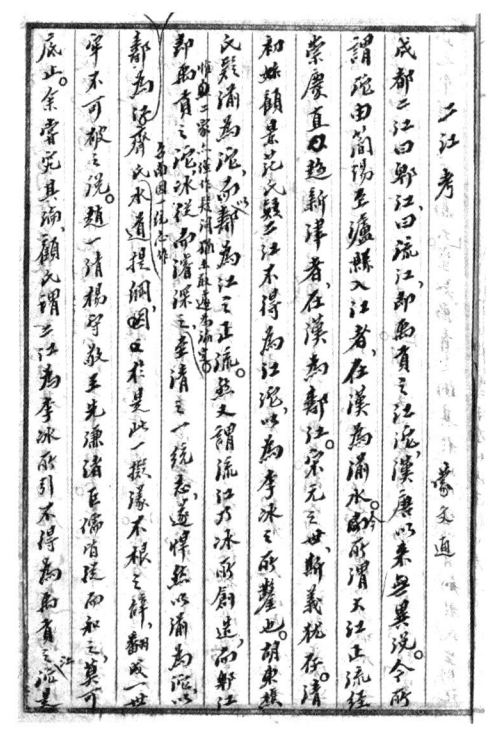

蒙文通《成都二江考》手稿(蒙默先生提供)

之性格,史而失此,则无所用于史。以蜀而论……自具一历史面目者也。"③蒙文通研究巴蜀历史文化多年,著述颇丰,除了上述论文外,还有《成都二江考》《四川历代盛衰与户口登耗考略》《四川古代交通线路考略》《略论四川二千年间各地发展先后》以及有关道教和廖平等重要作品(现已收载《蒙文通文集》中),均能直探堂奥,见其卓识。

(三)"史学莫精于宋"——蒙文通的宋史研究

蒙文通对宋史研究精深独到。正如有学者所说:"蒙老在宋史研究和教学上的杰出成就,蒙老对中国宋史学的突出贡献,使他无愧为中国现代的宋史学

---

① 李一氓:《读〈越史丛考〉》,蒙默编:《蒙文通学记》(增订本),生活·读书·新知三联书店2006年版,第181~182页。
② 蒙文通:《略论四川二千年间各地发展先后》,《蒙文通文集》第四卷《古地甄微》,巴蜀书社1998年版,第205页。
③ 蒙文通:《〈华西大学图书馆四川方志目录〉序》,《蒙文通文集》第四卷《古地甄微》,巴蜀书社1998年版,第108页。

的奠基人之一。"①自20世纪20年代起直到逝世前,蒙文通在各大学授课即分别开出中国通史、宋元史、宋史、宋代理学、宋代史学、宋代学术等基础课和专题课,60年代又招收培养宋史研究生。据统计,蒙文通已发表的主要宋史研究论著约有二十九篇(本),研究范围大致包括宋代理学、唐宋变革、熙丰变法、宋代商业和宋代史学史等重要主题,视野宏阔,成果硕大。②

蒙文通曾自我评价道:"诸学中自得之深者厥惟理学。"③早在20世纪30年代,蒙文通即与北大同仁汤用彤、钱穆、熊十力等经常研讨宋明理学与佛学,并撰写或发表了《评〈学史散篇〉》《致柳翼谋(诒徵)先生书》等有关宋学的论著,同时写下了一些研究理学的其他论著。他直接论述理学的著作(大部分是宋代理学),主要集中在《理学札记》《理学札记补遗》,都是在研究过程中所写的各条分列札记,二者合计四百二十八条,三万多字。此外,1952年、1963年分别致张表方、郦衡叔、洪廷彦等的信,也是这类重要著述。在这些著作中,蒙文通以深入堂奥、溯源清流、辨其异同的切实探究,阐述了自己对理学的基本问题和一些理学家的论析,对朱陆异同、理学诸家聚讼的理气道器关系等问题进行剖判,提出了研究新见和精到认识。有学者称之为"专门之哲学论著","乃深究宋、明理学诸家,含英咀华而别具慧解之作"。④至于儒、道、佛三教之融汇,蒙文通认为:"唐、宋以来,禅宗既盛,儒者吸取其言为理学,全真又吸取禅宗、理学以为道……三教之说,溯其源固各不同,不可得而合,其末流相为取益,又似不可得而分。"如"二程之学实为希夷之传","北宋儒学,显有三派,为洛学、新学、蜀学,皆于六经有解,各自树立。洛派唯司马光注老子,二程理学一派则排斥佛、老,至荆公新学,东坡蜀学,皆深入于佛、老"⑤。

蒙文通也是中国现代史学家中较早注意到唐宋之际社会全面变革的学者之一。早在1935年,他就明确指出中国古代学术思想的演变和宋代学术思想的

---

① 朱瑞熙:《文通师论宋史》,蒙默编:《蒙文通学记》(增订本),生活·读书·新知三联书店2006年版,第180页。
② 胡昭曦:《蒙文通先生与宋史研究——读〈蒙文通文集〉》,《四川大学学报》(哲社版)2004年第6期。
③ 蒙文通:《蒙文通文集》第三卷《经史抉原》,巴蜀书社1995年版,第189页。
④ 萧萐父:《含英咀华,别具慧解——蒙文通先生〈理学札记〉读后》,蒙默编:《蒙文通学记》(增订本),生活·读书·新知三联书店2006年版,第96页。
⑤ 蒙文通:《蒙文通文集》第一卷《古学甄微》,巴蜀书社1987年版,第326~329页。

特点及其历史地位。他在《评〈学史散篇〉》中写道:"中国学术,建安、正始而还,天宝、大历而还,正德、嘉靖而还,并晚周为四大变局,皆力摧旧说,别启新途。""大历以还之新学虽枝叶扶疏,而实未能一扫唐之旧派而代之,历五代至宋,风俗未能骤变也。旧者息而新者盛,则在庆历时代,然后朝野皆新学之流。"同年的《致柳翼谋(诒徵)先生书》、1938年撰写的《宋史叙言》等著述也对此作了较详考论。此后,蒙先生坚持和发展这一认识,断断续续写了几年,于1957年发表的《中国历代农产量的扩大和赋役制度及学术思想的演变》一文,是集中体现蒙先生关于治史要通和探源明变学术主张的代表作,也是他研究中国古代史上社会变革和宋代学术思想发展变化的代表作。他从中国古代占主要地位的农业生产入手,探求周秦至明清社会经济基础与上层建筑的突出变革,以丰富史料为基础,考论了历代农产量、赋役制度和学术思想的主要发展阶段。他指出,历代单位面积农产量的扩大可分为战国两汉、魏晋六朝、唐宋、明清四个阶段。赋役制度可分为两汉的租赋、魏晋到唐的租调、唐宋到明的两税、明中叶以后的一条鞭。这四个阶段又恰好和农产量扩大的四个阶段相吻合。这也正体现着统治者对农民剩余劳动的剥削方式是紧随着生产力的发展而变化着。此外,选举制度、兵制等也都颇能和农业发展的阶段相配合。在学术思想上也与上述四个阶段密切配合,经历了两汉学术、正始学术、大历学术、嘉靖学术的演变。"这些现象都绝不是偶然的,都应有其一定的内在联系的。"并且强调指出:"这四个阶段中,又以唐前唐后之变最为剧烈,而且也更为全面","秦以来二千多年的中国历史,就巨大变化来看,可以唐前唐后分为两大段;就其显著的段落来(看),可以魏晋、中唐、晚明分为四段"。仅就学术思想而论,自天宝、大历之后,"发生了一次革新运动,无论在经学、文学、史学、哲学各方面都发生了反对旧传统的新学术,而这一新学术,终唐以至五代,都还没有能够成为学术界的主流……及至宋仁宗庆历以后,新学才走向勃然兴盛的坦途,于是无论朝野都是新学的天下了"[①]。蒙文通因此提出"于宋史首应研学术",而"宋人之学,其始也为哲学"[②]。而且他还进一步解释说,"讲学术,不能根据王朝来讲。宋的学术是从唐中叶开

---

① 蒙文通:《中国历代农产量的扩大和赋役制度及学术思想的演变》,《蒙文通文集》第五卷《古史甄微》,巴蜀书社1999年版,第372页。
② 蒙文通:《蒙文通文集》第三卷《经史抉原》,巴蜀书社1995年版,第397~398页。

始的，经五代到宋初，在宋仁宗时形成"，"经过元到明初，仍是宋的学术。直到正德、嘉靖才转变"。"因此，讲宋学的始末，应自大历至正德前。"①

宋神宗年间由王安石倡行的变法是宋代历史乃至中国古代史上的一件大事，蒙文通对此进行了长期深入研究，提出了不少创见。对这次变法，学界一般称"王安石变法"，清人王夫之则称为"熙丰新法"，蒙文通称之为"熙丰变法"。在熙丰变法过程中，北宋朝野争论很大。此后的几百年间，政界学界一直对其褒贬不一。自清朝乾嘉年间蔡上翔著《王荆公年谱考略》一书论辨自宋以降对王安石及其主持变法之诬后，学界对熙丰变法肯定者增多。蒙文通对此有不同见解，于1937年发表的《与李源澄论北宋变法与南宋和战书》中写道："弟谓荆公变法偏重理财，民已困而荆公犹理财不已。荆公剥民，岂徒新法，即旧法之似未变者，至荆公亦为剥民之具，《建隆编》言之已悉矣。""以荆公见宋之弊，知法之当变，而未知所以变之，此所以益变而益坏。""应变之法，始终未变，厉民已甚者，荆公又从而厉之。"②

20世纪50年代，在对王安石变法的评价呈现一边倒的时候，蒙文通撰著了《北宋变法论稿》，提出要实事求是地评价王安石的变法活动，表现出治学求真的可贵精神。"究其施行之措施及其实效与结果"，对变法的后果作了否定的评价。撰成后曾为学生作专题讲授并将部分手稿油印散发，引起很大影响。由于"不合时宜"，该文一直未正式发表，直到1999年才因文集的出版得以刊布。在该论稿中，蒙文通从唐宋之际社会变革论证了变法的必要性，明确指出：

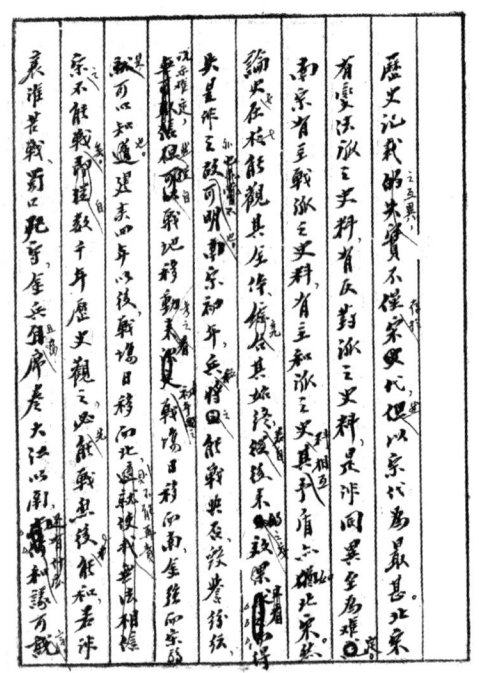

蒙文通《北宋变法论稿》手稿（蒙默先生提供）

---

① 胡昭曦：《谆谆教导，受用终生——缅怀文通师》，胡昭曦：《巴蜀历史文化论集》，巴蜀书社2002年版，第391～392页。
② 蒙文通：《与李源澄论北宋变法与南宋和战书》，《蒙文通文集》第五卷《古史甄微》，巴蜀书社1999年版，第400页。

"宋承五季余风，其法显当更革"，"宋之法不可以不变"。①但是，他也强调必须重视研究所据史料的全面性。他批评蔡上翔、梁启超等人的研究皆不免取材偏颇。他特意列出"北宋变法之史料问题"专节，对应据史料作全面介绍和重点考论。其中，除特别论述《会要》《会计录》等史籍的重要外，还对蔡上翔未及见的和梁启超认为无可考见的先后两部不同政见的《宋神宗实录》删修情况考订尤详，指出该书"于《续资治通鉴长编》及杨仲良《长编纪事本末》中一一可考，非不可见也"。从而为客观评价这次变法增加了更为全面的资料。他还将目光转向变法的实际执行状况。他敏锐地指出，评价这次变法，不能只看其法令条文，更要看其实际执行情况，即"求其实效，综其始终"。他对熙丰变法各主要法令的执行情况逐个作了考察，认为其立法多不善，虽有变革时弊之法，或未力行，或执行变样，其结果多无实效且甚扰民，未能真正变革旧法。他认为，客观评价这场变法的效果应当依据对国计民生的作用。他以变法与人民负担的关系为例，根据大量史料，分析了王朝岁入缗钱、商税酒税、盐课、上供、人民债累、钱荒等各方面在变法之后给人民增加和带来的新的经济负担。以当时王朝岁入折合为米，各自以当时全国主客户总数除之，则每户平均负担，嘉祐时为三至三点七石，神宗时为七石，"则是增加一倍左右"。对于王安石，他也提出了自己的独到评价。他认为王安石有值得肯定之处，写道："荆公固君子也，故其言谈尚多诚实不欺之语，亦足贵也。"但是，王安石的所长为文学、哲学，"皆有深造，其主张则教育为首，言亦成理"，然而"读其书，实令人不敢相信其真有变法本领"②。

在讨论北宋变法时，蒙文通对于宋代的商品经济发展程度也形成了深刻的认识。他明确提出，"不能过高估计宋代货币使用程度"。③1961年，又发表《从宋代商税和城市看中国封建社会的自然经济》一文，从宋代的"商税""坊场钱"和城市，分析当时商品经济的发达程度，进而认识中国封建社会自然经济的特点。经过统计，他指出，宋代的"商税务"遍设于全国各地，

---

① 蒙文通：《北宋变法论稿》，《蒙文通文集》第五卷《古史甄微》，巴蜀书社1999年版，第402、456~457页。
② 蒙文通：《北宋变法论稿》，《蒙文通文集》第五卷《古史甄微》，巴蜀书社1999年版，第406页。
③ 蒙文通：《北宋变法论稿》，《蒙文通文集》第五卷《古史甄微》，巴蜀书社1999年版，第416页。

熙丰年间商税征课额在三万贯以上的场务共二十八处，只占当时商税总额二百零五万贯的百分之二十略强，其余的近百分之八十则是来自遍布全国的各县、镇场所，若再加上坊场钱则大城市所占比重只能占到百分之十强。"由此可见，宋代商品交换的主要部分是分散在广大的小市场上进行的，而不是集中在所谓大城市……也正是商品交换分散进行的反映。"同时他还指出："当然，我并没有完全否定商业性都市存在的意图，而只是认为不应当一般地把都市都看作商业性都市，而应看到它的消费性一面；而且，一般地说，这是主要的一面。"他认为，"宋以前的商品经济是不发达的，宋代也仍然是自然经济占统治地位的时代"。因此，他不同意那种忽视充分反映封建社会自然经济的广大的乡、镇的"市"，"以致产生某些对中世纪商业和都市估计过高"的看法。①

（四）"通观明变"——蒙文通的史学思想

蒙文通治史推崇南宋浙东史学，他说："史者，非徒识废兴，观成败之往迹，又将以明古今之变易，稽发展之程序，不明乎此，则执一道以为言，拘于古以横今，宥于今以衡古，均之惑也。"②所以他治史最重通识。所谓通识，"涵盖今人所说的历时性和共时性"③。前者如他引孟子"观水有术，必观其澜"一语，主张治史"须从波澜壮阔处着眼"，"把握历史的变化处，才能把历史发展说个大概"④。人类社会总是处在变化之中，变化有巨有细，有全面之变，有局部之变，史学研究就在明变，既察其演变之迹，又考其演变之故，则史学之能事毕矣。后者如他的名言"事不孤起，必有其邻"⑤，换言之，"文化的变化，不是孤立的，常常不局限于某一领域，因此必须从经、史、文学各个方面来考察，而且常常还同经济基础的变化相联系"⑥。他教人治史即

---

① 蒙文通：《从宋代商税和城市看中国封建社会的自然经济》，《历史研究》1961年第4期。
② 蒙文通：《中国史学史》，《蒙文通文集》第三卷《经史抉原》，巴蜀书社1999年版，第254～255页。参见粟品孝：《蒙文通与南宋浙东史学》，《浙江学刊》2005年第3期。
③ 罗志田：《事不孤起，必有其邻：蒙文通先生与思想史的社会视角》，蒙默编：《蒙文通学记》（增订本），生活·读书·新知三联书店2006年版，第241页。
④ 蒙文通：《中国史学史》，《蒙文通文集》第三卷《经史抉原》，巴蜀书社1995年版，第1页。
⑤ 蒙文通：《评〈学史散篇〉》，《蒙文通文集》第三卷《经史抉原》，巴蜀书社1995年版，第403页。
⑥ 蒙文通：《治学杂语》，蒙默编：《蒙文通学记》（增订本），生活·读书·新知三联书店2006年版，第29页。

从通史入手，说："治史应专治一二时代，但通史终不可忽。每一代有些问题还是要从通史中才能求得解决，以免滞固不通。"①如研究唐史，以《通典》最善，研究宋史，以《文献通考》最善，皆因其为通史，由知汉、晋以知唐、宋，"必须通观，才能看得清历史脉络，故必须搞通史。但又必须在一段上有深入的功夫，只有先将一段深入了，再通观才能有所比较。"②他还强调治史要打破古代史与现代史的壁垒，说："我很赞同搞古代史，但不能放弃现代。从来没有只搞古代不搞现代或只搞现代不搞古代而成功的史学家。"③

蒙文通治史处处体现了这一治史方法。如他较早注意对社会经济史的研究。他20世纪30年代即有论周代之商业、秦代之社会、汉代之经济，50年代又继续对先秦诸代田制、历代农业和赋役制度、宋代商税和城市、封建社会的自然经济等进行了研究，合而视之，一部中国古代经济史大纲已然大具。论周代虽为一封建时代，然而诸侯大夫多"以安定工商业为此时代之美政"，因而促成了商业的发达。④春秋战国之际，布衣卿相崛起，必跻贵族阶级而去之，必摈富商贾阶级而抑之，这也是战国诸子之学无一不主于均富而抑商者的缘由。蒙文通读汉译社会经济诸书，一方面认为，"就经济形态、社会形态以解释历史，以成立所谓历史法则，其为说果坚定不易"，另一方面又颇感从西方史料中得出的"西方历史法则"不能视之为"世界法则"，批评那种"以能袭西方之陈言为名高"的食洋不化的学术倾向。⑤论秦为新兴民族，为何也行抑商政策这一"最难通者"时认为："秦之资本不及山东之国，不抑商，则山东之国可以制秦经济之死命。"⑥论汉代经济思想，以为沿周秦均富与重农抑商之政，争论也尤为激烈。儒者抑富之说，影响及于后世政治。"重农抑商遂为中

---

① 蒙文通：《治学杂语》，蒙默编：《蒙文通学记》（增订本），生活·读书·新知三联书店2006年版，第34页。
② 蒙文通：《治学杂语》，蒙默编：《蒙文通学记》（增订本），生活·读书·新知三联书店2006年版，第5页。
③ 蒙文通：《治学杂语》，蒙默编：《蒙文通学记》（增订本），生活·读书·新知三联书店2006年版，第33页。
④ 蒙文通：《周代之商业》，《蒙文通文集》第五卷《古史甄微》，巴蜀书社1999年版，第205页。
⑤ 蒙文通：《周代之商业》，《蒙文通文集》第五卷《古史甄微》，巴蜀书社1999年版，第206页。
⑥ 蒙文通：《秦之社会》，《蒙文通文集》第五卷《古史甄微》，巴蜀书社1999年版，第224页。

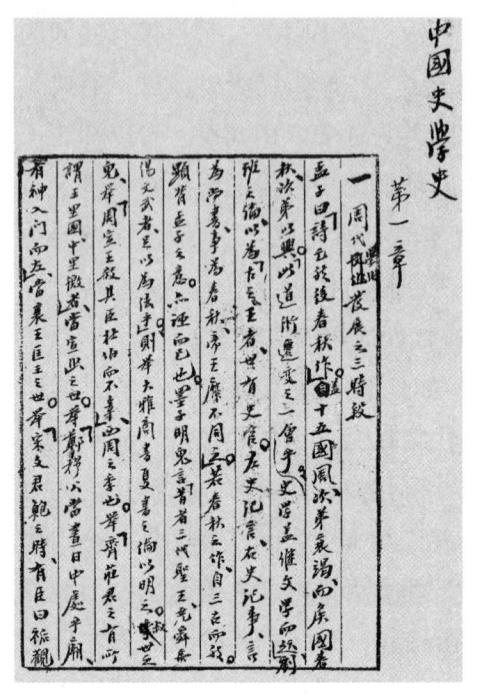

蒙文通《中国史学史》讲义手稿（蒙默先生提供）

国历史上根本之国策"，至清末犹然。儒家均富，故而"节制资本亦遂为中国长期传统之政策"，遂形成中国"独特之历史"。①对历代社会经济史和儒家经济思想及其影响的揭示，是相当深刻而有说服力的。

20世纪50年代，受马克思主义的启发，蒙文通发现中国学术演变的四阶段竟与农业生产力发展的四阶段、赋役制度演变的四阶段密切符合。他还指出，其余如选举制度，也由汉的郡国贡举，一变而为六朝的九品中正，再变而为唐的考试制度。又如府兵，也由汉的寓兵于农，一变而为六朝的兵户（唐初府兵），再变而为晚唐的募兵，也都颇能和农业发展的阶段相配合。应当认为这些现象都绝不是偶然的，都应有其一定的内在联系的。但以赋役制度和国民经济的关系最为密切，故特作为重点讨论，遂作长达九万言的论文《中国历代农产量的扩大和赋役制度及学术思想的演变》，打破王朝体系，考察了二千年来生产力、生产关系及上层建筑、意识形态演变之迹，提出"秦以来二千年的中国历史，就其巨大变化来看，可以唐前唐后分为两大段。就其显著段落来看，可以魏晋、中唐、晚明分为四段"。该文堪称一篇体现深厚功力兼发挥"明变"观点的力作。

蒙文通的治史方法还体现在他的《中国史学史》一书中。与一般史学史著作不同，该书着重于史学思想、史学方法及其与当时各种学术思想的关系，体现了他治学术史的一贯宗旨："讲论学术思想，既要看到其时代精神，也要看到其学脉渊源，孤立地提出几个人来讲，就看不出学术的来源，就显得突然。"②他曾言："窃以中国史学惟春秋、六朝、两宋为盛，余皆逊之。于此

---

① 蒙文通：《汉代之经济政策》，《蒙文通文集》第五卷《古史甄微》，巴蜀书社1999年版，第248、250页。

② 蒙文通：《治学杂语》，蒙默编：《蒙文通学记》（增订本），生活·读书·新知三联书店2006年版，第28页。

三段欲稍详，余则较略。每种学术代有升降，而史学又恒由哲学以策动，亦以哲学而变异……子长、子玄、永叔、君实、渔仲，誉者或嫌稍过，此又妄意所欲勤求一代之业而观其先后消息之故，不乐为一二人作注脚也。"① 注重史学的"先后消息"亦即其发展的历史和历史哲学，不把它作为史学家作注脚的史学史，正是蒙文通史学史的一大特点，此亦即他所提倡"观子之法观史""以治诸子之法治史"之意。②

蒙文通治史，还善于结合多学科知识，屡有创获。如他因研究古史而进行了大量的古地理考证，但不是单纯地考察地理沿革，着重点仍然在于察古今地理演变之迹，开拓了历史地理研究的新方向。如以《周书·职方》较《禹贡》则洞悉"汉族开拓之情"③；观动植物古今之变提出古代黄河流域的气候优于长江流域，提出"文化之兴"与物候变化不可分割的关系。④ 在治古地之学中，发现《水经注》疑误甚多，提出以治经之法治古地学的新方法，以正清人株守郦道元注之失，在"郦学"研究中别具新意而独树一帜。

二、倡导多重证据法的徐中舒

徐中舒（1898～1991），初名道威，后以字行，安徽怀宁（今安庆市）人。幼年丧父，随母亲入清节堂，就读于附属小学。1914年考入安徽省立第一师范学校，接触到桐城派古文，刻苦学习《古文辞类纂》和《经史百家杂抄》，逐步打下牢固的国学基础。1916年毕业留任一师附小教师。1918年考入武昌高等师范学校数理系，旋又休学。次年考入南京河海工程学校。适值母病，辍学到桐城方家设馆授徒，又到上海出任西席，均讲授《左传》，为后来研究先秦史奠定了基础。在沪期间，徐中舒开始接触到金文和甲骨文，如孙诒让、罗振玉等人的著述。1925年，以第五名成绩考入初创的清华国学研究院，受教于王国维、梁启超、陈寅恪、李济等著名学者。因有家累，他提交了《从

---

① 蒙文通：《中国史学史·绪言》，《蒙文通文集》第三卷《经史抉原》，巴蜀书社1995年版，第222页。
② 蒙文通：《治学杂语》，蒙默编：《蒙文通学记》（增订本），生活·读书·新知三联书店2006年版，第34页。
③ 蒙文通：《古地甄微》，《蒙文通文集》第四卷《古地甄微》，巴蜀书社1998年版，第10页。
④ 蒙文通：《中国古代北方气候考略》，《蒙文通文集》第四卷《古地甄微》，巴蜀书社1998年版，第1～3页。

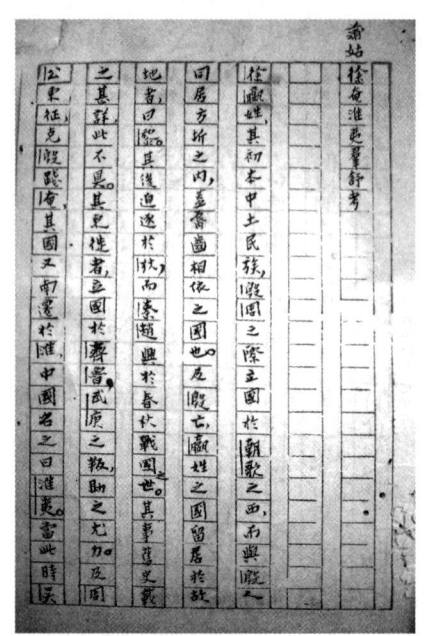

徐中舒1926年清华国学院毕业论文原稿（徐亮工先生提供）

古书中推测之殷周民族》的论文后即提前于次年7月毕业，返乡任教安徽合肥第六中学。半年后被聘为上海立达学院教师。任教期间，发表《古诗十九首考》，引起复旦大学中文系主任刘大白注意，遂被聘为该系教授。不久，又接受暨南大学中文系聘请兼任教职。1930年，因陈寅恪推荐，往北平任中央研究院史语所专任编辑员，两年后升研究员。徐中舒在史语所用力甚勤，尤其是整理明清内阁大库档案，成绩显著。除编有《明清档案甲编》一书外，还就清理情况发表了《内阁档案之由来及其整理》和《再述内阁档案之由来及其整理》两文。抗战爆发，史语所从南京迁至长沙，再迁昆明和四川李庄。徐中舒应四川大学之聘，辞去史语所职务，到四川大学历史系任教，1947年，任历史系主任。其间还先后在武汉大学、华西协合大学、燕京大学和中央大学任教。1952年，任西南博物馆馆长。次年，重任四川大学历史系主任。1956年经教育部审定为一级教授，并当选全国人大代表、全国政协委员。"文革"结束后，被推举为四川省历史学会会长、中国先秦史学会理事长。①

徐中舒受教于名家，学问博大精深，在古文字学、先秦史、明清史、巴蜀历史、考古学、民族学等方面都有很高造诣，撰写论文一百多篇，晚年精选六十篇而成《徐中舒历史论文选辑》上下两册，另有《先秦史论稿》等专著数册，多有独到之处，堪称现代中国史学名家。他在王国维的二重证据法基础上提出的多重证据法更是成为中国古代史研究的重要方法论成果。

（一）徐中舒的先秦史研究

徐中舒早年致力于《左传》，入清华研究院后专攻殷周历史，关注古代民族分布、迁徙及文化的研究。《从古书中推测之殷周民族》一文即为此一时期的代表之作。该文原为徐中舒在清华国学研究院读研究生时所撰写的毕业论

---

① 本节主要参考何崝：《徐中舒传略》，《晋阳学刊》1984年第4期；彭裕商：《高山仰止——徐中舒先生百年诞辰纪念》，《历史研究》1998年第6期。

文，后发表于《国学论丛》第一卷第一期。该文与后来发表的《殷人服象及象之南迁》《殷周之际史迹之检讨》等论著一起勾画出商周时代民族分布迁徙的轮廓。在这篇成名作中，他搜罗古代文献和古文字资料，从周人称殷为夷、为戎，殷、周畿内之地称夷，箕子逊于朝鲜等方面说明商、周非同种民族。他还最早提出"商贾之名，疑即由殷民而起"的观点。这一观点在学术界引起不小反响。如胡适、顾颉刚等都曾做出回应，颇表赞同。①在《殷周文化之蠡测》一文中，徐中舒进一步打破学者将中国古代王朝视为同一个民族所建的传统见解，指出殷、周属于两个不同的民族，周人承受殷人文化，加以兴革，益得发展。殷、周在文字、生活习俗、器物形制方面大体相同，唯在姓氏、亲族及历法分句上相异，而分句之异并不是什么改正朔的问题，而是民族习惯不同所致。徐中舒的《殷人服象及象之南迁》也是一篇具有很高学术价值的名作。他结合殷墟甲骨文记载，以证殷代河南实为产象之区。他还通过对甲骨文"为"字结构进行分析，以证殷人服象必为古代相传之信史。然后由象之逐步南迁之事实以证中国大陆古今气候发生了剧烈的变化。这一见解无疑极富科学性，其不仅对于先秦史研究，而且对于历史地理学的研究都具有极其重要的参考价值。徐中舒在此文中还对商民族的起源地问题提出了自己的独到看法："古代环渤海而居之民族，即为中原文化之创始者，而商民族即起于此。史称商代建都之地，前八而后五，就其迁徙之迹观之，似有由东渐西之势。与周人之由西东渐者，适处于相反之地位。"②尽管商族起源地望问题的论争迄今仍在学术界持续进行着，徐中舒的这一观点亦并非定论，但备受先秦史学界和考古学界的关注和重视。其对于殷商史及商代历史地理的研究无疑颇富重要的启发意义。

20世纪30年代，徐中舒重赴北平（今北京）任职史语所。入所不久，他便因发表了《耒耜考》一文而受到国内外学术界瞩目。在该文中，他以丰富的文献资料，结合古文字和文物资料，对耒和耜两种古代农具的形制进行了周密的考证，并说明后来耒、耜名称混淆的原因。徐中舒首先从考释甲骨文的"藉"字入手，联系与此字形相近的金文，探索其发展变化的踪迹，发现甲骨文"藉"字是"象人侧立推耒，举足刺地之形"，纠正了罗振玉的释"藉"为

---

① 参见胡适：《释儒》，《胡适论学近著》，山东人民出版社1998年版；顾颉刚：《商人释名》，《浪口村随笔》卷二，辽宁教育出版社1998年版。
② 徐中舒：《殷人服象及象之南迁》，《徐中舒历史论文选辑》上册，中华书局1998年版，第52页。

"扫"的错误,更进而解释"耒"字之形以及由耒字省变的"力"字、从力的"男""协""加"等字的字形。这一系列与耒字相关的字,不仅可以证明"藉""耒"二字考释的正确,并可从金文耒字像秉耒之形而知耒的形制是"上端钩曲,下端分歧"的木制农具。徐中舒对古代生产工具的考察,最终目的是为了揭开古代社会发展的奥秘。他明白指出:"虽是一两件农具的演进,有时影响所及,也足以改变社会的经济状况,解决历史上的困难问题。"①国内外学术界对于这篇论文赞誉有加,后来日本学者关野雄受其启发,还写了《新耒耜考》。

1949年后,徐中舒学习辩证唯物主义和历史唯物主义,并在自己的史学研究中加以应用,颇有创获。如他的《论秦与匈奴的统一及其经济原因》和《论东亚大陆牛耕的起源》等论文,讨论牛耕这一生产方式的兴起与推广,以及牛耕推广的受阻与秦代国祚短促的原因等。他的《论周代田制及其社会性质》一文,从田制入手对周代社会进行考察,认为当时是以三田制的爰田和年年耕种的井田为经济基础,有公田私田普遍存在,而且有一定比例,其生产者乃是家庭公社或乡村公社的成员。这种有一定比例的服役制,应为封建社会的劳役地租,后来废止公田而征收私田的什一生产,也应为封建社会的实物地租。他由此得出周代是封建社会形态的结论。

此后,徐中舒更为深刻地讨论了中国古代社会的性质和古代社会分期等当时中国史学界热烈关注的诸多重大问题。②他认为,经典作家所说的亚细亚生产方式"是解答中国古代社会的钥匙"。③随着对中国古代社会研究的进一步深入,他对亚细亚生产方式的特点的认识日渐清晰:"中国社会自阶级社会形成以后,一直到解放后土改之前,都是以共有财产为基础的社会向以私有财产为基础的社会过渡,因为宗法的普遍存在,象征家族私有制的发展,但是公有制并未完全绝迹,宗祠和土地庙,就是公有制存在的象征。这就是马克思论证的东方的亚细亚生产方式的特点。"④他由此对存在于中国不同时期、不同地

---

① 徐中舒:《耒耜考》,《徐中舒历史论文选辑》上册,中华书局1998年版,第72页。
② 以下部分参考周书灿:《徐中舒与中国前封建社会研究》,《苏州大学学报》2013年第3期。
③ 徐中舒:《试论周代田制及其社会性质——并批判胡适井田辨观点和方法的错误》,《徐中舒历史论文选辑》下册,中华书局1998年版,第829页。
④ 徐中舒:《论商於中楚黔中和唐宋以后的洞——对中国古代村社共同体的初步研究》,《徐中舒历史论文选辑》下册,中华书局1998年版,第1264页。

域的村社共同体作了系统研究。

徐中舒对村社共同体的研究与他的西周封建论互为表里。自20世纪30年代社会史论战开始，中国有没有奴隶社会一直是中国学术界、理论界集中探讨的重大问题。徐中舒对中国奴隶制问题的关注可以追溯至新中国成立初期。在《论西周是封建社会——兼论殷代社会性质》一文中，他充分肯定中国古代奴隶制的存在。他举证中国历史上先后建立的奴隶制社会和国家的匈奴、鲜卑（北魏解散部族以前的社会）、吐蕃和西夏、南诏、契丹（辽）、蒙古和满洲（入主中国以前的社会）、明代蒙古和新中国成立前的彝族的历史，"对于中国古代史分期问题，可以提供很多有益的资料"。① 此后，随着古史分期问题研究的全面展开，学术界对夏、商、周社会形态的争论日益激烈。在徐中舒看来，殷、周社会性质是有着实质性差异的。通过对殷代侯、甸、男、卫的指定服役制度的长期思考，并将其和辽代指定服役的奴隶制进行全方位多角度的比较，他初步建立起独到的夏商奴隶制形态理论。不少学者认为，徐中舒借鉴少数民族的指定服役的制度对殷商时期的外服制提出独到的见解，"为我们指示了一条以实事求是的态度从事研究的正确途径"②。

在对殷商指定服役制的外服制研究的基础上，徐中舒对殷代奴隶制和奴隶制的特点作了系统论述。在《对古史分期问题的几点意见》一文中，他从整体上考察了夏商奴隶制的形态，进一步明确了"夏代是我国阶级社会的开端，是最早出现的奴隶制社会"，"商人虽已进入奴隶社会，但他们的氏族组织还是完整的"等论点，并建立起了"中国的奴隶制是从徭役制度上产生的，它与古典的希腊、罗马的类型完全不同"等完善的奴隶制形态论点体系。他进而指出："周人灭殷之后，把殷人的四服改变为分封制，将侯、甸、男、卫逐步变成授土授民的分封的诸侯，形成封建君臣等级制的从属关系，这就形成了封建领主制社会。"此后，一直延续到唐末五代，封建领主制才逐渐过渡到封建地主制。完全的封建地主制社会则是在宋以后才出现。③

新中国成立后，随着考古学的勃兴，大量田野考古新材料不断涌现，这

---

① 徐中舒：《论西周是封建社会——兼论殷代社会性质》，《徐中舒历史论文选辑》下册，中华书局1998年版，第931～932页。
② 赵世超：《指定服役制度略述》，《陕西师范大学学报》1999年第3期。
③ 徐中舒：《对古史分期问题的几点意见》，《徐中舒历史论文选辑》下册，中华书局1998年版，第1314～1317页。

促使徐中舒重新关注夏代历史。20世纪30年代初，考古学者曾将山西西阴村发现的仰韶遗址和古史传说中的夏后氏遗迹联系起来。其后不久，徐中舒发表了《再论小屯与仰韶》一文，提出仰韶文化为夏文化说。新中国成立后，在新的考古资料日渐丰富的情况下，他放弃了原来的观点。在《夏史初曙》一文中，他说："夏文化的中心地带现已查明，就是分布在河南的龙山文化和二里头文化。"与此同时，他还结合古代文献记载，对夏、商之际的民族大迁徙情况进行了系统的研究。尤其是首次就夏代文字问题阐述了自己独到的见解："文字滥觞于大汶口文化，后来为殷商所继承，由巫卜这个集团的人，世代相续，沿袭使用，在使用中才逐渐发展起来……二里头文化遗址中没有文字出现，也是夏代没有文字的默证。"[1]这一观点在以后的论著中进一步系统和完善。在他和唐嘉弘合作撰写的《关于夏代文字的问题》一文中，明确反对否认夏代历史的真实性，认为夏代没有文字，人们靠结绳、刻木和流行图像符号记事和帮助记忆。《左传》上所说的夏代"百物而为之备"的图像符号，是象形文字的前身，正在向着象形文字迈进，这一过程往往需要几百年的时间，甚至更长一些；殷商的贞人集团就属于完成这一任务的人群。殷墟甲骨文字的书法与结构即体现了这一过程。[2]该文在论述这一观点时，结合有关考古学资料与大量人类学材料，旁征博引，比较论证，极富科学性和说服力。

徐中舒研究先秦史，历时六七十年之久，掌握的资料至丰，思考也日臻成熟，形成了富有学术新意的完整体系。生前他接受国家教委下达的编写《先秦史》教科书的任务，组织骨干进行编写，还决定编辑《先秦人物资料汇编》一书，收罗人物达九百余个。惜因重病未果，这项工作只有留待后人去努力完成了。

（二）徐中舒的古文字学研究

徐中舒早年爱好文学，对古文字学也深感兴趣。从汉迄清，涉猎了这方面的诸家著述，实际是以许慎的《说文解字》为中心来探索古文字的形、音、义问题。其后又接触甲骨文和金文之学；迨从王国维受教，对古文字学是研究古史的锁钥一点，认识益深，在运用上也趋于熟练；他对铜器铭文下过扎实工夫，不断进行考察和研究，因此积累了丰富的经验和知识。早年作《郘氏编钟图释》，考定为春秋时晋器，并对铭文中不常见的疑难怪字作了详细的考释，

---

[1] 徐中舒：《夏史初曙》，《徐中舒历史论文选辑》下册，中华书局1998年版，第1352页。
[2] 徐中舒、唐嘉弘：《关于夏代文字的问题》，《夏史论丛》，齐鲁书社1985年版。

释出了许多前人不曾认得的难字。该书问世后，很快得到瑞典汉学家高本汉的称许。他的《陈侯四器考释》综合考察战国时期田齐国君之器，取得了许多新见解。郭沫若著《两周金文辞大系》时，就曾依据此文的观点对其所著进行过修改。新中国成立后所撰写的《禹鼎的年代及相关问题》，联系大量金文材料，对禹鼎的年代作了全面的考察，将该器年代考定在厉王时期。文中并对金文材料所记载的西周时期周王朝与南方淮夷的战争，广泛结合文献记载，作了全面系统的研究，指出西周时期，周王朝与淮夷的战事主要发生在穆、厉、宣三世，文献记载与金文材料相吻合，在铜器断代和西周史的研究上做出了重要贡献。

《金文嘏辞释例》则是徐中舒研究金文的重要论文。该文全面系统地对铜器铭文的祝嘏之辞作了比较和归纳的研究，充分结合古代典籍，考释了金文中各种嘏辞的含义，解决了许多前人未曾弄清的问题，并对各种嘏辞的时代进行了探索。如金文时常提到"永命""灵命""嘉命"，以前多误解"命"为性命之"命"。该文结合古代典籍指出："命"并非"性命"之"命"，乃"天命"。这反映了古人以人世兴衰系于天的思想。在时代上，"永命"主要流行于西周，而"灵命""嘉命"则是春秋时的常用嘏辞。由于该文考释精到，论证翔实，因而饮誉学界，成为治金文者必读的参考资料。

在甲骨文领域，徐中舒较重要的论文有《甲骨文中所见的儒》，对甲骨文的"儒"字作了全面的考察研究，指出该字的多种形体，论证了殷商时期儒为巫师一类人物及其对后世的影响。《周原甲骨初论》则对与殷周史实有关的周原甲骨文作了详细的考释，指出了周原甲骨文在字体结构和词汇上的特点，并论证了周原文化的两个来源以及周文王时期的殷周关系，这些成果都在学术界产生了重要影响。《甲骨文字典》则是徐中舒在古文字研究方面的主要成就，既广泛吸收了最新研究成果，又融入了徐中舒数十年研究甲骨文的重要收获。该字典对甲骨文字的解释，分为字形、解字、释义三部分，字形部分收录有代表性的甲骨文字形，解字部分解说甲骨文字的本义及引申假借义，释义部分列举各类有代表性的词条，以说明所释各字在殷商时期具体语言环境中的各种词义。字形的收集则先汇集全部甲骨文字，从其中选出有代表性的字形，按时代先后分五期依次排列，使读者可以了解各个不同时期甲骨文字发展演变的脉络，和各个时期的不同字形、书体风格等，便于全面深入掌握甲骨文字字形，这是此前的任何一部古文字工具书所没有的。例如"福"字下所列各种字形共

徐中舒和同事们一起探讨甲骨文（徐亮工先生提供）

一百二十七个，其中一期的七十一个，二期的二十五个，三期的十八个，四期的十二个，五期的一个。福字的字形演变和本义一目了然。字义的解释坚持博采众家之长，不囿于一说，同时又融入了徐中舒数十年研究甲骨文的学术成果，综合形、音、义全面考察，创获颇多。

有学者高度评价《甲骨文字典》，将其优点归纳为五条，"创新体例""增释新字""纠误匡谬""风格独特"和"书写精美"，称赞其为"迄今所见最切实用、适应面最广的甲骨文工具书"[①]。

徐中舒对《说文》也下过扎实功夫，但他强调古文字研究以《说文》为基础而又不局限于《说文》。他突破许慎的旧说，提出了对于六书的新观点。他认为所谓六书，即是把造字的方法归纳为六种，产生于文字发展的成熟阶段，乃是根据情况归纳出来的原则，绝不是先有六条标准，然后根据它来造字。他指出，讲六书应该分为三类：即象形、指事为一类，会意、形声为一类，转注、假借为一类，每一类的二者，是互相补充的，不应加以分割。这种富有心得、不落前人窠臼的新颖见解，受到同行专家的重视，王力写信给他说："六书说很有创见，为前人所不及。"顾颉刚也加以肯定说："如此治学，然后可以直探造字本原，不为旧说所迷惘。"[②]

古文字的产生时代遥远，现代人要正确认识和了解它，是存在一些困难的。徐中舒为了使这项专门之学能普及流传下来，直到晚年还雄心勃勃地推动后学去做直探其堂奥的工作。他满腔热忱地写出了《怎样考释古文字》《怎样

---

① 陈炜湛：《读〈甲骨文字典〉兼论甲骨文工具书之编纂——为纪念徐中舒先生百年诞辰而作》，见其《甲骨文论集》，上海古籍出版社2003年版，第229~232页。
② 何崝：《徐中舒传略》，《晋阳学刊》1984年第4期。

研究古文字》的文章。他还担任主编，组织骨干编纂便利学习、研究的大型古文字辞书。诸如《汉语古文字字形表》及《殷周金文集录》（还计划续编《两周金文集释》）、《甲骨文字典》等。他同时还担任国家大型科研科目《汉语大字典》的主编。考释古文字是古文字学最基本最重要的工作，而掌握正确的考释方法，乃是该项工作的核心。徐中舒根据多年来研究古文字的心得体会，逐渐总结出了自己的一套科学的考释古文字的方法。第一，研究古文字要和古史结合起来。"古人造字，决不是孤立的一个一个地造，每个字的形音义，都有它自己的发展历史。因此考释古文字，一个字讲清楚了，还要联系一系列相关的字，考察其相互关系。同时还要深入了解古人的生产、生活情况，根据考古资料、民俗学、社会学及历史记载的原始民族的情况，和现在一些文化落后的民族的生活情况，来探索古代文字发生时期的社会生产力和生产关系。"① 第二，古文字研究也要如同对待历史一样，必须要有发展的观点，绝不能用孤立静止的眼光去看待。"文字决不是孤立创造的，我们研究古文字，也不能孤立地研究。字与字之间，有一定的相互联系，也不是一成不变的。一个字由于地域不同、时代不同而有变化。"②研究古文字，要注意这种变化的规律，把相互有关的字，意义相反的、偏旁相同的、字形相近的、字音相同或相近的字联系起来，深入考察，穷其流变，这样才能得出比较正确的结论。

（三）徐中舒的古代巴蜀史研究③

1940年3月，徐中舒发表《古代四川之文化》一文，全面而扼要地论述了四川古代文化问题。文章首论"周秦汉之巴蜀"，次论"传说中之蜀史"，还论及古代四川的交通、物产、工商业等内容，时间则上自先秦、下及唐宋。文章特别注意到古代四川文化是多民族文化融合的产物，说："至于川边民族，自秦汉以迄于今，尚有保存其原始住地及状况者。此等民族之文化，于古代四川必有深厚之影响。"文章进而指出："其文化由来其古，即或出于秦汉以后，亦多萌苴于本土，而不必待于中原文化之浸溉，于以见四川之重要，在文化上

---

① 徐中舒：《怎样考释古文字》，《徐中舒历史论文选辑》下册，中华书局1998年版，第1435~1436页。
② 徐中舒：《怎样研究中国古代文字》，《古文字研究》第十五辑，1986年，第2页。
③ 这部分主要参据刘复生：《徐中舒先生巴蜀古民族史研究及其启示》，《四川大学学报》（哲社版）2009年第4期。

实有其悠远之历史也。"①这一重要论断证明了在中华文化多元一统的形成历史中巴蜀文化为其中重要的一元。后来如广汉三星堆遗址与成都金沙遗址等考古发现更加证明了这一论断。徐中舒毋庸置疑地成为四川古代文化研究的拓荒者之一。

大约二十年之后，徐中舒先后发表了《巴蜀文化初论》和《巴蜀文化续论》（以下简称《初论》或《续论》）两篇大作，共长达八万余字，对巴蜀古史、民族和社会诸问题作了深入的论述，很大程度上拓展了"巴蜀文化"的内涵，引起了学界的热烈讨论。他把有限的文献记载与新出土的考古资料、民族调查材料结合起来，全面讨论了巴蜀的经济、文化、历史、民族和文字。他开宗明义地指出："四川是古代中国的一个经济文化区，但是它并不是孤立的"，"古代的巴蜀……同属一个经济文化区"。②徐中舒的四川古代文化研究特重古代巴蜀民族及其文化的探讨。例如《初论》一则分析论证了《华阳国志》所记"蜀土无僚"之误；再则通过对四川昭化县出土的船棺葬的考察，提出巴族戍蜀的问题；三则论证巴族使用的乐器錞于的发展演化而追溯到中原汉族与南方民族已被人遗忘的一段绵长的历史关系；四则比较了巴文与么些文中像动物形体的文字，认为它们应具有一定的亲属关系。《续论》则把巴蜀古史特别是蜀的历史纳入了更广阔的范围内予以审视，从全国特别是华南的大范围内来考察巴蜀文化。文中对中国古代的宗、里、邑、都、黔、越、溪、洞、阴、阳、林、箐，以及氐、羌、巴、賨、蛮、僚、狄等作了独辟蹊径的论述，广征博引地阐述这样的论点："巴蜀虽然仅限于祖国一隅，但它与祖国其他部分仍然息息相关，就在远古时代亦不例外。"其中许多真知灼见，由于理论与事实兼备，说服力强，为学界所推崇。《续论》还指出，"我们要明了蜀的历史就必须先明了蜀境周围的历史，为蜀史建立基础"。③这一点对于历史研究来说有着特别的启示，具有方法论意义。两论提出并论述了巴蜀古史上的许多新的问题，成为迄今巴蜀古代民族研究的最重要的论著之一。

在论及古蜀史时，徐中舒发现，蜀史本土资料以成汉既灭之后的公元347年以后成书的《华阳国志》为详，而同书序志言曾参考过扬雄、谯周等人的撰

---

① 徐中舒：《古代四川之文化》，《史学季刊》第一卷第一期，1940年。
② 徐中舒：《巴蜀文化初论》，《徐中舒历史论文选辑》下册，中华书局1998年版，第1021、1025页。
③ 徐中舒：《巴蜀文化续论》，《徐中舒历史论文选辑》下册，中华书局1998年版，第1057页。

著。但扬雄《蜀王本纪》《蜀都赋》，谯周《益州志》，尚散见于唐人注及类书中，而与《华阳国志》传本所载有所抵牾，疑所传扬雄之《蜀王本纪》和《蜀都赋》皆为伪作。时隔近四十年之后，他撰成《论蜀王本纪成书年代及其作者》一文，以大量的事实断言，"《蜀本纪》或《蜀王本纪》的作者是蜀汉时代的谯周而不是西汉末年的扬雄"，"一千四百年来绝无人提出异议"的误解从而粲然冰释。他指出，晋常璩撰著《华阳国志》时，参考了这些旧记，重要的是他还"验以《汉书》，取其近是"，并从自己的视角作了许多修正工作。①这就为正确利用《蜀王本纪》和《华阳国志》这两部著作提供了指标性的意义，同时具有解读史料的方法论的启示。

巴蜀以至西南古史似有许多未解之谜可以讨论，然而因其记载之缺漏或史料纷杂而模糊难明。徐中舒论岷山庄王及蜀楚关系、庄蹻王滇与楚民西迁等文章，都具发微抉幽之功效，令人深思。古蜀国于公元前316年被秦国所灭，蜀王室的去向扑朔迷离，其最终命运令人关切。徐中舒很早就注意到这个问题。在《巴蜀文化初论》中已谈到蜀国灭亡后的历史，其中引用到《水经·叶榆水注》所载《交州外域记》的一段文字。这似为学界首次关注到这条珍贵史料。徐中舒发表于1981年的《交州外域记蜀王子安阳王史迹笺证》更是详尽地解答了这个问题。他指出，蜀亡以后，蜀王子孙率其部族流散于川西各地，自青衣江、若水沿横断山脉南下。《水经·青衣水注》叙写青衣江五百年间遗迹，是研究蜀国灭亡以后的重要资料。越南有雄王的传说，以为乃越南有国之始。其实，"雄"乃"雒"之讹，又附会为"田螺"之"螺"。②蒙文通于1968年5月竣稿的《越史丛稿》，其中有《安阳王杂考》一章，亦揭古蜀开明王南迁史实，与徐中舒《交州外域记蜀王子安阳王史迹笺证》一篇得出大体相类的结论，是乃蜀史研究中耀眼的双璧。

徐中舒的巴蜀文化研究范围广泛，如《蜀锦》《古井杂谈》二文记述著名特产；《四川彭县濛阳镇出土的殷代二觯》《四川涪陵小田溪出土的虎钮錞于》和《青川木牍简论》等文考论出土文物的历史特点和外缘关系；《古代都江堰情况探原》《古代楚蜀的关系》《川甘边区的白马人为古氐族说》等文探

---

① 徐中舒：《论蜀王本纪成书年代及其作者》，《徐中舒历史论文选辑》下册，中华书局1998年版，第1325页。
② 徐中舒：《交州外域记蜀王子安阳王史迹笺证》，《徐中舒历史论文选辑》下册，中华书局1998年版，第1403页。

索巴蜀古史与邻接各族的关系。徐中舒的巴蜀文化研究善于从大处着眼，小处着手，统观全局，严密考证，走出了巴蜀文化的"疑古时代"。

（四）古史多重证据法：徐中舒的史学方法论

徐中舒在长期的学术研究中，在继承前人治学方法的基础上，逐渐形成了一套较有特色的科学的治学方法。他曾自我总结道："我研究古文字学和先秦史，常以考古资料与文献资料相结合，再参以边地后进民族的历史和现况进行互证。"①这一方法被后来的学者总结为"三重证据法"或"多重证据法"。

徐中舒的治史方法深受王国维的"古史二重证"的研究方法以及李济的考古学、傅斯年的史料学等学术思想的影响。②王国维的"古史二重证"依据的地下材料主要只是出土的古文字资料，而徐中舒除古文字材料而外，还充分吸取了考古学成果。他早年撰写的《再论小屯与仰韶》，根据当时的考古发掘材料，参以文献记载，探讨了仰韶文化的性质及分布地域。新中国成立以来，考古工作有了很大发展，徐中舒充分吸取最新考古学成果，于1979年写成《夏史初曙》，放弃了他以前主张仰韶文化为夏文化的观点，同意龙山文化和二里头文化为夏文化，并结合典籍记载，对夏史作了新的探索。此外，在《黄河流域穴居遗俗考》等文中，他在古文字材料以外，也充分结合了当时的考古发掘资料。考古学离不开对古器物的研究，徐中舒对古器物的研究作过大量的工作。关于这方面的论文，写有《论古铜器之鉴别》《说尊彝》《殷代铜器足征说兼论〈屿中片羽〉》《福氏所藏中国古铜器》《寿州出土楚铜器补述》《关于铜器之艺术》，等等。无论从科技史或艺术史来看，他的研究都给中国古代文化增添了绚丽的光彩。他还为阐述古代民族的狩猎生活，广泛搜集利用有关文物资料，写成《古代狩猎图象考》，把古代狩猎的场景复现出来，使人获得直观具体的生动形象，产生远非单靠文字描述所能收到的效果。徐中舒运用工艺学的专长，以实物和古文献相对勘，写了《大射与弩之渊源及关于此类名物之考释》论文，既有科学原理的阐发也是古人实用技艺的反映。他在1935年还写过《古代灌溉工程原起考》一文，对水利工程也颇内行。

徐中舒对王国维的"古史二重证"的发展并不止此，重要的还在于他进一步将对照范围扩大到边裔的少数民族，包括民族史、民族学、民俗学、人类

---

① 徐中舒：《徐中舒历史论文选辑》上册"前言"，中华书局1998年版，第1页。
② 徐亮工：《徐中舒先生的新史学之路》，《四川大学学报》（哲社版）2009年第4期。

学等各个方面。例如他认为，研究殷代史，如果只从有关殷代的史料去考察，还是不容易弄清楚的。但如果通过对四边各种族历史的考察，再结合古史去研究，就容易弄清真相。如中国古史关于"五服""九服"之制，两千年来迄无定论。他根据对三国时期夫余族和辽代契丹族的研究，指出"汉代的夫余，乃殷亡以后北迁的蒲姑之后，因此夫余部族中，保存了不少的殷商旧制"，"殷商的奴隶制度和契丹的奴隶制颇为相似"，具体说来，契丹人的部族制类似殷"侯"服，乃防守边境的部族；契丹人的"捺钵"相当于殷之"甸"服，献纳皮革及农产品；辽之"南面官"相当于殷之"男"服，任一切人力物力之徭役；辽之"斡鲁朵"相当于殷之"卫"服，是担任保卫工作的近卫军。这是殷之"四服"，是指定服役制。而《禹贡》的"五服"和《周礼》的"九服"，则是后世根据殷制改编而成的。这种指定分工服役制甚至在前半个世纪的中国境内的傣族、贵州洞崴苗族中还可以看到。徐中舒的"古史三重证"，使中国古史的研究方法更为丰富。

徐中舒治古史，涉猎至广，不盲信盲从，善于鉴别是非真伪，驾驭和使用史料得心应手，新解屡出。他的《战国策的编写及有关苏秦诸问题》一文，通过对《战国策》的研究，发现其中有关苏秦事迹与史实不符。他据《吕氏春秋·知度篇》中的"宋用商鞅，齐用苏秦，而天下知其亡"一句话，参以其他佐证，指出苏秦、张仪二人不同时代，苏秦要晚于张仪。苏秦实为燕行反间于齐，为齐发觉致死。这一结论为1974年长沙马王堆三号汉墓所发现的《战国纵横家书》证实。他写《〈左传〉的作者及其成书年代》，认为《左传》记事固然有夸张失实的地方，不必尽信；但它的成书却是充分利用了当时所能获得的文献资料，保存了春秋以前相传的古史旧说，因此断言该书是研究春秋以前的古史必须参考的重要史籍。他作《九歌九辨考》，通过缜密的考证，得出了楚辞《九歌》《九辨》并非写于战国末期，乃是西汉人作品的结论。

三、文史互证的缪钺

缪钺（1904~1995），字彦威，江苏溧阳人。出身于书香门第，少承庭训，七八岁从外祖父读《论语》《孟子》，至十八岁中学毕业之前，已经受过文史之学的基本训练，学习了文字、声韵、训诂和目录等诸学科常识，并在学习四部之余，练习古文诗词。1923年，他考入北京大学文预科。翌年因父亲逝世，遂辍学教书，赡养家人，从此开始了长达七十年的教研生涯。抗日战争全

晚年时期的缪钺（缪元朗先生提供）

面爆发以前，先后任教于保定私立培德中学、志存中学、省立保定中学高中部。甲骨文大家胡厚宣、明史专家王崇武等人皆为其培德中学的受教学生。在此期间，他还曾于1930年秋赴河南大学中文系任教授一年，1935年秋又赴广州学海书院任教授及编纂一年。抗战军兴，他携家南下，应聘为已内迁至广西宜山的浙大中文系副教授，两年后升任教授，后又随校迁至贵州遵义。他在遵义专心致力于中国古典文学的研究，著述颇丰，后于1948年集结成册，以《诗词散论》为名出版，影响颇大。此外，他还为激励青年爱国精神，写成一部普及读物《中国史上之民族词人》，于1943年由青年出版社刊行。抗战胜利以后，缪钺未随浙大迁返杭州，而是应华西大学之聘，到成都任该校中文系教授兼中国文化研究所研究员，同时兼任四川大学历史系教授。1952年院系调整后专任四川大学历史系教授、中国古代史教研室主任，主要从事魏晋南北朝史和古典文学的研究。2004年，在缪钺一百周年诞辰之际，他一生学术成果和诗词创作经缪元朗、景蜀慧编校整理，出版为八卷本的《缪钺全集》。最近缪元朗又撰成《缪钺先生编年事辑》出版，颇便于学界对缪钺的认识与研究。

缪钺的研究领域主要集中在中国古代史、中国历史文献学、中国古典文学等方面，是文史兼长的著名历史学家、文学家。饶宗颐称缪钺为"词坛尊宿，史国灵光"。周一良也曾撰联高度概括缪钺的学术成就："文史回翔，绛帐春风三千弟子。诗词并美，灵溪妙谛一代宗师。"[①]

（一）缪钺的古代史研究成就

缪钺早期研究的重点是先秦诸子与儒学，于20世纪40年代先后在《思想与时代》《中国文化研究汇刊》发表了一系列颇有价值的文章。其中，《与钱宾

[①] 缪元朗、景蜀慧：《通贯古今　回翔文史——缪钺先生七十年学术生涯述略》，《缪钺全集》第一卷（上），河北教育出版社2004年版，第15页。

四论战国秦汉间新儒家》书札、《论荀学》等讨论战国秦汉新儒家的几篇文章影响较大。缪钺提出,新儒家的阴阳观念实与道家关系甚浅,而与阴阳家关系更深。新儒家熔儒家、道家和阴阳家的诸观念于一炉,遂启西汉经学喜谈阴阳灾变五行休咎之流风。他进而辨析中国古代思想史上的"天人相合"与"天人相应"两大支脉,重新为荀子的思想正名。① 此外,缪钺对《吕氏春秋》的研究也多有创获。在《〈吕氏春秋〉撰著考》中,他提出先秦典籍的编纂体例有两类,诸子著述初皆各篇单行,后由汉人校订整理,勒为定本,而《吕氏春秋》则有计划有提纲地组织编纂,虽然成于众手,却纲举目张,自成统系。② 在《〈吕氏春秋〉中之音乐理论》中,他注意到战国末世,儒家音乐理论可分为两派:一为荀子,绍承孔子的思想;一为《吕氏春秋》论乐的作者,借用道家和阴阳家的新说。后来的学者则融贯两派,影响深远。③ 他还发表了《读〈二程全书〉》的长篇书评,详论程颢、程颐兄弟二人在宋代思想史、学术史上的地位和影响,同样体现了其在古代思想史研究方面的精深造诣。

抗战结束以后,缪钺将魏晋南北朝史作为主要的研究方向,研究的范围涉及这一时期的政治、学术思想、典章制度、民族关系和历史人物,发表了多篇论文,其中如《清谈与魏晋政治》一文,针对传统的清谈误国论,对魏晋清谈的性质、特点、不同发展时期与政治的不同关系,作了深入系统的分析,尤其指出清谈政治在东晋时所起到的安内攘外之作用以及以王导、谢安为代表的清谈派理想之政治家形象对后世士大夫的影响。缪钺总结说:"清谈思想,虽崇老、庄,而亦兼融儒学,故并不轻视政治,且有其政治上之新见解及其理想的政治家之新型。"这一新见解即是融合儒道,将入世与出世绾合为一,确立了以"江左风流宰相"谢安为典范的新型理想政治家,"能以出世之怀,建济世之业,虽居庙堂之上,而其心无异于山林之中"。以后中国士大夫遂奉此为最高之境界。唐宋以降,贤士大夫皆以此为理想之事。④ 此文文思缜密,考辨精

---

① 参见《与钱宾四论战国秦汉间新儒家》《论荀学》,《缪钺全集》第一卷(上),河北教育出版社2004年版。
② 缪钺:《〈吕氏春秋〉撰著考》,《缪钺全集》第一卷(上),河北教育出版社2004年版,第60页。
③ 缪钺:《〈吕氏春秋〉中之音乐理论》,《缪钺全集》第一卷(上),河北教育出版社2004年版,第86~87页。
④ 缪钺:《清谈与魏晋政治》,《缪钺全集》第一卷(上),河北教育出版社2004年版,第147~148页。

核，文笔隽雅，力摧旧说，体现了缪钺治史的识见功力。20世纪末，此文作为学术经典，收入王元化等主编的《释中国》一书。

魏晋南北朝是中国古代民族大融合的一段重要时期。南北朝时期的民族关系历来是史学家们关注的重要问题之一。缪钺的《东魏北齐政治上汉人与鲜卑之冲突》等文章结合文化史与民族关系史，提出了不少有价值的学术观点。缪钺在陈寅恪《隋唐制度渊源略论稿》的基础上进一步详细探讨了北齐高欢的族属和世系问题，指出"高欢可能是鲜卑，至少亦系塞上汉人之鲜卑化者，即等于鲜卑"，解释在高氏政权中鲜卑得势的原因，并论述了东魏北齐时期汉人与鲜卑的三次政治冲突，最终导致北齐政治"始终不上轨道，以迄于亡"①。20世纪80年代，缪钺在成都举行的魏晋南北朝学术讨论会上发言，总结了他对这段时期民族关系的看法。陈寅恪在《唐代政治史述论稿》中说："汉人与胡人之分别，在北朝时代文化较血统尤为重要。凡汉化之人即目为汉人，胡化之人即目为胡人，其血统如何，在所不论。"缪钺进一步指出，"其实，不仅北朝如此，全部中国历史中都是如此"，并对此作了令人信服的论证。同时，他也敏锐地指出，在"十六国"、北朝时期，汉族与少数民族、中原与西域之间文化传播的双向性。这种约三百年的胡汉民族大融合，"给中华民族增加了新的生命力，成为唐朝所以号称盛世的一个重要因素"。②

缪钺的历史研究深受陈寅恪的影响，不仅重视民族与政治，而且关注语言与文化。1940年，他曾撰写《周代之雅言》，说明周代在春秋以前，诸夏各国之间存在一种共同文化，所以当时在各地方言之外，尚有一种普通话，以宗周丰镐之音为准，即先秦典籍所谓的"雅言"，此后演变成为所谓的"文言"。③四年后，他又撰成《六朝人之言谈》，辨析六朝人的语音、声调和修辞，生动地勾勒出了六朝时期士大夫阶层流行的口语文化的两大特点："语音之雅正"与"辞句之修洁"，开拓了魏晋南北朝文化史的研究领域。④在《北朝之鲜卑语》一文中，缪钺详细考察鲜卑语在北朝流行运用之情形，及其对于

---

① 缪钺：《东魏北齐政治上汉人与鲜卑之冲突》，《缪钺全集》第一卷（上），河北教育出版社2004年版，第291、302页。
② 缪钺：《略谈五胡十六国与北朝时期的民族关系》，《缪钺全集》第一卷（上），河北教育出版社2004年版，第304、315页。
③ 缪钺：《周代之"雅言"》，《缪钺全集》第二卷，河北教育出版社2004年版，第21、26页。
④ 缪钺：《六朝人之言谈》，《缪钺全集》第一卷（下），河北教育出版社2004年版，第337页。

当时政治、经济、文化之关系，论证了北朝时期的民族关系，从整个趋势看是鲜卑族逐渐接受汉化，互相渗透、融合的过程。而且在该文中，缪钺对日本著名学者白鸟库吉的名著《东胡民族考》中的鲜卑语研究提出了诸多商榷补正之处，价值颇高。①

对陈寿及其《三国志》的研究，是缪钺在魏晋南北朝史领域的重要方向。早在20世纪60年代初，教育部委托南开大学历史系郑天挺教授主编《中国史学名著选读》丛书，用作高校"史学名著选读"课程教材。缪钺承担了《三国志选》的编选和注释工作，1962年8月编成，全书约二十万字，共选注纪、传十九篇，由中华书局出版，是新中国成立后问世最早且具有鲜明学术特色的白话文注本。这部著作选录精当，除选政治、军事人物外，还关注在发展经济和文化科技创造方面有重大贡献的人物，以及周边的少数民族，体现了当代历史学家的新观点、新视角。1984年，中华书局又出版了由缪钺主编的《三国志选注》，是当时"二十四史"选注本中分量最大的一种，产生了较大的学术影响，具有篇目选择的典型性、注释的通俗性和选注的学术性等几个特点，"给进一步研究《三国志》和研究三国时期的历史廓清了道路，创造了条件"。②1987年，巴蜀书社又出版了缪钺主编的《三国志导读》。上述三书构成了缪钺在《三国志》整理研究方面的著作系列。

配合《三国志》注释的工作，从20世纪60年代起，缪钺又开始撰写研究陈寿其人其书的论文，先后发表《陈寿与〈三国志〉》《陈寿评传》等论文。除对陈寿生平事迹进行梳理介绍，对《三国志》的立传标准、史料取舍、文字特

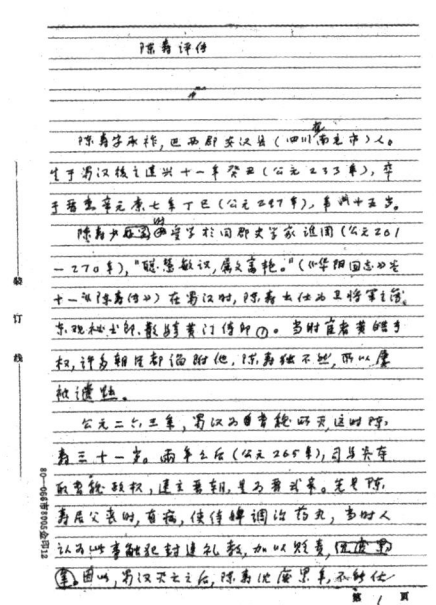

缪钺《陈寿评传》手稿副本（缪元朗先生提供）

---

① 缪钺：《北朝之鲜卑语》，《缪钺全集》第一卷（上），河北教育出版社2004年版，第277~287页。
② 王而山：《深入浅出，雅俗共赏——读〈三国志选注〉》，《古籍整理出版简报》第141期，1985年。

色等进行评论分析之外,还特别就一些向来有争议的问题,做了深入细致的考辨。至于《〈三国志〉的书名》《〈三国志〉传抄本的"祖本"》二文,题目虽小,文亦不长,但均可谓言之有物。①

20世纪80年代之后,缪钺更多属意于魏晋南北朝文士与政治的关系问题,不仅指导其博士研究生运用文史结合、文史互证的方法,撰写了论述魏晋诗人与政治的学位论文,自己也发表了多篇文章。这些文章虽然篇幅不长,却立意深远,言简意丰。如在《二千多年来中国士人的两个情结》的文章中,缪钺指出,"道"与"势"的矛盾和"求知之难、感知之切"两个问题如同"情结"一般困扰中国古代士人,在他们心灵中孕育许多沉忧积愤,构成了中国古典文学的两个基本主题。②又如缪钺透视汉魏、魏晋、晋宋三次易代之际的历史,获得新悟,撰成《陶渊明"好读书不求甚解"新释》,提出陶渊明的"好读书不求甚解"旨在讽喻时政,表示对宋武帝刘裕掩杀禅让帝位的零陵王(即退位晋恭帝)的不满。"陶渊明饱更世变之后,知道当时政治上许多事件,表面上公布的是一回事,而实际做的又是一回事,所以借'好读书,不求甚解'以寄慨,言外之意是,读书如此,对当时之事亦应作如是观也。"③

(二)缪钺的文学史研究

中国古典文学领域是缪钺的另一个研究重心。缪钺自称"我爱好古典文学出于天性"④。十八岁以前,他曾选读《庄子》《楚辞》《史记》《昭明文选》及陶渊明、杜甫、李商隐、黄庭坚、吴伟业诸家诗集以及各种重要的文章、诗、词选本,如姚鼐《古文辞类纂》、王士禛《古诗选》、沈德潜《唐诗别裁》、张惠言《词选》等,名篇佳作,经常背诵。又练习写作古文、骈文、诗词等,通过实践,更能了解古人创作的甘苦、艺术手法以及其作品中所蕴含的深意微旨。这为他日后的文学史研究奠定了坚实的基础。

1943年,缪钺写定在浙江大学中文系任教时的讲义,然而直到六十年后手稿才以《中国文学史讲演录(唐以前)》为名,整理收入《缪钺全集》。在讲

---

① 参见方北辰:《缪钺与古籍整理》,《传统文化与现代化》1998年第1期。
② 缪钺:《二千多年来中国士人的两个情结》,《缪钺全集》第一卷(下),河北教育出版社2004年版,第457页。
③ 缪钺:《陶渊明"好读书不求甚解"新释》,《缪钺全集》第一卷(上),河北教育出版社2004年版,第179页。
④ 缪钺:《治学琐言》,《缪钺全集》第七卷,河北教育出版社2004年版,第73页。

义中，缪钺展现出了他对中国文学史的宏通视野。他提纲挈领地提出中国文学应分四期，"秦以前为第一期，汉至隋为第二期，唐五代宋为第三期，元明清为第四期"，而在民国以后，中国文学进入到一个新时期。他认为，三千年中国文学的主流是抒情诗，"发展最盛，成绩最佳"。①缪钺的中国文学史讲义虽然仅写到唐代以前，但是这半部文学史依然新意迭出，大致确立了其独树一帜的治学风格。

1948年，缪钺选取他抗战时期写于遵义的十篇论文辑为一书，以《诗词散论》为名由开明书店印行。此书的出版奠定了他在中国古典文学

缪钺《中国文学史》讲义手稿（缪元朗先生提供）

研究领域的学术地位。曹聚仁在20世纪50年代初所撰的《文坛五十年》中曾指出，当代文艺批评家中，朱自清、王力、周作人为前辈权威，而"后起的钱钟书（著有《谈艺录》）、缪钺（著有《诗词散论》），他们的见解以及贯通古今中外的融通之处，每每超越了王国维、鲁迅和周作人"。②《诗词散论》一书可分为两部分，前者研究文学体裁之流变，如词的兴起、宋诗、六朝五言诗等，后者则为文学批评，探讨李清照、昭明太子、辛弃疾、李商隐、汪中、王国维、姜夔等人的作品和思想。无论是论述某一时代之诗词，还是评论某一作家的作品，缪钺皆能通观诗词之全貌，比较同时代作家之异同，上考其渊源，中察其流变，下观其影响，获得超越前修的独到见解。其中，《论宋诗》一文堪称典范。该文首论唐、宋诗之区别："就内容论，宋诗较唐诗更为广阔；就技巧论，宋诗较唐诗更为精细。然此中实各有利弊，故宋诗非能胜于唐诗，仅异于唐诗而已。"又说："宋人略唐人之所详，详唐人之所略，务求充实密

---

① 缪钺：《中国文学史讲演录》，《缪钺全集》第六卷，河北教育出版社2004年版，第3页。
② 曹聚仁：《文坛五十年》，东方出版中心1997年版，第384页。

栗，虽尽事理之精微，而乏兴象之华妙……然唐诗中深情远韵，一唱三叹之致，宋诗中亦不多觏。"①以下更举唐人以为不能入诗或不宜入诗之材料，而宋人皆写入诗中的诸多例证，以说明宋诗内容之更为广阔；又从用事、对偶、句法、用韵、声调诸端立论，以阐释宋诗技巧之更为精细。最后更从"时代之特殊精神"总结说："宋代国势之盛，远不及唐，外患频仍，仅谋自守，而因重用文人故，国内清晏，鲜悍将骄兵跋扈之祸，是以其时人心，静弱而不雄强，向内收敛而不向外扩发，喜深微而不喜广阔……总之，宋代承唐之后，如大江之水，潴而为湖，由动而变为静，由浑灏而变为澄清，由惊涛汹涌而变为清波容与。"②

1952年以后，缪钺虽专任四川大学历史系的教职，却没有中断对古典文学的研究，也没有停止过对相关研究动态的关注。20世纪80年代初，缪钺开始与加拿大哥伦比亚大学叶嘉莹教授合作，撰写词学专著《灵溪词说》。该书纵论唐五代两宋著名词人、词作、词论，但在体例、写法和立论阐释上，都有所创新。尤其在体例方面独创一格，将以往的论词绝句、词话、词学论文、词史等各种体裁的内容熔为一炉。其书出版后，得到学界好评，近有研究者在总结20世纪中国词学研究时指出："缪钺、叶嘉莹的《灵溪词说》虽然是作家专论的合集，但因将唐宋词人一一论述，论述中又注意词人在词史上的地位和作用及承继关系的寻绎，实际上是一部高水平的唐宋词史。二位作者学力深厚，方法新颖，因而新见迭出，常有发人深思之笔。"③之后缪钺与叶嘉莹继续合著《灵溪词说续集》，评论的词家由唐宋下移至明清，以《词说古今谈》为名，由岳麓书社在1993年出版。有学者这样评价："梁启超以及俞平伯、缪钺等学人，虽不专搞词学，但词学造诣却十分精深。"④缪钺对中国古代史、中国历史文献学以及中国古代文学史均素有研究，学养深厚，使得他在研究中国古典文学时能视野开阔，论证左右逢源，时有精邃之新见。而在旧体诗词创作方面的深厚造诣，也使得他能深入体会古人创作的甘苦，细微体察古人作品深蕴的内涵，于空曲交会之际理解古人的词心，在论诗、论词时言人所未言。

---

① 缪钺：《论宋诗》，《缪钺全集》第二卷，河北教育出版社2004年版，第156页。
② 缪钺：《论宋诗》，《缪钺全集》第二卷，河北教育出版社2004年版，第165页。
③ 吴相洲：《二十世纪中国词学研究述评》，《北京大学学报》1999年第2期。
④ 严迪昌等：《传承、建构、展望——关于二十世纪词学研究的对话》，《文学遗产》1999年第3期。

此外，人物传记研究也是缪钺的文学史研究领域的重要组成部分。他先后编撰了鲍照、王粲、颜之推、颜延之、魏收、杜牧、元好问等人的年谱，为陈寿、颜之推、杜甫、杜牧、史达祖写过传记或评传。其中最为著名者当推《颜之推年谱》《元遗山年谱汇纂》和《杜牧传》《杜牧年谱》。《颜之推年谱》为创新之作，因资料详尽，考证精当而常为研究者所称引。《元遗山年谱汇纂》综合翁方纲、凌廷堪、施国祁、李光廷四家《元遗山年谱》，其中特别详述遗山著书论文之意见及其生平交游事迹，以见当时文坛风气。1990年，山西人民出版社印行《元好问全集》，将《年谱》作为附录收入《全集》，并在该书《前言》中说："缪钺教授《元遗山年谱汇纂》发表于1935年，荟萃了诸家年谱之长，足资参证。"①《杜牧年谱》的初稿完成于1940年，同年发表于《浙江大学文学院集刊》。其后又旁稽群籍，校订疏误，弥补缺漏，于1964年重新写定，后由人民文学出版社在1980年刊行。在《年谱》的基础上，缪钺还写成了《杜牧传》一书，1977年由人民文学出版社出版。《杜牧年谱》因为是开创之作，在学术界颇受重视，一些杜牧研究者认为："缪钺先生的《杜牧年谱》颇为详备，对研究杜牧及其作品起了很大的作用。"②缪钺的《杜牧年谱》和《杜牧传》"是一切研究杜牧的人所必读的"③。

（三）文史结合，文史兼长——缪钺的治学风格

缪钺少时治学深受清代学者的影响，景仰顾炎武"博学于文""行己有耻"的经世致用之学，而兼采诸家之长，如黄宗羲、全祖望、邵晋涵、章学诚的识解闳通，钱大昕、段玉裁、二王（念孙、引之）的考证精核，尤为仰慕汪中"博极群书，文藻秀出"的才华学识。在近代学者中，他亲承张尔田教诲，兼学浙东博通与浙西专精。此外，他还深受王国维和陈寅恪两位学者的影响。他说："王、陈两先生学识精博、融贯中西，能开拓新领域，运用新方法，在许多学术范畴中均有显著的创获，使我深受教益，在我的文史著作中，常会看到王、陈两家的影响。"④早在缪钺的治学初期，他即已自觉运用文史互证的治学方法。1937年5月5日，缪钺致函龙榆生谓："弟近读唐人集，兼治唐史，

---

① 《元好问全集》，山西人民出版社1990年版，第6页。
② 胡可先：《杜牧诗文编年考证》，《四川大学学报》（哲社版）1983年第1期。
③ 傅璇琮：《〈杜牧年谱〉序》，见吴在庆：《杜牧论稿》，厦门大学出版社1991年版，第2页。
④ 缪钺：《自传》，《缪钺全集》第七卷，河北教育出版社2004年版，第171页。

诗史互证，时有所获。"①1947年3月3日，缪钺致函陈槃谓："迩来致力在六朝文史方面。清人治《文选》者，多注意于声韵、训诂、名物、典制诸端，弟拟用文史互证之法研究《文选》中诸名篇，论其旁涉之义，发其隐微之旨，或可为'选学'开一新途径。"②缪钺在晚年总结自己的治学特色时进一步拓展了文史互证的内涵。他说：

我是研究历史与文学的。历史是人创造的（包括各阶级、各阶层的人），文学也是人撰写的，所以研究历史与文学，人是关键。我研究中国历史，注重通古今之变，探索并阐释数千年兴衰治乱之迹，各民族间的斗争与融合，经济的发展，学术文化的演变，彰往察来，以资借鉴，从中得到启发，有裨于致用。我研究中国古典文学，注重理解其发展情况及优秀传统，古代作家的高情卓识，精湛艺术，尤其是古典诗词中生生不息的感发作用，可以陶冶性情，提高志趣。同时，我又常用文史互证之法，知人论世，探索隐微，发掘问题，树立新义。③

文史互证的研究方法是建立在史学与文学的交相为用的基础上。史学与文学的共同点在于人。文史结合才能深化对于历史现象和历史事件的理解，发掘一个时代的心声。

历史是人创造的，人是活的，有思想感情，有主观能动性，所以研究历史，除去注重当时人的表面活动之外，也不能忽略当时人的内心活动（包括个别历史人物的心情以及一个时代人的共同心情）。如果不这样做，则对于历史现象与历史事件的理解就难以深入。各种史书所记载的多是古人活动的表面事迹，至于古人内心深处的思想感情，在史书中是不易找到的，只有在文学作品中才能探寻出来。所以文学作品是心声，一个历史人物的文学作品是他一个人的心声，一个时代的文学作品则可以表现这一个时代的心声。④

简言之，研究古代某一作家的作品与生平，"必须熟习当时的历史背景才

---

① 张晖：《龙榆生先生年谱》，学林出版社2001年版，第82页。
② 缪元朗：《缪钺先生编年事辑》，中华书局2014年版，第115页。
③ 缪钺：《自传》，《缪钺全集》第七卷，河北教育出版社2004年版，第172页。
④ 缪钺：《治学补谈》，《缪钺全集》第七卷，河北教育出版社2004年版，第77页。

能深入，此即所谓知人论世；而研究历史，如能联系文学作品，探索当时人的'心声'，则对于问题往往能有深刻而新颖的看法"①。

缪钺的文史结合还有一层含义。刘知幾论修史者应具有才、学、识三长，其中史才包括史家文笔。缪钺留意到现代史学教育对于写作的训练工作"往往重视不够"，特别强调史学论文的可读性和艺术性。他说："史学论文不同于文学作品，固然不强调艺术性，但是也不妨含有文学情趣。"而且如果一篇史学论文，"在论述本题范围的内容时，还时常能联系到其他方面，有启发性的精言或规律性的警语，如同宝玉明珠，精光四射，能引起读者遐思远翔"，那么这类文章就可以称作"灵光奇气"。王国维、陈寅恪的一些文章即可视作其中典范。②

除了文史结合之外，被缪钺归纳为"三个结合"的治学方法还包括论史结合和古今结合。所谓论史结合是指做学问要用马克思主义理论作指导，但是运用马克思主义一定要联系实际。必须掌握大量的、丰富的资料加以探索以后，再提出论点，而不是先有主观的公式、教条，然后强求或曲解资料以迁就它。所谓古今结合是指经世致用。研究古代的经学、史学、哲学、文学，其目的都是为了探索源流，提供借鉴，解决当世之务。所以，研究历史的目的是要探求人类社会发展的规律。③ "三个结合"的目的一方面是"探索隐微"，如汪中所说的，"于空曲交会之际，以求其不可知之事"；另一方面是"高瞻远瞩"，如司马迁所说的，"通古今之变"，或如黄庭坚所说的，"如禹之治水，知天下之脉络"。④

正是基于此种认识，缪钺由治文而进于研史，文史兼攻。他在各大学教书，既教过文学课，也教过历史课。他的科研也是两者兼顾。在研究方法上，他以史说文，以文证史。他研究各时代的诗词，常常从时代背景以探求时代精神及其在诗词中的反映；他评论古代作家及其作品，也必先研究其历史背景以探求时代精神及其在诗词的反映。他熟悉古代历史，因而对古典文学作家和作品更能深入理解，阐发其微旨深情。另一方面，他在研究历史时又常从文学作品中探索当时人的内心世界，用以说明历史现象，因而对问题常有深刻而新颖

---

① 缪钺：《治学琐言》，《缪钺全集》第七卷，河北教育出版社2004年版，第74页。
② 缪钺：《要言不烦》，《缪钺全集》第七卷，河北教育出版社2004年版，第104、105页。
③ 缪钺：《治学经验漫谈》，《缪钺全集》第七卷，河北教育出版社2004年版，第84~85页。
④ 缪钺：《治学经验漫谈》，《缪钺全集》第七卷，河北教育出版社2004年版，第84页。

的看法。

缪钺曾在悼念朱自清的文章中,称美朱自清治中国文学"兼能考证、批评与创作,故无一偏之蔽,而收交流互通之益",认为"此其所以为通人之第一点"。①若以他一生的研究成果来衡定,亦庶几可谓臻于"兼能考证、批评与创作"的境界。

四、追求"通儒"境界的贺昌群

贺昌群像

贺昌群(1903～1973),字藏云,四川省马边县人。1921年夏,在成都联合中学毕业后,考取了上海沪江大学。一学期后辍学。1922年初,经王云五亲自执考,进入当时中国最大的编译机构——上海商务印书馆编译所。不久加入文学研究会,发表了《元曲概论》等著作。1930年,贺昌群请假东渡日本,阅读"东洋文库"藏书。在日本,他阅读了大量明清之际西方传教士在中国活动的著作和记载。回国以后,他开始致力于中西交通史、敦煌佛教艺术和汉代木简等领域的研究,确立了自己终身治史的学术道路。1931年,应顾颉刚之邀,他离开上海商务印书馆到天津河北省立女子师范学院任教。次年又到北京图书馆任编纂委员会委员,同时在该馆任职的学者还有向达、赵万里、孙楷第、谢国桢、刘节、王以中等。在浓厚的学术氛围中,贺昌群利用馆内的丰富文献继续研究中西文化交流方面的问题,并参加整理和考释前西北科学考察团所获居延汉简,留下了考释手稿十六册,并在1949年后毫无保留地提供给中国科学院考古所编辑出版《居延汉简》使用。当时敦煌学作为一门新兴学科,受到了国外学术界的高度重视,而国内学者却很少有人问津。贺昌群一面呼吁重视敦煌学的研究,一面积极投身到这一研究领域,应用考古新发现和汉唐史料互相印证,先后发表了《汉唐间外国音乐的输入》《敦煌佛教艺术的系统》《近年西北考古的成绩》《唐代女子服饰考》《大唐西域记之译与撰》等一批重要论文。

---

① 缪钺:《考证批评与创作——敬悼朱佩弦先生(自清)》,《西方日报》1948年9月26日《朱自清先生追悼会特刊》。

1937年7月抗战全面爆发后，贺昌群举家南迁至浙江大学史地系任教。不久又随浙大迁往江西泰和、广西宜山等地。1939年4月，他应马一浮之邀，在四川乐山参与创办复性书院。因办学方针歧异，他离开书院靠领取教育部津贴度日，居乐山乌尤寺附近的白云庵中撰写《魏晋南北朝史》。1940年，回乡创办小凉山第一所中学——马边中学，并担任第一任校长。1940年冬，蒙文通约他到四川三台东北大学代课一年。次年，改任重庆中央大学历史系教授，开设了隋唐五代史、魏晋南北朝史、魏晋清谈、魏晋玄学、世说新语、杜诗与盛唐时代等课程，发表了《清谈之起源》《两汉政治制度论》《汉唐精神》《论王霸义利之辨》等有影响的论文。

抗战胜利后，中央大学迁回南京，贺昌群任历史系主任兼历史研究所所长。1950年，受郑振铎推荐出任南京图书馆馆长。1954年，调任中国科学院历史研究所第二所研究员，兼中国科学院图书馆副馆长。1958年，因心脏病频发，辞去馆长职务。这一时期，他出版了研究中西交通史和佛教史的力作《古代西域交通与法显印度巡礼》一书，同时运用马克思主义理论研究汉唐间封建土地所有制形式，出版了约三十万字的专著《汉唐间封建土地所有制形式研究》，受到史学界的重视。2003年，时值贺昌群诞辰一百周年，商务印书馆为了纪念这位曾在馆工作近十年之久又享有盛誉的著名历史学家、文学史家和教育家，专门为他编辑出版了《贺昌群文集》三卷，有助于人们比较全面地了解他的学术成就和贡献。

（一）"史中之诗，诗中之史"——贺昌群的戏曲史和文学史研究

《元曲概论》是贺昌群较早的学术成果之一。他因早年读王国维《宋元戏曲史》，对元人的戏曲小令发生兴趣。及至商务印书馆，被委派作《元明清小说戏曲提要》，遂得以恣览三朝词曲名篇，三四年间陆续有所创获，终于撰成此书。在该书中，贺昌群谈道："楚辞、汉赋、唐诗、宋词、元曲，都是一个时代精神的文艺的特征，过了那个时代，无论后人怎样的念旧，怎样的模仿，在精神上总是永远赶不上的。"而元曲产生的时期恰恰是"外来民族入主中国的时代"，因此他针对近代著名学者吴梅等人主张元曲实源于宋词的观点提出修订意见，强调"我们自然不得说元曲的兴起完全出自异域，但我们不能不说元曲的兴起是受有异域的影响"[①]。他从汉代乐舞与西域音乐的输入的关

---

① 贺昌群：《元曲概论》，《贺昌群文集》第二卷，商务印书馆2003年版，第674、677页。

系入手梳理中国戏曲的源头,认为即使是宋辽金时代的杂剧院本也"多是歌曲的叙事体,还未曾真正踏进代言体的阶段"。他指出元曲音韵受到蒙古语的影响,已经在诸如音律、作法等诸多方面呈现出迥然不同于宋词的特征。而元曲的作者也在元代"九儒十丐"之名目的社会歧视中,每每"沉郁下僚,志不得伸",至于"屈在簿书,老于布素者,尚多有之"。这些士人"以有用之才,而一舆之乎声歌之末,以抒其拂郁感慨之怀,所谓不得其平而鸣"①。正是如此,也奠定了元曲在中国文学史上的极高地位,并对于明清戏曲与小说影响深远。该书虽然广泛吸收借鉴了王国维等学者的既有研究成果,而从外国乐舞以及蒙古语的普及等方面探讨元曲的渊源与形成,也在宋元戏曲史领域做到了另辟蹊径,推陈出新。

贺昌群在唐代诗歌研究领域也建树颇多。从20世纪30年代开始,他深入地研究了唐代诗歌。他认为,唐代文化因内部文化的成熟和西域文化的参加,愈益显其雄伟瑰丽,故唐代的诗亦如唐代文化的精神,一半绮丽温柔,一半干戈杀伐。整个唐代的诗坛,就是这两种基调建立起来的。文武合一,刚柔兼济,是唐代社会的特色。在《唐代的边塞诗》一文中,他说唐代的边塞诗是当时诗坛上以武功为背景的一种潮流,《全唐诗》四万八千余首,作者二千二百余人,上自帝王后妃,下至名媛僧道,几乎都有几首边塞诗的写作。唐代的文化美丽而不纤弱,勇迈而不粗悍,从这些诗情中即可以见之。他尤其指出,唐代边塞诗的质与量的潮流起伏,大体上仍与唐诗的盛衰和对外关系相照应。初唐的边塞诗在当时诗坛上是前进的、反纤巧的。盛唐便有点瞻前顾后。中唐和晚唐大体承盛唐之流风,有时只剩下一套空疏的僵化的感情了。②

在唐代的诗歌中,贺昌群特别致力于杜甫研究。他早年曾在南北各旧书坊尽力搜集杜诗的各种注本,晚年更将藏书捐献给成都杜甫草堂。他之所以对杜甫情有独钟,乃是因为"杜诗包罗万有,他有诗家常用以托意的香草美人,有从经学义理中陶溶出的见道之语,有每饭不忘君国的忠义之心,有儿女情长的家庭恩爱,有山长水远的朋友交情,有天机活泼的齐物观,有不与社会妥协的革命性",而从历史学家的立场来看,杜诗最能代表他所生活的时代,"不单能代表他的时代,就是他那时代所不详的史事,也可由他的诗中钩稽出多少的

---

① 贺昌群:《元曲概论》,《贺昌群文集》第二卷,商务印书馆2003年版,第737页。
② 贺昌群:《唐代的边塞诗》,《贺昌群文集》第三卷,商务印书馆2003年版,第53页。

资料来"。①因此，贺昌群的杜诗研究都反映了"以史论诗，诗中觅史"的治学特点。通过研究杜诗，他不仅勾画了杜甫生平的经历和交往，而且还以杜诗为史料探讨唐代政治社会的变迁。如他以《资治通鉴》"贞观四年"条所载唐太宗统治初期适逢连年荒灾，却因妥善安置灾民而维护了社会安定局面的史实来论证杜甫《行次昭陵》一诗，盛赞其"把贞观初年的一段历史形象化了"，从而有力地反驳了顾炎武《日知录》中将此两句诗与天宝之乱联系起来的错误。②又如他依据杜诗《新安吏》《石壕吏》《兵车行》等诗歌，结合《资治通鉴》《唐六典》和近代发现的敦煌文书，指出高宗、武后以后，迄于肃、代之际，随着租庸调法的逐渐败坏，长安、洛阳一带的府兵制开始解体，出现了由招募而来的𬭎骑、"团结兵"及"健儿"，而有的地方如西川成都一带却仍然实行府兵制。据此修正补充了《新唐书·兵志》中唐代兵势三变由府兵而𬭎骑而禁兵的说法。不仅如此，贺昌群还进而提出了"史中有诗"的史学思考。他在《汉唐精神》一文中，说："历史之事实，时代愈近，愈见其滓秽丛集，丑恶万端，不可向迩，而史事之是非善恶，亦难遽明，盖'不见庐山真面目，只缘身在此山中'。时代较远，其轮廓较清晰，史家遽易于发现其时代美。历史学之能事，固在其求史事演变之因果关系，然而发现其时代美，知史事之真善美之所在，亦未始非史家之责。"③

（二）"沃野千里，只待人开拓"——贺昌群的汉简研究和美术考古成就④

1930年，前西北科学考察团在内蒙古额济纳河流域考察汉代的塞墙和郫堡亭燧时发掘出土汉简一万余枚。次年即由劳干、贺昌群、马衡、余逊等人着手释读。在居延汉简的整理研究中，贺昌群的贡献不容忽视。居延汉简距今已有两千多年，字体及人们的书写习惯与现在很不相同，差异十分巨大，而且执笔者多是一些文化素质不是很高的下层小吏，他们书写的文字也不是十分规范，加之出土地的地理、气候等因素的影响，都给原简的释读带来很大的困难。贺昌群巧妙利用汉代碑石刻字来考释简中的疑难怪字，使释读的准确性大大提高，同时也避免了在考证时仅以文献为参考而形成孤证。如他在157·1简释

---

① 贺昌群：《读杜诗》，《贺昌群文集》第三卷，商务印书馆2003年版，第54页。
② 贺昌群：《诗中之史》，《贺昌群文集》第三卷，商务印书馆2003年版，第86页。
③ 贺昌群：《诗中之史》，《贺昌群文集》第三卷，商务印书馆2003年版，第162页。
④ 本节主要参考刘杨：《贺昌群与居延汉简研究》，《南都学坛》2008年第1期；陆庆夫：《贺昌群》，陆庆夫、王冀青主编：《中外敦煌学家评传》，甘肃教育出版社2002年版。

"刑"字如下：

汉高彪碑：刑不妄滥；《隶释》云：以形为刑。案《一切经音义》引春秋之命云刑字从刀从井，井以饮人，人入井争水，蹈于泉以刀守之，割其□欲人畏慎，全身命也，故字从刀从井。又《荀子·强国篇》：刑范正。注云：刑与形同。此碑此简以形字通于刑而旁从井，尚有古意。①

贺昌群从碑石刻字及文献两个方面入手，对汉简中出现的"刑"字作了精辟考释，令人信服。不仅如此，他在整理汉简的过程中也非常留意对名物制度的考释。他通过简牍对汉代的一些基本制度作了详细的注解，类似的例子在《汉简释文初稿》中不胜枚举。贺昌群将居延简与文献互证，用文献注释简牍，即使是对照性的，仍然具有重要意义。尽管这些考证方法在今天看来是一种比较普通的研究方法，但是在半个多世纪以前，在中国的简帛学研究刚刚起步阶段，他能够继承王、罗二人的治简之道，坚持文献与简牍互证的研究方法，对于推动中国简帛学研究沿着一条正确的方向前进，也具有不容忽视的意义。

贺昌群关于汉简研究的成绩不仅表现在对简牍的整理上，还表现在他运用汉简对汉史本身进行的研究和对汉简研究的理论认识上。1934年，他与劳干等人一道参与了居延汉简的整理工作，此后在极其艰苦的条件下对手中所掌握的简牍资料进行了深入研究，相继写出《烽燧考》等力作。"烽燧"是中国古代重要的军事防御系统。根据现存史书的记载，它自西周时期即已存在，至清代仍然沿用。关于烽燧之含义，文献记载说法不一，具体划分可归为两种。一种以唐张守节《史记正义》为代表主张烽主昼，燧主夜；另一种以颜师古为代表主张燧主昼，烽主夜。斯坦因在西北古长城废墟做考古发掘后，也主张昼举烽以望烟，夜燔燧以望火；王国维在《流沙坠简考释》中则支持颜师古。贺昌群依据居延汉简的记载对上述二说进行了辨析，认为传统的说法皆不尽然，"烽燧非一名词，亦非同一作用之二物，烽者烽火，燧者亭燧，凡亭燧所在，即有烽火，故史籍中有连称烽燧"。他详细考证了亭燧、邮传、亭候、亭障、营坞与烽燧的关系，指出："烽与燧非二物，亦非因昼夜之用而异其称。"此说纠

---

① 贺昌群：《汉简释文初稿》上册，北京图书馆出版社2005年版，第8页。

正了千百年来人们对烽燧的误解，为烽燧制度研究开创了新局面。此外，他对烽之类、烽之状及其他与之相关的问题都做了深入的考证。20世纪70年代所出土的居延新简中的"塞上烽火品约"证实了贺昌群对烽火制度考释的准确性。贺昌群利用汉代边塞所出土的简牍，同时参证史书中的内容，厘清了烽燧制度中一些有分歧的问题，将烽燧制度的研究又推向一个新的高度，同时也为后人对这一问题深化研究奠定了基础。

贺昌群是中国较早总结汉简研究理论的学者之一。20世纪60年代初他在中国科学院历史研究所工作期间，曾经对汉简研究提出过一些指导性意见。他认为："对于汉简本文，首先必须下些考证的功夫，因为相隔二千多年，汉简中许多文字的书写，日常用语，有关名物制度的现实意义，都必须有所考证，才能确切明白它的历史意义和历史内容……但考证只是一种手段，起的是桥梁作用，研究汉简的最后目的，必须归结到基本的历史联系。常常注意到基本的历史联系，才不致纠缠在许多细节或无关宏旨的争执意见上而不能自拔，必须把汉简所反映的情况和当时历史的全部发展过程加以考察。"①贺昌群主张文献与简牍相互结合，相互印证，既要以简证史，也要以史证简，从文献与简牍两个方面来研究历史，坚持实事求是的科学态度。通过汉简研究所得出的结论，必须放到历史的发展过程中接受检验，不符合历史发展线索和规律的结论是不能成立的。

贺昌群不仅是居延汉简的早期整理者，同时还是敦煌美术考古的倡导者。早在20世纪30年代初，他即曾在《东方杂志》上著文，对敦煌莫高窟的艺术内容进行全面介绍和评价，呼吁说："敦煌的雕塑、壁画、画像等……我们只要在这中间抓住一鳞片爪，也可以牵引其许多新问题。至于敦煌石室中所发现的古文书以及多种语言的手写经卷的研究，那真是沃野千里，只待人开拓，西洋的东方学者以及日本人，现在已经去得远了，我国学术界目前似尚无暇及此！"②正是在这篇文章中，他对于以前学者较少注意的敦煌艺术进行了一番富有开拓性的系统研究，从历史地理背景对莫高窟的壁画和雕塑作了图文并茂的介绍，并对其制作年代作了初步推定，还对莫高窟的建造过程进行了精密

---

① 贺昌群：《汉简的发现与研究（提纲）》，《贺昌群文集》第一卷，商务印书馆2003年版，第125~126页。

② 贺昌群：《敦煌佛教艺术的系统》，《贺昌群文集》第一卷，商务印书馆2003年版，第200~201页。

考证，从而理出了敦煌—云冈—龙门这样一个佛教艺术传播的历史过程。关于北魏石窟佛教艺术的特征，他从世界历史范围高屋建瓴地作了论述，提出亚洲佛教艺术的特征为受到犍陀罗风格影响的观点。贺昌群的这篇论文虽然"很通俗"，然而如日本敦煌学者神田喜一郎所说，当时敦煌洞窟中的壁画和塑像"几乎没有人注意到了"，所以该文毋庸置疑地堪称中国敦煌美术考古的拓荒之作。①

贺昌群在1935年发表的《唐代女子服饰考》则是依据出土文物如石刻雕塑、陶俑镜鉴、唐人写经壁画绢绣等，以及日本法隆寺与正仓院所存的唐代文物，结合历史文献和唐代诗词的有关记载，研究唐代社会生活的代表作。为了探讨唐代西域文明的影响，贺昌群对唐代妇女的发式、面部化妆和服饰作了详细生动的考证和描述，乃是其在美术考古领域的又一力作。贺昌群撰写的《近年西北考古的成绩》则是一篇较早全面介绍自19世纪末开始的英法德俄以及日本等国探险队在中国甘肃、新疆等地发掘劫掠文物宝藏经过的文章，介绍了西北发现的汉文典籍，还有多种语言其中包括古突厥语、龟兹语、于阗语等的发现及研究成绩，以及宗教典籍和美术品的研究状况，堪称一篇重要的学术史总结。贺昌群在研究西域文明之余，还先后写成《汉代以后中国人对于世界地理知识之演进》《唐代的日本留学生》《唐代文化之东渐与日本文明之开发》等论文，以及原计划写成通俗读物的小书《古代西域交通与法显印度巡礼》，在中外交通史领域也颇有建树。

（三）"历史学为通儒之学"——贺昌群的两汉魏晋史研究

抗战时期，贺昌群转向两汉魏晋史研究，取得了累累硕果。在汉代历史方面，其颇有影响的论文如《论两汉政治制度之得失》《两汉政治制度论》和《汉唐精神》，一再谈到汉代政治制度的特色为"中央与地方之关系，大小相维，内外相统，如网之有纲，衣之有领"。②其中，中央以三公制度为主，丞相上佐天子，总理庶政，太尉掌管全国军政，御史大夫察举朝廷遗失官吏非法，使政治社会得其平衡。地方上则以二千石的郡守为主，以治民、进贤、劝功、决讼、检奸和教化为治，所以能内外相应，轻重相倚。汉宣帝所谓汉家制

---

① [日]神田喜一郎：《敦煌学近况》，郭自得、王三庆合译，台北中国文化大学中国文学研究所敦煌学会编：《敦煌学》第七辑，1984年，第4页。
② 贺昌群：《贺昌群文集》第一卷，商务印书馆2003年版，第297页。

度本是"王霸道杂之",其王道之义正在于此。同时,又提高监司之权以督查之,则近于霸道。然而,在西汉后期,因受皇帝专权之影响,三公渐成虚职,而地方郡守也威权旁落,遂有东汉时期刺史、州牧之职的相继出现。汉末大一统帝国之解体,即"先由其政治机构之崩坏,而后有外戚宦官之擅权,外戚宦官之祸愈烈,政治上之破坏愈大,国家大权,遂渐由三公而旁落于刺史州郡之手,即由中央而转落于地方,形成豪杰割据之势"①。

《两汉政治制度论》发表一年后,贺昌群又撰成《魏晋清谈思想初论》一书。该书分上中下三篇,分别讨论汉魏间学术思想之流变、魏晋之政与清谈之起和清谈思想之主旨。在该书序言中,贺昌群说:"历史学为通儒之学,为古今合一之学,故往往言远而意近。世无纯粹客观之考证,亦无纯粹主观之议论,客观与主观,如高下之相倾,音声之相和,前后之相随。"因此,他研究魏晋清谈思想即努力在考证与议论之间寻找到一个平衡点,从而可以深刻地揭示"古今之变"。②魏晋清谈思想的起源,从学术思想方面来看,"盖上承东汉方术道家与老易思想之一部分,而革弃儒家思想之一部分,其新兴之一部分,则为先秦诸子学之重光,与印度思想之流入"。而从文化变迁方面来看,因汉代大一统政治之崩溃,汉晋间人生观遂由儒家严肃的教条

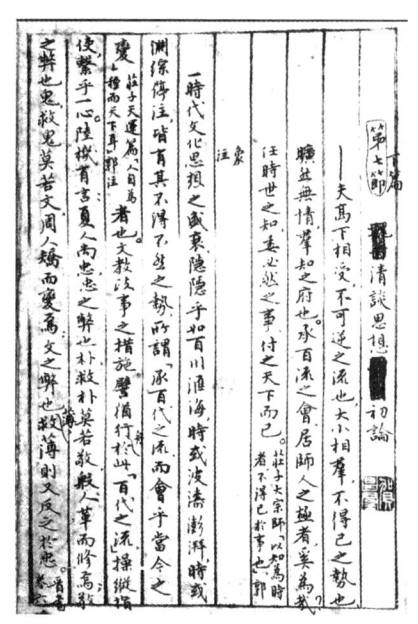

《魏晋清谈思想初论》手稿(选自《贺昌群文集》)

思想解放而为老庄旷达任性之自然主义思想,故有人伦品鉴风气之兴盛。再从政治风气方面来看,魏晋政局的变化则最终促成了清谈思想的形成。曹操代表的新兴势力崇尚权术,即所谓"道法之政"。正是因为魏政之综核,苛求于事工,而略于节义,导致天下不知有节义,禅代而起的晋朝则承之以宽弛而内实忌刻,当时士大夫无不感到栗栗危惧,难以自处,不得已而入于清谈。贺昌群

---

① 贺昌群:《贺昌群文集》第一卷,商务印书馆2003年版,第333页。
② 贺昌群:《魏晋清谈思想初论》序言,《贺昌群文集》第二卷,商务印书馆2003年版,第3页。

辨析道，魏晋清谈所讨论的主题虽然是以儒道二家形上之玄学为中心，但是其发端却源于新旧经解之问题。他更进而总结道，"此汉以后中国文化思想每经一度之演变，必发难于经学之通例也"。贺昌群由此揭示魏晋清谈思想实为儒道之学，亦即内圣外王之学或王道霸术之论，乃是"体用一如，本末俱备之大学问，由生生化化之宇宙观，而至于处世接物之人生哲学，治国平天下之政治理论，皆为此体用一如之大机大用一以贯之，实中国文化上一种至高无上之境界，广大精微，圆融无间，诚伟大观哉"①。儒道之学既为魏晋清谈思想的根本特征，实兼具体用。"夫老庄游于方之外者也，孔子则游于方之内者也，内圣而外王，游外以弘内，此魏晋清谈思想之全体大用。"从前学者谈到魏晋清谈，不免常有"清谈误国"的议论，其实是未能了解清谈思想有体有用。正如贺昌群所反复强调的"中国古代一切学问之体系，必归结于人生与政治"，因此他尤其致力于发掘魏晋清谈思想中的政治哲学。他解释老庄的"无为之政"，说无为者并非无所作为，而是"以百姓心为心"，"无行而不与百姓共"。换言之，"政府之意志即人民之意志，人民之意志亦政府之意志，如鱼相忘于江湖"。贺昌群由此一言蔽之地说："以天道观人事，总结于政治，此魏晋清谈之哲学体系。"②该书的撰述动机也在此表白无遗。贺昌群曾有感于陈寅恪的治学当"入流"（"预流"）的名言，进而阐发说："但我想入流与不入流，有时亦不在以能获得新材料为目的。近来学术界因为争取发表新材料的优先权，往往令人有玩物丧志之感。所以尤在要明了学术研究的新趋向，然后才知所努力，在思辨上有深澈的眼光，文字上有严密的组织，从习见的材料中提出大家所不注意的问题。所以学术的思考上也有入流与不入流之别。"③他的《魏晋清谈思想初论》或许可以视作这一看法的实践。

贺昌群的《两汉政治制度论》和《魏晋清谈思想初论》等论著本为拟作的《魏晋南北朝史》中的部分篇章。在原稿的《撰述凡例》中，他计划对于汉末分崩至隋朝一统之间的历史做一系统的研究，不重叙述，重在全书之"批评精神"，即刘知幾所谓的"识"。为此，他声称现代史学研究必以考古学、语言

---

① 贺昌群：《魏晋清谈思想初论》，《贺昌群文集》第二卷，商务印书馆2003年版，第25、26、47、48、54页。
② 贺昌群：《魏晋清谈思想初论》，《贺昌群文集》第二卷，商务印书馆2003年版，第78~79、74~75、83~84页。
③ 贺昌群：《历史学的新途径》，《贺昌群文集》第一卷，商务印书馆2003年版，第285页。

学为辅助学科。他计划对晚近考古学上之新资料，如六朝墓志、碑刻、陶俑、简牍广为利用，附从插图，以资印证。全书拟分十五章，章分节，节分子目。可惜全书仅成三章，未得竟其全功。

20世纪50年代，贺昌群还试图把马克思主义的普遍原则运用到秦汉、隋唐间历史的具体研究工作中。他先后发表多篇论文探讨这段历史时期的土地关系以及与之相联系的问题，于1964年结集出版。中国封建社会土地所有制的支配形态究竟是国有制还是私有制，是当时史学界长期争论的问题。贺昌群通过对汉唐间的土地所有制度的研究，认为这一时期的土地所有制就是封建国家土地所有制。他说："汉、唐封建国家的昌盛繁荣，是建筑在徭役地租以及租（粟米之征）、庸（力役之征）、调（布帛之征）的高度剥削的基础上的，与徭役地租相适应的国家法权，也充分体现了军事、政治、重刑三结合的残酷封建统治。"租庸调的赋役制度以及相关的均田、府兵制度都不是唐朝才开始建立起来的，而是经历了一个长时期发展和演变的过程，其中的枢纽就是在生产关系上占主导地位的封建国家土地所有制。正是在唐代，原本独立发展的各项制度逐渐结合起来，"好像三股绳索紧紧地扭成一根大绳，把劳动人民束缚在封建政权的驱使下，造成了初唐一度的强盛局面"[①]。等到均田、府兵和租庸调等制度崩坏以后，中古封建土地所有制形态也就发生了大转变。从两税法施行以后到明代中叶改行一条鞭法，私人地主土地所有制在社会财产占有关系的比重上，逐渐居于封建生产关系的主导地位。这一发展是以商品货币的相对发达为前提。随着商品货币关系的发达，直接生产者对封建地主的传统隶属关系，日益转向于以契约为基础的货币关系，马克思所说近代形态的即资本主义形态的土地私有权性质逐渐增强。

贺昌群不是一个将自己紧闭在书斋里的学者。他时时把对历史的研究同国家民族的命运联系在一起。他在治史之初就明确地认为历史绝非故纸之研究。北宋曾巩在《南齐书目录序》中曾说："古之所谓良史者，其明必足以周万事之理，其道必足以适天下之用，其智必足以通难知之意，其文必足以发难显之情。"[②]贺昌群对此赞赏不已。1947年，贺昌群在为中央大学学生组织的"历

---

① 贺昌群：《汉唐间土地所有制形式研究》，《贺昌群文集》第二卷，商务印书馆2003年版，第283、285页。
② （宋）曾巩：《曾巩集》，陈杏珍、晁继周点校，中华书局1984年版，第187页。

史学社"题辞中写道：

> 历史之学，非故纸之钻研，而为生命之贯注。生命起于现在。古人之生命入于现在，而后现在之生命乃能发扬而光大。故曰：承百代之流，而会乎当今之变，此历史之力量也。历史之力量，乃亘古今，聚众力，而后成其排山倒海之势，顺之者生，逆之者亡。是以历史之学，盖在明此历史之力量。观之往古，验之当世，参之人事，察盛衰之理，审权势之宜，则所以为学也。①

贺昌群认为历史包含着一股巨大的力量，研究历史就是要阐明这股力量之所在，唯有如此历史才成为一门真正的学问。所以他极重视"宏观史学"，力求通古今之变，发现中国历史发展中的某些规律。历史学家撰写历史，应当对史事之演变踪迹求其因果关系，对文化思想予以同情之解释，不存好恶之心，对政治措施的得失及其影响，更当本史实叙述。他解释说："历史为人文学科，其性质本难如科学之确定，然史家不能不力求其确定，因此，须用思辨与考证（此指西洋学术的，即逻辑的、科学方法的）。断代史之撰述，当较通史细而密，断代史之专题研究，可比如显微镜下之辨析微芒，通史之撰述，可比如天文台中之瞭望宇宙，故断代史尤宜注意于思辨与考证。有思辨则能会通而不支离，有考证则能确凿而不空疏。此近代史学之极则。"②贺昌群的史学成就尚待后人评说，然而他对历史与历史学的思考总结却毋庸置疑是中国现代史学的重要遗产。

贺昌群为历史学社题辞手迹（选自《贺昌群文集》）

---

① 贺昌群：《"历史学社"题辞》，《贺昌群文集》第三卷，商务印书馆2003年版，第276页。
② 贺昌群：《魏晋南北朝史初稿·撰述凡例》，《贺昌群文集》第二卷，商务印书馆2003年版，第89页。

第五节 巴蜀地区的考古学与西南民族史研究

一、巴蜀地区考古学的建立与发展

我国现代意义上的考古学,虽然和传统金石学具有联系,但主要还是受西方考古学影响而逐渐建立起来的。传统金石学主要研究零星的出土文物或传世品,没有形成完整的学科体系;而现代意义上的考古学则是建立在科学的田野考古发掘之上,有一套完整严密的学科理论和方法论。现代考古学实质上是历史学,只是"它有独特的对象和独特的技术、方法,是一种特殊的历史学"①。同全国考古学的发展历程大体一致,巴蜀地区的考古学也经历了20世纪上半叶的初创、50年代至70年代的快速发展和70年代末以来的巨大发展三个历史阶段。②

(一)20世纪上半叶的初创

巴蜀地区的考古活动肇始于20世纪初。其时一些外籍学者考察包括巴蜀在内的中国西部古迹,征集有关古物,如英国陶然士(T.Torrance)在乐山、彭山、新津等地发现多处汉代崖墓(1908)③,并撰写《四川之墓葬》,后又至四川西北地区收集调查石棺墓葬器物;法国色伽兰(V.Segalen)考察四川汉阙、石窟、崖墓等(1914),著有《中国

葛维汉(右一)和助手林名均(左一)等人在汉州发掘现场合影(四川大学博物馆提供)

---

① 张光直:《考古学专题六讲》(增订本),生活·读书·新知三联书店2010年版,第54页。
② 本书在论述具体文物考古成就方面,主要参考了以下成果:四川省地方志编纂委员会编纂《四川省志·文物志》,四川人民出版社1999年版;赵殿增《四川考古的世纪回顾与展望》,《考古》2004年第10期;国家文物局主编《中国文物地图集·四川分册》的"概述"、《重庆分册》的"概述",文物出版社2009年、2010年版;四川省文物考古研究院《四川考古60年》、邹后曦《重庆考古60年》,均载《四川文物》2009年第6期。
③ 本节括号内数字为年份,或为考古活动、考古发掘之年,或为书籍最初出版之年。

西部考古记》。同年,华西协合大学理学院教授、英国学者戴谦和(D.S.Dye)等人创建了中国大学最早的博物馆即华西协合大学古物博物馆(今四川大学博物馆前身),1922年他又和在华西工作的其他外籍学者共同创建华西边疆研究学会,并主办《华西边疆研究学会杂志》。依托这些机构和杂志,巴蜀地区的考古活动逐渐发展了起来。

1928年由中央研究院历史语言研究所李济主持的河南安阳殷墟考古发掘,标志着中国现代考古学的开端,李济也因而被誉为"中国现代考古学之父"。稍后巴蜀地区的考古也逐渐活跃起来。先是国立成都师范大学开始设置考古学课程,并为后来的四川大学所继承;接着在1933年冬,时任华西博物馆馆长的美国人葛维汉(D.C.Graham)与中国学者林名均等人对四川广汉燕家院子1929年偶然发现的玉石坑进行探坑法发掘(是后来举世闻名的三星堆遗址发掘的开端),"开中国西南边疆田野考古的先声"①,是巴蜀地区考古学和中国考古学史上的一件大事。

1937年抗战全面爆发之后,不少学者和研究机构入蜀,其中包括当时声誉卓著的李济和他领导下的中央研究院历史语言研究所考古组及中央博物院筹备处的专家们,还有在美国宾夕法尼亚大学获人类学博士学位的冯汉骥,也应邀入蜀,受聘国立四川大学,并在1941年出任新建立的四川省博物馆馆长。李、冯二人先后在美国攻读人类学、考古学,是我国第一批受过正规科学考古训练的学者。另外还有徐中舒,毕业于清华大学国学院,后长期在历史语言研究所工作并参与过殷墟考古发掘,也在1938年受聘国立四川大学。在此前后,华西协合大学的考古实力也不断增强,最突出的就是郑德坤在1941年接任博物馆馆长。郑氏1931年燕京大学硕士毕业,1936年受哈佛燕京社派遣到华西协合大学任教,1938年赴美国哈佛大学攻读考古学及博物馆管理,1941年以《四川史前考古》(后在剑桥大学出版)取得博士学位后返回华西协合大学。正是在以上这些受过科学考古训练的学者们的带领下,巴蜀地区考古学开始了"正规发展"②的历程。

此时巴蜀地区开展了不少重要的考古调查活动。如1937年6月,四川大学邀请到北京周口店遗址的发掘者、瑞典著名考古学家安特生(J.G.Andersson),

---

① 霍巍主编、黄伟副主编:《川大史学·考古学卷》前言,四川大学出版社2006年版,第2页。
② 林向:《西南考古学的奠基人——冯汉骥教授》,《中华文化论坛》1999年3期。

会同四川大学周晓如、华西协合大学葛维汉等人联合组成"川康地质考古旅行团",中央研究院历史语言研究所也派人参加。成绩更大的则是在李济倡议下于1941年由中央研究院历史语言研究所、中央博物院筹备处(南京博物院前身)、中国营造学社三家机构联合组成的"川康古迹考察团"(成立于今四川宜宾李庄镇),对四川、西康两省的古迹所作的大规模调查发掘。这是李济在1939年提出的"西南考古"计划的重要组成部分。① 还有就是1945年由集中在重庆的有关学者杨家骆、马衡、何遂、顾颉刚、朱锦江等人组成的大足石刻考察团,对大足县五代至宋的石窟进行的综合性调查研究,引起了学界对巴蜀地区现存宋代摩崖造像的重视和研究。

也有一些重要的田野考古发掘活动。影响较大的有1941至1942年的彭山汉代崖墓的发掘,由川康古迹考察团团长、中央研究院历史语言研究所的吴金鼎主持。吴金鼎留学英国伦敦大学,"掌握了当时世界先进的考古学理论和方法"②,学界或称其为"田野考古第一"③。这次发掘被称为"在当时条件许可之下最为严谨的田野发掘之一"④,共探明崖墓墓址九百余座,先后发掘汉代崖墓七十七座,砖墓两座,号称是"抗战期间最大规模的一次田野考古发掘",为研究巴蜀地区的墓葬制度积累了丰富的资料。加之崖墓是中国广大南方地区特有的一种墓葬制度,这次调查发掘是中国考古学家首次对这种类型的墓葬进行的科学考古发掘和研究,因而具有重要的开创意义。当然,此时最著名的考古活动则是1942年至1943年由冯汉骥主持的王建墓(永陵)发掘,这次发掘得到川康古迹考察团的支持,历史语言研究所的李济、夏鼐、吴金鼎等人都曾参与。比较而言,彭山汉代崖墓的发掘并没有造成如李济预先想要达到的像殷墟发掘那样的影响力,出土报告《四川彭山汉代崖墓》也迟至1991年才问世;王建墓则因是中国首次科学发掘的古代皇帝陵墓,又有精美的石刻,故在当时就影响很大,吸引了包括李济等人的直接参与,在巴蜀地区考古学和中国

---

① 这一计划见谭旦冏:《中央博物院二十五年之经过》,(台北)中华丛书出版编审委员会1976年版,第76~77页。
② 陈洪波:《中国科学考古学的兴起——1928—1949历史语言研究所考古史》,广西师范大学出版社2011年版,第247页。
③ 石璋如:《田野考古第一人——吴金鼎先生》,杜正胜、王汎森主编:《新学术之路——历史语言研究所七十周年纪念文集》,(台北)"中央"研究院历史语言研究所1998年版,第631~637页。
④ 徐坚:《暗流:1949年之前安阳之外的中国考古学传统》,科学出版社2012年版,第356页。

1942年王建永陵发掘时的专家合影（左起：吴金鼎、王介忱；高去寻、冯汉骥、曾昭燏、李济、夏鼐、陈明达）（选自《四川大学考古专业创建四十周年暨冯汉骥教授百年诞辰纪念文集》）

考古学史上都写下了辉煌的一页。冯汉骥也由此奠定了他在巴蜀地区现代考古学史上的开创地位。另外，1939年4月，著名学者马衡、朱希祖、常任侠等考察重庆盘溪汉阙，被誉为"重庆现代考古之始"；次年4月，郭沫若、卫聚贤联合各学术团体，发掘江北汉墓，成为"抗战时期重庆考古事业的一大收获"①。

这一时期还必须提到三方面的成绩：一是出自清华国学院的卫聚贤1942年在研究了白马寺出土的战国晚期青铜器后，提出了"巴蜀文化"这一地区性文化概念，并在其主编的《说文月刊》上编辑"巴蜀文化"专号进行讨论，影响很大；二是华西大学博物馆馆长郑德坤利用各种搜集得来的器物和有关考古发掘材料，著成《四川史前考古》（哈佛大学博士毕业论文）和《四川古代文化史》等论著，在巴蜀古史的研究上具有开创性；三是邓少琴利用多年实地调查搜集所得的汉代碑刻墓铭文字开创性地著成《益部汉隶集录》，在1949年7月作为四川大学历史系史学丛书第一辑出版（徐中舒作序）。此三君贡献当然很大，但主要表现在利用金石材料和现代考古发现进行的整理研究上，而冯汉骥则亲自主持了重要的田野考古发掘，并不断写出多篇论文。郑德坤、卫聚贤抗战胜利后的几年里都先后离开巴蜀，而冯汉骥则一直坚守巴蜀，还从40年代初开始长期担任四川省博物馆馆长，主持和参与过后来多项考古发掘，培养过很多考古人才，直到1977年逝世为止，故一般认为冯汉骥是巴蜀地区（也是西南地区）考古学的奠基人。

（二）20世纪50年代至70年代的快速发展

中华人民共和国成立后，巴蜀地区的考古学得以在安定和平的环境里发展。特别是从20世纪50年代起，国家大力推进各项建设，一系列考古新发

---

① 周勇主编：《重庆通史》第三卷《近代史》（下），重庆出版社2002年版，第1328页。

现随之诞生，以前史前遗址和巴蜀古遗址发现不多的情况得到了根本扭转。在史前遗址方面，1951年在资阳发现了"资阳人"头骨化石，这是在巴蜀境内最早发现的旧石器时代晚期智人（新人），引起了考古学界的广泛关注。1958~1959年由四川大学、四川省博物馆和重庆市博物馆联合组成的长江三峡库区四川考古队，调查发掘了巫山"大溪文化"遗址，这是长江流域一支很有代表性的新石器时代考古学文化遗址，其命名也得到海内外学界的认同。很多属于"巴蜀文化"的遗址也发掘出来。除了对之前曾经发掘过的广汉月亮湾遗址（今三星堆遗址群的核心地段）继续做了发掘外，还有不少新的重要发现。如巴县冬笋坝和昭化宝轮院的船棺葬（1954）、成都羊子山商周土台遗址（1953~1956）、新繁水观音商周遗址（1957~1958）、彭州竹瓦街商周铜器窖藏（1959）、成都百花潭中学第10号战国墓（1964~1965）、涪陵小田溪战国巴族墓（1972）等。这些新发现激发了学者对巴蜀古史研究的热情，他们纷纷著文加以讨论。如徐中舒依据新发现，相继发表《巴蜀文化初论》（1959）、《巴蜀文化续论》（1960），认同在20世纪40年代提出但当时争论较大的"巴蜀文化"概念。在冯汉骥主持下四川省博物馆编写了《四川船棺葬发掘报告》（1960），邓少琴则著有《巴史新探》《巴史再探》等论文，将巴文化研究引向深入。这些属于"三代"的考古新发现，引起了全国考古学界的关注。冯汉骥还完成了《前蜀王建墓发掘报告》（1964），这是海内外学术界研究中国帝王陵寝制度的必读文献。

这一时期在有关考古的机构建设、人才培养和文物普查等方面也有新的变化和发展。一是随着华西协合大学文科并入四川大学，华西博物馆并入四川大学而更名为四川大学博物馆，先前华大、川大并立的两个考古学重镇就合二为一，从此四川大学就成为巴蜀地区最重要的考古学人才培养基地。二是1951~1955年在重庆短暂出现的西南博物院（徐中舒为院长，冯汉骥为副院长，邓少琴为秘书），后改名为重庆市博物馆，有利于重庆地区文物考古事业的发展。三是四川大学历史系于1960年开始设置考古专门化专业，70年代改名为考古专业，专门的考古学人才培养机制建立起来了。四是文物考古机构建设和文物普查更加受到重视。1953年，四川省文物管理委员会成立，一些市县相继设立了文物保管所（会）。1952年配合成渝、宝成铁路建设，开展了除少数民族地区以外的文物普查工作。1954年经重点复查和补充资料后编写出《四川文物简明提要》。

整个说来，新中国时期的头三十年，巴蜀地区的考古学较之民国时期确有较快的发展，特别是在史前考古和古蜀、古巴文化遗址考古方面进展很大，并建立了专门的考古学人才培养机制。可惜由于政治运动不断，又有十年"文革"人类学等相关学科被取消，限制了巴蜀地区考古学更大的发展势头。

（三）改革开放以来的巨大发展

20世纪70年代末以来，经过一系列拨乱反正和改革开放国策的推行，中国进入了伟大的变革时期，考古学事业也加快了发展的步伐（人类学、社会学等学科得到恢复），巴蜀地区的考古学更是获得了前所未有的大发展。

一是史前遗址的考古发掘获得重要突破。

旧石器时代遗址有多处重要发现，其中1984年以来多次发掘的巫山龙骨坡遗址，是我国目前发现的最古老的人类化石地点，其地质年代为早更新世早期，距今二百零四至二百零一万年（当然也还有不同意见）。这不但比过去巴蜀境内发现的古人类化石的时代大大提前，也比之前认定的我国最早的、距今一百七十多万年前的云南元谋人要早很多。

新石器时代遗址在巴蜀各地则有更为丰富的发掘，巴蜀地区的新石器时代面貌也由过去的模糊而变得清晰起来。特别是时间上比先前的认识大大提前，如川西高原上的茂县营盘山遗址（2000）距今约五千五至五千年，汉源狮子山遗址（1990）距今约四千五至四千一百年，明显受到我国西北地区马家窑文化的影响；成都平原在20世纪90年代发掘出的新津宝墩城址时代距今约四千五百至三千八百年[①]，2009年发现的什邡桂圆桥遗址更早，距今约五千年历史，均是后来著名的三星堆文化的渊源。重庆地区的新石器时代遗址也在近二十年里有大量发现和发掘，建立起了新石器时代早、中、晚期文化的明确序列，代表性的文化有丰都玉溪遗址遗存（1999），距今约七千八百年；1990年以来多次发掘的忠县中坝遗址，距今约四千六百至三千七百年。20世纪50年代曾经发掘的大溪遗址，也在2000年以来得到全面发掘，取得了多方面的重要收获。

二是古蜀文化遗迹的发掘震惊世界，巴文化遗迹的发掘也有重大进展。

古蜀文化遗迹最重要的就是1986年广汉三星堆"祭祀坑"的发掘。三星堆自1933年起，多次发掘，并在80年代初定名为"三星堆文化"，但只有到1986

---

① 20世纪90年代以来在成都平原发现的新津宝墩村、都江堰芒城村、崇州双河村和紫竹村、郫县古城村、温江鱼凫村等史前城址群，宝墩遗址的时代最早，并统称为宝墩文化。

年夏相继发现的两个"祭祀坑",才获得了重大进展。当时出土了上千件精美的商朝时期的青铜器、金器、玉石器、象牙以及数千枚海贝,震惊了世界,引发了考古学界的高度关注。这些发现说明古蜀地区至迟在商朝时期已有堪与中原地区媲美的高度发达的文明,这就直接改变了两千多年来巴蜀古地的"蛮荒"形象,对巴蜀文明史和中国古代文明发展史的认识和研究都是一次重大突破。从此,巴蜀考古在全国考古学界的地位大为提升,巴蜀遂成为考古学界和古文明史研究者再也不可忽视的重要区域了。

与广汉三星堆遗址发掘约略同时,1985~1987年,成都十二桥遗址的考古也取得了重要进展,其中发掘的商周时期大型木结构建筑群尤为罕见,而大型地梁式宫殿建筑与小型干栏式建筑,证明成都是继广汉三星堆之后古蜀国另一个重要的都邑。

而继广汉三星堆之后再度震惊海内外的巴蜀考古发现,当属2001年在成都西面发现的金沙商周遗址。遗址出土了大量珍贵的金器、铜器、玉器、石器和象牙等,与广汉三星堆器物具有明显的连续性,而时代稍后,其中的太阳神鸟圆形金箔饰特别精美,后来成为中国文化遗产的标志,让学界再度感受到古蜀国高度发达的文明。较金沙遗址时代要晚但仍属古蜀文化的重要发现则有2000年在成都市商业街发掘的战国时期成都古蜀船棺合葬墓遗址,等等。

巴文化遗迹的发现虽然不如蜀文化影响大,但也有一些重要的考古遗址。如对宣汉罗家坝遗址进行了三次发掘(1999、2003、2007),共清理东周时期的墓葬六十四座,大大扩展了巴文化研究的范围,使川东地区巴文化的面貌逐渐清晰,为全面了解巴文化的内涵提供了新的考古资料。而对渠县城坝遗址的考古试掘(2006),首次对古代賨人的城址进行了发掘,为全面了解巴文化的重要一支——賨人文化提供重要的考古资料。至于重庆地区,巴人的活动更为集中,巴文化遗迹也有更多的发现,近几十年来,除了在70年代已有重要发现的涪陵小田溪遗址又得到更大规模的发掘外,还发掘有著名的云阳李家坝、万州中坝子、忠县半边街、开县余家坝等一系列遗址,可以说获得了突破性进展。

伴随这些发现和研究的进展,学界逐渐认识到,蜀文化和巴文化有各自的发展序列,蜀文化要更早更发达一些,而愈到后来两者的交互影响愈多,并受到北方的秦文化、东边的楚文化的深刻影响。

三是西藏考古、重庆考古(特别是三峡考古)发展迅猛。

1978年,四川大学历史系童恩正主持了在西藏昌都卡若的考古发掘,这是西藏历史上首次科学的考古发掘活动，开启了后来巴蜀考古学界工作的一个重心——西藏考古。1985年，四川大学历史系与西藏自治区文物管理委员会合作编纂《昌都卡若》考古发掘报告。90年代以来，西藏考古更是日趋活跃。一些学者参与西藏地区文物志的编纂，包括《昂仁县文物志》（1992）、《阿里地区文物志》（1993）和《吉隆县文物志》（1993）等，与西藏自治区文物管理委员会合作编有《西藏考古》辑刊（起于1994）；并与西藏有关单位合作开展多项考古发掘和研究工作，包括考察或发掘昌都卡若遗址、阿里皮央·东嘎遗址古墓群、石窟遗址、帕尔嘎布石窟遗址等，主编或著有《西藏古代墓葬制度研究》（1994）、《西藏原始艺术》（1998）、《西藏考古与艺术》（2004）等著作，又与西藏文物局和陕西省考古研究院等单位合撰《青藏铁路西藏段田野考古报告》（2005），等等。由于西藏主要信仰佛教，因此西藏考古的很大一部分内容又属于佛教考古。

重庆地区的考古在上一时期已有巴县冬笋坝船棺葬（1954）和涪陵小田溪战国巴族墓（1972）等重要发现，1982年又在重庆市江北区发现了元末农民起义军领袖、在重庆建立大夏政权的明玉珍的陵墓（睿陵），是我国发现的唯一农民起义军领袖墓葬，轰动一时。其更大发展则是在20世纪90年代以后，得益于重庆直辖和三峡工程两件大事。特别是三峡地区的考古汇聚了全国七十多家文博考古单位，在短短的十年时间里取得了飞速发展，是历史上参加单位最多、时间最集中的一次大型区域考古活动，取得了三峡工程淹没区考古调查（1994）、忠县中坝遗址（1998）和云阳李家坝遗址（1998）等多项"全国十大考古新发现"，并已出版六卷《重庆库区考古报告集》（1997~2002年，每年一卷）。除了前述史前遗址和巴文化遗迹的发掘有重大进展以外，汉代以后的历史遗迹也多有重要发现。如发现的汉晋时期朐忍县城、巫山古城是山地类型城市考古的重要收获，对于三峡地区历史时期文明进程、社会经济发展的综合研究具有非常重要的意义。唐宋城址在1997年前仅限于调查，少有发掘，2005年土坎遗址发掘，发现了唐武隆县治遗迹。奉节永安镇宋夔州城的大规模发掘，取得了重要收获。1998年以来，奉节白帝城遗址群的大规模发掘，2006年以来合川钓鱼城遗址的调查、勘探和发掘，是南宋抗蒙山城的系列收获。2000~2003年，云阳明月坝遗址早期市镇的重要发现，弥补了我国早期市镇遗址发掘与研究几近空白的状态。

四是开拓了地震考古、道教考古、工业遗存考古等新领域。

巴蜀地区西部属地震多发区，相关部门非常重视，巴蜀考古学界遂有地震考古的研究和考察活动。1977年，四川大学历史系选派的地震考古小组对成都地区1900年以前的地震情况进行了专门调查，并由小组负责人林向执笔完成《成都地区历史地震的考古调查报告》（1978）。林向在1977～1983年还应邀参加中国地震历史资料汇编工作，承担成都、西昌、甘孜地区地震考古调查，同时参加四川省历史地震资料汇编工作，并撰有多篇论文，促进了地震考古（或称考古地震学）研究的发展。

道教考古是巴蜀地区考古学者在这一时期开创的又一新领域，主要是在四川大学张勋燎的倡导下发展起来的，旨在将考古发掘出土的与古代道教活动有关的遗迹遗物加以系统的梳理，广泛结合道教文献进行深入研究。张勋燎等人著有一百二十万言的《中国道教考古》（2007），并进行了道教考古学学科建设的探索，在考古学界和宗教学界都产生了重要影响。

工业遗存也是这一时期考古的新领域。成都水井街酒坊遗址（1999）、绵竹城关镇剑南春酒坊遗址（2004）、宜宾五粮液作坊遗存（2006）和射洪泰安作坊遗址（2007），均发现晾堂、酒窖遗迹及大量的瓷酒器。这批遗存的发掘极大地丰富了中国传统酒文化研究的内容，填补了中国古代酒坊遗址、酿酒工艺等方面的考古空白。重庆地区发掘的忠县中坝盐灶遗址（2000）、云阳县云安盐场遗址（2001）具有较高的古代盐业技术史方面的研究价值，2003年确认的丰都明清冶锌遗址群则是对中国乃至世界冶金技术史研究有影响的重要发现。

五是机构建设、文物普查和学科建设等方面较过去有了更大发展。

这一时期，除了四川省文物局、重庆市文物局、成都市文物管理处外，绝大多数市县也成立文物管理委员会（所）。从1986年起连续三年开展四川全省的文物普查工作，查出各类文物点二万七千多处（包括今重庆市），后又不断补充，编出了《中国文物地图集·四川分册》上中下三册（2009）、《中国文物地图集·重庆分册》上下两册（2010）。这两部书是20世纪发现的巴蜀地区文物的重要家底的记录，是巴蜀文物考古研究的重要成果。

在博物馆建设方面，这一时期又新建了三星堆遗址博物馆、金沙遗址博物馆和重庆中国三峡博物馆等，并在原来文物管理处的基础上建立了重庆大足石刻艺术博物馆、永陵博物馆等，四川省博物馆和成都市博物馆则更名为四川博物院和成都博物院。另外又建立了四川省文物考古研究院、成都市文物考古研究所，创办了《四川文物》（1984）、《成都文物》《南方民族考古》

(1987)、《西藏考古》(1994)、《长江文明》(2008)等期刊或辑刊。这些既是巴蜀地区考古学发展的产物，也推动着巴蜀地区考古学的进一步发展。

考古学学科建设也在这一时期迈上了新台阶。作为西南地区最重要的考古学专门人才培养基地，四川大学在1981年获得首批考古学博士学位授权点，1986年又新增博物馆学专业；2001年，四川大学历史文化学院设立包括考古学、博物馆学专业在内的考古学系；2011年，考古学又从历史学中分离出来成为新的一级学科。这些标志着考古学学科建设进入了一个新的阶段。除四川大学以外，西南大学、重庆师范大学的文博专业，以及西华师范大学的考古学课程建设，都有了较快的发展，并在当地的考古调查、发掘和研究方面取得了很大的成绩。

总的来看，巴蜀地区的考古学大体是和着中国考古学发展的节奏而前进的，非常注重田野调查和考古发掘，并取得了一系列重要成果；同时也表现出自身的一些区域特点，比如受传统金石学的影响较大，与历史、文献结合得更紧密，更注重历史问题的解释；加之地处西南民族众多的区域，因而与民族史研究也关系密切，这在下一部分的论述中会得到更好的体现。

二、西南民族史研究的开创与发展

中国自古以来就是一个多民族的国家，西南地区[①]的民族尤为复杂多样，是整个中国古代史和民族史研究的重要内容。诚如原美国哈佛大学的著名学者张光直（1931~2001）所指出的："中国西南确是研究中国民族学、民族史的宝地。在全国广大的土地上，以西南的民族、语言、文化、风俗习惯最为复杂……西南的民族在很大程度上反映着中国古代的多样性的民族情况。西南民族史在很大的程度上反映着中国民族史，同时西南民族文化的细节也常反映着中国古代文化的细节。"[②]缘此之故，西南民族史研究一直是现代史学关注的重点之一。这里所谓的西南民族史研究，其对象既包括历史上曾经在西南地区活动现已消亡或迁离的民族，也包括经过几千年来的民族分化与融合，到现在仍在这一地区生产生活的各个民族。现代史学意义下的西南民族史研究已有百

---

① 这里主要是指今四川、云南、贵州和重庆三省一市地区，论述时也涉及原西康西部即今西藏东部地区。
② 张光直为童恩正《中国西南民族考古论文集》所作《序》文，文物出版社1990年版，第1页。

年左右的历史，大体经过了20世纪上半叶的开创、50年代至70年代的新发展和70年代末以来的大发展三个阶段。①由于本题属于巴蜀文化的范畴，故这里的西南民族史研究主要是指巴蜀学者的相关研究或在巴蜀地区（主要指今四川省和重庆市范围）进行的相关研究，论述时范围或略有扩展。

（一）20世纪上半叶西南民族史研究的开创

清朝末年，国势衰微，国外特别是西方一些传教士、探险家、商人、记者和外交官趁机以各种名义不断深入中国西南少数民族地区，并以"行记"等方式记录了他们的见闻，有的也作了初步的历史研究。进入民国，这类活动有增无减，典型的如教会大学华西协合大学的一些教师（主要是外籍）专门成立了华西边疆研究学会（1922），编印《华西边疆研究学会杂志》（英文），以"集众"的现代研究方式，对包括巴蜀地区在内的中国西部民族文化等方面的问题，展开了丰富的学术考察和研究，成就卓著的有葛维汉、叶长青（J.H.Edgar）、陶然士等人。

受外国人考察研究之风的影响，加之中国越来越突出的边疆危机，一些有责任感的中国学者也开始深入川康民族地区，如地质学家丁文江在1914年进入凉山地区作地质调查，也涉及彝族人文。从1929年起，任乃强也多次赴西康考察，后来成为我国康藏研究的奠基人。中国人办的一些研究机构和大学也开始以"集众"的方式对西南民族地区进行调查研究。如1928年广州的中山大学成立了语言历史学研究所，其中西南边疆少数民族的研究是其重心之一，该所周刊还出版了《西南民族研究》专号。

从20世纪30年代中期开始，特别是西康建省和抗战爆发引发的学术内迁两件大事，促使学界掀起了对西南民族地区调查和研究的高潮，川康地区成为重中之重。

应当承认，这些调查和研究主要属于人类学、民族学以及考古学的范畴，真正民族史的内容并不多。但是它们与民族史研究的关系十分密切，这不仅因

---

① 这部分写作特别得益于李绍明的《西南人类学民族学研究的历史、现状与展望》（载《西南民族大学学报》2007年第10期）、王建民的《中国人类学西南田野工作与著述的早期实践》（载《西南民族大学学报》2007年第12期）等论文和王尧、王启龙、邓小咏的《中国藏学史（1949年前）》（民族出版社、清华大学出版社2003年版）、达力扎布主编的《中国民族史研究60年》（中央民族大学出版社2010年版）等专著的相关内容，同时得到四川大学刘复生教授和黄博博士的指教。

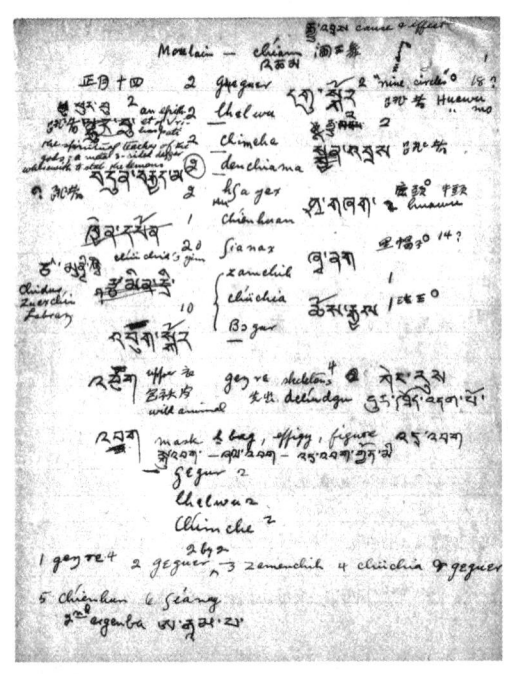

李安宅拉卜楞寺调查笔记（陈波先生提供）

李安宅与夫人于式玉在拉卜楞寺前合影（孟远先生提供）

为这些成果本身是西南民族史研究的宝贵资料，而且不少作者往往也能结合历史文献，作一些西南民族史方面的探讨。如李安宅的代表作《藏族宗教史之实地研究》，不仅是以拉卜楞寺为代表的藏传佛教的田野调查，而且还是藏族文化的历时研究。郑德坤的《四川古代文化史》是一部充分运用了历史文献、民族志和考古学资料相结合形成的新型学术著作。马长寿的《凉山罗彝考察报告》是一本迄今最为科学、系统、翔实的典型的凉山彝族民族志，不仅运用田野实地调查资料，而且还运用了不少彝文文献与汉文文献史料对比勘合，解决了历史上未能解决的一些认识问题。而这一研究方法，也反映在一些外国学者身上，如葛维汉通过长期的实地调查，写成《四川古代的白（僰）人坟》等论著，开启了古代"僰人"及其悬棺葬问题的研究；他的《羌族的习俗与宗教》一书，也引用了大量的汉文历史资料进行比较研究。[①]相比而言，冯汉骥、任乃强史的成分更重一些。冯氏既重视从人类学、考古学角度实地考察西南各民族情况，又组织人力从西南地区的大量方志和其他四部文献中收集有关西南民族的文献资料[②]，有志于对西南民族问题"作系统的研究"。

---

① 本段主要是据李绍明《中国人类学的华西学派》（载《中国人类学评论》2007年第4辑）写成。
② 据说已抄录"十几大箱"，在20世纪50年代"被当成废纸处理而全部散失"。见张勋燎、白彬编《川大史学·冯汉骥卷》的"前言"，四川大学出版社2006年版，第2页。

其中成稿于20世纪40年代的《松理茂汶羌族考察杂记》油印稿每页版心都印有"西南民族史"字样，知其当时正致力于《西南民族史》的撰写。①这是已知的最早对西南民族史做系统研究之举。任氏的《西康图经》《吐蕃丛考》《康藏史地大纲》等也有浓郁的民族史色彩。

除了上述依靠现代田野调查以及考古发掘这一路径并结合历史文献开展西南民族史研究外，一些学者则沿袭传统的方式，直接从历史文献的梳理中进行西南民族史研究。较早的著名论文是章太炎的《西南属夷小记》（1936），而成就更大的则是徐中舒和蒙文通。早在1938年入蜀之前，徐中舒就写作了《跋苗族的洪水故事及伏羲女娲的传说》一文，已见对包括四川在内的南方民族古史的关怀。《跋》文论列了与苗族洪水相互间的类似的五个故事，其中三个在西南地区，为史籍所载西南民族的古史传说带来了新的思考。不久徐老又发表《古代四川之文化》，论及巴蜀民族问题，并特别注意到："至于川边民族，自秦汉以迄于今，尚有保存其原始住地及状况者。此等民族之文化，于古代四川必有深厚之影响。"诚为研治四川古史和西南民族史的良言。②再如蒙文通，早在1927年就开始探寻周秦民族问题，后有《周秦少数民族研究》的专著，进而对西南民族问题发生兴趣，发表有《与缪赞虞君论汉后西南民族北徙书》（1934），后又增补而成《氐、羌与叟、賨及其后北迁》一文（1938）。徐、蒙二人是精于民族史的学术大家，他们后来一直在四川从事教学和研究，不但出版发表了一系列有关西南民族史的论著，而且培养了一大批研究人才，堪称西南民族史研究的奠基人。

（二）20世纪50年代到70年代西南民族史研究的新发展

新中国成立后，各级政府积极贯彻和落实党的民族平等、民族团结政策，逐步推行民族地区的民主改革，实行民族区域自治，广大少数民族和民族地区得到了前所未有的发展。适应这一新形势，包括西南民族史在内的整个中国民族史的研究也发生了巨大变化。马克思主义民族学和民族史理论广泛传播，成为中国民族学发展和民族史研究的主导思想；一些新的研究机构如中央

---

① 见冯汉骥《松理茂汶羌族考察杂记》一文的"整理者说明"，四川大学历史文化学院考古系编：《四川大学考古专业创建四十周年暨冯汉骥教授百年诞辰纪念文集》，四川大学出版社2001年版，第37页。

② 参见刘复生：《徐中舒先生巴蜀古民族史研究及其启示》，见其《西南史地与民族——以宋代为重心的考察》，巴蜀书社2011年版，第19～22页。

民族学院（1951年成立，1993年更名为中央民族大学）、西南民族学院（1951年建立，2003年更名为西南民族大学）应运而生，且均有研究西南民族历史文化的专门计划；全国人民代表大会民族委员会四川少数民族社会历史调查组（1956）和中国科学院四川分院民族研究所（1959）也相继成立，在此基础上1964年又正式组建了四川省民族研究所（隶属四川省委民族工作委员会）。这些都促进了西南民族史研究的新发展。

首先值得注意的是20世纪50年代开始的对我国西南少数民族进行的大规模调查。最初是组织包括民族学、民族史专家在内的民族访问团，深入民族地区，做了不少的实地调查研究，其中就有针对四川、云南、贵州民族地区的西南团。1953年，中央根据民族状况不清、民族称谓混乱这一现实情况，又组织进行了民族识别的大型调查研究，西南是此项工作的重点。接着从1956年至1964年，全国的民族、历史、经济学等学科力量集中在一起，对西南少数民族的社会历史进行了大调查，其间（1956~1960）还进行了民族语言调查，调查的广度和深度超过以前任何历史时期。形成的大量调查报告，全面、系统地反映了1964年前各民族的社会状况，是西南民族学和民族史研究珍贵的第一手资料。在这些调查的基础上，国家从1958年开始组织人员编写《中国少数民族简史》《中国少数民族简志》和《中国少数民族自治地方概况》三种丛书，并在20世纪60年代基本完成了初稿。这一工作既有不少民族学、民族史专家参与，也培养了一批新的民族学和民族史研究骨干，为后来西南民族史研究的更大发展积蓄了力量。

同时，为配合西南民族地区的民主改革（1956~1959），学界还深入开展了各民族社会性质的研究。如凉山彝族奴隶社会的研究、藏族地区农奴制社会性质的研究等，前者尤其是全国的一个重大学术问题，是一次重大的学术活动，涉及面很广，影响及于海内外。

与民族识别相联系的，是民族族源的研究。四川盆地周围居住的彝族、藏族、羌族、苗族、土家族等的族源问题都引起了学界广泛的讨论。其中羌族族源及相关的氐羌系统民族的研究是焦点之一，掀起了全国性的氐羌系统民族研究的高潮。在四川地区，20世纪60年代还专门召开了关于羌族问题的学术讨论会，形成了《四川讨论羌族历史的几个问题》的报告（1962）。

从20世纪50年代开始，巴蜀地区各种考古新发现不断涌现，考古学研究不断深入，也大大促进了西南民族史的研究。冯汉骥的《云南晋宁石寨山出土文物族属问题试探》（1961）等系列论著，是典型的研究西南民族的考古成果。而徐中舒的《巴蜀文化初论》（1959）、《巴蜀文化续论》（1960）和邓少琴的《巴史新探》《巴史再探》《巴史三探》也主要是依据考古新发现，结合文献资料、民族志资料进行的研究。这些论著既是考古学成果，也是西南民族史研究的精品之作。

这一时期，也有一些学者主要依据文献的梳理辨析来研究西南民族问题，同样取得了卓著的成就。如蒙文通讨论《山海经》的产生地域和时代、对巴蜀古史诸问题的论述以及对越史的考证等，均是如此；缪钺的《〈巴蜀文化初论〉商榷》（1960）也完全是依据文献辨析来讨论的民族史研究论文。任乃强长于历史地理，他对系统记述西南各民族历史发展的《华阳国志》的精心校补，更是西南民族史研究的不朽篇章。

当然，由于多次政治运动和"左"倾思想的干扰，以及对马克思主义民族学理论认识的偏差，导致这一时期的西南民族史研究存在很多缺点和不足，甚至出现了取消人类学、社会学学科的重大失误，剥夺了一些在民国时期和新中国初期都有重要贡献的人类学家、民族学家（如李安宅等）研究的机会，这些自然限制了西南民族史研究的更大发展。

（三）20世纪70年代末以来西南民族史研究的大发展

1976年"文革"结束以后，几乎停滞的西南民族史研究得以重新开展起来。而与民族史密切相关的人类学、社会学学科的恢复发展，西南考古新发现的大量涌现，西方民族学、民族史理论和方法陆续被引进利用，中外学术交流的日益增强，以及中国西南民族研究会的建立（1981），等等，则为西南民族史研究的大发展创造了前所未有的有利条件。

民族问题五种丛书的编写出版，直接促进了西南民族史研究的深入开展。在20世纪60年代编写《中国少数民族简史》《中国少数民族简志》和《中国少数民族自治地方概况》（只有初稿，"文革"时期被迫中断）的基础上，1979年新增《中国少数民族》《中国少数民族社会历史调查资料丛刊》两种，形成我国著名的民族问题五种丛书。全部丛书402册，到1991年基本完成。最近又组织力量进行了修订再版。这五种丛书的很大一部分内容就是关于西南少数民族情况的。可以说，自此以后，西南各少数民族几乎都有了自己的简史、简志和社会历史调查资料丛刊，有些民族还是第一次有了记述本民族的史书。显然，五种丛书的编写出版，是我国西南民族学发展和民族史研究

邓少琴像

的一件大事，既是西南民族史研究长期发展的产物，也为西南民族史研究的进一步发展奠定了坚实的基础。

1979年2月成立的巴蜀史研究会组织的一套《巴蜀史研究丛书》，则在西南民族史研究史上更具有总结过去、开创未来的作用。顾颉刚的《论巴蜀与中原的关系》（1981）、蒙文通的《巴蜀古史论述》（1981）、徐中舒的《论巴蜀文化》（1982）、邓少琴的《巴蜀史迹探索》（1983），均是作者过去所写论文的汇编，且全是关于古代巴蜀的讨论，时间或延续到考古学上的"巴蜀文化"消失的汉代。由于秦并巴蜀之前巴、蜀各族是与华夏族不同的"南夷""夷狄"，秦并巴蜀之后巴蜀内地之人虽然逐渐汇入华夏民族（主要在汉代完成），但周围则长期居住着各种少数民族，所以对这一时期巴蜀古史的讨论，实际上主要还是属于西南民族史的研究，故有学者断言："今日论西南民族史，自然不应将古代的巴蜀摈之于外。"①任乃强的《四川上古史新探》（1986）原名《四川上古民族史》，包括上篇《羌族的迁徙与蜀族的发展》和下篇《巴的兴亡与古老土著》，更是明显的西南民族史著作。另外不在这一丛书之列的蒙文通的遗著《越史丛考》（1983）、董其祥的《巴史新考》（1983）、冯汉骥的《冯汉骥考古学论文集》（1985）、任乃强的《华阳国志校补图志》（1987）也是这一时期出版的西南民族史或西南民族考古研究的力作。以上著作的集中问世，对处于恢复发展阶段的西南民族史研究显然是不小的推动。而且它们风格各异，或重考古材料，或重文献辨析，或重实地调查，均足资启发。后来的西南民族史研究者不仅立足于他们具体的成果而继续前行，又多能综合吸取他们的研究方法，将文献材料、考古材料、民族志材料和实地调查结合起来，开拓出更加广阔的天地。

这一时期巴蜀地区的考古新发现更为丰富，进一步促进了西南民族史研究的发展。特别是童恩正意识到"南方的考古学主要可以说是研究少数民族历史

---

① 刘复生：《西南史地与民族——以宋代为重心的考察》，巴蜀书社2011年版，第334页。

的考古学"这一特点，联合海内外同道一起，创办了《南方民族考古》辑刊（1987）。于是一批又一批立足考古学而又"结合民族史、语言学、文化人类学等相邻学科"研究的论文相继刊出。这些论文不但很多是关涉西南民族问题的，属于西南民族

童恩正像

史的范围，而且对西南民族史研究起着很大的推动作用。从这一意义上来看，童恩正的《中国西南民族考古论文集》（1990），李绍明、林向、徐南洲主编的《巴蜀历史·民族·考古·文化》论文集（1991），以及林向的《巴蜀文化新论》（1995）、宋治民的《巴文化与蜀文化》（1998）等论著，既是西南民族考古的成果，也是属于西南民族史的范畴。可以说，这一时期西南民族史研究的巨大发展，得益于这些大量新的考古发现和研究成果。

上一时期讨论热烈的民族族源、社会性质问题，在这一时期也有明显的延续与变化。如凉山彝族社会性质的讨论从20世纪50年代一直持续到80年代，李绍明等人在70年代末曾把这次讨论的有关文章选编成《凉山彝族社会性质讨论集》（1977），有关方面还在1977年专门创办了《凉山彝族奴隶制研究》期刊，登载有关学术成果。巴蜀地区很多学者如赵卫邦、蒙默、李绍明等都参加了讨论，蒙默、李绍明等人还写出《凉山彝族奴隶社会》一书（1982）。国家还在调查研究的基础上专门在西昌市建立了凉山彝族奴隶社会博物馆（1985年建成开放），这是我国第一个民族博物馆，也是世界上唯一一个反映奴隶社会形态的专题博物馆。①值得注意的是，一些学者在关注近代凉山彝族社会性质、社会面貌的同时，还深入探讨其历史问题。如蒙默的《凉山彝族"兹莫统治时期"初探》一文②将凉山彝族的社会发展分为兹莫统治和黑彝统治前后两

---

① 参见李绍明：《我与凉山彝族奴隶制研究》，《当代史资料》2003年第4期。
② 《社会科学研究》1979年第4期。

个连续发展的历史阶段,涉及凉山彝族奴隶社会发展的规律性问题,也关系到奴隶社会发展的一般原理问题,实是一篇不可多得的代表作。不过,得到公认的彝族奴隶社会性质之后不再是学界关注的重点,彝族其他方面的历史与文化成为新的研究方向,并形成了所谓"彝学"的研究热潮。

作为与族源讨论密切相关的问题,氐羌系统民族的研究在20世纪60年代曾兴盛一时,进入20世纪80年代更是呈现出如火如荼的局面。这一时期出版了一系列专著,仅巴蜀学人就有任乃强的《羌族源流探索》(1984),冉光荣、李绍明和周锡银合著的《羌族史》(1985),以及《羌族简史》(1986)、《氐族史》(1991)等。其中《羌族史》是我国第一部民族专史,在中国民族专史发展史上具有特殊的地位。一些论文也展现出很高的水平,如蒙默的《试论汉代西南民族中的"夷"与"羌"》[①],质疑学者"多将汉代西南民族划分为越、濮、氐羌三系,以今藏彝语族各族先民尽属之氐羌"的观点,认为当时除了越、濮、氐羌三系外,"还应当有一个'夷'系"。这一看法不仅关涉"汉代西南民族的族系划分问题,还涉及彝语支民族的族源问题",对后来的相关研究予以很大启发。与氐羌系统有关的白马藏人族属问题的讨论,也曾在20世纪70年代后期一度兴起,四川省民族研究所还专门编印了《白马藏人族属问题讨论集》(1980)。

曾在20世纪上半叶引起学者密集关注的僰人及其悬棺葬问题在这一时期有了更深入的研究,出现了大量的专题论文,还形成了《僰国与泸夷》(2000)和《都掌蛮——一个消亡民族的历史与文化》(2004)等专著。而在战国秦汉时期生活在"僰国"以南的夜郎古国,在20世纪70年代末到80年代也引起研究者的热烈讨论,巴蜀学者是主角之一,重要论文有徐中舒、唐嘉弘合撰的《夜郎史迹初探》(1980)等。

关于藏族的研究,一直是个热门话题。这一时期随着国家的更加重视、国际交流与合作的加强,以及西藏考古的推进和四川大学中国藏学研究所的建立(2000)及其《藏学学刊》的创办(2004),巴蜀学者的藏学研究发展迅速,出现了《西藏文明东向发展史》(1994)、《藏族族源与藏东古文明》(2001)、《纳西族与藏族关系史》(2004)、《唐代吐蕃与西域诸族关系研究》(2005)等一大批论著,这些成果或属于西南民族史的范畴,或推动了西

---

① 《历史研究》1985年第1期。

南民族史的研究。

从族别史研究走向多民族流动和交汇的区域综合研究，是这一时期西南民族史研究的新特点。李绍明、童恩正等人倡导下成立的中国西南民族研究学会（1981）于此有推进之功。[①] 从1982年开始，学会先后组织了多次大型的区域综合考察研究活动，包括横断山区六江流域[②] 民族考察及其派生的西南丝绸之路研究，以及茶马古道、三峡库区、西南跨境民族、藏彝走廊等区域性专题调查研究。学会还积极倡导和促进藏学、彝学、康巴学的研究，并召开了十多次年会，出版了十多本论文集。这些活动集合了全国特别是西南各地历史学、民族学、语言学、考古学、地理学、经济学甚至一些自然科学的学者的广泛参与，大大推进了西南民族史研究的深入发展。其中由著名学者费孝通在1980年前后提出的"藏彝走廊"这一"历史—民族区域"概念[③]，越来越为民族学、人类学和民族史学界所重视，有关论著有如山积，形成了一个多学科广泛参与的国际性的研究高潮。巴蜀学者特别是四川大学中国藏学研究所、四川省民族研究所、西南民族大学西南民族研究院等单位的一些学者，均对此课题展开了广泛深入的研讨。2003年四川大学中国藏学研究所和中国西南民族学会还共同在成都召开了全国首届"藏彝走廊历史与文化学术研讨会"，中国藏学研究所专家还组织出版了《藏彝走廊研究丛书》（2007），而长期从事西南民族学和民族史研究的李绍明也在近年出版了《藏彝走廊民族历史文化》论集（2008），显示出这一研究的蓬勃生机。

三、西南考古学的奠基人——冯汉骥

冯汉骥（1899～1978），字伯良，湖北宜昌人，我国现代考古学的开拓者之一。他1931年夏入哈佛大学研究院人类学系，1933年转入宾夕法尼亚大学人类学系，1936年夏获人类学哲学博士学位后留校任教。1937年回国，受聘为四

---

① 参见李绍明、伍婷婷：《学术与学会的历程：李绍明先生谈中国西南民族研究学会的发展》，《西南民族大学学报》2007年第11期。
② 指川、藏、滇边境广义的横断山脉区的怒江、澜沧江、金沙江、雅砻江、大渡河和岷江流域地区。参见李绍明：《六江流域考察述评》，《西南民族学院学报》1986年第1期。
③ 主要是指今川、滇、藏三省区毗邻地区由一系列南北走向的山系、河流构成的高山峡谷区域，包括藏族、彝族、羌族等众多民族在内，与六江流域的范围非常相近。其具体范围学界尚有争议。参见石硕：《藏彝走廊：文明起源与民族源流》，四川人民出版社2009年版。

冯汉骥（后排左一）1938年在理县作学术考察

川大学史学系教授。1941年任四川博物馆筹备主任。从1943年起，又在华西协合大学社会学系兼课，次年代理该系系主任。1949年中华人民共和国成立后，四川博物馆更名为川西人民博物馆（1952年又改为四川省博物馆），冯汉骥继续担任馆长。1951年西南博物院成立（在重庆），他出任副院长兼自然博物馆馆长（院长由徐中舒兼任）。1955年西南博物院撤销（部分人员留任重庆博物馆），冯汉骥回到成都，任四川省博物馆馆长，兼四川大学历史系考古学教授，直至病逝。①

冯汉骥一生主要从事人类学、民族学和考古学研究，大体说来，在留学和回国初期，重点在人类学和民族学方面，1942～1943年主持发掘五代十国时期前蜀皇帝王建的永陵（一般俗称王建墓）后，就开始把学术研究的重点转向了考古。新中国建立后，则几乎完全把精力集中到了考古方面，"把人类学和民族学摆到了为考古研究服务的位置"②，成为西南考古学领域"最重要的奠基人"③。

（一）冯汉骥在人类学、民族学领域的精湛修养及其在西南考古领域的运用

冯汉骥是一位具有深厚人类学、民族学修养的考古学家。④他留美期间，认真研读了L.H.摩尔根名著《人类家族的血亲和姻亲制度》论文和《古代社

---

① 参见童恩正：《冯汉骥》，《中国史研究动态》1980年第5期；林向：《西南考古学的奠基人——冯汉骥教授》，李绍明：《冯汉骥先生与民族学》，宋治民：《怀念冯汉骥先生》，均载《中华文化论坛》1999年第3期；冯士美：《忆先父冯汉骥》，《图书·情报·知识》总第116期，2007年3月。
② 张勋燎：《冯汉骥先生师门从学考古记》，四川大学历史文化学院考古系编：《四川大学考古专业创建四十周年暨冯汉骥教授百年诞辰纪念文集》，四川大学出版社2001年版，第65页。
③ 林向：《西南考古学的奠基人——冯汉骥教授》，《中华文化论坛》1999年第3期。
④ 参见李绍明：《冯汉骥先生与民族学》，《中华文化论坛》1999年第3期。

会》一书,深受影响,并亲赴印第安人部落作实地考察,从而对氏族部落的社会组织有了深刻认识。此后即据此来研究中国古代的亲属制度,完成的博士学位论文《中国亲属制》是"研究我国亲属制问题开创性的著作"[①]。回国后,冯汉骥曾将其学位论文用中文缩写为《由中国亲属名词上所见之中国古代婚姻制》一文发表[②],在国内学术界有广泛影响。后来徐中舒在为《冯汉骥考古论文集》作序时评价说,冯汉骥"认为中国古代婚姻制度最能与亲属名词发生关系者,莫过于交表婚、姊妹同婚及收继婚三种。据《尔雅·释亲》及《仪礼·丧服传》的亲属称谓,证明此三种婚制在中国古代尚为一种强制性的婚俗。但其制度特殊,如媵婚中不同辈的人,也可纳取妾媵。因此,我国学者对此疑信参半,自郝懿行、王念孙父子及俞樾等许多经学大师,对于这个问题也说不清楚。此文根据摩尔根的理论阐明其真相,解决了二千年来经学上所不能解决的问题"[③]。足见其研究的重要价值。

这一时期,冯汉骥还以英文发表《作为中国亲属制构成部分的从子女称》《玉皇的起源》《以蛊著称之中国巫术》和《彝族的历史起源》等人类学、民族学论文,均有独到的见解。其中《彝族的历史起源》一文对西南川滇黔三省彝族的历史作了简要论述,并对彝族文化特征进行了历史考察,还对截至20世纪30年代中外学界有关彝族族源问题的各种说法进行了系统的介绍和辨正,澄清了过去对彝族的许多错误认识,是当时关

冯汉骥手迹

---

① 张勋燎:《冯汉骥先生师门从学考古记》,四川大学历史文化学院考古系编:《四川大学考古专业创建四十周年暨冯汉骥教授百年诞辰纪念文集》,四川大学出版社2001年版,第66页。冯先生此文影响极大,在国内外多次转载并作为专书重印,1989年经徐志诚翻译,以"中国亲属称谓指南"为书名,由上海文艺出版社再次出版。
② 见《齐鲁学报》1941年第1期。
③ 徐中舒:《冯汉骥考古学论文集》序,文物出版社1985年版,第1页。

于彝族"最具有代表性的精辟之作"①。

冯汉骥受聘四川大学初期,重点从事人类学和民族学研究。一方面,积极投身田野调查和研究。1938年暑期,他以进行"西南人种学及体质人类学调查"为名,只身赴川西北松潘、理县、茂县和汶川等县岷江上游藏族、羌族地区,进行民族学的实地考察,历时三月,获得大量学术资料。次年,又任当时教育部组织的川康科学考察团社会组组长,再次深入川康地区调查,对民族识别多有创获,部分成果以《西康之古代民族》为名发表。惜此项研究因诸多原因未能最终完成。另一方面,他又注重理论探索,致力于人类学著作的写作。已知他在1949年完成了三十万字的《人类学》专书定稿,可惜在20世纪50年代批判人类学的思潮下付之一炬;今残存的有《人类学大纲》二编、《先史学纲要》一册,以及相关存稿若干册。

反映冯汉骥在人类学、民族学方面精湛造诣的,还有20世纪50年代的两件与名著翻译有关之事。一是在1951年发表的《评张仲实译本恩格斯〈家庭、私有制及国家的起源〉》一文②,指出恩格斯这一人类学经典名著张氏译文中大量的错误和不准确之处。二是20世纪50年代初受北京三联书店所托,对国内原有杨东莼、张栗原所译的摩尔根名著《古代社会》汉译本重新校译。由于杨、张两氏并非人类学、民族学家,故对摩尔根这本人类学名著的翻译有不少缺陷。冯汉骥的校译用力至多,除附有长篇《校后记》外,并增以必要的注解,颇便于读者研读。③

运用人类学、民族学来进行考古研究,是冯汉骥治学的一大特点。这方面的代表作当是其研究云南晋宁文物的一组论文。从1954年开始,云南省博物馆对晋宁石寨山滇王族的墓葬进行发掘,遗物众多,内容丰富,为新中国建立以来考古学上重大成就之一。1959年,冯汉骥应云南省少数民族社会历史研究所及云南省博物馆之约,去云南对这批文物进行研究。他采取比较研究的方法,即根据出土文物的性质、样式、花纹、人物图像等特征,与已知的古代或现代的民族的文化特征相对勘,从而确定其族属关系,最后撰成《云南晋宁石寨山

---

① 李绍明:《冯汉骥先生与民族学》,《中华文化论坛》1999年第3期。按,冯先生此文系与希洛克(J.K.Shryook)合著,发表于《哈佛亚洲研究杂志》第三卷第二期(1938)。
② 发表于1951年《工商导报·学林副刊》第二期。
③ 经过冯先生校译后,三联书店在1957年以杨东莼、张栗原、冯汉骥三人署名的方式重新出版了《古代社会》的中文译本。

出土文物的族属问题试探》《云南晋宁石寨山出土铜器研究——若干主要人物活动图象试释》和《云南晋宁出土铜鼓研究》三文(以下分别简称《试探》《试释》《研究》),引起国内外学术界的重视。在《试探》文中,冯汉骥解释晋宁文化中的主要民族为滇族,此外滇族所统属的各族至少还有七种,其中有的可能即与彝族先民有关,从而排除了以彝族先民作为当时统治民族的可能性。在《试释》文中,他引用大量民族学资料以诠释铜器上所反映的当时滇池地区的生产活动及社会习俗,有如祈年、播种、孕育、报祭、上仓、诅盟等等,重现了古人的活动,使人耳目一新。《研究》文中,他解释了晋宁出土铜鼓中的一些图像的含义,诸如舞人(羽人)、翔鹭、竞渡(船形纹)等,并精辟论及云南铜鼓的起源问题。冯汉骥这组论文,综合运用人类学的方法,把考古资料、古典文献、民族学材料结合起来进行研究,从而对"滇文化"、古滇人的历史、族属、礼制、风尚等做了全面分析,被学者誉为滇文化研究的"奠基之作",至今仍是研治滇文化考古者必读的"最重要文献"[1]。

(二)冯汉骥的西南考古发掘和研究及其与历史学的密切关系

冯汉骥曾多次讲过:"从事现代考古工作,必须亲自参加田野发掘,不能只是坐在家中搞沙发考古。但一个考古学家首先必须是一个历史学家,否则便只能成为考古匠。"[2] 这种既重视田野发掘,反对沙发考古,又注意把考古学纳入历史学科范畴的做法,是冯汉骥研治考古学的又一特点。

冯汉骥一生从事考古调查和发掘甚多。早在回国初期进行人类学、民族学调查和研究的同时,冯汉骥就开展了这方面的工作。如1938年在岷江上游进行民族调查时,在汶川县雁门乡清理了一座石棺葬(编号SLM1)。后撰《岷江上游的石棺葬文化》一文[3],首次科学地报道此类墓葬,开创了川西北高原民族考古的先声。同年他还开展了对西南常见大石遗迹的专题考古调查,并发表了《成都平原之大石文化遗迹》的重要论文。1938年,在他的策划与主持下,四川大学师生受中央古物保管委员会的委托,首次对四川一省境内的石器时代

---

[1] 张勋燎:《冯汉骥先生师门从学考古记》,四川大学历史文化学院考古系编:《四川大学考古专业创建四十年暨冯汉骥教授百年诞辰纪念文集》,四川大学出版社2001年版,第72页。

[2] 张勋燎:《冯汉骥先生师门从学考古记》,四川大学历史文化学院考古系编:《四川大学考古专业创建四十年暨冯汉骥教授百年诞辰纪念文集》,四川大学出版社2001年版,第64页。

[3] 发表于成都《工商导报》1951年5月20日的《学林》副刊。

遗址、汉晋墓葬、壁画、石刻、造像等文物做了调查研究与收藏保护工作。1942~1943年，冯汉骥主持发掘成都西郊号称"抚琴台"的五代前蜀皇帝王建的永陵（一般俗称王建墓），这是我国首次使用现代科学考古方法发掘的帝王陵墓，具有十分重要的意义。1944年，冯汉骥又在四川大学校园内清理了一座小型唐墓，并意外地从朽坏的很细的银镯腔里取出一件珍贵的唐代纸本雕版印刷品。

新中国成立后，冯汉骥参与了西南地区很多重要的考古发掘和研究工作。20世纪50年代前期引人瞩目的发现有"资阳人"头骨化石（1951），是当时长江以南第一次发现的旧石器时代人类遗迹，意义十分重大；在巴县冬笋坝、昭化宝轮院发掘一批战国秦汉间的"船棺葬"（1954），为研究古代巴蜀的历史，提供了新的依据；在成都北郊羊子山发掘的土台遗址和大量墓葬（1953~1956），其时代从春秋延续到明清，等于是翻开了一部四川墓葬编年史，有很高的科学价值。在这些工作中，冯汉骥均亲临现场，给田野工作者以具体的指导和帮助，后又主持编撰《四川船棺葬发掘报告》（1960）。

冯汉骥重回四川大学历史系后，多次率领师生从事考古调查和发掘。如1958年，率55级师生与四川省博物馆、重庆市博物馆组成长江三峡库区四川考古队，取得丰硕成果。1959年，又率56级师生与省市博物馆联合发掘巫山大溪遗址与忠县㽏井沟遗址，命名的"大溪文化"成为国内外学术界公认的长江中游新石器时代文化的代表。1963年，再次率领四川大学师生与四川省博物馆组成联合考古队，选择对广汉月亮湾遗址（今三星堆遗址群的核心地段）进行考古发掘，并推测这里很可能是"古代蜀国一个重要的政治经济中心"。80年代开始进行的大规模考古发掘，证明三星堆遗址群确是夏商时期古蜀国的都城，显示了冯汉骥预见的科学性。

在冯汉骥一生的考古发掘和研究中，最重要的当属前蜀王建的永陵和重庆冬笋坝、广元昭化宝轮院船棺葬。"相知最深"的好友徐中舒在为《冯汉骥考古学论文集》写序时，提到其主持的"近年四川省境内的几次著名发掘"时，也专门列举到这两项。其中对前蜀王建永陵的发掘和研究，凝聚了冯汉骥半生心血。从发现、发掘、整理报告到各种遗物遗迹的专题研究，包括了现代考古全过程中的各个不同环节，皆由冯氏主持或一手完成。这在考古学界实不多见，堪称现代考古的经典之作。

王建永陵的发掘虽有川康古迹考察团的支援，中央研究院历史语言研究所和中央博物院的李济、夏鼐、吴金鼎等人的参与，但始终主持其事的则是冯汉骥。其间还顶住了社会恶势力的干扰，冯汉骥等曾被匪徒捆绑拷索（讹传墓中出金银），但他处之泰然，坚持科学发掘，一丝不苟，获得最后成功，显示出冯汉骥卓越的组织才能、坚定的科学斗争精神和高超的考古发掘技术。此后二十年中，冯汉骥潜心研究，撰写了一系列高水平论文。首撰《王建陵墓的发现与发掘》，将此事公之于众；次撰《相如琴台与王建永陵》，研究陵墓封土及地理位置环境，以明长期以来何以将永陵误传为西汉司马相如鼓琴之所的历史原因。之后便对发掘出土的遗物遗迹以专题的形式逐个深入研究。如《驾头考》研究王建石像坐具，以明历代坐法之演变及唐末五代时帝王坐具情况；《王建墓内出土"大带"考》研究残存的随葬玉带构件，以明古代服饰制度史中帝王带制的演变情形，旁及历代龙形图案及尺度变化的历史，确定五代时一尺的实际长度；《前蜀王建墓出土的平脱器及银铅胎漆器》研究出土漆玉册匣金银平脱刻花，以明古代有关工艺技术发展的历史及五代四川地区有关情况；《前蜀王建墓内石刻伎乐考》研究棺床伎乐石刻，从音乐、雕刻艺术发展历史的角度以明其内容性质及其所反映的水平。此外，冯汉骥还对出土的哀册、谥册实物作了有关制度史的深入研究，后来发表《论南唐二陵中的玉册》一文[①]，实际上也是这一研究的部分成果。

正是在这些专题研究的基础上，冯汉骥在1962年最终完成《前蜀王建墓发掘报告》（1964年文物出版社出版）。报告对墓室结构、雕刻和出土遗物等作了详细叙述，还科学地复原了墓室的某些细部结构，同时又对主要的雕刻和遗物作了考证和研究。因此这不但是考古学上的重要成果，也是对我国工艺美术史、建筑史和音乐史研究做出的不凡贡献，故至今仍是学界研究中国帝王陵寝制度的必读文献。

冯汉骥有关王建墓的论著与报告，立足于对以前后蜀为中心的五代十国和唐宋历史所作的深入系统研究，征引的文献资料范围极广，数量极大。他曾说，所撰《前蜀王建墓内石刻伎乐考》虽然不过万余言，搜集古籍记载的音乐史料却多达十余万字。由于占有大量的资料，所以考核极精，受到音乐史学界的特别称赞。可以说，这些论著与报告，"考古研究与古文献记载相结合的

---

① 见《考古通讯》1958年第9期。

特点体现得最为充分"①，也将冯汉骥"一个考古学家首先应当是一个历史学家"的思想展露无遗。联系到"20世纪后期集考古学和文献材料于一体的研究取向越来越少见""考古学与历史学的疏离倾向逐渐明显"的事实②，冯汉骥对王建永陵的发掘和研究成果更是弥足珍贵。

四、康藏研究的奠基人——任乃强

任乃强像

任乃强（1894~1989），字筱庄，四川南充县双桂乡（今南充市嘉陵区双桂镇）人，我国著名的历史地理学家、民族学家和民族史家。1915年考入北京农业专门学堂（今北京农业大学），1921年返川协助张澜创办新式学校南充中学，任教务主任兼史地教员。1929年首赴川边（西康）考察康定、丹巴、甘孜、瞻对等十一县，途中与藏族女子罗哲情错结婚。此后应张澜之邀，赴广西等地对华南民族地区进行实地考察。返川后，相继任重庆大学教授、省三中校长等职，还承担了四川大学农学院的筹办工作。1936年筹建西康省时，被推荐为建省委员，再次入康，继续康藏地区的考察研究。1940年任西康通志馆筹备主任。1943年受华西协合大学之聘，任社会系教授兼边疆研究所研究员。次年随华大考察团第三次赴西康考察，着重对德格等地寺庙和土司进行了研究。1946年转任四川大学教授，发起组织康藏研究社，并主编《康藏研究月刊》。同时还参加中国民主同盟，跟随张澜开展民盟工作。1950年被国务院任命为西南民族事务委员会委员，积极为和平解放西藏建言献策，并参加了西南民族学院的筹建工作。1957年被错划为右派，历经坎坷，党的十一届三中全会后改正，先后担任四川省社会科学院特约研究员、西南民族学院特邀教授、四川省文史

---

① 张勋燎：《冯汉骥先生师门从学考古记》，四川大学历史文化学院考古系编：《四川大学考古专业创建四十周年暨冯汉骥教授百年诞辰纪念文集》，四川大学出版社2001年版，第73页。
② 罗志田：《学术与社会视野下的20世纪中国史学——编书之余的一些反思》，《近代史研究》1999年第6期。

馆特约馆员。①

任乃强一生致力于西南史地的研究，涉及领域极为宽广，著述成果极为繁富，有"多宝道人"之誉②。其中在康藏研究方面最为用心，自称"六十年来，所有论著，莫不围绕康藏民族问题"③，是学界公认的现代康藏研究的奠基人、藏学研究的先驱者之一。

（一）撰写的《西康图经》"开康藏研究先河"

在任乃强1929年开始从事西康考察和研究之前，康藏研究领域主要是由外国人控制的。正如1946年任乃强创立《康藏研究月刊》时所指出的："二十年前，研究我边疆者，尽属外国人士。彼能精深透辟，无微弗届。"这里的"外国人士"，就包括时任华西协合大学教授的传教士叶长青，他长期住在康区，写有大量文章，发表在1922年创办的《华西边疆研究学会杂志》上。只是他们的考察和研究文章多是用外文所写，国人知之不多。不过正是在这些"外国人士"的影响下，我国一些学者开始将目光投向康藏地区。任乃强就是其中最早的一批学者之一。

任乃强的考察起于1929年5月，止于1930年4月，有近一年的时间，加之地方政府的鼎力支持，考察途中又娶了一位藏族妻子，所以他的考察活动比较顺利、比较深入。通过考察，任乃强对康藏地区有了全新的认识，他不但写出《西康札记》《西康诡异录》等书出版，还在此基础上用一种古老的"图经"方式为西康撰写出一部全新的方志——《西康图经》。"图经"是中国方志发展过程中曾经出现的一种编纂形式。"图"是指一个行政区划的疆域图、沿革图、山川图、名胜图、寺观图、官衙图、关隘图、交通图

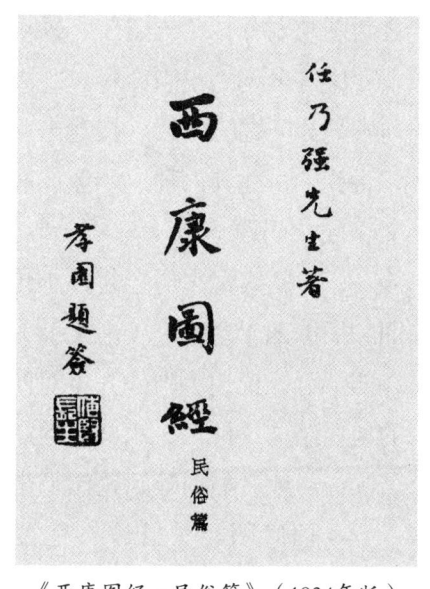

《西康图经·民俗篇》（1934年版）

---

① 参见杨鸿儒：《辛勤耕耘一生的任乃强教授》，《西藏研究》1991年第1期；任新建编：《川大史学·任乃强卷》"前言"，四川大学出版社2006年版；王雨巧：《任乃强（1894—1989）学术及其治学特点之研究》，四川师范大学硕士论文，2011年。
② 任新建：《"多宝道人"任乃强》，《成都日报》2007年4月12日。
③ 任新建：《任乃强先生对西康建省的贡献》，《西南民族大学学报》2010年第10期。

等。"经"是对图的文字说明,包括境界、道里、户口、出产、风俗、职官等情况,图文相配,便于检阅。至迟从东汉起,各地开始逐步纂修图经,并在唐宋时期发达兴盛;从宋朝开始到明清时期,逐渐为方志取代。任乃强不以"志"名而称"图经",可能是因为内地人们对西康地区比较陌生,他用了大量的插图(包括地图)来加以形象地说明;而且写作形式活泼,往往以大量专题的形式来记述、来考辨,不像明清方志那样体例严整,文字简明。

按原计划,《西康图经》包括境域、地文、交通、产业、民俗、宗教、酋长、吏治、外患、史鉴、关于康藏之图书等十一篇。后因多方面原因,至1935年,仅完成境域、地文、民俗三篇,先是连载于当时最权威的边疆与民族研究机构——新亚细亚学会主办的《新亚细亚月刊》,继由新亚细亚学会以"边疆丛书"的名义分三册结集出版(1933~1935)。但就是这样三篇,内容仍然极为丰富。

其中《境域篇》出版得最早(1933),包括部分(即部落)、辨名、疆域、省会、界务(上、中、下)、县界问题、境域篇后记、境域篇补记等十项,每项又各分若干节,共八十余节,插图四十余幅。所谓"部分",即叙述康藏过去之版图与划分;"辨名",系对于戎、羌、氐、土伯特、唐古特、乌斯藏、西藏及西康等名词之正当诠释。"界务"中分为清代之康藏界划、近世中藏界交涉及新省划界问题三方面。接着出版的是《民俗篇》(1934),分上、下两编:上编"番族",述其人种、职业、居住、饮食、衣服、性格、礼俗、岁时、娱乐、语文、同化问题等项。每项又各分小节,共一百六十三节。下编"汉族与其他各族",包括客民来历、客民小传、移民问题、猓猓、滇边诸族、后记。书中有地图和插图四十余幅。《地文篇》最晚出版(1935),共分地形、地质、山脉、正译四部分,记述了中外人士对西康地区的探险活动及地质考察经过,以及该地区的地质结构、地文、水文、地震带、山脉、经纬度、地势、气象等,并对有关地名汉译、地名类别等问题作了辨正。书中也有插图多幅。

《西康图经》虽是未完之作,但作为较早研究康藏地区的著作,贡献极大。与一般的考察研究不同,它是以一地之百科全书的方志的形式呈现的;但与旧式方志又不同,它立足于实地考察之上,一律用现代科学方法描绘地形、地质、气象、测绘等内容,并针对各种误记(包括歧误百出的地名译名和谬误相袭的康藏界务)进行了订正。而且康藏地区在此以前尚没有一部这样的方志。正由于此,新亚细亚学会会长戴季陶在审读了任乃强的书稿后,认为十分难得,亲自作序,誉为"边地最良之新志""开康藏研究先河",并认为"其内容之精详、丰富，与体例之正确、公允，自来志书中罕有其比。读之，不但能悉一地之情况，其指示研究地方史地者，以中正广大之道路者，尤为可贵"。现代学者在列举中国藏学研究创立时期（1912～1937）相继问世的"许多具有划时代意义的著述"时，也特别提到《西康图经》，并作了专门的系统介绍和评价。①

（二）对藏族史诗《格萨尔王传》进行开拓性和奠基性的科学研究②

《格萨尔王传》是藏族长篇史诗，或称《岭·格萨尔王传》，简称《格萨尔》，蒙古族称为《格斯尔》，内地之人俗称《藏三国》《蛮三国》，是公认的世界最长的伟大史诗，藏族文化的瑰宝。它最早形成于11至13世纪，盛行于清代。一千多年来，它不仅在藏族人民中广泛流传，而且传播于蒙古、土、纳西等民族中，深受各族人民喜爱。2003年，联合国教科文组织决定在世界范围内隆重举行伟大史诗《格萨尔王传》创作千年纪念活动，更显示了《格萨尔王传》在世界文化中的崇高地位。目前已形成世界范围内的"格萨尔学"研究。

然而，尽管在藏蒙地区《格萨尔》已家喻户晓了千年之久，但将它传播于国内各地和世界上却是在近代才开始的。其中任乃强就是最早的传播者之一。

早在20世纪的20年代末30年代初，任乃强就开始接触、研究并向国人介绍《格萨尔》。任乃强于1929年至1930年考察西康涉藏地区，历时近一年，后以考察笔记整理成《西康诡异录》一书③，其中第118、119条分别题为《蛮三国》《蛮三国举例》，发表在1930年12月的《四川日报》副刊上。前者为介绍《蛮三国》（即《格萨尔王传》）的流行情况，指出其为藏族民间十分流行的一种"有唱词"

《格萨尔王传》手抄本

---

① 王尧、王启龙、邓小咏：《中国藏学史（1949年前）》，民族出版社、清华大学出版社2003年版，第165～167页。
② 参见任新建：《任乃强与〈格萨尔〉》，《康定民族师范高等专科学校学报》2005年第5期。
③ 《四川日报》副刊连载，1930年5月至1931年春。

的文学艺术，内容与《三国演义》无涉。后者是他模拟说唱者语调，用汉文翻译的一段《格萨尔》，内容取自《格萨尔》中的《降伏妖魔》一章。这两条文字是我国最早以汉文介绍《格萨尔》的文章和第一篇《格萨尔》汉译本，具有划时代的意义。这两节后被合并，辑入《西康图经·民俗篇》的"康人娱乐"一节，1932年发表在具有全国影响的《新亚细亚月刊》上。

1936年，任乃强被任命为西康建省委员会委员，再次入康，得以有较长时间在康区从事考察研究工作，广泛收集有关《格萨尔》的版本、资料。尤其是1940年他利用担任西康省通志馆筹建主任之便，征集到不少关于格萨尔活动与遗迹的记载。1944年，任乃强到德格考察，看到了《德格土司世谱》和《林葱土司家谱》，发现了林葱土司家珍藏的《格萨尔》手抄本与木刻木，考察了雄坝（今阿坝）格萨尔诞生地和察察（叉叉）寺格萨尔王庙，并从当地活佛、喇嘛和故老口中听到了许多有关岭国与岭·格萨尔的传说，调查了众多的关于岭·格萨尔王的遗迹。还从正在德格竹庆寺进修的李鉴铭处，得到许多当地有关"岭国"的掌故和藏文资料。返回成都后，任乃强又查阅了许多汉、藏文史料，对"格萨尔"文本和藏、汉史料进行比较研究。他还从国外收集到史诗的拉达克本、大卫·尼尔抄译的林葱土司家本等版本，用与藏文抄本进行比勘。

正是在对《格萨尔》史诗的多种版本、有关文献史料的仔细研究和多次实地调查的基础上，任乃强在40年代相继发表了《〈藏三国〉的初步介绍》（1944）、《关于〈藏三国〉》（1945）和《关于格萨到中国的事》（1947）等三篇专论，在国内第一次较为全面和系统地对《格萨尔》史诗的性质、历史背景、艺术特点、部章结构、版本情况和格萨尔这一历史人物的真实性作了深入研究，特别是提出了格萨尔确为林葱土司之先祖，亦即《宋史·吐蕃传》之角厮罗的著名论断，被视为我国《格萨尔》学的奠基之作。

任乃强在《格萨尔》学领域的开拓性和奠基性贡献，受到国内外"格学"界的普遍推崇。2002年全国《格萨（斯）尔》工作领导小组办公室在"《格萨尔》创作千年纪念·任乃强学术研究会"上的贺词中特别指出："（1）他对这部史诗的属性的认识是比较准确的……对后来的研究者指明了方向。（2）对史诗的版本和传承情况的调查研究提出了很好的认识……这些成绩是以后《格萨尔》学者展开工作的基础。（3）他提出了我国《格萨尔》史诗研究中的几个基本问题，凡如史诗主人公的真实性问题、史诗产生的年代问题，等等……不论这个观点正确与否，但他的开拓性的功绩是不可磨灭的。（4）他澄清了《格萨尔》史诗的一些错误观点……另外，他还对史诗的艺术价值和特色，从语言审美、艺术想象、巧妙构思，到史诗的教育意义、民俗知识都作了剖析，使史诗的各种价值，尤其是美学价值，无疑地得到了突出的显现……最后，最宝贵的是，任乃强先生探讨我国史诗的求实精神……他强调利用中国本身的材料来论证和探讨史诗的求实精神，在中国《格萨尔》史诗学的理论建设中，也具有重要的现实意义。"①

（三）创办康藏研究社，主编《康藏研究月刊》②

随着1945年世界反法西斯战争、中国抗日战争的全面胜利，西北、东北等边疆危机逐渐解决，而西南边疆危机依然悬而未决，帝国主义还在加紧分裂西藏的图谋。就在此时，一些有关康藏研究的机构和杂志或停办，或难以顺利出刊。典型的如1922年建立的以藏学研究为重要特色的华西边疆研究学会和学会杂志在1945年停办；1938年创刊的《康导月刊》更是康藏方面的专门刊物，只发行了六卷，而第六卷从1945年一直拖延至1947年才出版。还有一些刊物先前早已停刊，如《新亚细亚学会月刊》在1937年因故中

《康藏研究月刊》第七期目录（1947）

断，1944年一度在上海复刊，但也很快停刊；由南京边事研究会1934年创办的《边事研究》也在1943年3月后停刊；由部分在南京中央政治学校、蒙藏学校等读书的康籍、藏籍学生在1933年9月发起创办的《康藏前锋》也在1939年8月停刊。可以说，除《蒙藏月刊》外，1946年几乎所有的康藏刊物都停刊或延期，另一些重要刊物如《新亚细亚学会月刊》《边事研究》等也已停刊。这样，康藏研究的发展遭遇了瓶颈。

就是在这样的情况下，长期致力康藏研究并转任四川大学教授的任乃强，遂邀约同道刘伯量（四川大学农经系主任，曾任国民政府教育次长）、谢国安、刘立千等人发起成立了康藏研究社，并创办了纯学术刊物《康藏研究月

---

① 转引自杨嘉铭：《现代康藏研究的奠基人——任乃强》，《任乃强与康藏研究学术研讨会会议论文集》（内部印刷），2009年，成都。
② 详见任新建：《康藏研究社介绍》，《中国藏学》1996年第3期；谢敏：《〈康藏研究月刊〉述略》，四川师范大学硕士学位论文，2010年。

刊》。康藏研究社吸引了相关专家和热心人士近两百名参加，其中不乏国内外著名学者和汉藏社会知名人士，著名学者有石泰安（法兰西远东研究院藏学家）、顾颉刚、张怡荪、蒙文通、冯汉骥、马长寿等；汉藏社会知名人士有胡子昂、法尊、谢国安、卢子鹤、邵明权、马鹤天、格桑悦西、邦达多吉、夏格刀登、麻翁倾真、刘家驹等。这些著名人士的加入，表明任乃强和康藏研究的巨大吸引力，不仅提升了康藏研究社的学术地位和社会影响，也促进了康藏研究的发展。

康藏研究社的社刊《康藏研究月刊》共出二十九期，刊出学术文章六十五篇（其中五篇为长篇连载），形式包括论文、译著、考察报告、政策建议、图书评介、游记、传记等，内容涉及有关康藏的政治、宗教、历史、地理、民族、文化、语言、社会、风俗、经济、图书等，对于人们全面了解康藏社会、提高康藏研究水平，发挥了重要的作用。

这些文章中，很多都是颇具分量的。有些是作者亲身经历、实地见闻的珍贵记述。如关于藏北羌塘风物的记述、关于冈底斯山和四大圣湖的介绍等文章，是由精通藏、汉、梵、英文，曾游历藏北、阿里、拉达克和不丹、印度、尼泊尔等地的谢国安所写。有关参加布达拉宫跳神会，在扎什伦布寺放布施和视察后藏活动的记述，是作为国民政府驻藏办事处政务科长的戴新三遍历卫藏各大名城的基础上所写。这些文章生动真实地描述了藏地民情风貌，为当时国内关于这方面最翔实的记录。另外，任乃强夫人罗哲情错所撰《我的家乡》一文，对康区民族的心态、日常生活、性格特征等也有生动描绘，对近代史上著名的"甘孜事变"也提供了不少珍贵的背景资料。

有些文章则是介绍重要的藏文典籍和外文资料。如该刊发表的《玛尔巴译师传》和《西藏宗教源流简史》，是继《西藏政教史鉴》（即《西藏王统记》）后国内汉译藏典方面最具代表性的力作。译者刘立千精通藏、汉文，又深研藏传佛教，故其译作精美准确。前者据德格印经院藏木刻本全译，系统记述了噶举派祖师玛尔巴一生的事迹；后者则据噶玛噶举派八邦寺工珠、云丹嘉措所著《不分教别总述诸宗源流智者庄严史》译出，使一些关于藏传佛教各派的谬误和讹传得以澄清。外文资料方面，李思纯（哲生）译《川滇之藏边》、彭公侯译《藏三国本事》均为一时盛事。李思纯时任四川大学外语系教授，曾留学法国，精通多门外语，也是著名的史学家，所译《川滇之藏边》为法国传教士古纯仁（F.Gore）的一部介绍康区的名著，多发人所未见未闻之地理、民俗、掌故。彭公侯时任成都东方文教院教师，擅长英文，所译《藏三国本事》即《格萨尔王传》之拉达克本，为法国传教士弗兰克（A.H.Francke）1900年所撰，虽非《格萨尔传》之说唱原文，但却是记录整理格萨尔王全传的作品。在彭公侯译出此文前，已有任乃强《〈藏三国〉的初步介绍》和陈宗祥译大卫·妮尔《岭超人格萨尔王传》等发表。此文译出后，更令四川的"格萨尔学"研究居于全国领先地位。

有些文章则是探讨具有较大学术影响的历史问题。如任乃强《隋唐之女国》稽考了隋唐史籍中青藏高原之"女国"，提出了三个女国属同一族系之说，即藏北之苏毗为女国，澜沧江流域的昌都一带为其支系东女国，另印度河流域尚有一女国支系。此说虽不无可商之处，但颇具影响。而任乃强与著名隋唐史专家岑仲勉关于附国是否吐蕃的争论，在学界也引起很大反响。

康藏研究社和《康藏研究月刊》，是任乃强第一次以实际主持人的身份，用"集众"的现代研究方式，对康藏问题进行的一次大规模集体研究的组织和期刊，在当时康藏研究甚少的条件下，有力地维系和促进了康藏研究的发展，在国际上也有很大影响。

第六节　地方志的编写高潮

从全国来看，民国时期（1912～1949）和新中国20世纪80年代以来是我国地方志修纂的两次高潮。① 巴蜀地区也表现突出，成为整个巴蜀历史上修志最多的时期。据统计，民国巴蜀地区所修地方志书近两百种②；1949年至2000年底，仅今四川地区（即不含今重庆市）就修有各类志书和资料十万种。③ 其中民国巴蜀地区的修志高潮主要集中在1912年至1935年的军阀割据时期，以官修县志为例，当时一百六十三县中有六十一个县修志六十四部（出版六十一部，另有三部延后出版），占整个民国时期官修县志总量（八十二种）的三分之二

---

① 诸葛计：《中国方志五十年史事录》，方志出版社2002年版，"陈桥驿序"第6页。
② 贾大泉主编：《四川通史》卷七《民国》，四川人民出版社2010年版，第561页。张秀熟《重印清嘉庆〈四川通志〉序》据1982年《四川省地方志联合目录》统计，民国时期共修地方志二百九十五种，没有区别地方志的种类，兹不取。
③ 四川省地方志编纂委员会：《四川省地方志目录》（一）"编后记"，方志出版社2004年版，第268页。

以上。①另外民国时期巴蜀乡土志也延续了清末的发展势头,至今仍有近二十种存世;周边少数民族聚居地区特别是原西康省地区(不少地区在今四川省境内)的方志编写更是有了突破性进展,除了上节述及的任乃强《西康图经》外,长期官于西康地区的刘赞廷一人就编有当地二十一个县的图志②,地方政府又出版有包括二十九县的《川康边政资料辑要》,虽名"资料辑要",实悉依方志体例,因而大大弥补了此前这一地区多数县份没有方志的局面。整个民国时期巴蜀地区的方志编写虽然质量多不高,却不乏一些探索创新的名篇,如由张森楷主修的《合川县志》、曾学传纂修的《温江县志》、赵熙总纂的《荣县志》、向楚总纂的《巴县志》、林思进总纂的《华阳县志》、顾颉刚和傅振伦主纂的《北碚志》,以及刘咸炘私修的《蜀诵》和《双流足征录》;由宋育仁担纲总纂的《重修四川通志稿》虽未出版,却是凝聚多位名家的力作,而由龚煦春所写的"地理门"部分则以《四川郡县志》的形式单独印行,长期嘉惠学林。

新中国成立之初,百废待兴,地方志的编写有所迟缓,但到20世纪80年代社会各行各业逐步走向正常并快速发展以后,方志编写也趋于正规化,政府部门建立起了省(直辖市、自治区)、市(地、州)、县(市、区)三级常设的修志机构,修志的专门性和连续性得到了保障,不但成功地完成了第一轮各级志书(一般截至1985年)的编纂出版,而且第二轮修志(一般叙述1986~2005年的内容)也全面铺开;县级以下的乡镇、村社、街道、厂矿、学校等也大修基层志,而且部门志、行业志也兴盛起来,呈现出前所未有的繁荣景象,"它们和县以上各级地方志一起,纵横交错,多层次、多角度地反映出我国社会历史的真实进程……这种修志的规模,在过去的任何时代都是无法想象的。"③这虽说是全国的情况,巴蜀地区实际也是如此。更具重要意义的是,经过长期努力,到2003年完成修纂并出版了自嘉庆《四川通志》以来的第一部《四川省志》多卷本,结束了四川长达一百八十多年没有完整编纂出版省志的局面。

一、方志修纂的若干新变化

清末以降的一百多年里,我国社会经历了亘古未有的历史巨变,沿袭数千

---

① 吉正芬:《民国时期四川新修县志编纂研究》,四川大学博士学位论文(稿本),2010年,第28页。
② 贾大泉主编:《四川通史》卷七《民国》,四川人民出版社2010年版,第561页。
③ 周迅:《中国的地方志》,商务印书馆1998年版,第154~155页。

年的君主专制向民主共和转换,继之又有民国和新中国的鼎革,中华人民共和国建立起了崭新的社会主义制度。"国体改变,旧志体例不尽符合"①,方志修纂遂在观念、内容、主体和种类等方面出现了一系列新变化、新趋势。巴蜀地区的方志也是如此。

(一)从修纂观念上看

清末以来的进化史观、民史观和科学观念对方志影响很大,新中国成立以后的方志进而强调以马克思主义思想为指导。

清末民初以来,社会进化史观和民史观②逐渐成为一种普遍观念而为人们所接受,不少方志编纂者也以此为准绳,记述的重心遂由过去的典章文物转向国计民生。如1927年孙震为《剑阁县志》作序时就说:

> 窃以为以前地方志之作,概当重在沿革文献人物,今后之地方志,当重在记载地方历年之痛苦,以刺激乡人;记载可开掘之矿山、可推广之物产,期以后启发实业,可以优裕民生;记载地方武力收利取害之点,地方教育现状或益或损之处,以为后来施政者之参考,使地方群众因之群起赞助地方政府监督施政者,使邑中一切均入进化整理之状态。③

1933年侯树涛在《叙永县志》序中也说:"举凡文化、交通、实业诸大端,犹能启新而述故,文明盛轨,日进月增,他日有以发皇而光大之,是则纂修斯志之主旨,亦近世物竞天择之所必需矣。"④孙、宋二人的话显然不是传统方志资治辅政观念的简单翻版,而是运用新的进化史观和民史观,着眼于地方资源的整理和开发,以期改变落后面貌,实现国富民强。正如1939年洪烈森在其《德阳县志》序中所点明的:"志乘体例,昔重考据文献,今则当重户籍、物产与矿山之开采,工业之启发,期以裕民生而培国脉。"⑤

---

① 聂述文等修,刘泽嘉等纂:《江津县志》卷末,刘泽嘉跋,民国13年(1924)刻本。
② 民史观是清末学者为反对君主独裁专制而提倡的一种新史观,认为之前的史书尤其是所谓"正史"的"二十四史",主要是叙述以君主为代表的帝王将相、官僚贵族的历史,是君史;与此相对,则提出"史界革命",倡导叙述以民众为主的新历史。民史观与君史观相对,与今人常言的人民史观、民本史观相近而有别。
③ 张政等纂修:《剑阁县续志》卷首,孙震序,民国16年(1927)铅印本。
④ 赖佐唐等修,宋曙等纂:《叙永县志》卷首,侯树涛序,民国24年(1935)铅印本。
⑤ 熊卿云、汪仲夔修,洪烈森等纂:《德阳县志》卷首,洪烈森序,民国28年(1939)铅印本。

讲求科学也是当时方志编写者秉持的重要观念和标准。如旧志中的"星野""星占""象数""天文"等类目，或过于笼统，或包含了一些怪诞的内容，故在民国以来的不少方志中被剔除，而改之以"经纬度""气候"等科学术语进行记录。许多方志对物产的叙述，已广泛借用近代西方学科，多按"动物""植物""矿物"等来分门别类。他们还较多地运用了新的科学技术手段，如在舆图和照片方面，重视实地测量，运用比例尺、图例、经纬度方法和摄影技术。如1929年的《南充县志》内含南充全图一大幅，以及山脉、水系、交通、市区等图约十幅，都是应用经纬度、图例、比例尺等新技术绘制而成。1934年纂修成的《乐山县志》，又采用了新拍摄的风景照。

中华人民共和国成立后，方志编写更加注重记录和反映人民大众的生产生活[①]，更加注重运用科学的观念和手段，而最根本的变化，则是特别强调以马克思主义为指导。如1988年9月29日四川省地方志编纂委员会全体会议通过的《〈四川省志〉编纂方案》就指出："编纂《四川省志》必须以马克思列宁主义、毛泽东思想为指导，坚持辩证唯物主义和历史唯物主义的基本原理。"1997年10月16日中共四川省委办公厅、四川省人民政府办公厅转发的《四川省地方志工作2010年目标规划纲要》也强调要"以马克思列宁主义、毛泽东思想、邓小平理论为指导"。[②]这一要求是巴蜀地区各级各类方志编写的重要原则，并在各志的前言或凡例中都有明确说明。如1998年出版的《江安县志》"凡例"的第一条就写道："以马克思主义、毛泽东思想、邓小平理论为指导，坚持辩证唯物主义和历史唯物主义的观点，实事求是地记述江安县自然和社会的历史和现状。"

（二）从修纂内容上看

政治、经济、文化和社会生活等许多新变化都反映在方志之中，经济方面的拓展最为明显。

民国建立以来，巴蜀地区不论是在政治、经济，还是思想、文化和社会生活等方面，都发生了前所未有的变化，方志编纂者不能不在篇目设置方面做出

---

① 1958年10月国务院科学规划委员会地方志小组制定并向全国发出的《关于新编地方志的几点意见》就提出：新修方志要"特别着重解放以后人民大众在政治、经济、文化建设上的新成就"。见曹子西、朱明德主编：《中国现代方志学》，方志出版社2005年版，第201页。
② 中国地方志指导小组办公室选编：《中国方志文献汇编》，方志出版社1999年版，第748、903页。

新的安排。正如1929年出版的《新都县志》例言中所指出的：

> （篇目）有旧志所有，新志概行删汰者，如经籍、年谱、圣谟、公仪、宾兴、乡饮酒等类是也；有旧志所无，新志特为标题，详加著录者，如自治、团练、教育、实业、交通、慈善、宗教、社会、市政公所、地方收支所等类是也。变更先例，非好新奇，盖势异时殊，国体改革，病变而药不能不为之变也。冬裘夏葛，各适其宜而已。

有些方志的篇目设置变化很大，甚至接近一些现代学者创编新方志的构想。最典型的是顾颉刚和傅振伦等1945年拟定的《北碚志》篇目，它与中国地方史志协会于1981年草拟的《新编县志基本篇目》特别相似，通过下面的对比表可以看得更为清楚。

表5-1　民国《北碚志》篇目与1981年《新编县志基本篇目》对比表①

《北碚志》篇目	《新编县志基本篇目》	附　注
卷　首	序言概述	
大事谱	历史大事记述	
地理考	自然志	
政治略	政治志	旧志政治略含军事
	军事志	
经济略	经济志	
文教略	文化志	
社会略	社会志	
列　传	人物志	
聚落记		聚落记指北碚所辖乡镇概况
卷末别录	附　录	

---

① 此表摘自吉正芬：《民国四川新修县志编纂研究》，四川大学博士学位论文（稿本），2010年。

当然，民国时期方志记述内容最大的变化则是经济方面的拓展。时人李泰棻指出："社会经济是今日方志的骨干。"①于乃仁认为："应扩充社会及经济史料——国家基本，在于人民；社会机构，系于经济。往往食货、风俗各志，盒不足以尽人民、社会、经济、生活之纪实。今后修志，自应以此点为主干。凡衣、食、住、行种种问题，及一切生产消费、团体组织，详旧志所略，增旧志所无。"②因此，在众多民国四川新修方志中，本地社会经济内容的篇幅和比重有了显著增加，当时很多县志都增设了"实业志""物产志"，甚至"经济志""盐务志"，较真实地记载了当地的生产面貌，相对客观地反映了本地的经济情况。如《犍为县志》于经济活动，记述甚详，除了物产、财政、盐务等专卷外，还特立"经济志"一卷，认为这是"一邑之民生系焉，且为时势所趋"③，故立专卷以述，篇下设农业、商业、工业、矿业、渔业、货币、度量衡、运输机关、通信机关、金融及利率、劳动制度及财产统计等目。《合川县志》除了对农业、林业、蚕业等传统行业记载以外，还讲述了该地工业品的产地、销路，以及产品的生产方式、组织形式均有所涉及，甚至还详细说明了县境内的矿藏分布情况。

不过应当承认，"大多数民国方志基本上还是沿袭旧志的体例，只是或多或少地插入一些诸如民政、教育、交通、实业之类的新类目"。④真正在篇目设置和内容安排上做出全新改变的，还是新中国成立以来新修的一系列方志。以县志为例，基本上都是按照1981年中国地方史志协会草拟的《新编县

民国曾学传等纂修的《温江县志》（民国9年刻本）

---

① 李泰棻：《方志学》，上海商务印书馆1935年第2版，第81页。
② 于乃仁：《方志学略述》，转引自王德恒、许明辉、贾辉铭编：《中国方志史》，文化艺术出版社1994年版，第155页。
③ 陈谦、陈世虞修，罗绶香、印焕门等纂：《犍为县志·凡例》，民国26年（1937）铅印本。
④ 周迅：《中国的地方志》，商务印书馆1998年版，第148页。

志基本篇目》（见表5-1）来安排①，较明清时期的县志迥然不同，也与民国时期的多数县志很不一样，"三部不同时代的《温江县志》篇目设置对比表"可清晰展示这一情况（见表5-2）。当然，由于最近三十多年我国以经济建设为中心，社会经济发展迅猛，因此方志中经济方面的内容大大增加，一般都占到全书篇幅的四分之一到三分之一。如1990年出版的《温江县志》，专门设置经济编，下分经济综述、经济管理、人口、农业、工业、交通邮电、商业贸易、名优土特产、财税、金融、城乡建设等十一个卷目，内容丰富，约占全书篇幅的三分之一，是全志"比重最大"的部分。不仅如此，伴随经济发展越来越细密的分工，有关的专门志书也应运而生，如双流县就编纂了《乡镇企业志》《农牧志》《二轻工业志》《综合经济志》《城市金融志》《农村金融志》《财政志》《税务志》《粮油志》《商业志》《林业志》等一系列专志，有关经济的内容几乎包罗无遗。

表5-2　三部不同时代的《温江县志》篇目设置对比表

嘉庆版《温江县志》三十六卷	卷一星野、星图，卷二沿革，卷三疆域，卷四形胜，卷五山川，卷六户口，卷七田赋，卷八仓储，卷九水利，卷十城池，卷十一乡镇，卷十二津梁，卷十三古迹，卷十四风俗、节序、乡仪，卷十五公署，卷十六学校（书院附），卷十七祀典，卷十八祠庙，卷十九兵制，卷二十铺递，卷二十一寺观，卷二十二税课、盐法、茶法、钱法，卷二十三蠲政，卷二十四职官，卷二十五选举、封荫、文武职、应例，卷二十六人物，卷二十七列女，卷二十八流寓，卷二十九仙释，卷三十物产，卷三十一艺文，卷三十二陵墓，卷三十三祥异，卷三十四杂识，卷三十五外纪，卷三十六捐施。
民国版《温江县志》十二卷	卷一建置（设治始末、疆界、区域、县城、乡镇），卷二地理（水道附津梁、道路、古迹附坟墓），卷三民政（户口、保甲、实业、水利、仓储、赋税、公费、选举、法团附公益慈善团体），卷四风教（学校、科目、祠庙附寺观、坊表、礼俗、宗教），卷五艺文（专书、杂著、辑本），卷六兵事（防警、寇乱、民军），卷七官吏（治绩、遗事、题名），卷八人物上（乡贤、孝友、忠节、行谊），卷九人物下（志操、文学、宦绩、武烈、流寓），卷十列女（节妇、烈妇、孝妇、贞女、烈女、孝女、贤媛），卷十一物产（动物、植物），卷十二杂识。

---

① 有些方志的篇目分得更细，如1998年出版的《江安县志》的主体内容就分为建置沿革、自然地理、人口、综合经济、农业、牧副渔业等二十六篇，另有人物部分。

续表

1990年版《温江县志》	分为九个部分，依次是概述、大事记、地理编（含建置、地质地貌、河流、气候、自然资源、自然灾害共六卷）、政治编（含中国共产党、其他党派、社团、权力机构、行政机关、人民政协、政法军事、民政劳动人事共八卷）、经济编（含经济综述、经济管理、人口、农业、工业、交通邮电、商业贸易、名优土特产、财税、金融、城乡建设共十一卷）、文化编（含教育、文化、科技、体育、医药卫生共五卷）、社会编（含习俗风尚、社会组织、宗教、方言谚语歇后语、民谣传说共五卷）、人物编（含人物传、英名录）、附录编（含文献辑存、著述选录、拾遗共三卷）。

（三）从修纂主体上看

地方政府与士绅联合修志的模式逐渐为专门的省、市、县级常设修志机构代替，修志呈现出明显的专门化、职业化和连续性。

我国传统修志的主要模式就是地方政府与士绅共同修志，民国时期也不例外，不少著名学者主持了地方志的编写。如主纂民国《四川通志稿》的宋育仁、主修《合川县志》的张森楷、总纂《荣县志》的赵熙、总纂《巴县志》的向楚、总纂《华阳县志》的林思进等学者，都是由地方政府聘请的蜀中名流，他们所编纂的地方志，均是少见的力作。

较为特别的是，在1912～1935年，巴蜀地区军阀割据，地方政府往往为军阀所把持、支配，因此在方志的修纂上，直接受到了地方军阀的影响。各派军阀在其地盘内竞相提倡编修方志，甚至直接参与到县志的编纂，并积极为其防区内县志撰写序跋。如军阀田颂尧曾"于地方文献无时不加以注意，曾通令各属筹备修志，以供省志局之采择"[1]，并先后为《剑阁县志》和《苍溪县志》作序，还担任《北川县志》的监修和《三台县志》的鉴定。另一军阀刘存厚不仅为《汉源县志》作序，并出任鉴定一职，还组织属下陆军少将川陕边防军第三路司令廖震出任倡修一职，并让其属下下级军官直接参与该县志编纂中的测绘和校阅志稿工作。这些军阀虽然有些是附庸风雅，但客观上也确实推动了当时地方志的修纂，有利于地方历史文化的保存。

为了修志，民国政府还建立了省通志馆、通志局，县修志局，以及市、县文献委员会等专门机构，并发挥了重要作用。但受时局不稳、经济落后等方

---

[1] 熊道琛、钟俊等修，李灵椿等纂：《苍溪县志》，田颂尧序，民国17年（1928）铅印本。

面的影响,这些机构没有明显的延续性,有的甚至开修时设立,修完后即告废止。这一情况到新中国时期逐渐发生了根本的变化,目前各省(自治区、直辖市)、市(地、州)、县(市、区)一般都建立了常设的修志机构,并确立了每二十年左右续修一次的制度①,修志呈现出明显的专门化、职业化和连续性的特点。四川和重庆地区也是这样,建立了省(直辖市)、市(地、州)、县(市、区)三级地方志编纂委员会,其中的修志人员是纳入国家规划的专门修志队伍,修志的稳定性和连续性得到了保障。除此以外,还有大量担负乡镇志、部门志、行业志的修志人员,他们的辛勤工作也大大促进了方志编纂事业的发展。

修志队伍的专门化、职业化克服了传统修志时断时续、资料容易散失等弊端,但也带来了另一个明显变化,那就是过去著名学者参与修纂地方志的情况在新时期逐渐减少,几乎绝迹,大学、科研机构的专家学者一般只是以顾问的身份出现在修志过程中。

(四)从方志类型上看

清末和民国时期涌现出众多的新型乡土志,新中国时期又大规模地编纂乡镇志、部门志和行业志,方志编写呈现出基层化和纵横交错的网状结构。

清末开始出现的一系列以"乡土志"为名的地方志,是我国方志大家族的新成员。光绪三十一年(1905)四月,学部颁令各地从速建立小学堂,并规定编修乡土志作为教材,"务使人人由爱乡以知爱国",内容主要包括历史、地理和格致三方面,"于历史则讲乡土之大端故事,及本地古先名人之事实;地理则讲乡土之道里、建置及本地先贤之祠庙、遗迹等类;于格致则讲乡土之动物、植物、矿物,凡关于日用必需者,使知其作用及名称",并具体规定按历史、政绩录、兵事录、耆旧录、人类、户口、氏族、宗教、实业、地理、山、水、道路、物产、商务等十五门进行编写。②朝命所及,各地纷纷行动起来,一时间全国掀起了编修乡土志的热潮。在这股大潮中,巴蜀地区也出现了很多乡土志。民国建立不久的1914年,北洋政府教育部又咨令各地编修乡土志,用

---

① 见1996年11月国务院办公厅发出的《关于进一步加强地方志编纂工作的通知》,曹子西、朱明德主编:《中国现代方志学》,方志出版社2005年版,第235~236页。
② 《部颁乡土志例目》,(清)钟文虎修,徐昱等纂:《灌县乡土志》卷首,光绪三十三年(1907)刻本。另可参见中国地方史志协会编《中国地方史志论丛》,中华书局1984年版,第69~70页。

作学校教材,并供清史馆征用。于是巴蜀各地又编修了不少新的乡土志。这些乡土志多数没有公开出版,而是以抄本、稿本的形式流传,因此保存至今的并不多。据统计,清末巴蜀各地有六十多部、民国则有近二十部乡土志流传至今。①

这些乡土志一般以本县为范围,多为私人编撰,不少作者就是当时高等小学校的本地教师,他们熟悉本地历史文化,热爱本乡本土,多能依据国家规定的《乡土志例目》所定编纂程式进行编写,一般都比较简明,并体现出时代新貌。如清末张治新所编《新都县乡土志》,虽只有薄薄的五十四页,却是

《新都县乡土志》(清末抄本)

严格遵照《乡土志例目》来写的。全书分为十五个门类②,对新都县的历史地理、社会状况、自然物产等方方面面都有简略的记载,其中耆旧录最为详细,下分孝友、睦姻任恤、学问、医学、名儒、名臣、功臣、名将、循吏、忠节等十类,并附名宦祠、乡贤祠,占全书一半的篇幅;政绩录次之,下分兴利、去害和听讼三类,每类举例若干名宦。这些都体现出作者重视人物、重视以本地先贤和历代名宦来激励后进、教育后学的旨趣。这种安排是与旧志很不相同的,旧志那些星野、节妇、文征之类,或因时移势异、或因过于烦冗,乡土志

---

① 此据何金文《四川方志考》一书(吉林省地方志编纂委员会、吉林省图书馆学会出版,1985年6月)的有关内容统计而成。也有不同的统计,如王兴亮《清末民初乡土志书的编纂和乡土教育》一文(载《中国地方志》2004年第2期)统计出清末四川乡土志五十一部、民国十四部,合计六十五部,仅次于山东(七十二部),在全国位居第二位。另外许孟青《清末民初四川的乡土志——以四川大学图书馆藏为例》(载《四川文物》2010年第6期)对这一时期巴蜀时期的乡土志也有初步的研究。
② 姚乐野、王晓波主编的《四川大学图书馆藏珍稀四川地方志丛刊》第一册《新都县乡土志》的"提要"(巴蜀书社2009年版,第370页)和四川省地方志编纂委员会编《四川历代旧志提要》"新都县乡土志"条(四川科学技术出版社2012年版,第79页),都说只有十四个门类,实际漏计了"氏族录"一门。

一般都已舍弃。尽管乡土志的内容比较简略，篇幅上往往只有一卷或一册，但它们在服务地方教育、保存地方信息、为更高级别的方志编写提供资料等方面，确实起到了一定的作用。

有必要指出的是，这些乡土志不同于乡镇志，不是较县志更为基层的方志，它们只是以县为单位、按照《乡土志例目》规定的程式进行编写、以简明形式呈现的一种特殊方志，那种将民国《崇化屯志略》《河清乡实录》《达县盘石乡志》也视为乡土志的做法是不妥当的，至少不宜将这些方志与按照《乡土志例目》规定的程式编写的乡土志混为一谈。至于近几十年出现的大量《乡土教材》，体例在史、志之间，一般不应视为方志范畴。

新中国成立以来，特别是最近三十多年，方志修纂在纵横两个方面拓展明显，呈现出日益兴盛的局面。从纵向来看，县级以下的区乡、村社、街道等地方出现了大量基层方志。其中乡镇志的发展最为突出。过去的方志一般普及到县一级，虽有乡镇一级的方志，但非常少，巴蜀地区仅见《达县盘石乡志》《河清乡实录》等寥寥几部，而现在随着乡镇经济的快速发展，乡镇志越来越普遍，如成都市双流县就有《太坪场镇志》《三星镇志》《文星镇志》《中和镇志》《籍田镇志》《华阳镇志》，等等。从横向来看，随着各行各业的日益发展，省、市（地、州）和县（市、区）级的行业志、部门志越来越丰富。这里仍以双流县为例，已有《政协志》《工会志》《交通志》《文化志》《商业志》《广播志》等数十部，几乎囊括了当地各行各业。这些大量的基层志、行业志和部门志基本上都是最近几十年才涌现出来的，既是我国社会迅猛发展的反映，也是我国方志发展更加基层化的表现，它们和省、市、县各级志书一起，组成了纵横交错的网状结构。

另外，民国和新中国时期都有一些地情方面的著作，如民国的《双流县政概况》《自贡市市政概况》，新中国《双流县情手册》《温江县情概况》《邛崃概览》，等等，或也视为方志之作。

二、民国《重修四川通志稿》的编纂及其价值

民国前期，四川军阀混战不断，财政困难，各地修志时辍时作，潦草成篇者多，精心编纂者少。尽管如此，当时四川省政府和一些市县当局仍对修志给予一定的重视，也下令组织编纂各级地方志。在此期间，四川设置了通志局，先后两次组织省志编修工作，虽因军阀混战，修志未果，但也因此做了

宋育仁和他创办的《蜀学报》

大量的文献征集工作，推动各地纂修了一批县志。1912年，四川军政府将大汉四川军政府所设立的枢密院改名为国学院，其任务之一就是纂修地方志书。1915年，四川当局援引湖北重修通志例，向北京政府内政部呈报了关于重修四川通志的立案，指出：民国以来，"举凡郡县赋、军警学校、工商邮传、户口实业，一切人事变迁，动关国家之得失……若不及早搜罗，必至终归散佚"；且四川"地大物博，代远年湮，公是公非，久无定论……极当图国粹之保存"。经内政部批复后，随之择地开局，预期三年完工。[①]因时局变化，此次修志议而未行。1917年，北洋政府通令全国各地修志。四川时值军阀割据局面开始形成，未及时响应。直到1920年5月，经四川省督军熊克武、省长杨庶堪批准，四川通志局方告正式成立，负责编纂《四川通志》。通志局还拟订了《县志纲要》，通函全川各县征集新旧县志稿本、印件。后因熊、杨不和，杨庶堪不久去职，这次修志各议遂告废。

1924年北京政府特派杨森督理四川军务善后事宜。杨森（1884～1977）是四川广安人，他主持川政期间，于公共事业方面多有举措，如在成都创修春熙路，开辟公共体育场，成立通俗教育馆，同时设立重修四川通志局，聘请德高望重的宋育仁兼任通志局总裁。宋育仁（1857～1931），字芸子，晚号道复，四川富顺人。早年为尊经书院高才生，受到张之洞、王闿运器重，在经学上尤其是《三礼》之学上造诣甚深，所著《周礼十种》《周官图谱》是与廖平《今古学考》《古学考》并称的经学名著。他在光绪十二年（1886）中进士后官翰林院庶吉士，光绪二十年（1894）以参赞名义随公使龚照瑗出使英、法、意、比四国（常住伦敦），以其见闻写成的《泰西各国采风记》传诵一时；1896年回川办理商务、矿务，在重庆设立商务局，大力发展工商业，并创办四川第一家报纸《渝报》，宣传新思想；后又到成都出任尊经书院山长，创办蜀学

[①] 转引自贾大泉主编：《四川通史》卷七《民国》，四川人民出版社2010年版，第560页。

会、《蜀学报》，继续致力于维新变法的宣传。辛亥革命后，政治立场保守的宋育仁虽然主张恢复帝制，但却坚决反对袁世凯的称帝行径。1916年再度回川后任职四川国学学校，1922年主办《国学月刊》，致力于传统文化的传承和研究。①

在晚清民初的学界和政界均有重要影响的宋育仁，众望所归地出任四川通志局总裁后，延聘了一批著名学者，如受邀撰写"建置沿革门"部分的张森楷、撰写"艺文门"的刘咸炘，都是本书前面已专门论述的史学名家；撰写"地理门"的井研县人龚煦春（1863~1937）擅长文史、地理和金石学，曾修纂《光绪井研县志》《营山县志》，他们都学有专长且有丰富的修志经验。宋育仁则亲拟《重修四川通志例言》《重修四川通志目录》，对采用体例、类目设置、资料范围、逻辑顺序等，都有明确的规定和说明，以指导和规范修志工作。《四川通志》主要宗旨务求"职国计民生之故，不徒事增文省，要使宛而分章，读能终卷，达于社会，有裨学林"②。1926年末，宋育仁又以通志局名义发布《重修四川通志续选文征说例公布启》。此后，《四川通志》编纂工作时断时续，于1931年，由宋育仁主编完成省志稿本。不久，宋育仁去世，《四川通志》由通志局协理陈西生、提调苏兆奎共同负责辑补，1936年完成；但后来因为种种原因而没能出版。③据1926年编印的《重修四川通志成书成绩表》统计是二百六十七册，实际成书时约三百余册。现存二百四十余册（散页未记），有部分散佚。1949年以后，该书收存于四川省志编委会。1969年该会撤销，书稿移交四川省图书馆收藏。据《重修四川通志目录》，《四川通志》全书分为建置、舆地、官政、食货、礼俗、学校、艺文、人物诸门，计一百七十卷。从现存资料看，艺文门全缺，学校门部分残缺，其他基本完整。

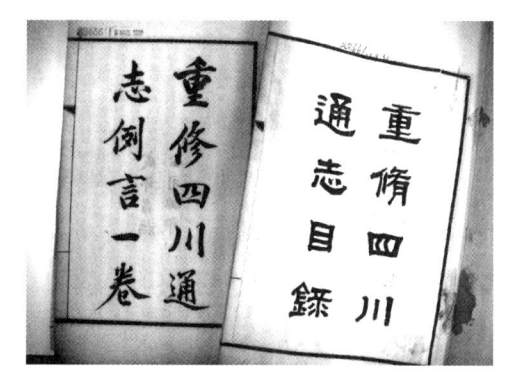

《重修四川通志》书影

---

① 关于宋育仁的生平事迹，可参看伍奕、多一木著《中国书生宋育仁》一书，光明日报出版社2010年版。
② 宋育仁：《重修四川通志序例》，四川大学图书馆特藏部藏。
③ 参见陶元甘：《记四川通志局及四川省通志馆》，《四川文史资料选辑》第32辑，1984年，第149~166页。

其中龚煦春把他负责的"舆地"部分辑为《四川郡县志》十二卷出版，虽略显粗糙，但所收资料丰富，条目清晰，考订有征，对四川及邻省边地由汉迄清各府、州、县的建置变迁、历史沿革列之甚详，并附有历代疆域沿革表，长期受到学者的重视。[①]

民国《重修四川通志稿》的最大价值在于保存和整理了大量珍贵资料。自嘉庆二十二年（1817）《四川通志》纂修以来，四川已有百余年未再修通志。《重修四川通志稿》成于1931年，除循旧例重复旧志的部分内容外，其新增资料的下限大都已至民国初年，且于民国时代行政、经济、财政、司法、民事等着力尤多，不少取自政府文件、报告、统计资料及时人著述等，有些资料已及于1929年。由于宋育仁是维新派，主张改良强国，又有使欧考察的经历，故比较重视国计民生资料的搜集，如该稿详尽收录了清末光绪、宣统至民初全省各县税率、各种附加税的设置及征收情况等资料；对于四川财政有较大影响的资料则全文收入，如《盐法建设源流考》《茶法沿革源流考》《银钱币票交换统计》《近代军需纪略》等。又如该稿较完整地收录了自南宋隆兴元年（1163）至清宣统三年（1911）以来四川历代各级科举人名录，尤详于明清两代；而《四川国立省立私立各级学校一览表》则收录了四川省及各县（国立、省立、县立、私立）的学校情况，并分为"栏目设置、立别、科别、开办年月、所在地、校址略历、经费来源、经过事项"等，可谓详细。人物传记资料是该稿的主要部分，收录先秦至清末川籍及仕蜀各类人物众多，均据各类史籍、文集、志书、谱牒、档案等文献资料或采访实录而成。所有这些，以及其他诸如建置沿革、天文地理、民风民俗等方面的资料，均有重要的价值。

民国《重修四川通志稿》的另一大价值是体例创新。全书大略仿1884年李鸿章主修的《畿辅通志》分门，各篇则仿常璩《华阳国志》和郑樵《通志》，学者认为这是"汲众长而不囿成法"，具有创新性。全书共分八门，即建置、图经、食货、学校、礼俗、官政、人物、艺文等。各门之下，再分若干子目。此外尚有"拟选四川文征"等规划。从已成的民国《重修四川通志稿》来看，在体例严整、资料取裁、谋篇布局、考释详略诸方面均胜于旧志。而且《通志稿》充分发挥了志表以类相从、经纬分明的优势，很好地解决了其资料庞杂、头绪繁多、排序重叠等问题。其中对后人多不熟悉的古代官职，则采取古今互

[①] 参见陈红梅：《龚煦春的〈四川郡县志〉》，《乐山师范学院学报》2002年第6期。

注的方式进行处理，即在《建置职官沿革表》中以当时的官职设目，栏下列历代官职、军职相对应。这种体例安排也是"志书编纂中之仅见者"①。

1942年夏初，中国民主政团同盟主席张澜和李璜向四川省主席张群提议设立机构，续修省志，获得应允。是年9月正式成立四川省通志馆。后因通志馆困难重重，编修工作无法正常开展，于是决定参照商务印书馆出版的一部小型省志《江苏六十一县志》的做法，先编一部小型的《四川省志》。遂由"壮年好学，专攻乙部"②的四川安岳人陶元甘领导通志馆采访组全体及总务组个别人员着手编修。1944年书稿告成，名曰《四川方志简编》。全稿分装九册，三十余万

《四川方志简编》稿本（四川省图书馆藏）

字，分为《总论》《分论》两部分。前者综述全省概况，"侧重研讨"，依次为沿革、疆域、地形、气候、水利、人口、物产、交通、商业、文教、风俗、名宦、人物等十三个类目，文字非常简略。后者"县各为章，以志各县特有事物，侧重叙录"，③具体说来就是分成都、自贡二市和十六个专员区，以市县为单位，分别记述当时四川省一百三十七个县、一个管理局（北碚管理局）的基本情况。《简编》是"民国时期唯一编纂定稿之四川省志书"，不论是在文献资料上还是在巴蜀方志编写史上，都具有重要价值。其体例相当独特，类目设置上"既沿袭旧例又不囿于传统"，撰述上"取约得当，史实清楚，既述且论，文字简明，以'两论''十三类'，三十余万言成编，俨然一部查检甚便之小型省志"。其书虽不以资料取胜，但也发掘和保存了一些重要信息，特别

---

① 彭邦明：《宋育仁与民国〈重修四川通志稿〉》，《四川图书馆学报》2012年第1期。
② 舒君实：《四川省方志简编序》，四川省通志馆编纂《四川省方志简编》卷首。全书已由中华书局于2008年"据四川省图书馆藏民国稿本原大影印"，此据影印本第一册第2页。
③ 陶元甘：《四川省方志简编叙例》，《四川省方志简编》卷首，中华书局2008年影印本，第一册，第7页。

是书中民国以来（下限是民国33年即1944年）的资料很值得重视，如关于各种学校的设置及生员情况，四川本土报纸的种类、发行量、影响及特色和创办人等，均记述较详，"而这些资料往往多所淹没，查找困难，后之专业志书或有所缺"。①

三、新中国第一轮《四川省志》的编纂出版

新中国时期巴蜀地区方志编纂成就卓著，影响最大的当属《四川省志》的编修。早在1960年，在四川省人民委员会的支持下，成立了以省委书记处书记、省长李大章为主任的四川省省志编辑委员会。最初规划编纂十五个分志，其业务指导由副省长、编辑委员会副主任张秀熟主持。张秀熟（1895～1994），四川平武县人，1920年毕业于成都高等师范学校国文部。1926年加入中国共产党。曾任中共川西特委书记、四川省委代理书记、川康特委委员。新中国成立后，历任川西行署文教厅厅长，四川省教育厅厅长、副省长等职。他学识渊博，学风严谨，强调省志应做到"体例谨严，内容丰富，考证精确"，要以"政治标准、科学标准、文字标准"进行衡量。在各有关部门的积极配合下，各分志编辑组积极开展相关工作，分门别类地搜集1840年以来四川地方资料。至1966年"文化大革命"开始前，搜集资料近两亿字，编写初稿一千三百篇，其中《交通志》和《民族志》接近完成。之后编纂工作陷于瘫痪，1972年四川省省志编辑委员会被迫撤销，编纂工作彻底中断。

至20世纪80年代初，全国重新掀起修志浪潮，四川省也积极行动起来。1981年10月，四川省地方志编纂委员会（属省政府正厅级事业单位）成立，明确省、市（地、州）、县（市、区）三级政府都要修志，《四川省志》遂再度被提上修纂日程。最初拟名《四川通志》，1982年共规划为一个总卷（亦称总志），十九个专志，共二十卷；后定名为《四川省志》，专志增为四十五部。是为第一次规划方案。1984年，四川省地方志编纂委员会调整改组后，编委会重新起草四川省三级地方志工作的规划方案，名为《四川地方志工作规划纲要》（1986～1990），在1986年初由四川省人民政府办公厅转发各地。是为第二次规划方案。其中对省志总目作了大规模调整，对社会事业的覆盖面大大增加，对各分志参编单位进一步明确，对《四川省志》的设计、审订、出版方案

---

① 参见《四川省方志简编》出版前言，中华书局2008年影印本，第1～8页。

等问题作了初步规定。至1986年底，有七十余个省级部门抽调人员，开展编修工作。1989年3月，中共四川省委办公厅、四川省人民政府办公厅转发四川省地方志编纂委员会1988年9月29日全体会议通过的《〈四川省志〉编纂方案》。这是第三次规划方案，完成了《四川省志》的总体设计，首次从志书的编修目的、意义、指导思想等方面全面阐述了编修的基本原则；基本完整地规定了志书体例、编写分工、志书构成等编纂原则及方法，大大增强了可操作性；对志书的审订、出版程序也做了明确规定。此后根据实际需要，又对部分志目做了微调。1992年1月，《四川省志》第一部志书《冶金工业志》正式出版，后经过十余年的努力，至2003年，包括卷首、附录和六十四部分志（专志）、总共七十九册在内的皇皇巨构《四川省志》全部出齐（索引未出版）。

这一轮《四川省志》在篇目设置上完全不同于过去的通志（详见下表），其中对都江堰和峨眉山两处名胜还辟出专志进行记述，极富特色。这是清嘉庆二十一年（1816）《四川通志》刊刻印行一百八十多年后四川再次完整编纂出版的四川省级志书，在巴蜀方志编纂史上具有重大意义。其内容之丰富、覆盖面之宽广、规模之宏大、参编出版单位之众多、耗时之长久，都是以前任何一部四川通志所不可比拟的。具体情况详见下表。

表5-3 《四川省志》各志名称及相关信息表[①]

名称（音序排）	主编	页数（16开）	出版社	出版时间
报业志	颜义先	455页	四川人民出版社	1996年10月
财政志	李达昌	481页	四川人民出版社	1997年3月
测绘志	孙宁中	518页	成都地图出版社	1997年2月
城建环保志	樊丙庚	649页	四川科学技术出版社	1999年12月
出版志	李正培	上册519页 下册815页	四川人民出版社	2001年2月
都江堰志	王布雷	545页	四川辞书出版社	1993年12月

[①] 此据四川省地方志编纂委员会编《四川省地方志目录》（一），方志出版社2004年版。表中各志按志书书名首字拼音为序。

续表一

名称（音序排）	主编	页数（16开）	出版社	出版时间
电子工业志	关成茂	460页	四川科学技术出版社	1993年10月
电力工业志	潘先质	421页	四川科学技术出版社	1995年1月
地理志	杨宗干	上册460页 下册443页	成都地图出版社	1996年7月
地质志	胡正纲	602页	四川科学技术出版社	1998年12月
地震志	江在雄	382页	四川人民出版社	1998年3月
党派团体志	罗宗荣	上册518页 下册639页	四川人民出版社	2001年6月
大事记述	张学君	上册248页 中册367页	四川科学技术出版社	1999年12月
	李崇仁 （第一稿） 王治国 （第二稿）	下册268页		
档案志·侨务志	李荣忠 （档案志） 刘志贵 （侨务志）	380页	四川科学技术出版社	2000年8月
对外经济贸易志	陈宜俍	451页	四川科学技术出版社	1998年5月
峨眉山志	王静如	557页	四川科学技术出版社	1996年6月
纺织工业志	周洽勃	476页	四川辞书出版社	1995年12月
附录	黄友良	467页	四川科学技术出版社	2003年5月
广播电视志	陈杰	408页	四川科学技术出版社	1996年7月
供销合作社志	王同富	466页	方志出版社	1997年11月
公安·司法志	贺善铎 （公安志） 杨介辉 （司法志）	412页	四川人民出版社	1997年7月

续表二

名称（音序排）	主编	页数（16开）	出版社	出版时间
化学工业志	刘资甫	498页	四川科学技术出版社	1996年6月
海关志	裘希	239页	四川科学技术出版社	1998年5月
交通志	陈铃	上册421页	四川科学技术出版社	1995年5月
	樊克敬	下册443页		
机械工业志	唐树章	530页	四川辞书出版社	1994年6月
金融志	黄毅	508页	四川辞书出版社	1996年5月
建筑志	谢绍祥	426页	四川科学技术出版社	1996年6月
检察·审判志	廖光福（检察志）任凌云（审判志）	324页	四川人民出版社	1996年6月
军事志	朱洪德	704页	四川人民出版社	1999年8月
教育志	王可植	上册639页 下册532页	方志出版社	2000年2月
建材工业志	夏茂林	292页	四川科学技术出版社	1999年2月
卷　首	张学君	582页	方志出版社	2003年3月
科学技术志	袁景葵	上册546页 下册490页	四川科学技术出版社	1998年10月
旅游志	陆埙	280页	四川人民出版社	1996年11月
粮食志	罗实能、李树堂	332页	四川科学技术出版社	1995年3月
林业志	王继贵	466页	四川科学技术出版社	1999年2月
民政志	林世鲲	425页	四川人民出版社	1996年12月
煤炭工业志	杨强	362页	四川科学技术出版社	1998年11月
民族志	周锡银	587页	四川民族出版社	2000年12月
民俗志	黄友良	846页	四川人民出版社	2000年12月
农业志	黄培根	上册467页 下册450页	四川辞书出版社	1996年12月

续表三

名称（音序排）	主编	页数（16开）	出版社	出版时间
气象志	曾熙竹	264页	四川辞书出版社	1995年1月
轻工业志	蒋昌镒	上册320页	四川辞书出版社	1993年9月
	蒲致远	下册416页	四川科学技术出版社	1998年4月
人物志	任一民 吴嘉陵 官振维	上册430页 下册555页	四川人民出版社	2001年12月
人事志	张中瀛	496页	四川科学技术出版社	1999年8月
水利志	徐慕菊	391页	四川科学技术出版社	1996年9月
商检志	赵文明	379页	四川科学技术出版社	1996年12月
商业志	刘成修	431页	四川科学技术出版社	1996年7月
石油天然气工业志	马兴峙	305页	四川人民出版社	1997年1月
丝绸志	李道盛	459页	四川科学技术出版社	1998年12月
体育志	张家齐	412页	四川科学技术出版社	1998年5月
统计·工商行政管理·劳动志	程利仁（统计志） 朱峰（工商行政管理志） 徐明德（劳动志）	512页	方志出版社	2000年4月
文物志	姜明华	上册318页 下册454页	四川人民出版社	1999年2月
文化艺术志	蔡文金	711页	四川人民出版社	2000年11月
外事志	杨家声	585页	巴蜀书社	2001年1月
冶金工业志	洪坚	317页	四川科学技术出版社	1992年1月
邮政电信志	王国彬	275页	四川辞书出版社	1993年12月
医药卫生志	欧阳彬	586页	四川辞书出版社	1996年3月
盐业志	李福德	374页	四川科学技术出版社	1995年3月
宗教志	李月春、郭桂求	576页	四川人民出版社	1998年7月

续表四

名称（音序排）	主编	页数（16开）	出版社	出版时间
哲学社会科学志	谭洛非	383页	四川科学技术出版社	1998年4月
综合管理志	刘伯华（计划篇）王治文（工业经济篇）王织康（经济体制篇）	上册312页	方志出版社	2000年2月
综合管理志	甘书龙（国土篇）卢远耀（计划生育篇）严有勋（物价篇）雷苡苏等（物资篇）	中册341页	方志出版社	2000年2月
	郑树全（审计篇）胡俊德（技术监督篇）	下册341页		
政务志	雷喻义	上册529页	方志出版社	2000年2月
	陈历伟	中册435页		
	沈元翰	下册176页		

这里要指出的是，第二轮《四川省志》的编写也在最近些年全面铺开，内容的起止时间是1986~2005年，目前规划的是九十三个分卷，较第一轮省志增加了二十九个。据统计，"截至2012年12月底，《四川省志（1986~2005）》九十三个分卷中处于送审出版阶段已达三十一个；处于总纂统稿阶段的有三十五个；处于志稿初纂阶段的有十九个；仍处于组织发动阶段的有八个"①。

---

① 马小彬：《强化责任 规范运行 努力提升省志编纂出版水平——在2013年度〈四川省志〉计划送审分卷座谈会上的讲话》，《巴蜀史志》2013年第2期。

结　语

中国地域广阔，民族众多，存在大量各自相对独立而又紧密联系的区域文化，巴蜀文化就是其中之一。任何区域的历史文化必有其独特之处，巴蜀文化自然也不例外。作为巴蜀文化重要组成部分的巴蜀史学，也有其区别于其他区域史学的特色。而且巴蜀史学名家辈出，名著迭现，与全国史学关系密切，对中国史学发展做出了重要贡献。

一、巴蜀史学对中国史学发展的贡献

将巴蜀史学置于源远流长的中国史学发展史来看，其贡献至少可概括为以下几点：

（一）对全国史的编修和研究贡献卓著，出现了一批名家名著

首先来看所谓的历代"二十四史"。这二十四部"正史"中，有一部为蜀人独修，这就是由蜀汉入西晋的南充人陈寿所撰的《三国志》，是著名的"前四史"之一，历来受到学者推崇；有一部为蜀人"同修"，即北宋的《新唐书》，当时同修官多人，其中成都人范镇在局时间最长、贡献最著。另外至少还有五部书也有蜀人的贡献。最早的是东汉班固的《汉书》，成都人扬雄、阳城衡补续《史记》的内容及扬雄在《法言》中的一些史论为《汉书》所吸取。《后汉书》本无志，以晋朝司马彪的《后汉书十志》补足，而这十志部分明显继承了蜀人谯周《后汉纪》（已佚）的内容。元修《辽史》《宋史》和《金

史》),虽未见蜀人直接参与,但寓居江南的蜀人虞集率先提出"今当三家各为书,各尽其言而核实之"①,打破了以前因正统归属问题而长期搁置的局面,很快得到当局采纳,三史得以迅速修成。

其次就是对《资治通鉴》的编修。此书虽为北宋司马光主撰,但三位助手刘攽、刘恕和范祖禹功不可没,其中成都人范祖禹负责《唐纪》部分的初撰,先后编有规模庞大的丛目和长编,为司马光最终刊削定稿奠定了扎实的基础。而且范祖禹在司马光专设的修史书局中时间最长(刘攽在局六年,刘恕在局七年,范祖禹则在局十五年),其中有整整六年的时间书局只有范祖禹一个"同修"(司马康仅是充编修《资治通鉴》所检阅文字而已),全力协助司马光,因此他可能还直接参与了司马光全书的一些定稿和资料考异等工作,说他是司马光三位助手中贡献最大的助手,恐不为过。

第三,宋元时期对本朝史编修的重要贡献。宋代巴蜀学者不但参与了很多官修本朝史的编纂,如范冲重修《宋神宗实录》、李心传编修《十三朝会要》等;而且还有大量私修之作,在当时全国史林中最为突出。如宋代编年体本朝史以李焘的《续资治通鉴长编》、徐梦莘的《三朝北盟会编》和李心传的《建炎以来系年要录》三部书的质量最高,而二李均是巴蜀史家;纪传体则以蜀人王称父子撰写的《东都事略》最佳。另外巴蜀地区还有记述北宋典章制度和史实的《宋朝事实》,专门辑录北宋九朝和南宋高宗朝名臣碑传的资料汇编《名臣碑传琬琰集》,记载北宋九朝和南宋高宗一朝历史的编年体史书《皇宋十朝纲要》,关于北宋历史的纪事本末体史书《续资治通鉴长编纪事本末》和《太平治迹统类》,以及记录宋代道学发展史的《道命录》,等等。这些都是后来人们了解和研究宋史的基本典籍。元朝人虞集以一代高文博学而主持的《经世大典》,是整个元朝本朝史编修的杰作。

第四,现代史学视野下的中国史研究长期居于全国前列。民国时期刘咸炘的《推十书》系列,蒙文通的《经学抉原》《古史甄微》《周秦少数民族研究》和《中国史学史》(讲义),郭沫若的《中国古代社会研究》,等等,都是当时中国史研究的精粹之作。其中蒙文通提出的"古史三系说"、郭沫若的马克思主义史学方法论,在当时全国都有很大影响。新中国时期,巴蜀地区的中国史研究也长期居于全国前列。如分别由徐中舒、缪钺和蒙文通主持的先秦

---

① (元)虞集:《道园学古录》卷三二《送墨庄刘叔熙远游序》,四部丛刊本。

史、魏晋南北朝史和宋史以及历史文献学在全国占有重要地位，有一些指标很能说明问题：蒙文通在1957年被聘为中国科学院历史研究所第一所学术委员；徐中舒和缪钺分别承担了高教部委托的《先秦史》和《魏晋南北朝史》（与唐长孺、贺昌群合作）教材编写的任务，同时又分别承担由郑天挺主持的六部中国史学名著选中《左传选》和《三国志选》二书的编注工作；1981年巴蜀史学重镇四川大学又成为获得首批"中国古代史"和"考古学"两个学科博士学位授予权的少数高校之一；由吴天墀撰写的《西夏史稿》，长期享誉西夏学界，至少是20世纪90年代以前西夏史研究"最重要的成果"①；在徐中舒的主持下，巴蜀地区的古文字学长期在全国居于一流，徐老还主持编写了《殷周金文集录》和大型古文字工具书《甲骨文字典》，并担任了国家大型科研项目《汉语大字典》的主编；古籍整理方面的《全宋文》是所有"全"字号文献集成的上乘之作。近些年来的中国思想文化史、近现代史、民族史、藏学、城市史、宗教考古、南方考古、道教史等方面的研究也发展迅猛，位居全国同类学科发展的前列。

（二）对巴蜀及其周边区域的记述和研究达到了很高水平，一些著作已成为中国史学史上的重要作品

巴蜀地区具有延绵不断的地方史志修纂传统，这些记述巴蜀及其周边区域的地方史志有些达到了很高的水平，成为中国史学发展史上的重要作品甚至经典名著。

首当表出的是东晋常璩的《华阳国志》。该书是记述东晋以前西南地区的地方通史，融历史、地理、人物于一体，开创了我国地方史志编纂的新体例，是宋代以后方志的先河，享有"方志之祖"的美誉。此书长期得到学者推崇，如唐代刘知幾在《史通·杂述》中就特别表彰道："郡书者，矜其乡贤，美其邦族，施于本国，颇得流行；置于他方，罕闻爱异。其如常璩之详审……而能传诸不朽，见美来裔者，盖无几焉。"②这是横比当时全国各地的同类著述得出的结论。宋代吕大防来知成都府，纵比历代巴蜀地方史志，也以为"蜀记之

---

① ［德］傅海波、［英］崔瑞德编，史卫民等译，陈高华等审校：《剑桥中国辽西夏金元史》，中国社会科学出版社1998年版，第775页。
② （唐）刘知幾撰，（清）浦起龙释：《史通通释》卷一〇《杂述》，上海古籍出版社1978年版，第275页。

可观，未有过于此者"。①当代学者任乃强更将《华阳国志》与《史记》《资治通鉴》相媲美，"正史几十种，人莫不推司马迁《史记》为典型。编年史几十种，莫不推司马光《通鉴》为典型。地方志几百种，莫不推《华阳国志》为典型"②。他还说："一书而兼备各类，上下古今，纵横边腹，综名物，揆道度，存治要，彰法戒，极人事之变化，穷天地之所有，汇为一帙，使人览而知其方隅之全貌者，实自常璩此书创始。此其于地方史中开创造之局，亦如正史之有《史记》者。"盛赞《华阳国志》"为地方史一鸿篇巨制"。③可以说，其书叙述范围之广，涉及时间之长，内容之富，开创性之强，在当时全国都是独一无二的。

《华阳国志》之后，巴蜀地区虽然长期没有出现类似这样规模大、质量高、影响著的作品，但地方史志的修纂并没有中断，而且也诞生了一些重要作品，如南朝李膺的《益州记》、唐朝卢求的《成都记》、宋朝张唐英的《蜀梼杌》等，均知名一时，其传承至今的部分内容仍具有重要价值。至于在南宋时期编纂的《成都文类》，既是成都历史上第一部文章选集，也是巴蜀文献史上的第一部选集，在地区性文献汇集的编纂史上占有一席之地。

明清时期的四川出现了多部总志（或称通志）。其中明朝嘉靖时期成书的《四川总志》出自名家之手，主要由状元杨慎、探花杨名和进士高第王元正修成，又经过前后两次编修，精心雕琢，故达到了很高的水平。明人陈继儒指出："读天下志，（嘉靖）《四川总志》为第一，其金石鼎彝、秦汉以下之文，网罗几尽，而立例亦古。"清人宪德也说："（四川总志），迨前明之世屡经修辑，惟杨慎、王元正辈所纂（即嘉靖《四川总志》）称善。"其中的《艺文志》部分由大儒杨慎修成，复经周复俊重编，以《全蜀艺文志》的形式单独印行，《四库全书总目》誉其为"包括网罗，极为赅洽"，具有很高的文献价值。④清朝嘉庆年间编成的《四川通志》，卷帙浩繁，体例完备，内容丰实，又堪称四川历代总志的集大成者。

清末民初是巴蜀历史文化转型和快速发展时期，在新旧思想文化的激荡

---

① （宋）吕大防：《华阳国志序》，见刘琳《华阳国志校注》附录，巴蜀书社1984年版，第1004页。
② 任乃强：《〈华阳国志〉简介》，《历史知识》1980年第2期。
③ （晋）常璩撰，任乃强校注：《华阳国志校补图注》前言，上海古籍出版社1987年版，第6、2页。
④ 参见旷天全：《略谈嘉靖〈四川总志〉》，《巴蜀史志》2005年第4期。

之下，巴蜀地区涌现出了一批内容丰富、体例创新的地方史志佳作。如简阳人傅崇榘于宣统年间著成的《成都通览》，贯通古今，内容系统，"举凡山川气候、风土人情、农工商业、饮食、方言、居家事物，凡百价目，水陆程途，靡不毕载"①，是关于清末成都的百科全书，弥足珍贵。张森楷在1919年编成的《合川县志》，以章学诚的方志学理论为依据，取法《史记》《汉书》，把当地的政治、人文、地理等重大事件以表、考、图、记、传等不同形式给予展示，令人耳目一新，被梁启超誉为"康熙以来所修方志的佳作"。②刘咸炘完稿于1924年7月的《双流足征录》，补旧志之缺者多至七卷，蒙文通誉其"事丰旨远，数百年来，一人而已"，③更是当时方志体例开拓创新的名篇。任乃强在1930年著成的《西康图经》，则"开康藏研究的先河"，这又是地方史志界和民族学界公认的事实。

全面抗战时期，我国众多学者云集四川，发掘新材料，运用新方法，多学科交叉，将巴蜀历史文化的研究提高到一个新的水平。这正如顾颉刚所说："抗日战争时期，我国的专家学者差不多全体集合到四川。当时，对于川康的自然界和社会各方面的调查研究风起云涌，实在是抗战前所没有预料到的收获。"④在民族史方面，任乃强撰成被誉为"康藏史地之第一杰作"的《康藏史地大纲》，校注藏文史籍的"传世之作"《西藏政教史鉴》，率先将藏族长篇史诗《格萨尔王传》介绍给国内外，抗战胜利后又主编《康藏研究月刊》，成为我国康藏研究的开拓者和奠基人。在考古发掘和研究方面，华西大学博物馆馆长郑德坤著成《四川古代文化史》；冯汉骥主持发掘了五代前蜀皇帝王建的永陵，这是我国首次使用现代科学考古方法发掘的帝王陵墓。冯氏后来完成的《前蜀王建墓发掘报告》，研究深入，考论精到，是学界探讨中国帝王陵寝制度必读的经典之作。在历史文化方面，20世纪40年代初提出了"巴蜀文化"概念，为后来学界广泛接受，一些学者遂开始对巴蜀历史文化进行深入探究。如顾颉刚在1981年出版的名著《论巴蜀与中原的关系》论文集，实际就是这一时期研究成果的汇编。

---

① 傅崇榘编：《成都通览》卷首，沈秉堃叙，成都时代出版社2006年版，第1页。
② 梁启超：《中国近三百年学术史》，东方出版社1996年版，第329页。
③ 蒙文通：《〈华西大学图书馆四川方志目录〉序》，《蒙文通文集》第四卷，巴蜀书社1998年版，第108页。
④ 顾颉刚：《论巴蜀与中原的关系》，四川人民出版社1981年版，第1页。

新中国成立后，伴随考古发现的增多和民族调查的扩大，学者对巴蜀历史文化的研究更为深入，发表了多篇力作。后来在1980年前后以《巴蜀史研究丛书》的名义，出版了蒙文通的《巴蜀古史论述》（1981）、徐中舒的《论巴蜀文化》（1982）、邓少琴的《巴蜀史迹探索》（1983）和任乃强的《四川上古史新探》（1987），主要就是他们论文的选辑，是巴蜀历史文化研究的精粹之作。任乃强另外撰成的《华阳国志校补图注》，对《华阳国志》做了全面整理、研究和系统的考证，纠驳了前人的诸多谬说，提出了大量新颖独到的见解，是《华阳国志》成书以来整理和研究的最重要成果。

巴蜀学者从事的考古发掘和研究虽然不局限于巴蜀地区，但主要还是以巴蜀及其周边区域为主。冯汉骥主持编写的《四川船棺葬发掘报告》、童恩正的《中国西南民族考古论文集》等著作，与近些年一系列巴文化、蜀文化遗址和研究成果一起，显示了很高的水平，为建立巴蜀上古史体系、科学认识中国早期文明的形成具有重要贡献。

（三）对我国史学发展史上的一些重要思潮或学派产生了很大影响，有的还具有开创性

受定于一尊的经学思想影响，从汉代中后期开始，就有不少学者对司马迁《史记》提出批评，其中以西汉末年扬雄在《法言》中的批评最为系统，为后来班固"旁贯五经"而写出《汉书》提供了重要的思想资源。沿此以经衡史的思潮，三国时期的蜀人谯周又本之"六经"，专门针对《史记》而成《古史考》，长期与《史记》并行。而且，受经学删减思潮的影响，东汉蜀人杨终曾受命删修《史记》为十万余言，成为当时史学删减思潮的较早作品。

宋代是我国新儒学中的理学兴起和发展的重要时期，对当时各方面的文化都产生了重要影响，史学也不例外。其中最早运用理学标准来系统评论历史的是蜀人范祖禹。范氏与理学家二程及其弟子吕希哲等人交游密切，在思想上倾向理学，以至在完成《资治通鉴·唐纪》后，"折以义理"，重新写出新的唐史鉴评著作即《唐鉴》，成为宋代以理入史的开创之作。而这种以理入史的潮流，学者或称为史学的义理化思潮，伴随理学在南宋的更大发展和广泛传播而愈为昌大，有关著作越来越多，胡寅的《读史管见》和朱熹的《资治通鉴纲目》最为人所重，有学者将它们与范祖禹的《唐鉴》一同视为"虽圣贤复起，必从之"①的史学名著。

在我国传统史学发展史上影响最大的地区性学派,无疑是浙东史学。这一学派起于宋朝,沿至明清,与蜀中之学具有难以割舍的密切关系。蒙文通研究指出,南宋浙东学派渊源于北宋兴起的王安石"新学"、二程洛学和苏氏蜀学。其中王、程二派均不重史,苏氏蜀学"以古今成败为议论之要",十分重视史学。因此浙东学派的好史之风渊源于苏氏蜀学。宋末四川遭受战乱之苦,人们纷纷逃至东南,不少学者如史学家李心传、高斯得、牟子才等人及其后人、弟子就住在江浙地区,为此后浙东史学发展注入了新鲜血液。

清代是我国古典考据学的鼎盛时期,形成了著名的乾嘉考据学派。溯其渊源,南宋蜀籍理学名儒魏了翁一方面坚持以纲常伦理评史的标准,一方面又注重考据,或可说是清代考据学的先声。明朝蜀人杨慎崇尚博学,讲求考证,开创了明代的考信之风。二人在由宋代义理史学向清代考据史学转化这一思潮中扮演的作用似不可忽视。

我国马克思主义史学思潮是在民国时期形成的,新中国成立前虽不占主流,但也是一股重要力量,新中国成立后则成为主流和正统,对中国近现代史学的发展影响巨大。而学界一般认为,中国马克思主义史学在从奠基到形成的过程中,蜀人郭沫若贡献最大。他在1930年出版的《中国古代社会研究》一书,开创性地运用马克思主义理论来研究中国古代史,虽不无牵强附会的地方,却是"中国马克思主义史学形成的标志",郭沫若也因此而被称为"创建中国马克思主义史学的第一位大师"。②郭沫若后来继续从事历史、考古方面的研究,长期是中国马克思主义史学的带头人,新中国时期又以中国史学会负责人和中国科学院院长等身份长期领导中国史学,影响很大。而不可忽视的是,比郭沫若年长的蜀人吴玉章也是中国马克思主义史学的重要开拓者和带头人之一,在史学理论、中国通史、历史教育特别是中国近现代革命史等诸多领域都有突出贡献。

---

① (宋)刘克庄:《后村先生大全集》卷一〇六《方蒙仲通鉴表微》,王蓉贵、向以鲜点校,刁忠民审订,四川大学出版社2008年版,第2733页。
② 蒋大椿:《20世纪中国马克思主义史学》,见罗志田主编:《20世纪的中国:学术与社会·史学卷》,山东人民出版社2001年版,第144页。

二、巴蜀史学的若干特征

巴蜀史学的发展纵贯数千年,又处于一个广大的区域,与外界也有密切的交流互动,因此要总括其特征并非易事。依据我们目前的认识,可初步概括出以下几点特征:

(一)在史学思想、史学方法上独抒己见、独树一帜者多,具有独特性和首创性

从前面的论述大略可知,在强势的主流、权威或正统面前,巴蜀史家往往不盲从,不轻信,能够坚持己见和自主性。这与罗志田讨论巴蜀文化的一些特色时首先谈到的"独立"性是相契合的。①

如西汉的扬雄不但在经学上没有走上当时众多经生做注疏、讲章句训诂的道路,自称"不为章句,训诂通而已"②;而且在史学上也表现出鲜明的个性。他虽然和刘向等人都肯定《史记》是"实录",和很多人一样续修《史记》,但有一点则很不相同,那就是不仅从经学立场对《史记》的主导思想做了批评,而且其《法言》中的很多具体的史论也是针对《史记》而发的,因此他对《史记》的批评较为系统而有条理,这在当时十分突出,并进一步影响了三国蜀汉时期的谯周。谯周本于儒家经学,专著《古史考》,更为系统地纠驳《史记》,而且在远古历史的认识上独树一帜,学者或认为此书能够"突破当时异说纷纭杂乱无章之古史氛围,自觉作出接近科学实事求是之抉择",其中"有与祖国原始社会生产演进程序相符之记载,有祖国原始社会组织从部落到酋邦之实录,有与祖国文明起源多元论不谋而合之论述"。③谯周的学生陈寿在如何处理三国历史书写这一重大问题上,也表现出与当时以魏国为正、以吴蜀为伪的主流做法不同,既各自书写,又合并为一书,不但新创了国别体,也为后来元朝"各与正统"而修《宋史》《辽史》《金史》三史树立了典范。由成汉入东晋的常璩将中原古史系统和巴蜀本地古史系统有机融合,构建出新的巴蜀古史体系,虽然不无牵强附会的成分,但实实在在地反映出他与前辈迥然

---

① 罗志田:《巴蜀文化的一些特色》,《社会科学研究》2011年第6期。
② 《汉书》卷八七《扬雄传》,中华书局1962年点校本,第3514页。
③ 蒙默:《谯周古史学片论》,《文史杂志》2011年第3期。

不同的独特性。而且据我们观察，在汉唐时期对《史记》《汉书》《三国志》《后汉书》《晋书》等注释成风的时代，几乎没有见到巴蜀学者从事类似的工作，这似乎很能见出巴蜀史家的独立精神。

宋代巴蜀史学与全国史学的发展表现出了同步的鼎盛，但一些巴蜀史家的独特性仍很突出。如北宋三苏虽然在古文上与欧阳修同调，并得到欧阳修的提携，但在伦理纲常的贯彻方面却未苟同。欧阳修主持的《新唐书》和私撰的《新五代史》都表现出鲜明的道德史学色彩，而三苏史论则不重伦理，甚至在五代名相冯道的评价上苏辙与欧阳修完全异趣。①成都人吴缜更是公开对《新唐书》和《新五代史》提出质疑和批判，专门著成《新唐书纠谬》和《五代史纂误》，敢于对一代儒宗的欧阳修多所指责，表现出很强的独立思考和批判精神。范祖禹虽然长期跟随司马光，情同父子，但在史学思想上却保持了相对的独立。他除了按照司马光"据功业之实而书之"的原则助修《资治通鉴》"唐纪"外，又不惜"得罪君子（按指司马光）"，专门"折以义理"而私作《唐鉴》，表现出与司马光不同的价值取向。耐人寻味的是，范祖禹虽然没有完全接受司马光的史学立场，但却将司马光创立的长编修史法在巴蜀地区传播开来，南宋李焘、李心传用此而编成《续资治通鉴长编》和《建炎以来系年要录》两部史学名著。而在当时全国的其他地区，长编法并未像在巴蜀地区这样盛行和富有成效。

宋代崇尚编年体，特别是司马光著成《资治通鉴》后，编年体更是成为最流行的体裁。巴蜀史家固多接踵而起者，但也有一些史家不为所眩，如王称父子就以纪传体而成《东都事略》，表现出自身的独立性。南宋巴蜀理学名家张栻的史学思想虽然不出一般理学范围，但他的义利之辨十分坚确，并以此来评判历史，在当时也是很特别的。私淑朱熹和张栻的另一巴蜀理学名儒魏了翁既有一般理学家用纲常伦理评判历史的思想，又有重考据、重古今之变的史学特点，所著《古今考》虽是未完之作，但还是以其独特性有名一时。

将考据这一史学方法运用得更多的，是明朝中期的杨慎。这不仅在当时特别突出，推动了明朝史学的考信之风，也影响了清代以来的考据之学。清代中期考据史学一家独大，但在巴蜀地区却很不流行，当时很多巴蜀学者如李调元、刘沅等人实际上通过外出科举或官宦等途径对外面的考据之风是了解的，

---

① 参见粟品孝：《宋代三苏的史论》，《西华大学学报》2010年第1期。

但并未见他们汲汲于此风的学习和传播，这固然反映出巴蜀地区思想文化的滞后一面，但也不能不说当时巴蜀学人的特立独行。

而在清末民国时期史学转型、新史学狂飙突起之际，巴蜀地区对传统旧史学的守护在全国都是很突出的。如合川张森楷虽然有些新史学的成分，但主要还是以乾嘉史法治史，崇尚博通、考据，著有《史记新校注》《廿四史校勘记》《通史人表》。其中《史记新校注》为其一生精力所聚，"荟萃众本，复详加校勘，订正讹误，折衷异同，皆极精审"。①双流刘咸炘学宗清代浙东史学，特别是私淑章学诚，努力传承传统史学的优点，对当时盛行的美国学者鲁滨逊的《新史学》评价不高，认为其浅者已为刘知幾所道，其深者也为章学诚所说，甚至"彼多未知"章氏之"宏识"，进而嘲笑国人"轻其家业"。②而在群趋考据的时代风潮下，蒙文通则坚持史意的探求，与疑古派也保持了一定的距离。特别宝贵的是，在当时经学边缘化的大背景下，蒙文通虽然由经入史，但始终不曾放弃经学，坚持南宋以来浙东史学经史结合的传统，反对纯粹的考据，注重贯注思想和意义，强调史学与哲学的结合，注重通观明变，强调断代史的研究必须与通史结合，要有通史的关照。他的《中国史学史》（讲义）不同于梁启超在《中国历史研究法补编》中设定的框架，也与一般史学史著作解题式的做法有别，而是另辟蹊径，把史学史放置在学术思想史的背景下进行叙述，颇多精辟之论。

这里还要指出的是，巴蜀身处内地，相对封闭，对时代新风的反应往往较迟，但一旦认同了新的风气，往往比较坚持，并能结合固有的学术基础和学术传统，开拓出新的天地。如东汉盛行的古文经学直到三国蜀汉时期才在巴蜀地区大为流行，由于它与史学的密切关系，进而掀起了巴蜀史学的第一个高峰。宋代兴起的理学长期不得势，南宋孝宗时期大为发展，之后蔓延至巴蜀，包括李心传在内的一大批史家都深受理学影响，或著《道命录》，或编《朱子语类》，这种注重从史的角度总结理学的风气，在全国都是很突出的。乾嘉考据之学迟至清朝末年才大规模影响到巴蜀地区，之后不少巴蜀学人非常重视乾嘉考据之法（如上举张森楷）。章学诚在民国初年才为学者"重新发现"，他重视史识和史意的思想

---

① 顾颉刚：《当代中国史学》，上海古籍出版社2002年版，第100页。
② 刘咸炘：《〈文史通义〉识语·较新》，《推十书》（增补全本）甲辑，上海科学技术文献出版社2009年版，第1119页。参见钱永生、倪姝：《刘咸炘对鲁滨逊〈新史学〉的反思》，朱汉民主编：《湖湘文化与巴蜀文化》，湖南大学出版社2013年版，第410~421页。

深刻地影响了刘咸炘、蒙文通等学者，刘咸炘甚至宣称"私淑"章氏。而马克思主义这一新的思潮一旦为巴蜀学人接受，也产生出巨大的能量，郭沫若、吴玉章均成为中国马克思主义史学的重要奠基人和开拓者。

（二）历代史家中不乏多元复合型的通才，视野广阔，长于会通

在史学方面有建树的巴蜀学者，不少是学识广博的多元复合型通才。如汉代的扬雄，"好古乐道"，认为要通天、地、人才算儒，因此对当时各方面的知识都注意钻研和吸取，并形之著述，不仅长于辞赋，还模仿《周易》而成《太玄》，模仿《论语》而作《法言》，另外又著有《方言》和《蜀王本纪》。他可谓广涉经、史、子、集四部，在整个西汉时代冠于群儒。用现代的学科标准来看，扬雄在文学、哲学、语言文字学、史学、天文学等方面都卓然成家。

三国蜀汉时期的谯周"耽古笃学"，是当时整个巴蜀学林最为广博精深的学者，生前已被称为"通儒""硕儒"。著述甚富，包括经部四种、史部七种、子部二种，于巴蜀学者可谓前无古人。

宋代的苏轼更是百科全书式的巨人。正如学者所说："作为一个文化巨人，苏轼的贡献是多方面的，举凡哲学、政治学、历史学、伦理学、文学、艺术等人文领域各方面，他都具有独特而深刻的见解，提出了一系列在文化上富有开创性的命题和结论……除此之外，苏轼的兴趣还涉及博物学、药物学等自然科学领域。"①

元朝的虞集"于经传百氏之说、帝王之制、有国家者兴衰得失之由与其为之之术，无不学焉"②。在儒学造诣上，他与揭傒斯、柳贯、黄溍号为元朝"儒林四杰"；在文学方面，他是元代诗坛的宿老，与杨载、范梈、揭傒斯并称"元诗四大家"，清初黄宗羲又推崇姚燧和虞集为"元文两家"；在史学上也很有造诣，是一位文、史、哲兼通的大儒。

明朝的杨慎更为博学，史称"明世记诵之博，著作之富，推慎为第一"③。关于杨慎的著作，明清以来有各种各样的统计，均在一两百种以上；

---

① 四川大学中文系《苏轼全集校注》小组（周裕锴执笔）：《苏轼全集校注》前言，河北人民出版社2010年版，第15页。
② （元）赵汸：《东山存稿》卷六《邵庵先生虞公行状》，影印文渊阁《四库全书》本。
③ 《明史》卷一九二《杨慎传》，中华书局1974年点校本，第5083页。

当代学者王文才在《杨慎学谱》中"存亡并录,真伪兼收",共得三百余种。内容包含经学、史学、文学、医学、民俗学、考订、音韵、文艺批评、书画评论等,几乎囊括了16世纪中国学术知识的方方面面。

在清朝大部分时间里,巴蜀学者疏离于主流学界,但学风依然崇尚博学。据统计,在嘉庆《四川通志》卷一五三至一五四"国朝人物"中,泛言传主博通经史百家,以学问渊洽著称的,高达一百一十人。如号称"西川夫子"的双流学者刘沅则会通三教,融贯四部,遍注群经,所著《槐轩全书》"是一部以儒学元典精神为根本,会通儒家哲学、道家哲学和佛家哲学,融道入儒,会通禅佛,而归本于儒,用以阐释儒、释、道三家学说精微,揭示为人真谛的学术巨著"。①他的《史存》就是依本于这一广博的学术基础。

清末民初以来的刘咸炘、蒙文通、郭沫若等巴蜀史家也以广博著称。刘咸炘虽年仅三十六岁即去世,却遍览四部,旁涉西学,"纵横上下,无不贯通",著书达二百三十一部、四百七十五卷,"近世著作林中殆罕与伦比"②。蒙文通自经学入,泛及史传、诸子、理学,释道二藏莫不淹通,兼采博涉,著述丰富,考辨抉微,创获颇多,犁然自成体系,卓尔一家之言。近世大家,少有出其右者。郭沫若是中国近现代文化史上又一位学识渊博、多才多艺的学者,不仅是史学大师,也是旷世文豪,在哲学、艺术上也有很高造诣。

需要指出的是,巴蜀道家之学发达,是道教的发祥地,这对巴蜀史学的影响很大。汉代的严遵、扬雄均有很深的道家修养,他们著《蜀本纪》和《法言》,或有道家思想的影响存在。北宋三苏的道家、道教水平也很高,他们的史论绝不及纲常伦理,当与道家不尚仁义的思想有关。至清代中后期,双流刘沅融合儒道,创立刘门道,其孙子刘咸炘更以道家之法治史,形成了所谓以"观风察势"为特征的"道家史观"。其好友蒙文通也广交三教九流,并在道教研究上颇多开创之功。而且,巴蜀道家、道教之学发达的传统,促使以四川大学宗教研究所为代表的巴蜀道教史研究长期走在全国的前列。

巴蜀地区自古文风很盛,史学家很多也是文学家,或文学修养很高,文史兼长者不少,汉代的扬雄,西晋的陈寿,宋代的范镇、范祖禹、三苏、李焘,

---

① 段渝:《一代大儒刘沅及其〈槐轩全书〉》,《槐轩全书》(增补本)卷首,巴蜀书社2006年版,第7页。
② 详见萧萐父、蒙默为《推十书》所作的序言,《推十书》卷首,成都古籍书店1996年版,第1~8、23~24页。

元代的虞集，明代的杨慎，清代的李调元、刘沅，近代以来的郭沫若等人都是如此，形成了延绵不断的传统。

（三）史家钟情乡梓，对巴蜀地方史志的修纂特具慧心，成就卓著

注重对本地历史文化的记述和研究，可说是全国各个地区的共性。其中巴蜀是一个相对独立的地理空间，政治、经济和文化各方面均表现出独特性，这使得生存其间的巴蜀学人具有更强的区域意识，重视本地历史文化的书写与汇集，至少从汉代开始，这一传统不曾中断。这在全国都是很突出的。

据学者统计，在《华阳国志》之前，各地方志见于记载的已达一百多种，"而益州地区（主要是巴蜀）撰作之风尤盛，方志可考的就有二十余种，约占全国的五分之一"①。据史书记载，由西汉至三国，至少有八家《蜀本纪》记述古蜀以来的历史，还有其他一些巴蜀地方史志，数量之多，确为当时全国其他区域所不及。而这些众多的巴蜀史志最终又在东晋由常璩总其大成，形成贯通性记述西南地区的巨著《华阳国志》。

从南北朝到隋唐五代，巴蜀史学低落，在全国史方面几无建树，但本地历史文化的记述则未曾中断，南朝时期李膺的《益州记》、唐朝卢求的《成都记》较为知名，隋唐时期又出现了州郡图经普及的趋势，形成"西蜀图经甚备"②的局面。唐朝中后期玄宗、僖宗避难入蜀，也有不少相关记载。五代前后蜀割据统治时期，官私方面也有一些实录、国史及野史之作，入宋后更有蜀人张唐英进一步整理，形成的《蜀梼杌》是现存关于前后蜀历史最重要的古籍。

两宋时期，巴蜀史学发达，不仅在国史方面成就卓著，而且关于本地历史文化记述的方志（含图经）也非常丰富，蒙文通特别指出："两宋之世，史学特盛，超越汉唐，蜀中史著之多、方志之富，更为特出。总宋蜀中四路图经，无虑千卷……以余之浅陋，所考见者将二百种。"③据我们研究，当时不仅有总括川峡四路的多部总志和每一路的路级方志多种，而且体例渐趋成熟的州级

---

① （晋）常璩撰，刘琳校注：《华阳国志校注》"前言"，巴蜀书社1984年版，第3页。
② （唐）卢求：《成都记序》，袁说友等编：《成都文类》卷二三，赵晓兰整理，中华书局2011年版，第476页。
③ 蒙文通：《〈华西大学图书馆四川方志目录〉序》（1951），《蒙文通文集》第四卷《古地甄微》，巴蜀书社1998年版，第106页。

方志得以普及。经过宋元鼎革的巨大破坏，巴蜀地方史志散失殆尽，为此元朝后期成都人费著用心搜求，重新编成《成都志》，其书虽佚，但序文和不少宋人图谱则保留至今，成为后来人们见证宋朝成都繁华的宝贵资料。

到明清时期，巴蜀史学在国史领域贡献不大，但当时学者对本地历史文化的记述则非常多。其时巴蜀方志体例更为规范，省志多次重修，府、厅、州、县志也基本普及（至少清代已如此），而且清代的多数方志保留至今，是了解和研究巴蜀各地情况最基本的典籍。明清时期还涌现出一大批汇集历代巴蜀有关内容的总结性文献，如《蜀中广记》《蜀碑记补》《蜀典》《全蜀诗汇》《蜀诗钞》《蜀经籍志》等；有的还做了考证，如《蜀水考》等。把这种总结和考证历代巴蜀人事的风气推向高潮的大约是晚清时期建立的尊经书院。书院秉承"绍先哲，起蜀学"的目标，有组织、有计划地对古蜀地理、蜀地经学诗文、蜀中先贤事迹等方面进行了总结和考证。如尊经书院的日课题目中，经学方面有"《牧誓》称庸、蜀等国与《诗·江汉》皆称梁、荆考""《禹贡》梁州疆域考""蜀中易学先师小传"等，史学方面有"蜀中先贤传""蜀贤事略""蜀本考""汉唐成都故城考""南宋蜀中财赋考"等。其中"蜀贤事略"几经编纂，成为后来的《蜀学编》，汇聚了历代巴蜀名儒，并有所点评，是对自汉以来蜀学发展的首次总结；而蜀学会的建立及《蜀学报》《蜀学丛书》的出版发行等，更是大大推进了包括蜀学在内的巴蜀历史文化的整理和研究。[①]曾在尊经书院读书的傅崇榘则悉心搜求成都一地的掌故，著成反映清末成都的百科全书《成都通览》。清末四川地区还出现了大量用作小学教育的乡土志，基本以县为单位，这是我国方志大家族的新成员。

进入民国，巴蜀学人修纂地方史志的风气更为兴盛。在地方志方面，不但编有《四川通志》（稿本）、《四川省志简编》等省志，还编有大量县志和乡土志。到新中国时期，又建立了各级政协和省级文史馆，编纂了《四川文史资料选辑》《成都文史资料选辑》等文献，保存了大量历史资料。而自20世纪80年代以来，不但建立起了省、市（地、州）、县（市、区）三级地方志修纂机构，记述全省历史的《四川省志》多卷本也完成出版，成为自清朝嘉庆《四川通志》之后彻底完成并出版的又一部全面系统记述四川历史的省级志书；而且在宋代州级方志普及、清代县级方志普及的基础上，更为基层的乡镇一级方志

---

① 参见胡昭曦：《振兴近代蜀学的尊经书院》，《蜀学》第三辑，巴蜀书社2008年。

也普及开来,一些地区还编修有村志、街道志等;另外以行业、部门为对象的各种专志也如雨后春笋,前所未有地涌现出来。在第一轮方志完成后,目前各地又已转入第二轮方志的修纂。

特别值得指出的是,至少从南宋时期有关成都和夔州的文章总集《成都文类》《固陵文类》开始,巴蜀地区在地方史志编纂传统下,又衍生出地方文献汇集的新传统。明朝时又出现总括全川文章的总集,即《全蜀艺文志》及其《补续》,是当时《四川总志》的一部分。继之而起的蜀地诗文汇集,则有明清时期的傅振商《蜀藻幽胜录》、费经虞《蜀明诗》、李调元《蜀雅》、孙桐生《国朝全蜀诗钞》、民国傅增湘《宋代蜀文辑存》《明蜀中十二家诗抄》,等等,均单独成书。前些年,学者又有《巴蜀道教碑文集成》(1997)、《宋代蜀诗辑存》(2000)、《蜀诗总集》(2001)、《巴蜀佛教碑文集成》(2004)、《近代巴蜀诗抄》(2005)、《历代蜀词全辑》及其《续编》(2007),等等。最近学者又致力于《巴蜀文献集成》《巴蜀全书》《巴渝文库》等更大规模的地方文献汇集和整理工作。

早在20世纪40年代,佛学大师王恩洋曾提出:四川是中国的一员,"我们应该将四川文化方面所贡献于全国者如何,其特殊之点在哪里,加以研究,同时加以表彰"[①]。虽然几十年过去了,对巴蜀文化(大体同于王先生说的四川文化)的研究已突飞猛进,认识自然也今非昔比,但要令人信服地回答王先生的问题,仍然很不容易。作为巴蜀文化重要组成部分的巴蜀史学,对其贡献和特点的上述总结,也仅仅只能代表我们目前的认识水平,是否妥当,不敢言必,深望方家达识者不吝赐教。

---

① 王恩洋:《对整理四川文献之意见》,《王恩洋先生论著集》第10卷,四川人民出版社2001年版,第219页。

主要参考文献

古籍部分

经 部

（汉）戴德：《大戴礼记》，影印文渊阁《四库全书》本。

史 部

（先秦）佚名著，袁珂校注：《山海经校注》，巴蜀书社1993年版。

（汉）司马迁撰，（南朝·宋）裴骃集解，（唐）司马贞索隐，张守节正义：《史记》，中华书局点校本1959年版。

（汉）班固撰，（唐）颜师古注：《汉书》，中华书局点校本1962年版。

（汉）宋衷注，（清）秦嘉谟等辑：《世本八种》，中华书局点校本2008年版。

（三国·蜀汉）谯周撰，（清）章宗源辑：《古史考》，平津馆丛书本。

（晋）陈寿撰，（南朝·宋）裴松之注：《三国志》，陈乃乾校点，中华书局1959年版。

（晋）常璩撰，刘琳校注：《华阳国志校注》，巴蜀书社1984年版。

（晋）常璩撰，任乃强校注：《华阳国志校补图注》，上海古籍出版社1987年版。

（北齐）魏收：《魏书》，中华书局点校本1974年版。

（南朝·宋）范晔撰，（唐）李贤等注：《后汉书》，中华书局点校本1965年版。

（唐）房玄龄等：《晋书》，中华书局点校本1974年版。

（唐）魏徵、令狐德棻：《隋书》，中华书局点校本1973年版。

（唐）李延寿：《南史》，中华书局点校本1975年版。

（唐）刘知幾撰，（清）浦起龙释：《史通通释》，上海古籍出版社1978年版。

（宋）吴缜：《新唐书纠谬》，知不足斋丛书本。

（宋）乐史：《太平寰宇记》，王文楚等点校，中华书局2007年版。

（宋）孙甫：《唐史论断》，影印文渊阁《四库全书》本。

（宋）范祖禹：《唐鉴》，影印文渊阁《四库全书》本。

（宋）欧阳修：《新五代史》，中华书局点校本1974年版。

（宋）苏辙：《古史》，曾枣庄、舒大刚主编《三苏全书》本，语文出版社2001年版。

（宋）司马光：《资治通鉴》，"标点资治通鉴小组"校点，中华书局1956年版。

（宋）晁公武撰，孙猛校注：《郡斋读书志校证》，上海古籍出版社1990年版。

（宋）郑樵：《通志二十略》，王树民点校，中华书局1995年版。

（宋）李焘：《续资治通鉴长编》，上海师范大学古籍研究所、华东师范大学古籍研究所点校，中华书局2004年版。

（宋）王称：《东都事略》，（台北）文海出版社影印本，1979年版。

（宋）留正：《皇宋中兴两朝圣政》，续修《四库全书》本。

（宋）李心传：《建炎以来系年要录》，影印文渊阁《四库全书》本。

（宋）李心传：《建炎以来系年要录》，中华书局影印本，1988年版。

（宋）李心传：《建炎以来朝野杂记》，丛书集成初编本。

（宋）李心传：《建炎以来朝野杂记》，徐规点校，中华书局2002年版。

（宋）陈振孙：《直斋书录解题》，徐小蛮、顾美华点校，上海古籍出版社1987年版。

（宋）王应麟：《玉海》，影印文渊阁《四库全书》本。

（元）脱脱等：《宋史》，中华书局点校本1977年版。

（元）马端临：《文献通考》，上海师范大学古籍研究所、华东师范大学古籍研究所点校，中华书局2011年版。

（元）王士点：《秘书监志》，影印文渊阁《四库全书》本。

（元）孛兰肹等撰，赵万里校辑：《元一统志》，中华书局1966年版。

（元）袁桷：《延祐四明志》，影印文渊阁《四库全书》本。

（明）宋濂等：《元史》，中华书局点校本1976年版。

（明）权衡：《庚申外史》，清雍正六年（1728）鱼元传钞本。

（明）凌稚隆辑校：《史记评林》，天津古籍出版社1998年版。

（明）曹学佺：《蜀中广记》，影印文渊阁《四库全书》本。

（明）杨鸾修，秦觉纂：《云阳县志》，民国24年（1935）铅印本。

（明）熊相纂修：《四川志》，明正德十三年（1518）刻、嘉靖十六年（1539）增补本。

（明）虞怀忠等修，郭棐等纂：《四川总志》，明万历九年（1581）刻本。

（明）李世芳修，叶文等纂：《寿昌县志》，明嘉靖四十年（1535）刻、万历十四年（1586）增刻本。

（明）孙文龙纂辑：《承天府志》，明万历三十年（1602）刻本。

（明）雷礼：《皇明大政纪》，明万历刻本。

（清）黄宗羲原著，全祖望补修：《宋元学案》，陈金生、梁运华点校，中华书局1986年版。

（清）张廷玉等：《明史》，中华书局点校本1974年版。

（清）纪昀、陆锡熊、孙士毅等著，四库全书研究所整理：《钦定四库全书总目》（整理本），中华书局1997年版。

（清）赵翼：《廿二史札记》，中国书店影印本1987年版。

（清）王鸣盛：《十七史商榷》，陈文和等校点，凤凰出版社2008年版。

（清）章学诚：《文史通义》，上海书店1988年版。

（清）章学诚著，仓修良编：《文史通义新编》，上海古籍出版社1993年版。

（清）姚振宗：《三国艺文志》，《二十五史补编》第三册，中华书局影印本1955年版。

（清）徐松辑：《宋会要辑稿》，中华书局影印本1957年版。

（清）熊葵向修，周章熠纂：《富顺县志》，清乾隆二十五年（1760）刻本。

（清）张宁阳等修，陈献瑞、胡元善纂：《井研县志》，清嘉庆元年（1796）刻印本。

（清）常明修，杨芳灿纂：《四川通志》，巴蜀书社影印本1984年版。

（清）李桂林等：《罗江县志》，清嘉庆二十年（1815）修、同治四年（1865）重印本。

（清）李调元：《罗江县志》，清嘉庆七年（1802）刻本。

（清）李调元：《童山自记》，《蜀学》第四辑，巴蜀书社2009年版。

（清）江藩：《国朝汉学师承记》，清嘉庆十七年（1812）刻本。

（清）陈栻修：《上元县志》，清道光四年（1824）刻本。

（清）文良、朱庆镛等修，陈尧采等纂：《嘉定府志》，清同治三年（1864）刻本。

（清）王德嘉等修，高云从等纂：《大足县志》，清光绪三年（1877）刻本。

（清）张龙甲修，吕调阳等纂：《重修彭县志》，清光绪六年（1880）初刻、民国6年（1917）重印本。

（清）叶桂年等修，吴嘉谟、龚煦春纂：《井研县志》，清光绪二十六年（1900）刻本。

（清）张之洞：《书目答问二种》，朱维铮导言，生活·读书·新知三联书店1998年版。

（清）皮锡瑞著，周予同注释：《经学历史》，中华书局2004年版。

（清）钟文虎修，徐昱等纂：《灌县乡土志》，清光绪三十三年（1907）刻本。

子　部

（汉）扬雄著，韩敬注：《法言注》，中华书局1992年版。

（汉）扬雄著，郑万耕校释：《太玄校释》，北京师范大学出版社1989年版。

（汉）桓谭：《新论》，上海人民出版社点校本1977年版。

（汉）王充著，张宗祥校注，郑绍昌标点：《论衡校注》，上海古籍出版社2010年版。

（唐）马总：《意林》，影印文渊阁《四库全书》本。

（宋）李昉等：《太平御览》，影印文渊阁《四库全书》本。

（宋）邵博：《邵氏闻见后录》，刘德权、李剑雄点校，中华书局1983年版。

（宋）王铚：《默记》，朱杰人点校，中华书局1981年版。

（宋）范镇：《东斋记事》，汝沛点校，中华书局1980年版。

（宋）叶適：《习学记言》，影印文渊阁《四库全书》本。

（宋）张端义：《贵耳集》，影印文渊阁《四库全书》本。

（宋）洪迈：《容斋随笔》，上海师范大学古籍整理组校点整理，上海古籍出版社1978年版。

（宋）韩淲：《涧泉日记》，影印文渊阁《四库全书》本。

（宋）周密：《癸辛杂识》，吴企明点校，中华书局1988年版。

（宋）罗大经：《鹤林玉露》，王瑞来点校，中华书局1983年版。

（宋）章如愚：《群书考索》，影印文渊阁《四库全书》本。

（宋）黎靖德编：《朱子语类》，王星贤点校，中华书局1994年版。

（宋）赵与时：《宾退录》，影印文渊阁《四库全书》本。

（宋）王应麟：《玉海》，影印文渊阁《四库全书》本。

（宋）邢凯：《坦斋通编》，影印文渊阁《四库全书》本。

（宋）魏了翁：《经外杂抄》，丛书集成初编本。

（宋）魏了翁、（元）方回（续）：《古今考》，影印文渊阁《四库全书》本。

（宋）王明清：《挥麈录》，影印文渊阁《四库全书》本。

（宋）龚明之：《中吴纪闻》，影印文渊阁《四库全书》本。

（元）刘埙：《隐居通议》，丛书集成初编本。

（明）杨慎：《丹铅总录》《丹铅续录》《谭苑醍醐》《古音丛目》，影印文渊阁《四库全书》本。

（明）陈继儒：《太平清话》，中华书局1985年版。

（明）焦竑：《玉堂丛语》，明万历四十六年（1618）徐象枟曼山馆刻本。

（明）何宇度：《益部谈资》，丛书集成初编本。

（明）胡应麟：《少室山房笔丛》，上海书店2009年版。

（明）周婴：《卮林》，影印文渊阁《四库全书》本。

（明）张燧：《千百年眼》，广益书局民国24年（1935）版。

（清）唐甄：《潜书》（附诗文录），中华书局1963年版。

（清）顾炎武著，黄汝成集释：《日知录集释》，上海古籍出版社2006年版。

（清）钱大昕：《十驾斋养新录》，陈文和、孙显军校点，江苏古籍出版社

2000年版。

（清）刘熙载：《艺概》，上海古籍出版社1978年版。

（清）李慈铭著，由云龙辑：《越缦堂读书记》，中华书局2006年版。

（清）王士禛：《香祖笔记》，影印文渊阁《四库全书》本。

（清）周亮工：《因树屋书影》，清康熙六年（1667）刻本。

集　部

（南朝·梁）萧统编，（唐）李善等注：《六臣注文选》，中华书局1987年版。

（唐）柳宗元：《柳河东集》，国学基本丛书本。

（宋）曾巩：《曾巩集》，陈杏珍、晁继周点校，中华书局1984年版。

（宋）范祖禹：《范太史集》，影印文渊阁《四库全书》本。

（宋）欧阳修：《欧阳文忠公集》，四部丛刊初编本。

（宋）晁说之：《景迂生集》，四部丛刊初编本。

（宋）林之奇：《拙斋文集》，影印文渊阁《四库全书》本。

（宋）程颢、程颐：《二程集》，王孝鱼点校，中华书局1981年版。

（宋）苏洵著，曾枣庄、金成礼笺注：《嘉祐集笺注》，上海古籍出版社1993年版。

（宋）苏轼：《苏轼文集》，孔凡礼点校，中华书局1986年版。

（宋）苏轼著，四川大学中文系《苏轼全集校注》小组校注：《苏轼全集校注》，河北人民出版社2010年版。

（宋）苏辙：《栾城集》，曾枣庄、马德富点校，上海古籍出版社1987年版。

（宋）黄庭坚：《黄庭坚全集》，刘琳、李勇先、王蓉贵校点，四川大学出版社2001年版。

（宋）朱熹：《朱熹集》，郭齐、尹波点校，四川教育出版社1996年版。

（宋）张栻：《张栻全集》，杨世文、王蓉贵校点，长春出版社1999年版。

（宋）陆九渊：《陆九渊集》，钟哲点校，中华书局1980年版。

（宋）陈傅良：《止斋先生文集》，四部丛刊初编本。

（宋）叶適：《叶適集》，刘公纯、王孝鱼、李哲夫点校，中华书局1961年版。

（宋）楼钥：《攻媿集》，四部丛刊初编本。

（宋）刘克庄：《后村先生大全集》，王蓉贵、向以鲜点校，刁忠民审订，四川大学出版社2008年版。

（宋）周必大：《文忠集》，影印文渊阁《四库全书》本。

（宋）袁说友等编：《成都文类》，赵晓兰整理，中华书局2011年版。

（清）黄廷鉴：《第六弦溪文钞》，丛书集成初编本。

（宋）高斯得：《耻堂存稿》，丛书集成初编本。

（宋）吴泳：《鹤林集》，影印文渊阁《四库全书》本。

（宋）张扩：《东窗集》，影印文渊阁《四库全书》本。

（宋）家铉翁：《则堂集》，影印文渊阁《四库全书》本。

（宋）魏了翁：《鹤山先生大全文集》，四部丛刊初编本。

（宋）李壁：《王荆公诗注》，影印文渊阁《四库全书》本。

（宋）孙觌：《鸿庆居士集》，影印文渊阁《四库全书》本。

（宋）文天祥：《文山集》，四部丛刊本。

（金）元好问：《元好问全集》，山西人民出版社1990年版。

（元）虞集：《道园学古录》，四部丛刊本。

（元）袁桷：《清容居士集》，四部丛刊本。

（元）戴良：《九灵山房集》，四部丛刊本。

（元）赵汸：《东山存稿》，清文渊阁四库全书补配清文津阁四库全书本。

（元）苏天爵辑：《国朝文类》，四部丛刊本。

（元）欧阳玄：《圭斋文集》，四部丛刊本。

（明）杨慎：《升庵集》，影印文渊阁《四库全书》本。

（明）赵贞吉：《赵文肃公文集》，明万历十三年（1585）赵德仲刻本。

（明）郑太和辑：《麟溪集》，明成化十一年（1475）刻本。

（明）杨慎编：《全蜀艺文志》，刘琳、王晓波点校，线装书局2003年版。

（明）王祎：《王忠文公集》，影印文渊阁《四库全书》本。

（明）张孚敬：《太师张文忠公集》，明万历四十三年（1615）张汝纪等刻增修本。

（明）王世贞：《弇州山人四部稿》，明万历刻本。

（明）李贽著，刘幼生等整理：《李贽文集》，社会科学文献出版社2000年版。

（清）刘沅：《槐轩全书》（增补本），巴蜀书社影印本（据西充鲜于氏特藏本）2006年版。

（清）黄宗羲：《黄宗羲全集》，浙江古籍出版社2012年版。

（清）何文焕：《历代诗话》，中华书局1981年版。

（清）钱大昕：《潜研堂文集》，四部丛刊初编本。

（清）朱彝尊：《曝书亭集》，四部丛刊初编本。

（清）王士禛：《带经堂集》，续修四库全书影印本。

（清）李调元：《童山集》，清乾隆刻《函海》道光五年（1825）增修本。

（清）钱谦益：《钱牧斋全集》，上海古籍出版社2003年版。

（清）钱谦益：《列朝诗集》，清顺治九年（1652）毛氏汲古阁刻本。

《钦定天禄琳琅书目》，影印文渊阁《四库全书》本。

（清）张澍：《养素堂文集》，清道光十七年（1837）刻本。

（清）张之洞：《张之洞诗文集》，庞坚校点，上海古籍出版社2008年版。

（清）张之洞：《张之洞全集》，河北人民出版社1998年版。

（清）王闿运编：《尊经书院初集》，《中国历代书院志》第十六册，江苏教育出版社1995年版。

近人专著部分（以作者音序排）

A

［美］艾尔曼（Benjamin A. Elman）著，赵刚译：《从理学到朴学》，江苏人民出版社1995年版。

B

《巴蜀文化图典》编辑委员会：《巴蜀文化图典》，四川人民出版社1999年版。

巴蜀文化丛书编委会编：《巴蜀文化论集》，四川民族出版社1999年版。

巴兆祥：《方志学新论》，学林出版社2004年版。

C

蔡崇榜：《宋代修史制度研究》，（台北）文津出版社1991年版。

蔡方鹿：《魏了翁评传》，巴蜀书社1993年版。

仓修良、叶建华：《章学诚评传》，南京大学出版社1996年版。

曹聚仁：《文坛五十年》，东方出版中心1997年版。

曹子西、朱明德主编：《中国现代方志学》，方志出版社2005年版。

陈波：《李安宅与华西学派人类学》，巴蜀书社2010年版。

陈洪波：《中国科学考古学的兴起——1928—1949历史语言研究所考古史》，广西师范大学出版社2011年版。

陈坚、马文大撰辑：《宋元版刻图释》，学苑出版社2000年版。

陈立夫：《战时教育行政回忆》，（台北）商务印书馆1973年版。

陈梦家：《殷墟卜辞综述》，中华书局1988年版。

陈少明：《汉宋学术与现代思想》，广东人民出版社1998年版。

陈世松、李映发：《成都通史》第五卷《元明时期》，四川人民出版社2011年版。

陈寅恪：《隋唐制度渊源略论稿》，上海古籍出版社1982年版。

陈寅恪：《金明馆丛稿二编》，生活·读书·新知三联书店2001年版。

陈垣著，陈智超主编：《陈垣全集》，安徽大学出版社2009年版。

陈垣：《元西域人华化考》，《励耘书屋丛刻》（全三册），北京师范大学出版社1982年版。

陈垣：《元西域人华化考》，上海古籍出版社2000年版。

陈炜湛：《甲骨文论集》，上海古籍出版社2003年版。

陈谦、陈世虞修，罗绶香、印焕门等纂：《犍为县志》，民国26年（1937）铅印本。

D

大足县志编修委员会：《大足县志》，方志出版社1996年版。

达力扎布主编：《中国民族史研究60年》，中央民族大学出版社2010年版。

岱峻：《发现李庄》，四川文艺出版社2004年版。

岱峻：《消失的学术城》，百花文艺出版社2009年版。

岱峻：《民国衣冠：风雨中研院》，北京联合出版社公司2012年版。

岱峻：《风过华西坝：战时教会五大学记》，江苏文艺出版社2013年版。

党跃武主编、王金玉副主编：《四川尊经书院举贡题名碑》，四川大学出版社2013年版。

董作宾：《董作宾先生全集》，（台北）艺文印书馆1977年版。

杜正胜、王汎森主编：《新学术之路——历史语言研究所七十周年纪念文集》，（台北）"中央"研究院历史语言研究所，1998年。

杜文玉：《五代十国制度研究》，人民出版社2006年版。

段渝：《政治结构与文化模式——巴蜀古代文明研究》，学林出版社1999年版。

段渝：《四川通史》卷一《先秦》，四川人民出版社2010年版。

段渝：《成都通史》卷一《古蜀时期》，四川人民出版社2011年版。

F

冯国瑞：《张介侯先生年谱》，民国25年（1936）《景慰庐丛刻》铅印本。

冯汉骥：《冯汉骥考古学论文集》，文物出版社1985年版。

丰家骅：《杨慎评传》，南京大学出版社1998年版。

［德］傅海波、［英］崔瑞德编，史卫民等译，陈高华等审校：《剑桥中国辽西夏金元史》，中国社会科学出版社1998年版。

傅崇榘编：《成都通览》，成都时代出版社2006年版。

傅斯年著，欧阳哲生主编：《傅斯年全集》，湖南教育出版社2003年版。

傅增湘：《藏园群书题记》，上海古籍出版社1989年版。

G

顾颉刚：《论巴蜀与中原的关系》，四川人民出版社1981年版。

顾颉刚：《浪口村随笔》，辽宁教育出版社1998年版。

顾颉刚：《当代中国史学》，王晴佳导读，上海古籍出版社2002年版。

顾宏义：《宋朝方志考》，上海古籍出版社2010年版。

顾宏义：《金元方志考》，上海古籍出版社2012年版。
郭预衡：《中国散文史》，上海古籍出版社1986年版。
龚煦春：《四川郡县志》，成都古籍书店1983年版。
郭沫若：《读随园诗话札记》，作家出版社1963年版。
郭沫若：《郭沫若纪游诗选注》，上海文艺出版社1983年版。
郭沫若：《郭沫若全集·历史编》，人民出版社1982～1985年版。
郭沫若：《郭沫若全集·文学编》，人民文学出版社1982～1992年版。
郭沫若：《郭沫若全集·考古编》，科学出版社1982～1992年版，重印本2002年版。
郭湛波：《近五十年中国思想史》，山东人民出版社1997年版。
国家文物局主编：《中国文物地图集·四川分册》，文物出版社2009年版。
国家文物局主编：《中国文物地图集·重庆分册》，文物出版社2010年版。

H

贺昌群：《贺昌群文集》，商务印书馆2003年版。
贺昌群：《汉简释文初稿》，北京图书馆出版社2005年版。
何幹之：《中国社会史问题论战》，上海生活书店1937年版。
何金文：《四川方志考》，吉林省地方志编纂委员会、吉林省图书馆学会1985年版。
洪认清：《中国史学思想通史·近代后卷》，黄山书社2002年版。
侯外庐主编：《中国思想史纲》，中国青年出版社1980年版。
侯外庐：《韧的追求》，生活·读书·新知三联书店1985年版。
胡宝国：《汉唐间史学的发展》，商务印书馆2003年版。
胡适著，欧阳哲生编：《胡适文集》，北京大学出版社1998年版。
胡适：《胡适论学近著》，山东人民出版社1998年版。
胡昭曦：《胡昭曦宋史论集》，西南师范大学出版社1998年版。
胡昭曦：《巴蜀历史文化论集》，巴蜀书社2002年版。
胡昭曦：《旭水斋存稿》，四川大学出版社2012年版。
湖北省哲学社会科学学会联合会编：《辛亥革命五十周年纪念论文集》，中华书局1962年版。

霍巍主编、黄伟副主编：《川大史学·考古学卷》，四川大学出版社2006年版。

黄开国：《国学与巴蜀哲学探索》，巴蜀书社2008年版。

黄开国、邓星盈：《巴山蜀水圣哲魂：巴蜀哲学史稿》，四川人民出版社2001年版。

黄苇等：《方志学》，复旦大学出版社1993年版。

黄友良主编：《四川省志·附录》，四川人民出版社2000年版。

侯德础：《抗日战争时期中国高校内迁史略》，四川教育出版社2001年版。

J

贾大泉主编：《四川通史》卷七《民国》，四川人民出版社2010年版。

贾顺先、戴大禄主编：《四川思想家》，巴蜀书社1987年版。

姬沈育：《一代文宗虞集》，中国社会出版社2008年版。

L

来可泓：《李心传事迹著作编年》，巴蜀书社1990年版。

廖幼平编：《廖季平年谱》，巴蜀书社1985年版。

刘重来：《常璩与〈华阳国志〉》，四川人民出版社1985年版。

刘重来、徐适端主编：《〈华阳国志〉研究》，巴蜀书社2008年版。

刘复生：《西南史地与民族——以宋代为重心的考察》，巴蜀书社2011年版。

刘节：《中国史学史稿》，中州书画社1982年版。

刘盼遂：《段玉裁先生年谱》，民国25年（1936）铅印本。

刘文耀、杨世元：《吴玉章年谱》，四川人民出版社1998年版。

刘纬毅：《汉唐方志辑佚》，北京图书馆出版社1997年版。

刘咸炘：《推十书》，成都古籍书店影印本1996年版。

刘咸炘：《推十书》（增补全本），上海科学技术文献出版社2009年版。

刘咸炘：《刘咸炘论史学》，上海科学技术文献出版社2008年版。

李大明主编：《巴蜀文学与文化研究》，商务印书馆2005年版。

李纯蛟：《三国志研究》，巴蜀书社2002年版。

李敬洵：《四川通史》卷三《两晋南北朝隋唐卷》，四川人民出版社2010年版。

李忠吴主编，王嘉陵、彭邦明副主编：《第一批四川省珍贵古籍名录》，四川大学出版社2012年版。

梁启超：《古书真伪及其年代》，中华书局1962年版。

梁启超：《饮冰室合集》，中华书局1989年版。

梁启超：《中国近三百年学术史》，东方出版社1996年版。

李舜臣、欧阳江琳：《"汉廷老吏"虞集》，江西高校出版社2006年版。

李泰棻：《方志学》，商务印书馆1935年版。

梁太济：《唐宋历史文献研究丛稿》，上海古籍出版社2004年版。

吕子方：《中国科学技术史论文集》，四川人民出版社1984年版。

罗炳良：《南宋史学史》，人民出版社2008年版。

罗鹭：《虞集年谱》，凤凰出版社2010年版。

罗志田主编：《20世纪的中国：学术与社会·史学卷》，山东人民出版社2001年版。

罗志田：《近代中国史学十论》，复旦大学出版社2003年版。

林庆彰：《明代考据学研究》，台湾学生书局1983年版。

林庆彰、贾顺先编：《杨慎研究资料汇编》，"中研院"中国文哲研究所1992年版。

林平、张纪亮：《明代方志考》，四川大学出版社2001年版。

林超民等编：《西南稀见方志文献》第十五卷，兰州大学出版社2003年版。

林甘泉、黄烈主编：《郭沫若与中国史学》，中国社会科学出版社1992年版。

林向：《童心求真集——林向考古文物选集》，科学出版社2010年版。

赖佐唐等修，宋曙等纂：《叙永县志》，民国24年（1935）铅印本。

龙云、卢汉修，周钟岳纂：《新纂云南通志》，云南人民出版社2007年版。

陆庆夫、王冀青主编：《中外敦煌学家评传》，甘肃教育出版社2002年版。

M

马大正、刘逖：《二十世纪的中国边疆研究》，黑龙江教育出版社1998年版。

马西沙、韩秉方：《中国民间宗教史》，中国社会科学出版社2004年版。

蒙文通：《巴蜀古史论述》，四川人民出版社1981年版。
蒙文通：《蒙文通文集》（六卷），巴蜀书社1987~1999年版。
蒙文通：《中国史学史》，上海人民出版社2006年版。
蒙文通、萧萐父、庞朴等：《〈推十书〉导读》，上海科学技术文献出版社2010年版。
蒙默等：《四川古代史稿》，四川人民出版社1988年版。
蒙默：《南方民族史论集》，四川民族出版社1993年版。
蒙默编：《蒙文通学记》（增补本），生活·读书·新知三联书店2006年版。
缪钺主编：《三国志选》，中华书局1962年版。
缪钺主编：《三国志选注》，中华书局1984年版。
缪钺：《缪钺全集》（八卷），河北教育出版社2004年版。
缪元朗：《缪钺先生编年事辑》，中华书局2014年版。
［日］梅原郁：《续资治通鉴长编索引》，宗青图书出版公司1986年版。
［美］牟复礼等编：《剑桥中国明代史》，中国社会科学出版社1992年版。

N

聂述文等修，刘泽嘉等纂：《江津县志》，民国13年（1924）刻本。
［日］内藤湖南著，马彪译：《中国史学史》，上海古籍出版社2008年版。
倪晶莹主编，张锡康审订：《四川大学图书馆馆藏地方志目录》，四川大学出版社1991年版。

P

裴汝诚、许沛藻：《续资治通鉴长编考略》，中华书局1985年版。
蒲殿钦等修，崔映棠纂：《绵阳县志》，民国21年（1932）刻本。

Q

漆永祥：《乾嘉考据学研究》，中国社会科学出版社1998年版。
钱穆：《中国历代政治得失》，生活·读书·新知三联书店2001年版。

瞿林东：《中国史学史纲》，北京出版社1999年版。

瞿林东：《中国史学史》第三卷《魏晋南北朝隋唐时期》，上海人民出版社2006年版。

瞿林东：《中国史学的理论遗产》，北京师范大学出版社2005年版。

璩鑫圭、唐良炎主编：《中国近代教育史资料汇编·学制演变》，上海教育出版社1991年版。

R

饶宗颐：《中国史学上之正统论》，上海远东出版社1996年版。

任新建编：《川大史学·任乃强卷》，四川大学出版社2006年版。

S

石硕：《藏彝走廊：文明起源与民族源流》，四川人民出版社2009年版。

四川大学历史文化学院考古系编：《四川大学考古专业创建四十周年暨冯汉骥教授百年诞辰纪念文集》，四川大学出版社2001年版。

四川大学历史文化学院编：《蒙文通先生诞辰110周年纪念文集》，线装书局2005年版。

四川大学历史文化学院编：《吴天墀教授百年诞辰纪念文集》，四川人民出版社2013年版。

《四川大学史稿》编审委员会编：《四川大学史稿》第一卷，四川大学出版社2006年版。

四川省地方志编纂委员会编：《四川省志·文物志》，四川人民出版社1999年版。

四川省地方志编纂委员会编：《四川历代旧志提要》，四川科学技术出版社2012年版。

四川省地方志编纂委员会：《四川省地方志目录》（一），方志出版社2004年版。

四川省通志馆编纂：《四川省方志简编》，中华书局影印本（据四川省图书馆藏民国稿本原大影印）2008年版。

四川省图书馆编:《杨升庵著述目录》(草稿),1961年油印本。

四川省政协文史资料研究委员会、四川省文史馆编:《四川近现代文化人物》,四川人民出版社1989年版。

舒仁辉:《〈东都事略〉与〈宋史〉比较研究》,商务印书馆2007年版。

宋治民:《蜀文化与巴文化》,四川大学出版社1998年版。

宋育仁:《重修四川通志序例》,四川大学图书馆特藏部藏。

苏振申:《元政书经世大典之研究》,(台北)中国文化大学出版部1984年版。

粟品孝:《朱熹与宋代蜀学》,高等教育出版社1998年版。

T

陶晋生、王民信:《李焘续资治通鉴长编宋辽关系史史料辑录》(三册),(台北)"中央"研究院历史语言研究所,1974年。

陶晋生:《宋辽关系史研究》,(台北)联经出版事业公司1984年版。

田亮:《抗战时期史学研究》,人民出版社2005年版。

谭旦冏:《中央博物院二十五年之经过》,(台北)中华丛书出版编审委员会1976年版。

唐长孺:《山居存稿三编》,中华书局2011年版。

唐唯目编:《张森楷史学遗著辑略》,西南师范大学出版社1998年版。

汤志钧:《近代经学与政治》,中华书局2000年版。

童恩正:《中国西南民族考古论文集》,文物出版社1990年版。

W

万本根、俞荣根主编:《巴蜀文化图典》,四川人民出版社1999年版。

王承军:《蒙文通年谱长编》,中华书局2012年版。

王恩洋:《王恩洋先生论著集》,四川人民出版社2001年版。

王国维:《观堂集林》,中华书局影印本1984年版。

王汎森:《近代中国的史家与史学》,复旦大学出版社2010年版。

王汎森:《执拗的低音:一些历史思考方式的反思》,生活·读书·新知三联书店2014年版。

王德恒、许明辉、贾辉铭编：《中国方志史》，文化艺术出版社1994年版。

王德毅：《宋史研究论集》，（台北）商务印书馆1992年版。

王纲：《清代四川史》，成都科技大学出版社1991年版。

王记录：《中国史学思想通史·清代卷》，黄山书社2002年版。

王锦厚等选编：《百年论郭沫若》，成都出版社1992年版。

王明珂：《英雄祖先与弟兄民族：根基历代文本与情境》，（台北）允晨文化实业股份有限公司2006年版。

王文才辑校：《杨慎词曲集》，四川人民出版社1984年版。

王文才：《杨慎学谱》，上海古籍出版社1988年版。

王文才、万光治主编：《杨升庵丛书》，天地出版社2002年版。

王文才、王炎校笺：《蜀梼杌校笺》，巴蜀书社1999年版。

王文才、王炎编著：《蜀志类钞》，巴蜀书社2010年版。

王晓波：《清代蜀人著述总目》，四川大学出版社2009年版。

王永兴：《陈寅恪先生史学述略稿》，北京大学出版社1998年版。

王曾瑜：《岳飞新传》，上海人民出版社1983年版。

王卫明：《大圣慈寺画史丛考：唐五代宋时期西蜀佛教美术发展探源》，文化艺术出版社2005年版。

王嘉川：《清前〈史通〉学研究》，社会科学文献出版社2013年版。

王学典、陈峰：《二十世纪中国历史学》，北京大学出版社2009年版。

王尧、王启龙、邓小咏：《中国藏学史（1949年前）》，民族出版社、清华大学出版社2003年版。

汪启明：《考据学论稿》，巴蜀书社2010年版。

伍奕、多一木：《中国书生宋育仁》，光明日报出版社2010年版。

吴怀祺：《宋代史学思想史》，黄山书社1992年版。

吴纳：《文章辨体序说》，人民文学出版社1962年版。

吴树平：《秦汉文献研究》，齐鲁书社1988年版。

吴之英著，吴洪武等校注：《吴之英诗文集》，四川大学出版社2008年版。

吴虞著，赵清等编：《吴虞集》，四川人民出版社1985年版。

吴玉章著，中共四川省委党史工作委员会《吴玉章传》编写组编：《吴玉章文集》，重庆出版社1987年版。

吴在庆：《杜牧论稿》，厦门大学出版社1991年版。

隗瀛涛主编：《四川近代史稿》，四川人民出版社1990年版。

X

萧启庆：《元代进士辑考》，（台北）"中央"研究院历史语言研究所，2012年。

萧萐父、许苏民：《明清启蒙学术流变》，辽宁教育出版社1995年版。

新都杨升庵研究会、新都杨升庵博物馆主编：《杨升庵诞辰五百周年学术论文集》，四川大学出版社1994年版。

徐复观：《两汉思想史》，华东师范大学出版社2001年版。

徐规：《仰素集》，杭州大学出版社1999年版。

徐坚：《暗流：1949年之前安阳之外的中国考古学传统》，科学出版社2012年版。

徐旭生：《中国古史的传说时代》（增订本），文物出版社1985年版。

徐中舒：《徐中舒历史论文选辑》，中华书局1998年。

许冠三：《新史学九十年》，岳麓书社2003年版。

谢保成：《郭沫若学术思想评传》，北京图书馆出版社1999年版。

谢保成：《中国史学史》，商务印书馆2006年版。

谢保成：《隋唐五代史学》，商务印书馆2007年版。

向燕南、张越、罗炳良：《中国史学史》第五卷《明清时期（1840年前）》，上海人民出版社2006年版。

熊卿云、汪仲夔修，洪烈森等纂：《德阳县志》，民国28年（1939）铅印本。

熊道琛、钟俊等修，李灵椿等纂：《苍溪县志》，民国17年（1928）铅印本。

Y

姚乐野、王晓波主编，林平、袁学良副主编：《四川大学图书馆藏珍稀四川地方志丛刊》，巴蜀书社2009年版。

燕永成：《南宋史学研究》，兰州大学出版社2007年版。

杨伟立：《前蜀后蜀史》，四川人民出版社1986年版。

杨耀坤：《魏晋南北朝史论稿》，成都出版社1993年版。

杨耀坤：《陈寿评传》，南京大学出版社1998年版。

杨耀坤：《陈寿与〈三国志〉》，四川人民出版社1985年版。

杨民：《秦汉西晋中央与巴蜀地方关系研究》，巴蜀书社2011年版。

于文善：《抗战时期重庆马克思主义史学研究》，中国社会科学出版社2013年版。

Z

曾枣庄：《文星璀璨——北宋嘉祐二年贡举考论》，复旦大学出版社2010年版。

詹杭伦：《李调元学谱》，天地出版社1997年版。

张宪文、张卫中：《张璁年谱》，上海古籍出版社1999年版。

张晖：《龙榆生先生年谱》，学林出版社2001年版。

张政等纂修：《剑阁县续志》，民国16年（1927）铅印本。

张森楷：《史记新校注稿》，（台北）中国学典馆复馆筹备处，1967年。

张心澂：《伪书通考》，《民国丛书第三编》第43册，上海书店1991年版。

张利主编：《中国西部地区地方文献资源论稿》，内蒙古大学出版社2007年版。

张国淦：《中国古方志考》，中华书局1963年版。

张光直：《考古学专题六讲》（增订本），生活·读书·新知三联书店2010年版。

张勋燎、白彬编：《川大史学·冯汉骥卷》，四川大学出版社2006年版。

郑贤书等修，张森楷纂：《民国新修合川县志》，民国10年（1921）刻本。

周鼎：《刘咸炘学术思想研究》，巴蜀书社2008年版。

周桂钿：《虚实之辨——王充哲学的宗旨》，人民出版社1994年版。

周桂钿、李祥俊：《中国学术通史·秦汉卷》，人民出版社2004年版。

周功鑫：《故宫藏画大系·明贤妙绘》，广西师范大学出版社2008年版。

周心慧撰辑：《明代版刻图释》，学苑出版社2000年版。

周迅：《中国的地方志》，商务印书馆1998年版。

周勇主编：《重庆通史》，重庆出版社2002年版。

中国郭沫若研究会编：《郭沫若与二十世纪中国文化》，福建人民出版社2002年版。

中国郭沫若研究会、巴蜀文化研究基金会编：《郭沫若史学研究》，成都出版社1990年版。

中国科学院北京天文台编：《中国地方志联合目录》，中华书局1985年版。

中国地方志指导小组办公室选编：《中国方志文献汇编》，方志出版社1999年版。

中国地方史志协会编：《中国地方史志论丛》，中华书局1984年版。

中共中央文献研究室编：《建国以来重要文献选编》，中央文献出版社1992年版。

左玉河：《从四部之学到七科之学》，上海书店出版社2004年版。

诸葛计：《中国方志五十年史事录》，方志出版社2002年版。

论文部分（含博士、硕士学位论文）

C

蔡崇榜：《宋代四川的史学》，四川大学硕士学位论文，1985年。

蔡崇榜：《宋代四川史学家王称与〈东都事略〉》，《成都大学学报》1985年第1期。

蔡崇榜：《南宋编年史家二李史学研究浅见》，《史学史研究》1986年第1期。

蔡崇榜：《〈唐鉴〉与宋代义理史学》，《四川大学学报丛刊》第32辑，1986年。

蔡崇榜：《关于〈宋史·李心传传论〉的问题》，《史学月刊》1990年第4期。

蔡崇榜：《略谈三苏的史论》，《文史杂志》1991年第2期。

蔡方鹿：《张栻、魏了翁的实学思想及对湘蜀文化的沟通》，《湖南大学学报》2005年第1期。

陈红梅：《龚煦春的〈四川郡县志〉》，《乐山师范学院学报》2002年第6期。

陈述：《〈东都事略〉撰人王赏称父子》，《中央研究院历史语言研究所集刊》第八本，1939年10月。

陈世松、史乐民：《宋末元初蜀士流寓东南问题探讨》，《元史论丛》第五期,中国社会科学院出版社1993年版。

陈晓芬:《论三苏的史论文》,《第四届宋代文学国际研讨会论文集》,浙江大学出版社2006年版。

陈志扬:《从隐晦走向昌明——章学诚的价值定位嬗变》,《中国社会科学院研究生院学报》2003年第1期。

D

戴逸:《世纪之交中国历史学的回顾与展望》,《历史研究》1998年第6期。

邓广铭:《浙东学派探源——兼评何炳松〈浙东学派溯源〉》,天津《益世报·读书周刊》第13期,1935年8月29日。

邓小平:《在郭沫若同志追悼大会上的悼词》,《怀念郭沫若·诗文集》,生活·读书·新知三联书店1978年版。

F

方北辰:《缪钺与古籍整理》,《传统文化与现代化》1998年第1期。

房锐:《孙光宪著述考》,《四川师范大学学报》2002年第5期。

房锐:《〈北梦琐言〉与唐五代史籍》,《四川师范大学学报》2003年第4期。

冯汉骥:《禹生石纽辨》,《说文月刊》第四卷合订本,1944年。

冯士美:《忆先父冯汉骥》,《图书·情报·知识》总第116期,2007年3月。

G

龚谨述:《蒙文通先生的民族史研究——纪念蒙文通先生诞辰一百周年》,《民族研究动态》1994年第4期。

郭沫若:《答青年问》,《文学知识》1959年第5期。

H

何崝:《徐中舒传略》,《晋阳学刊》1984年第4期。

何忠礼：《王称和他的〈东都事略〉》，《暨南学报》1992年第3期。

胡华：《吴玉章》，《中国历史学年鉴》（1979），人民出版社1980年版。

胡可先：《杜牧诗文编年考证》，《四川大学学报》（哲社版）1983年第1期。

胡昭曦：《〈宋神宗实录〉及其朱墨本辑佚简论》，《四川大学学报》（哲社版）1979年第1期。

胡昭曦：《蒙文通先生与宋史研究——读〈蒙文通文集〉》，《四川大学学报》（哲社版）2004年第6期。

胡昭曦：《四川省省名考析》，《蜀学》第七辑，巴蜀书社2012年12月版。

黄怀信：《谯周与〈古史考〉》，《古籍整理研究学刊》2001年第5期。

J

吉正芬：《民国四川新修县志编纂研究》，四川大学博士学位论文，2010年。

吉正芬：《四川地方志纂修源流述略》，《中国地方志》2011年第10期。

焦桂美：《论蜀汉经学之嬗变——与两汉蜀地本土经学传统相比较》，《孔子研究》2006年第3期。

金生杨等：《论宋修〈成都志〉》，《中国地方志》2006年第6期。

姬沈育：《20世纪以来虞集研究综述》，《郑州大学学报》（哲社版）2004年第2期。

嵇文甫：《王船山的学术渊源》，《王船山学术论丛》，中华书局1958年版。

K

孔学：《〈建炎以来系年要录〉的编撰和流传》，《史学史研究》1988年第2期。

孔学：《〈建炎以来系年要录〉取材考》，《史学史研究》1995年第2期。

旷天全：《略谈嘉靖〈四川总志〉》，《巴蜀史志》2005年第4期。

L

刘复生：《通观明变，百川竞发——读〈蒙文通文集〉兼论蒙文通先生的史学成就》,《四川大学学报》(哲社版)2004年第6期。

刘复生:《刘咸炘〈蜀学论〉及其在学术史上的意义》,《社会科学研究》2006年第3期。

刘复生:《徐中舒先生巴蜀古民族史研究及其启示》,《四川大学学报》(哲社版)2009年第4期。

刘复生:《由虚到实:关于"四川"的概念史》,《中国历史地理论丛》2013年第2期。

刘复生:《存续旧风,创作新志:刘咸炘〈双流足征录〉及其方志学》,《地方文化研究辑刊》第六辑,巴蜀书社2013年版。

刘海军:《吴玉章史学思想的特色》,《文史杂志》1999年第2期。

刘俐娜:《20世纪初期中国史学的转型》,中国社会科学院研究生院博士学位论文,2003年。

刘琳:《〈华阳国志〉——中国方志之王》,《巴蜀史志》2012年第1期。

刘开军:《刘咸炘〈蜀诵〉的编纂体例与史学价值》,《蜀学》第六辑,巴蜀书社2011年版。

刘杨:《贺昌群与居延汉简研究》,《南都学坛》2008年第1期。

李巧思:《〈益州记〉佚文考辨》,《四川师范大学学报》2002年第3期。

李绍明:《六江流域考察述评》,《西南民族学院学报》1986年第1期。

李绍明:《冯汉骥先生与民族学》,《中华文化论坛》1999年第3期。

李绍明:《我与凉山彝族奴隶制研究》,《当代史资料》2003年第4期。

李绍明:《略论中国人类学的华西学派》,《广西民族研究》2007年第3期。

李绍明:《西南人类学民族学研究的历史、现状与展望》,《西南民族大学学报》2007年第10期。

李绍明、伍婷婷:《学术与学会的历程:李绍明先生谈中国西南民族研究学会的发展》,《西南民族大学学报》2007年第11期。

李绍明:《中国人类学的华西学派》,《中国人类学评论》2007年第四辑。

李勇先:《范子长及其〈皇朝郡县志〉》,《宋代文化研究》第十一辑,线装书局2002年版。

李勇先:《煌煌巨著 辉映古今——〈华阳国志〉历史地位及其史料价值浅述》,《成都史志》2012年第1期。

李一氓:《正确评价郭沫若同志》,《郭沫若研究》(学术座谈会专辑),1984年。

李初梨：《我对郭沫若先生的认识》，（延安）《解放日报》1941年11月18日。

梁太济：《〈建炎以来系年要录〉取材考》，《商鸿逵教授逝世十周年纪念文集》，北京大学出版社1995年版。

梁太济：《〈系年要录〉、〈朝野杂记〉的歧异记述及其成因》，《文史》第41辑，中华书局1996年版。

梁太济：《〈要录〉的自注范围及其所揭示的修纂体例》，《文史》2000年第1、2辑（总第50、51辑）。

罗继祖：《张森楷〈十七史校记〉》，《社会科学战线》1980年第4期。

罗宁：《读〈叶净能诗〉》，《新国学》第四卷，巴蜀书社2002年版。

罗志田：《新宋学与民初考据史学》，《近代史研究》1998年第1期。

罗志田：《学术与社会视野下的20世纪中国史学——编书之余的一些反思》，《近代史研究》1999年第6期。

罗志田：《"文革"前十七年中国史学的片断反思》，《四川大学学报》（哲社版）2009年第5期。

罗志田：《巴蜀文化的一些特色》，《社会科学研究》2011年第6期。

林平：《清修省志述略》，《宋代文化研究》（第十三、十四辑），四川大学出版社2006年版。

林甘泉等：《新的起点：世纪之交的中国历史学》，《历史研究》1997年第4期。

林向：《西南考古学的奠基人——冯汉骥教授》，《中华文化论坛》1999年第3期。

M

马长寿：《十年来边疆研究的回顾与展望》，蒙藏委员会编印《边疆通讯》第4卷第4期，1947年。

马小彬：《强化责任 规范运行 努力提升省志编纂出版水平——在2013年度〈四川省志〉计划送审分卷座谈会上的讲话》，《巴蜀史志》2013年第2期。

蒙文通：《评〈学史散篇〉》，（北京）《图书季刊》中文本第2卷第2期，1935年6月。

蒙文通：《巴蜀史的问题》，《四川大学学报》（哲社版）1959年第4期。

蒙文通：《略论山海经的写作时代及其产生地域》，《中华文史论丛》1962年第1辑。

蒙默：《凉山彝族"兹莫统治时期"初探》，《社会科学研究》1979年第4期。

蒙默：《试论汉代西南民族中的"夷"与"羌"》，《历史研究》1985年第1期。

蒙默：《"禹生石纽"续辨》，《蜀学》第四辑，巴蜀书社2009年版。

蒙默：《谯周古史学片论》，《文史杂志》2011年第3期。

蒙默：《〈蜀王本纪〉"左言""左衽"辨释及推论》，《文史杂志》2012年第4期。

缪钺：《〈三国志〉的书名》，《读书》1983年第9期。

缪钺：《考证批评与创作——敬悼朱佩弦（自清）先生》，《西方日报》1948年9月26日《朱自清先生追悼会特刊》。

莫珍莉：《重庆——抗战时期的文教中心》，《四川与抗日战争》，川康渝文物馆1995年版。

N

聂乐和：《〈建炎以来系年要录〉的编撰和流传》，《史学史研究》1988年第2期。

O

欧阳琛：《王守仁与大礼议》，《新中华》1949年第12卷第7期。

P

彭邦明：《宋育仁与民国〈重修四川通志稿〉》，《四川图书馆学报》2012年第1期。

彭云生：《〈史记新校注〉——张森楷先生遗著》，《史学季刊》第1卷第1期，

1940年。

彭裕商：《高山仰止——徐中舒先生百年诞辰纪念》，《历史研究》1998年第6期。

Q

漆子扬：《清代史学家张澍五种方志著述论略》，《武威年鉴》2009年。

钱永生、倪姝：《刘咸炘对鲁滨逊〈新史学〉的反思》，朱汉民主编：《湖湘文化与巴蜀文化》，湖南大学出版社2013年版。

R

任乃强：《〈华阳国志〉简介》，《历史知识》1980年第2期。

任新建：《任乃强与〈格萨尔〉》，《康定民族师范高等专科学校学报》2005年第5期。

任新建：《"多宝道人"任乃强》，《成都日报》2007年4月12日。

任新建：《任乃强先生对西康建省的贡献》，《西南民族大学学报》2010年第10期。

任新建：《康藏研究社介绍》，《中国藏学》1996年第3期。

S

四川省文物考古研究院：《四川考古60年》，《四川文物》2009年第6期。

宋治民：《怀念冯汉骥先生》，《中华文化论坛》1999年第3期。

粟品孝：《〈历代世变〉非苏轼所作考》，《四川大学学报》（哲社版）2003年第4期。

粟品孝：《蒙文通与南宋浙东史学》，《浙江学刊》2005年第3期。

粟品孝：《关于〈东都事略·儒学传〉的评价问题》，《史学史研究》2010年第1期。

粟品孝：《宋代三苏的史论》，《西华大学学报》2010年第1期。

粟品孝：《张唐英生平与著作考论》，《社会科学研究》2010年第3期。

［日］森田憲司：《〈成都氏族譜〉小考》，《東洋史研究》1977年第36卷第3期。

孙建民：《取舍之际见精神——略论〈建炎以来系年要录〉的取材》，《上海师范大学学报》1996年第3期。

尚小明：《近代中国大学史学科系设置考察》，《史学月刊》2011年第8期。

商承祚：《缅怀郭沫若同志》，《悼念郭老》，生活·读书·新知三联书店1979年版。

［日］神田喜一郎著，郭自得、王三庆合译：《敦煌学近况》，（台北）中国文化大学中国文学研究所敦煌学会编《敦煌学》第七辑，1984年。

T

陶元甘：《记四川通志局及四川省通志馆》，《四川文史资料选辑》第32辑，四川人民出版社1984年版。

田居俭：《郭沫若与中国马克思主义史学》，《历史研究》1992年第2期。

田居俭：《郭沫若史学成就举要》，《史学史研究》1992年第2期。

田昌五：《论郭沫若的史学体系》，《文史哲》1993年第5期。

唐唯目：《张森楷的〈宋史〉校勘与王坚补传》，《西南师范大学学报》（哲社版）1988年第2期。

唐兰：《关于尾右甲刻辞》，《考古社刊》第六期，1936年。

童恩正：《冯汉骥》，《中国史研究动态》1980年第5期。

W

王春淑：《扬雄著述考略》，《四川师范大学学报》1996年第3期。

王而山：《深入浅出，雅俗共赏——读〈三国志选注〉》，《古籍整理出版简报》第141期，1985年。

王德毅：《南宋四川的史学》，（台北）《中国历史学会史学集刊》第38期，2006年7月。

王东杰：《学术中心与边缘互动中的典范融合：四川大学历史学科的发展（1924—1949）》，《四川大学学报》（哲社版）2006年第4期。

王建民：《中国人类学西南田野工作与著述的早期实践》，《西南民族大学学报》2007年第12期。

王兴亮：《清末民初乡土志书的编纂和乡土教育》，《中国地方志》2004年第2期。

王雨巧：《任乃强（1894—1989）学术及其治学特点之研究》，四川师范大学硕士学位论文，2011年。

闻一多：《高禖郊社祖庙通考跋》，《清华学报》1937年第12卷第3期。

吴达德：《论吴玉章的历史观与史学思想》，《四川理工学院学报》（社科版）2005年第1期。

吴相洲：《二十世纪中国词学研究述评》，《北京大学学报》（哲社版）1999年第2期。

X

许孟青：《清末民初四川的乡土志——以四川大学图书馆藏为例》，《四川文物》2010年第6期。

徐仁甫：《廖季平经学思想的衍化》，《四川文史资料选辑》第二十八辑，四川人民出版社1983年版。

徐中舒：《古代四川之文化》，《史学季刊》第一卷第一期，1940年。

徐中舒：《论蜀王本纪成书年代及其作者》，《社会科学研究》创刊号，1979年3月。

徐中舒：《四川彭县濛阳镇出土的殷代二觯》，《文物》1962年第2期。

徐中舒、唐嘉弘：《关于夏代文字的问题》，《夏史论丛》，齐鲁书社1985年版。

徐亮工：《徐中舒先生的新史学之路》，《四川大学学报》（哲社版）2009年第4期。

夏增民：《汉晋蜀地江东地区儒学的传播与地域性发展》，《孔子研究》2009年第1期。

谢元鲁：《岁华纪丽谱等九种校释》前言，《巴蜀丛书》第一辑，巴蜀书社1988年版。

谢元鲁：《〈岁华纪丽谱〉〈笺纸谱〉〈蜀锦谱〉作者考》，《中华文化论坛》2005年第2期。

谢元鲁：《对〈楮币谱〉〈钱币谱〉作者及写作年代的再认识》，《中国钱币》1996年第1期。

谢国桢：《评介明杨慎著〈滇程记〉〈滇载记〉》，《思想战线》1978年第4期。

谢敏：《〈康藏研究月刊〉述略》，四川师范大学硕士学位论文，2010年。

Y

严迪昌等：《传承、建构、展望——关于二十世纪词学研究的对话》，《文学遗产》1999年第3期。

杨嘉铭：《现代康藏研究的奠基人——任乃强》，《任乃强与康藏研究学术研讨会会议论文集》（内部印刷），2009年。

杨世文：《清代四川经学考述》，《西华大学学报》（哲社版）2010年第2期。

杨鸿儒：《辛勤耕耘一生的任乃强教授》，《西藏研究》1991年第1期。

杨志远：《刘咸炘史学思想初探》，《史学史研究》2014年第3期。

Z

张凯：《出入"经""史"："古史三系说"之本意及蒙文通学术旨趣》，《史学月刊》2010年第1期。

张伟：《苏辙与〈古史〉》，《史学史研究》2003年第3期。

张元：《苏轼的史论》，《宋史研究集》第二十五辑，（台北）"国立"编译馆，1995年。

张邦炜：《宋元时期仁寿—崇仁虞氏家族研究》，《中国近世家族与社会学术研讨论文集》，（台北）"中央"研究院历史语言研究所出版品编辑委员会，1998年。

张德全：《第一部中原至云南的旅程指南〈滇程记〉》，《四川文物》1991年第2期。

张德乐：《〈四库提要〉对杨升庵学术论著评论的发覆》，《杨升庵诞辰五百周年学术论文集》，四川大学出版社1994年版。

张剑平：《略论吴玉章在中国马克思主义史学中的地位》，《社会科学研究》1997年第4期。

赵炳清：《谯周学术渊源考述》，《中华文化论坛》2010年第1期。

赵均强：《以"中"贯之：刘沅学术思想研究》，四川大学博士学位论文，2009年。

郑万耕：《扬雄的史学思想》，《史学史研究》1998年第2期。

周斌：《〈三国志·谯周传〉"研精六经，尤善书札"辨误》，《西华大学学报》2009年第3期。

周鼎：《边缘的视界：刘咸炘对进化论的批判》，《四川大学学报》（哲社版）2004年第3期。

周生杰：《〈蜀王本纪〉文献学考论》，《四川图书馆学报》2008年第1期。

周少川：《虞集的史学思想》，《史学史研究》1999年第2期。

周书灿：《徐中舒与中国前封建社会研究》，《苏州大学学报》2013年第3期。

赵灿鹏：《清代四川学风述略》，未刊稿。

赵殿增：《四川考古的世纪回顾与展望》，《考古》2004年第10期。

赵世超：《指定服役制度略述》，《陕西师范大学学报》1999年第3期。

朱士嘉：《中国方志的起源、特征及其史料价值》，《史学史资料》1979年第2期。

邹后曦：《重庆考古60年》，《四川文物》2009年第6期。

后　记

《巴蜀文化通史·史学卷》邀约长于中国近现代史的周鼎博士负责撰写晚清以来的巴蜀史学，主研明清史的李晓宇博士负责撰写元明清时期的巴蜀史学，我则负责宋代及其以前的巴蜀史学以及全书提纲的拟订和统稿工作。该卷具体撰写分工是：

导言、第一章、第二章、第三章、第四章第三节、第五章第五节、第六节、结语，由粟品孝撰写（其中周鼎博士为第五章第五、六节提供了部分初稿和资料）；

第四章第一、二、四节，由李晓宇博士撰写；

第五章第一、二、三、四节，由周鼎博士撰写。

《巴蜀文化通史》的编纂拥有一个强有力的学术委员会，对本书的提纲、样稿和初稿进行了多次讨论，本卷部分初稿（包括论文）曾提交有关学者审读，或研讨会讨论，得到刘复生、黄伟、段玉明、王东杰、韦兵、黄博、罗凯等师友的指正。为我学术成长付出巨大心力的胡昭曦老师始终关心本书的进展，给予了很多具体的指导和帮助。我也经常问学于2015年去世的蒙默老师，在获闻珍贵掌故的同时，也学到了很多为人治学的道理。另外陈廷湘、徐亮工、舒大刚、庄剑、缪元朗、姚乐野、白彬、张丽萍、李勇先、张兆法、陈波、孟运、黄永胜、王小红、吉正芬、徐法言、江厚旭、胡斌等师友也在资料或图片方面给予了帮助。部分古籍书影采自《宋元版刻图释》《巴蜀文化图典》和爱如生电子数据库等。四川人民出版社领导和责任编辑谢雪女士也对本书的出版付出了大量心力，并纠正了原稿的不少疏失。值本书完成之际，谨向上述领导、专家、师友和有关编者致以诚挚的感谢！

巴蜀史学的内容极其丰富，而我们的水平又极其有限，写作过程中常常有力不从心之感。我们清楚地知道，本书的研究仅仅只是开始，要对巴蜀史学作出更系统更深入的研究，还必须继续发掘和积累资料，进一步加强理论修养，进行更多的个案探讨。我们真诚地期待更多有分量的研究论著问世，也真诚地欢迎各位读者对本书给予批评指正。

粟品孝

2017年11月2日

图书在版编目（CIP）数据

巴蜀文化通史.史学卷/章玉钧,谭继和主编;粟品孝,周鼎,李晓宇著.--成都:四川人民出版社,2021.12
ISBN 978-7-220-10566-1

Ⅰ.①巴… Ⅱ.①章…②谭…③粟…④周…⑤李… Ⅲ.①文化史—四川②史学史—四川 Ⅳ.①K297.1

中国版本图书馆CIP数据核字（2017）第280106号

BASHU WENHUA TONGSHI SHIXUE JUAN
巴蜀文化通史 **史学卷**

粟品孝　周鼎　李晓宇　著

出 品 人	黄立新
项目统筹	谢　雪　董　玲　谢　寒
责任编辑	谢　雪
封面设计	张　科
装帧设计	经典记忆　戴雨虹
责任校对	舒晓利
责任印制	祝　健
出版发行	四川人民出版社（成都三色路238号）
网　　址	http://www.scpph.com
E-mail	scrmcbs@sina.com
新浪微博	@四川人民出版社
微信公众号	四川人民出版社
发行部业务电话	（028）86361653　86361656
防盗版举报电话	（028）86361653
制　　版	四川省经典记忆文化传播有限公司
印　　刷	成都东江印务有限公司
成品尺寸	180mm×260mm
插　　页	14
印　　张	32.75
字　　数	573千
版　　次	2021年12月第1版
印　　次	2021年12月第1次印刷
书　　号	ISBN 978-7-220-10566-1
定　　价	150.00元

■ 版权所有·侵权必究
本书若出现印装质量问题，请与我社发行部联系调换
电话：（028）86361656